VIS à VIS

SÜD-AFRIKA

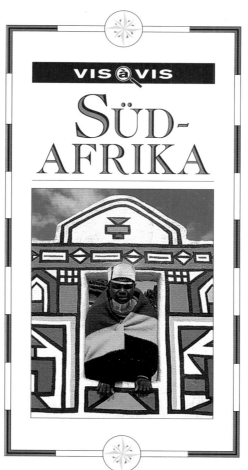

GAUTENG UND SUN CITY
Seiten 252–271

• Polokwane

GAUTENG UND MPUMALANGA

PRETORIA/
TSHWANE
Nelspruit •

Johannesburg •

MBABANE
SWASILAND

BLYDE RIVER CANYON UND KRUGER NATIONAL PARK
Seiten 272–289

Kimberley

Bloemfontein •

OSTKÜSTE UND LANDESINNERES

MASERU
LESOTHO

• Durban

aaff-Reinet

Port
izabeth •

DURBAN UND ZULULAND
Seiten 224–243

SÜDLICHES KAP
Seiten 164–177

GARDEN ROUTE
Seiten 178–199

WILD COAST, DRAKENSBERGE UND MIDLANDS
Seiten 208–223

SÜD-AFRIKA

Hauptautoren: MICHAEL BRETT,
BRIAN JOHNSON-BARKER, MARIËLLE RENSSEN

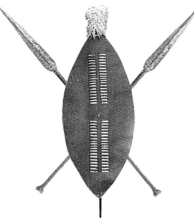

DK

DORLING KINDERSLEY
LONDON • NEW YORK • MÜNCHEN
MELBOURNE • DELHI
www.dk.com

EIN DORLING KINDERSLEY BUCH

www.travel.dk.com

PRODUKTION
Struik New Holland Publishing (Pty) Ltd., Kapstadt, Südafrika

TEXTE
Michael Brett, Brian Johnson-Barker, Mariëlle Renssen

FOTOGRAFIEN
Shaen Adey, Roger de la Harpe, Walter Knirr

ILLUSTRATIONEN
Bruce Beyer, Annette Busse, Bruno de Robillard,
Steven Felmore, Noel McCully, Dave Snook

KARTOGRAFIE ERA Maptech

REDAKTION UND GESTALTUNG
Struik New Holland Publishing Ltd., Kapstadt: Claudia Dos Santos,
Peter Bosman, Trinity Loubser-Fry, Gill Gordon, Gail Jennings,
Simon Lewis, Mark Seabrook, John Loubser, Myrna Collins.
Dorling Kindersley Ltd., London: Vivien Crump, Louise Bostock
Lang, Gillian Allan, Douglas Amrine

•

© 1999 Dorling Kindersley Limited, London
Titel der englischen Originalausgabe:
Eyewitness Travel Guide *South Africa*
Zuerst erschienen 1999 in Großbritannien
bei Dorling Kindersley Ltd.
A Penguin Company

•

Für die deutsche Ausgabe:
© 2000 Dorling Kindersley Verlag GmbH, München

Aktualisierte Neuauflage 2009/2010

•

PROGRAMMLEITUNG Dr. Jörg Theilacker, Dorling Kindersley Verlag
ÜBERSETZUNG Anja Eisele, Bettina Rühm, Nicola Schwenkert
und Annette Bewermeier
REDAKTION Bernhard Lück, Augsburg
SCHLUSSREDAKTION Philip Anton, Köln
SATZ UND PRODUKTION Dorling Kindersley Verlag, München
LITHOGRAFIE Colourscan, Singapur
DRUCK South China Printing Co., Ltd., China

ISBN 978-3-8310-1425-5

8 9 10 11 12   12 11 10 09

Dieser Reiseführer wird regelmäßig aktualisiert. Angaben wie
Telefonnummern, Öffnungszeiten, Adressen, Preise und Fahrpläne
können sich jedoch ändern. Der Verlag kann für fehlerhafte oder
veraltete Angaben nicht haftbar gemacht werden. Für Hinweise,
Verbesserungsvorschläge und Korrekturen ist der Verlag dankbar.
Bitte richten Sie Ihr Schreiben an:

Dorling Kindersley Verlag GmbH
Redaktion Reiseführer
Arnulfstraße 124 • 80636 München

◁ Tierherde im Pilanesberg National Park bei Sun City *(siehe S. 269)*
◁◁ Umschlag: Köcherbaum im Sonnenuntergang

INHALT

Vasco da Gama *(siehe S. 48)*

Camps Bay Beach, Kapstadt

Rote Disa-Orchidee am Tafelberg bei Kapstadt *(siehe S. 78f)*

Ein Leopard in seinem Revier im Londolozi Game Reserve *(siehe S. 287)*

Boschendal Manor House *(siehe S. 142f)*

BENUTZERHINWEISE

Dieser Reiseführer soll Ihren Südafrika-Besuch zu einem Erlebnis machen, das durch keinerlei Probleme getrübt wird. *Südafrika stellt sich vor* erläutert die geografische Lage und die Historie. Das Kapitel *Kapstadt* und vier Regionalkapitel fassen alles Sehens- und Erlebenswerte zusammen, vom Weinanbau bis zu Flora und Fauna des Landes. Restaurant- und Hotelempfehlungen finden Sie im Kapitel *Zu Gast in Südafrika*. Die *Grundinformationen* geben praktische Hinweise von öffentlichen Verkehrsmitteln bis zu Ihrer persönlichen Sicherheit.

KAPSTADT

Das Buch gliedert die Stadt in drei Teile. Jedes Kapitel beginnt mit einer Auflistung der wichtigsten Attraktionen, die auf den folgenden Seiten ausführlich beschrieben werden. Das Kapitel *Abstecher* zeigt die Sehenswürdigkeiten der Umgebung. Alle Attraktionen sind mit Nummern versehen, die mit denen auf den Karten identisch sind.

Sehenswürdigkeiten auf einen Blick führt das Wichtigste auf: historisch oder architektonisch bedeutende Straßen und Bauten, Kirchen, Museen und Sammlungen, Monumente, Parks und Gärten.

2 Detailkarte
Ein Blick aus der Vogelperspektive zeigt Ihnen die wichtigsten Sehenswürdigkeiten.

Sterne markieren Sehenswürdigkeiten, die man nicht verpassen sollte.

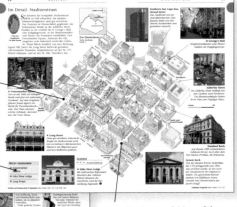

Alle Seiten über Kapstadt sind mit einer roten Markierung versehen.

Eine Orientierungskarte zeigt die Lage des Stadtteils, in dem man sich befindet.

1 Stadtteilkarte
Die im jeweiligen Kapitel beschriebenen Sehenswürdigkeiten sind auf der Karte nummeriert und, sofern sie in der Innenstadt liegen, im Stadtplan (siehe S. 115–123) *eingezeichnet.*

Die Routenempfehlung führt durch die interessantesten Straßen eines Stadtteils.

3 Detaillierte Informationen
Alle Sehenswürdigkeiten Kapstadts sind ausführlich mit Adresse, Telefonnummer und wichtigen praktischen Hinweisen beschrieben. Eine Legende der verwendeten Symbole finden Sie auf der hinteren Umschlaginnenseite.

GAUTENG UND MPUMALANGA

1 Einführung

*Hier werden Land-
schaft, Charakter und die
Geschichte einer Region
beschrieben. Ein geschicht-
licher Abriss erläutert, wie
sich die Region im Lauf
der Zeit entwickelt und
welche Sehenswürdig-
keiten sie zu bieten hat.*

DIE REGIONEN SÜDAFRIKAS

Neben Kapstadt wurde Süd-
afrika in zehn Regionen unterteilt. Die interessantesten
Städte und Sehenswürdig-
keiten sind zu Anfang eines
jeden Kapitels auf einer
Regionalkarte dargestellt.

Die Farbcodierung
erleichtert das Auffinden
von Regionen.

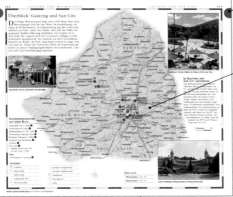

2 Regionalkarte

*Die neue Karte zeigt das
Straßennetz und eine Über-
sicht der ganzen Region. Alle
Sehenswürdigkeiten sind
nummeriert. Die Karte gibt
Tipps für Ausflüge mit Auto,
Bus oder Bahn.*

Kästen beleuchten Wissenswertes
zu den Sehenswürdigkeiten.

3 Detaillierte Informationen

*Alle wichtigen Orte
werden einzeln beschrieben.
Die Reihenfolge entspricht
der Nummerierung auf der
Regionalkarte. Zu jedem Ort
gibt es detaillierte Informationen über die wichtigsten
Sehenswürdigkeiten.*

Die Infobox enthält praktische
Informationen, die für einen
Besuch hilfreich sind.

4 Hauptsehenswürdigkeiten

*Den Highlights Südafrikas
werden zwei oder mehr Seiten
gewidmet. Historische Gebäude werden im Aufriss abgebil-
det. Zu Nationalparks finden
Sie erläuternde Karten.*

Straßenkarte Südafrika *siehe Seite 16f*

SÜDAFRIKA STELLT SICH VOR

SÜDAFRIKA ENTDECKEN

Von der »Regenbogennation« Südafrika sagt man, sie biete die ganze Welt in einem Land. Die Landschaftsvielfalt ist enorm: von wunderschönen Wäldern bis zu atemberaubenden Küsten und lebhaften Städten. In Südafrika gibt es elf Amtssprachen und demzufolge auch eine vielfältige Kultur. Urlauber kommen hier voll auf

Afrikanischer Steppenelefant

ihre Kosten, egal ob sie sich für Extremsportarten interessieren, durch die Weinregion touren oder nach Herzenslust shoppen möchten. Der Besuch eines Nationalparks mit majestätischen Löwen, Elefanten und anderen in diesen Reservaten unter Schutz stehenden Tieren gehört zum Pflichtprogramm. Die folgenden Seiten sollen Ihnen bei der Reiseplanung helfen.

Von Green Point aus genießt man einen herrlichen Blick auf Kapstadt

KAPSTADT

- **Shopping-Paradies V&A Waterfront**
- **Hauptstadt der Legislative**
- **Eindrucksvoller Tafelberg**
- **Herrliche Strände**

Mit der Lage am Meer unterhalb des imposanten Tafelbergs ist Kapstadt wohl die landschaftlich reizvollste Stadt Südafrikas. Ihre Weltoffenheit zeigt sich u. a. in den Läden der **V&A Waterfront** *(siehe S. 82–84)*, die selbst die anspruchsvollsten Besucher beeindrucken.

Prächtige öffentliche Bauten und exzellente Museen wie das **Iziko Castle of Good Hope** *(siehe S. 72f)* sowie eindrucksvolle Statuen und Monumente in den vielen Parks und Gärten spiegeln Kapstadts Bedeutung als Südafrikas Hauptstadt der Legislative wider. Hier sind auch einige der besten Nationalparks des Landes zu finden.

Eine Seilbahn führt auf den **Tafelberg** *(siehe S. 78f)* – hierbei offenbart sich ein atemberaubendes Panorama. Allerdings sollte man sich vorher vergewissern, dass der Gipfel nicht im Nebel liegt. Etwas weiter die Küste entlang befindet sich die **Kap-Riviera** *(siehe S. 93)*. Die herrlichen Strände sind bei Urlaubern und Einheimischen gleichermaßen beliebt. Die Anreise auf den Küstenstraßen kann wegen des dichten Verkehrs etwas länger dauern, doch die Mühe lohnt sich.

KAP-WEINREGION

- **Faszinierende Weintouren**
- **Kapholländische Architektur**
- **Historisches Stellenbosch**

Seit über 350 Jahren wird in Südafrika Wein produziert. Deshalb überrascht es nicht, dass hier schöne **Touren durch die Weinregionen**

(siehe S. 140 und S. 147) möglich sind. Die Weingüter bieten nicht nur einen Einblick in die Weinindustrie, sondern auch die Gelegenheit, den einen oder anderen Tropfen zu probieren.

Die Kap-Weinregion ist geprägt von grünen Hügeln und schroffen Berggipfeln sowie vom architektonischen Erbe der Holländer und Franzosen – besonders schön ist das **Boschendal Manor House** *(siehe S. 142f)*. Die größeren Städte sind ebenso pittoresk wie die vielen weiß getünchten Farmhäuser in dieser Region. An den friedlichen Straßen von **Stellenbosch** *(siehe S. 136–139)* stehen herrliche Beispiele kapholländischer Architektur. Weitere Attraktionen sind das **Worcester Museum** *(siehe S. 150f)*, verlockende Gasthäuser und einige der besten Restaurants des Landes.

Terrassierter Weinberg in der Kap-Weinregion

◁ **Cathedral Peak, The Bell, Outer Horn und Inner Horn in den Drakensbergen** *(siehe S. 216f)*

Der gewaltige unterirdische Komplex der Cango Caves

WESTKÜSTE

- **Blütenmeer Namaqualand**
- **Gewaltige Felsformationen am Cedarberg**
- **Fangfrisches Seafood**

Im Frühling (September–November) ist die Westküste am schönsten. Zu dieser Zeit, wenn das meiste der spärlichen Jahresregenmenge fällt, verwandelt sich **Namaqualand** *(siehe S. 162f)* in ein buntes Blütenmeer. Der surrealistisch anmutende **Cedarberg** *(siehe S. 160f)* und die umliegende, durch tektonische Aktivitäten und Erosion bizarr geformte Landschaft sind ein Paradies für Bergwanderer.

Farbenprächtiges Namaqualand

The **West Coast National Park** *(siehe S. 158f)* zählt zu Südafrikas bedeutendsten Feuchtgebieten. Das Meer hat Besuchern jedoch noch mehr zu bieten. *Skerm* (Freiluft-Restaurants) servieren eine Auswahl an frischem, köstlichem Seafood und sind ein idealer Ort für ein zwangloses Mahl.

SÜDLICHES KAP

- **Spektakuläre Vier Pässe**
- **Stürmische Küste**
- **Für Höhlenforscher: Cango Caves**
- **Walbeobachtung bei Hermanus**

Land- und Viehwirtschaft prägen das südliche Kap im Schatten der Berge von Overberg. Durch deren Gipfel schlänglen sich **Vier Pässe** *(siehe S. 174f)*. Sie gehören zu den malerischsten Bergstraßen der Welt.

Auch die Küste hat ihren Reiz. Am stürmischen **Cape Agulhas** *(siehe S. 171)* treffen der kalte Atlantische und der wärmere Indische Ozean aufeinander. Das Gewässer hier ist deshalb selbst für erfahrene Segler und Schwimmer besonders tückisch.

Abenteuerlustige Urlauber sollten die **Cango Caves** *(siehe S. 175)* besuchen. Die wie eine unterirdische Kathedrale anmutende Große Halle verengt sich am Ende zum ›Briefkasten‹, einem Loch im Felsen, durch das sich ein Mensch gerade so hindurchzwängen kann.

Die Küstenstadt **Hermanus** *(siehe S. 168f)* ist vor allem für eine Attraktion bekannt: Hier kann man ganz hervorragend Wale beobachten. Im Oktober tummeln sich besonders viele stattliche Exemplare vor der Küste.

GARDEN ROUTE

- **Exotische Blumen und Wälder**
- **Tsitsikamma National Park**
- **Exzellente Wanderwege**
- **Goldene Strände von Port Elizabeth**

Kaum ein Gebiet trägt einen treffenderen Namen als die exotische und wunderschöne Garden Route. Hier wurden viele Blumen kultiviert, doch die Hauptattraktion sind die afrikanischen Hartholz-Urwälder im **Tsitsikamma National Park** *(siehe S. 190f)*. Im Park befinden sich zwei der beliebtesten Wanderwege des Landes. Wer sich auf Tour begibt, muss beachten, dass seine Verpflegung für die gesamte Wanderung ausreicht.

Das gemäßigte Klima und die attraktiven Wanderwege durch naturbelassene Wälder ziehen viele Wanderer an. Der 165 Kilometer lange **Outeniqua Hiking Trail** *(siehe S. 187)* führt sieben Tage lang durch die Wälder um **Knysna** *(siehe S. 186f)*.

Entlang der Garden Route ist man niemals weit vom Meer entfernt. Es gibt viele Plätze, an denen man die Küste genießen kann. **Port Elizabeth** *(siehe S. 192–195)* ist eine der sympathischsten Städte Südafrikas. Die goldenen Strände sind verständlicherweise Besuchermagneten, die Stadt bietet jedoch auch schöne Architektur und die fesselnden Delfin- und Robben-Shows in **Bayworld** *(siehe S. 195)*.

Malerischer Küstenabschnitt entlang der Garden Route

WILD COAST, DRAKENSBERGE UND MIDLANDS

- Mächtige Ukhahlamba-Gipfel
- Historische Schlachtfelder
- Bergiges Lesotho
- Gandhi-Statue in Pietermaritzburg

Ukhahlamba («Barriere aus Speeren») nennen die Zulu die mächtigen Drakensberge. Die grünen Tälern, die seit langer Zeit als Weideland genutzt werden, waren einst die Heimat der San-Buschmänner. Die Spuren dieser Jäger und Sammler sind noch heute sichtbar, z. B. die Felszeichnungen im **Natal Drakensberg Park** *(siehe S. 216f)*. Die spätere Besiedelung des Gebietes durch Xhosa, Zulu, Afrikaaner und Briten führte immer wieder zu schweren Konflikten. Die **Tour zu den Schlachtfeldern** *(siehe S. 220)* umfasst u. a. die Kriegsschauplätze Blood River, Rorke's Drift und Ladysmith.

Lesotho *(siehe S. 214f)* ist ein unabhängiger Staat, der vollständig von Südafrika umgeben ist. Das bergige Land wird vom Basotho-Stamm regiert. Flora, Fauna, Felszeichnungen und Fossilienfunde machen die Region zu einem Paradies für Erkundungen in freier Natur. In **Pietermaritz-**

Die zerklüftete Landschaft der Drakensberge

Hochhäuser prägen die Skyline von Johannesburg

burg *(siehe S. 222f)* stehen interessante Monumente, z. B. von Gandhi, der hier seinen Kampf gegen Rassendiskriminierung begann.

Zulu-Krieger führen einen Stammestanz auf

DURBAN UND ZULULAND

- Durban – Stadt voller Leben
- Aufregende Wildreservate
- Das Erbe der Zulu

Durban *(siehe S. 228–233)*, größter Hafen und drittgrößte Stadt des Landes, ist ein beliebtes Reiseziel in der Provinz KwaZulu-Natal. Der indischstämmige Bevölkerungsanteil trägt zum Kulturmix Südafrikas bei, die schöne **Juma-Musjid-Moschee** *(siehe S. 230)* und der **Temple of Understanding** *(siehe S. 231)* sind einen Besuch wert. Wegen der hohen Kriminalitätsrate sollten sich Reisende jedoch nicht außerhalb der Urlauberzentren aufhalten.

Im Norden befinden sich einige der besten Wildparks Südafrikas. Das Busch- und Grasland der Reservate ist der ideale Lebensraum für

Löwen, Leoparden, Nashörner, Büffel und Elefanten. Im **Hluhluwe-Umfolozi Park** *(siehe S. 240)* und dem **Ithala Game Reserve** *(siehe S. 240f)* kann man die Tiere wunderbar beobachten.

Das Erbe der Zulu ist hier allgegenwärtig. **Shakaland** *(siehe S. 239)* ist die fantastische Rekonstruktion eines typischen Zulu-Dorfes.

GAUTENG UND SUN CITY

- Metropole Johannesburg
- Lebhaftes Soweto
- Regierungshauptstadt Pretoria/Tshwane
- Palace of the Lost City

Das dynamische **Johannesburg** *(siehe S. 256–259)* ist eine Stadt der Kontraste: Reichtum und Armut liegen hier dicht beieinander. Der Nobelvorort **Sandton** *(siehe S. 263)* bietet exzellente Shopping- und Unterhaltungsmöglichkeiten, in **Soweto** *(siehe S. 263)* ist der Wirtschaftsaufschwung dagegen noch immer nicht angekommen. Die Township kann im Rahmen einer geführten Tour besichtigt werden – ein Besuch, der sich wegen der Musik und Kunst lohnt. Niemand sollte allerdings auf eigene Faust nach Soweto fahren.

Die Regierungshauptstadt **Pretoria/Tshwane** *(siehe S. 266f)* besitzt viele elegante Monumente und Gebäude. Im Frühling offenbaren die Jakarandabäume ihre violette Blütenpracht.

Wer eine Kulturpause benötigt, kann sich im Casino des **Palace of the Lost City** *(siehe S. 270f)* vergnügen.

BLYDE RIVER CANYON UND KRUGER NATIONAL PARK

- Malerische Panoramen
- Wunderbare Nationalparks und Wildreservate
- Tour entlang den Wasserfällen
- Schönes Swasiland

Eine Herde Karoo-Lämmer auf einer Farm in der Stadt Graaff-Reinet

Dort, wo das Land von den nördlichen Gipfeln der imposanten Drakensberge in die Ebene des schier endlosen Buschlandes abfällt, begegnet man einigen der großartigsten Landschaften Südafrikas. Die atemberaubende Natur kann man am besten während einer Fahrt entlang der **Panorama Route** *(siehe S.279)* bewundern. Der **Kruger National Park** *(siehe S.284–287)*, das größte und älteste Wildreservat der Welt, bietet ebenfalls eine wunderschöne Landschaft und Besuchern außerdem die Gelegenheit, die »Big Five« (Löwe, Leopard, Nashorn, Büffel und Elefant) und weitere Tiere wie Geparden, Krokodile und Paviane zu beobachten.

Ein reißender Fluss schuf den weitläufigen **Blyde River Canyon** *(siehe S.279)*. Hier gibt es mehr Wasserfälle als irgendwo sonst in Südafrika. Der größte unter ihnen ist mit einer Höhe von 90 Metern der **Lisbon-Wasserfall** *(siehe S.277)*. Das Hochland und die Naturreservate des wunderschönen Königreichs **Swasiland** *(siehe S.288f)* sind ein Paradies für Wanderer.

SÜDLICH DES ORANJE

- Einzigartige Karoo-Region
- Riesige Schaffarmen
- Architektur in Graaff-Reinet
- Widerstandsfähige Bergzebras

Der Oranje ist Südafrikas längster Fluss. Im Buschland südlich des Oranje ist Wasser allerdings stets knapp. Der Stamm der Khoi gab dem Gebiet den Namen Karoo (»Land des großen Durstes«). In der auf den ersten Blick unwirtlichen Umgebung sind dennoch viele Pflanzen und Tierarten beheimatet. Der **Karoo National Park** und das **Karoo Nature Reserve** *(siehe S.302)* wurden angelegt, um das Naturerbe zu bewahren.

In dieser Region gibt es viele Schaffarmen. Sie sind wichtige Produzenten von Fleisch und Wolle. **Cradock** *(siehe S.306)* ist das Zentrum dieses Wirtschaftszweiges. Das Gotteshaus wurde nach dem Vorbild der Londoner Kirche St Martin-in-the-Fields erbaut. **Graaff-Reinet** *(siehe S.304f)*

entstand um einen Verwaltungssitz aus dem Jahr 1786. Die Stadt ist für ihre kapholländische Architektur bekannt. Der **Mountain Zebra National Park** *(siehe S.306)* hat die Aufgabe, das heimische Bergzebra vor dem Aussterben zu retten. Der Bestand wuchs mittlerweile auf über 250 Tiere an.

NÖRDLICH DES ORANJE

- Diamantenrausch von Kimberley
- Bloemfontein – Sitz des obersten Gerichts
- Wilde Kalahari

Das einst beschauliche Farmland um **Kimberley** *(siehe S.316f)* war Schauplatz des weltgrößten Diamantenrausches. Die berühmte Mine Big Hole wurde mit der Zeit ein riesiger Krater. Die Ausbeute war hier nicht besonders groß, u. a. entdeckte man im Big Hole den Cullinan, den größten je gefundenen Rohdiamanten.

Eine ganz andere Atmosphäre bietet **Bloemfontein** *(siehe S.318f)*, der Sitz von Südafrikas oberstem Gericht. Hier stehen viele prächtige Gebäude wie Old Presidency und Appeal Court. Der schattige King's Park ist eine Ruheoase und ein schöner Platz für ein Mittagessen.

Große Teile der Kalahari-Wüste liegen im Schutzgebiet des **Kgalagadi Transfrontier Park** *(siehe S.315)*. In Afrikas größtem Nationalpark sind 19 Raubtierarten beheimatet, u. a. Löwe, Gepard, Braune Hyäne und Raubadler.

Ein Löwenpärchen ruht sich im Sand der Kalahari aus

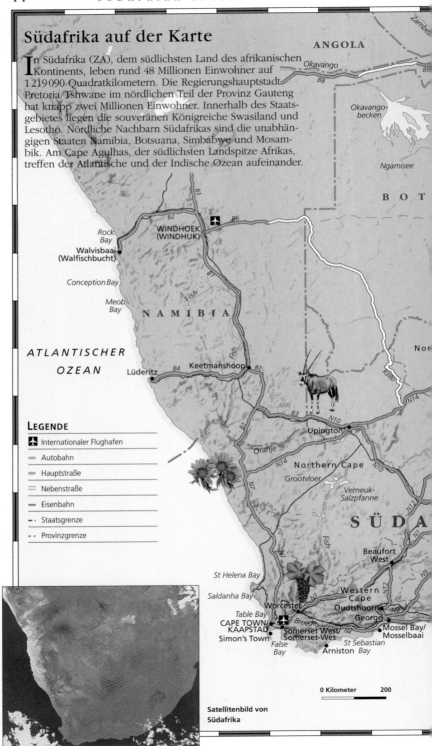

Südafrika auf der Karte

In Südafrika (ZA), dem südlichsten Land des afrikanischen Kontinents, leben rund 48 Millionen Einwohner auf 1 219 090 Quadratkilometern. Die Regierungshauptstadt Pretoria/Tshwane im nördlichen Teil der Provinz Gauteng hat knapp zwei Millionen Einwohner. Innerhalb des Staatsgebietes liegen die souveränen Königreiche Swasiland und Lesotho. Nördliche Nachbarn Südafrikas sind die unabhängigen Staaten Namibia, Botsuana, Simbabwe und Mosambik. Am Cape Agulhas, der südlichsten Landspitze Afrikas, treffen der Atlantische und der Indische Ozean aufeinander.

ANGOLA

Okavango

Okavango-becken

Ngamisee

BOT

Rock Bay

WINDHOEK (WINDHUK)

Walvisbaai (Walfischbucht)

Conception Bay

Meob Bay

NAMIBIA

Fish

ATLANTISCHER OZEAN

Lüderitz   Keetmanshoop

Nor

LEGENDE

✈ Internationaler Flughafen

— Autobahn

— Hauptstraße

= Nebenstraße

— Eisenbahn

-·- Staatsgrenze

-- Provinzgrenze

Upington

Oranje

Northern Cape

Grootvloer

Verneuk-Salzpfanne

SÜDA

Beaufort West

St Helena Bay

Saldanha Bay

Western Cape

Worcester

Oudtshoorn

George

Table Bay

CAPE TOWN/ KAAPSTAD

Simon's Town

Somerset West/ Somerset-Wes

Breede

Mossel Bay/ Mosselbaai

False Bay

St Sebastian Bay

Arniston

0 Kilometer   200

Satellitenbild von Südafrika

Straßenkarte

Die internationalen Flughäfen in Johannesburg, Kapstadt und Durban verbinden
Südafrika mit der Welt. Viele Regionen haben
kleinere Inlandsflughäfen. Internationale
Schiffsverbindungen führen nach Kapstadt,
Durban und Port Elizabeth. Ein gutes Straßennetz versorgt das Landesinnere. Dieses Buch
teilt das Land in zehn Regionen ein; dazu
kommt ein Kapitel über Kapstadt. Politisch
gliedert sich Südafrika in neun Provinzen.

SÜDAFRIKAS REGIONEN

LEGENDE

✈ Internat. Flughafen
═ Autobahn
═ Hauptstraße
═ Nebenstraße
━ Eisenbahn
–·– Staatsgrenze
–·– Provinzgrenze

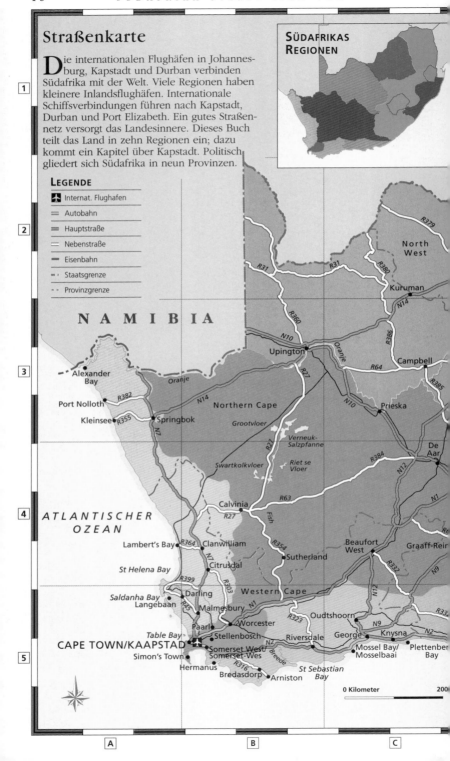

NAMIBIA

ATLANTISCHER OZEAN

North West

Kuruman

R379
R31
R31
R380
R360
R386
N14

Upington
Oranje
Campbell
N10
R64
R27
Prieska
R385

Alexander Bay
Oranje
R382
Port Nolloth
N14
Northern Cape
Kleinsee
R355
Springbok
N7
Grootvloer
De Aar
Verneuk-Salzpfanne
R384
N12

Swartkolkvloer
Riet se Vloer
N1

Calvinia
R63
Fish
R27

Beaufort West
Graaff-Rei
Lambert's Bay
R364
Clanwilliam
R354
Sutherland
R333
N9
St Helena Bay
N7
Citrusdal
R303
N12
R323

Saldanha Bay
Darling
Western Cape
Oudtshoorn
N9
R33
Langebaan
R45
Malmesbury
N1
Worcester
R323
George
Knysna
N2
Table Bay
Paarl
Riversdale
Mossel Bay/
Plettenber
CAPE TOWN/KAAPSTAD
Stellenbosch
N2
Mosselbaai
Bay
Simon's Town
Somerset West
Somerset-Wes
Breede
Hermanus
R316
St Sebastian Bay
Bredasdorp
Arniston

0 Kilometer   200

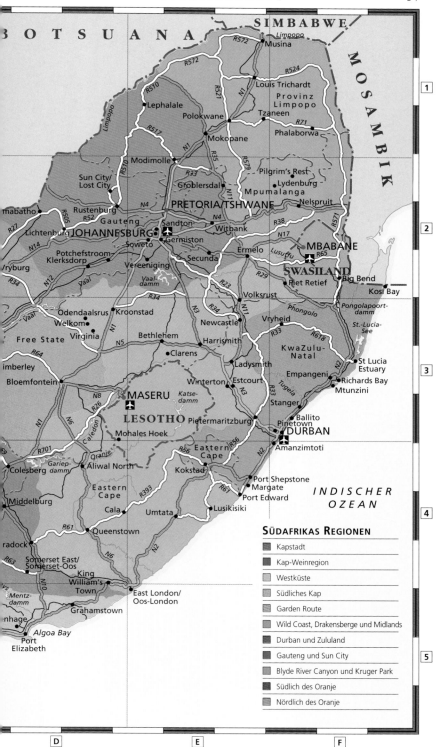

SÜDAFRIKAS REGIONEN

- Kapstadt
- Kap-Weinregion
- Westküste
- Südliches Kap
- Garden Route
- Wild Coast, Drakensberge und Midlands
- Durban und Zululand
- Gauteng und Sun City
- Blyde River Canyon und Kruger Park
- Südlich des Oranje
- Nördlich des Oranje

EIN PORTRÄT SÜDAFRIKAS

Freie Natur, Wildparks und viel Sonne sind das, was die meisten Besucher nach Südafrika zieht. Obwohl noch immer tief verwurzelte Rassenprobleme das Land plagen, sind seine Bürger fest entschlossen, einen neuen Anfang zu wagen. Das macht Südafrika zu einem spannenden und eindrucksvollen Land.

Südafrika ist etwa so groß wie Spanien und Frankreich zusammen, es bietet ein Mosaik an verschiedensten Landschaften, vom dramatisch

Königsprotea

trockenen Nordwesten zur bewaldeten Küste der Garden Route, von der kargen Karoo im Innern zu den zerklüfteten Drakensbergen im Osten, von den gepflegten Weingärten am Kap zu den Blumenwiesen von Namaqualand. Das Land entpuppt sich als ein wahres Pflanzenparadies. Zu den sogenannten *Fynbos*-Arten gehören eine Vielzahl verschiedener Protea- und Erikaarten sowie unterschiedlichste Gräser. Die Wildparks im Norden beheimaten die »Big Five«: Büffel, Elefant, Leopard, Löwe und Nashorn. Die Feucht- und marinen Schutzgebiete an der Ostküste wimmeln von Meerestieren und Vögeln.

Und natürlich nicht zu vergessen die Strände, die beliebtesten Feriengebiete der Südafrikaner, ideal zum Windsurfen, Schwimmen, Surfen, Angeln und Sonnenbaden.

»Rainbow people of God« – so nannte Desmond Tutu, der frühere anglikanische Erzbischof von Kapstadt, das südafrikanische Volk einmal – eine bunte Mischung von Menschen verschiedener Religionen, Traditionen und Abstammungen, die in einem Land mit atemberaubenden Naturschönheiten leben.

Akazien überleben auch an den sonnenversengten Rändern der Kalahari

◁ Junger Zulu-Tänzer in traditioneller Tracht

Im Groote Schuur Hospital wurde 1967 zum ersten Mal ein menschliches Herz transplantiert

Dramatische Kontraste bieten nicht nur die unterschiedlichen Landschaften. Es heißt oft, Südafrika repräsentiere zwei Welten – die Erste und die Dritte Welt. Obwohl das Land 60 Prozent der elektrischen Energie des gesamten Kontinents erzeugt, sind heute noch mehr als die Hälfte der Haushalte auf Petroleum, Holz und Gas angewiesen.

Südafrika war zu Beginn seiner Geschichte lediglich eine Zwischenstation. Im 17. Jahrhundert frischten niederländische Handelsschiffe auf ihrem Weg zu den Kolonien im Osten am Kap ihre Vorräte auf. Südafrika ist sehr fruchtbar und auch

Gießen von flüssigem Gold

heute noch weitgehend autark – dies ist eine Folge seiner langjährigen politischen Isolation, die von der internationalen Gemeinschaft wegen der damals herrschenden Politik der Rassentrennung (Apartheid) verhängt wurde.

Südafrika ist einer der größten Produzenten von Gold und Diamanten. Die Entwicklungen in Bergbau, Kommunikations- und Rüstungstechnik waren beeindruckend, jedoch führte die Wirtschaft wegen der Apartheid ein Schattendasein. Ende der 1960er Jahre, als in einem Kapstädter Krankenhaus die erste erfolgreiche Herztransplantation der Welt stattfand, kämpften die meisten Südafrikaner noch um die Befriedigung elementarer Bedürfnisse: Nahrung, Wohnung und Bildung.

SÜDAFRIKANISCHE GESELLSCHAFT

Angesichts solcher Unterschiede ist es kein Wunder, dass die Südafrikaner keine einheitliche nationale Identität bilden. Englisch, Afrikaans und neun Bantu-

Landarbeiter bei der Rast an der Westküste

Sprachen sind offizielle Landessprachen. Etwa 18 Prozent der Bevölkerung sprechen Afrikaans, das auf dem Niederländischen basiert. Die spezielle kulturelle Mischung der südafrikanischen Bevölkerung wurzelt in der kolonialen Vergangenheit. Zu den Jägern und Sammlern, die ursprünglich das Kap bewohnten, stießen vor rund 1000 Jahren Bantu sprechende Stämme aus dem Norden. Im 17. Jahrhundert kamen europäische Siedler – zuerst Niederländer, dann Briten und Franzosen –, außerdem Sklaven aus Indonesien, Madagaskar und Indien, später Gastarbeiter aus Indien. Sowohl Siedler als auch Sklaven brachten ihre Traditionen mit. Wenn es eine typische südafrikanische Küche gibt, dann die kapmalaiische: milde Lamm- und Fischcurrys, verfeinert und gesüßt mit Früchten. Meeresfrüchte sind beliebt, aber die Südafrikaner bevorzugen Fleisch. Das *braai*, Grillen im Freien, ist zwar auf der ganzen Welt beliebt, doch nur Südafrikaner veranstalten Wettbewerbe um die besten *boerewors* (scharfe Wurst) und *potjiekos* (im gusseisernen Topf zubereiteter Eintopf).

Festvorbereitungen in einer Moschee in Kapstadt

Flötenspieler

Religion überbrückt manche Kluft. Die Freikirchen sind sehr beliebt, denn sie bieten auch Raum für Traditionen und den Glauben an die Geister der Ahnen. Niederländisch-reformierte, römisch-katholische, presbyterianische und anglikanische Kirche haben Anhänger in allen Bevölkerungsschichten. Der Islam ist am stärksten im Westen des Landes verbreitet, Buddhisten und Hinduisten leben vor allem in Durban.

KULTUR UND SPORT

Das Bewusstsein einer afrikanischen Identität steigt stetig. Die Musik, bei Zeremonien schon immer bedeutend, spielt dabei eine führende Rolle. Der Sound des *mbube*, eines Gruppengesangs der Zulu, wurde zu einem wahren Exportschlager Südafrikas.

Ein afrikanischer Chor präsentiert harmonischen Gospel

Sindiwe Magona schrieb mehrere Bücher über ihr Leben als schwarze Südafrikanerin

Die musikalische Tradition der Afrikaner mit ihren eigenständigen Rhythmen und Harmonien gelangte auch in die Städte. Die Lieder sind oft von westlichem Pop beeinflusst, aber Jazz, Soul, *kwela* (mit dem typischen, durchdringenden Klang der *Pennywhistle*), *kwaito* (leichter Pop), Rock und Reggae haben eine typisch südafrikanische Färbung.

Das kulturelle Erbe der weißen Afrikaner, Ergebnis der jahrhundertelangen Isolation von Europa, umfasst eine eindrucksvolle Literatur und eigenständige Musiktradition. Die nostalgischen Lieder in Afrikaans beschwören häufig die »guten alten Zeiten«. Im Gegensatz dazu ist die Musik der farbigen Afrikaner lebendig und fröhlich, ihre geistreichen Texte verdecken die Entwürdigungen der Vergangenheit.

Während der langen Zeit der Apartheid bestimmten Unterdrückung und Leid die Kunst. Im Gegensatz zu den früheren Autoren *(siehe S. 30f)* wenden sich zeitgenössische Schriftsteller von einer selbstbezogenen Perspektive ab und universelleren Themen zu.

Die meisten Südafrikaner sind leidenschaftliche Sportfans – sei es aktiv oder als Zuschauer. Diese Begeisterung wuchs erst recht seit dem Ende des Sport-Boykotts. 1995 eroberte die südafrikanische Rugby-Nationalmannschaft (»Springboks«) bei der Weltmeisterschaft im eigenen Land den Titel. Dieser umjubelte Sieg war wichtig für die Stärkung der nationalen Einheit. 2007 konnte das Team in Frankreich den Triumph wiederholen. 2010 ist Südafrika Gastgeber der Fußball-Weltmeisterschaft.

Sänger, Tänzer und Showman

Überschwängliche Freude beim Sieg Südafrikas bei der Rugby-Weltmeisterschaft 2007

Viele Südafrikaner sind gerne am Strand, wie hier am Clifton Beach in Kapstadt

SÜDAFRIKA HEUTE

Das Ende der Apartheid begann mit der Ankündigung des damaligen Präsidenten F. W. de Klerk, das Verbot von African National Congress (ANC), Kommunistischer Partei und Pan-Africanist Congress (PAC) aufzuheben. Am 11. Februar 1990 wurde Nelson Mandela aus dem Gefängnis auf Robben Island entlassen, wo er seit 1963 ununterbrochen inhaftiert gewesen war.

Madiba liegen Südafrikas Kinder besonders am Herzen

Begleitet von einer Welle der Gewalt begannen die ersten Verhandlungen für den friedlichen Übergang zur Demokratie. Am 27. April 1994 durften alle Südafrikaner an den ersten freien Wahlen teilnehmen. Fünf Tage später wurde der Sieg des ANC verkündet und Nelson Mandela zum ersten schwarzen Präsidenten des »Neuen Südafrika« ausgerufen.

Im Mai 1996 wurde eine neue Verfassung verabschiedet, vielleicht die fortschrittlichste der Welt, die jede Diskriminierung aufgrund rassischer oder sozialer Herkunft, Religion, Geschlecht, sexueller Vorlieben oder Muttersprache verbietet. Trotzdem leben viele Südafrikaner in Armut. Die Kluft zwischen Reich und Arm wird trotz ergiebiger Bodenschätze, innovativer Technologien und hoch entwickelter Infrastruktur stetig größer. Aber die Nation blickt nach vorn, getreu Mandelas Maxime: »Man kann nicht lange verbittert bleiben, wenn man sich mit konstruktiven Dingen beschäftigt.«

Wandgemälde in Johannesburg

Gegensätzliche Küsten

Zwei Meeresströmungen beeinflussen das Küsten-
klima Südafrikas: An der Ostküste verläuft der tropische Agulhas-Strom nach Süden, an der Westküste
fließt der kalte Benguela-Strom nach Norden. Beide
treffen sich vor dem Cape Agulhas, der südlichsten
Landspitze Afrikas. Neben den Winden und dem
Relief sind diese ozeanischen Strömungen für die
unterschiedlichen Bedingungen an den Küsten verantwortlich: im Westen Trockengebiete, im Osten
dichte Wälder. Flora und Fauna der beiden Küsten-
regionen weisen auf dem Land wie im Wasser signi-
fikante Unterschiede auf, Tiere und
Pflanzen haben sich ihrer jeweiligen Umgebung angepasst.

*Blauwale, mit einer Länge von
bis zu 33 Metern die größten
Säuger der Erde, sind nur eine
der vielen Walarten, die im
arktischen Winter zu den
Küsten Südafrikas ziehen.*

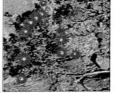

Drosanthemen, *niedrige
Pflanzen, blühen zwi-
schen August und Okto-
ber. Sie haben sich an
die Trockenheit der
Westküste angepasst
und speichern Wasser
in ihren kleinen, flei-
schigen Blättern.*

Alexander Bay ●

0 Kilometer 100

**Die schwarze Gackeltrappe
(Black Korhaan)** *bewohnt
die trockene Küste. Die
Männchen mit auffallen-
dem Federkleid verteidi-
gen ihr Revier mit heiseren
Schreien. Weibchen sind
unauffällig braun gespren-
kelt und dank ihrer
regungslosen Haltung
kaum wahrzunehmen.*

ATLANTISCHER
OZEAN

Cape Basin

St Helena
Bay

Saldanha
Bay

Table Bay   CAPE TOWN/
KAAPSTAD

West Coast Rock Lobster
*sind für die Wirtschaft der
Region wichtig und dürfen
nur mit besonderer Lizenz
gefangen werden. Kommer-
zielle Züchtung ist verboten.*

**Der Benguela-
Strom** bringt
kaltes Wasser
aus der Antarktis
nach Norden.

Cape Point

False Bay

● Cape Agulhas

Am Cape Agulhas fließen
zwei unterschiedliche Meeresströmungen zusammen.

A g u l h a s   B a n k

WESTKÜSTE

Selbst im Sommer be-
trägt die durchschnitt-
liche Wassertemperatur
nur 14 °C. Dadurch bil-
den sich kaum Regenwol-
ken, die jährliche Niederschlagsmenge liegt bei
weniger als 250 Millimeter.

Seeanemone

Nur Sukkulenten können mithilfe des Taus
das Fehlen von Regen ausgleichen. Das
nährstoffreiche Meer birgt vielfältiges Leben.

CAPE AGULHAS

Die südlichste Spitze Afrikas ist nicht Cape Point, sondern das bescheidene Cape Agulhas an der felsigen Ostseite des windumtosten Danger Point. Es verdankt seinen Namen dem portugiesischen Wort *agulhas* (Nadeln). Navigatoren bemerkten, dass sich die Kompassnadeln hier nicht mehr am Südpol orientierten, sondern genau nach Norden wiesen. Im Fels ist eine Hinweistafel eingelassen. Pfeile geben die Entfernung zu verschiedenen Städten auf der Welt an.

Tafel am Cape Agulhas

Verschiedene Delfinarten
spielen in den warmen Meeresströmungen vor Städten wie Durban und Margate. Sie treten meist in Gruppen von 10 bis 15 Tieren auf.

Kosi Bay•

St Lucia Marine• Reserve

Crinum-Arten
(Familie der Amaryllis) sind häufig im sumpfigen Grasland der Ostküste zu finden. Die Pflanze blüht im Sommer.

Umgeni River Estuary
Durban •

Aliwal Shoal

Die Kap-Graseule
(Tyto capensis) *lebt im sumpfigen Grasland der südafrikanischen Ostküste.*

Natal Basin

INDISCHER OZEAN

Algoa Bay

Agulhas Basin

Der warme Agulhas-Strom
ist verantwortlich für das feuchtheiße Klima der Ostküste.

Die Port-Elizabeth-Languste, *eine der vielen Felsenkrebstierarten der Küste Südafrikas, hat eine nur geringe wirtschaftliche Bedeutung.*

OSTKÜSTE

Der warme Agulhas-Strom, der nach Süden durch die Straße von Mosambik verläuft, verursacht das feuchtheiße Klima der Ostküste. Im Mündungsgebiet des Umgeni bei Durban gedeihen Mangrovenwälder. Menschen und Tiere warten auf die jährlichen Wanderungen der Sardinen. Korallenriffe gibt es im St Lucia Marine Reserve (Meeresschutzgebiet).

Nacktschnecke

Landschaften und Flora

Südafrikas Flora verzaubert Besucher und fasziniert Botaniker. Viele Pflanzen sind im ganzen Land verbreitet, doch jede Region brachte als Ergebnis unterschiedlicher geografischer und klimatischer Bedingungen auch individuelle Merkmale hervor. In den trockenen Bereichen des Westens sind die Pflanzen meist kleiner und niedriger und blühen nur kurz nach den Regenfällen im Winter. Im Osten herrschen dagegen Grasland und Bushveld (Savanne) vor. Entlang der Ostküste gedeihen dichte subtropische Küstenwälder.

Aloe

KAPLÄNDISCHES FLORENREICH

Pelargonium

Das südwestliche Kap, das weniger als vier Prozent der Landfläche Südafrikas ausmacht, ist eines der sechs kontinentalen Florenreiche der Erde und birgt etwa 8500 verschiedene Pflanzenarten. Zum sogenannten *fynbos* (feinblättrigen Busch) gehören rund 350 Arten von Protea ebenso wie Pelargonien, Heidekraut, Schilfgräser und Irisgewächse. Die meisten sind endemische Arten, die auch im Kirstenbosch National Botanical Garden zu finden sind (*siehe S. 104f*).

HALBWÜSTEN

Vollwüsten gibt es im südlichen Afrika nur in Namibia. Die Halbwüste Great Karoo bedeckt etwa ein Drittel der Fläche Südafrikas. Ihre Flora ist an die Trockenheit und die extremen Temperaturen angepasst. Viele Sukkulenten, darunter Aloe, Eiskraut- (Mittagsblumen) und Wolfsmilchgewächse, speichern Wasser in fleischigen Blättern oder Wurzeln. Die Samen der einjährigen Pflanzen können auch lange Trockenzeiten überdauern (*siehe S. 162f*). Bäume wachsen an den Ufern der periodisch austrocknenden Flüsse.

Sukkulente

NAMAQUALAND

Viele Sukkulenten überleben nur dank der Kondensation des vom Atlantik heraufziehenden nächtlichen Seenebels. Es entstanden bizarre Spezies wie *kokerboom* (Köcherbaum), *halfmens* (Halbmenschen) und fleischfressende Pflanzen aus der Familie der Stapelien. Zwergbüsche und dürre Sträucher breiten sich auf staubigen Böden aus, die lange vegetationslos bleiben, bis nach einem leichten Winterregen die Mittagsblumen (*vygies*) aufblühen (*siehe S. 162f*).

Mittagsblumen

GEMÄSSIGTE WÄLDER

Dichte immergrüne Wälder wachsen im regenreichen Gebiet um Knysna (*siehe S. 186f*). Sie produzieren Harthölzer, die auch entlang der subtropischen Küste von KwaZulu-Natal vorkommen. Die Wälder der gemäßigten Zone von Knysna weisen Unterholz mit Sträuchern, Farnen, Pilzen und Rankgewächsen wie dem wuscheligen »Old Man's Beard« (Greisenbart) auf. Die Bäume werden etwa 60 Meter hoch und erreichen einen Umfang von bis zu sieben Metern.

Waldpilz

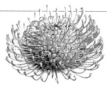

Nadelkissen-Proteas
blühen von Juni bis Dezember in verschiedenen Farben von Gelb bis Tiefrot. Die Blüten halten sich bis zu drei Wochen und locken Vögel und Insekten an.

Erica patersonia, eine von über 625 Arten der Heidekrautgewächse am Kap, wächst an Flussläufen.

Heidekraut
findet man auf dem Tafelberg, wo vor allem Erica dichrus *kräftige rote Farbakzente setzt.*

Protea grandiceps, eine der am weitesten verbreiteten Varianten dieser Familie, wächst in den höheren Lagen der Küsten.

Gelbe Nadelkissen-Proteas *wachsen auf hohen Büschen an der Küste.*

BUSHVELD
Hohe Gräser und niedrige Bäume, meist Laubbäume mit feinen Blättern und Dornen, bedecken große Flächen des Landesinneren. Der Kruger National Park *(siehe S. 284f)* ist ein Beispiel dafür, wie sich zwischen Strauchwerk und Savanne Übergangstypen bilden. Hier wachsen die Büsche dichter, es kommen größere Baumarten wie Marula, Mopane und Baobab vor. Die Familie der Akazien kennzeichnen schotentragende Bäume und Sträucher mit goldgelben Blüten.

»Weeping boer-bean«-Schote

HOCHGEBIRGE
Die Gebirgsflora besteht aus dichter Heide, Buschland und Gräsern. Ein schmaler subalpiner Gürtel in 2800 Metern Höhe beschränkt sich auf die Drakensberge *(siehe S. 216f)*. Hier findet man charakteristische Gewächse wie Helichrysum (Strohblumenart), Schilfgräser und Erika. In vielen Gebieten gedeihen im Frühjahr kurzzeitig vielfarbige einjährige Pflanzen. Zu den Protea-Arten gehört auch die sehr seltene Schneeprotea auf den höheren Gipfeln des Cedarbergs *(siehe S. 160f)*.

Watsonia

SUBTROPISCHER KÜSTENGÜRTEL
Brackwassersümpfe, Meeresbuchten und üppiges Pflanzenwachstum charakterisieren die Küste von KwaZulu-Natal. Mangroven verankern sich mit Stelzwurzeln im unsicheren Boden, höher am Ufer gedeihen Palmen und die breitblättrigen wilden Bananen aus der Familie der Strelitzien. Ein gutes Beispiel für eine typische Ostküsten-Vegetation bietet die Kosi Bay *(siehe S. 243)* mit Seen voller Seerosen und Schilf, umgeben von Sümpfen. In Wäldern und im Grasland wachsen wilde Palmen.

Seerose

Tierwelt

Vor der Ankunft der weißen Kolonisten lebten die nomadisierenden Khoi von der Jagd, während die Zulu und Venda weiter östlich mit Elfenbein handelten und nur zeremonielle Jagden betrieben – ihre Speere und Fallgruben zeigten nur geringe Wirkung. Gemessen an den Verhältnissen im Europa des 17. Jahrhunderts schien die Tierwelt Südafrikas unerschöpflich. Mitte des 19. Jahrhunderts hatten die Waffen der Siedler die riesigen Herden fast ausgerottet. Dank vielseitiger Schutzmaßnahmen konnten sich die Bestände erholen, heute zählen die Wildreservate Südafrikas zu den besten der Welt.

Giraffe

Der Klippspringer, *agil und trittsicher, ist in allen Bergregionen des Landes zu finden.*

Streifengnu

Weißstirn-spinte (Bienenfresser), *eine der rund 840 Vogelarten Südafrikas, sammeln sich in Schwärmen an den Flüssen im Kruger National Park. Sie jagen vorwiegend fliegende Insekten.*

Zebra

Nyala-Bullen unterscheiden sich von den ihnen ähnelnden Kudus durch ihre orangefarbenen Unterschenkel.

Warzenschwein

Princeps demodocus demodocus, der prächtige Weihnachtsfalter, auch bekannt als Citrus-Schwalbenschwanz, ist von September bis April in ganz Südafrika zu sehen. Wie sein Name verrät, findet man den Falter häufig in Zitrusplantagen.

AN DER WASSERSTELLE

In den trockenen Wintermonaten (Mai bis September) sammeln sich hier die Tiere zum Trinken. In den Gehegen von Hluhluwe-Umfolozi *(siehe S. 240)* und Mkuzi in KwaZulu-Natal kann man sie aus bienenkorbartigen Schutzhütten beobachten, im Kruger National Park bieten die Flüsse die besten Beobachtungsmöglichkeiten.

»BIG FIVE«

Der Begriff aus der Jägersprache bezeichnet die gefährlichsten und begehrtesten Tiere Südafrikas. Sie sind noch heute eine Attraktion und am besten im Kruger National Park *(siehe S. 284–287)* zu sehen. Weitere Großwild-Schutzgebiete sind Hluhluwe-Umfolozi sowie die Reservate von Pilanesberg und Madikwe.

Löwen, *die größten Raubkatzen Afrikas, leben in großen Rudeln, geführt von einem oder mehreren männlichen Tieren.*

Das Spitzmaulnashorn *ist bedroht. Es unterscheidet sich vom Breitmaulnashorn durch eine längere Oberlippe.*

ERSTE SCHUTZGEBIETE

Mitte des 19. Jahrhunderts hatten Jäger das Großwild weitgehend dezimiert. Einige Unterarten wie das Quagga (ein Verwandter des Zebras) und der Kaplöwe waren ausgerottet. Mit der zunehmenden Verstädterung wuchs die Bedeutung der Natur. Der Volksraad beschloss 1889 die Einrichtung eines Schutzgebietes. 1894 wurde ein Areal zwischen KwaZulu-Natal und Swasiland zum Pongola Game Reserve, dem ersten Naturschutzgebiet in Afrika. Präsident Paul Kruger unterschrieb 1898 eine Proklamation zur Schaffung eines Vorläufers des Kruger National Park.

Jagdgruppe (19. Jh.)

Quagga

Impalaweibchen

Nyala-Kühe sind, meist in Begleitung dominanter Bullen, im Waldland von KwaZulu-Natal zu sehen.

Wasserstellen trocknen in der Hitze des Sommers schnell aus. Die Tiere leiden dann große Not.

Grünmeerkatzen meiden trockene Gegenden.

Madenhacker und Kudus *sind ein Beispiel für die Symbiose, die oft aus harten Bedingungen resultiert. Die Vögel befreien die Antilopen von Parasiten und dienen außerdem als Alarmsystem.*

Die Jagd *ist brutal, aber notwendig zum Überleben. Geparden ernähren sich vorwiegend von kleinen Gazellen.*

Tüpfelhyänen *gehören zu den interessantesten Raubtieren Afrikas. Weibliche Tiere, die aufgrund ihres hohen Anteils männlicher Hormone auch männliche Genitalien besitzen, führen den losen Familienverbund. Als kräftige Rudeljäger erbeuten sie auch große Tiere wie Büffel.*

Büffel *kommen am häufigsten vor und leben in großen Herden. Alte Bullen sind meist Einzelgänger und oft gefährlich.*

Leoparden *sind scheu, hauptsächlich nachtaktiv und schlafen meist auf Bäumen.*

Elefanten *leben in engen Familienverbänden, angeführt von einem weiblichen Tier. Die Bullen leben allein oder in Junggesellen-Herden.*

Literatur

Bibel in Afrikaans

D ie literarische Tradtition Südafrikas umfasst alle elf Landessprachen, innerhalb der neun Bantu-Sprachen sind es vor allem die Nguni- und Sotho-Sprachen. Die meisten Bücher erscheinen in Afrikaans oder Englisch, da das afrikanische Erbe meist mündlich überliefert wurde. Mittlerweile werden jedoch auch Bücher in afrikanischen Sprachen im In- und Ausland gelesen und übersetzt. Südafrika inspirierte hervorragende Autoren und Dichter, darunter Sir Percy FitzPatrick, Olive Schreiner, Nadine Gordimer, Mzwakhe Mbuli und John M. Coetzee.

C. J. Langenhoven schrieb *Die Stem*, eine der beiden Nationalhymnen

Gemälde von Credo Mutwa aus dem Buch *African Proverbs*

TRADITIONELLE AFRIKA-NISCHE ERZÄHLUNGEN

V iele afrikanische Gemeinschaften gaben ihre Tradition mündlich von Generation zu Generation in Form von unterhaltenden, informativen Erzählungen, Genealogien, Sprichwörtern und Rätseln weiter.

Izibongo – vereinfacht übersetzt: Loblieder – sind komplexe Erzählungen, die ein erfahrener Akteur, *mbongi*, vorträgt. Sie zeichnen sich durch eine Sprache voller Metaphern und Parallelismen aus. Zur Amtseinführung Nelson Mandelas wurden zwei solcher *izibongo* in Xhosa vorgetragen.

Zu den besten Werken dieser Gattung zählen Samuel Mqhayis *Ityala Lamawele* (Prozess der Zwillinge) und A. Jordans *Ingqumbo Yeminyanya*

(Der Zorn der Vorfahren), beide in Xhosa, sowie Thomas Mofolos *Chaka* in Sotho, B. W. Vilakazis *Noma nini* in Zulu und Sol Plaatjies *Mhudi* in Tswana.

In Englisch schrieb Credo Mutwa *Indaba my Children* und *African Proverbs*.

Der Schauspieler Patrick Mynhardt in Charles Bosmans *A Cask of Jerepigo*

AFRIKAANS-LITERATUR

D as von den Kolonialbehörden gesprochene Niederländisch entwickelte sich zur Lokalsprache Afrikaans oder *taal* (die Sprache). Die Bemühungen um eine Übersetzung der Bibel in Afrikaans führten zur offiziellen Anerkennung der Sprache. Ein Ergebnis dieser Bemühungen war die Veröffentlichung von 100 neuen Büchern in Afrikaans vor 1900.

Texte von Autoren wie Gustav Preller, C. J. Langenhoven, D. F. Malherbe und Totius (Jacob Daniël du Toit), die sich mit Begeisterung in ihrer neuen Sprache betätigten, trugen dazu bei, dass Afrikaans zu einer *lingua franca* wurde.

Spätere Autoren wie P. G. du Plessis und Etienne Leroux stellten die Afrikaans-Literatur in einen größeren gesellschaftlichen Zusammenhang. Adam Small und Breyten Breytenbach setzten sie als Form des Protestes gegen das Establishment der weißen Afrikaner ein.

Als Stilmittel findet man »Afrikaanismen«, also die gezielte Verwendung von Wörtern und Satzkonstruktionen des Afrikaans, in der englischsprachigen Literatur in Pauline Smiths

The Beadle und Herman Charles Bosmans Kurzgeschichte *A Cask of Jerepigo*.

Afrikaans war zu Zeiten der Apartheid Symbol der Unterdrückung. Heute ist es die verbreitetste Sprache Südafrikas.

ihre Politik betrachtet. Brinks *Looking on Darkness* (1963) war das erste Buch in Afrikaans, das verboten wurde. Mit der Veröffentlichung von *The Flaming Terrapin* (1924) etablierte

schen Literatur bei, ihr Kampf gegen die Apartheid war vorbildlich. Rose Zwi schildert in *Another Year in Africa* das Leben jüdischer Einwanderer, Sindiwe Magonas autobiografischer Roman *To my Children's Children* zeigt den Überlebenskampf in den Townships.

Jock-of-the-Bushveld-Statue im Kruger National Park

ENGLISCHE POESIE UND PROSA

Olive Schreiners *Story of an African Farm* (1883), anfangs unter männlichem Pseudonym veröffentlicht, war das erste Buch, das ländliche Afrikaner vorstellte. Es sorgte auch wegen seiner fortschrittlichen Einstellung zum Feminismus für Aufsehen – später vertieft in *Woman and Labour* (1911).

Percy FitzPatricks *Jock of the Bushveld* (1907), eines der bekanntesten Bücher Südafrikas, verbindet Realismus mit romantischer Abenteuererzählung und schildert die Geschichte eines Transportreiters und seines Hundes auf einem der ersten Goldfelder des Landes.

Zu den späteren populären Autoren, die auch ein internationales Publikum fanden, zählen Geoffrey Jenkins und Wilbur Smith, der mit seinen Romanen, darunter *Where the Lion Feeds*, weltweit Erfolg hatte. Eher nachdenklicher sind Stuart Cloete mit *The Abductors*, in Südafrika lange Zeit verboten, und Sir Laurens van der Post mit *Testament to the Bushmen*, der bewegenden Beschreibung einer sterbenden Kultur.

Die Werke von André P. Brink und John M. Coetzee (Literatur-Nobelpreis 2003) widmen sich sozialen und politischen Themen und wurden von dem Apartheid-Regime oft als Angriff gegen

sich Roy Campbell als einer der führenden Dichter des Landes. Das schwere Los der schwarzen Südafrikaner hatten bereits Herbert Dhlomo in seinen Kurzgeschichten und Peter Abrahams in *Mine Boy* thematisiert, aber Alan Paton zog mit *Cry the Beloved Country* (1948) erstmals die Aufmerksamkeit der Welt auf dieses Problem.

Lokale Ausgabe von *A Sport of Nature*

Als erste Autorin Südafrikas wurde Nadine Gordimer (u. a. mit *A Sport of Nature* und *July's People*) 1991 mit dem Nobelpreis für Literatur ausgezeichnet. Sie trug entscheidend zur Entwicklung der südafrikani-

ZEITGENÖSSISCHE LITERATUR

Autobiografien und Reiseberichte sind beliebt und bieten Einblicke in das Leben in Südafrika. Nelson Mandelas *Long Walk to Freedom* wurde zum Bestseller. Antjie Krog schildert in *Country of my Skull* die Arbeit der Wahrheitskommission (Truth and Reconciliation Commission). *Beckett's Treck* und *Madibaland* von Denis Beckett sowie *The Whiteness of Bones* von Sarah Penny sind unterhaltsame Exkursionen durch Südafrika und seine Nachbarländer. Zakes Mdas *Ways of Dying* blickt in das Leben eines professionellen Trauernden, Ashraf Jamal unternimmt in *Love Themes for the Wilderness* einen lebensbejahenden Ausflug in das Stadtleben.

KAMPFGEDICHTE

Zur Zeit der Apartheid waren Rassenkonflikte und Unterdrückung der schwarzen Afrikaner stets wiederkehrende Themen. »Struggle Poetry« war die dichterische Ausdrucksform – mündlich überliefert in Bantu-Sprachen, schriftlich fixiert auf Englisch. Oswald Mtshalis *Sounds of a Cowhide Drum* (1971) signalisierte den Wandel in der Poesie der Schwarzen von lyrischen Themen zu politischen Botschaften in freien Versen. Weitere Stimmen des Protests waren Mzwakhe Mbuli, bekannt geworden als »Dichter des Volkes«, Mafika Gwala, James Matthews, Sipho Sepamla, Njabulo Ndebele und Mongane Wally Serote. Ihre Verse waren Ausdruck der soziopolitischen Verhältnisse und ein Versuch, die Bevölkerung aufzurütteln.

Mongane Wally Serote, Poet und Politiker

Architektur

Unterschiedliche Faktoren beeinflussten die Entwicklung der Architekturstile Südafrikas: Klima, Sozialstruktur und wirtschaftliche Situation prägten die Bauformen. In früheren Zeiten, als es kaum geeignete Baumaterialien gab, kam es zu genialen Formen der Anpassung an die Umwelt. Dazu gehören die *hartbeeshuisie* (Hartgrashäuser) – eine direkt auf den Boden gesetzte Spitzdachkonstruktion – und jene bienenkorbähnlichen Steinhütten, die vor allem dort entstanden, wo geeignetes Bauholz fehlte, z. B. am nördlichen Kap. Die heutigen Bauweisen entsprechen im ganzen Land längst dem internationalen Standard und repräsentieren die unterschiedlichsten Stilrichtungen.

Flechten des Schilfzaunes um ein traditionelles Swasi-Dorf

EINHEIMISCHE ARCHITEKTURSTILE

Auf dem Land sind die sogenannten *rondavels* verbreitet. Die kegelförmigen Dächer der kreisrunden Hütten bestehen meist aus geflochtenem Schilf oder Gras, die Wände aus mit Rinderdung verstärkten Lehmziegeln oder einem Gerippe verflochtener Zweige, über die Tierhäute gespannt sind. Die meisten Häuser – mit Ausnahme der *matjieshuise* der Nomaden im trockenen Namaqualand, wo kaum Regen fällt – sind gut isoliert und wasserdicht. In neuerer Zeit werden häufig Materialien wie Wellblech, Plastikfolien und Pappe verwendet, vor allem in den Siedlungen an den Stadträndern.

Die »Bienenkörbe« der Zulu *werden gemeinsam errichtet: Die Männer stellen das Gerüst auf, das die Frauen dann verkleiden.*

Die *matjieshuise* (Häuser aus Matten) *der Khoi-Nomaden bestehen aus transportablen Fell- oder Schilfmatten über einem Gerüst.*

Xhosa-Hütten *bestehen aus Lehm. Dieser runde Typ wurde weitgehend durch eine rechteckige Bauweise abgelöst.*

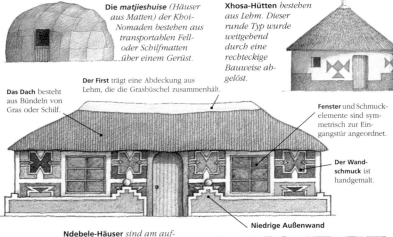

Der First trägt eine Abdeckung aus Lehm, die die Grasbüschel zusammenhält.

Das Dach besteht aus Bündeln von Gras oder Schilf.

Fenster und Schmuckelemente sind symmetrisch zur Eingangstür angeordnet.

Der Wandschmuck ist handgemalt.

Niedrige Außenwand

Ndebele-Häuser *sind am auffälligsten. Die Wände der rechteckigen Konstruktion werden traditionell von Frauen in leuchtenden Grundfarben angemalt, Schablonen werden dabei nicht verwendet.*

Ndebele-Hauswand

Basotho-Hütten, *ursprünglich rund, bestehen aus Torf-, Lehm oder Steinblöcken. Auf dem Land werden sie noch mit Kieselsteinen geschmückt, aber Bemalungen werden immer häufiger.*

KAPHOLLÄNDISCHE ARCHITEKTUR
Der am weitesten verbreitete Stil am Westkap, eine symmetrische Bauweise mit auffälligen Giebeln, entstand Mitte des 18. Jahrhunderts aus strohgedeckten Räumen, deren Größe von der Länge des verfügbaren Bauholzes abhing. Die Giebel stammen aus dem holländischen Barock. Die Endgiebel sollten ein Abreißen des Daches bei Sturm verhindern, der Mittelgiebel diente zur Beleuchtung des Dachbodens.

Rathausgiebel in Franschhoek

Ried zum Eindecken gab es in den *vleis* (Sümpfen).

Schiebefenster mit vielen kleinen Scheiben. Nur die untere Hälfte ließ sich öffnen.

Rhone *bei Franschhoek ist ein gutes Beispiel für ein Siedlerhaus des 18. Jahrhunderts. Der Frontgiebel trägt das Datum 1795.*

Frontgiebel

Eingangstür im ländlichen Stil

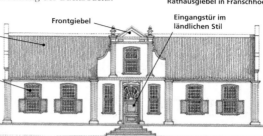

GEORGIANISCHE ARCHITEKTUR
Einige Beispiele der georgianischen Architektur des 18. Jahrhunderts mit einfachem Frontgiebel und flachem Dach befinden sich an den mit Kopfsteinen gepflasterten Straßen in Kapstadts Bo-Kaap (Malay Quarter). Andere Beispiele sind im Viertel um den Artificers' Square in Grahamstown mit typischen Sprossenfenstern zum Schieben, Frontgiebel und fächerförmigem Oberlicht zu sehen.

Die Gestaltung des Kamins harmonisiert mit dem Stil des Hauses.

Bertram House, *1839 vollendet, ist Kapstadts einziger erhaltener Ziegelbau im georgianischen Stil.*

Das Dach ist mit Schieferplatten gedeckt.

Mauerwerk-Detail

Lamellierte Fensterläden dämpfen das Sonnenlicht.

Sorgfältig geplante Details dienen der Gliederung.

Der Windfang hält Zugluft ab.

VIKTORIANISCHE ARCHITEKTUR
Der romantische viktorianische Stil mit gusseisernen Ornamenten, Messingbeschlägen und Bleiglasfenstern war besonders um 1900 populär. Auch hier bot die Reihenbauweise, welche die Adam Brothers im 18. Jahrhundert in England eingeführt hatten, erschwingliche Unterkünfte für den rasch wachsenden Mittelstand. Schöne Beispiele stehen in Vororten wie Woodstock, Observatory, Mowbray und Wynberg.

Detail eines *broekie lace*

Gusseiserne Ornamente hießen *broekie lace*, weil sie an die Spitzenhöschen der Damen erinnerten.

Oom Samie se Winkel *(siehe S. 136)* in Stellenbosch zeigt deutlich den kapholländischen Stil. Die Veranda sollte Gäste zum Verweilen ermuntern.

Schmuckgiebel

Wellblech schützt die Veranda.

Gusseiserne Stützen tragen das Sonnendach.

Multikulturelles Südafrika

Felszeichnung eines San

Die Bevölkerung Südafrikas setzt sich aus Menschen verschiedenster Glaubensrichtungen und Kulturen zusammen. Sie bewahren die Sprachen und Religionen der Sklaven aus Indien, Madagaskar, Indonesien, West- und Ostafrika sowie aus Malaysia. Die Bodenschätze lockten auch Siedler aus anderen Teilen Afrikas, aus Asien, Amerika und Europa. Die meisten farbigen Völker leben in der westlichen Kap-Provinz, wo früher die Sklavenhalter wohnten, viele Inder in der Gegend um Durban, wo ihre Vorfahren auf den Plantagen arbeiteten.

tragen gemusterte oder ockerfarbene gewebte Decken als Obergewand.

In den nördlichen Teilen der Provinz Limpopo leben die Venda mit ihrer traditionellen Steinbauweise – ungewöhnlich in Südafrika.

Die Venda sind eine der wenigen Gruppen, die traditionell die Trommel als Musikinstrument kennen. Holzplastiken von Venda-Künstlern sind hoch geschätzte Kunstwerke.

Der Wartburger Hof in KwaZulu-Natal ähnelt einer Alpenhütte

Nur wenige San-Buschmänner jagen und leben noch wie früher

KHOI

Felsmalereien, oft in den Höhlen oberhalb der Ebenen, liefern faszinierende Hinweise auf die Fähigkeiten und die spirituelle Natur der Menschen, die mit ziemlicher Sicherheit die Ureinwohner Südafrikas waren *(siehe Drakensberge S. 216f* und *Kagga Kamma S. 160)*. Viele waren Jäger und Sammler, die leicht vom Überfluss des Landes leben konnten.

Unter dem Druck materialistisch orientierter Kulturen zogen einige ins Inland. Ihre Nachfahren (die San-Buschmänner) leben noch heute in Teilen von Namaqualand und im nördlichen Kap.

Andere Khoi versuchten, sich den holländischen Siedlern anzupassen. Ein Teil der farbigen Bevölkerung stammt von ihnen ab.

SPRACHGRUPPE DER BANTU

Die Bantu-Sprachen sind afrikanische Sprachen, allerdings nicht verwandt mit denen der Khoi. Bantu-Gruppen haben ihre eigenen komplexen Systeme von Traditionen und Beziehungen, auch wenn die westliche Kultur ihre alte Lebensweise immer mehr überlagert.

Auch Vieh und Viehpferche *(kraals)* spielen eine große Rolle in den Kulturen der Zulu, Xhosa und Ndebele. Zu den Zulu-Handwerken gehören der Umgang mit Ton, Eisen und Holz. Korbflechterei und Weberei sind weitere typische Fertigkeiten dieser Gruppe.

Die Xhosa, die meist in der östlichen Kap-Provinz leben, sind bekannt für ihre aufwendigen Perlenstickereien sowie die dekorative Bemalung ihrer Häuser. Viele Sotho, Xhosa und Tswana

EUROPÄISCHE KOLONIALISTEN

Als erste europäische Siedler kamen 1652 Niederländer und Deutsche. Die politischen Verhältnisse in Europa ließen nach 1688 französische Hugenotten ins Land kommen, zudem wurden in periodischen Abständen französische und deutsche Regimenter ins Land geholt, um die Verteidigung gegen die Briten zu verstärken. Trotzdem nahmen diese das Kap 1806 in Besitz. In

Viele Xhosa-Frauen rauchen langstielige Pfeifen

der Wirtschaftskrise, die auf die napoleonischen Kriege folgte, schickten die Briten Tausende von Siedlern, die das östliche Kap als Bauern besiedeln sollten. Weitere (probritische) deutsche Siedler folgten nach dem Krimkrieg, viele britische Exsoldaten blieben nach dem Burenkrieg 1899–1902 und nach den beiden Weltkriegen. So leben z. B. europäische Weihnachtsbräuche in vielen Gegenden weiter, obwohl sie kaum mit dem herrschenden heißen Klima vereinbar sind.

Franschhoek ähnelt einem französischen Weinbaugebiet, während die von Deutschen besiedelten Dörfer im östlichen Kapland immer noch Namen wie Hamburg und Berlin tragen.

Bei den Festivals tragen Afrikaaner traditionelle Kostüme

ASIATISCHE URSPRÜNGE

Bewohner der südostasiatischen Inseln, die sich im 17. und 18. Jahrhundert gegen die Kolonialisierung ihrer Heimat durch die Niederlande auflehnten, wurden ans Kap der Guten Hoffnung verbannt. Sklaven aus Indonesien und Indien ließen die Größe der unterdrückten Minorität anschwellen. Fast alle von ihnen waren Anhänger des Islam, viele andere konvertierten.

Im 19. Jahrhundert arbeiteten Tausende Inder auf den Zuckerrohrfeldern von Kwa-Zulu-Natal. Nach Beendigung des Arbeitsverhältnisses entschieden sich viele zu bleiben. KwaZulu-Natal, Kapstadt und Gauteng haben Moscheen und Tempel. Regelmäßig finden religiöse Feste statt, die orientalischen Märkte bieten Gewürze und Kunsthandwerk.

AFRIKAANER

Der Begriff »Afrikaaner« tauchte zum ersten Mal 1706 als Bezeichnung für Weiße auf, die in Südafrika geboren waren und Afrikaans (oder Niederländisch)

sprachen. Heute jedoch ist die Muttersprache Afrikaans das einzige Kriterium. Afrikaanern sagt man Begeisterung für Freiluftsportarten (vor allem Rugby) nach und eine Passion für das *braai* (Barbecue oder Grillfest). *Boere-orkes* (Bauernorchester) spielen auf Konzertina, Banjo, Klavier, Akkordeon und Geige Melodien, die der nordamerikanischen Country-Musik ähneln.

COLOURED (FARBIGE)

Der Begriff »Cape Coloured« oder Kap-Farbige bezeichnet seit zwei Jahrhunderten Angehörige der »einzigen wirklich eingeborenen Bevölkerungsgruppe«, wie sie manchmal genannt wird.

Viele von diesen Menschen stammen aus Beziehungen zwischen Siedlern, Sklaven und Urafrikanern. Sklavennamen überleben in Vornamen

Noch immer werden in Durban Tempeltänze gelehrt

wie Januarie, November, Titus, Appollis, Cupido oder Adonis.

Asiaten und Farbige sind geschickte Fischer, Viehzüchter und Handwerker. Sie schufen viele der herrlichen im Kolonialstil errichteten Bauten im Kapland.

Eine junge Muslimin fertigt Dekorationen für ein Festival

AUS ALLER WELT

Verglichen mit anderen Ländern wie den USA oder Australien bot Südafrika nur wenige Chancen für un- oder angelernte Arbeitskräfte aus Europa. Dennoch kam ein kleiner, aber kontinuierlicher Strom von Einwanderern, vor allem aus Osteuropa (z. B. Jugoslawien, Polen und Bulgarien).

Viele Südafrikaner stammen aus Italien, Griechenland, Portugal und den Niederlanden, aber auch aus jüdischen Gemeinschaften. Sie haben sich zu Gruppen zusammengeschlossen und präsentieren sich äußerst traditionell, vor allem bei den bunten Karnevalsfesten.

Sport

Sport spielt, nicht zuletzt wegen des angenehmen Klimas, in Südafrika eine wichtige Rolle. In den letzten Jahren entstanden dank großzügiger finanzieller Förderung vonseiten des Staates und verschiedener Unternehmen auch in den bis dahin eher rückständigen Gemeinden neue Sportstätten, die noch unentdeckte Talente fördern. Sportveranstaltungen finden in großen, hervorragend ausgerüsteten Stadien statt. Karten für wichtige Spiele kauft man am besten über Computicket *(siehe S. 377)*, für kleinere Veranstaltungen besser am Austragungsort selbst.

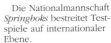

Fußball ist in allen Schichten der Bevölkerung populär

FUSSBALL

Fußball wird außer während der ganz heißen Monate (Dez–Feb) überall gespielt, auf staubigen Dorfstraßen ebenso wie in den großen Clubs. Die populärsten Mannschaften locken Zuschauer in großer Zahl an. Bei Spitzenspielen sind die Riesenstadien mit 80 000 Plätzen oft ausverkauft. Die Vereinsmannschaften spielen in den nationalen Ligen, im Gegensatz zu vielen anderen Sportarten wie Rugby und Cricket gibt es kaum Wettbewerbe auf Provinzebene.

Die Nationalmannschaft *Bafana Bafana* kann einige Erfolge beim African Cup of Nations vorweisen, der alle zwei Jahre ausgetragenen Afrikameisterschaft. 1996 konnte sie das Turnier im eigenen Land sogar gewinnen. Südafrika nahm 1998 und 2002 an den Fußball-Weltmeisterschaften teil. 2010 ist Südafrika als Gastgeber automatisch qualifiziert.

RUGBY

Rugby spielt man in Südafrika in Schulen und in örtlichen Clubs, außerdem werden Provinzmannschaften und ein Nationalteam gebildet.

Jedes Jahr kämpfen Mannschaften aus allen 14 Provinzligen um den Currie Cup. Die 14 »Unions« stellen die fünf Regionalmannschaften, die mit Teams aus Australien und Neuseeland am Wettbewerb der »Super 14« teilnehmen.

Die Nationalmannschaft *Springboks* bestreitet Testspiele auf internationaler Ebene.

1995 und 2007 gewann Südafrika den Rugby World Cup, die Trophäe der alle vier Jahre ausgetragenen Weltmeisterschaft. Die Saison beginnt in Südafrika Anfang Februar. Gespielt wird den ganzen Winter über bis zum Currie-Cup-Finale Ende Oktober *(siehe S. 38)*.

CRICKET

Südafrika ist seit Langem eine bedeutende Cricket-Nation. Cricket wird im Sommer gespielt und zieht große Zuschauermengen in die Stadien. Der Terminkalender umfasst Vereins-, Provinz- und Länderspiele.

Umfangreiche Förderprogramme entdeckten unter den Jugendlichen in den benachteiligten Townships viele große Talente.

Neben den vier Tage dauernden Provinzspielen werden die beliebteren Ein-Tages-Spiele ausgetragen. Die internationalen Begegnungen dauern fünf Tage.

Besonders gefragt sind die einen Tag bzw. einen Tag und eine Nacht dauernden Turniere auf regionaler und internationaler Ebene in ausverkauften Stadien.

Die Nachfrage nach Karten ist enorm. Tickets kann man im Voraus über die Computicket-Agenturen oder direkt bei den Cricket-Verbänden bestellen.

Rugby-Spiele locken bis zu 50 000 Zuschauer in die Stadien

Teilnehmer am Two Oceans Marathon bei Constantia Nek

MARATHONS UND ULTRA-MARATHONS

Langstreckenlauf ist nicht nur eine beliebte Freizeitbeschäftigung, sondern auch Nationalsport. Südafrika stellt einige der schnellsten Marathonläufer der Welt, wie Josiah Thugwane, den Goldmedaillengewinner bei den Olympischen Spielen 1996.

Zwei der schwersten, aber auch beliebtesten Ultra-Marathons in Südafrika sind der Two Oceans Marathon – 56 Kilometer am Karsamstag auf der Kap-Halbinsel – und der Comrades Marathon – rund 90 Kilometer Ende Mai/Anfang Juni in der Provinz KwaZulu-Natal von Durban nach Pietermaritzburg. Sie ziehen viele Teilnehmer aus aller Welt an.

Mit seinen hervorragenden Sporteinrichtungen und dem guten Sommerwetter ist Südafrika auch für europäische Athleten im dortigen Winter ein ideales Trainingsgelände. In dieser Zeit finden in verschiedenen südafrikanischen Städten die internationalen Leichtathletik-Meetings der Yellow Pages Series statt.

GOLF

Südafrika hat einige der schönsten Golfplätze und erfolgreiche Profigolfer zu bieten. Die Fähigkeiten des berühmten Gary Player sind fast legendär, Ernie Els und Trevor Immelman gehören zu den weltbesten Spielern.

Jeden Dezember findet in Sun City die Nedbank Golf Challenge statt *(siehe S. 39)*, bei dem zwölf Teilnehmer um die Siegprämie von über einer Million Dollar kämpfen. Auch die South African Golf Tour lockt Top-Profis aus aller Welt nach Südafrika.

Zwei weitere nationale Turniere finden im Dezember statt: South African Open und Alfred Dunhill Championship.

RADSPORT

Neben den nationalen Profiveranstaltungen findet auf der Kap-Halbinsel das größte Radrennen der Welt statt, die alljährliche Cape Argus Pick 'n' Pay Cycle Tour. 35 000 Radsportbegeisterte – ein Drittel der Teilnehmer kommen aus dem Ausland – begeben sich am zweiten Sonntag im März auf die 109 Kilometer lange Strecke rings um die Halbinsel.

REITSPORT

Pferderennen, bis vor Kurzem die einzige legale Form des Glücksspiels, sind ein wichtiger Wirtschaftszweig. Die jeden Januar in Kapstadt veranstalteten »Met« (Metropolitan Stakes) und die Durban July, beides wichtige gesellschaftliche Ereignisse, stehen im Zeichen hoher Wetteinsätze und teurer Mode. Spring- und Dressurwettbewerbe locken jedes Frühjahr die Zuschauer an.

Start zum South Atlantic Race am Tafelberg

WASSERSPORT

Südafrikas Küste ist ideal für Wassersportfans. Die Surfmeisterschaft Mr Price Pro – Ende Juni/Anfang Juli in Durban – ist eine besondere Attraktion. Kapstadt ist nicht nur beliebter Anlaufhafen für Segelregatten um die Welt, sondern auch Ausgangspunkt des South Atlantic Race, das alle drei Jahre im Januar ausgetragen wird.

Sun Citys Golfplatz – Austragungsort der Nedbank Golf Challenge

DAS JAHR IN SÜDAFRIKA

Organisierte Festivals sind in Südafrika eine relativ neue Erscheinung. An den langen, sonnigen Tagen lässt sich jedoch gut im Freien feiern. Metropolen, Städte und Dörfer feiern verschiedenste Anlässe: den Beginn der Austernzeit und die Wildblumenblüte, die Zitrus-, Apfel- oder Traubenernte oder die

Tänzer, FNB Dance Umbrella

Rückkehr des Südlichen Glattwals aus seinem arktischen Winterquartier. Auch Kunst, Musik, Religion, Literatur und Sport findet man auf den Veranstaltungskalendern. Die Vielfalt der Festivals unterstreicht die unterschiedlichen Wurzeln der Völker Südafrikas und ihr langsames Zusammenfinden zu einer Nation.

FRÜHLING

Überall im Land, besonders aber in den halbtrockenen westlichen und nördlichen Teilen des Kaps, blüht mit Beginn des wärmeren Wetters ein Meer farbenfroher Wildblumen. In den Reservaten Südafrikas zeigt sich bald der Nachwuchs bei den Wildtieren.

SEPTEMBER

Arts Alive (Sep), Johannesburg (siehe S. 256–259). Das aufregende Kunstfestival bietet nicht nur Musiker von Weltrang, auch Kinder zeigen, was sie hier in den Workshops gelernt haben.
Guinness Jazz Festival (Sep–Okt), Johannesburg (siehe S. 256–259). Einheimische und internationale Musiker beweisen ihre fantastischen Jazzkünste.

Wildflower Festival (2. Woche im Sep). Die Kleinstadt Caledon (siehe S. 166) feiert ihre vielfältige Flora.
Wildflower Show (Ende Sep), Darling (siehe S. 157). Die Show zeigt die Westküsten-Flora sowie gezüchtete Orchideen.
Whale Festival (letzte Woche im Sep), Hermanus (siehe S. 168f). Zu

Orchideen aus Darling

Frühjahrsbeginn gibt es in Ufernähe in und um die Walker Bay Südliche Glattwale und ihre Kälber zu sehen.
Prince Albert Agricultural Show (Sep), Prince Albert (siehe S. 173). Die Einwohner von Prince Albert feiern mit Stolz ihre landwirtschaftliche Tradition. Die Show bietet Kunst und Kunsthandwerk, Pferde, Imbissstände und Unterhaltung.

Magoebaskloof Spring Festival (Sep–Okt), Magoebaskloof. Der lebendige Jahrmarkt im Wald bietet Kunst, Handwerk und Unterhaltung.

OKTOBER

Currie Cup Final (Ende Okt). Das Endspiel zwischen den beiden besten Rugby-Provinzmannschaften findet jedes Jahr an einem anderen Ort statt.
Johannesburg Biennale (alle zwei Jahre im Okt), Johannesburg (siehe S. 256–259). In der ganzen Stadt werden Kulturevents veranstaltet.
Raisin Festival (2. Sa im Okt), Upington (siehe S. 314). Musik, Chorwettbewerbe und Spaß auf dem Oranje.
Bosman Weekend (Okt), Groot Marico. Die Stadt feiert den Autor Herman Charles Bosman.

NOVEMBER

Cherry Festival (3. Woche im Nov), Ficksburg. Ernte im größten Kirschen- und Spargelanbaugebiet Südafrikas.
National Choir Festival (Nov–Dez), Standard Bank Arena, Johannesburg (siehe S. 256–259). Höhepunkt des nationalen Chorwettbewerbs.
Nedbank Summer Concert Season (Nov–Feb), Josephine Mill, Kapstadt (siehe S. 102). Konzertprogramm im Freien.

Oude-Libertas-Freilufttheater

SOMMER

Die meisten Südafrika-Besucher kommen während der Sommermonate. Die Schulferien dauern von Dezember bis weit in den Januar. Zu dieser Zeit herrscht der meiste Verkehr auf den Straßen, da viele südafrikanische Familien an die Küste und in die Wildreservate fahren. Im Sommer wird viel Zeit im Freien verbracht. Das Weihnachtsessen besteht aus einem zwanglosen *braai* (Grillfest), seltener aus einer festlich gedeckten Tafel. In vielen Landesteilen entlädt sich der Sommerregen in heftigen Gewitterschauern.

Carols by Candlelight

DEZEMBER

Carols by Candlelight *(vor Weihnachten)*. Die bunten Adventsfeiern finden in allen größeren Städten statt.
Helderberg Festival of Lights *(Dez–Jan)*, Somerset West *(siehe S. 134)*. Die Hauptstraße des ländlichen Orts erstrahlt im Lichterglanz.
The Spier Summer Festival *(Dez–März)*, Spier, Stellenbosch *(siehe S. 140)*. Das Festival bietet Oper, Musik, Tanz, Komödie und Drama aus Südafrika und dem Rest der Welt.
Miss South Africa, Sun City *(siehe S. 268)*. In dem Wettbewerb treten die Schönheitsköniginnen der neun Provinzen gegeneinander an. Die Siegerin erhält die Krone der Miss South Africa.

Kajak auf den Camps-Drift-Stromschnellen des Dusi

Nedbank Golf Challenge, Sun City *(siehe S. 268)*. An dem Turnier nehmen zwölf der weltbesten Golfspieler teil.

JANUAR

Summer Sunset Concerts *(Jan–März jeden So Abend)*, Kirstenbosch National Botanical Garden, Kapstadt *(siehe S. 104f)*. Der botanische Garten ist Schauplatz diverser Konzerte.
Dusi Canoe Marathon *(2. Woche im Jan)*, Pietermaritzburg *(siehe S. 222f)*. Ziel des dreitägigen Rennens ist die Mündung des Umgeni.
Maynardville Open-air Theater *(Jan–Feb)*, Wynberg, Kapstadt *(siehe S. 111)*. Im Stadtpark werden Stücke von Shakespeare aufgeführt.
Oude Libertas Arts Programme *(Jan–März)*, Stellenbosch *(siehe S. 138f)*. In einem Freilufttheater in den Weinbergen finden Aufführungen statt.

Kirschen

Minstrel Carnival *(2. Jan)*, Kapstadt. Höhepunkte der farbenfrohen musikalischen Prozession sind die abschließenden Konzerte im Green Point Stadium.

FEBRUAR

FNB Dance Umbrella *(Feb–März)*, Braamfontein, Johannesburg *(siehe S. 256–259)*. Dies ist eines der bedeutendsten Tanzfestivals in Südafrika.
Prickly Pear Festival *(Anfang Feb)*, Willem Prinsloo Agricultural Museum, Pretoria/Tshwane *(siehe S. 266f)*. Auf diesem Festival erhält man einen Eindruck vom Leben und der Arbeit auf den Farmen des 19. Jahrhunderts.
Kavady Festival *(Jan–Feb)*, Durban *(siehe S. 228–231)*. Bei diesem Festival bohren sich bußfertige Hindus Haken ins Fleisch und ziehen geschmückte Wagen durch die Straßen.

Im Januar bieten Kapstadts »Minstrels« einen farbenfrohen Anblick

HERBST

Wenn Laubbäume und Weinstöcke ihre Blätter abwerfen, beginnt auf dem Land die Zeit der Jahrmärkte. Viele Kleinstädte feiern die Kartoffel- und Olivenernte; selbst Schafe und Edelsteine geben Anlass für gesellige Zusammenkünfte. Von Paarl am fruchtbaren westlichen Kap bis Kuruman am trockenen nördlichen Kap finden viele Weinfeste statt.

An Ostern versammeln sich Millionen Gläubige in Moria

MÄRZ

Rand Show *(März–Apr)*, Johannesburg *(siehe S. 256–259)*. Die frühere Landwirtschaftsschau ist heute eine Mischung aus Vergnügungspark und Verbrauchermesse.
Cape Town Jazz Festival *(letztes Wochenende im März)*, Kapstadt. Bei diesem Jazzfestival treten jedes Jahr rund 40 internationale und afrikanische Künstler auf fünf Bühnen vor ungefähr 15 000 Zuschauern auf. Neben den musikalischen Highlights werden auch Fotografie- und Kunstausstellungen geboten.

APRIL

Treffen der Zion Christian Church *(Ostern)*, nahe Polokwane (früher Pietersburg, *siehe S. 274)* in der Provinz Limpopo. Bis zu drei Millionen Anhänger der afrikanisch-christlichen Kirche versammeln sich über das Osterwochenende in Moria (auch Zion City genannt).
Festival of Light *(Karfreitag)*, Pietermaritzburg *(siehe S. 222f)*. Bei den Tempeln Sri Siva, Soobramoniar und Marriamen wird ein großes, kostspieliges Feuerwerk abgebrannt.
Fire-walking *(Ostern)*, Umbilo Hindu Temple, Durban *(siehe S. 228–231)*. Fromme Hindus gehen, nachdem sie sich spirituell sorgfältig vorbereitet haben, unversehrt über rot glühende Kohlen.

Gläubiger, Festival of Light

Two Oceans Marathon *(Karsamstag)*, Kapstadt. Beim Lauf über 56 Kilometer *(siehe S. 37)* um die Kap-Halbinsel kann man sich für den Comrades Marathon qualifizieren.
Klein Karoo Arts Festival *(Apr)*, Oudtshoorn *(siehe S. 176f)*. Einwöchiges afrikaanses Kulturfest.
Ladysmith Show *(Apr)*, Ladysmith, KwaZulu-Natal. Die Landwirtschaftsschau bietet Kunsthandwerk und Unterhaltung.
Tulbagh Goes Dutch *(Apr)*, Tulbagh. Zu dem zweitägigen Fest gehören Kulturveranstaltungen, Imbissstände, ein holländischer Biergarten und eine Tulpenausstellung.
Splashy Fen Music Festival *(letztes Wochenende im Apr)*, Splashy Fen Farm, Underberg, KwaZulu-Natal. Alternative und traditionelle Musik, Mainstream und Folk.

MAI

Pink Loerie Mardi Gras *(Mai)*, Knysna *(siehe S. 186f)*. Viertägiges Schwulenfest.
Prince Albert Olive, Food & Wine Festival *(Mai)*, Prince Albert *(siehe S. 173)*. Fest mit Live-Musik, Radrennen, Olivenkern-Weitspucken, Delikatessen und Wein.
Sabie Forest Fair *(Mai)*, Sabie. Kunsthandwerk und Unterhaltung um das einzigartige Forestry Museum.

Vergnügungspark bei der Rand Show in Johannesburg

WINTER

Die meisten Landesteile sind von Trockenheit geprägt, nur die Winterregengebiete der südwestlichen und südlichen Kapküste sind zu dieser Zeit saftig und grün. Im Binnenland sind die Tage meist warm, in den höher gelegenen Gegenden herrscht häufig Nachtfrost. Schnee fällt auf den Bergen des westlichen und östlichen Kaps und in den Hochebenen von KwaZulu-Natal und Lesotho. Im Spätwinter kann man an den Wasserlöchern gut Wildtiere beobachten.

Safari in Sabi Sabi, Mpumalanga

JUNI

Comrades Marathon *(Ende Mai/Anfang Juni)*, zwischen Durban und Pietermaritzburg. Am Ultra-Marathon nehmen Läufer aus aller Welt teil *(siehe S. 37)*.

JULI

Mr Price Pro *(Ende Juni/ Anfang Juli)*, Durban *(siehe S. 228–231)*. Der einwöchige Wettkampf zieht die weltbesten Surfer und viele Zuschauer an *(siehe auch S. 206f)*.

National Arts Festival *(Anfang bis Mitte Juli)*, Grahamstown *(siehe S. 198f)*. Das beliebte zweiwöchige Fest bietet nationales und internationales Drama, visuelle Kunst, Film, Tanz und Musik.

Modenschau beim July Handicap

Hibiscus Festival *(Juli)*, Südküste von KwaZulu-Natal *(siehe S. 234f)*. Buden mit farbenfrohem Kunsthandwerk und viel Unterhaltung.

July Handicap *(1. Sa im Juli)*, Greyville Race Course, Durban *(siehe S. 228–231)*. Dies ist das glamouröseste Pferderennen Südafrikas.

Knysna Oyster Festival *(Anfang Juli)*, Knysna *(siehe S. 186f)*. Das Fest, das sich um die Austernzucht in Knysna Lagoon dreht, fällt mit einem Wald-Marathon zusammen.

Berg River Canoe Marathon *(Juli)*, Paarl *(siehe S. 146f)*. Das aufregende Kanurennen über vier Tage findet jährlich dann statt, wenn der Fluss am meisten Wasser führt.

Calitzdorp Port Festival *(Ende Juli)*, Karoo *(siehe S. 174)*. Fest um den dem Portwein ähnelnden Wein.

AUGUST

Auster aus Knysna

Agricultural and Wildflower Show *(Ende Aug)*, Piketberg. Die Qualität dieser Blumenschau – Farbenpracht und Pflanzenvielfalt – hängt allein vom Niederschlag des vorangegangenen Winters ab.

Hantam Vleisfees *(letztes Wochenende im Aug)*, Calvinia. Das Gebiet um Calvinia in der nördlichen Kapregion ist die Heimat vieler Schafe, deren Fleisch auf diesem Fest gekocht, gegrillt oder als Curry serviert wird. Die dreitägige Veranstaltung existiert seit 1989. Zum Rahmenprogramm gehören Konzerte, eine Oldtimer-Rallye und ein Wettbewerb zur Miss Vleisfees.

Cars-in-the-Park *(Anfang Aug)*, Pretoria/Tshwane *(siehe S. 266f)*. Stolze Besitzer zeigen ihre auf Hochglanz polierten Oldtimer.

FEIERTAGE

New Year's Day *(1. Jan)*
Human Rights Day *(21. März)*
Good Friday *(März/Apr)*
Family Day *(März/Apr)*
Constitution Day *(27. Apr)*
Workers Day *(1. Mai)*
Youth Day *(16. Juni)*
National Women's Day *(9. Aug)*
Heritage Day *(24. Sep)*
Day of Reconciliation *(16. Dez)*
Christmas Day *(25. Dez)*
Day of Goodwill *(26. Dez)*

National Arts Festival, Grahamstown

Klima

Südafrika liegt zu beiden Seiten des südlichen Wendekreises und hat ein mildes Klima. In manchen Gegenden wie in den Küstentiefländern können die Temperaturen im Sommer tagsüber bis zu 50 °C erreichen, in höher gelegenen Gebieten im Winter nachts auf -16 °C absinken. Der Regen nimmt von Ost nach West ab. Die beliebteste Jahreszeit und zugleich die beste Reisezeit sind die Sommermonate Dezember bis Februar. Für Safaris eignen sich jedoch vor allem kalte und sonnige Wintertage.

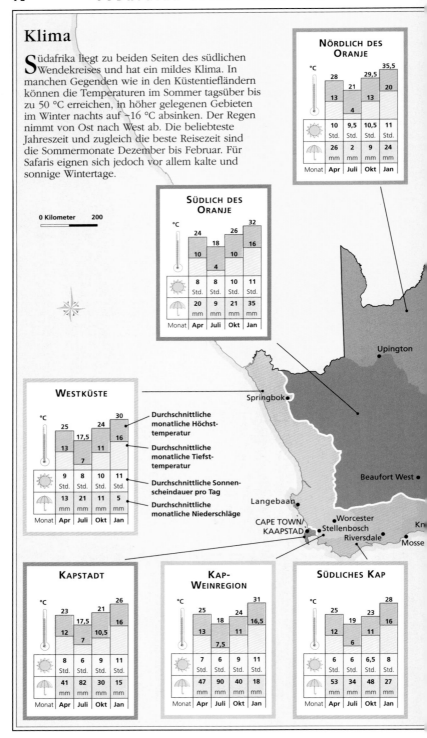

NÖRDLICH DES ORANJE

°C				
	28	21	29,5	35,5
	13		13	20
		4		
☀	10 Std.	9,5 Std.	10,5 Std.	11 Std.
☂	26 mm	2 mm	9 mm	24 mm
Monat	**Apr**	**Juli**	**Okt**	**Jan**

SÜDLICH DES ORANJE

°C				
	24	18	26	32
	10		10	16
		4		
☀	8 Std.	8 Std.	10 Std.	11 Std.
☂	20 mm	9 mm	21 mm	35 mm
Monat	**Apr**	**Juli**	**Okt**	**Jan**

```
0 Kilometer      200
```

WESTKÜSTE

°C				
	25	17,5	24	30
	13	11		16
		7		
☀	9 Std.	8 Std.	10 Std.	11 Std.
☂	13 mm	21 mm	11 mm	5 mm
Monat	**Apr**	**Juli**	**Okt**	**Jan**

Durchschnittliche monatliche Höchst-temperatur

Durchschnittliche monatliche Tiefst-temperatur

Durchschnittliche Sonnen-scheindauer pro Tag

Durchschnittliche monatliche Niederschläge

Upington

Springbok

Beaufort West

Langebaan

CAPE TOWN/ KAAPSTAD   **Worcester**   **Stellenbosch**   **Kn**

Riversdale   **Mosse**

KAPSTADT

°C				
	23	17,5	21	26
	12	10,5		16
		7		
☀	8 Std.	6 Std.	9 Std.	11 Std.
☂	41 mm	82 mm	30 mm	15 mm
Monat	**Apr**	**Juli**	**Okt**	**Jan**

KAP-WEINREGION

°C				
	25	18	24	31
	13	11		16,5
		7,5		
☀	7 Std.	6 Std.	9 Std.	11 Std.
☂	47 mm	90 mm	40 mm	18 mm
Monat	**Apr**	**Juli**	**Okt**	**Jan**

SÜDLICHES KAP

°C				
	25	19	23	28
	12	11		16
		6		
☀	6 Std.	6 Std.	6,5 Std.	8 Std.
☂	53 mm	34 mm	48 mm	27 mm
Monat	**Apr**	**Juli**	**Okt**	**Jan**

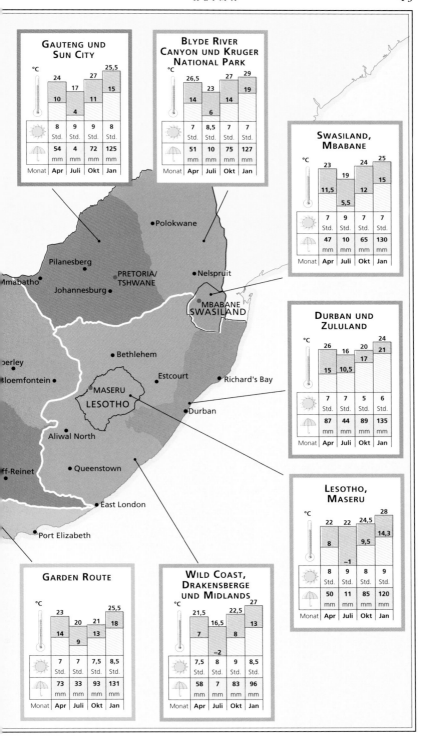

GAUTENG UND SUN CITY

°C	24	17	27	25,5
	10	4	11	15
☀	8 Std.	9 Std.	9 Std.	8 Std.
☂	54 mm	4 mm	72 mm	125 mm
Monat	Apr	Juli	Okt	Jan

BLYDE RIVER CANYON UND KRUGER NATIONAL PARK

°C	26,5	23	27	29
	14	6	14	19
☀	7 Std.	8,5 Std.	7 Std.	7 Std.
☂	51 mm	10 mm	75 mm	127 mm
Monat	Apr	Juli	Okt	Jan

SWASILAND, MBABANE

°C	23	19	24	25
	11,5	5,5	12	15
☀	7 Std.	9 Std.	7 Std.	7 Std.
☂	47 mm	10 mm	65 mm	130 mm
Monat	Apr	Juli	Okt	Jan

DURBAN UND ZULULAND

°C	26	16	20	24
	15	10,5	17	21
☀	7 Std.	7 Std.	5 Std.	6 Std.
☂	87 mm	44 mm	89 mm	135 mm
Monat	Apr	Juli	Okt	Jan

LESOTHO, MASERU

°C	22	22	24,5	28
	8	−1	9,5	14,3
☀	8 Std.	9 Std.	8 Std.	9 Std.
☂	50 mm	11 mm	85 mm	120 mm
Monat	Apr	Juli	Okt	Jan

GARDEN ROUTE

°C	23	20	21	25,5
	14	9	13	18
☀	7 Std.	7 Std.	7,5 Std.	8,5 Std.
☂	73 mm	33 mm	93 mm	131 mm
Monat	Apr	Juli	Okt	Jan

WILD COAST, DRAKENSBERGE UND MIDLANDS

°C	21,5	16,5	22,5	27
	7	−2	8	13
☀	7,5 Std.	8 Std.	9 Std.	8,5 Std.
☂	58 mm	7 mm	83 mm	96 mm
Monat	Apr	Juli	Okt	Jan

Polokwane

Pilanesberg

Mmabatho

PRETORIA/ TSHWANE

Johannesburg

Nelspruit

MBABANE SWASILAND

Bethlehem

...erley

Bloemfontein

Estcourt

MASERU LESOTHO

Richard's Bay

Durban

Aliwal North

Queenstown

...ff-Reinet

East London

Port Elizabeth

DIE GESCHICHTE SÜDAFRIKAS

Die in Langebaan entdeckten rund 117 000 Jahre alten Fußspuren – ein Abdruck befindet sich im Iziko South African Museum in Kapstadt – zählen zu den ältesten Fußspuren des modernen Menschen, des *Homo sapiens sapiens*. Andere Funde aus den Sterkfontein-Höhlen bei Gauteng und in Taung bei Bloemfontein werden dem *Australopithecus africanus* zugeordnet.

Jan van Riebeeck, der Gründer Kapstadts

Die afrikanische und die europäische Kultur trafen in der Tafelbucht aufeinander, als die Niederländisch-Ostindische Kompanie dort 1652 eine Versorgungsstation einrichtete. Eigentlich wollten die Holländer freundschaftliche Beziehungen zu den ansässigen Khoi pflegen. Jedoch waren die anfangs gut gemeinten Versuche wegen des großen Misstrauens und der unüberbrückbaren Verständigungsschwierigkeiten zum Scheitern verurteilt. Die Rivalität um Wasser und Land schlug in Feindschaft um, als die holländischen »burghers« neues Land suchten. Diese Trecks markierten den Beginn der Besiedelung des Landesinneren.

Zusammenstöße mit eingeborenen Stämmen eskalierten im 18. und 19. Jahrhundert in Kriegen. Die Situation verschärfte sich 1820 mit dem Eintreffen der Briten. Obwohl zahlenmäßig unterlegen, waren die Siedler durch ihre Gewehre, Kanonen und Pferde im Vorteil. Das daraus resultierende Gefühl weißer Überlegenheit führte dazu, dass die kolonialen Regierungen die Rechte der Farbigen völlig missachteten.

Die Ausbeutung der schwarzen Arbeiter in den Minen von Kimberley und Johannesburg schürte den afrikanischen Nationalismus, die Apartheidgesetze der 1950er Jahre lenkten die Aufmerksamkeit der Weltöffentlichkeit auf Südafrika. Die Freilassung Nelson Mandelas 1990 war der Anfang der Demokratisierung.

Diese erstaunlich genaue Karte wurde 1570 von Abraham Ortelius aus Antwerpen erstellt

◁ Bilder der San-Buschmänner schmücken viele Felswände wie diese hier am Cedarberg *(siehe S. 160)*

Prähistorisches Südafrika

Mahlwerkzeug aus der Steinzeit

Vor etwa zwei bis drei Millionen Jahren, lange nach den Dinosauriern, bewohnte der *Australopithecus africanus* die Tiefländer von Südafrika. *Australopithecus* war der Vorfahre des modernen Menschen, dessen älteste Spuren in Südafrika über 110 000 Jahre alt sind. Häufiger findet man rund 10 000 Jahre alte Felsmalereien der Buschmänner, die Jäger und Sammler waren. Vor 2000 Jahren zogen Khoi-Hirten in Richtung Südwesten, Viehbauern ließen sich im Osten nieder. Ihre Nachfahren trafen im 15. Jahrhundert auf die portugiesischen Forschungsreisenden.

MENSCHEN DER FRÜHZEIT
☐ *Verbreitung in Südafrika*

Australopithecus africanus
1925 identifizierte Raymond Dart, später Dekan der medizinischen Fakultät der Universität in Witwatersrand, als Erster den Vorfahren des Menschen anhand eines Schädels aus der Provinz North Western.

Fußspuren in Langebaan
Die Fußspuren des Homo sapiens sapiens *in Langebaan Lagoon sind etwa 117 000 Jahre alt und zählen zu den ältesten Überresten des anatomisch »modernen« Menschen.*

Karoo-Fossilien
Die Diictodon-*Skelette, die in der Karoo am Flussufer gefunden wurden* (siehe S. 302), *gehörten zu Säugetieren ähnelnden Reptilien, die vor ca. 255 Mio. Jahren hier lebten.*

WIEGE DER MENSCHHEIT
Fossile Überreste aus den Höhlen von Sterkfontein *(siehe S. 264)* und anderen Gegenden Süd- und Ostafrikas bezeugen, dass die Wiege des Menschen in Afrika stand. Steinwerkzeuge und Knochenreste weisen darauf hin, dass unsere Vorfahren vor etwa 110 000 Jahren in Südafrika lebten und jagten.

ZEITSKALA

ca. 3 Mio. v. Chr. Der *Australopithecus africanus* lebt im zentralen Südafrika		**ca. 117 000 v. Chr.** Vorfahren des »modernen« Menschen lassen sich in Langebaan nieder			**ca. 35 000 v. Chr.** Beginn der späten Altsteinzeit; die Werkzeuge werden besser *Speerspitze*
3 Mio. v. Chr.	**2 Mio. v. Chr.**	**1 Mio. v. Chr.**	**40 000 v. Chr.**	**30 000 v. Chr.**	**20 00**
Faustkeil	**ca. 1 Mio. v. Chr.** Der *Homo erectus* folgt auf frühere menschenähnliche Lebewesen	**ca. 200 000 v. Chr.** Mittlere Altsteinzeit	**ca. 38 000 v. Chr.** In Ngwenya und Swasiland wird Eisenerz gewonnen	**ca. 26 000 v. Chr.** Frühestes bekannte Beispiel einer Felsmalerei (Namibia)	

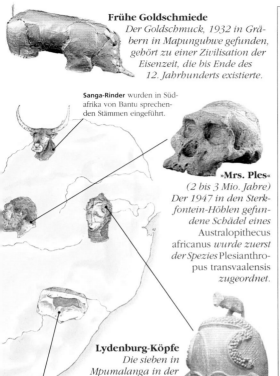

Frühe Goldschmiede
Der Goldschmuck, 1932 in Gräbern in Mapungubwe gefunden, gehört zu einer Zivilisation der Eisenzeit, die bis Ende des 12. Jahrhunderts existierte.

Sanga-Rinder wurden in Südafrika von Bantu sprechenden Stämmen eingeführt.

»Mrs. Ples«
(2 bis 3 Mio. Jahre)
Der 1947 in den Sterkfontein-Höhlen gefundene Schädel eines Australopithecus africanus *wurde zuerst der Spezies* Plesianthropus transvaalensis *zugeordnet.*

Lydenburg-Köpfe
Die sieben in Mpumalanga in der Nähe von Lydenburg gefundenen Terrakotta-Köpfe (siehe S. 276) von 700 n. Chr. wurden wohl für Rituale genutzt.

Felsmalereien
Südafrika ist eine Fundgrube frühgeschichtlicher Kunst. Einige Malereien sind vermutlich 10000 Jahre alt, andere »nur« 200 Jahre.

PRÄHISTORISCHES SÜDAFRIKA

Das Natal Museum in Pietermaritzburg *(siehe S. 223)*, das McGregor Museum in Kimberley *(siehe S. 316)* und das Transvaal Museum in Pretoria/Tshwane *(siehe S. 266)* zeigen Felsmalereien sowie archäologische und paläontologische Kunstwerke. Felszeichnungen sind auch am Cedarberg am westlichen Kap *(siehe S. 160)*, in den Drakensbergen in Lesotho *(siehe S. 214f)* und in KwaZulu-Natal *(siehe S. 216f)* zu sehen. Kapstadts Iziko South African Museum *(siehe S. 76)* zeigt Dioramen frühzeitlicher Menschen. Im Lydenburg Museum *(siehe S. 276)* und im National Museum in Bloemfontein *(siehe S. 318)* gibt es fossile Funde. In den Sterkfontein-Höhlen *(siehe S. 264)* bei Krugersdorp fand man »Mrs. Ples«. Viele Museen informieren über Ausflüge zu Fundorten.

Bushman Cave Museum, eine Freilichtausstellung im Giant's Castle Reserve *(siehe S. 216)*.

Die Sudwala-Höhlen *(siehe S. 276)* zeigen eine Chronologie der menschlichen Evolution.

ca. 8000 v. Chr. »lithisches werkzeug	ca. 200 n. Chr. Farmer und Eisenarbeiter siedeln südlich des Flusses Limpopo, wo sie Hirse anbauen		*Pfeil und Bogen der San-Buschmänner*		
10000 v. Chr.	**1 n. Chr.**	**350**	**700**	**1050**	**1400**
	ca. 1 n. Chr. Nomadische Khoi-Schafhirten aus Botsuana wandern nach Südwesten ins Kapküstengebiet	*Hirse*		**ca. 1400** Die Steinsiedlungen der Sotho-Menschen dehnen sich vom Highveld bis in den heutigen Free State aus	

Forscher und Kolonialherren

Bartolomeu Dias (1450–1500)

Portugiesische Seefahrer befuhren als Erste die Seeroute nach Indien, die erste befestigte Siedlung am Kap errichteten jedoch 1652 die Holländer. Die eingeborenen Khoi waren zunächst froh über neue Arbeits- und Handelsmöglichkeiten. Einige arbeiteten für die Siedler, andere entflohen den holländischen *trekboers*. 1688 stieg die Anzahl der Siedler durch die Ankunft der französischen Hugenotten-Familien, wodurch noch mehr Khoi aus ihrem Ursprungsland vertrieben wurden.

ROUTEN DER FORSCHER

➤ *Dias 1488* ➤ *Da Gama 1498*

☐ *Kap-Kolonie 1795*

Dias' Karavelle
1988 wurde mit einem Nachbau des Schiffes, das Bartolomeu Dias vor 500 Jahren gesteuert hatte, die Reise von Lissabon zur Mossel Bay wiederholt. Das Schiff liegt im Bartolomeu Dias Museum in Mossel Bay (siehe S. 182f).

Frühes Postsystem
Im 15. und 16. Jahrhundert ankerten portugiesische Kapitäne vor Mossel Bay und hinterließen sich in Steine geritzte Nachrichten. Die Steine wurden bald zu einer Art Briefkasten, neben dem Briefe deponiert wurden.

Holländische Flagge

Lunten-schloss-gewehr

Jan van Riebeeck

ANKUNFT JAN VAN RIEBEECKS

Am 6. April 1652 landete Jan van Riebeeck am Kap, um die Niederländisch-Ostindische Kompanie zu etablieren. An den ersten Befehlshaber der neuen Außenstelle und seine Frau Maria de la Quellerie erinnern Standbilder, die nahe der Stelle ihrer historischen Landung aufgestellt wurden.

ZEITSKALA

	1486 Portugiesen segeln bis zum heutigen Namibia	**ca. 1500** Schiffbrüchige Portugiesen treffen an Südafrikas Südküste auf Bauern der Eisenzeit	
1400	**1450**	**1500**	**1550**
Vasco da Gama	**1498** Vasco da Gama entdeckt den Seeweg nach Indien um das Kap der Guten Hoffnung	**1510** Dom Francisco d'Almeida, Vizekönig Portugiesisch-Indiens, und 57 seiner Männer wurden von den Khoi in der Tafelbucht umgebracht	

Die Vereenigde Oost-Indische Compagnie (VOC)

Mehrere Handelsgesellschaften schlossen sich 1602 zur Niederländisch-Ostindischen Kompanie (VOC) zusammen, die das Handelsrecht hatte, Verträge abschließen konnte und Armee sowie Flotte besaß. Sie wurde 1789 aufgelöst.

...en und Schmuck
...rden den Khoi als
...schenk überreicht.

Autshumao, Anführer der *strandlopers* (die am Meer lebten und sich hauptsächlich von Fisch und Muscheln ernährten), wurde 1631 von den Briten nach Java gebracht. Er hatte Grundkenntnisse in Englisch und konnte mit den Holländern verhandeln.

Die Ureinwohner am Kap kleideten sich mit Tierhäuten.

Bessere Waffen

Die Luntenschlossgewehre waren den Keulen und Speeren der Hottentotten und den Bogen und giftigen Pfeilen der San-Buschmänner überlegen.

Mandelhecke

Ein Rest der Hecke, die gepflanzt worden war, um den Handel mit den Khoi zu erschweren, ist im Kirstenbosch National Botanical Garden erhalten (siehe S. 104f).

FORSCHER UND KOLONIALHERREN

Das Mossel Bay Museum beherbergt sowohl die Nachbildung von Dias' Karavelle *(siehe S. 182f)* als auch einen alten Milkwood-Baum, in dem die Seeleute Nachrichten für ihre Kameraden hinterließen. Das Iziko Castle of Good Hope in Kapstadt *(siehe S. 72f)* ist Südafrikas ältestes Gebäude. Das Huguenot Memorial Museum in Franschhoek *(siehe S. 144)* widmet sich dem französischen Erbe der Stadt und stellt antike Möbel und schöne Gemälde aus. Frühkoloniale Kunstwerke werden in der Iziko Slave Lodge in Kapstadt gezeigt *(siehe S. 70).*

Den De Kat Balcony im Iziko Castle of Good Hope in Kapstadt erschuf der Bildhauer Anton Anreith.

Französische Hugenotten

Da sie in Frankreich religiös verfolgt wurden, flohen 1688 etwa 200 Hugenotten ans Kap. Sie bekamen in der Gegend von Franschhoek Land zugewiesen (siehe S. 144f), wo sie Wein anbauten.

Maria de la Quellerie

1594 Portugiesen und Khoi handeln in der Tafelbucht	**1652** Jan van Riebeeck und seine Frau, Maria de la Quellerie, kommen in der Tafelbucht an	**1693** Scheich Yusuf wird ins Exil ans Kap verbannt, nachdem er einen Aufstand in Java angezettelt hatte. Sein *kramat* (Schrein) nahe Faure (westliches Kap) wird von Muslimen verehrt		
1600	**1650**	**1700**		**1750**
1608 Holländer und Khoi treiben Tauschhandel mit Lebensmitteln	**1658** Viehraub und Mord an Siedlern löst Krieg gegen die Khoi aus	**1688** Hugenotten-Flüchtlinge lassen sich am Kap nieder	**1713** An einer Pockenepidemie sterben unzählige Khoi und weiße Siedler	

Britische Kolonialisierung

Bis 1778 waren Siedler bis zum östlichen Kap vorgedrungen, der Fish River bildete die östliche Grenze der Kapkolonie. Die dort ansässigen Xhosa-Hirten wurden ihrer Weidegründe beraubt, was etwa ein Jahrhundert später in erbitterten Grenzkriegen mündete. Nach der Französischen Revolution wurde das Kap 1795 von Briten, 1802 von Holländern und 1806 erneut von Briten besetzt, die mit Unterstützung der Regierung britischen Siedlern im Zuurveld Farmland zuwiesen. In dieser Zeit begann Shaka Zulu mit dem Aufbau eines mächtigen Reiches im Osten.

Anbindepfosten, Graaff-Reinet

AUSBREITUNG DER SIEDLER
☐ *1814* — *Kapregion heute*

Schlacht von Muizenberg (1795)
Um die Vormacht am Kap zu halten, bombardierten britische Kriegsschiffe in Muizenberg holländische Stellungen (siehe S. 99). Die Briten blieben Sieger und hatten somit auf dem Weg nach Indien einen Stützpunkt dazugewonnen.

Blockhausruinen

FORT FREDERICK
Im 19. Jahrhundert wurden am östlichen Kap viele Privathäuser befestigt sowie Vor- und Grenzposten errichtet. Nur wenige Festungen wurden angegriffen, fast alle sind heute als Ruinen erhalten. Das restaurierte Fort Frederick in Port Elizabeth *(siehe S. 192f)* ist ein gutes Beispiel für jene Grenzbefestigungen.

Grab von Captain Francis Evatt, der 1820 die Ankunft der britischen Siedler beaufsichtigte.

Rustenburg House
Nach der Schlacht von Muizenberg traten die Holländer das Kap an die Briten ab. Der Vertrag wurde in diesem Haus in Rondebosch, Kapstadt, unterzeichnet. Die klassizistische Fassade stammt vermutlich von 1803.

ZEITSKALA

1750 Weltweit nimmt der holländische Einfluss langsam ab	**1770** Der Gamtoos River wird Grenze der Kapkolonie	**1778** Der Fish River wird Grenze der Kapkolonie	**1789** Merinoschafe werden aus Holland importiert und in Südafrika gezüchtet

1750	**1760**	**1770**	**1780**

1751 Rijk Tulbagh wird zum holländischen Gouverneur am Kap ernannt (1751–71)	**1779** Ein Jahr nach der Grenzziehung der Kapkolonie stoßen Siedler und Xhosa am Fish River zusammen – der erste von neun Grenzkriegen	

Merinoschaf

Schlacht von Blaauwberg (1806)
Die Schlacht zwischen Holländern und Briten fand außer Reichweite der britischen Kriegsschiffe am Fuße des Bloubergs statt. Die Holländer, zahlenmäßig unterlegen und wenig diszipliniert, gaben bald auf und flohen.

Siedler von 1820
Etwa 4000 Briten, die meisten Künstler mit wenig oder gar keiner Erfahrung im Landbau, ließen sich in der Gegend von Grahamstown nieder (siehe S. 198f).

Das Pulvermagazin konnte ungefähr 900 Kilogramm Gewehrpulver fassen.

Eingang

BRITISCHE KOLONIEN
Die Museen in Umtata (der Hauptstadt der früheren Transkei) und die Universität von Fort Hare in Alice (in der ehemaligen Ciskei) zeigen interessante koloniale Kunstwerke. Das Military Museum in Kapstadts Iziko Castle of Good Hope präsentiert Waffen, Munition, Uniformen, Landkarten, Briefe und medizinisches Zubehör *(siehe S. 72f)*. Die Museen in King William's Town, Queenstown und Grahamstown *(siehe S. 198f)* stellen Kriegs-Memorabilien aus. Eine hervorragende Sammlung alter Drucke und Gemälde zeigt das ausgezeichnete MuseuMAfricA in Johannesburg *(siehe S. 256)*.

Das MuseuMAfricA bietet drei Dauer- und verschiedene Wechselausstellungen.

Xhosa
Die Xhosa hatten seit Urzeiten das Zuurveld-Land bebaut. Die Ankunft der Siedler führte 1820 zu Auseinandersetzungen.

Shaka Zulu
Der begabte Militärstratege wurde 1815 nach Dingiswayos Tod Häuptling der Zulu. Er führte die assegaai (kurzen Speere) ein und vereinte kleinere Stämme zu einem Zulu-Reich.

Typisches Siedlerhaus

1795 Schlacht von Muizenberg, erste britische Besetzung	1800 *Cape Town Gazette* und *African Advertiser* erstmals veröffentlicht	1806 Schlacht von Blaauwberg; zweite britische Besetzung	1818 Shaka beginnt seine Eroberungen	1820 4000 britische Siedler kommen in Grahamstown an	1829 Die Khoi werden von der Ausweispflicht befreit; Gründung der Universität von Kapstadt
1800		**1810**		**1820**	**1830**
1793 Eröffnung der Lombard Bank in Kapstadt, der ersten Bank im Land	**1802** Lady Anne Barnard, deren Schriften Einblick ins koloniale Leben geben, verlässt Kapstadt	**1814** Wiener Kongress ratifiziert die britische Besetzung des Kaps	**1815** Der Slagter's-Nek-Aufstand, angeführt von antibritischen Grenzbewohnern, endet mit Exekutionen nahe Cookhouse (Eastern Cape)	**1828** Shaka wird von seinem Halbbruder Dingane ermordet	

Großer Treck

Hut einer Voortrecker-Frau

Die Holländisch sprechende Bevölkerung lehnte die britische Kolonialverwaltung ab. Unzufriedene Voortrekker (Burenpioniere) zogen im Großen Treck (Groot Trek) nach Osten und Norden. 1838 tötete Zulu-Häuptling Dingane eine Gruppe von Voortrekkern, am Blood River wurden seine Krieger jedoch geschlagen. 1843 annektierten die Briten die kurzzeitig bestehende Burenrepublik Natalia. 1857 gründete man nördlich von Oranje und Vaal die Burenstaaten Transvaal und Oranje-Freistaat. Sie lagen isoliert im Landesinneren und waren arm, aber unabhängig.

VOORTREKKER-BEWEGUNG

☐ Großer Treck 1836
☐ Britisches Territorium 1848

Emanzipierte Sklaven

Die Befreiung von 39 000 Sklaven erzürnte 1834 die Burenfarmer, die auf Sklaven angewiesen waren. Die Entscheidung der Briten fiel nicht nur aus Humanität – freie Arbeiter waren auch billiger.

GROSSER TRECK

Die Buren, unzufrieden mit der britischen Verwaltung, zogen in Konvois ins Hinterland, um neues Gebiet zu erschließen. Die Familien mit schwarzen und farbigen Gefolgsleuten hatten auch ihr Vieh dabei. Die Wagen beinhalteten ihre gesamte Habe. Nachts oder bei Angriffen wurde der Konvoi zu einem *laager* geformt – eine kreisförmige Anordnung der Wagen, die mit Ketten miteinander verbunden wurden.

Schlacht von Vegkop

Als die Ndebele 1836 auf einen nordwärts ziehenden Treck trafen, waren ihre Waffen den Gewehren der Siedler nicht gewachsen: 40 Voortrekker schlugen bei Vegkop 6000 Ndebele-Krieger in die Flucht. Sie töteten 430 Angreifer, verloren jedoch dabei einen Großteil ihres Viehbestands.

Tonnen dienten der Aufbewahrung von Lebensmitteln, Wasser und Schießpulver.

Wagentruhe

Die Wagengabel wurde am Geschirr befestigt, das um den Hals des Ochsen lag.

ZEITSKALA

1838 Die Schlacht am Blood River folgt dem Mord an Piet Retief, Anführer der Voortrekker, und seinen Männern

Dingane

1830	1835	1840
1834 Befreite Sklaven bekommen eine vierjährige Lehrzeit; sechster Grenzkrieg; Voortrekker ziehen zum heutigen Free State, nach KwaZulu-Natal, in die Northern Province und nach Namibia	**1836** Der Große Treck beginnt	**1839** Die Burenrepublik Natalia wird ausgerufen

Schlacht am Blood River
*Am 16. Dezember 1838 färbte sich der Fluss rot von Blut,
als eine 468 Mann starke Bürgerwehr in Vergeltung für
den Mord an Piet Retief 12500 Zulu-Krieger besiegte.*

KOLONIALE AUSBREITUNG

Der Kolonialgeschichte der Briten widmen sich kulturhistorische Museen und Kriegsmuseen im ganzen Land. Museen in Grahamstown *(siehe S. 198f)*, Port Elizabeth *(siehe S. 192f)*, East London und King William's Town zeigen alte Waffen, Landkarten und Kunst der Pioniere. Das MuseuMAfricA *(siehe S. 256)* in Johannesburg stellt Dokumente, Kriegs-Memorabilien und Landkarten aus. Das Kleinplasie Open-air Museum *(siehe S. 150f)* zeigt eine Animation über das Leben der Voortrekker.

Das Battle of Blood River Memorial in Dundee zeigt den Nachbau eines *laager*.

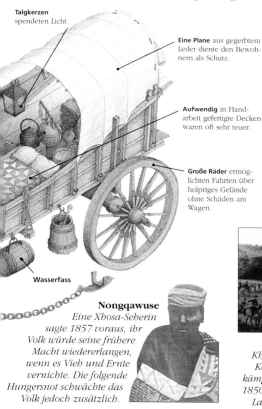

Talgkerzen spendeten Licht.

Eine Plane aus gegerbtem Leder diente den Bewohnern als Schutz.

Aufwendig in Handarbeit gefertigte Decken waren oft sehr teuer.

Große Räder ermöglichten Fahrten über holpriges Gelände ohne Schäden am Wagen.

Wasserfass

Nongqawuse
*Eine Xhosa-Seherin
sagte 1857 voraus, ihr
Volk würde seine frühere
Macht wiedererlangen,
wenn es Vieh und Ernte
vernichte. Die folgende
Hungersnot schwächte das
Volk jedoch zusätzlich.*

Rebellion am Kat River
*Khoi-Siedler hatten am Kat River am
Kap ohne Sold für die Regierung ge-
kämpft, lehnten sich aber im Krieg von
1850 auf. Mit ihrer Niederlage ging ihr
Land in den Besitz der Weißen über.*

846 Siebter [G]renzkrieg, in dem sich die [K]rieg der Axt)	**1850** Achter Grenzkrieg, in dem sich die Kat-River-Khoi den Xhosa anschließen	**1854** Briten ziehen sich vom Oranje zurück	**1856** Britische und deutsche Siedler ziehen am östlichen Kap eine Grenze, der Natal-Kolonie wird eine stellvertretende Regierung zugestanden	
[1]845	**1850**	**1855**		**1860**
1852 Die Briten setzen für das Kap eine stellvertretende Regierung ein		**1853** Erstmals gibt es in der Kapkolonie Briefmarken	**1857** Tausende der Xhosa zwischen den Flüssen Keiskamma und Great Kei (östliches Kap) sterben in einer Hungersnot, die eine unkundige Seherin verursacht hat	

Erste Briefmarke

Gold- und Diamantenfieber

**Krone
von England**

Die Entdeckung von Diamanten in der nördlichen Kapregion legte den Grundstein für Südafrikas Wirtschaft und hatte massive Wanderarbeit zur Folge. Goldfunde im Osten des Landes, die eine Quelle unermesslichen Wohlstands versprachen, wollten die Briten ausbeuten. Afrikanische Königreiche und zwei Burenrepubliken wurden gezwungen, einer britischen Konföderation beizutreten. Der Widerstand gegen die Briten löste den Burenkrieg (1899–1902) aus.

KONFLIKTREGIONEN

☐ Burengebiete, Kriegsgebiete

Goldfieber
Der Entdeckung der Hauptgoldader von Johannesburg 1886 gingen Goldfunde in Pilgrim's Rest (siehe S. 278) und Barberton voraus.

**Leander Jameson
(1853–1917)**
Nach der Entdeckung von Gold in Transvaal leitete Jameson einen Putsch, der Paul Kruger, den Präsidenten der Republik Transvaal, stürzen sollte.

Cecil John Rhodes (1853–1902)
Der skrupellose Geschäftsmann war als Premierminister daran beteiligt, 1896 den Jameson-Putsch zu organisieren. Die Einmischung in die Angelegenheiten eines anderen Staates beendete letztlich seine politische Karriere.

ZEITSKALA

1867 In der nördlichen Kapregion nahe Hopetown wird ein Diamant mit 21 Karat gefunden

1878 Walvis Bay (im heutigen Namibia) wird britisches Territorium

1860	1865	1870	1875

Geschliffener Diamant

1871 Diamantenfunde in Colesberg Kopje (Kimberley); Goldfunde in Pilgrim's Rest

1877 Die Briten annektieren die Südafrikanische Republik

1879 Die Briten dringen in das Zulu-Königreich von Cetshwayo ein und gliedern es der Kolonie Natal an

Jan Christiaan Smuts
*General Smuts (1870–1950)
spielte im Burenkrieg und
in beiden Weltkriegen eine
bedeutende Rolle. Er half,
die Charta der Vereinten
Nationen zu entwerfen,
und wurde zweimal zum
Premierminister der Repu-
blik Südafrika gewählt
(1919–24 und 1939–48).*

Isandhlwana Hill

Bajonette mussten be-
nutzt werden, als den
Briten die Munition
ausging.

Mit Rindsleder
bezogene Schilder
dienten der Abwehr
der Bajonette.

Die *assegaai* (kurzen
Speere) waren im
Nahkampf nützlich.

Britische Verluste
waren hoch; nur
wenige Männer
entkamen lebend.

GOLD- UND DIAMANTENFIEBER

Organisierte Touren führen
zu den meisten Schlachtfeldern in KwaZulu-Natal *(siehe
S. 220)*. Audioführer für eigenständige Touren sind im
Talana Museum erhältlich
(siehe S. 220). Gold Reef City
(siehe S. 260f) ist eine Nachbildung vom Johannesburg
der 1890er Jahre. Das Kimberley Mine Museum *(siehe
S. 317)* ist eine von mehreren
interessanten historischen
Stätten in Kimberley.

Das Kimberley Mine Museum
besitzt eine Kopie des Cullinan.

SCHLACHT VON ISANDHLWANA
Um die unbeugsamen Zulu zu unter-
werfen, provozierten britische Offi-
ziere Zwischenfälle. 1879 wurde eine
1200 Mann starke britische und koloniale Streitmacht von 20 000 Zulu-Krie-
gern am Isandhlwana Hill vernichtet.

Moderne Kriegsführung
*Der Burenkrieg (1899–1902) war der erste Krieg,
bei dem Schnellfeuergewehre und motorisierte
Fahrzeuge eingesetzt wurden. Obwohl die Buren
gute Schützen und Reiter waren, sprachen sowohl
die begrenzte Anzahl an Männern als auch die
lockere Struktur ihrer Armee gegen sie.*

1884 Lesotho wird britisches Protektorat		**1886** Entdeckung der Hauptgoldader in Witwatersrand (Gauteng)	**1894** Das Königreich Swasiland wird britisches Protektorat	**1896** Der Jameson-Putsch in Transvaal schlägt fehl; die Rinderpest tötet Viehherden und Wildtiere	**1902** Ende des Burenkrieges
1880		**1885**	**1890**	**1895**	**1900**
1881 Buren schlagen britische Armee in Majuba	**1883** Olive Schreiner veröffentlicht *Story of an African Farm*	**1885** Briten annektieren Teile von Bechuanaland (Botsuana)	**1893** Mohandas Karamchand Gandhi kommt zum Jurastudium nach Durban	*Winston Churchill als Kriegsberichterstatter in Südafrika*	**1899** Beginn des Burenkrieges; das Sabie Game Reservat (Vorläufer des Kruger Park) wird eröffnet

Mahatma Gandhi

Zeit der Apartheid

Plakat
»Free Mandela«

Die Südafrikanische Union wurde 1910 eine eigenständige Kolonie im britischen Commonwealth. Die Zukunft der schwarzen Südafrikaner war ungewiss, was 1912 zur Gründung des Südafrikanischen Nationalkongresses führte (später als ANC bekannt). Die 100-Jahr-Feier zum Großen Treck erneuerte 1938 die Hoffnung der weißen Afrikaaner auf Selbstbestimmung. 1948 kam die National Party (NP) an die Macht. Sie bestimmte die Zusammensetzung des Parlaments, ihre Gesetze beraubten die schwarzen Südafrikaner der meisten grundlegenden Menschenrechte. 1961 führte Premierminister Verwoerd das Land in wachsende politische Isolation.

APARTHEID IN SÜDAFRIKA

— *Provinzgrenzen (1994)*

▢ *Homelands bis 1984*

Delville
Eine der grausamsten Schlachten des Ersten Weltkriegs fand im Wald von Delville, Frankreich, statt. Fünf Tage lang trotzten 3000 südafrikanische Soldaten den Deutschen.

100-Jahr-Feier zum Großen Treck
1938 fuhren Ochsengespanne zu einer feierlichen Zeremonie in Pretoria zur Grundsteinlegung des Voortrekker Monument (siehe S. 267). Das Nachspielen des Großen Trecks war eine Darstellung von Solidarität, Patriotismus und politischer Stärke der Afrikaaner.

BRENNENDE PÄSSE
Laut Natives Act von 1952 mussten alle Schwarzen über 16 Jahren stets einen Pass (Arbeitserlaubnis für ein »weißes« Gebiet) mitführen und auf Verlangen der Polizei zeigen. 1956 wurde das Gesetz auf Frauen ausgeweitet. 1960 verbrannten landesweit in den Townships Tausende ihre Pässe. Das Gesetz galt bis 1986.

ZEITSKALA

	1905 Fund des Cullinan-Diamanten in der Premier Diamond Mine	**1907** Sir James Percy FitzPatrick schreibt *Jock of the Bushveld*	**1912** Südafrikanischer Nationalkongress gegründet (später ANC)	**1922** Aufstand der Kumpel im Kohlebergwerk von Witbank	**1936** Ers Druck d Bibel a Afrika
1900		**1910**		**1920**	**1930**
	1904 Präsident Paul Kruger stirbt *Präsident Paul Kruger*	**1910** Bildung der Südafrikanischen Union	**1914** Südafrika erklärt Deutschland den Krieg; Regierungsunion schlägt Burenaufstand nieder; Bildung der ersten National Party in Bloemfontein	**1927** Obligatorische Rassentrennung für viele Städte erklärt	

APARTHEID

»Apartheid«, das afrikaanse Wort für »Trennung«, bestimmte den Wahlkampf der National Party und nach deren Wahlsieg 1948 die Regierungspolitik: Die Hautfarbe entschied darüber, wo ein Mensch leben, arbeiten, unterrichtet und sogar begraben werden durfte. Sex zwischen Menschen unterschiedlicher Rassen wurde mit Gefängnis bestraft. Landverlust war eine der schlimmsten Strafen des Systems.

»Hausbesuch« der südafrikanischen Sicherheitspolizei

APARTHEID

Das District Six Museum am Rand des gleichnamigen früheren Bezirks in Kapstadt zeigt die Lebensbedingungen in dem vorwiegend von Muslimen bewohnten Bezirk, ehe er unter dem Group Areas Act von 1966 geräumt wurde. Ausstellungen im Mayibuye Center an der University of the Western Cape greifen den Kampf für Demokratie auf. Die Iziko Slave Lodge *(siehe S. 70)* in Kapstadt, das MuseuMAfricA *(siehe S. 256)* in Johannesburg und das Red Location Museum *(siehe S. 194)* in Port Elizabeth sind ebenfalls interessant. In Pretoria/Tshwane widmet sich das Voortrekker Museum und Monument *(siehe S. 267)* dem Patriotismus der Afrikaaner.

Organ des Nationalismus
Drum, *erstmals 1950 veröffentlicht, war wichtig für schwarze Journalisten. Ihre Kritik am weißen Regime belebte den schwarzen Nationalismus neu.*

Das MuseuMAfricA in Johannesburg zeigt die Lebensbedingungen in einer Township.

Architekten der Apartheid
Der in Holland geborene Hendrik Verwoerd (1901–1966), Premierminister von 1958 bis zu seiner Ermordung, und Charles Robberts Swart (1894–1982), Justizminister, setzten zahlreiche Apartheidgesetze in Kraft.

District Six, »Herz und Seele« Kapstadts, wurde 1966 zur weißen Zone erklärt.

Erste Ausgabe der Bibel in Afrikaans

1948 National Party übernimmt die Regierung

1950 Verbot des Kommunismus

1955 Benzin wird erstmals in Südafrika aus Kohle hergestellt

1958 Hendrik Verwoerd wird Premierminister von Südafrika

1940	1950	1960

1939 Südafrika erklärt Deutschland den Krieg

1949 Das Verbot der gemischtrassigen Heirat, das erste von vielen Apartheidgesetzen, wird vom Parlament verabschiedet

1960 Polizei erschießt 69 Demonstranten in Sharpeville; ein Referendum nur für Weiße ergibt eine Mehrheit für eine Republik

Zeit der Demokratie

Button zum Referendum von 1992

Die Gesetze der weißen nationalistischen Regierung diskriminierten die Schwarzafrikaner. Der Beschluss, Afrikaans solle die Unterrichtssprache an schwarzen Schulen sein, führte 1976 zur Revolte. Die Gewalt nahm zu, der Notstand wurde ausgerufen. Der Untergang des alten Systems zeichnete sich ab. 1990 machte Staatspräsident Frederik Willem de Klerk den ersten Schritt zur Versöhnung, als er den ANC, die kommunistische Partei und andere Organisationen wieder zuließ und die Freilassung Nelson Mandelas ankündigte.

SÜDAFRIKA HEUTE

— *Provinzgrenzen*

Weltneuheit
Christiaan Barnard (rechts) schrieb Medizingeschichte, als er 1967 ein menschliches Herz verpflanzte.

Desmond Tutu bekam für seine Anti-Apartheid-Kampagne den Friedensnobelpreis (1984) und den Martin-Luther-King-Friedenspreis (1986).

Soweto-Aufstände
Am 16. Juni 1976 schoss die Polizei auf schwarze Schüler und Studenten, die gegen Afrikaans als Unterrichtssprache protestierten. Das Bild eines sterbenden Jungen dokumentiert die Grausamkeit.

Kunst gegen Apartheid
The Black Christ (von Ronald Harrison) war inspiriert vom Sharpeville-Massaker und der Verbannung des ANC-Präsidenten Chief Albert Luthuli (als Jesus dargestellt). Jahrelang wurde das Bild unter Verschluss gehalten, heute hängt es in der Iziko South African National Gallery *(siehe S. 77)*.

DEMOKRATISCHE WAHLEN
Am 27. April 1994 gingen die Südafrikaner zur Urne – viele das erste Mal. Fünf Tage später wurde das Ergebnis verkündet: Mit 63 Prozent Stimmenanteil gewann der Afrikanische Nationalkongress (ANC) die Wahl in allen außer zwei Provinzen. Nelson Mandela wurde Staatspräsident.

ZEITSKALA

1961 Südafrika wird eine Republik außerhalb des britischen Commonwealth	*Alte Flagge*	**1971** UN-Sicherheitsrat erkennt Namibia an und weist den Anspruch Südafrikas auf das Land zurück	**1976** Unruhen von Soweto; ausländisches Kapital fließt aus Südafrika ab	**1984** Neue Parlamentssatzung

1960	**1965**	**1970**	**1975**	**1980**
1962 Nelson Mandela inhaftiert; Beginn der UN-Sanktionen	**1963** Beginn des Guerillakrieges in Südwestafrika (Namibia)	**1967** Erste Herztransplantation durch Christiaan Barnard / **1966** Premierminister Verwoerd ermordet; Lesotho wird unabhängig	**1974** Vereinte Nationen fordern Rückzug Südafrikas aus Namibia	**1980** ANC bombardiert die Sasolburg-Ölraffinerie in Free State

Kwaito – Sound einer neuen Generation
Boomshaka sang kwaito. *Der einzig-artige Sound entstand in den Townships von Gauteng. Die recht ein-gängigen Texte sind von* Toyi-toyi-*Liedern (Protestsongs) beein-flusst.*

»Free at last«
Am 11. Februar 1990 wurde Nelson Mandela nach fast drei Jahrzehnten Haft aus dem Gefängnis auf Robben Island entlassen. Millionen von Menschen auf der ganzen Welt verfolgten das bedeutende Ereignis.

Beobachter der unabhängigen Wahlkommission

Cricket-Weltmeisterschaft 1992
Nach dem politischen Wandel nahm das Cricket-Nationalteam zum ersten Mal seit über 20 Jah-ren wieder an einem internatio-nalen Wettbewerb teil.

Aufhebung der Sanktionen
1993 wurden die seit 1986 be-stehenden Handelssanktionen aufgehoben. Markenartikel waren wieder erhältlich.

Stimmzettel
Versiegelte Wahlurne

Redefreiheit
Die extravagante Evita Bezuiden-hout (siehe S. 157) trat erst-mals Anfang der 1980er Jahre auf. Ihre satiri-schen Ansichten zur Innenpolitik machten sie in Südafrika und im Ausland berühmt.

Wahrheits- und Versöhnungskommission (TRC)
Diese Kommission wurde 1994 unter dem Vorsitz des ehema-ligen Erzbischofs von Kapstadt, Desmond Tutu, gegründet. Ziel war es, die Motive für die politischen Verbrechen wäh-rend der Zeit der Apartheid aufzudecken und aufzuarbeiten.

	1990	1995	2000	2005	2010
90 Namibia unabhängig; ANC-Verbot aufgehoben; Mandela frei	**1994** ANC gewinnt erste demokratische Wahlen; Nelson Mandela wird Staatspräsident	**1995** Südafrika gewinnt die Rugby-WM im eigenen Land	**2003** Walter Sisulu, Mitbegründer des ANC, stirbt im Alter von 90 Jahren	**2005** Stadtrat beschließt, Pretoria in Tshwane um-zubenennen	**2008** Ehe-malige ANC-Mitglieder gründen neue Partei
1992 Referendum zur Reformpolitik de Klerks; Südafrika erstmals seit 1960 bei Olympischen Spielen		**1999** Zweite demo-kratische Wahl / **1998** Wahrheits- und Ver-söhnungskommission ver-öffentlicht Abschlussbericht	**2004** Wiederwahl von Thabo Mbeki zum Präsidenten	**2007** Süd-afrika wird zum zweiten Mal Rugby-Weltmeister

Neue Flagge

KAPSTADT

Kapstadt im Überblick

Kapstadt (Kaapstad, Cape Town) liegt auf einer kleinen, in den Atlantischen Ozean ragenden Halbinsel an der Südspitze Afrikas. Das viertgrößte Ballungszentrum Südafrikas zieht die meisten ausländischen Besucher an. Eine einzigartige Mischung aus holländischer, britischer und kapmalaiischer Kultur prägt die kosmopolitische Atmosphäre. Am Fuß des Tafelberges, dem Wahrzeichen der Stadt, stehen gut erhaltene historische Gebäude. Einige, wie auch Old Town House am Greenmarket Square, sind heute Museen. Attraktionen außerhalb sind der Chapman's Peak Drive an der Küste und eine Rundfahrt durch die Weinberge um Franschhoek und Stellenbosch.

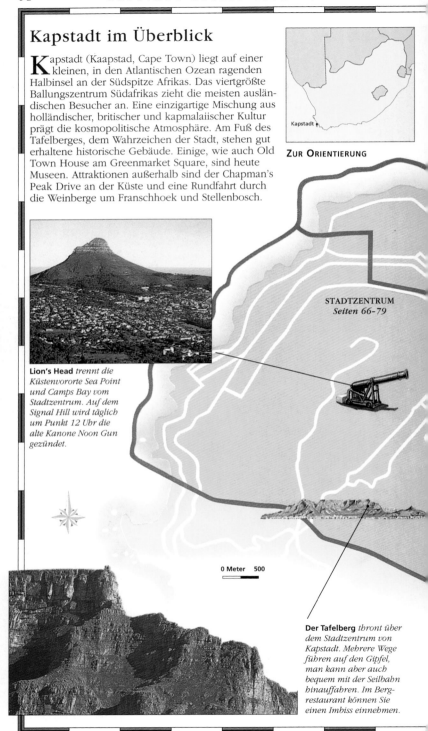

Kapstadt

ZUR ORIENTIERUNG

STADTZENTRUM
Seiten 66–79

Lion's Head *trennt die Küstenvororte Sea Point und Camps Bay vom Stadtzentrum. Auf dem Signal Hill wird täglich um Punkt 12 Uhr die alte Kanone Noon Gun gezündet.*

0 Meter   500

Der Tafelberg *thront über dem Stadtzentrum von Kapstadt. Mehrere Wege führen auf den Gipfel, man kann aber auch bequem mit der Seilbahn hinauffahren. Im Bergrestaurant können Sie einen Imbiss einnehmen.*

◁ **Der Strand von Camps Bay ist ein beliebter Ort zum Sonnenbaden und um Leute zu beobachten** *(siehe S. 93)*

Das Victoria Wharf Shopping Center *an der Waterfront* (siehe S. 82f) *ist ein wahrer Konsumtempel. Der moderne Entwurf fügt sich harmonisch in die alte, renovierte Bausubstanz ein.*

ROBBEN ISLAND
Seiten 88f

0 Meter 1000

V&A WATERFRONT
Seiten 80–89

Der Leuchtturm *(1863) auf Robben Island* (siehe S. 88f) *ist 18 Meter hoch. Er steht ganz in der Nähe des »Village«, dessen Schmuckstück, das Haus des Gouverneurs, als Gästehaus für Prominente dient.*

Grand Parade, *ein lebendiger Markt, bietet mittwochs und samstagvormittags alles von Stoffen über Blumen und Gewürze bis zu billigen Uhren und Spielsachen. Vorsicht vor Taschendieben: Tragen Sie weder teuren Schmuck noch einen Fotoapparat.*

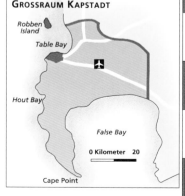

GROSSRAUM KAPSTADT

Robben Island

Table Bay

Hout Bay

False Bay

0 Kilometer 20

Cape Point

Das Castle of Good Hope *erinnert an die Zeit Jan van Riebeecks und der frühen Siedler.*

Kap-Halbinsel

Seit vier Jahrhunderten heißt der Tafelberg, das Wahrzeichen der Kap-Halbinsel, die Reisenden willkommen. Die zerklüftete Bergkette, die sich 1087 Meter über den Meeresspiegel erhebt, erstreckt sich von der Tafelbucht bis zum Cape Point und lässt die Hochhäuser der Stadt und ihrer Vororte winzig erscheinen. Die Vorderseite des Bergs mit den umgebenden Felsen und Schluchten ist ein spektakuläres Wunder der Natur. Die Gesteinsformationen und die verschobenen Schichten bezeugen turbulente, 1000 Millionen Jahre alte geologische Prozesse.

Cape Point, *das Ende der Bergkette, ragt in den südlichen Atlantik hinein. Eine malerische Strecke führt zum Naturreservat* (siehe S. 97) *am Kap der Guten Hoffnung, wo es Wege für Wanderer und Mountainbiker gibt. Weniger Sportlichen bietet sich die Standseilbahn zum Leuchtturm.*

Die Weinberge von Constantia (siehe S. 100f) *an den südöstlichen Hängen der Bergkette sind von der Stadt aus leicht zu erreichen. Die fruchtbaren Hänge bieten zusammen mit dem milden mediterranen Klima den Winzern beste Anbaubedingungen.*

DAS TISCHTUCH DES TAFELBERGS

Das Tischtuch

Eine alte Legende erzählt von dem Holländer Jan van Hunks, der mit einem Fremden an den Hängen des Devil's Peak um die Wette rauchte. Nach einigen Tagen gab der Fremde auf und sich als Teufel zu erkennen. Er verschwand mit van Hunks in einer Rauchwolke, wobei er kleine Wölkchen hinterließ, die sich um den Devil's Peak gruppierten (bis dorthin bedecken die Wolken den Berg und bilden dabei das berühmte »Tischtuch«).

209 m Cape of Good Hope

CAPE POINT

PLATEAU

Smitswinkel Bay

MILLERS

SWARTKOP
▲ 678 m

Simon's Town

GLENCA

Fish

OU KAAPS

▲ 507 m
Muizenberg

TOKAI

M2

Constantia
Winelands

MAIN

M3

N2

DE

VOORTREKKER ROAD

N1

LEGENDE

🚋 Standseilbahn

☀ Aussichtspunkt

🚶 Wandern

🚵 Mountainbiking

⚓ Schiffswrack

🐋 Walbeobachtung

In Noordhoek *gelangt man über kleine felsige Buchten zu weiten, unberührten Stränden. Die Stadt Noordhoek umgeben kleine Anwesen und Pferdefarmen. Ausritte entlang der langen Sandstrände sind sehr beliebt.*

In Llandudno *findet man Kapgranit, der unter der Erdkruste vor etwa 550 Millionen Jahren durch das Schmelzen von Gestein entstand.*

Der Sentinel *ist eine eindrucksvolle Felsformation an der Hout-Bay-Mündung. Sie ist Teil der sogenannten Graafwater-Formation, die dem Kapgranit aufliegt.*

Kommetjie Lighthouse

N

'D
borough

KOMMETJIE MAIN

Sun Valley   Kommetjie Beach

Noordhoek

CHAPMAN'S PEAK
593 m

ISTANTIABERG
928 m

THE SENTINEL ▲ 653 m

CHAPMAN'S PEAK

FOREST TRACK

Hout Bay

VSTANTIA NEK

Llandudno

TWELVE APOSTLES

VICTORIA

LE MOUNTAIN
(TAFELBERG)
▲ 1087 m

S PEAK
n

Camps Bay

Clifton

LION'S HEAD
669 m

KLOOF NEK

SIGNAL HILL

BEACH

E TOWN/
AAPSTAD

SOMERSET

Sea Point

0 Kilometer   5

Sea Point *am Fuß des Signal Hill wurde auf verwittertem metamorphem Gestein, dem ältesten der Halbinsel, gebaut. Mehrere Höhlen und Steinbrüche der Umgebung zeigen den roten Lehmboden, der die typische Schichtung hervorhebt.*

STADTZENTRUM

K apstadts Geschäftszentrum liegt am Fuß des Tafelbergs. Der Devil's Peak begrenzt die Stadt im Osten, Lion's Head im Westen. Der Hafen an der Tafelbucht und die V&A Waterfront liegen zwischen dem Stadtzentrum und dem Atlantischen Ozean. Besucher sind von Kapstadts Weltstadtflair angetan: von der Fülle an Restaurants und vom pulsierenden Nachtleben in der Loop und der Long Street. Die zahlreichen Märkte und Buden mit ihrer urafrikanischen Atmosphäre sind Attraktionen für sich, Naturliebhaber sind von der landschaftlichen Schönheit der Stadt beeindruckt. Bei einem Stadtbummel kann man die frühe kapholländische und viktorianische Architektur des 19. Jahrhunderts bewundern. Sehenswert sind vor allem Heritage Square an der Ecke Shortmarket und Buitengracht sowie Blue Lodge an der Long Street.

Jan Christiaan Smuts stieg oft auf den Tafelberg

SEHENSWÜRDIGKEITEN AUF EINEN BLICK

Museen und Sammlungen
Iziko Bo-Kaap Museum ❼
Iziko Michaelis Collection ❶
Iziko Slave Lodge ❷
Iziko South African Museum und Planetarium ⓫
Iziko South African National Gallery ❾
South African Jewish Museum ❿

Kirche
Lutheran Church und Martin Melck House ❺

Park
Tafelberg S. 78f ❽

Historische Gebäude
Grand Parade und City Hall ❸
Iziko Castle of Good Hope S. 72f ❹
Iziko Koopmans-De Wet House ❻

0 Meter 500

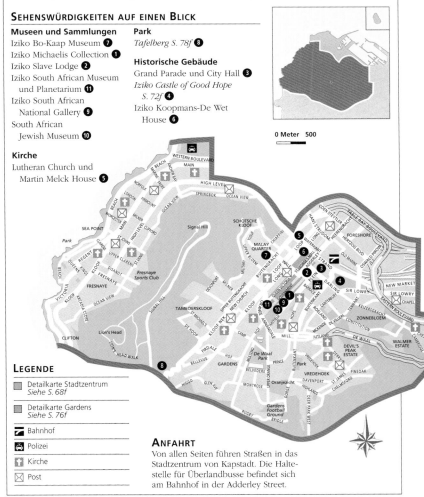

LEGENDE

- Detailkarte Stadtzentrum *Siehe S. 68f*
- Detailkarte Gardens *Siehe S. 76f*
- Bahnhof
- Polizei
- Kirche
- Post

ANFAHRT
Von allen Seiten führen Straßen in das Stadtzentrum von Kapstadt. Die Haltestelle für Überlandbusse befindet sich am Bahnhof in der Adderley Street.

◁ **Kapstadts Blumenstände, wie hier vor der City Hall *(siehe S. 71)*, zeigen eine einzigartige Blütenpracht**

Im Detail: Stadtzentrum

Sie können das kompakte Stadtzentrum leicht zu Fuß erkunden, die meisten Sehenswürdigkeiten sind gut erreichbar. Das Zentrum ist übersichtlich gegliedert, die bekannteste Straße ist die Adderley Street. Parallel zu ihr verläuft die St George's Mall, eine Fußgängerzone, in der Straßenmusiker und Tänzer die Passanten unterhalten. Den Greenmarket Square, Zentrum der City, umgeben viele historisch wertvolle Gebäude. Einen Block westlich von hier, Richtung Signal Hill, bietet die Long Street liebevoll gestaltete viktorianische Fassaden, beispielsweise an der Nr. 177, Bristol Antiques, und an der Nr. 206, Traveller's Inn.

ZUR ORIENTIERUNG
*Siehe Stadtplan,
Karte 5*

★ **Greenmarket Square**
*Dies ist seit 1806 ein lebhafter
Markt und jetzt ein nationales
Denkmal. Auf dem Kopfsteinpflaster findet täglich ein
Markt für Kunsthandwerk
statt. Den Platz säumen
schöne Gebäude, darunter
das Old Town House.*

Malay
Quarter

★ **Long Street**
*Diese gut erhaltene historische
Straße im Stadtzentrum wird
von vornehmen viktorianischen
Häusern mit filigranen guss-
eisernen Balkonen gesäumt.*

NICHT VERSÄUMEN

★ Greenmarket
   Square

★ Iziko Slave Lodge

★ Long Street

LEGENDE

– – – Routenempfehlung

★ **Iziko Slave Lodge**
*Mit zahlreichen Exponaten
illustriert das Cultural
History Museum die
Geschichte und die Ent-
wicklung Kapstadts.* **2**

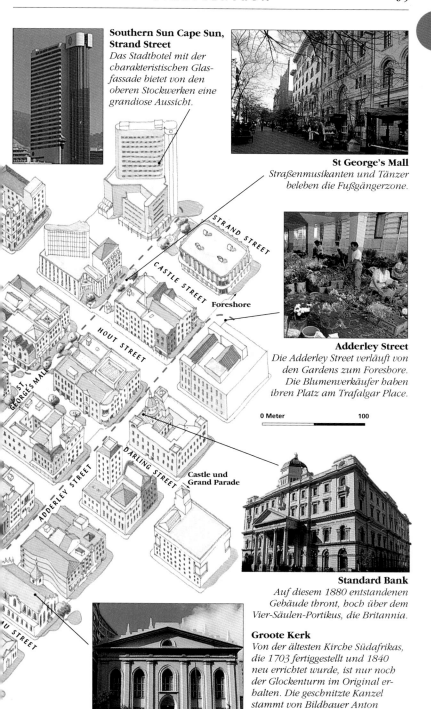

Southern Sun Cape Sun, Strand Street
Das Stadthotel mit der charakteristischen Glasfassade bietet von den oberen Stockwerken eine grandiose Aussicht.

St George's Mall
Straßenmusikanten und Tänzer beleben die Fußgängerzone.

STRAND STREET

CASTLE STREET

Foreshore

HOUT STREET

ST, GEORGE'S MALL

Adderley Street
Die Adderley Street verläuft von den Gardens zum Foreshore. Die Blumenverkäufer haben ihren Platz am Trafalgar Place.

0 Meter 100

DARLING STREET

ADDERLEY STREET

Castle und Grand Parade

...U STREET

Standard Bank
Auf diesem 1880 entstandenen Gebäude thront, hoch über dem Vier-Säulen-Portikus, die Britannia.

Groote Kerk
Von der ältesten Kirche Südafrikas, die 1703 fertiggestellt und 1840 neu errichtet wurde, ist nur noch der Glockenturm im Original erhalten. Die geschnitzte Kanzel stammt von Bildhauer Anton Anreith und Zimmermann Jan Jacob Graaff.

Stadtplan Kapstadt *siehe Seiten 115–123*

Das Old Town House, Sitz der Iziko Michaelis Collection

Iziko Michaelis Collection ❶

Greenmarket Square.
Stadtplan 5 B1. **[** *(021) 481-3933.*
○ *Mo–Fr 10–17 Uhr, Sa 10–16 Uhr.*
● *Karfreitag, 25. Dez.* 📷

Die Kunstsammlung befindet sich im Old Town House. Das nationale Denkmal entstand 1755 im Kap-Rokoko-Stil und diente einst als »Burgherwacht Huys« (Hauptquartier der Nachtwache) und als Amtsgericht. Ab 1839 wurde es zum Rathaus für die Stadtverwaltung. Nach der Renovierung 1915 richtete die Unionsregierung eine Galerie ein.

Die ursprüngliche Sammlung, die der reiche Geschäftsmann Sir Max Michaelis der Stadt stiftete, wurde von Lady Michaelis nach dem Tod ihres Mannes 1932 ergänzt.

Heute kann man hier viele unbezahlbare Werke von holländischen und flämischen Künstlern des 17. Jahrhun-

derts besichtigen. Einen Einblick in die holländische Gesellschaft der damaligen Zeit gewähren insbesondere die Porträts der Sammlung.

Neben der Dauerausstellung werden auch Wechselausstellungen gezeigt. In den Abendstunden verwandelt sich die Galerie in ein Kulturzentrum für Kammerkonzerte und Lesungen.

Iziko Slave Lodge ❷

Ecke Wale u. Adderley St.
Stadtplan 5 B2.
[*(021) 460-8200.*
○ *Mo–Sa 10–17 Uhr.* 📷 🚫

Das erste Gebäude auf dem Gelände war eine Unterkunft für Sklaven, die im »Company's Garden« *(siehe S. 76f)* arbeiteten. Es entstand 1679 auf einem Grundstück, das ursprünglich zum Garten gehörte. 1807 wurde ein neues Areal für die Verwal-

tung der Kapkolonie benötigt. Die Slave Lodge erfüllte weitgehend die gewünschten Anforderungen. Viele der hier lebenden Sklaven wurden verkauft, andere zogen in den Westflügel des Gebäudes. Die leer stehenden Räume wurden in Büros umgewandelt. 1811 gestaltete man den Westflügel ebenfalls um.

Der Baumeister Herman Schutte, der Bildhauer Anton Anreith und der Architekt Louis Michel Thibault waren für den Umbau verantwortlich. In der Lodge waren außer Regierungsbüros auch das oberste Gericht, das Postamt und die öffentliche Bibliothek untergebracht. Das heutige Gebäude ragte einst in die Adderley Street, doch dieser Teil fiel einer Straßenverbreiterung zum Opfer. Die Originalfassade von Thibault strahlt nach einer Restaurierung wieder in altem Glanz. Die Iziko Museums of Cape Town wollen die Slave Lodge in eine Gedenkstätte verwandeln. Sie soll Sklaverei, kulturelle Vielfalt und den südafrikanischen Kampf für Menschenrechte stärker ins Bewusstsein

Gedenktafel, Iziko Slave Lodge

rücken. Die Geschichte der Sklaverei am Kap wird mit dreidimensionalen, audiovisuellen Ausstellungen sowie mit Texten, Bildern und Karten verdeutlicht. Derzeit wird eine Abteilung über das Leben in der Lodge eingerichtet. Hierfür zieht man archäologische Funde, Archivquellen und Berichte von Personen, deren Spuren bis in die Zeit der Sklaverei zurückführen, heran.

MICHAELIS-SAMMLUNG

Diese bedeutende Kunstsammlung wurde 1914 eingerichtet, als Sir Max Michaelis 68 Gemälde stiftete, die von Lady Phillips und Sir Hugh Lane gesammelt worden waren. Die Galerie wurde offiziell drei Jahre später eröffnet, heute umfasst sie 104 Gemälde und 312 Radierungen. Sie enthält u. a. Werke von Frans Hals, Rembrandt, van Dyck, David Teniers dem Jüngeren, Jan Steen und Willem van Aelst. Obwohl die Sammlung im Vergleich zu internationalen Galerien klein ist, liefert sie wertvolle Belege der über 200-jährigen Entwicklung holländischer und flämischer Kunst. Eines der berühmtesten Gemälde der Sammlung ist *Porträt einer Dame* von Frans Hals.

Porträt einer Dame, Frans Hals (1640)

Hotels und Restaurants in Kapstadt siehe Seiten 326–331 und 358–362

Viele Kap-Muslime haben Gemüse-stände auf der Grand Parade

Gegenüber der Iziko Slave Lodge steht die **Groote Kerk** (große Kirche). Nach ihrer Ankunft am Kap hielten die Holländer an Bord der *Drommedaris*, des Schiffes von Jan van Riebeeck, Gottesdienste ab. Später benutzten sie dazu einen Nebenraum im Castle of Good Hope. Es musste jedoch ein dauerhafter Platz gefunden werden. Im Jahr 1700 ließ Gouverneur Willem Adriaan van der Stel das Behelfsgebäude durch eine strohgedeckte Kirche am Nordostende des »Company's Garden« ersetzen. Sie wurde im 19. Jahrhundert vollständig neu gebaut und 1841 geweiht. Heute ist nur noch der barocke Glocken-turm erhalten. Moderne Hoch-häuser verdecken ihn fast.

In der Kirche ist die von ge-schnitzten Löwen getragene original erhaltene Kanzel se-henswert. Angeblich wurde das ursprüngliche Konzept des Bildhauers Anton An-reith, das die Symbole von Hoffnung, Treue und Nächstenliebe bein-haltete, als zu päpstlich verworfen.

Hohe gotische Fenster bestimmen die Kirchen-fassade, die kräftige Pilaster unterteilen. Vor dem Bauwerk steht ein Standbild von Andrew Murray. Er war Geist-licher der Holländisch Reformierten Kirche in Kapstadt (1864–71).

Andrew Murray (1828–1917)

🏛 **Groote Kerk**
Adderley St. **Stadtplan** 5 B2.
📞 (021) 422-0569. ⏱ Mo–Fr 10–12, 13–14 Uhr (tel. Voranmeldung).

Grand Parade und City Hall ❸

Darling St. **Stadtplan** 5 C2.
📞 City Hall (021) 400-2230.
⏱ Mo–Fr 8–17 Uhr. ♿

Van Riebeeck legte seine erste Festung 1652 an der Grand Parade an. Dieses Bau-werk wurde 1674 abgerissen, als das Castle of Good Hope *(siehe S. 72f)* fertiggestellt war.

Bis 1821 wurde das Gelände als Paraden- und Truppen-exerzierplatz genutzt. Die in der Umgebung entstandenen Häuser zogen rasch Gemüse-händler mit ihren Buden an. So entstand ein Vor-läufer des heutigen Floh-markts. Jeden Freitag- und Samstagvormittag findet hier ein buntes Markttrei-ben statt, während der restlichen Woche dient das Areal als Umschlag-platz für Gebraucht-waren aller Art. An der Grand Parade steht auch Kapstadts hohes Rathaus. Es wurde 1905 im ausgefeilten Stil der italienischen Renaissance erbaut. Im Jahr 1923 wurden ein Turm mit Glockenspiel und 39 Glocken ergänzt.

Wer gerne klassische Musik im passenden Rahmen hört, sollte sich unbedingt Zeit für eine Aufführung des hervor-ragenden Cape Town Phil-harmonic Orchestra nehmen. Das Orchester tritt im Rathaus auf. Eintrittskarten für die beliebten Mittags- und Abend-konzerte sind in jeder Compu-ticket-Filiale erhältlich *(siehe S. 110)*.

Iziko Castle of Good Hope ❹

Siehe S. 72f.

Das Rathaus von Kapstadt gegenüber der Grand Parade

Stadtplan Kapstadt *siehe Seiten 115–123*

Iziko Castle of Good Hope ❹

**Monogramm
(17. Jh.),
Vereenigde
Oost-Indische
Compagnie (VOC)**

Das Iziko Castle of Good Hope, das älteste Gebäude des Landes, wurde 1666–79 erbaut. Es ersetzte Jan van Riebeecks *(siehe S. 48)* Festung aus Lehm und Holz (1652). Das Schloss dominiert die Grand Parade, auf der die einstige Festung thronte. Es dient heute als Museum und Hauptquartier der Armee.

Delfinbecken
Beschreibungen und Skizzen von Lady Anne Barnard (siehe S. 102) aus der Zeit um 1790 ermöglichte mehr als 200 Jahre später die Rekonstruktion des Beckens.

Schlossgraben
Die Restaurierung des Schlossgrabens, der relativ spät angelegt worden war, wurde 1999 abgeschlossen.

Het Bakhuys

Binnenwall

Nassau Bastion

Bogengang
Für den Boden des Schlosses wurde im 17. Jahrhundert Schiefer aus einem Steinbruch auf Robben Island (siehe S. 88f) verwendet.

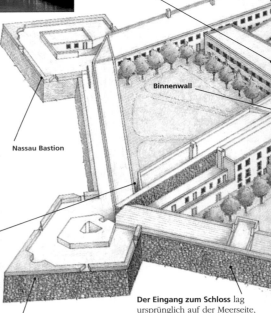

Catzenellenbogen
Bastion

Der Eingang zum Schloss lag ursprünglich auf der Meerseite, wurde aber später zugemauert.

NICHT VERSÄUMEN

★ Castle Military Museum

★ De Kat Balcony

★ William-Fehr-Sammlung

★ **Castle Military Museum**
Die Ausstellung zeigt militärische Gegenstände, Waffen und Uniformen aus der Zeit der holländischen und britischen Besatzung des Kaps.

★ William-Fehr-Sammlung
Die Ausstellung zeigt Gemälde alter Meister wie Thomas Baines sowie Stilmöbel, Glaskeramik und Metallwaren.

INFOBOX

Ecke Darling & Buitenkant St.
Stadtplan 5 C2. ☎ *(021) 464-1260/4.* 🚉 *Cape Town Station.*
⏰ *tägl. 9.30–16 Uhr;*
***Schlüsselübergabe** 10, 12 Uhr.*
● *25. Dez, 1. Jan.* 📷 ✔
Mo–Sa 11, 12, 14 Uhr. 🍴 🖥
www.iziko.org.za

Oranje Bastion

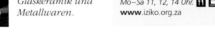

Eingangsgiebel
Die Teakholz-Nachbildung des kap-holländischen Giebels zeigt Militär-symbole: Banner, Trommeln und Kanonenkugeln.

Leerdam Bastion
Leerdam, Oranje, Nassau, Catzenellenbogen und Buuren waren im Besitz von Prinz Wilhelm von Oranien.

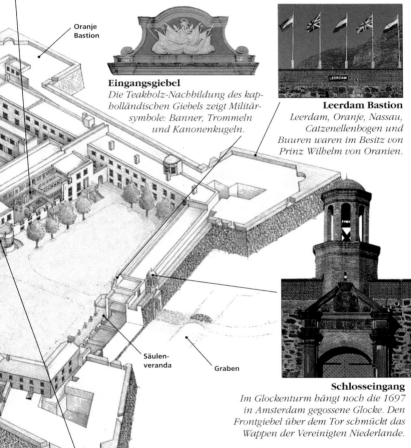

Säulen-veranda

Graben

Schlosseingang
Im Glockenturm hängt noch die 1697 in Amsterdam gegossene Glocke. Den Frontgiebel über dem Tor schmückt das Wappen der Vereinigten Niederlande.

Buuren Bastion

★ De Kat Balcony
Der ursprüngliche Treppenaufgang von 1695 ist Teil eines Verteidigungswalls («kat»), der den Platz in einen inneren und einen äuße-en Hof teilte. Er wurde 1786–1890 umgebaut.

Stadtplan Kapstadt siehe Seiten 115–123

Lutheran Church und Martin Melck House ❺

Strand St. **Stadtplan** 5 B1. 📞 (021) 421-5854. ◯ Mo–Fr 10–18 Uhr. ♿

Da die Machthaber nur die holländisch-reformierte Kirche duldeten, begann die lutherische Kirche zunächst in einem Schuppen.

Martin Melck, ein reicher lutherischer Geschäftsmann, wollte daraus ein Gotteshaus machen, sobald die Religionsgesetze lockerer würden. Der erste Gottesdienst fand 1776 statt. Einige Jahre später kam das Haus des Mesners dazu.

1787–92 verschönerte der deutschstämmige Bildhauer Anton Anreith die Kirche und fügte einen Turm hinzu. Heute sind Kirche und Mesnerhaus nationale Denkmäler. Das Martin Melck House nebenan wurde 1781 errichtet und 1936 zum Nationaldenkmal erklärt. Es ist eines der wenigen Stadthäuser aus dem 18. Jahrhundert, die über einen Dachboden verfügen.

Im April 2001 eröffnete nebenan das Gold of Africa Museum (Tel: 021/405-1540). Hier befindet sich eine Sammlung von mehr als 350 goldenen Schmuckstücken und anderen Objekten aus Mali, dem Senegal, Ghana und der Côte d'Ivoire. Nach der geplanten Erweiterung sollen hier Stücke aus ganz Afrika zu sehen sein.

Speisezimmer im Iziko Koopmans-De Wet House

Iziko Koopmans-De Wet House ❻

35 Strand St. **Stadtplan** 5 B1. 📞 (021) 481-3935. ◯ Di–Do 9.30–16 Uhr. 📷

Das klassizistische Haus entstand 1701, als die Strand Street – damals nahe an der Küste – zum vornehmsten Teil Kapstadts gehörte. Es wurde in den folgenden Jahrhunderten erweitert: Ein zweites Stockwerk kam hinzu, der französische Architekt Louis Michel Thibault gestaltete die Fassade um 1795 im Stil Louis' XVI. Das Haus gehörte zuletzt der Familie de Wet. Maria de Wet lebte hier nach dem Tod ihres Mannes Johan Koopmans mit ihrer Schwester von 1880 bis zu ihrem Tod 1906. Die Schwestern sammelten viele Antiquitäten, die heute das Museum zeigt.

Maria de Wet, eine in der Gesellschaft bekannte Gastgeberin, empfing Berühmtheiten wie den Präsidenten Paul Kruger (siehe S. 251) und den Bergbaumagnaten Cecil John Rhodes (siehe S. 54). Sie veranlasste erste Schritte zur Erhaltung vieler historischer Gebäude Kapstadts. Ihr ist es auch zu verdanken, dass bei der Planung einer neuen Bahnstrecke nicht Teile des Schlosses zerstört wurden.

Iziko Bo-Kaap Museum ❼

71 Wale St. **Stadtplan** 5 A1. 📞 (021) 481-3939. ◯ Mo–Sa 9.30–16 Uhr. ● Eid-ul-Fitr, Eid-ul-Adha, Karfreitag, 25. Dez.

Das 1760 gebaute Museum ist auf dem Gelände das älteste Haus, dessen ursprüngliche Form noch erhalten ist.

Charakteristische Merkmale sind die voorstoep (Veranda) und der Hinterhof, die den sozialen Aspekt der kapmuslimischen Kultur bezeugen.

Das Museum widmet sich der Geschichte des Islam am Kap der Guten Hoffnung und zeigt, welche kulturelle Spuren der Religion in diesem Gebiet sichtbar sind.

Das Bo-Kaap-Gebiet wird traditionell mit der muslimischen Glaubensgemeinschaft Südafrikas in Verbindung gebracht. Die älteste Moschee des Landes steht in der Dorp Street hinter dem Museum.

Tafelberg ❽

Siehe S. 78f.

Die Lutheran Church in der Strand Street

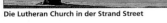

Kapmalaiische Kultur in Kapstadt

Die Niederländisch-Ostindische Kompanie brachte 1658 die ersten Malaien ans Kap, von denen die meisten Muslime aus Sri Lanka, Indien und von den indonesischen Inseln waren. Viele waren Sklaven, andere politische Flüchtlinge. Nach Abschaffung der Sklaverei um 1830 ließen sich die Kap-Malaien (oder Kap-Muslime, wie sie heute lieber genannt werden) an den Hängen des Signal Hill nieder, in der Nähe der dortigen Moscheen (die Auwal-Moschee stammt von 1794).

Die Gegend wird Bo-Kaap (»oberhalb Kapstadts«) genannt. Die Malaien hatten großen Einfluss auf die Sprache Afrikaans und die Küche anderer Kulturen (siehe S. 354f). Heute stellt die muslimische Gemeinschaft einen großen Anteil an der kapstädtischen Bevölkerung dar: Die Rufe der Muezzins von den Minaretten zur Sammlung der Gläubigen sind fester Bestandteil des städtischen Alltags.

Mango-Atchar

STRASSEN IM BO-KAAP

Die traditionelle Heimat der Kap-Muslime oberhalb des modernen Kapstadt ist zu Fuß vom Stadtzentrum aus leicht erreichbar. Typisch sind die schmalen, pastellfarbenen Häuserfronten entlang der Straßen.

Verzierte Brüstungen und Stuckarbeiten schmücken die Häuser, von denen die meisten aus der Zeit um 1810 stammen.

Kopfsteinpflaster gibt es noch, doch viele Straßen sind nun geteert.

Die muslimische Tradition *schreibt für festliche Anlässe eine Kleiderordnung vor: Männer tragen den traditionellen Fes, Frauen den charakteristischen Tschador (langer Mantel oder Schal).*

Der türkische Fes *wird noch getragen, üblicher sind jedoch gestrickte Hüte oder solche aus schwarzem Tuch.*

Signal Hill *ist die traditionelle Heimat der kap-muslimischen Gemeinschaft. Weiter oben ersetzten moderne Apartmenthäuser die altmodischen Bo-Kaap-Häuser.*

Die Moschee in der Longmarket Street *ist wie viele Bo-Kaap-Moscheen zwischen Wohnhäusern eingekeilt. Die Religion ist fester Bestandteil im Leben eines jeden gläubigen Muslim.*

Stadtplan Kapstadt *siehe Seiten 115–123*

Im Detail: Gardens

Der berühmte Gemüsegarten Jan van Riebeecks entstand 1652, um Schiffe, die das Kap der Guten Hoffnung umrundeten, mit frischen Lebensmitteln zu versorgen. Der »Company's Garden« ist ruhig und schattig mit vielen exotischen Büschen und Bäumen, Treib- und Vogelhaus (authentische Niederschriften belegen, dass hier unter Gouverneur Simon van der Stel eine Menagerie stand), einer Sonnenuhr von 1787 und einem Restaurant mit Terrasse. Der Birnbaum in der Nähe, der bald nach der Ankunft Jan van Riebeecks gepflanzt wurde, ist der älteste gezogene Baum Südafrikas. Sehenswert sind auch der alte, stillgelegte Ziehbrunnen und der Spund im knorrigen Baum nebenan.

ZUR ORIENTIERUNG
Siehe Stadtplan, Karte 5

LEGENDE

– – – Routenempfehlung

The Garden, eine Oase der Ruhe inmitten der Stadt, bietet Wasserspiele, Rasen und Bänke unter hohen, alten Bäumen.

★ **Iziko South African Museum und Planetarium**
Das Museum zeigt Exponate zur Naturgeschichte, Archäologie, Entomologie und Paläontologie. Im Planetarium wird der südliche Nachthimmel nachgestellt. ⓫

South African Jewish Museum
Der Museumseingang befindet sich in der Alten Synagoge. Die erste Synagoge Südafrikas wurde 1863 erbaut. ❿

NICHT VERSÄUMEN

★ Government Avenue

★ Iziko South African
   Museum & Planetarium

★ Iziko South African
   National Gallery

★ **Iziko South African National Gallery**
Neben der 6500 Gemälde umfassenden Sammlung gibt es Wechselausstellungen zeitgenössischer regionaler Künstler. ❾

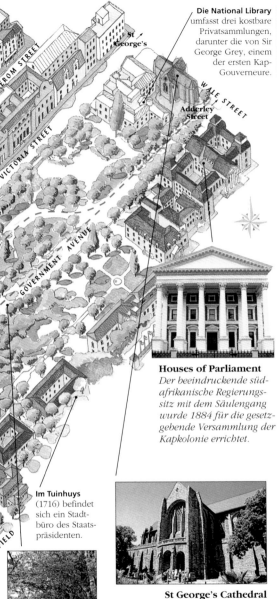

Die National Library umfasst drei kostbare Privatsammlungen, darunter die von Sir George Grey, einem der ersten Kap-Gouverneure.

St George's

Adderley Street

Houses of Parliament
Der beeindruckende südafrikanische Regierungssitz mit dem Säulengang wurde 1884 für die gesetzgebende Versammlung der Kapkolonie errichtet.

Im Tuinhuys (1716) befindet sich ein Stadtbüro des Staatspräsidenten.

St George's Cathedral
Die anglikanische Kathedrale (1901) birgt Glasmalereien von Gabriel Loire von Chartres und ein Rosettenfenster von F. Spear.

★ Government Avenue
Schattige Eichen ersetzten die Zitronenbäume dieser Allee.

0 Meter   100

Iziko South African National Gallery ⓽

Government Ave. **Stadtplan** 5 B2.
📞 *(021) 467-4660.* ◯ *Di–So 10–17 Uhr.* ● *Feiertage.* 🎫 🎧 ✦ ♿
🔲 🍴 🎁 www.iziko.org.za

Südafrikas führendes Kunstmuseum besitzt eine erstklassige Sammlung britischer, französischer, niederländischer, flämischer und südafrikanischer Gemälde. Wechselausstellungen präsentieren zeitgenössische Fotografie, Bildhauerei, Perlenstickerei und Textilien. Die Ausstellungen ermöglichen großartige Einblicke in die breite Kunstpalette des Landes und des Kontinents.

South African Jewish Museum ⓾

88 Hatfield St. **Stadtplan** 5 A2.
📞 *(021) 465-1546.*
◯ *So–Do 10–17 Uhr, Fr 10–14 Uhr.*
● *jüdische Feiertage.* 🎧
www.sajewishmuseum.co.za

Das Museum erzählt die Geschichte der südafrikanischen Juden vor dem Hintergrund der Geschichte des Landes. Die Ausstellungen widmen sich dem Pioniergeist der ersten jüdischen Einwanderer und ihrer Nachkommen.
Im neuen, 2000 von Nelson Mandela eröffneten Gebäude kommen bei der Präsentation der Ausstellungen viele interaktive Medien zum Einsatz.

Iziko South African Museum und Planetarium ⓫

25 Queen Victoria St.
Stadtplan 5 A2. 📞 *(021) 481-3800.* ◯ *tägl. 10–17 Uhr.*
● *Karfreitag, 25. Dez.* 🎧 *Sa frei.*
♿ 🎁 🔲 www.iziko.org.za

Das Museum zeigt Walskelette, Quastenflosser, Reptilfossilien aus der Karoo und die Ausstellung »Shark World«. Außerdem sind Felsmalereien und nachgebildete Höhlen zu sehen.
Das Planetarium veranstaltet Gruppenvorführungen für verschiedene Altersstufen.

Stadtplan Kapstadt *siehe Seiten 115–123*

Tafelberg ❽

Seilbahn

Die Bergkette der Kap-Halbinsel besteht aus Sedimentgestein. Sie liegt auf altem Schieferton, der sich vor mehr als 700 Millionen Jahren abgelagert hat, sowie auf weiten Granitfeldern. Die Sedimente lagerten sich vor über 450 Millionen Jahren ab, als die Halbinsel, damals ein Teil von Gondwana, unterhalb des Meeresspiegels lag. Nach dem Absinken des Ur-Ozeans führten Wind, Regen, Eis und extreme Temperaturen zur Erosion der weicheren Schichten. Auf diese Weise wurde die charakteristische Tafel des Tafelbergs herauserodiert.

Königliche Besucher
1947 begleiteten König George VI. und seine Gattin Premierminister Smuts auf einer Wanderung.

Kirstenbosch National Botanical Garden
Der Garten (siehe S. 104f) liegt am Fuß der Bergkette. Drei Hauptwege und zahlreiche Pfade führen die Hänge hinauf.

King's Blockhouse
Dies ist die besterhaltene der drei Steinfestungen, die unter der ersten britischen Besetzung des Kaps im 18. Jahrhundert gebaut wurden (siehe S. 50f).

Kirstenbosch National Botanical Garden

SÜDLICHE VORORTE

Forest Station

Newlands Reservoir

Maclear's Bea 1087 m

Contour Path

Universität von Kapstadt

Rhodes Memorial

King's Blockhouse

Woodstock Cave

Devil's Peak 1000 m

Plumpudding Hill 291 m

Queen's Blockhouse

Prince of Wales Blockhouse

STADTZE

STADTZENTRUM UND FORESHORE

FAUNA UND FLORA DES TAFELBERGS

Disa-Orchidee

Von den 2285 Pflanzenarten auf der Kap-Halbinsel finden Sie über 1500 im Naturschutzgebiet am Tafelberg, darunter auch *Disa uniflora* (Pride of Table Mountain), die meist an Flüssen und Wasserfällen gedeiht, sowie Spezies aus der Familie *Regal protea*. Zu den Wildtieren, meist kleine Säugetiere, Reptilien und Vögel, gehört auch der seltene und verborgen lebende *Ghost frog*, den man in einigen wenigen Flüssen, die das ganze Jahr über Wasser führen, auf dem Plateau finden kann.

Ghost frog

LEGENDE

▬	Hauptstraße
═	Nebenstraße
--	Wanderweg
❄	Aussichtspunkt
🚶	Wandern
🚲	Mountainbiking
✿	Wildblumen
P	Parken

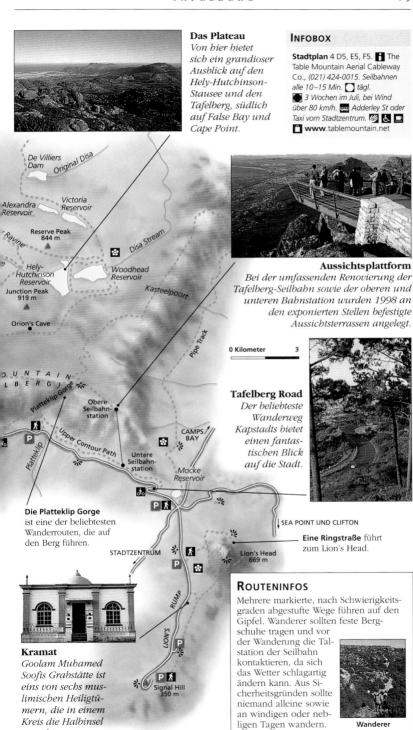

Das Plateau
Von hier bietet sich ein grandioser Ausblick auf den Hely-Hutchinson-Stausee und den Tafelberg, südlich auf False Bay und Cape Point.

INFOBOX

Stadtplan 4 D5, E5, F5. ⓘ The Table Mountain Aerial Cableway Co., (021) 424-0015. Seilbahnen alle 10–15 Min. ◯ tägl. ⬤ 3 Wochen im Juli, bei Wind über 80 km/h. 🚌 Adderley St oder Taxi vom Stadtzentrum. ♿ ⬛
🏠 www.tablemountain.net

De Villiers Dam
Original Disa
Victoria Reservoir
Alexandra Reservoir
Reserve Peak 844 m
Disa Stream
Ravine
Hely-Hutchinson Reservoir
Woodhead Reservoir
Junction Peak 919 m
Kasteelpoort
Orion's Cave

Aussichtsplattform
Bei der umfassenden Renovierung der Tafelberg-Seilbahn sowie der oberen und unteren Bahnstation wurden 1998 an den exponierten Stellen befestigte Aussichtsterrassen angelegt.

Pipe Track

0 Kilometer 3

Tafelberg Road
Der beliebteste Wanderweg Kapstadts bietet einen fantastischen Blick auf die Stadt.

O U N T A I N
L B E R G
Platteklip Gorge
Obere Seilbahnstation
Upper Contour Path
Platteklip
P
CAMPS BAY
Untere Seilbahnstation
Mocke Reservoir

Die Platteklip Gorge
ist eine der beliebtesten Wanderrouten, die auf den Berg führen.

STADTZENTRUM

↓ SEA POINT UND CLIFTON

Lion's Head 669 m

Eine Ringstraße führt zum Lion's Head.

P 🚶

LION'S RUMP

Kramat
Goolam Muhamed Soofis Grabstätte ist eins von sechs muslimischen Heiligtümern, die in einem Kreis die Halbinsel umgeben.

P 🚶
Signal Hill 350 m

ROUTENINFOS

Mehrere markierte, nach Schwierigkeitsgraden abgestufte Wege führen auf den Gipfel. Wanderer sollten feste Bergschuhe tragen und vor der Wanderung die Talstation der Seilbahn kontaktieren, da sich das Wetter schlagartig ändern kann. Aus Sicherheitsgründen sollte niemand alleine sowie an windigen oder nebligen Tagen wandern.

Wanderer

Stadtplan Kapstadt *siehe Seiten 115–123*

V&A WATERFRONT

Logo der
V&A Waterfront

Kapstadts erfolgreiches Waterfront-Projekt ist nach Königin Victorias Sohn benannt. 1860 begann der junge Prinz Alfred in der stürmischen Tafelbucht mit dem Bau des ersten Hafendamms, indem er Steine, die aus dem Meeresboden ausgegraben wurden, im Wasser aufhäufen ließ. Das Alfred-Becken schützte Schiffe vor den gewaltigen Stürmen, die im Winter um das Kap tosten und viele Schiffe sinken ließen.

Da die Schiffe immer größer wurden, baute man zur Entlastung des Alfred-Beckens das Victoria-Becken. Ab 1960 verfielen die Becken und die umliegenden Hafengebäude zusehends. Im November 1988 beschloss die Waterfront-Gesellschaft schließlich, die Hafenanlagen zu modernisieren und auszubauen. Heute kann man durch die Shopping-Meile bummeln, an einer der Buden einen kleinen Imbiss zu sich nehmen und dabei die täglichen Arbeiten im Hafen beobachten.

In der Table Bay, etwa elf Kilometer nördlich der Waterfront, liegt Robben Island, die Gefängnis-Enklave, die wegen der hier inhaftierten hochrangigen Regimekritiker international berühmt wurde. Fast immer war Robben Island eine Gefangeneninsel – für erste Sklaven, Sträflinge, Aussätzige und Geisteskranke. 1961 wurde hier für führende politische Aktivisten, darunter auch Nelson Mandela, ein Hochsicherheitsgefängnis eingerichtet. Heute ist die Insel ein Naturschutzgebiet und das ehemalige Gefängnis ein Museum.

SEHENSWÜRDIGKEITEN AUF EINEN BLICK

V&A Waterfront S. 82f ❶   *Robben Island S. 88f* ❷

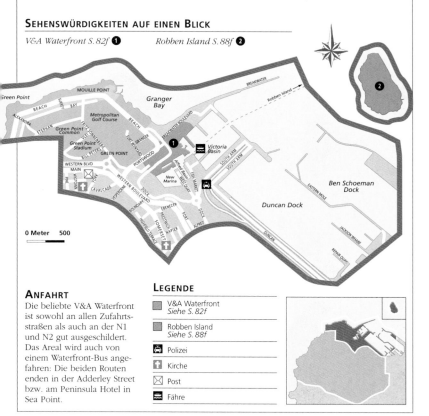

ANFAHRT
Die beliebte V&A Waterfront ist sowohl an allen Zufahrtsstraßen als auch an der N1 und N2 gut ausgeschildert. Das Areal wird auch von einem Waterfront-Bus angefahren: Die beiden Routen enden in der Adderley Street bzw. am Peninsula Hotel in Sea Point.

LEGENDE
- V&A Waterfront *Siehe S. 82f*
- Robben Island *Siehe S. 88f*
- Polizei
- Kirche
- Post
- Fähre

◁ **Das Shopping- und Entertainment-Center V&A Waterfront** *(siehe S. 106)* **ist Bestandteil des Hafens**

V&A Waterfront ❶

Die V&A Waterfront ist ein Shopping-Paradies mit Designer-Boutiquen, Geschenkeläden, Shops mit witziger handbemalter Kleidung, Gesundheits- und Schönheitsartikeln sowie über 80 Lokalen mit Köstlichkeiten aus aller Welt – die meisten bieten Blick auf den Hafen. Äußerst beliebt sind auch Picknicks am Kai und auf den Stegen. Viele Lokale bieten Live-Musik, am Green Dolphin gibt es ausgezeichneten Jazz. Andere Freiluftkonzerte finden im Waterfront Amphitheater statt. Ausflüge aller Art beginnen an der Waterfront: Hubschrauberflüge über die Halbinsel, Fahrten durch den Hafen, nach Robben Island oder mit Champagner bei Sonnenuntergang vor Clifton Beach.

ZUR ORIENTIERUNG

■ Dargestelltes Areal

□ Waterfront-Erweiterungen

★ BMW-Pavillon
Der Pavillon zeigt täglich bis in die späten Abendstunden die neuesten BMW-Modelle.

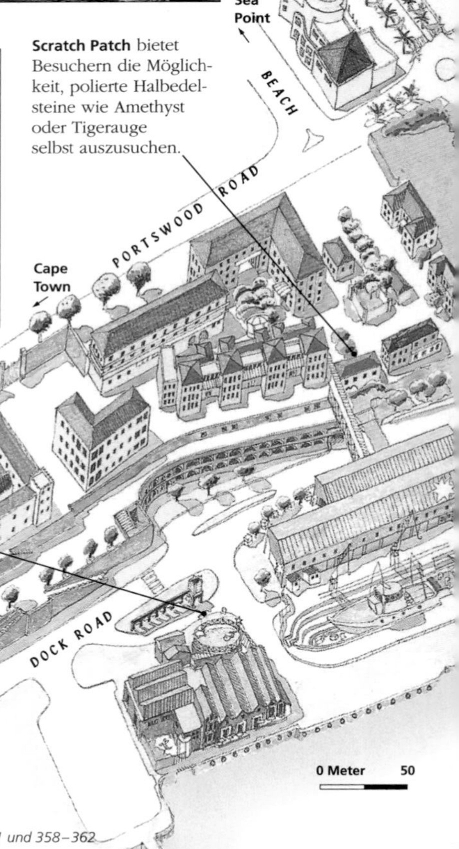

Scratch Patch bietet Besuchern die Möglichkeit, polierte Halbedelsteine wie Amethyst oder Tigerauge selbst auszusuchen.

★ Two Oceans Aquarium
In den bruchsicheren Glasbecken und Tunneln tummeln sich u. a. Gelbschwänze, Pinguine und sogar ein Kurzschwanz-Stechrochen.

Granger Bay und Sea Point

Sea Point

BEACH

PORTSWOOD ROAD

Cape Town

DOCK ROAD

Foreshore

0 Meter   50

NICHT VERSÄUMEN

★ BMW-Pavillon

★ Two Oceans
   Aquarium

★ Victoria Wharf
   Shopping Center

Hotels und Restaurants in Kapstadt *siehe Seiten 326–331 und 358–362*

Table Bay Hotel
*Das Table Bay, eines der am besten
ausgestatteten Hotels an der V&A
Waterfront, bietet höchsten Komfort
und Luxus. Von jedem Zimmer aus
hat man einen herrlichen Ausblick
auf den Tafelberg und den betriebsamen Hafen.*

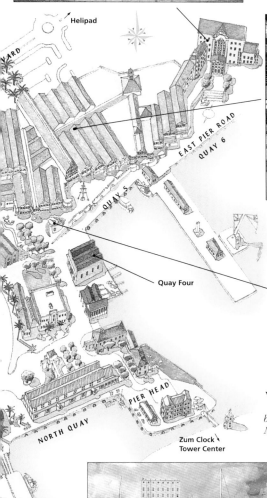

**★ Victoria Wharf
Shopping Center**
*Exklusive Läden, Boutiquen,
gemütliche Lokale und Verkaufs-
stände verleihen der Shopping-
Meile etwas Marktähnliches.*

V&A Waterfront Amphitheater
*Die Freilichtbühne bietet ein
breites Spektrum an Musik-Events.
Musicals wechseln mit klassischen
Konzerten und Jazzabenden.*

Cape Grace Hotel
*Das Hotel – eines der vornehmsten am
Westkai der V&A Waterfront – bietet
wunderschöne Ausblicke.*

INFOBOX

Kapstadts Hafen. **Stadtplan**
2 D3–4, E3–4. 🛈 *Besucherzentrum, (021) 408-7600.* 🚌 *tägl.
Minibus-Taxiservice zwischen
Stadtzentrum und Waterfront.*
🚢 *nach Robben Island; N. Mandela Gateway (siehe S. 89).*
⭕ *9–24 Uhr.* 🎭 *Dragon Boat
Races (Nov), Cape To Rio (Jan, alle
3 Jahre), Wine Festival (Sep).* 🍴
♿ 🏠 www.waterfront.co.za

Stadtplan Kapstadt *siehe Seiten 115–123*

Überblick: Waterfront

Die V&A Waterfront ist eine der meistbesuchten Attraktionen Kapstadts. Bei dem Milliardenprojekt orientierte man sich an Anlagen wie der im Hafen von San Francisco. Die Waterfront ist gut zu erreichen: Ein Pendelbus fährt in das Stadtzentrum und zurück, außerdem gibt es genügend Parkplätze. Größere Läden haben von 9 bis 21 Uhr geöffnet, die meisten Restaurants schließen erst nach Mitternacht. Hier befinden sich auch einige der neuesten Hotels.

Liegeplatz der Whitbread-Round-the-World-Segelboote an der Waterfront

➤ Two Oceans Aquarium

Dock Rd. **Stadtplan** 2 D4. 📞 *(021) 418-3823.* ⭘ *tägl. 9.30–18 Uhr.* 🖼️🚻🍴📷 www.aquarium.co.za

Eine der Top-Attraktionen Kapstadts zeigt die unglaubliche Vielfalt der Meerestiere rund um die Kapküste. Hier wird weltweit erstmals ein vollständiges Flussökosystem von der Bergquelle bis zum offenen Meer nachgestellt.

Eines der faszinierendsten Exponate ist ein deckenhoher Glaskasten, in dem sich Schwärme unterschiedlicher Fischarten in einem Kelpwald – einem von drei weltweit – tummeln. Abgesehen von Wasservögeln wie der Bachstelze gibt es auch eine Kolonie von Brillenpinguinen, ein Becken mit schelmischen Seehunden und den berühmten Streichel-Pool, wo staunende Kinder Unterwassertiere wie Krabben, Seesterne und Seeigel berühren dürfen.

Viktorianischer Turm

Alfred Basin (Westkai)

Nähe Dock Rd. **Stadtplan** 2 E4. ♿

Alfred Basin ist ein zentraler Bestandteil des Hafens. Hier werden Fischerboote im Robinson Graving Dock repariert. Am Trockendock erstreckt sich der Waterfront-Kunsthandwerksmarkt. Einer der größten überdachten Märkte Südafrikas bietet handgefertigtes Spielzeug, Möbel und Kunstgegenstände. Neben dem blauen Schuppen zeigt das **Iziko Maritime Center** eine Sammlung von Schiffsmodellen. Zum Center gehören auch das John H. Marsh Maritime Research Center, ein Archiv mit Fotos von Schiffen der 1920er bis 1960er Jahre, und das ehemalige Verteidigungsschiff SAS *Somerset*.

🏛️ Iziko Maritime Center

Union Castle Building, Dock Rd.
📞 *(021) 405-2884/2880.*
⭘ *tägl. 9.30–17 Uhr.*
● *Karfreitag, 25. Dez.*

Victoria Basin

Stadtplan 2 E3.

Das Restaurant Quay Four Tavern an der Ecke des Hafenbeckens bietet einen fantastischen Ausblick auf den Hafen und den Bootsverkehr. Das AGFA Amphitheater veranstaltet regelmäßig kostenlose Lesungen und Konzerte unterschiedlichster Künstler, vom Cape Town Philharmonic Orchestra bis zu afrikanischen Musikern mit Tanzeinlagen. Im **Red Shed Craft Workshop** kann man Glasbläsern bei der Arbeit zusehen und außerdem Keramik, Lederwaren, Schmuck und Geschenke kaufen. Der Delikatessentempel **King's Warehouse** daneben bietet den Fang des Tages, knackiges Gemüse, duftende Kräuter, exotische Gewürze und eine riesige Auswahl an Köstlichkeiten wie etwa frische italienische Cantuccini.

🛍️ Red Shed Craft Workshop

Victoria Wharf. 📞 *(021) 408-7691.* ⭘ *tägl. 9–21 Uhr.* ♿

🍴 King's Warehouse

Breakwater Blvd. ⭘ *tägl. 9–21 Uhr.* ♿

Im BMW-Pavillon

BMW-Pavillon

Ecke Portswood u. Beach Rd. **Stadtplan** 2 D3. 📞 *(021) 418-4200.* ⭘ *tägl. bis 23 Uhr.* ♿🍴

Der BMW-Pavillon ist ein modernes Gebäude mit einem Ausstellungsraum für die neuesten Modelle des Münchner Konzerns. Der Kult um das Auto, der hier betrieben wird, ist gigantisch, aber sehr gediegen: Auf Hochglanz poliert drehen sich die neuesten Karossen auf Plattformen, um bis spät in die Nacht von kaufkräftiger Kundschaft bewundert zu werden. Außerdem gibt es ein Konferenzzentrum und von Zeit zu Zeit Kunstausstellungen.

Hotels und Restaurants in Kapstadt *siehe Seiten 326–331 und 358–362* **Stadtplan Kapstadt** *siehe Seiten 115–123*

Exponate im Two Oceans Aquarium

Der Erfolg dieser Einrichtung basiert auf ihrem neuartigen didaktischen Ansatz. Das Aquarium ist stets auf dem aktuellen wissenschaftlichen Stand und bietet neuartige Ausstellungen, z.B. eine Spaßgalerie, die sich Fröschen widmet. Alle Exponate sollen der Öffentlichkeit die empfindliche Meereswelt und die Notwendigkeit ihres Schutzes nahebringen. Junge Besucher freuen sich besonders, einige Meerestiere berühren zu können. Das Children's Play Center bietet ein Programm mit Puppentheater und beaufsichtigten Handarbeitskursen. Übernachtungen vor dem Raubfischbecken sind bei sechs- bis zwölfjährigen Kindern die Attraktion schlechthin. Abenteuerlustige Besucher mit gültigem Tauchschein können Tauchgänge buchen, sogar in den Raubfisch- oder Kelpbecken – allerdings nicht zu Fütterungszeiten!

Seestern

EXPONATE

Die Exponate werden in eindrucksvoller, anregender Atmosphäre gezeigt. Viele sind interaktiv und geben dem Besucher die Möglichkeit, das Meeresleben aus erster Hand zu erfahren. Neueste Technologie deckt selbst die Geheimnisse der winzigsten Meeresgeschöpfe auf.

Das Innere des Aquariums *wurde sorgfältig geplant, um die Lebensräume von Ozeanen und Flüssen nachzubilden.*

Im Streichel-Pool *dürfen Kinder Meereslebewesen wie Anemonen und Kelp berühren.*

I & J Predator Tank, *ein Becken aus bruchsicherem Glas, fasst zwei Millionen Liter Wasser. Der durchsichtige Tunnel um den Tank herum erlaubt Begegnungen mit Schildkröten und Sandhaien.*

Brillenpinguine *bilden im Aquarium eine Kolonie. Hier leben auch Felsenpinguine.*

Der Gezeiten-Pool *beherbergt Entenmuscheln, Seesterne, Seeanemonen und Schwammarten.*

Kurzschwanz-Stachelrochen *leben im Raubfischbecken.*

Nachtleben an der V&A Waterfront ▷

Robben Island ❷

Turm aus dem Zweiten Weltkrieg

Zur Orientierung

Mitte des 17. Jahrhunderts tauften die Holländer die Insel wegen ihrer vielen Robben »Robbe Eiland«. Sie hat seither viel menschliches Elend gesehen. Schon 1636 gab es hier eine Strafkolonie, die 1960 von der südafrikanischen Gefängnisverwaltung übernommen wurde. Der berühmteste Insasse war Nelson Mandela, der hier 18 Jahre verbrachte. 1991, nach der Entlassung des letzten politischen Gefangenen, wurde die Insel wegen ihrer Bedeutung als Brutstätte für Seevögel unter Naturschutz gestellt. Hier leben über 130 Vogelarten, u. a. Kap-Seeschwalbe und Brillenpinguin.

★ Governor's House
Das stattliche viktorianische Gebäude von 1895 war ursprünglich das Wohnhaus des Befehlshabers der Insel. Heute dient es als Konferenzzentrum und Gästehaus von höchstem Komfort für Würdenträger und VIPs.

0 Meter   500

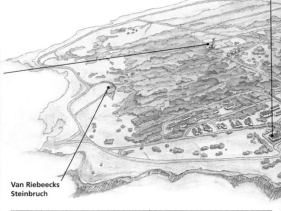

Van Riebeecks Steinbruch

Leuchtturm
Der 18 Meter hohe Leuchtturm ersetzt seit 1863 die bis dahin gebräuchlichen Signalfeuer. Sein Lichtstrahl ist bis zu 25 Kilometer weit zu sehen.

Nicht Versäumen

★ Gefängnis

★ Governor's House

★ Kalksteinbruch

Politische Gefangene

Im 18. Jahrhundert schickte die Niederländisch-Ostindische Kompanie Prinzen aus Indien, Malaysia und Indonesien nach Robben Island, da sie zum Widerstand gegen die Kolonialmacht aufgestachelt hatten. Die Briten verbannten rebellische Xhosa-Anführer Anfang des 18. Jahrhunderts hierher. 1963 traten Nelson Mandela und sieben andere Aktivisten wegen Verschwörung gegen den Staat und ihrer politischen Gesinnung eine lebenslange Haftstrafe an.

46664
It's in our hands

Der frühere Gefangene Nelson Mandela

Hotels und Restaurants in Kapstadt *siehe Seiten 326–331 und 358–362*

INFOBOX

Straßenkarte B5. 📞 *(021) 413-4200.* 🚢 *N. Mandela Gateway, V&A Waterfront 9, 10, 11, 12, 13, 14, 15 Uhr.* ⛴ *bei rauer See.* 🎫 *obligatorisch; zwei Tage vorher buchen (Hauptsaison: zwei Wochen).* ♿ *Kartenschalter informieren.* 🖥 📷 www.robben-island.org.za

Küstennahe Insel

Die flache, felsige Insel – elf Kilometer nördlich von Kapstadt im kalten Atlantik – besteht hauptsächlich aus blauem Schiefer und erhebt sich maximal 30 Meter über den Meeresspiegel. Keiner der Bäume auf der Insel ist einheimisch.

Kap-Seeschwalbe

Die gefährdete Zugvogelart nistet auf dem nördlichen Teil der Insel.

★ Gefängnis

Robben Island diente seit 1658, als Jan van Riebeeck seinen Dolmetscher hierher verbannte, als Ort der Bestrafung. Das Hochsicherheitsgefängnis wurde 1964 fertig.

Murray's Bay Hafen

Der Kramat, 1969 über dem Grab eines indonesischen Prinzen gebaut, ist eine Pilgerstätte für gläubige Muslime.

Church of the Good Shepherd

Die Kirche, von Sir Herbert Baker entworfen und 1895 von Aussätzigen gebaut, durften nur Männer betreten. Die Betenden mussten stehen oder liegen, da es keine Bänke gab.

Faure Jetty

★ Kalksteinbruch

Politische Gefangene mussten mindestens sechs Stunden am Tag hier arbeiten. Wegen des ständigen Staubes und des gleißenden Sonnenlichts auf den weißen Kalkfelsen litt ihre Sehkraft.

ABSTECHER

Paviane am Cape Point

Während des Sommers heizt sich der Stadtkern auf der Nordseite des Tafelbergs enorm auf. Dann erfolgt der Ansturm auf die Strände der Kap-Riviera: Clifton, Camps Bay und Llandudno. Parkplätze werden knapp, wenn Sonnenhungrige die Küstenorte Hout Bay, Kommetjie, Scarborough und Cape Point heimsuchen. Die bewaldeten Südhänge des Tafelbergs sind kühler, denn meist regnet es in Newlands, wenn über den Stränden der Kap-Riviera die Sonne am blauen Himmel steht. Am Südhang liegt auch der Kirstenbosch National Botanical Garden mit 7000 Pflanzenarten sowie das berühmte Weingut Groot Constantia. An der Küste der False Bay ist das Wasser bei Fish Hoek und Muizenberg um rund fünf Grad wärmer als an der Westseite der Kap-Halbinsel.

SEHENSWÜRDIGKEITEN AUF EINEN BLICK

Historische Gebäude
Iziko Groot Constantia S. 100f ⑩
Mostert's Mill ⑬
Rhodes Memorial ⑭
South African Astronomical Observatory ⑮

Parks
Kirstenbosch National Botanical Garden S. 104f ⑪
Ratanga Junction ⑯

Vororte
Fish Hoek ⑧
Green Point und Sea Point ①
Hout Bay S. 94f ③
Kap-Riviera ②
Muizenberg ⑨
Newlands ⑫
Noordhoek ⑤
Simon's Town ⑦

Nationalpark
Cape of Good Hope Nature Reserve ⑥

Tour
Kap-Halbinsel S. 96 ④

0 Kilometer 10

LEGENDE

■ Kapstadt Zentrum
■ Großraum Kapstadt
■ Nationalpark
✈ Internationaler Flughafen
▬ Autobahn
▬ Hauptstraße
═ Nebenstraße

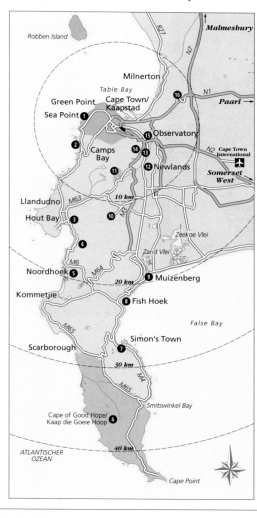

◁ **Der Kirstenbosch National Botanical Garden** *(siehe S. 104f)* **ist ein Paradies aus subtropischen Pflanzen**

Luftaufnahme von Sea Point an Kapstadts Atlantikküste

Green Point und Sea Point ❶

Main oder Beach Rd.
Stadtplan 1 B4, 3 C1.

Mit dem Bau der V&A Waterfront 1995 stiegen die Grundstückspreise in den benachbarten Küstenorten stark an. An der Beach Road, nur ein paar Schritte vom Meer entfernt, stehen teure Apartment-Hochhäuser, vornehme Restaurants und moderne Bürobauten. Green Point Common direkt am Wohnviertel wurde

1657 Jan van Riebeeck als Farm überlassen, der Boden erwies sich jedoch als unfruchtbar. Die Sportanlagen auf dem Common umfassen Hockey-, Fußball-, Rugby- und Cricket-Felder, Bowlingbahnen, Tennis- und Squashplätze. Auf dem Metropolitan Golf Course entstand für die WM 2010 das Green-Point-Fußballstadion. Der Golfplatz wird neu geplant. Er ist – in kleinerem Rahmen – noch in Betrieb. Das Nebelhorn des rot-weiß gestreiften Leuchtturms von Green Point reißt regelmäßig die Bewohner von Mouille Point

aus dem Schlaf, wenn Nebel vom Meer heraufzieht.

Ein Stück weiter an der Beach Road liegt Sea Point, das eine ebenso stürmische Entwicklung erlebte. Hotels, Büro- und Apartmenthäuser überragen die Sportanlagen. Sea Point war stets Kapstadts beliebteste Vergnügungsmeile. Mit der V&A Waterfront entstand jedoch eine neue und komfortablere Attraktion. Der Glanz von Seapoint verblasste ein wenig, doch bietet der Vorort noch immer viele Restaurants, Bars und Nachtclubs.

Nachmittags wimmelt es auf der drei Kilometer langen Promenade Sea Points von Joggern, Inlineskatern, Kindern, Spaziergängern und älteren Bewohnern, die ihre Hunde ausführen.

Die Promenade endet an einem Pavillon neben einem großen Parkplatz und dem Meerwasser-Freibad **Sea Point Swimming Pool**.

Der felsige Küstenstreifen wird von kleinen Sandbuchten aufgelockert, die im Sommer von Sonnenhungrigen bevölkert werden. Bei Ebbe halten vor allem Kinder zwischen den Felsen gerne Ausschau nach Seeanemonen, Muscheln, Seesternen und den gelegentlich vorkommenden Tintenfischen. Graaff's Pool ist eine versteckte Badestelle. Zum Meer hin ist sie offen und traditionell nur für Männer zugänglich.

Sea Point Swimming Pool
Beach Rd. ▐ *(021) 434-3341.*
◯ Okt–Apr: tägl. 7–19 Uhr;
Mai–Sep: 8.30–17 Uhr. ● *bei schlechtem Wetter.* ▨ ◻

Der Leuchtturm von Mouille Point hat ein laut warnendes Nebelhorn

---

LION'S HEAD UND SIGNAL HILL

Den relativ leichten Aufstieg auf den 670 Meter hohen Lion's Head belohnt ein herrlicher Blick auf Stadt und Atlantikküste. Parken kann man an der Signal Hill Road, die zum Wanderpfad um den Lion's Head führt (oben an der Kloof Nek Road an der Gabelung rechts abbiegen). Am Ende der Straße liegen ein Parkplatz und ein Aussichtspunkt – berühmt für den Blick auf Kapstadt bei Nacht. Aus Sicherheitsgründen sollte man diesen Blick allerdings nur bei Vollmond genießen. Auf dem Signal Hill steht Kapstadts »Noon Gun«, eine Kanone, die die Briten 1890 aufstellten, um den Hafen zu verteidigen. Jeden Tag wird sie Punkt 12 Uhr mittags abgefeuert.

Lion's Head bietet eine spektakuläre Aussicht

Hotels und Restaurants in Kapstadt *siehe Seiten 326–331 und 358–362*

Kap-Riviera ❷

Victoria Rd. **Stadtplan** 3 B2–5.

Kurz hinter dem Sea Point Swimming Pool mündet die Beach Road über Queens in die Victoria Road. Bantry Bay, Clifton und Llandudno sind begehrte Adressen an diesem steilen Küstenabschnitt, der wegen der Millionärsvillen auch Riviera Kapstadts genannt wird. Hier genießen die Reichen unvergleichliche Ausblicke und traumhafte Strände.

Ein gutes Essen mit Blick auf das Meer im Blues in Camps Bay *(siehe S. 360)*

Die Küstenstraße führt zum idyllischen Hout Bay hinter dem Bergsattel, der die Felsenreihe der Twelve Apostles vom Gipfel des Little Lion's Head trennt. Sir Rufane Donkin, einst Gouverneur der britischen Kapkolonie, benannte die zwölf beeindruckenden Felspfeiler nach den biblischen Aposteln. Sie flankieren die Vororte der Riviera. Die Luxusapartments in **Bantry Bay** stehen auf Betonstützen am steilen Berghang.

Cliftons berühmte vier kleine Strandabschnitte werden von Granitfelsen getrennt. Fourth Beach ist bei Familien beliebt, da es in der Nähe einen Parkplatz gibt. Die anderen drei Strände sind von der Straße aus nur über steile Treppen zugänglich. Das Wasser im Atlantik ist sehr kalt, aber Lion's Head schützt die

Strände vor den steifen Südost-Brisen. In den Sommermonaten sind alle vier Strände bei Sonnenhungrigen außerordentlich beliebt, was einen enormen Verkehr nach sich zieht.

Die Victoria Road führt an der Küste entlang durch **Maiden's Cove**, wo es einen Gezeitenpool sowie gute öffentliche Einrichtungen gibt, sowie durch **Glen Beach**, das gerne von Surfern und Sonnenanbetern aufgesucht wird. In **Camps Bay** säumen hohe, prächtige Palmen den breiten, geschwungenen Strand, der trotz der südöstlichen Winde, die hier besonders im Sommer durchfegen, sehr beliebt ist. Die reizvolle Lage von Camps Bay mit dem Lion's Head und der Bergkette der Twelve Apostles im Hinter-

Bummeln am Camps Bay Beach

grund war ausschlaggebend für die Errichtung des Luxushotels The Bay *(siehe S. 329)* und einer Reihe guter Restaurants, von denen die meisten einen unvergleichlichen Ausblick aufs Meer bieten. Der zweifellos schönste kleine Strand der Stadt, **Llandudno**, liegt südwestlich von Camps Bay. Das exklusive Wohngebiet auf einem Felsvorsprung am Fuße des Berges Little Lion's Head sieht man erst von der höchsten Stelle der Klippe aus. Am geschwungenen weißen Strand mit seinem klaren, türkisfarbenen Wasser wird besonders gerne dem Sonnenuntergang zugeprostet. Ein 20-minütiger Fußmarsch Richtung Westen führt zur abgelegenen und geschützten **Sandy Bay**, Kapstadts Nacktbadestrand.

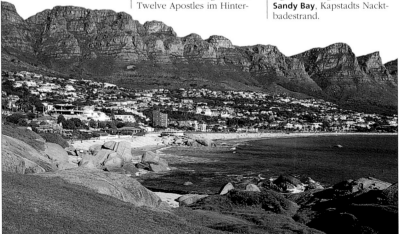

Der Strand von Camps Bay mit den Twelve Apostles im Hintergrund

Stadtplan Kapstadt *siehe Seiten 115–123*

Hout Bay ❸

**Logo von
The World of Birds**

**Farbenprächtiger Fischkutter im
Hafen von Hout Bay**

Hout Bay ist seit den 1940er Jahren ein bedeutendes Fischereizentrum und eine schöne Wohngegend. Viele verbringen hier das Wochenende. Der Name stammt von einem Tagebucheintrag Jan van Riebeecks vom Juli 1653, als er von »t'houtbaaijen« schrieb, den bewaldeten Buchten. Die Fischerei in Hout Bay lebt vor allem von *snoek* (Makrelenhecht) und Langusten, zudem gibt es Konservenfabriken und einen Fischmarkt. Den einen Kilometer langen, von Bergen eingerahmten Strand begrenzen niedrige, bewachsene Dünen. Im Westen liegt die Karbonkelberg-Gruppe mit dem 331 Meter hohen Sentinel Peak, im Osten das Chapman's-Peak-Massiv, an dessen Hängen sich eine malerische Straße hinaufschlängelt.

Hout Bay im Überblick

Straßenkarte B5. 20 km südl. von Kapstadt auf der M6 oder M63. 🚌 *von Bahnhof Kapstadt, Adderley St.*

Eichenalleen durchziehen die grünen Täler von Hout Bay. Die vielen Pferdekoppeln und Ställe verweisen auf Reitzentren, die Unterricht und Ausritte anbieten. Die Bewohner führen in den frühen Morgenstunden am Strand ihre Hunde aus oder beobachten abends den Sonnenuntergang hinter dem Sentinel. Abgesehen von Schwimmern, die dem kalten Wasser trotzen, wird der Strand von Surfern, am Westende auch von Windsurfern und Hobie-Cat-Seglern besucht. Am Ostende der Bucht sitzt die 1,4 Meter hohe Bronzestatue eines Leoparden auf einer Felsspitze, die der hiesige Künstler Ivan Mitford-Barberton 1963 schuf. In Hout Bay gibt es viele Cafés, Restaurants, Mode- und Trödelläden. Näher am Hafen gibt es eine Reihe von Pubs, darunter Dirty Dick's Tavern mit einer Veranda, die den Hafen überblickt.

Am Anfang der malerischen Küstenstraße bietet das Chapman's Peak Hotel traumhafte Blicke über die Bucht.

**Skulptur zum Andenken
an den Bergleoparden**

Im Sommer kann man sich mittags auf der Terrasse zum Seafood-Essen treffen oder abends den Sonnenuntergang genießen.

Mariner's Wharf

Harbour Road. 📞 *(021) 790-1100.* ⏰ *tägl.* ♿ 🍴 🍽 📷 🛍

Mariner's Wharf wurde von den Dormans gebaut, einer Familie, deren Vorfahren im Hout-Bay-Tal Anfang des 19. Jahrhunderts Landwirtschaft betrieben. Heute erinnert ein kleiner Verkaufsstand an der Hout Bay Road, der köstliche selbst gebackene Kekse und Brote sowie frisches Obst und Gemüse verkauft, mit seinem Namen Oakhurst an die ehemalige Familienfarm.

In Mariner's Wharf, zwischen dem Strand von Hout Bay und dem lebhaften kleinen Fischereihafen, gibt es ein Straßencafé, ein Seafood-Restaurant, einen Laden für Seefahrtsutensilien und einen ausgezeichneten Markt für frischen Fisch und Muscheln. Rechts und links vom Pier liegen Fischerboote vor Anker.

Am Hafen werden Bootsfahrten angeboten, bei denen man Seevögel, die Kolonie der südafrikanischen Seebären (Cape Fur Seal) auf Duiker Island oder den Sonnenuntergang beobachten kann.

Einige Fischereigesellschaften organisieren Angelfahrten. Dabei können Sie verschiedene Thunfischarten, Schwertfisch und Marlin fangen.

Blick vom Chapman's Peak auf Hout Bay

Hotels und Restaurants in Kapstadt *siehe Seiten 326–331 und 358–362*

Mariner's Wharf hat einen ausgezeichneten Fischmarkt

Zu den bedrohten Vogelarten, die von dem Aufzuchtprogramm profitierten, gehören auch der in Südafrika ausgestorbene Schmutzgeier, der Paradieskranich und der zitronengelbe Kakadu.

Im Schutzgebiet können Sie auch seltene Affen sehen, darunter die bedrohten Zwergseidenäffchen und Geoffrey's Büschelohr-Seidenäffchen.

Hout Bay Museum
4 Andrews Rd. ☎ (021) 790-3270.
⭘ Mo–Do 8–16.30 Uhr,
Fr 8–16 Uhr. ⬤ Feiertage. ✎

Das Museum zeigt eine interessante Ausstellung zur Geschichte des Hout-Bay-Tals und seiner Bevölkerung mit Schwerpunkt auf Waldwirtschaft, Bergbau und Fischerei und organisiert wöchentlich geführte Wanderungen auf die umliegenden Berge.

Umgebung: Nördlich von Hout Bay liegt das sehenswerte **World of Birds Wildlife Sanctuary**, das größte Vogelschutzgebiet Afrikas und das zweitgrößte der Welt. Die

hohen begehbaren Volieren mit 400 Vogelarten fügen sich harmonisch in die Landschaft. Etwa 3000 Vögel werden in den Vogelhäusern gesondert gepflegt, viele wurden verletzt abgegeben, andere gehören bedrohten Arten an und werden hier nachgezüchtet. Sobald sie überlebensfähig sind, werden sie wieder in ihrem natürlichen Lebensraum ausgesetzt.

Besucher können beim Füttern, Nestbauen und Ausbrüten zusehen. Das Vogelschutzgebiet spielt eine wichtige Rolle bei der Aufklärung der Öffentlichkeit über Naturschutz und Umweltthemen.

🦅 World of Birds Wildlife Sanctuary
Valley Rd. ☎ (021) 790-2730.
⭘ tägl. 9–17 Uhr. ✎ ⬤ 🅿 🚻
www.worldofbirds.org.za

Gleitaar (Eleanus caeruleus)

FISCHE AM WESTLICHEN KAP

Im kalten, nährstoffreichen Wasser der Westküste leben mehr Fische als an der Ostküste, allerdings ist die Artenvielfalt geringer. Am meisten werden *Red Roman*, Kabeljau und *White Stumpnose* gefangen. Der südafrikanische Nationalfisch, der *Galjoen*, ist sehr selten geworden. Die tiefen Senken entlang der Küste des westlichen Kaps mit den charakteristischen Kelpfeldern sind ein Paradies für Angler.

Red Roman *Sehr zahlreich in den Riffen am Kap; schmeckt gefüllt und gebacken besonders lecker.*

Snoek (Makrelenhecht) *Im Winter und Frühling zieht der Raubfisch auf der Suche nach Beute (Sardinen) südwärts. Sein Fleisch wird zu Konserven verarbeitet, geräuchert oder getrocknet.*

Kabeljau (kob) *Einer der bekanntesten Speisefische; wird ganzjährig als »Tagesfang« serviert.*

White Stumpnose *Köstlicher Fisch, besonders bei Ski-boat-Anglern gefragt.*

Yellowtail *Dies ist einer der schmackhaftesten Fische, die es in Südafrikas Gewässern gibt. Das Fleisch ist sehr fest, kann aber bei älteren und größeren Fischen auch zäh sein.*

Kaplachs (Cape Salmon) *Der Fisch schmeckt ähnlich wie Kabeljau, nur würziger.*

Tour: Kap-Halbinsel ❹

Eine Rundfahrt über die Kap-Halbinsel sollte an der Atlantikküste beginnen und den Chapman's Peak Drive einschließen. Die malerische Straße, in siebenjähriger Bauzeit in die Klippen gehauen, bietet Rastplätze mit prächtiger Aussicht. Höhepunkt der Fahrt ist das Panorama am Cape Point. Hier ragt die Halbinsel ins Meer. Der Blick reicht bis False Bay, zu den Hottentots-Holland-Bergen und zum 80 Kilometer entfernten Kap Hangklip. Auf der Rückfahrt kommt man an der Pinguinkolonie in Boulders vorbei und fährt durch die reizende Stadt Simon's Town.

Chapman's Peak ①
Der höchste Punkt liegt 592 Meter über dem Meeresspiegel. Auf den Klippen, die 160 Meter tief zum Meer abfallen, befindet sich eine Aussichtsplattform.

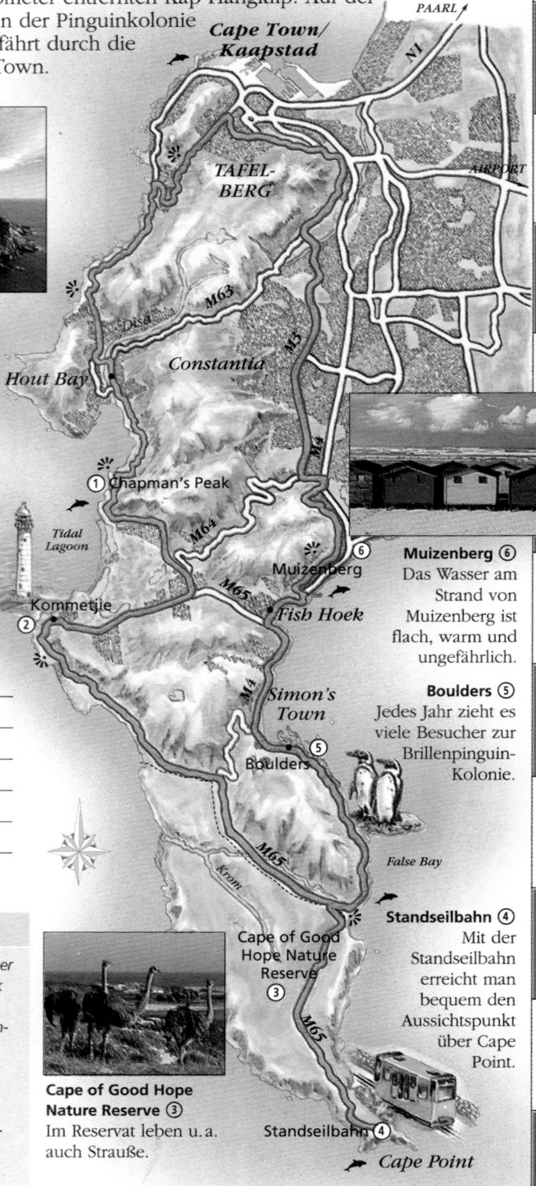

```
0 Kilometer        5
```

Kommetjie ②
Von Hout Bay aus sieht man nachts das starke Licht des Leuchtturms in Slangkop.

LEGENDE

▬	Routenempfehlung
═	Andere Straße
---	Naturparkgrenze
✹	Aussichtspunkt
➴	Walbeobachtung

ROUTENINFOS

Verlauf: *Vom De Waal Drive über Camps Bay und Chapman's Peak Drive nach Cape Point, zurück durch Simon's Town und Muizenberg, dann zurück in die Stadt über die M3.*
Tipp: *Um die Schönheit beider Küstenstreifen, Cape Point und die Halbinsel, auszukosten, empfiehlt es sich, die Strecke in zwei Etappen aufzuteilen.*

Muizenberg ⑥
Das Wasser am Strand von Muizenberg ist flach, warm und ungefährlich.

Boulders ⑤
Jedes Jahr zieht es viele Besucher zur Brillenpinguin-Kolonie.

Standseilbahn ④
Mit der Standseilbahn erreicht man bequem den Aussichtspunkt über Cape Point.

Cape of Good Hope Nature Reserve ③
Im Reservat leben u.a. auch Strauße.

Cape of Good Hope Nature Reserve ③

Standseilbahn ④

Cape Point

Ausritte am Strand von Noordhoek sind ein beliebter Zeitvertreib

Noordhoek ❺

Straßenkarte B5. Via Chapman's Peak Drive oder Ou Kaapse Weg.

Das schönste an der kleinen Küstensiedlung ist ihr sechs Kilometer langer, weißer Sandstrand. Wegen der starken Strömungen ist es gefährlich, hier zu baden, Surfer und andere Wassersportler sind aber häufig anzutreffen.

Der Strand ist ideal für Ausritte und lange Spaziergänge (Besucher müssen in Gruppen bleiben). Hier liegt das Wrack des Dampfers *Kakapo,* der 1900 während eines Sturmes gestrandet ist.

Umgebung: Das Küstendorf **Kommetjie** liegt landeinwärts von Noordhoek Beach an einer Gezeitenlagune. **Long Beach,** das sich in nördlicher Richtung bis Klein Slangkop Point erstreckt, ist Austragungsort für Surf-Meisterschaften und auch bei Seglern sehr beliebt.

Scarborough, an der Mündung des Schuster's River, ist eine begehrte Wohngegend. Im Sommer ist die Lagune ein beliebtes Ausflugsziel.

Cape of Good Hope Nature Reserve ❻

Straßenkarte B5. M4 via Simon's Town. ☎ *(021) 780-9204 (9–17 Uhr).* ◐ *Haupttor: Okt–März: tägl. 7– 18 Uhr; Apr–Sep: tägl. 7–17 Uhr (das Tor wird im Winter um 18 Uhr, im Sommer bei Sonnenuntergang geschlossen).* 🅿🎣🅿🏠🅿♿

Bartolomeu Dias nannte die Halbinsel 1488 *Cabo Tormentoso* (Kap der Stürme). König Johann von Portugal benannte das Kap in *Caba de Boa Esperança* (Kap der Guten Hoffnung) um. Er betrachtete es als gutes Omen für den neuen Weg nach Indien.

Das Klima an der Spitze der Halbinsel ist stürmisch. Daher beschränkt sich die Vegetation des dortigen Reservats auf robuste Milkwood-Bäume und *Fynbos*-Pflanzen. Hier leben kleine Antilopen wie die afrikanische Elenantilope, Buntbock, Rehbock, Kap-Greisbock sowie das Bergzebra. Sie werden auch auf Herden von Tschakma-Pavianen treffen, die aufgrund unerlaubter Fütterung durch Menschen

äußerst aufdringlich sein können. Einen grandiosen Blick von der Bergstation auf das etwa 300 Meter tiefer liegende Meer können Sie genießen, wenn Sie entweder die Standseilbahn benutzen oder den Gipfel über den steilen, gepflasterten Weg erklimmen.

Der frühere Leuchtturm, dessen Sockel noch am Aussichtspunkt steht, war häufig in Nebelschwaden gehüllt.

Die *Lusitania*, ein portugiesischer Dampfer, erlitt im April 1911 am Bellows Rock, direkt unter diesem Leuchtturm, Schiffbruch. Der heutige Leuchtturm wurde daher 1911 bei Cape Point neu errichtet.

Entlang der Ostküste des Naturparks ziehen die Gezeitenbecken in Venus Pool, Bordjiesrif und Buffels Bay sowie die zahlreichen Picknickplätze Scharen von Urlaubern an. Unter den vielen leichten und malerischen Wanderwegen entlang der Westküste sind der Thomas T. Tucker Shipwreck Trail und der Pfad nach Sirkelsvlei hervorzuheben. Wanderkarten liegen am Eingang zum Naturpark aus.

Buntbock (Bontebok)

Der Fliegende Holländer

DER FLIEGENDE HOLLÄNDER

Die Legende vom Fliegenden Holländer entstand 1641, als der holländische Kapitän Hendrick van der Decken gegen die raue See vor Cape Point kämpfte. Als sein angeschlagenes Schiff zu sinken begann, schwor er, das Kap zu umrunden, auch wenn es bis zum Jüngsten Gericht dauern sollte. Später wurde bei schlechtem Wetter immer wieder von Erscheinungen eines Phantomschiffs mit gebrochenen Masten berichtet. Eine solche Erscheinung wurde im Juli 1881 im Tagebuch eines Matrosen verzeichnet, der auf der HMS *Bacchante* segelte – und 1910 König George V. von England wurde.

Hotels und Restaurants in Kapstadt *siehe Seiten 326–331 und 358–362*

Klassische Architektur an der Hauptstraße in Simon's Town

Simon's Town ❼

Straßenkarte B5. 🏘 58 000.
🚉 ab Bahnhof Kapstadt,
Adderley St. 🛈 St George's St,
Kapstadt, (021) 786-1011.
www.simonstown.com

D as malerische
Simon's Town in der
False Bay, seit 1957
Stützpunkt der südafri-
kanischen Marine,
wurde nach Simon van
der Stel *(siehe S. 100)* benannt, der um 1687 die-
sen geschützten klei-
nen Ort besuchte.

Da die Winterstürme
am Kap die Schiffe, die in der
Tafelbucht ankerten, häufig
stark beschädigten, beschloss
die Niederländisch-Ostindische Kompanie 1743, die
Simon's Bay zu ihrem winterlichen Ankerplatz zu machen.

Von 1814 bis zur Übergabe
an Südafrika diente die
British Royal Navy als Stützpunkt im Südatlantik. Generationen von Seeleuten besuchten ihre Hotels und Bars.

Beim **Historical Walk** wird
jeden Dienstag- und Samstagmorgen die Geschichte der
Marine in Simon's Town erläutert. Er beginnt beim Bahnhof und endet am Martello
Tower auf dem East Dockyard
und schließt **Simon's Town
Museum**, South African Naval
Museum und Warrior Toy Museum ein. Das Simon's Town
Museum ist in The Residency,
das als das älteste Gebäude
der Stadt gilt, untergebracht.

Es wurde 1777 als Wochenend-
haus für Gouverneur Joachim
van Plettenberg gebaut. Später
diente es als Sklavenunter-
kunft, Hospital und Gerichts-
hof. Zu den Exponaten zählt
die Nachbildung eines königlichen Marine-Pubs aus
dem Zweiten Weltkrieg.
Auch die Räume des frü-
heren Sklavenquartiers
sind zugänglich. Den
Martello Tower, End-
punkt der Wande-
rung, bauten die
Briten 1796 zur Ver-
teidigung gegen die
Franzosen.

Brillenpinguin

🎫 **Historical Walk**
🚉 Bahnhof Simon's Town, (021)
786-1805. ⏰ Di u. Sa 10 Uhr. 📷

🏛 **Simon's Town Museum**
Court Rd. ☎ (021) 786-3046.
⏰ Mo–Fr 9–16, Sa 10–13, So &
Feiertage 11–15 Uhr. ● 1. Jan, Kar-
freitag, 25. Dez. 📷 Spende. 🏠 📷

Umgebung: Zwischen Simon's
Town und dem Cape of Good
Hope Nature Reserve führt
die M4 an vielen Buchten wie
Froggy Pond, Boulders und
Seaforth vorbei, in denen das
Baden und Schnorcheln ungefährlich ist. Die Granitfelsen,
nach denen Boulders benannt
wurde, schützen vor dem Süd-
ostwind. Ein Strandspazier-
gang zwischen Boulders und
Seaforth führt zu einsamen
Buchten. Boulders' Hauptattraktion ist die geschützte
Kolonie von 2300 Brillenpinguinen.

Weiter im Süden bei Miller's
Point liegen Picknickflächen,
Rutschbahnen und Gezeiten-
felsenpools. Das Black Marlin
Restaurant ist wegen der frischen Meeresfrüchte und der
schönen Aussicht beliebt. In
der Smitswinkel Bay liegt unterhalb eines sehr steilen Pfa-
des eine reizende Bucht.

VOLLMATROSE JUST NUISANCE

In Jubilee Square steht oberhalb des Marine-
hafens das Standbild einer Dogge. Im
Zweiten Weltkrieg war dieser Hund das
Maskottchen der britischen Seeleute, die
in Simon's Town stationiert waren. Just
Nuisance, eingetragenes Mitglied der
Royal Navy, erhielt den Rang Voll-
matrose. Als er in einem Marine-
hospital in Simon's Town starb,
wurde er mit einem militärischen
Begräbnis, zu dem 200 Mitglieder
der British Royal Navy erschienen,
geehrt. Ein Raum im Simon's
Town Museum erinnert an den
tierischen Kadetten.

Just Nuisance mit Freund

Fish Hoek ⓮

Straßenkarte B5. M4, False Bay.
🚶 11000. 🚉 ab Bahnhof Kapstadt,
Adderley St.

Der Strand von Muizenberg, vom Boyes Drive aus gesehen

Erst seit Kurzem dürfen in Fish Hoek alkoholische Getränke verkauft werden. Gouverneur Lord Somerset legte 1818 ein Verbot fest, das erst in den 1990er Jahren aufgehoben wurde.

Der breite Strand von Fish Hoek, gesäumt von Plätzen, Cafés und einem Yachtclub, ist bei Familien und Seglern beliebt. Es finden regelmäßig Regatten statt, vor dem Strand kreuzen oft Katamarane und Hobie Cats. Um die Bucht herum führt der Jager's Walk, ein bequemer Wanderweg mit Blick auf den Strand und das Meer.

Umgebung: Die M4 führt dicht an der Küste entlang nach Norden durch St James mit seinem kleinen, sicheren Familienstrand und den in leuchtenden Grundfarben gehaltenen Strandhütten aus Holz.

Im malerischen kleinen Fischerhafen von Kalk Bay wird täglich frisch gefangener Fisch, besonders *snoek*, direkt von den Booten verkauft. Die Saison für *snoek* variiert, dauert aber meist von Juni bis Juli. Das Brass Bell Restaurant liegt zwischen dem Bahnhof und der Felsküste. Es hat ein beliebtes Pub und eine gute Auswahl an Meeresfrüchten. Bei Flut schlagen die Wellen gegen die zwischen Restaurant und Meer errichteten Wellenbrecher. Kalk Bay ist auch für die vielen gut sortierten Antiquitäten- und Trödelläden entlang der Main Road bekannt.

Muizenberg ⓯

Straßenkarte B5. M4, False Bay.
🚶 5800. 🚉 ab Bahnhof Kapstadt,
Adderley St. 🛈 Beach Rd.
📞 (021) 787-9140.
🕐 Mo–Fr 8–17 Uhr, Sa 9–13 Uhr.

Der Name »Muizenberg« kommt von dem holländischen *Muijs zijn berg*, was Muijs' Berg bedeutet. Sergeant Wynand Willem Muijs befehligte ab 1743 einen Militärposten auf dem Berg oberhalb des Strandes.

Muizenbergs weißer Sandstrand verläuft 40 Kilometer um die False Bay zum Städtchen Strand. Zu Recht galt Muizenberg im 19. Jahrhundert als begehrtes Feriendomizil. An seine Glanzzeit erinnern die nun heruntergekommenen Fassaden der einst stattlichen Herrenhäuser am Strand. Heute werden gleichermaßen Jung und Alt von einem Fast-Food-Pavillon, einem Schwimmbecken mit Meereswasser und weiten Rasenflächen angezogen.

Der Bahnhof befindet sich auf einem felsigen Abschnitt der Küste. Die Krümmung der Bucht wird hier wegen ihrer Beliebtheit bei Surf-Anfängern Surfer's Corner genannt.

Rhodes Cottage

Umgebung: Cecil John Rhodes, 1890–1905 Premierminister der Kapkolonie, schuf einen neuen Trend, als er 1899 das Barkley Cottage in Muizenberg kaufte. Schon bald entstanden an der Küste viele Feriendomizile, die einen starken Kontrast zu dem kleinen, strohgedeckten Häuschen mit den Steinmauern bilden, das heute als Museum **Rhodes Cottage** in der Main Road zu besichtigen ist.

Es zeigt Fotos und persönliche Andenken an den mächtigen Kolonialpolitiker und Staatsmann, einschließlich seiner Diamant-Waage und einer Truhe für persönliche Dinge.

🏛 **Rhodes Cottage**
Main Rd. 📞 (021) 788-1816.
🕐 tägl. 9.30–16.30 Uhr.
🔴 25. Dez. ♿

An den Stränden von Fish Hoek ist Baden ungefährlich

Iziko Groot Constantia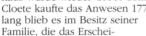

Der neue Kommandant am Kap, Simon van der Stel, nannte das erste Stück Land, das ihm 1685 übereignet wurde, Constantia. Die wahrscheinlichste Theorie über den Ursprung des Namens besagt, dass die Tochter von Rijckloff van Goens, der das Gesuch des Gouverneurs nach Land unterstützte, damit geehrt werden sollte. 1712, nach van der Stels Tod, wurde die Farm dreigeteilt. Der Teil mit dem um 1685 gebauten Herrenhaus wurde wieder Groot Constantia genannt. Hendrik Cloete kaufte das Anwesen 1778. Drei Generationen lang blieb es im Besitz seiner Familie, die das Erscheinungsbild entscheidend prägte.

Kutschenausstellung
Eine Sammlung von Karren und Arbeitsgeräten veranschaulicht das Leben in frühkolonialen Zeiten.

★ Cloete Wine Cellar
Die Fassade, die Hendrik Cloete 1791 bauen ließ, wird Louis Thibault zugeschrieben. Den Rokoko-Frontgiebel meißelte Anton Anreith.

Cape Gable
Der hohe Giebel wurde zwischen 1799 und 1803 zum Haus hinzugefügt. Verziert wurde er mit einer Skulptur von Anton Anreith, die den Wohlstand der Bewohner symbolisieren sollte.

★ Manor House
Das Museum zeigt ein authentisches Bild des Lebensstils im 17. Jahrhundert. Die meisten Antiquitäten stiftete Alfred A. de Pass, Mitglied einer holländischen Familie.

NICHT VERSÄUMEN
★ Cloete Wine Cellar
★ Jonkershuis
★ Manor House

Hotels und Restaurants in Kapstadt siehe Seiten 326–331 und 358–362

Groot Constantia
Das Weingut ver-
dankt die Qualität
seiner Weine dem
mediterranen
Klima mit milden
Sommern und küh-
len, regnerischen
Wintern.

INFOBOX

Straßenkarte B5. Abfahrt
Groot Constantia von der M3
(Van der Stel Freeway) Richtung
Ladies Mile. 📞 *(021) 794-5128.*
🕐 *Dez–Apr: tägl. 9–18 Uhr;*
Mai–Nov: 9–17 Uhr. ⬤ *Karfrei-*
tag, 25. Dez, 1. Jan. 🍷 *Keller,*
(021) 794-5128, tägl. 10–16 Uhr.
🖼️ ♿ 🍴 📷 🏪

Vin de Constance
Der süßliche Muscat de Fron-
tignan vom Weingut Klein
Constantia (bis 1712 Teil von
Groot Constantia) wird im
Stil der Weine des frühen
18. Jahrhunderts gekeltert.

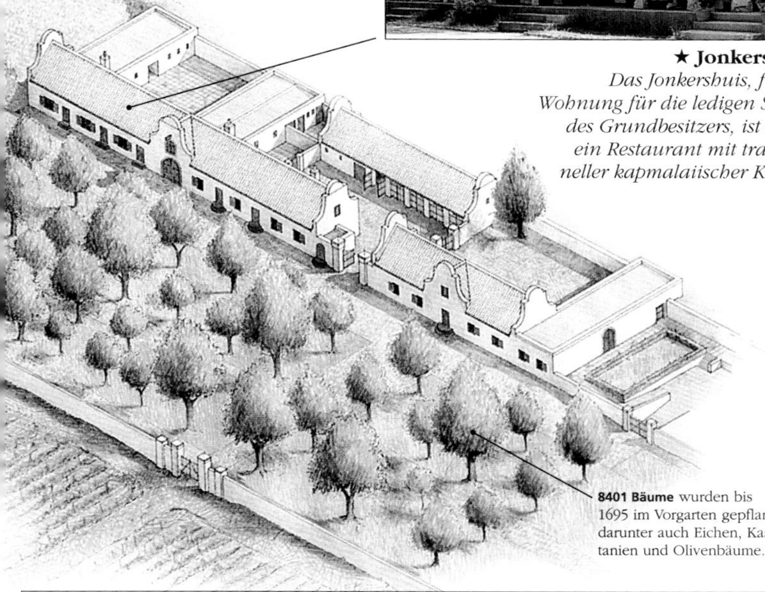

★ Jonkershuis
Das Jonkershuis, früher
Wohnung für die ledigen Söhne
des Grundbesitzers, ist heute
ein Restaurant mit traditio-
neller kapmalaiischer Küche.

8401 Bäume wurden bis
1695 im Vorgarten gepflanzt,
darunter auch Eichen, Kas-
tanien und Olivenbäume.

ENTWICKLUNG DER GIEBELGESTALTUNG

Government House
(1756) ist ein Beispiel
für konkave oder ge-
schwungene Giebel.

Libertas (1771) hat einen
konvex-konkaven Gie-
bel, der Stil wird auch
Kap-Barock genannt.

Klein Constantia (1799)
hat einen klassischen
Giebel im Stil der ita-
lienischen Renaissance.

Nederburg (1800) hat
einen konvex-konkaven,
gebrochenen Frontgiebel
und niedrige Pilaster.

Newlands Forest ist ein beliebtes Ausflugsziel am Wochenende

Kirstenbosch National Botanical Garden ⓫

Siehe S. 104f.

Newlands ⓬

Straßenkarte B5. 🚉 ab Bahnhof Kapstadt, Adderley St. 🚌 Bahnhof in Strand St zur Haltestelle Mowbray.

Der exklusive Vorort am Fuß der Südhänge des Tafelbergs ist das Hauptquartier der Rugby- und Cricket-Vereine der Western Province. Die Sportplätze in Newlands, die 1996 in Newland-Norwich umbenannt wurden, dienten als Austragungsort vieler internationaler Wettkämpfe. 1995 sahen im Rugby-Stadion 50 000 Zuschauer die Eröffnungsfeier der Rugby-Weltmeisterschaften *(siehe S. 36)*.

Newlands Forest erstreckt sich am Rand des M3, einer Hauptstraße, die Muizenberg mit den südlichen Vororten und dem Zentrum verbindet. Anwohner gehen gerne in den Wald, dessen Eukalyptusbäume und Pinien der Newlands-Strom bewässert.

Das kleine **Rugby Museum** in der Nähe der Newlands-Norwich-Sportanlagen präsentiert u.a. Stiefel, Trikots, Sportjackets, Schleifen und Kappen heutiger und ehemaliger südafrikanischer Rugby-Größen. Etwa 1500 Fotos zeigen Nationalmannschaften und Einzelspieler. Die Erinnerungsstücke reichen bis 1891 zurück, als Südafrika sein erstes Länderspiel gegen Großbritannien austrug. Unweit davon steht

das liebevoll restaurierte Nationaldenkmal **Josephine Mill**. Diese Mühle mit dem gusseisernen Rad wurde 1840 vom Schweden Jacob Letterstedt am Ufer des Liesbeeck River gebaut, um Weizen zu mahlen. Die Mühle wurde nach

Josephine Mill

der schwedischen Kronprinzessin Josephine benannt.

Heute wird die einzige Mühle Kapstadts, die noch in Betrieb ist, von der Historischen Gesellschaft der Stadt verwaltet. Auf Anfrage finden Vorführungen statt, Sie können hier auch frische Kekse und Mehl kaufen.

Die Gesellschaft veranstaltet zudem Wanderungen entlang dem Liesbeeck River. Von November bis Februar (Südsommer) finden sonntagabends Konzerte am Flussufer statt.

🏛 **Rugby Museum**
Boundary Rd. 📞 (021) 686-2151.
🕐 Mo–Fr 8.30–17 Uhr. 📷 📷 📷
🏭 **Josephine Mill**
Boundary Rd. 📞 (021) 686-4939.
🕐 Mo–Fr 9–16 Uhr. ⬤ Wochenende und Feiertage. 📷 📷 🍴

Mostert's Mill ⓭

Straßenkarte B5. Rhodes Drive.
🚌 Golden Acre in Strand St zum Bahnhof Mowbray. 📞 (021) 762-5127. 🕐 tel. erfragen. 📷

Die Windmühle von 1796 steht auf einem Teil des Groote-Schuur-Grundstücks, das Cecil John Rhodes *(siehe S. 54)* der Bevölkerung hinterließ. Er kaufte das Grundstück 1891 und stiftete einen Teil der Universität von Kapstadt. Die roten Ziegeldächer und die mit Efeu bewachsenen Mauern der Universitätsgebäude erstrecken sich über die unteren Berghänge und sind ein Wahrzeichen am Rhodes Drive (M3). Die Mühle wurde 1936 mithilfe niederländischer Fachleute restauriert. Es werden keine Führungen angeboten.

Umgebung: Östlich von Mostert's Mill, im Vorort Rosebank, ist das **Irma Stern Museum** einer der talentiertesten und herausragendsten modernen Malerinnen gewidmet. Sie starb 1966. In ihrem

---

LADY ANNE BARNARD (1750–1825)

In dem reizvollen kapgeorgianischen Landhaus in Newlands, dem jetzigen Vineyard Hotel *(siehe S. 331)*, lebte Lady Anne Barnard 1797–1802 mit ihrem Ehemann Andrew, dem Kolonialsekretär. Sie war eine talentierte Autorin und ist wegen ihrer geistreichen Darstellungen des Lebens in der neuen Kolonie berühmt. Die begabte Künstlerin verzierte ihre Briefe und Tagebucheinträge häufig mit Skizzen.

Lady Anne Barnard

Mostert's Mill stammt von 1796

prächtigen Haus The Firs befinden sich 200 Gemälde und ihre kostbare persönliche Antiquitätensammlung.

Fährt man von Mostert's Hill nordwestlich auf der stark befahrenen M3, windet sich die Straße um Devil's Peak und geht in den De Waal Drive, der in das Stadtzentrum führt, über. Rechts liegt das berühmte **Groote Schuur Hospital**, in dem 1967 die weltweit erste Herztransplantation von Professor Christiaan Barnard vorgenommen wurde.

🏛 **Irma Stern Museum**
Cecil Rd, Rosebank. 📞 (021) 685-5686. ◯ Di–Sa 10–17 Uhr. ● Feiertage. 📧 www.irmastern.co.za

Rhodes Memorial ⓮

Straßenkarte B5. Groote Schuur Estate. Ausfahrt von der M3.
🛈 (021) 689-9151. 🚹

Direkt gegenüber dem Groote-Schuur-Anwesen, heute offizieller Kapstädter Wohnsitz des Staatspräsidenten, erhebt sich das Rhodes Memorial über die belebte M3. Von hier aus haben Sie einen weiten Blick über die südlichen Vororte.

Den weißen, dorischen Granittempel an den Hängen des Devil's Peak, 1912 enthüllt, entwarf Sir Herbert Baker zu Ehren von Cecil John Rhodes. Die Büste Rhodes' schuf J. M. Swan, der auch die acht Bronzelöwen am Treppenaufgang goss. Die

Inschrift unter der Büste, die Ballade »The Burial«, verfasste Rudyard Kipling, ein guter Freund von Rhodes. Im Mittelpunkt der Gedenkstätte steht die bronzene Reiterstatue »Physical Energy«, ein Werk von George Frederic Watts.

Vom Monument aus kann man einen grandiosen Weitblick über die südlichen Vororte bis zu den Hottentots-Holland-Bergen genießen. Die umgebenden Hänge bedecken Eichen- und Pinienwälder, in denen noch Damwild lebt sowie einige Himalaya-Tahrs (indische Halbziegen), die Cecil John Rhodes im Jahr 1890 auf Groote Schuur ansiedelte.

South African Astronomical Observatory ⓯

Straßenkarte B5. Vom Liesbeeck Parkway, Observatory Rd.
📞 (021) 447-0025. ◯ jeden 2. Sa im Monat 20 Uhr. 🚶 Gruppen ab zehn Personen müssen reservieren.

Der erste königliche Astronom am Kap, Reverend Fearon Fellows, wählte 1821 die Lage für die königliche Sternwarte aus. Das nationale Zentrum für Astronomie überwacht das Sutherland-Laboratorium in der Großen Karoo. Von hier aus werden die elek-

tronischen Impulse, die die genaue Zeit für das gesamte Land vorgeben, an die Noon Day Gun auf dem Signal Hill *(siehe S. 92)* übertragen.

Ratanga Junction ⓰

Straßenkarte B5. N1, 10 km nördl. von Kapstadt. 📞 086-120-0300.
◯ tel. erfragen. 📧
www.ratanga.co.za

Logo von Ratanga Junction

Ratanga Junction, Südafrikas erster Themenpark, liegt etwa zwölf Kilometer vom Stadtzentrum entfernt. Er befindet sich im Vorort Milnerton an der N1 am Shopping- und Büro-Center Century City.

Der Park bietet Unterhaltung für die ganze Familie. Höhepunkte sind eine aufregende Fahrt durch den Schlund eines Krokodils, die schaurige Kobra-Rollbahn und ein atemberaubender 18,5 Meter tiefer Fall auf die Monkey Falls.

Es werden auch Zauber-, Tanzshows und »Dschungel-Fahrten«, Karussells speziell für jüngere Kinder, angeboten. Außerdem gibt es einen 9-Loch-Spaßgolfplatz und Spiele für Familien, bei denen die Spieler ihre Kraft und Geschicklichkeit testen können. Im Food Court in The Walled City auf Ratanga Island befinden sich diverse Imbissbuden.

Rhodes Memorial, entworfen von Sir Herbert Baker

Kirstenbosch National Botanical Garden ⓫

Daisy

Die südafrikanische Regierung übergab im Juli 1913 die Ländereien von Kirstenbosch (die Cecil John Rhodes 1902 dem Staat vermacht hatte) einem Treuhandausschuss. Dieser errichtete einen botanischen Garten, der seltene einheimische Pflanzen schützen und züchten sollte. Heute hat der Garten eine Fläche von 5,3 Quadratkilometern, von denen sieben Prozent bepflanzt und 90 Prozent von natürlichem *fynbos* und Wald bedeckt sind. Kirstenbosch ist von August bis Oktober besonders sehenswert, wenn Gänseblümchen (Daisys) und Gazanien blühen.

Proteas

★ Colonel Bird's Bath
Farne und Cape-Holly-Bäume umgeben den Pool, der nach Colonel Bird, Kolonialsekretär um 1800, benannt wurde.

Van Riebeecks wilde Mandelhecke
wurde in den 1660er Jahren gepflanzt, um die Khoi fernzuhalten und Schwarzhandel zu unterbinden.

Vögel
Die Protea lockt viele einheimische Vögel an.

Harold Pearson, der erste Direktor des Gartens, ist oberhalb von Colonel Bird's Bath begraben.

Haupteingang

NICHT VERSÄUMEN

★ Camphor Avenue

★ Colonel Bird's Bath

★ Conservatory

★ Conservatory
In der Mitte des Glashauses steht ein Affenbrotbaum. Hier gedeihen Pflanzen aus trockenen Regionen, Küsten-fynbos, Blumen, Farne und Gebirgspflanzen.

Hotels und Restaurants in Kapstadt *siehe Seiten 326–331 und 358–362*

Blindenweg
*An einem Führungs-
seil können Seh-
behinderte das Wald-
gebiet erkunden.
Schilder in großer
und Braille-Schrift
beschreiben die
Pflanzenarten, die
entlang dem
470 Meter langen
Weg wachsen.*

INFOBOX

Straßenkarte B5.
M3, Abfahrt Rhodes Ave.
🚃 Mowbray Station.
🚌 Von Golden Acre in Adder-
ley St und Mowbray Station;
Sightseeing-Mini-Tourbus.
📞 (021) 799-8782.
◯ Apr–Aug: tägl. 8–18 Uhr;
Sep–März: tägl. 8–19 Uhr.
📷 Di–Sa 10 Uhr. 🔧 🍴 🛒 🔲
♿ **www**.sanbi.org

0 Meter   100

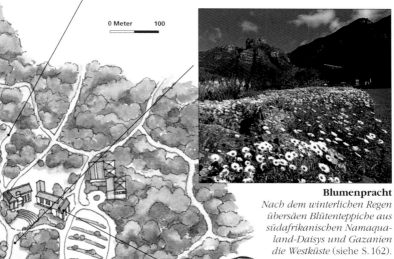

Blumenpracht
*Nach dem winterlichen Regen
übersäen Blütenteppiche aus
südafrikanischen Namaqua-
land-Daisys und Gazanien
die Westküste (siehe S. 162).*

Souvenirshops
*Im Shop am oberen
Eingang erhalten
Sie Pflanzen und
Samen einheimischer
Gewächse, im unte-
ren Laden finden
Sie u. a. Bücher zur
Naturgeschichte und
Geschenke.*

Parkplatz

★ Camphor Avenue
*Cecil John Rhodes pflanzte
die Kampferallee Ende des
19. Jahrhunderts, um sein
Ferienhaus in Muizenberg
mit seinem Groote-Schuur-
Anwesen zu verbinden.*

SHOPPING

Kapstadt, das »Tor nach Afrika«, ist eine attraktive Shopping-Stadt. In bequemer Nähe zum Stadtzentrum bietet die betriebsame V&A Waterfront (siehe S. 82–84) große, anspruchsvolle Shopping-Komplexe, deren Angebot von frischem Obst und Gemüse über exklusive Mode bis hin zu Gourmetrestaurants reicht. Im Stadtzentrum kann man Altes und Neues finden, sei es antiker Schmuck oder moderne Kunst.

Armband aus Perlen und Stiften

Die lebhaften Straßen Long Street und Kloof Street, die in eine Fußgängerzone umgewandelte St George's Mall und der zwanglose Greenmarket Square bieten Läden mit stark regionalem Bezug. Straßenkünstler und Stände mit afrikanischen Masken, Perlenarbeiten und Schnitzereien sorgen für die heitere Atmosphäre. In den Vororten wie Hout Bay finden regelmäßig Kunsthandwerks- und Fischmärkte statt.

ÖFFNUNGSZEITEN

Die meisten Läden im Stadtzentrum und in den Vororten sind wochentags von 9 bis 17 Uhr und samstags von 9 bis 13 Uhr geöffnet. Große Malls öffnen an Wochen- und den meisten Feiertagen um 9 Uhr und schließen zwischen 19 und 21 Uhr. Freitags ist am meisten los, weshalb viele Läden bis 21 Uhr geöffnet bleiben. Muslimische Besitzer schließen ihre Shops zwischen 12 und 14 Uhr. Supermärkte und viele Delikatessenläden sind sonntags geöffnet.

SHOPPING-MALLS

Kapstadts Shopping-Malls bieten Restaurants, Unterhaltung, Banken, viele Läden und ausreichend Parkplätze unter einem Dach.
In der größten Mall **Canal Walk**, mit dem Auto zehn Minuten vom Stadtzentrum entfernt, sind über 400 gehobene

Ruhige Ecke der Shopping-Mall Cape Quarter

Läden täglich bis 21 Uhr geöffnet. Familien schätzen die Unterhaltungsangebote für Kinder und die vielen Lokale.
Die 185 Shops der eleganten **Cavendish Square** bieten Mode, Haushaltswaren und Delikatessen. Die **V&A Waterfront** im Herzen des alten Hafens ist ein attraktives und modernes Shopping-Center u. a. für Schmuck, Kuriositäten und Make-up. Hier gibt es auch Restaurants und Supermärkte.
Modebewusste Kap-Bewohner bevorzugen **Lifestyles on Kloof** und **Cape Quarter** in Green Point. Hier sind Shops für Wohndekor, Kunst, Mode, Gesundheit und Lifestyle in einem Gebäude in kapmalaiischem Stil untergebracht.

MÄRKTE

Auf dem Kopfsteinpflaster des **Greenmarket Square** im Zentrum von Kapstadt findet abhängig vom Wetter von Montag bis Samstag ein Markt

Eine der vielen Malls in Kapstadt

statt. An den Ständen gibt es afrikanische Schnitzereien, Masken, Trommeln, Perlenarbeiten, Schmuck, Lederwaren, Keramik und handgearbeitete Kleidung zu kaufen.
Der **Red Shed Craft Workshop** und der **Waterfront Craft Market**, beide in der V&A Waterfront, sind überdacht und täglich geöffnet. Sie bieten Kleidung, Schmuck, Mosaiken, Stoffe und Kunst.
Sonntags ist der **Greenpoint Market** auf dem Parkplatz des Green-Point-Stadions eine der größten Attraktionen. Hier stehen Kunst, Kunsthandwerk, Pflanzen und Ersatzteile fürs Auto zum Verkauf. **Milnerton Flea Market** ist an den Wochenenden ein Paradies für Schnäppchenjäger. Im dem angebotenen Trödel verstecken sich oft wahre Schätze.
Afrikanische Körbe, Keramik und Muschelkunst gibt es sonntags beim **Lion's Club of Hout Bay Arts and Craft Market**. Der **Constantia Country**

Der Greenmarket Square ist einer der beliebtesten Marktplätze der Stadt

Living Market bietet am dritten Samstag des Monats hochwertige Handarbeiten.

Freiluftmärkte findet man auch in Rondebosch und Kirstenbosch. Letzterer ist bei Familien beliebt. Hier können Kinder auf dem Rasen unter Aufsicht ihrer Eltern spielen. Nehmen Sie genügend Bargeld mit – viele Märkte akzeptieren keine Kreditkarten.

Eingang zu African Image

AFRIKANISCHES KUNSTHANDWERK

Stoffe, afrikanische Möbel, Perlenketten und Skulpturen sind bei **African Image** und auf dem **Pan African Market** erhältlich. **Africa Nova** ist auf Kunst aus der Region, afrikanische Textilien und einzigartige Tonwaren spezialisiert. **Heartworks** bietet farbenfrohe Perlenketten, Taschen, Glaswaren und Einfallsreiches aus Holz, Draht und Keramik.

In Newlands fertigen Künstler in den Ateliers des **Montebello Design Center** Schmuck, Textilien und Tonwaren. Im angeschlossenen Laden werden die Objekte zum Verkauf angeboten. Es gibt auch ein schönes, von Eichen beschattetes Restaurant.

In den Ateliers von **Streetwires** fertigen über 80 Künstler Schmuckstücke aus Perlen und Draht. Man kann die Ateliers besuchen und sich mit den Künstlern während ihrer Arbeit unterhalten. In einem auffällig gelben, mit roten Affen bemalten Haus verkauft **Monkeybiz** einmalige Perlenobjekte, die von Township-Frauen in Heimarbeit gefertigt wurden. Mit dem Gewinn wird die Monkeybiz Wellness Clinic für HIV-infizierte und aidskranke Frauen unterstützt.

Zum Programm vieler Township-Touren gehören Besuche auf dem Khayelitsha Craft Market und im Sivuyile Craft Center in Gugulethu *(siehe S. 382)*.

BÜCHER UND MUSIK

Die Kette **Exclusive Books** betreibt Buchläden in ganz Südafrika. Die Filialen verkaufen Zeitungen, Zeitschriften, Karten, Reiseführer, Romane und CDs, in manchen ist auch ein Café untergebracht.

Die Long Street ist bekannt für ihre Buchläden. **Select Books** und **Clarke's Bookshop** bieten Neues, Gebrauchtes und Sammlerausgaben südafrikanischer Bücher an. Clarke's ist auch ein Spezialist für Bücher über südafrikanische Kunst.

Im **Traveller's Bookshop** gibt es Reiseführer und Karten für Reiseziele in aller Welt. Der Buchladen des **Kirstenbosch National Botanical Garden** verkauft speziell auf Südafrika abgestimmte Reise-, Pflanzen- und Tierführer sowie Kinderbücher. Comics, illustrierte Romane und Actionfiguren sind die Spezialität von **Reader's Den** in Claremont.

In der Stadt verkaufen viele Musikläden CDs mit kommerzieller und alternativer Musik. Der größte in Kapstadt, **Look & Listen**, ist bis spätabends geöffnet. Im kleinen **African Music Store** im Zentrum können die Kunden afrikanische Musik entdecken. Spezialisten wie **Syndicate Records** bieten Secondhand-CDs zu günstigen Preisen an.

DELIKATESSEN UND WEIN

Bei **New York Bagel** in Sea Point gibt es köstliche Bagels und eine erstklassige Delikatessenabteilung. Der **Mariner's Wharf Fish Market** bietet frischen Fisch, **Melissa's The Food Shop** eine riesige Auswahl an schön verpackten handgemachten Produkten.

Wein kann man in den gut sortierten Supermärkten kaufen, Fachgeschäfte bieten darüber hinaus Beratung, einen Kurierdienst und Tipps für Ausflüge in die Weinregionen. **Vaughn Johnson's Wine & Cigar Shop** hat etliche ungewöhnliche Kap-Weine im Sortiment, z. B. Meerlust, Cordoba und Welgemeend. Mehr als tausend Flaschen umfasst das Angebot von **Caroline's Fine Wine Cellar**. Hier gibt es Weine aus Frankreich, Italien, Spanien und Australien. Der Laden veranstaltet auch Weinproben.

Vaughn Johnson's Wine & Cigar Shop

Eingang zu Naartjie, dem beliebten Shop für Kindermoden

LIFESTYLE UND GESCHENKE

Kapstadt hat ein großes Angebot an fantasievollen Haushaltswaren. In den letzten Jahren eröffneten viele Lifestyle-Shops, in denen es alles von kitschigem Porzellan bis zur Designer-Teekanne zu kaufen gibt.

Die Produkte im **Carrol Boyes Shop**, z.B. Designer-Besteck, Geschirr oder Haushaltswaren aus Silber, Zinn, Aluminium und Stahl, eignen sich sehr gut als Geschenke.

Cape to Cairo in Kalk Bay bietet eine Reihe dekorativer Objekte aus aller Welt, u.a. kubanische Antiquitäten und russische Kunst. Zeitgenössische südafrikanische Keramikprodukte von **Clementina Ceramics** schmücken mit Sicherheit jede Küche.

Die bekanntesten südafrikanischen Ketten für Haushaltswaren sind **@ Home**, ideal für trendige Lifestyle-Produkte

und Einfallsreiches für Bad, Schlafzimmer und Küche, sowie **Mr Price Home**, bekannt für modische Haushaltswaren zu vernünftigen Preisen.

ANTIQUITÄTEN UND SCHMUCK

Antiquitäten von hoher Qualität sind in Kapstadt leicht zu finden, allerdings auch sehr teuer. Wer authentische Stücke aus Südafrika sucht, etwa kapholländische Möbel, sollte bei **Deon Viljoen** vorbeischauen.

Sowohl der gewöhnliche Käufer als auch der ernsthafte Sammler werden den **Church Street Antique Market** und die zwölf Läden der **Long Street Antique Arcade** lieben. **Kay's Antiques** ist ein Spezialist für Schmuck aus der Ära Königin Victorias bis zum Art-déco-Zeitalter.

Private Collections in Green Point hat ein faszinierendes Sortiment von Gegenständen aus der Kolonialzeit. In der Nähe bietet **Trade Roots** u.a. edle chinesische Landmöbel an. Beide Antiquitätenläden lohnen einen Besuch, selbst wenn man nur stöbern möchte.

Ye Olde Artifact Cove and Shipwreck in Hout Bay ist ein höchst ungewöhnlicher Laden für Antiquitäten aus der Seefahrt und faszinierende Funde aus Schiffswracks.

Kapstadt ist bekannt für Gold und Schmuck, vor allem

Teekanne von Carrol Boyes

die V&A Waterfront ist ein hervorragender Ort, um danach zu stöbern. Empfehlenswerte Juweliere sind das **Olga Jewellery Design Studio** and **Uwe Koetter**.

Bei **Diamond Works** und **Prins & Prins** können Urlauber die Möglichkeit nutzen, etwas über die Kunst des Diamantenschleifens – vom Entwurf bis zum fertigen Schmuckstück – zu erfahren. Am Ende der Führung werden den Besuchern Diamanten zum Kauf angeboten. Es besteht jedoch keine Kaufverpflichtung.

MODE UND ACCESSOIRES

In Kapstadt haben sich Modeläden für jeden Geschmack angesiedelt. **India Jane** verkauft wunderschöne Damenmode der südafrikanischen Designerinnen Amanda Laird Cherry und Maya Prass.

Das **Young Designers Emporium (YDE)** präsentiert junge Designer aus Südafrika und bietet aktuelle Mode zu vernünftigen Preisen. Die Maßanzüge und einzigartigen Abendkleider im **Hip Hop** werden als »klassisch, mit besonderer Note« beworben. **Klûk** ist für exquisite Kleidung und Brautmode bekannt. Designer Malcolm Klûks Lehrmeister war John Galliano. Klassische, gut geschnittene Oberbekleidung gibt es bei **Hilton Weiner** und **Jenny Button**. Weitere Läden für Herrenmode sind in den Shopping-Malls zu finden.

Kapstadt bietet exzellente Shops für Kindermoden. Einer der bekanntesten ist **Naartjie**. Die Kleidungsstücke aus reiner Baumwolle sind in hellen Farben und hübschen Designs zu haben.

Wer Taschen, Hüte oder Schals sucht, allerdings nicht viel Geld ausgeben möchte, sollte sich die Einheimischen zum Vorbild nehmen: Sie kaufen ihre Accessoires im Fabrikverkauf ein. In diesen Outlets werden Lagerbestände mit großzügigen Rabatten angeboten. Eine Liste solcher Läden ist bei Cape Town Tourism erhältlich *(siehe S. 395).*

Verkaufsraum des Carrol Boyes Shop in der V&A Waterfront

AUF EINEN BLICK

SHOPPING-MALLS

Canal Walk
Century City.
(021) 555-4444.

Cape Quarter
Waterkant St. **Stadtplan**
2 D5. (021) 421-0737.

Cavendish Square
Dreyer St, Claremont.
(021) 657-5620.

Lifestyles on Kloof
50 Kloof St.
Stadtplan 5 A2.

V&A Waterfront
Stadtplan 2 D3.
(021) 408-7600.

MÄRKTE

Constantia Country Living Market
Cape Academy, Firgrove
Way. (021) 712-2124.

Greenmarket Square
Ecke Shortmarket & Burg
St. **Stadtplan** 5 B1.

Greenpoint Market
Green-Point-Stadion.
Stadtplan 1 C3.
(021) 439-4805.

Lion's Club of Hout Bay Arts and Craft Market
Village Green, Main Rd.
(021) 790-3474.

Milnerton Flea Market
Racecourse Rd, Milnerton.
(021) 550-1383.

Red Shed Craft Workshop
V&A Waterfront.
Stadtplan 2 D3.
(021) 408-7846.

Waterfront Craft Market
V&A Waterfront.
Stadtplan 2 D3.
(021) 408-7600.

AFRIKANISCHES KUNSTHANDWERK

African Image
Ecke Church & Burg St.
Stadtplan 5 B1.
(021) 423-8385.

Africa Nova
Cape Quarter, Green
Point. **Stadtplan** 2 D5.
(021) 425-5123.

Heartworks
V&A Waterfront.
Stadtplan 2 E3.
(021) 421-5939.

Monkeybiz
Rose St, Bo-Kaap.
(021) 426-0636.

Montebello Design Center
Newlands Ave, Newlands.
(021) 685-6445.

Pan African Market
Long St. **Stadtplan** 5 A2.
(021) 426-4478.

Streetwires
Shortmarket St, Bo-Kaap.
Stadtplan 5 B1.
(021) 426-2475.

BÜCHER UND MUSIK

African Music Store
Long St. **Stadtplan** 5 B1.
(021) 426-0857.

Clarke's Bookshop
Long St. **Stadtplan** 5 B1.
(021) 423-5739.

Exclusive Books
Cavendish Sq, Claremont.
(021) 674-3030.

Kirstenbosch Botanical Gardens
Rhodes Drive, Newlands.
(021) 799-8899.

Look & Listen
Cavendish Sq, Claremont.
(021) 683-1810.

Reader's Den
Main Rd, Claremont.
(021) 671-9551.

Select Books
Long St. **Stadtplan** 5 B1.
(021) 424-6955.

Syndicate Records
Shortmarket St.
Stadtplan 5 B1.
(021) 424-9165.

Traveller's Bookshop
King's Warehouse, V&A
Waterfront. **Stadtplan**
2 E3. (021) 425-6880.

DELIKATESSEN UND WEIN

Caroline's Fine Wine Cellar
King's Warehouse, V&A
Waterfront. **Stadtplan**
1 B1. (021) 425-5701.

Mariner's Wharf Fish Market
Harbour Rd, Hout Bay.
(021) 790-1100.

Melissa's The Food Shop
Kloof St, Gardens.
Stadtplan 5 A2.
(021) 424-5540.

New York Bagel
Regent Rd, Sea Point.
Stadtplan 3 C1.
(021) 439-7523.

Vaughn Johnson's Wine & Cigar Shop
Pierhead, Dock Rd, V&A
Waterfront. **Stadtplan**
2 E3. (021) 419-2121.

LIFESTYLE UND GESCHENKE

@ Home
Canal Walk, Century City.
(021) 529-3156.

Cape to Cairo
Main Rd, Kalk Bay.
(021) 788-4571.

Carrol Boyes Shop
Victoria Wharf, V&A Waterfront. **Stadtplan** 2 E3.
(021) 418-0595.

Clementina Ceramics
Main Rd, Kalk Bay.
(021) 788-5849.

Mr Price Home
Dreyer St, Claremont.
(021) 671-3968.

ANTIQUITÄTEN UND SCHMUCK

Church Street Antique Market
Church St Mall. **Stadtplan**
5 B1. (021) 438-8566.

Deon Viljoen
Palmboom Rd, Newlands.
(021) 762-9870.

Diamond Works
Coen Steytler Ave.
Stadtplan 2 E5.
(021) 425-1970.

Kay's Antiques
Cavendish Sq, Claremont.
(021) 671-8998.

Long Street Antique Arcade
Long St. **Stadtplan** 5 A2.
(021) 423-2504.

Olga Jewellery Design Studio
Victoria Wharf,
V&A Waterfront.
Stadtplan 2 E3.
(021) 419-8016.

Prins & Prins
Ecke Hout & Loop St.
Stadtplan 5 B1.
(021) 422-1090.

Private Collections
Ecke Hudson & Waterkant
St, Green Point.
(021) 421-0298.

Trade Roots
Hudson St, Green Point.
(021) 421-0401.

Uwe Koetter
Alfred Mall,
V&A Waterfront.
Stadtplan 2 E4.
(021) 421-1039.

Ye Olde Artifact Cove & Shipwreck in Hout Bay
Mariner's Wharf,
Hout Bay Harbour.
(021) 790-1100.

MODE UND ACCESSOIRES

Hilton Weiner
Burg St.
Stadtplan 5 B1.
(021) 424-1023.

Hip Hop
Cavendish St, Claremont.
(021) 674-4605.

India Jane
Cape Quarter, Green
Point. **Stadtplan** 2 D5.
(021) 421-3517.

Jenny Button
Cavendish St, Claremont.
(021) 683-9504.

Klûk
Jarvis St, De Waterkant.
Stadtplan 2 D5.
(021) 425-8926.

Naartjie
Canal Walk, Century City.
(021) 551-6317.

Young Designers Emporium (YDE)
Cavendish Sq, Claremont.
(021) 683-6177.

Stadtplan Kapstadt siehe Seiten 115–123

UNTERHALTUNG

Ster-Kinekor-Logo

Viele Freizeitaktivitäten in Kapstadt konzentrieren sich auf die Strände und Berge. In jüngster Zeit hat sich die Stadt auch durch das Nachtleben und die kulturellen Veranstaltungen einen guten Ruf erworben. Viel gute Unterhaltung wird im Freien geboten, mit Straßenkünstlern und Poeten, die in den Straßen zum Dichterwettstreit antreten. Der führende Veranstaltungsort ist das Artscape Theater Center, das Besucher mit Konzerten einheimischer und internationaler Musiker, Tanz, Cabaret, Theater und Comedy anzieht. In Kapstadt hat sich eine eigene Form des Jazz entwickelt, die man in den Restaurants, Bars und Clubs der Long Street hören kann. Viele Kap-Bewohner genießen nach einem Kinobesuch ein schönes Abendessen oder vergnügen sich in den Clubs. Die trendigsten Clubs und Bars sind im Stadtzentrum und in der V&A Waterfront zu finden.

INFORMATION

Wer gute Unterhaltung sucht, sollte in den Tages- und Wochenzeitungen die Tipps zu Kino, Kunst und Theater beachten. Zu empfehlen sind *Cape Times*, *Cape Argus* am Dienstag, *Mail & Guardian* am Freitag und *Weekend Argus*. Kritiken und Veranstaltungstipps bieten auch das Magazin *Cape Etc*, gelegentlich der Radiosender *Good Hope FM* und die Websites www.capetowntoday. co.za und www.mg.co.za. Informationen über Nightlife-Events liefern die zahlreichen Flyer, die in der Stadt kursieren, und die Internet-Seiten www.thunda.com und www. clubbersguide.co.za. Viele Veranstaltungsorte geben eine Programmvorschau heraus, die größten richten darüber hinaus Hotlines und Websites ein. Informationen über Comedy-Aufführungen erhalten

Computicket-Büro in der V&A Waterfront

Sie bei **Computicket**. Mit speziellen Anfragen können Sie sich auch an **Cape Town Tourism** wenden.

KARTENVORVERKAUF

Theaterkarten kann man telefonisch oder online bei Computicket reservieren. Computicket betreibt in allen größeren Städten Südafrikas Filialen, die den ganzen Tag oder sogar bis spätabends geöffnet haben. Karten für Theater- und Tanzaufführungen im Artscape Theater gibt es bei **Dial-A-Seat**.

Telefonische Reservierungen für Kinos der Ster-Kinekor-Kette nimmt **Ticketline** entgegen. Für Filme in den Lichtspielhäusern von Nu Metro kann man sich für Karten und Informationen an **Tele-Ticket** wenden. Die meisten Theater und Kinos bestehen bei einer telefonischen Reservierung auf Zahlung mit Kreditkarte.

BEHINDERTE REISENDE

Öffentliche Gebäude, Museen und Hauptsehenswürdigkeiten sind in der Regel für Rollstühle zugänglich. Der **Kirstenbosch National Botanical Garden** ist ebenfalls auf behinderte Reisende vorbereitet. Für Blinde und Sehbehinderte wurde sogar ein spezieller Pfad angelegt. Die **V&A Waterfront** bietet besonders gestaltete Parkbuchten, Rampen und breite Wege. Die

Baxter Theater in Rondebosch

meisten Theater sind für Rollstuhlfahrer geeignet. Im Baxter Theater wurde ein Teil des Zuschauerraums für Rollstühle reserviert. Bei der Reservierung sollten Sie Computicket den eventuellen Bedarf mitteilen. Es gibt auch Behindertentoiletten und einen Aufzug zum Restaurant.

In bestimmten Ster-Kinekor-Kinos können Rollstuhlfahrer bequem einen Film sehen. Zeitungen nennen in der Rubrik »Kino« Lichtspielhäuser, die für Rollstühle geeignet sind. **Flamingo Tours** und Titch Travel organisieren Reisen und Ausflüge für Behinderte und kennen geeignete Veranstaltungsorte.

Sommerkonzert im Kirstenbosch National Botanical Garden

PREISGÜNSTIGE UNTERHALTUNG

Filmfans mit schmalem Budget können sich freuen: Der Kinobesuch ist in Südafrika viel günstiger als in vielen anderen Ländern. Dienstags ist der Eintritt in den meisten Kinos ermäßigt.

Der St George's Cathedral Choir bietet kostenlose Konzerte. Informationen liefern die Tagespresse und Computicket. Gelegentlich finden auch im Baxter Theater kostenlose Mittagskonzerte mit Studenten des **South African College of Music** statt.

Das AGFA Amphitheater in der V&A Waterfront bietet häufig Gratisaufführungen. Am Heritage Day (24. Sep) weisen Tagespresse und Radiosender auf viele kostenlose Musikfeste in der Stadt hin.

Diverse Kunstgalerien von internationalem Ruf bieten freien Eintritt, darunter die **Joao Ferreira Gallery** (die

Sammlung kann nur nach Voranmeldung besichtigt werden), **Bell-Roberts Gallery** und **Everard Read**.

Mit dem **Cape Town Pass** (16 Euro pro Tag) erhält man in über 50 Attraktionen Kapstadts freien Eintritt, außerdem rund 20 Sonderangebote und Nachlässe.

OPEN-AIR-UNTERHALTUNG

Von Dezember bis März ist der Kirstenbosch National Botanical Garden Gastgeber der »Summer Sunset Concerts« mit Konzerten von Oper bis Rock und Auftritten des Philharmonic Orchestra. Die Veranstaltung an der frischen Luft in attraktiver Umgebung ist bei Familien beliebt. Da sich das Wetter schnell ändern kann, sollte man warme Kleidung mitnehmen.

Das **Little Theater** der Universität von Kapstadt und das **Maynardville Open-air Theater** inszenieren im Januar und Februar Shakespeare-Werke unter freiem Himmel. Diese Freiluftveranstaltungen sind

etwas Besonderes und sehr begehrt. Viele Zuschauer kommen schon früh und genießen ein Picknick im Park.

Zu den weiteren Open-Air-Veranstaltungen zählen die atemberaubenden Akrobatikshows der **South African National Circus School** im Stadtteil Observatory und entspannte sonntägliche Abendkonzerte an der **Josephine Mill** am Flussufer.

KINO

Hollywood-Produktionen sind in Kapstadt beliebt und dominieren das Programm in den Kinos von **Ster-Kinekor** und **Nu Metro**. Der Besuch im **Cinema Prive** ist teurer, dafür sind die Sitze gemütlicher. Es gibt Eichentischchen, auf denen man sein Getränk abstellen kann.

In den Programmkinos von Kapstadt laufen unabhängige Produktionen und internationale Kunstfilme. **Cinema Nouveau** in der V&A Waterfront und **Cavendish Square** (das größte unabhängige Kino der Stadt) bietet eine erfrischende Abwechslung zur Standardkost aus Hollywood. **Cinema Starz** im Grandwest Casino ist ebenfalls ein unabhängiges Kino, zeigt aber überwiegend Hollywood-Streifen. Das **Labia Theater**, ursprünglich ein Tanzsaal der italienischen Botschaft, ist seit den 1970er Jahren ein Programmkino für anspruchsvolle Kinogänger.

Eine ganz besondere Erfahrung ist eine private Vorführung für eine kleine Gruppe im **Cine 12**.

Open-Air-Konzert im AGFA Amphitheater, V&A Waterfront

Konzert des Cape Town Philharmonic Orchestra mit Chor

KLASSISCHE MUSIK UND OPER

Die City Hall bildet die eindrucksvolle Kulisse für klassische Musik und Opernaufführungen. Das Artscape ist die Heimat des **Cape Town Philharmonic Orchestra**, dessen Konzerte in der Regel dienstagabends stattfinden. Gelegentlich tritt das Orchester auf ungewöhnlicheren Bühnen auf, z.B. im Two Oceans Aquarium oder im South African Museum. Das Programm des Artscape umfasst Opern und Musicals sowie die beliebten Konzerte am Mittag und Sonntagnachmittag. Im Opera House hat man von allen 1200 Plätzen eine sehr gute Sicht.

Das South African College of Music präsentiert Kammermusik, Streichensembles sowie Orgel- und Orchesterkonzerte im Baxter Theater Complex. Hier treten auch Solisten und Kammerensembles auf. Gelegentlich finden Mittagskonzerte statt. Die Solisten und Chormitglieder des **Cape Town Opera** sorgen stets für einen Hörgenuss. Sie treten im Artscape und im Baxter auf. Im Februar geben sie in der V&A Waterfront Zusatzkonzerte.

THEATER UND TANZ

Auf der Bühne des **Artscape** kommt es immer wieder zu erstklassigen Aufführungen, u.a. Drama, Ballett, Satire, Avantgarde- und Kindertheater. Dies ist auch einer der wenigen Veranstaltungsorte im Süden Afrikas, der die Voraussetzungen für international erfolgreiche Musicalproduktionen erfüllt, z.B. für *Les Misérables, Cats* und *Phantom der Oper*, für Shows wie *Spirit of Dance* und *Tap Dogs* oder für Auftritte des St. Petersburger Staatsballetts. Eine Programmvorschau ist an der Abendkasse erhältlich.

Der **Baxter Theater Complex** in Rondebosch bietet ebenfalls Theater und Tanz. Im Main Theater und der Concert Hall werden bevorzugt lokale und internationale Produktionen geboten, im gemütlichen Studio Theater dagegen eher experimentelle Stücke.

Neben den eindrucksvollen Aufführungen des **Cape Town City Ballet** bietet Kapstadt abwechslungsreichen Jazz, Modern Dance und afrikanische Hip-Hop-Tänze wie Pantsula und Gumboots.

COMEDY

Possenhafte Komödien sind die Spezialität des **Theater on the Bay** in Camps Bay. Im **Evita Se Perron** in Darling *(siehe S. 157)*, eine kurze Autofahrt von Kapstadt entfernt, bringt der Kabarettist Pieter-Dirk Uys die Zuschauer mit politischen Satiren zum Lachen. Auf beiden Bühnen sind, ebenso wie im beliebten **On Broadway** in der Shortmarket Street, auch Cabaret- und Drag-Shows zu sehen.

Dunkelhäutige Comedians wie Marc Lottering und Kurt Schoonraad gehören zu einer neuen Generation, welche weiße – und oft rassistische – Künstler mehr und mehr in den Hintergrund drängt.

Die professionelle Improvisations-Comedy von **Theatre-sports** findet dienstags im **Kalk Bay Theater** und donnerstagabends im SABC Auditorium in Sea Point statt.

Theater on the Bay, Camps Bay

JAZZ, ROCK UND AFRIKANISCHE MUSIK

Der ureigene Jazzstil Kapstadts ist unüberhörbar von afrikanischen Rhythmen beeinflusst. Der legendäre Jazzer Abdullah Ibrahim und andere Größen treten häufig in der Stadt auf. Im eleganten **Winchester Mansions Hotel** gibt es einen Sonntagsbrunch mit Live-Jazz. Im Sommer

Szene aus *Giselle*, Cape Town City Ballet

Saxofonist bei einem Jazzfestival in Kapstadt

geben Straßenmusiker ihr Können in der St George's Mall zum Besten.

In der V&A Waterfront befindet sich das beliebte **Green Dolphin**, ein ausgezeichnetes Restaurant mit Cocktailbar. Hier spielen jeden Abend Jazzmusiker. Das **West End** in der Nachbarschaft ist vor allem freitags und samstags gut besuchter Dance-Club. In der Long Street bietet **The Dubliner** sonntagabends Jazz.

In den umliegenden Townships gibt es außergewöhnlich gute Jazzbars, z. B. **Keith's Jazz Pub and Grill** in Khayelitsha. Man sollte sie allerdings nur im Rahmen einer organisierten Township-Tour besuchen.

Wichtige Jazzfestivals sind Jazzathon in der V&A Waterfront im Januar und das Cape Town International Jazz Festival (früher als North Sea Jazz Festival bekannt) Ende März im International Convention Center – eines der größten Jazz-Events auf dem afrikanischen Kontinent.

Marimba Restaurant & Cigar Bar sollte man jeweils abends am Donnerstag, Freitag und Samstag besuchen. Dann ist hier Jazz mit der afrikanischen Marimba zu hören. Reservieren Sie frühzeitig, da die Konzerte meist Wochen im Voraus ausgebucht sind. **Mama Africa** ist wegen der traditionellen Percussion-Gruppen, des guten afrikanischen Essens und der entspannten Dschungel-Atmosphäre beliebt.

Internationale Top-Stars sind häufig im **Bellville Velodrome** zu hören. Südafrikanische Rockbands bevorzugen dagegen Auftritte im **Mercury Live and Lounge**, der führenden Rockbühne in Kapstadt.

SPASS FÜR KINDER

Kinder werden sich in Kapstadt sicher nicht langweilen. Neben den zahlreichen Aktivitäten im Freien gibt es weitere familienfreundliche Attraktionen. Die meisten Kinder zieht es in den Themenpark Ratanga Junction *(siehe S. 103)*. **Laserquest** und der überdachte Abenteuerspielplatz in Claremont kommen bei Kindern ebenfalls gut an. Auf der **Eislaufbahn** des Grandwest Casino sind Kinder gut aufgehoben, während die Erwachsenen das eine oder andere Spielchen wagen.

In der Shopping-Mall Canal Walk sind im **MTN Sciencentre** rund 300 interaktive Ausstellungen zu sehen. Lehrreich sind auch die Vorführungen im **Planetarium**.

In der V&A Waterfront werden in der Urlaubszeit viele Konzerte und Veranstaltungen geboten. Äußerst beliebt sind an Ostern die Vorstellungen des Zip Zap Circus.

Scratch Patch in der V&A Waterfront und **Mineral World** in Simon's Town bieten fantastische Aktivitäten. Kinder können hier u. a. nach Halbedelsteinen graben. Ihre Funde dürfen sie mit nach Hause nehmen.

CLUBS, BARS UND CAFÉS

Clubs und Bars lassen sich in Kapstadt nicht so leicht unterscheiden. Wo Getränke serviert werden, kann man in der Regel auch tanzen.

Die trendigen Bars in Camps Bay servieren Cocktails und sind gut für einen Absacker. Zu empfehlen sind **Caprice** – hier trifft sich die Szene – und das Straßencafé **Sand Bar**. **La Med Beach Bar** in Clifton ist bei Einheimischen beliebt und ideal für einen Drink nach dem Strand. In der Long Street im Zentrum sind u. a. das **Fiction**, eine DJ-Bar und Lounge mit Electro, Drum 'n' Bass und Indie, und **Fireman's Arms**, eine Bar aus dem Jahr 1906, einen Besuch wert.

Erstklassige Cocktails, Champagner, Kaviar und Austern werden in der gehobenen **Planet Champagne & Cocktail Bar** beim Hotel Mount Nelson und im **Asoka** in der Kloof Street serviert.

Es gibt Dutzende Kapstädter Clubs für klassische Discogänger, aber auch für alternatives Publikum. Die Szene wächst stetig. Einer der angesagtesten Clubs ist das elegante **Opium**. Hier gibt es eine Zigarren-Bar, eine Whisky-Lounge und regelmäßig Veranstaltungen und DJ-Performances. Kapstadt hat eine lebhafte Schwulen- und Lesben-Szene. Viele gute Clubs gibt es in dem als »Green Mile« bekannten Abschnitt in Green Point am Rand des Stadtzentrums.

In der Long Street sind einige von Kapstadts besten Bars und Clubs

Auf einen Blick

Information

Cape Town Tourism
www.cape-town.org

Computicket
((083) 915-8000.
www.computicket.com

Karten-Vorverkauf

Dial-A-Seat
((021) 421-7695.

Tele-Ticket (Nu Metro)
((0861) 100-220.

Ticketline (Ster-Kinekor)
((0861) 300-444.

Behinderte Reisende

Flamingo Tours
((021) 557-4496.
www.flamingotours.
co.za

Kirstenbosch National Botanical Garden
Rhodes Dr, Newlands.
((021) 799-8899.

V&A Waterfront
Stadtplan 2 D3.
((021) 408-7600.

Preisgünstige Unterhaltung

Bell-Roberts Gallery
((021) 422-1100.

Cape Town Pass
www.capetownpass.com

Everard Read
((021) 418-4527.

Joao Ferreira Gallery
((021) 423-5403.

South African College of Music
((021) 650-2640.

Open-Air-Unterhaltung

Josephine Mill
Boundary Rd, Newlands.
((021) 686-4939.

Little Theater
Orange St. Stadtplan
5 A3. ((021) 480-7129.

Maynardville Open-air Theater
Church St, Wynberg.
((021) 421-7695.

South African National Circus School
Willow Rd, Observatory.
((021) 692-4287.

Kino

Cavendish Square
Dreyer St, Claremont.
((0861) 300-444.

Cine 12
12 Apostles Hotel,
Victoria Rd, Camps Bay.
Stadtplan 3 B5.
((021) 437-9000.

Cinema Nouveau
V&A Waterfront.
Stadtplan 2 E3.
((0861) 300-444.

Cinema Prive
Canal Walk, Century City.
((021) 555-2510.

Cinema Starz
Grandwest Casino.
((021) 534-0250.

Labia Theater
Orange St und Kloof St.
Stadtplan 5 A2.
((021) 424-5927.

Nu Metro
www.numetro.co.za

Ster-Kinekor
www.sterkinekor.com

Klassische Musik und Oper

Cape Town Opera
((021) 410-9807.
www.capetownopera.
co.za

Cape Town Philharmonic Orchestra
((021) 410-9809.
www.cpo.org.za

Theater und Tanz

Artscape
DF Malan St, Foreshore.
Stadtplan 5 C1.
((021) 410-9800.

Baxter Theater Complex
Main Rd, Rondebosch.
((021) 685-7880.

Cape Town City Ballet
((021) 650-2400.
www.capetowncityballet.
org.za

Comedy

Evita Se Perron
Bahnhof Darling, Darling.
((022) 492-2831.

Kalk Bay Theater
Main Rd, Kalk Bay.
((073) 220-5430

On Broadway
Shortmarket St.
Stadtplan 5 B1.
((021) 424-1194.

Theater on the Bay
Link St, Camps Bay.
((021) 438-3301.

Theatresports
((021) 447-5510.
www.theatresports.co.za

Jazz, Rock und Afrikanische Musik

Bellville Velodrome
Willie Van Der Schoor Rd,
Bellville.
((021) 949-7450.

Green Dolphin
V&A Waterfront.
Stadtplan 2 E4.
((021) 421-7471.

Keith's Jazz Pub and Grill
Mncedisi St, Khayelitsha.
((021) 361-0525.

Mama Africa
178 Long St. Stadtplan
5 B2. ((021) 426-1017.
www.mamaafricarest.net

Marimba Restaurant & Cigar Bar
Cape Town International
Convention Center, Lower
Long St. Stadtplan 5 A2.
((021) 418-3366.

Mercury Live and Lounge
De Villiers St, Zonnebloem.
Stadtplan 5 C3.
((021) 465-2106.

The Dubliner
251 Long St. Stadtplan
5 B2. ((021) 424-1212.
www.thedubliner.co.za

West End
College Rd, Rynlands.
((021) 637-9133.

Winchester Mansions Hotel
Beach Rd. Stadtplan
1 B3. ((021) 434-2351.

Spass für Kinder

Eislaufbahn
Grandwest Casino.
((021) 535-2260.

Laserquest
Main Rd, Claremont.
((021) 683-7296.

Mineral World
Dido Valley Rd, Simon's
Town. ((021) 786-2020.

MTN Sciencentre
Canal Walk, Century City.
((021) 529-8100.

Planetarium
Queen Victoria St.
Stadtplan 5 B2.
((021) 481-3900.

Scratch Patch
V&A Waterfront.
((021) 419-9429.

Clubs, Bars und Cafés

Asoka
Kloof St. Stadtplan 4 F3.
((021) 422-0909.

Caprice
Victoria Rd. Stadtplan
3 B5. ((021) 438-8315.

Fiction
226 Long St. Stadtplan
5 B2. ((021) 785-3760.

Fireman's Arms
Lower Buitengracht St.
Stadtplan 5 A1.
((021) 419-1513.

La Med Beach Bar
Victoria Rd. Stadtplan
3 B4. ((021) 438-5600.

Opium
Dixon St. Stadtplan
2 D5. ((021) 425-4010.

Planet Champagne & Cocktail Bar
Orange St. Stadtplan
5 A2. ((021) 483-1000.

Sand Bar
Victoria Rd. Stadtplan
3 B5. ((021) 438-8836.

STADTPLAN

Die Kartenverweise, die im Kapitel *Kapstadt* bei den Sehenswürdigkeiten, Läden und Veranstaltungsorten genannt sind, beziehen sich auf den folgenden Stadtplan. Die unten stehende Übersichtskarte zeigt die abgedeckten Bereiche: Stadtzentrum, Central Business District, historische Gärten sowie die V&A Waterfront.

Eingezeichnet sind alle beschriebenen Attraktionen sowie Infozentren, Polizeireviere, Postämter und die in der Innenstadt heiß begehrten öffentlichen Parkplätze. Die Legende enthält alle Symbole. Die Kartenverweise zu den Hotels *(siehe S. 326–331)* und Restaurants *(siehe S. 358–362)* in Kapstadt finden Sie im Kapitel *Zu Gast in Südafrika*.

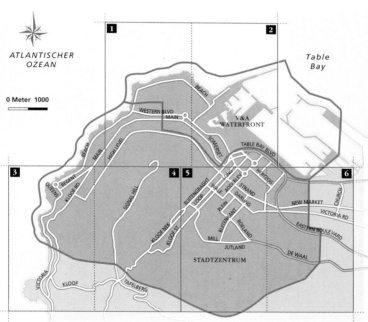

LEGENDE

▢ Hauptsehenswürdigkeit	🛈 Information	☀ Aussichtspunkt
▢ Sehenswürdigkeit	✚ Krankenhaus mit Notaufnahme	═ Eisenbahn
▢ Wichtiges Gebäude	🚓 Polizei	▭ Fußgängerzone
🚆 Bahnhof (Transnet)	🚴 Mountainbiking	▬ Privatstraße
🚌 Busbahnhof	🏖 Badestrand	
▭ Minibusbahnhof	✞ Kirche	
⛴ Fähre	🇨 Moschee	**MASSSTAB DER KARTEN**
🚕 Taxi	✡ Synagoge	0 Meter 400
🅿 Parken	⊠ Post	

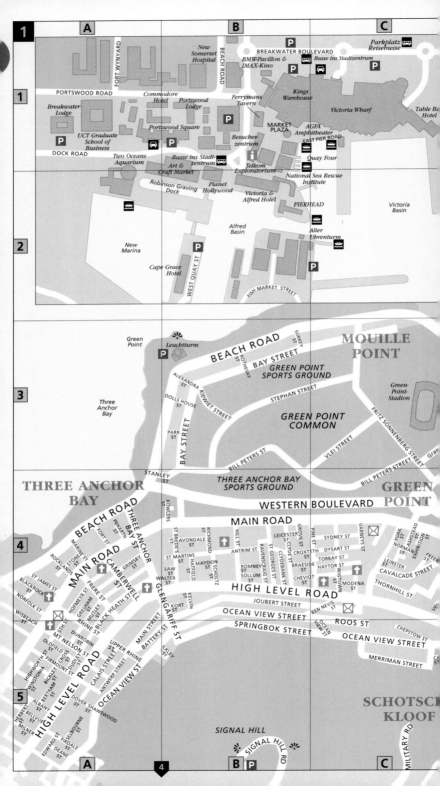

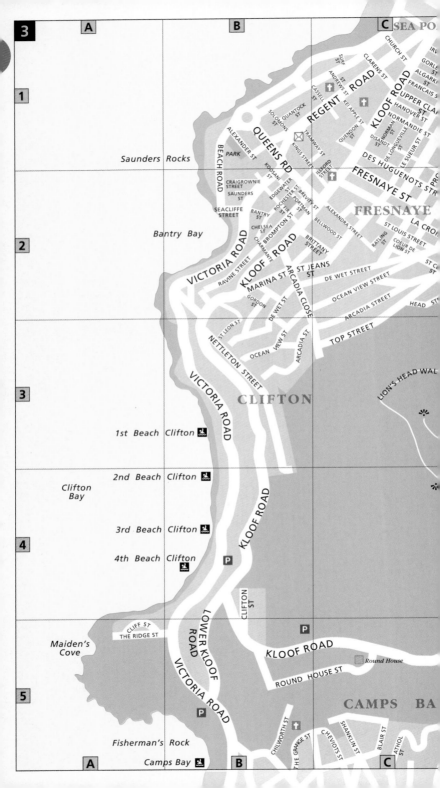

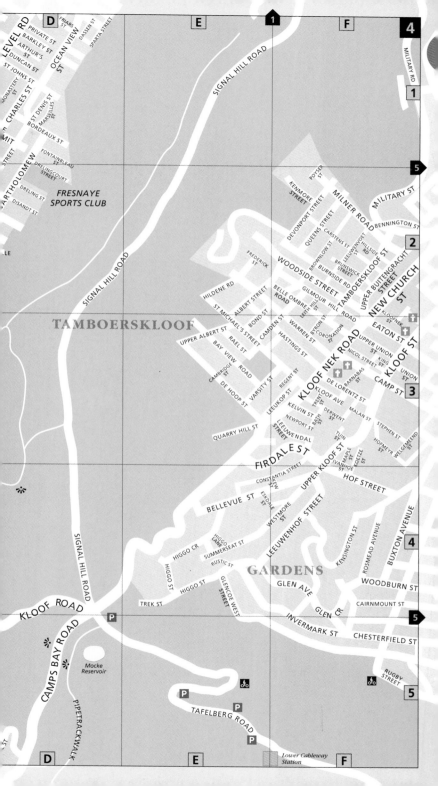

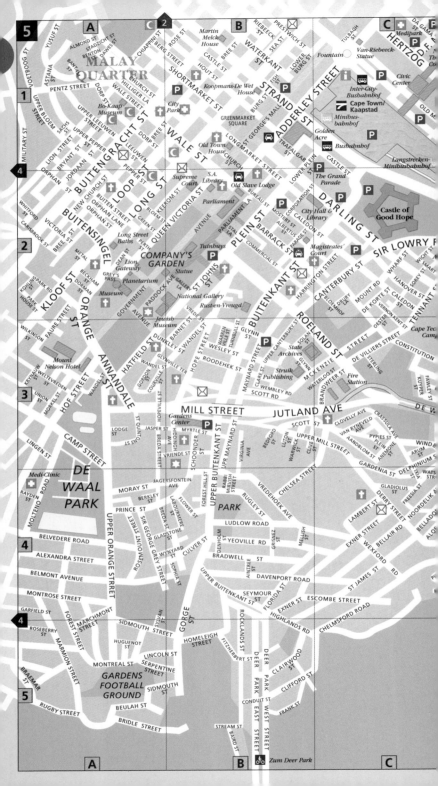

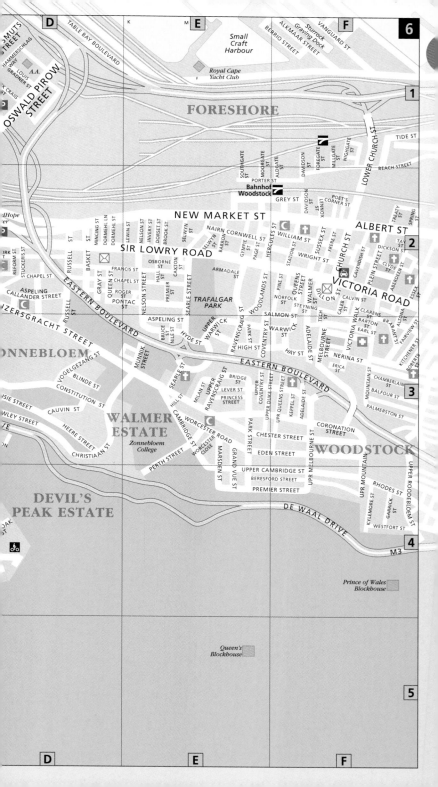

Kartenregister

WESTLICHES UND SÜDLICHES KAP

Westliches und südliches Kap im Überblick

Eine raue Gebirgskette, die geologisch das Kap-Faltengebirge einbezieht, prägt die in diesem Kapabschnitt außerordentlich vielfältige Landschaft. Die trockene, karge Westküste geht in die fruchtbaren Weingebiete über, die von zerklüfteten Bergen umgeben sind. Atemberaubende Pässe, die hinter den stufenförmigen Tälern die massiven Bergketten der südlichen Kapregion überqueren, sind Zeugnisse früher Straßenbaukunst. Hier findet man die spektakulären Cango Caves (Höhlen) und jenseits der Berge die traumhafte Garden Route. Entlang der felsigen, fischreichen Küstenlinie, die mit Wellen von bis zu 30 Metern Höhe eine der gefährlichsten der Welt ist, wird intensiver Fischfang betrieben.

Namaqualand

0 Kilometer 50

WESTKÜSTE
Seiten 152–163

Die Blütenpracht *an der an sich trockenen Westküste ist nach ergiebigen Frühjahrsregenfällen atemberaubend.*

Das Manor House in Boschendal *bei Franschhoek liegt majestätisch inmitten der Weinberge. Eine Weinprobe auf dem Gut gehört zu den Höhepunkten einer Reise entlang der Weinstraße.*

Cape Columbine

Der Cape-Columbine-Leuchtturm *an der Westküste warnt Schiffe vor gefährlichen Felsen. Er ist der letzte bewohnte Leuchtturm Südafrikas.*

Boschendal Estate

KAP-WEINREGION
Seiten 132–151

CAPE TOWN/ KAAPSTAD

SÜDLICHES KAP
Seiten 164–177

Hermanus *ist bekannt für die Südlichen Glattwale, die hier ihre Kälber zur Welt bringen. Die beste Zeit zur Walbeobachtung ist im September.*

◁ Im Frühjahr blühen in Namaqualand *(siehe S. 162f)* viele farbenprächtige Wildblumen

ZUR ORIENTIERUNG

Der Knysna Forest *ist für seine hohen Stinkwood- und bis zu 650 Jahre alten Yellowwood-Bäume bekannt. Im dichten Grün leben zahlreiche Vögel, wie der scheue jadegrüne Lourie.*

Der Addo Elephant National Park *in der östlichen Kapregion ist eine beliebte Urlaubsattraktion. Hier leben mehr als 450 Elefanten.*

Zu Port Elizabeths *Attraktionen gehört ein Aquarium mit spektakulären Delfinshows an der Strandpromenade. Eine Reihe von historischen Gebäuden und Statuen stammen aus der britischen Kolonialzeit.*

GARDEN ROUTE
Seiten 178–199

'ango Caves

Knysna

Port Elizabeth

In den Cango Caves *bei Oudtshoorn sind faszinierende Tropfsteinformationen durch permanente Infiltration des Wassers durch das Kalkgestein entstanden.*

Pinotage-Wein

Pinotage ist eine einzigartige südafrikanische Weinsorte, die Abraham Perold, ein Professor an der Universität Stellenbosch, 1925 aus den Reben Pinot Noir und Cinsaut (damals Hermitage genannt) züchtete. Der erste kommerziell abgefüllte Pinotage wurde 1961 unter der Marke Lanzerac verkauft. Der fruchtige, purpurrote Wein erlangte seither internationale Berühmtheit. Pinotage, nur eine von vielen in Südafrika angebauten Trauben, wird hauptsächlich bei Stellenbosch kultiviert. Ableger wurden nach Kalifornien und Neuseeland exportiert.

Alte Traubenpresse im Stellenryck Museum, Stellenbosch

Pinot Noir   Cinsaut   Pinotage

PINOTAGE-REBEN

Die noble Pinot-Noir-Rebe aus Burgund lieferte Komplexität, Geschmack und Farbe, während die Cinsaut-Rebe den Ertrag steigerte. Heute ist Pinotage eine früh reifende Rebe, aus der leichte bis mittelschwere Weine mit einmaligem Geschmack entstehen.

Die großen Eichenfässer, *in denen der Rotwein gelagert wird und reift, sind oft mit Schnitzereien verziert, wie dieses schöne Fass aus dem Delheim-Keller in Stellenbosch.*

Stellenbosch *(siehe S. 136–140)* umgeben sanfte Hügel, ideal für den Anbau des Pinotage.

PINOTAGE: INTERNATIONALE PREISE

1991: Kanonkop (1989 Reserve) – Robert Mondavi Trophy (USA)
1996: Kanonkop (1992) – Perold Trophy (International Wine and Spirit Competition)
1997: L'Avenir (1994) – Perold Trophy
1997: Jacobsdal (1994) – Goldmedaille beim Vin-Expo-Wettbewerb (Frankreich)
2003: L'Avenir (2000) – Perold Trophy (International Wine and Spirit Competition)

Zwei der bekannten Pinotage-Weine Südafrikas

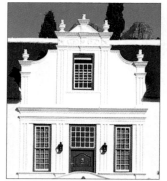

Das Weingut Lanzerac in Stellenbosch betreibt ein luxuriöses Landhotel *(siehe S. 334).* Hier wird neben anderen Weinen auch der Pinotage gekeltert.

ROTWEIN-HERSTELLUNG

Wein ist ein Naturprodukt. Die Winzer sind bei Ernte, Herstellung und Reife sehr sorgfältig, um hochwertige Weine herzustellen, die den Ansprüchen der Verbraucher genügen. Der Trend geht zu möglichst wenig Einmischung in Weinberg und -keller, damit die Weine ihre eigene Note entfalten können.

Der Zeitpunkt der Ernte *ist entscheidend für Geschmack und Eigenschaften der Traube. Rote Trauben werden später geerntet als weiße, damit sich reifere, geschmacklich konzentriertere Früchte entwickeln.*

Um Beschädigungen zu vermeiden, werden die Trauben mit Scheren vom Weinstock getrennt

Da der hohe Tanningehalt *der Stiele den Geschmack beeinflusst, werden die Trauben entstielt. Anschließend werden sie leicht gepresst und zur Gärung in ein Fass gefüllt.*

Entstieler und Presse

Gärungstank

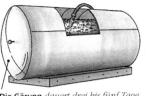

Die Gärung *dauert drei bis fünf Tage. Der Saft wird regelmäßig über den »Hut«, der sich aus den Schalen bildet, gepumpt, um die gewünschte Farb- und Tanninkonzentration zu erzielen. Nach der Gärung wird der Saft von den Schalen getrennt. Vor der Mischung und Abfüllung muss er reifen.*

Lagertanks und -fässer

Um eine Trübung *des Weins zu vermeiden, wird der Bodensatz durch Abstechen (Umfüllen) entfernt. Die Verunreinigungen werden durch Filtration und Schönen – häufig mithilfe von Eiweiß – abgesondert.*

Der Pinotage *reift 12 bis 15 Monate lang. Früher wurden große Fässer verwendet, der Trend geht jedoch zu kleinen Fässern aus französischer oder amerikanischer Eiche. Fassgröße, Holzart und Reifezeit formen den Charakter des Weins. Nach der Reifung wird er in Flaschen abgefüllt.*

Hölzerne Reifungsfässer

Die South African Pinotage Producers Association, *gegründet im November 1995, sorgt für eine dauerhaft hohe Qualität des südafrikanischen Pinotage. Alljährlich werden die zehn besten Weine prämiert.*

In Südafrika werden über 130 Pinotage-Weine hergestellt

Walbeobachtung

Ladenschild in Hermanus

Die südafrikanischen Gewässer bieten Lebensraum für 37 Wal- und Delfinarten sowie etwa 100 Hai-Arten. Nur wenige nähern sich der Küste. Die häufigsten Delfine sind Großer Tümmler, Gemeiner Delfin und Kapdelfin. Bei den Haien sind Weißhai, Tigerhai, Schildzahnhai, Weißspitzen-Hochseehai, Sambesi-Hai und Mako zu nennen. Ein Großteil der weltweit 4000 bis 6000 Südlichen Glattwale (oder Südkaper) wandert jedes Jahr nach Norden. Ihre Zahl nimmt jährlich um sieben Prozent zu. Ab Juni verlassen sie ihre Futterplätze in der Antarktis, um sich in den wärmeren Gewässern der geschützten Felsbuchten an der südafrikanischen Küste zu paaren und um zu gebären.

WALBEOBACHTUNG

▢ Beste Aussichtspunkte

1997 wurde vor Hermanus ein **Albinokalb** geboren.

Schwielen *sind harte, warzenartige Erhebungen auf der Walhaut, keine Kletten, wie oft angenommen wird. Die Markierungen dienen Wissenschaftlern zur Unterscheidung der Wale.*

SÜDLICHER GLATTWAL

Frühe Walfänger nannten diese Art »southern right« *(Eubalaena australis)*, weil sie südlich des Äquators vorkam und sich gut als Beute eignete. Ihr Speck war reich an Öl, die Barten wurden zu Korsetts, Schuhlöffeln und Bürsten verarbeitet. Der tote Wal schwamm an der Oberfläche und ging nicht unter wie andere Wale. Die geschützten Tiere wandern jährlich bis zu 2600 Kilometer.

Wenn der Südliche Glattwal ausatmet, *sieht man die typische V-förmige Blaswolke. Sie entsteht, wenn der warme Atem an der kühlen Luft kondensiert.*

In Hermanus *bläst der »Walschreier« ein Kelphorn, um Passanten über Walsichtungen zu informieren.*

WALVERHALTEN

Die Gründe für einige Verhaltensweisen der Wale sind noch unbekannt. Beim Breaching (Springen) z. B. kommt entweder Aggression oder Freude zum Ausdruck, oder es dient der Entlausung.

Breaching: *Der Wal hebt den Oberkörper aus dem Wasser und fällt mit einem Platscher zurück.*

...ttwale säugen ihre
...ber mindestens sechs
...nate lang.

Blasloch   **Schwielen**

Lobtailing: *Die Fluke schlägt mit lautem Klatschen auf die Oberfläche.*

Spyhopping: *Der Wal hebt den Kopf senkrecht aus dem Wasser, um zu sehen, was an der Oberfläche geschieht.*

In Hermanus kann man Wale ausgezeichnet vom Strand aus beobachten.

Buckelwale *sind für ihre spektakulären, hohen Sprünge bekannt. Auffallend sind ihre extrem langen Brustflossen.*

AUSROTTUNG DER WALE

Zwischen 1785 und 1805 wurden vor der südafrikanischen Küste etwa 12 000 Südliche Glattwale (Südkaper) getötet. Der Nordkaper wurde am rücksichtslosesten gejagt und ist heute praktisch ausgestorben. Nach der Einführung der Harpunenkanone war der Buckelwal der erste größere Wal, der gejagt wurde. Zwischen 1908 und 1925 wurden etwa 25 000 Tiere getötet. Als 1935 das internationale Abkommen zur Regulierung des Walfangs in Kraft trat, gab es weniger als 200 Südkaper in südafrikanischen Gewässern. Obwohl ihre Zahl wieder stetig steigt, ist die heutige Population im Vergleich zu früher sehr klein.

Frühe Walfänger in der False Bay

KAP-WEINREGION

*D*ie Weinregion am Kap ist eine bezaubernde Landschaft mit hohen Bergen und fruchtbaren Tälern. Obstgärten und Weinstöcke überziehen die Hänge. Zu den bekanntesten Herrenhäusern im kapholländischen Stil gehören Nederburg in Paarl (Veranstalter bekannter Weinauktionen), das elegante Boschendal bei Franschhoek und das charmante Lanzerac Hotel in Stellenbosch.

Simon van der Stel trat 1679 die Nachfolge Jan van Riebeecks als Gouverneur an. Er gründete Stellenbosch und damit den ersten Weinort der Region. Nachdem der Gouverneur bei einem Besuch des Gebiets festgestellt hatte, dass es sich um wasserreiches und fruchtbares Land handelte, sandte man die ersten *burghers* (frühe holländische Siedler, die Land sowie Vieh und Geräte erhielten, um Farmen aufzubauen) zur Landerschließung in die Region. Mit der Ankunft der französischen Hugenotten (protestantische Flüchtlinge aus Europa) und holländischer und französischer Pioniere wurde das Paarl-Tal um Franschhoek besiedelt. Das günstige mediterrane Klima am Kap war Garant für eine erfolgreiche Entwicklung des Weinbaus.

Die kühlen Winde von Berg und Meer und die verschiedenen Böden – saures, sandiges Schwemmland in Stellenbosch, kalkreiche Erde in Robertson – ermöglichen die Herstellung einer Vielzahl von erstklassigen Rot- und Weißweinen und machen Südafrika zum achtgrößten Weinproduzenten der Welt. Über 100 Güter, 66 Kooperativen und über 100 private Weinkeller ernähren 300 000 Arbeiter und ihre Familien. Viele der Weingüter und Kooperativen bieten Weinproben an. Die historischen Häuser in den Weinorten halten die Erinnerung an die frühen Siedler aufrecht.

Klein Constantia in Kapstadt ist ein besonders malerisches Gut

◁ **Der Aussichtspavillon in Boschendal an der Franschhoek-Weinstraße** *(siehe S. 144)*

Überblick: Kap-Weinregion

Nach dem Tafelberg, der V&A Waterfront und Cape Point ist die Weinregion die größte Attraktion des Westkaps. Stellenbosch und Paarl sind für ihre eleganten Giebelhäuser bekannt, Franschhoek besticht durch seine bezaubernde Lage. Von den majestätischen Bergpässen aus gleichen die Weingärten von Worcester und Robertson einem Puzzlespiel. Die malerische Häuserzeile in Tulbagh *(siehe S. 157)* wurde nach einem verheerenden Erdbeben im Jahr 1969 liebevoll restauriert.

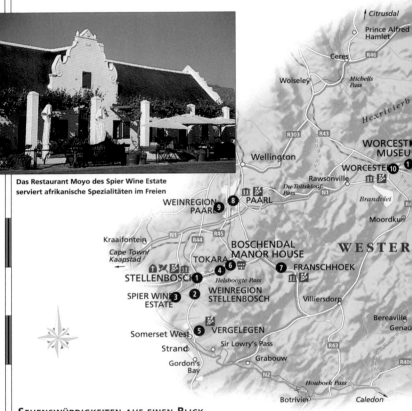

Das Restaurant Moyo des Spier Wine Estate serviert afrikanische Spezialitäten im Freien

SEHENSWÜRDIGKEITEN AUF EINEN BLICK

SIEHE AUCH

berge von Delheim, Stellenbosch

IN DER KAP-WEINREGION UNTERWEGS

Die beiden Nationalstraßen N1 und N2 durchqueren die Wein-region. Die Hauptstraßen sind gut ausgeschildert. Franschhoek, Paarl und Worcester sind über die N1, Stellenbosch über die N1 oder N2 erreichbar. Nach Robertson fährt man über Worcester auf der R60. Für die landschaftlich reizvollen Bergpässe benötigt man ein PS-starkes Auto. Eine Alternative sind Bustouren, die Busunternehmen wie Intercape *(siehe S. 409)* und Mainline Passenger Services *(siehe S. 407)* organisieren. Der nächste Flughafen ist der Cape Town International Airport.

Montagu ist berühmt für seine heißen Quellen

0 Kilometer   50

Rhebokskloof bietet einen gemütlichen Keller für die Weinprobe

LEGENDE

═══	Autobahn
───	Hauptstraße
═══	Nebenstraße
▪▪▪	Unbefestigte Piste
───	Panoramastraße
─▪─	Eisenbahn (Hauptstrecke)
───	Eisenbahn (Nebenstrecke)
✕	Pass

Im Detail: Stellenbosch ❶

Buntglas in Moederkerk

D ie historische Universitätsstadt Stellenbosch ist gleichermaßen Weinbau- und Bildungszentrum. In den Straßen stehen alte Eichen und Häuser verschiedener Stile – kaphol-ländisch, kapgeorgianisch, Regency und viktorianisch. Stellenbosch erlebte drei Brände, viele Häuser mussten danach wieder aufgebaut werden. Das Informationsbüro in der Market Street hält eine Broschüre für einen Rund-gang bereit. Stadtführungen starten täglich um 11 Uhr und 15 Uhr am Informationsbüro.

Das Burgher House wurde 1797 erbaut. Sein Giebel ist ein frühes Beispiel für neoklassizistischen Stil. Es ist der Sitz der Stiftung »Historical Homes of South Africa Foundation«.

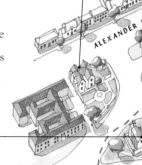

ALEXANDER ST

Information

MARKET STREET

VOC Kruithuis

Das Pulvermagazin der VOC (Vereenigde Oost-Indische Com-pagnie) wurde 1777 zum Schutz der ersten Siedlungen errichtet. Heute beherbergt es ein kleines Militär-museum.

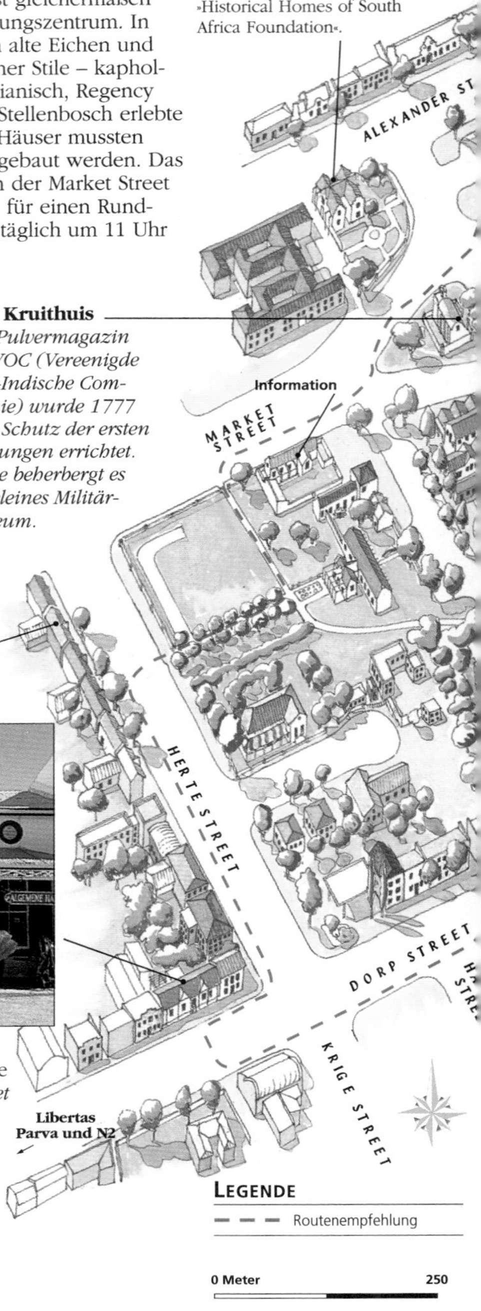

Die Sklavenhäuser, um 1834 errichtet, sind heute nicht mehr mit Stroh gedeckt, ansonsten aber original erhalten.

HERTE STREET

OOM SAMIE SE WINKEL

★ Oom Samie se Winkel

In dem »Olde-worlde«-Dorfladen (siehe S. 138) lebt die alte Zeit fort. Hier findet man Antiquitäten, Sammlerstücke, Bonbons und Biltong (siehe S. 354).

Libertas Parva und N2

DORP STREET

KRIGE STREET

NICHT VERSÄUMEN

★ Dorp Street
_____
★ Oom Samie se Winkel

LEGENDE

– – –   Routenempfehlung

0 Meter   250

INFOBOX

Straßenkarte B5. N2, 46 km
östl. von Kapstadt. 👥 58 000.
✈ Kapstadt. 🚌 & 🚉 Adam Tas
Rd. ℹ Market St, (021) 883-3584.
🎭 Music and Arts (Sep, Okt),
Simon van der Stel Festival (Okt).

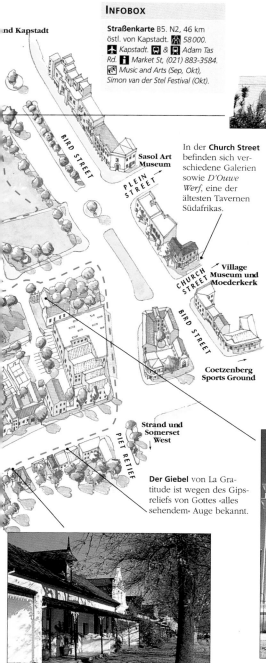

In der **Church Street**
befinden sich ver-
schiedene Galerien
sowie *D'Ouwe
Werf*, eine der
ältesten Tavernen
Südafrikas.

Sasol Art Museum

Village Museum und Moederkerk

Coetzenberg Sports Ground

Strand und Somerset West

Der Giebel von La Gra-
titude ist wegen des Gips-
reliefs von Gottes »alles
sehendem« Auge bekannt.

St Mary's Anglican Church
*Die Kirche liegt neben dem
Stadtplatz* Die Braak *(braches
Land), der 1703 als Exerzier-
platz angelegt wurde.*

Village Museum
*Die historischen Häuser ver-
schiedener Stilepochen des
Village Museum in der Ryneveld Street (siehe S. 138f)
zählen zu den besten Restau-
rationsprojekten Südafrikas.*

The Rhenish Church
*Die Kirche entstand 1823 als
Schule für »Coloureds« (Misch-
linge) und Sklavenkinder.*

★ **Dorp Street**
*An der Eichenallee befinden sich die am besten
erhaltenen historischen Fassaden Stellenboschs.*

Überblick: Stellenbosch

Die hübsche Universitätsstadt im Zentrum der Weinregion wird auch als Wiege der Afrikaans-Kultur betrachtet. Die stolze Bildungstradition, auf die die 1679 gegründete Stadt zurückblickt, wurde 1863 mit der Errichtung des Dutch Reformed Theological Seminary eingeleitet. Das 1886 fertiggestellte Stellenbosch College ist der Vorläufer der Universität, die 1918 eröffnet wurde. Die Universitätsgebäude sind in die umliegenden historischen Gebäude integriert und verstärken die kulturelle und intellektuelle Atmosphäre der Stadt.

� Rhenish Complex

Herte St. *Die Öffnungszeiten unterscheiden sich von Gebäude zu Gebäude.* ☎ *(021) 883-3584.*

Die schöne alte Häusergruppe, flankiert von den beiden modernen Bildungszentren, der Rhenish Primary School und dem Rhenish Institute, ist repräsentativ für die Baustile, die Stellenbosch über die Jahrhunderte prägten.

Teile der im kapholländischen Stil errichteten rheinischen Pfarrei entstanden weit vor dem auf dem Giebel angegebenen Jahr (1815). Das Museum in der Pfarrei zeigt antike Möbel in einem Miniaturzimmer und eine Modelleisenbahn, die in die 50 Quadratmeter große Nachbildung der Landschaft um Stellenbosch eingebettet ist.

Das um 1832 entstandene Leipoldt House ist eine interessante Kombination aus kapholländischem und georgianischem Stil.

Die Rhenish Church an der Bloem Street wurde 1823 von der Missionsgesellschaft Stellenbosch als Schule für Sklavenkinder und »Coloureds« (Mischlinge) gegründet.

Oom Samie se Winkel

� Oom Samie se Winkel

84 Dorp St. ☎ *(021) 887-0797.* ☐ *Mo–Fr 8.30–17.30 Uhr (Sommer: bis 18 Uhr), Sa 9–17 Uhr (Sommer: bis 17.30 Uhr).* ● *Karfreitag, 25. Dez, 1. Jan.*

Das reizende viktorianische Geschäft, dessen Name »Onkel Sams Laden« bedeutet, ist seit 1904 ein Gemischtwarenladen wie aus dem Bilderbuch. Sein ursprünglicher Besitzer, Samie Volsteedt, lebte im Haus nebenan. Das Geschäft wird als nationales Denkmal geschützt und ist mit allerlei Waren wie Eingemachtem, Körben, Kerzen, Souvenirs, Butterfässern, Tellern und Küchengeräten aus dem 19. Jahrhundert vollgestopft. Samie's Victorian Wine Shop verkauft ausgewählte Weine. Unter der Pergola des Koffiehuis-Restaurants können Sie Tee trinken.

� Toy & Miniature Museum

Market St (Nähe Informationsbüro). ☎ *(021) 887-9433.* ☐ *Mo–Sa 9.30–17 Uhr, So 14–17 Uhr.* ● *So (Mai–Aug).* 🖭 🖬
www.museums.org.za/stellmus

Das Toy & Miniature Museum weckt den Spieltrieb bei Kindern wie Erwachsenen und ist einen Besuch wert. Das Museum, das erste seiner Art in Afrika, ist in der alten Rhenish Parsonage, dem Pfarrhaus aus dem Jahr 1815, untergebracht. Es zeigt eine erstaunliche Sammlung alter Spielsachen, darunter Porzellanpuppen, Blechautos mit Aufziehmotor, eine Modelleisenbahn-Landschaft und Puppenhäuser. Besonders sehenswert ist eine Reihe von Zimmern im Maßstab 1:12, die höchst filigran und naturgetreu eingerichtet sind.

Im Museumsladen gibt es Repliken einzelner Museumshighlights zu kaufen, darunter Puppenmöbel und Blechspielzeug.

� Stellenbosch Village Museum

18 Ryneveld St. ☎ *(021) 887-2902.* ☐ *Mo–Sa 9–17 Uhr, So 14–17 Uhr.* ● *Karfreitag, 25. Dez.* 🖭 ♿ 🖬

Zum Komplex gehören Häuser aus den Anfängen der Ortschaft Stellenbosch bis in die 1920er Jahre. Die Gebäude aus der Zeit von Edward VII. und Häuser aus dem frühen 20. Jahrhundert sind allerdings nicht zugänglich. Das Museum umfasst derzeit vier Gebäude. Das älteste ist das 1709 von Sebastian Schreuder erbaute Schreuder House, das ein eindrucksvolles Bild der einfachen, spartanischen Lebensweise der frühen Siedler vermittelt.

Das Bletterman House von 1789 gehörte Hendrik Bletterman, einem reichen *landdrost* (Friedensrichter). Teile des

Der Rhenish Complex, ein Beispiel für kapholländische Architektur

Hotels und Restaurants in der Kap-Weinregion *siehe Seiten 332–334 und 363f*

Kunst und Handwerk in Stellenbosch

Die kulturelle und intellektuelle Atmosphäre Stellenboschs hat eine Reihe von Künstlern, Grafikern, Töpfern und Siebdruckern angezogen. Galerien und Studios wie die Dorp Street Gallery (176 Dorp Street) und die Stellenbosch Art Gallery (34 Ryneveld Street) präsentieren Werke angesehener zeitgenössischer Künstler aus der Region und dem ganzen Land. An der Devon Valley Road außerhalb von Stellenbosch zeigt das Jean Craig Pottery Studio alle Stadien der Keramikherstellung. Auf der Dombeya Farm an der Annandale Road (Abzweigung von der R310) kann man Spinnern und Webern bei der Arbeit zusehen. Das Informationsbüro in Stellenbosch hält eine Broschüre über Kunst und Handwerk bereit.

Werk von Hannetjie de Clerq

Schreuder House im Village Museum (18. Jh.)

Grosvenor House, das eleganteste der vier, entstanden bereits 1782. Spätere Erweiterungen spiegeln den Klassizismus des frühen 19. Jahrhunderts wider. Aus dieser Zeit stammt auch das Mobiliar.

Die Inneneinrichtung des im viktorianischen Stil errichteten Bergh House, in dem Olof Marthinus Bergh zwischen 1837 und 1866 lebte, macht den Lebensstandard eines wohlhabenden Bürgers um 1850 deutlich.

🏛 Sasol Art Museum
Eben Donges Center, 52 Ryneveld St. 📞 (021) 808-3695. ⬤ Di–Fr 9–16 Uhr, Sa 9–17 Uhr. ⬤ Karfreitag, 25. Dez. 💳 ♿ 📷
Die hochinteressante Ausstellung im Museum behandelt die Themen Anthropologie, Kulturgeschichte, Archäologie und Kunst. Besonders beeindruckend sind die prähistorischen Kunstwerke, Reproduktionen der San-Felsmalereien, Haushalts- und Ackerbaugeräte sowie rituelle Objekte aus Süd-, West- und Zentralafrika.

🍷 Van Ryn Brandy Cellar
R310 von Stellenbosch, Ausfahrt 33. 📞 (021) 881-3875. ⬤ Mo–Fr 9–16.30 Uhr, Sa 9–14.30 Uhr. ⬤ Feiertage. 💳 📷 ♿ 📷
Der südwestlich von Stellenbosch gelegene Keller, in dem die bekannten lokalen Marken Van Ryn und Viceroy hergestellt werden, veranstaltet Führungen, bei denen die Kunst der Brandy-Herstellung gezeigt wird. Dazu gehören ein Vortrag, eine audiovisuelle Show, eine Brandy-Probe und ein Abendessen.

Umgebung: Das **Jonkershoek Nature Reserve** befindet sich in einem Tal zehn Kilometer südöstlich von Stellenbosch, umgeben von den Jonkershoek- und Stellenboschbergen. Bewaldete Schluchten, Kieferplantagen und *fynbos* kennzeichnen die Region. Außerdem wachsen hier winzige rosafarbene und weiße Erika, Serrurie (*Serruria florida)* und Königsprotea. Das Gebiet um die Wasserfälle des Eerste River ist für Wanderer, Mountainbiker und Reiter geeignet. Auf der zwölf Kilometer langen Bergstraße kann man die Gegend auch mit dem Auto erkunden.

Hier sieht man häufig Steppenpaviane und Dassies (Klippschliefer), manchmal auch die scheuen Klippspringer. Zu den häufig vorkommenden Vögeln gehören der Honigstar, der Malachit- und der Goldbrust-Nektarvogel.

🥾 Jonkershoek Nature Reserve
Jonkershoek Rd. 📞 (021) 866-1560. ⬤ tägl. 8–18 Uhr. ⬤ bei starkem Regen (Juni–Aug). 📷 📷 www.capenature.org.za

Sandsteinberge des Jonkershoek Nature Reserve

Tour: Weinregion Stellenbosch ❷

Die Winzer dreier wichtiger Güter eröffneten 1971 die Weinstraße Stellenbosch: Spier, Simonsig und Delheim. Heute umfasst sie zahlreiche Güter und Kooperativen. Meist finden an allen Wochentagen Weinproben (oft gegen eine kleine Gebühr) und Kellerbesichtigungen statt. Manche Güter können nur mit Voranmeldung besichtigt werden, sonntags sind viele geschlossen. Erkundigen Sie sich im Voraus.

Delheim ⑦
Im Weinkeller in Delheim sorgen Ziegelbogen, Holzbänke und sanftes Licht für die besondere Atmosphäre. 🕻 (021) 888-4600.

Saxenburg ①
Die ursprüngliche Farm von 1693 wurde vor rund 20 Jahren in ein Weingut umgewandelt. Seitdem steht Saxenburg für hohe Qualität, was die vielen preisgekrönten Weine bezeugen. 🕻 (021) 903-6113.

Morgenhof ⑥
Die 1692 gegründete Farm ist im Besitz der berühmten Familie Huchon-Cointreau aus Cognac, Frankreich. 🕻 (021) 889-5510.

Thelema ⑤
Das familienbetriebene Gut ist für seine Qualitätsweine bekannt. 🕻 (021) 885-1924.

Neethlingshof ②
Das Lord Neethling Restaurant im alten Herrenhaus serviert Gerichte aus Thailand, Indonesien und Vietnam. 🕻 (021) 883-8988.

LEGENDE

▬	Autobahn
▬	Routenempfehlung
▭	Andere Straße
☀	Aussichtspunkt

(Kartenbeschriftungen: CAPE TOWN/ KAAPSTAD · N1 · R304 · KLAPMUTS · KANONKOP · MURATIE · SIMONSIG · ⑦ Delheim · ⑥ Morgenhof · BOSCHENDAL · Kuilsrivier · THELEMA MOUNTAINS · R310 · ⑤ Thelema · Stellenbosch · BERGKELDER · LANZERAC · NEIL ELLIS · ① Saxenburg · Neethlingshof ② · EERSTERIVIER · S.F.W. · ④ Ernie Els Wines · R102 · R310 · ③ Spier Estate · Eersterivier · R44 · ALTO · CAPE TOWN/ KAAPSTAD · Somerset West · N2 · 0 Kilometer 5 · STRAND)

Ernie Els Wines ④
Der Golfer Ernie Els gründete dieses Gut. Die Weine erhielten vom Magazin *Wine Spectator* 93 Punkte. 🕻 (021) 881-3588.

Spier Estate ③
Zum Komplex gehören ein Herrenhaus, ein Pub am Fluss, ein Farmladen, drei Restaurants, ein Weinzentrum, ein Stausee und ein Amphitheater.

ROUTENINFOS

Länge: Die meisten Besucher beschränken sich auf drei bis vier Weinkeller und essen in einem der ausgezeichneten Gutsrestaurants zu Mittag.
Anfahrt: Zum Besuch der Güter ist ein Auto nötig, eine Alternative sind Bustouren (siehe S. 409).

Spier Wine Estate ❸

Straßenkarte B5. Stellenbosch. N2, dann R310. 📞 (021) 809-1100. 🚉 Spier hat einen eigenen Bahnhof, Züge verkehren regelmäßig ab Kapstadt. Informationen unter obiger Nummer. 🕐 Weinproben tägl. 10–16 Uhr. ♿ 🍴 🏛 🎭 🔄

Der vom Eerste River begrenzte Komplex ist das Ergebnis eines ab 1993 durchgeführten Umbaus, den der Geschäftsmann Dick Enthoven, der das Gut von der Familie Joubert erworben hatte, durchführen ließ.

Die Versuchsfarm auf Spier gehörte früher der Universität Stellenbosch. Die Weingärten sollen durch den Anbau verschiedener roter Trauben – Merlot, Cabernet, Shiraz und Pinotage – erweitert werden. Spier verfügt über drei ausgezeichnete Restaurants, von denen eines, das Jonkershuis, ein indonesisches und kapmalaiisches Büfett anbietet. Viele Besucher erstehen im Farmladen köstliche Leckereien für ein Picknick auf dem einladenden Rasen am See.

Im Sommer werden im Amphitheater (1075 Sitzplätze) Opern, Jazz und klassische Musik, Ballett und Stand-up-Comedy aufgeführt.

Spier betreibt einen eigenen Luxuszug. Er fährt von einem privaten Bahnhof in Kapstadt (nahe dem Hauptbahnhof) ab und bringt die Besucher direkt zum Weingut.

Weinstöcke umgeben das Weingut Tokara

Tokara ❹

Straßenkarte B5. Stellenbosch. Von der R310 auf den Helshoogte Pass. 📞 (021) 808-5900. 🕐 Mo–Fr 9–17 Uhr, Sa, So 10–15 Uhr. ♿ 🍴

Der Bankier G. T. Ferreira tauschte Anfang der 1990er Jahre sein Büro in Sandton gegen die frische Luft in Simonsberg ein. Investitionen und Ausbau setzten in Südafrika einen neuen Maßstab.

Tokara liegt am Helshoogte Pass. Dort bietet es neben der grandiosen Aussicht auch Kunstausstellungen sowie Essen, Olivenöl und natürlich Weine von höchster Qualität. Die erste Flasche wurde im Jahr 2000 unter der Marke Zondernaam («ohne Namen») abgefüllt. Kurz darauf hagelte es bereits Auszeichnungen.

Spitzenweißwein aus der Region

Kellermeister Gyles Webb (vom benachbarten Thelema) und Weinmacher Miles Mossop werden die Entwicklung des Gutes sicher vorantreiben.

Vergelegen ❺

Straßenkarte B5. Somerset West. Lourensford Rd von der R44. 📞 (021) 847-1334. 🕐 tägl. 9.30–16.30 Uhr. 🔴 Karfreitag, 25. Dez, 1. Mai. 🎫 10.30, 11.30, 15 Uhr. ♿ 🍴 🏛

Die Weinstöcke und die fünf Kampferbäume vor dem Herrenhaus wurden im Jahr 1700 gepflanzt, als Willem Adriaan van der Stel dort lebte. Heute ist Vergelegen im Besitz der Anglo American Group. Das Anwesen verfügt über einen einzigartigen Keller in den Hängen des Helderbergs. Reife Trauben werden von der Oberfläche aus in unterirdische Stahltanks zum Entstielen, Pressen und Reifen gebracht. Durch Ausnutzung der Schwerkraft bleiben die Trauben relativ unbeschädigt. Das sanfte Bearbeitungsverfahren garantiert ganz besondere, samtweiche Weine.

Im Lady Phillips Tea Garden, benannt nach Lady Florence Phillips, die hier zwischen 1917 und 1940 lebte, wird das Mittagessen serviert. Bei den Renovierungsarbeiten wurden die Grundmauern eines achteckigen, von Willem van der Stel angelegten Gartens entdeckt, in dem inzwischen wieder angepflanzt wird.

Gäste genießen eine Mahlzeit auf der Terrasse im Spier Wine Estate

Boschendal Manor House ❻

Hintereingang
Die Initialen von Paul und Anna de Villiers zieren den Vordergiebel.

Picknickkorb von Boschendal

D er französische Hugenotte Jean le Long erhielt das Land, auf dem das Herrenhaus steht, 1685 von Simon van der Stel. Das ursprünglich »Bossendaal« (»Wald und Tal«) genannte Anwesen wurde 1715 einem anderen Hugenotten, Abraham de Villiers, übertragen. 100 Jahre lang blieb es im Besitz der Winzerfamilie De Villiers. Weinkeller und Wagenschuppen wurden 1796 von Jan de Villiers gebaut. Sein jüngster Sohn Paul gab dem 1812 errichteten Boschendal Manor House seine jetzige H-Form. Der heutige Eigentümer DGB, ein Konsortium lokaler Geschäftsleute, kaufte Boschendal 2003 von der Anglo American Group.

Handgefertigte Raumteiler
In eleganten Häusern fand man häufig Trennwände. Der Originalraumteiler aus Teakholz und Yellowwood ist mit geometrischen Figuren aus dunklem Ebenholz verziert.

Abgerundete Pilaster
stützten die Endgiebel. Die vorderen und hinteren Pilaster haben ein klassisches Design.

NICHT VERSÄUMEN

★ Küche

★ Salon

★ Schlafzimmer

Gepflasterter Hof

★ Schlafzimmer
Das antike Himmelbett aus Stinkwood wurde 1810 von einheimischen Handwerkern gefertigt. Der handgehäkelte Spitzenbehang und die leichte, bestickte Tagesdecke aus Baumwolle stammen aus dem Jahr 1820.

INFOBOX

Straßenkarte B5.
R45 von Stellenbosch.
📞 (021) 870-4200.
🕐 tägl. 9.30–17 Uhr. ♿ 🍴 🛍
📷 🚫 www.boschendal.com

★ Küche

*Um den Lehmboden kühl und
ungezieferfrei zu halten, wurde
er mit Wasser und Kuhdung gereinigt. Auf den dunkelbraunen
oder roten Wänden sah man den
Schmutz nicht.*

Standuhr
*Die holländische Uhr aus dem Jahr
1748 zeigt Datum, Wochentag,
Sternzeichen, Mondphasen und
Gezeitenstände in Amsterdam.*

Die Schiebefenster spiegeln
die Form der Giebel wider.

★ Salon

*Die Anrichte aus Eiche mit Walnuss
enthält eine Sammlung Porzellan aus
der Ming-Dynastie (1573–1620), die
für den Export hergestellt wurde.*

**Im Empfangs-
zimmer** ist ein
Teil des Original-
frieses erhalten.

Beim Eintreten musste das
Oberlicht angehoben werden.

FRIESE

Das Dekorieren von Wänden mit Pigmen-
ten auf Ölbasis stammt wahrscheinlich aus
Europa. In Empfangs- und Esszimmern
fand man Pilaster und Girlanden, im Salon
verschlungene Rosen. In anderen Räumen
genügte ein einfarbiges Wandpaneel. Das
Originalwandfries (schwarze Eicheln und
grüne Blätter in den Empfangsräumen)
von 1812 wurde 1975 bei der Restaurierung entdeckt.

Wein- und Geschenkeladen
*Im Laden ist neben Souvenirs die ganze
Boschendal-Weinpalette erhältlich.*

Franschhoek ❼

Die Vereenigde Oost-Indische Compagnie (VOC) überließ das Farmland in diesem reizenden, von den Franschhoek- und Groot-Drakenstein-Bergen umgebenen Tal im Jahr 1694 einigen französischen Hugenotten-familien *(siehe S. 49)*. Die neuen Siedler – Bauern, Handwerker und Winzer – prägten die Region, die die Holländer *De Fransche Hoek* (französische Ecke) nannten.

Siegesstatue

INFOBOX

Straßenkarte B5. N1, Ausfahrt 47, R45. 🚏 8000. 🚌 Kapstadt, 79 km östl. 🏠 Huguenot St, (021) 876-3603. 🔘 tägl. 🎪 Bastille Day (14. Juli).

Sammlung antiker Möbel im Franschhoek Huguenot Museum

Überblick: Franschhoek

Die französische Tradition der Stadt spiegelt sich in Namen wie Haute Cabrière, La Provence und L'Ormarins wider. Neben ihrer reizenden Lage bietet sie exquisite Küche, begleitet von feinsten Weinen der Region. Etwa 30 Restaurants *(siehe S. 363)* kochen malaiische, provenzalische und ländliche Gerichte.

Der frühere Johannesburger Werbeunternehmer Michael Trull gründete 1980 die Franschhoek-Weinstraße. Fünf Keller bildeten zunächst die Vignerons de Franschhoek, heute sind 20 Güter beteiligt.

Einen Besuch auf dem **Cabrière Estate** sollte man sich nicht entgehen lassen. Nach der Kellerbesichtigung köpft Gastgeber Achim von Arnim eine Flasche seines Pierre-Jourdan-Sekts mit dem Säbel *(sabre)* – eine alte Methode, die »Sabrieren« genannt wird.

Am oberen Ende der Hauptstraße erinnert das 1948 enthüllte **Huguenot Monument** an die Ankunft der französi-

schen Siedler und die kulturelle Bereicherung durch sie. Es thront in einer Grünanlage mit duftenden Rosen und besteht aus einem kreisförmigen Säulengang und drei hohen Bogen. Letztere repräsentieren die Dreifaltigkeit und erheben sich hinter einer auf einem Globus stehenden Frauenfigur, deren Füße auf Frankreich ruhen. Den mittleren Bogen überragt die »Sonne der Rechtschaffenheit«.

🍷 Cabrière Estate
📞 (021) 876-2630. 🔘 Mo–Fr 9–16.30 Uhr, Sa 10.30–16 Uhr (Sabrieren: Sa bis 13.30 Uhr). 🎟 für Gruppen (nur nach Vereinbarung). ♿ 🌐 www.cabriere.co.za

🏛 Huguenot Memorial Museum
Lambrecht St. 📞 (021) 876-2532. 🔘 Mo–Sa 9–17 Uhr, So 14–17 Uhr. 🎭 Karfreitag, 25. Dez. 📷 ♿ 📷 📷

Das 1967 eröffnete Museum dient der Erforschung der Geschichte der Hugenotten und ihrer Nachkommen am Kap. Ausgestellt werden Möbel, Zeichnungen von Hugenotten, Besitzurkunden sowie andere Dokumente und Briefe. Besonders interessant sind eine Kopie des Edikts von Nantes (1598), das den Protestanten in Frankreich die Freiheit der Religionsausübung zusicherte, und eine Sammlung alter Bibeln, von denen eine 1636 gedruckt wurde.

Das Huguenot Monument in Franschhoek wurde 1943 errichtet

Hotels und Restaurants in der Kap-Weinregion siehe Seiten 332–334 und 363f

Franschhoeks französisches Erbe

Franschhoek ist ein reizendes Landstädtchen mit französischem Charakter. Die Winzer mit Namen wie Malherbe, Joubert und du Toit setzen die Weintradition der frühen hugenottischen Siedler fort. Restaurants wie Le Quartier Français und La Petite Ferme servieren provenzalische Gerichte in hellen, luftigen Innenräumen. Bei Chez Michel

Emblem des Cabrière Estate

weht die *Tricolore*, die französische Fahne, über Delikatessen wie Schnecken und in Calvados mariniertem Camembert. Den Einfluss des französischen Klassizismus zeigen die anmutigen Formen der historischen Gebäude. Ein gutes Beispiel ist das Huguenot Museum, das der französische Architekt Louis Michel Thibault im 18. Jahrhundert gestaltete.

Die zentrale Figur *des Huguenot Monument – eine Frau, die in der rechten Hand eine Bibel und in der linken eine zerbrochene Kette hält – symbolisiert die Religionsfreiheit.*

Die älteren, barocken *Giebel wichen vornehmen, klassischen Giebeln, wie denen des Huguenot Museum.*

Puderperücke

Männer trugen einen Dreispitz.

Perlmuttknöpfe an Kleidungsstücken waren in Mode.

FRANZÖSISCHE HUGENOTTEN

Die Aufhebung des Edikts von Nantes (1685) veranlasste viele Hugenotten zur Flucht in protestantische Länder. 270 Einwanderer nahmen das Angebot der Niederländisch-Ostindischen Kompanie an, sich am Kap anzusiedeln.

Viele Khoi wurden als Sklaven gehalten.

Reifröcke wurden durch steife Unterröcke aus Walknochen gestützt.

Die französischen Siedler *verwendeten zur Herstellung der ersten Weine Traubenpressen wie diese, die vor dem Huguenot Museum zu sehen ist.*

Restaurants *in Franschhoek spiegeln französische Lebenslust und Atmosphäre wider.*

Rocco Catoggio *(1790–1858), hier mit seinem Enkel Rocco Cartozia de Villiers, heiratete in eine bedeutende Hugenottenfamilie ein.*

Paarl ❽

Holländische Kolonisten erhielten 1687 Farmland im Berg River Valley, das im Norden vom Paarl Mountain begrenzt wird. Der Name Paarl leitet sich vom niederländischen *peerlbergh* (Perlenberg) ab. Der holländische Forscher Abraham Gabbema bezeichnete die Erhebung so, als er nach einem Regenschauer drei glatte Kuppeln erblickte. Der im Granitgestein enthaltene Glimmer glitzerte in der Sonne und vermittelte den Eindruck glänzender Perlen. Paarl wurde 1690 gegründet.

INFOBOX

Straßenkarte B5. An der N1.
🏃 150.000. ✈ Kapstadt, 56 km südwestl. 🚉 Paarl Station, Lady Grey St. 🚌 International Hotel, Lady Grey St. 🛈 216 Main Rd, (021) 872-4842. ⏱ Mo–Fr 8–17 Uhr, Sa 9–13 Uhr, So 9–12 Uhr. 🍷 Nederburg Wine Auction (Apr).

Die drei Granitkuppeln am Rande von Paarl

Überblick: Paarl

Große Landwirtschafts-, Finanz- und Produktionsunternehmen haben ihren Sitz in Paarl, das für die Wirtschaft des Westkaps von großer Bedeutung ist. Seine Alleen und anmutigen Giebelhäuser verleihen ihm jedoch ländlichen Charme. Die elf Kilometer lange Main Street, die entlang dem Berg River verläuft, liegt im Schatten großer Eichen und bietet sich als Ausgangspunkt zur Erkundung der Stadt an. Auf beiden Straßenseiten befinden sich gut erhaltene kapholländische und georgianische Häuser (18. und 19. Jh.). An den jüngeren Gebäuden sind Einflüsse des viktorianischen Stils zu sehen.

La Concorde, ein 1956 im neoklassizistischen Stil errichtetes stattliches Haus, ist Sitz der Winzergenossenschaft *Kooperatiewe Wijnbouwers Vereeniging* (KWV). Die mittlerweile privatisierte KWV war für Verwaltung, Qualitätskontrolle und Erweiterung der Exportmärkte gegründet worden.

Antiker Schrank, Paarl Museum

Das ebenfalls an der Main Street gelegene **Paarl Museum** illustriert die Geschichte der Stadt. Zur Sammlung gehören Stinkwood-Stühle, eine holländische Wäschepresse und Schränke aus Yellowwood. Die schöne Porzellansammlung umfasst kantonesische, Imari-, Kang-Hsi- und VOC-Stücke. Die Küche ist mit originalen Geräten und Möbeln bestückt. Sonderausstellungen widmen sich speziellen Themen wie z. B. den Khoi *(siehe S. 48f)*.

Das **Laborie Estate** nahe der Main Street wurde 1688 einem hugenottischen Siedler zugewiesen. Hendrick Louw, der es 1774 übernahm, errichtete das Haus im kapholländischen Stil. Die KWV, die das Gut 1972 erwarb, restaurierte es sorgfältig.

🏛 **Paarl Museum**
303 Main St. 📞 (021) 872-2651.
⏱ Mo–Fr 9–17 Uhr, Sa 9–13 Uhr.
🚫 Karfreitag, 25. Dez. 📷 ♿ 🏠

🍷 **Laborie Estate**
Main St, Paarl.
📞 (021) 807-3390. ⏱ Weinproben: Mo–Fr 9–17 Uhr (im Sommer auch Sa). 🚫 1. Jan, 25. Dez. ⏱ im Voraus buchen. 📷 ♿ 🍴

Umgebung: Unweit der Main Street, gegenüber dem La Concorde, beginnt der elf Kilometer lange Jan Phillips Drive zum Paarl Mountain. Das 500 Millionen Jahre alte Massiv, einer der größten Granitmonolithen der Welt, kann mithilfe von Haltegriffen bestiegen werden.

Der Zugang zum Paarl Mountain Nature Reserve, von dem man das **Language Monument** *(Taalmonument)* erreicht, liegt ebenfalls am Jan Phillips Drive. Jan van Wyk errichtete das Monument 1975 an einem Berghang, um an die offizielle Anerkennung der Sprache Afrikaans 100 Jahre zuvor zu erinnern. Der imposante Bau besteht aus drei Kuppeln, drei kleinen Säulen verschiedener Höhe, einem hohen Obelisken und einer aufragenden Säule. Die einzelnen Elemente stehen für den sprachlichen Einfluss der jeweiligen Kultur.

📡 **Language Monument**
Wegweiser von der Main St.
📞 (021) 863-2800. ⏱ tägl. 8.30–17 Uhr. ♿ www.taalmuseum.co.za

Language Monument, Paarl

Tour: Weinregion Paarl ❾

Beiderseits des eindrucksvollen Paarl Mountain mit seinen drei abgerundeten Spitzen erstrecken sich malerische Weinbaugebiete. Die Güter auf der Ostseite sind dem Klein Drakenstein und den Du-Toitskloof-Bergen, die auf der Westseite dem Tafelberg und False Bay zugewandt.

Weinfass

In den Weinbergen um Paarl wird etwa ein Fünftel der gesamten südafrikanischen Weine produziert. Alle Güter an der Weinstraße, wie Nederburg und Laborie, bieten täglich außer Sonntag Weinproben und -verkauf an. Bei einigen sind Besichtigungen nur nach Absprache möglich.

Nederburg ⑤
Nederburg ist für seine jährliche Weinauktion bekannt, die lange der britische Weinauktionator Patrick Grubb geleitet hat.

Rhebokskloof Estate ①
Das Gut ist nach der hier früher heimischen kleinen Antilope (rhebok) benannt.

0 Kilometer   3

Fairview ②
Die Saanen-Ziegen klettern auf die spiralförmige Holzrampe, die den Turm umgibt. Hier werden Ziegenmilch und Ziegenkäse verkauft.

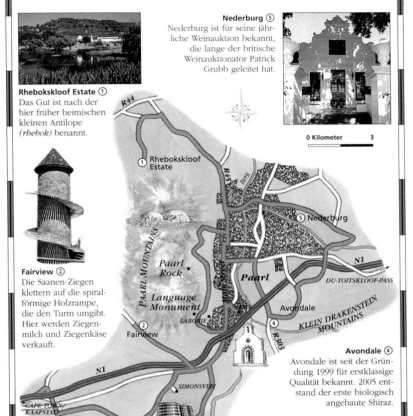

Avondale ④
Avondale ist seit der Gründung 1999 für erstklassige Qualität bekannt. 2005 entstand der erste biologisch angebaute Shiraz.

ROUTENINFOS

Anfahrt: Von Kapstadt: Ausfahrt 55 von der N1, dann der R45 folgen, die in Paarl in die Main Street übergeht.
Länge: Abhängig von der Anzahl der besuchten Güter (am besten drei oder vier).
Rasten: Restaurants in Simonsvlei und Laborie.

LEGENDE

▬ Autobahn

▬ Routenempfehlung

═ Andere Straße

Rupert & Rothschild Vignerons ③
Auf der historischen Hugenottenfarm in Fredericksburg kombinieren die berühmten Familien Rupert und Rothschild französischen und südafrikanischen Weinanbau.

Die Straße nach Worcester führt über den Du-Toitskloof-Pass

Worcester ❿

Straßenkarte B5. N1 von Kapstadt via Du-Toitskloof-Pass. 🏠 94 000. 🚉 Worcester Station. ℹ️ Worcester Information Center, (023) 348-2795.

Der nach dem Marquis von Worcester, dem Bruder des einstigen Kap-Gouverneurs Lord Charles Somerset, benannte Ort etwa 110 Kilometer östlich von Kapstadt ist im Breede River Valley das größte Zentrum. Hier werden die meisten Tafeltrauben des Landes angebaut. Aus seinen Kellereien stammt ein Viertel des südafrikanischen Weines. Güter wie Nuy und Graham Beck sind für Weinproben und -verkauf geöffnet.

Der Weg nach Worcester führt am 823 Meter hohen Du-Toitskloof-Pass vorbei. Seit 1988 verkürzt der Huguenot Tunnel die Strecke um elf Kilometer, doch sie bietet noch immer schöne Blicke auf Paarl und das Berg River Valley.

Am Church Square in der Stadt befinden sich

der Garden of Remembrance (Garten der Erinnerung) von Hugo Naude, das War I Memorial (zur Erinnerung an den Ersten Weltkrieg) und ein Steinhügel, der 1938 zur Zeit des Ossewa-Treks entstand *(siehe S. 56)*, der zur Erinnerung an den historischen Großen Treck *(siehe S. 52f)* durchgeführt wurde.

In dem südlich des Church Square gelegenen **Hugo Naude House** lebte der Künstler bis zu seinem Tod 1941. Heute dient es als Galerie für Wanderausstellungen von Werken verschiedener zeitgenössischer Künstler Südafrikas. Die Ausstellungen wechseln monatlich.

Das **KWV House of Brandy** bietet Kellerführungen, Verkostungen und Informationen über die Brandy-Destillation.

Alte Wasserpumpe in Worcester

🏛️ **Hugo Naude House**
Russell St. 📞 *(023) 342-5802.*
🕐 *Mo–Fr 8.30–16.30 Uhr, Sa 9.30–12 Uhr.* ⚫ *Feiertage.* ♿

🎨 **KWV House of Brandy**
Ecke Smith und Church St. 📞 *(023) 342-0255.* 🕐 *Verkostungen: Mo–Fr 10–15 Uhr; Kellerführungen: Mo–Fr 10 Uhr (Afrikaans), 14 Uhr (Englisch)* ⚫ *Feiertage.* 📷 ♿

Umgebung: Im **Karoo Desert National Botanical Garden** etwa drei Kilometer nördlich von Worcester wachsen Halbwüstenpflanzen.

Im Frühling bezaubern die leuchtenden Mittagsblumen. Zu den seltenen Pflanzen gehören die prähistorischen Welwitschien, die *halfmen* (Halbmenschen) und die *kokerbooms* (Köcherbäume). In einer Abteilung sind alle Pflanzen nach Gebieten und Klimazonen geordnet. Die Sukkulentensammlung wird von der International Succulent Organization als eine der weltweit besten ihrer Art eingestuft. Für blinde Besucher wurde ein Weg mit Informationen in Braille-Schrift angelegt.

🌿 **Karoo Desert National Botanical Garden**
Roux Rd, Worcester. 📞 *(023) 347-0785.* 🕐 *tägl. 8–19 Uhr.* 📷 📷 *nur von Aug–Okt.* ♿ 📷

Worcester Museum ⓫

Siehe S. 150f.

Dutch Reformed Church in Worcester

Hotels und Restaurants in der Kap-Weinregion *siehe Seiten 332–334 und 363f*

Dutch Reformed Church in Robertson

Robertson ⑫

Straßenkarte B5. R60 von Worcester oder Swellendam. 🏠 *21 000.* 🛈 *Ecke Reitz und Voortrekker St, (023) 626-4437.* **www**.robertsonr62.com

R obertson liegt im Breede River Valley, dessen sonnige Hänge sich ideal für Wein- und Obstanbau eignen. Neben Wein und Tafeltrauben sind Trockenfrüchte wirtschaftlich bedeutend. Von den 24 Kellern und Kooperativen der Robertson-Weinstraße

Schwan, Montagu Inn

sind viele für ihren Spitzen-Chardonnay bekannt.

Montagu ⑬

Straßenkarte B5. N15 von Robertson. 🏠 *11 000.* 🛈 *Bath St, (023) 614-2471.*

M ontagu besticht durch die vielen Häuser aus den 1850er Jahren. Allein in der Long Street gibt es 14 nationale Denkmäler. Bekannt sind auch die Thermalquellen (mit einer

ständigen Temperatur von 43 °C) zwei Kilometer außerhalb. Unweit davon liegt ein gemütliches Hotel. Am Nordende der Langeberge wurden Wege für Wanderer, Mountainbiker und Fahrzeuge mit Allradantrieb angelegt.

Fährt man von Robertson nach Montagu, passiert man einen 16 Meter langen Tunnel, über dem die Ruine des Sidney Fort steht, das die Briten während des Südafrikakrieges errichteten.

Avalon-Quellen, Montagu

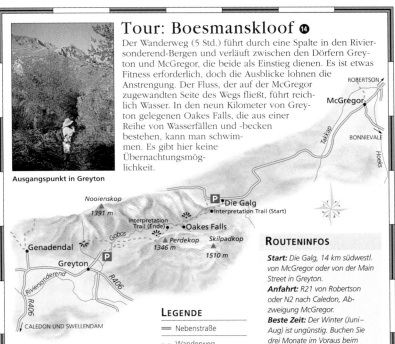

Tour: Boesmanskloof ⑭

Der Wanderweg (5 Std.) führt durch eine Spalte in den Riviersonderend-Bergen und verläuft zwischen den Dörfern Greyton und McGregor, die beide als Einstieg dienen. Es ist etwas Fitness erforderlich, doch die Ausblicke lohnen die Anstrengung. Der Fluss, der auf der McGregor zugewandten Seite des Wegs fließt, führt reichlich Wasser. In den neun Kilometer von Greyton gelegenen Oakes Falls, die aus einer Reihe von Wasserfällen und -becken bestehen, kann man schwimmen. Es gibt hier keine Übernachtungsmöglichkeit.

Ausgangspunkt in Greyton

ROBERTSON

McGregor

BONNIEVALE

Takkap

Hoeks

Nooienskop
1391 m

P Die Galg
Interpretation Trail (Start)

Interpretation Trail (Ende)
Oakes Falls

Gobos

Perdekop
1346 m

Skilpadkop
1510 m

Genadendal

Greyton **P**

Riviersonderend

R406

R406

CALEDON UND SWELLENDAM

LEGENDE

━━ Nebenstraße

- - - Wanderweg

🌿 Aussichtspunkt

0 Kilometer 4

ROUTENINFOS

Start: *Die Galg, 14 km südwestl. von McGregor oder von der Main Street in Greyton.*
Anfahrt: *R21 von Robertson oder N2 nach Caledon, Abzweigung McGregor.*
Beste Zeit: *Der Winter (Juni–Aug) ist ungünstig. Buchen Sie drei Monate im Voraus beim Vrolijkheid Nature Reserve.*
📞 *(023) 625-1671.*

Worcester Museum ⓫

Kerzenhalter

Das 1981 eröffnete Bauernmuseum (das ehemalige Kleinplasie Open-air Museum) veranschaulicht das Leben der ersten Farmer am Kap. Jedes Gebäude ist einem typischen Handwerk, das zwischen 1690 und 1900 ausgeübt wurde, gewidmet. Besucher können zusehen, wie Vollkornbrot im Freien gebacken und Talgkerzen und Seife hergestellt werden. Je nach Jahreszeit finden verschiedene Aktivitäten statt, darunter Weizendreschen, Worfeln (Trennen von Spreu und Weizen), Traubenstampfen und Destillieren des starken, hausgemachten Brandys *witblits*.

Tabakschuppen
Der fensterlose Schuppen (19. Jh.) dient zum Binden getrockneter Tabakblätter.

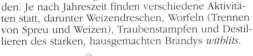

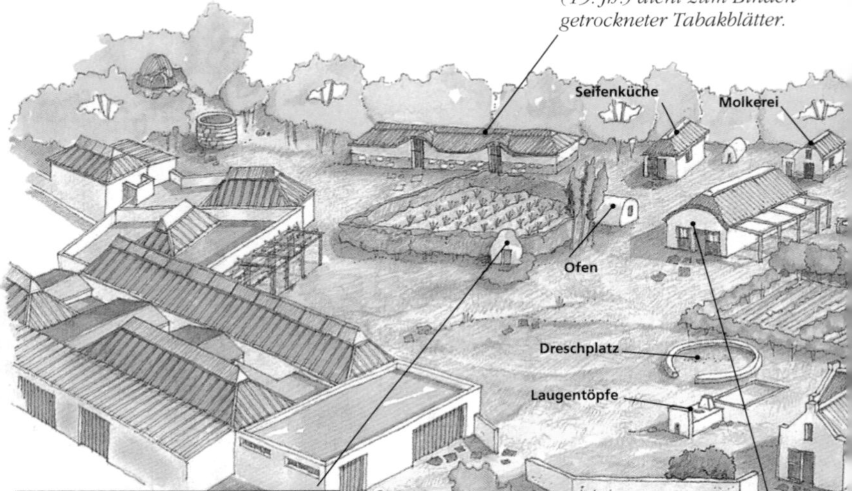

Selfenküche

Molkerei

Ofen

Dreschplatz

Laugentöpfe

★ Schäferhütte
In solchen Hütten lebten Hirten, die ihre Herden an abgelegenen Orten hüteten. In der baumlosen Karoo wurden statt Dachbalken aus Holz gewölbte Steindächer errichtet.

Pferdemühle
Um 1850 verwendeten die meisten Bauern Pferdemühlen zum Mahlen des Korns – ein mühsames Verfahren.

Kanister
Die Aufbewahrungsdosen (19. Jh.) stehen im Museumsrestaurant. Heute findet man solche Dosen manchmal in Ramschläden.

NICHT VERSÄUMEN

★ Arbeiterhütte

★ Schäferhütte

★ Schmied

Hotels und Restaurants in der Kap-Weinregion *siehe Seiten 332–334 und 363f*

★ Schmied

Die Tür der Schmiede und die Blasebälge, die der Schmied verwendete, stammen aus dem Jahr 1820. Die Wände sind aus Ton, die Giebel aus Backstein. Täglich wird das Schmieden von Nägeln, Scharnieren, Gabeln und Dreifüßen vorgeführt.

INFOBOX

Straßenkarte B5. N1, ausgeschildert von Worcester. (0233) 342-2225. Mo–Sa 9–16.30 Uhr. www.worcester.org.za/ kleinplasie

★ Arbeiterhütte

Die einfach ausgestatteten, mit Roggenstroh gedeckten Hütten (Mitte 19. Jh.) bestanden aus einem einzigen Raum. Hier lebten die Arbeiter mit ihren Familien.

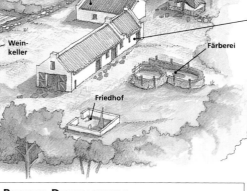

Farmhaus

Wassermühle

Weinkeller

Färberei

Friedhof

Pferdegeschirrraum

Dies sind Nachbildungen eines Wagenschuppens, Stalls und Pferdegeschirrraums von 1816. Hier wurde auch gegerbt.

BRANDY-DESTILLIERUNG

Die Brandys, die 1672 erstmals aus Pfirsichen und Aprikosen hergestellt wurden, heißen *witblits* (weißer Blitz). Gepresste Früchte werden in große Fässer gefüllt, in denen sie zehn Tage gären. Dann wird die Masse in einem Destillierapparat erhitzt, damit der Alkohol verdampfen kann. Dieser Dampf wird von der Kuppel des Apparates in eine wassergekühlte Spirale geleitet, in der sich der Alkohol wieder verflüssigt. Der erste Auszug («Kopf») wird weggeschüttet, der zweite («Herz») abgefüllt. Der Rest wird zum Einreiben verwendet.

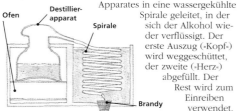

Ofen

Destillierapparat

Spirale

Brandy

Eselskraft

Ein Esel trieb die Schöpfpumpe an. Mit kleinen Behältern an einer ringförmigen Kette wurde das Wasser geschöpft und in Bewässerungsgräben gegossen.

WESTKÜSTE

Die trockene, sonnenverbrannte Landschaft an Südafrikas Westküste wird im Osten vom zerklüfteten Cedarberg und im Westen von der felsigen, windgepeitschten Atlantikküste begrenzt. Eine Überraschung stellen die farbenprächtigen Wildblumenteppiche dar, die in jedem Frühjahr Namaqualand überziehen. Das botanische Ereignis ist die bekannteste Attraktion der Westküste.

Die Westküste erstreckt sich nördlich von Kapstadt bis zur namibischen Grenze, wo das weite, regenarme Gebiet seinen landschaftlichen Höhepunkt erreicht. In den trockenen, unfruchtbaren Regionen gedeihen nur anspruchslose Sukkulenten und Geophyten (Pflanzen, deren Zwiebeln oder Knollen Wasser und Nährstoffe über längere Zeit speichern können). Von bizarrer Schönheit ist das *Fynbos*-Gebiet südlich von Nieuwoudtville mit den seltsamen Felsformationen des Cedarbergs, die Wind und Regen über Jahrmillionen schufen. Im Landesinneren konzentriert sich ein Weizengürtel um Malmesbury, wo sich das goldene Getreide im Licht- und Schattenspiel auf den Feldern hin und her wiegt.

Der kalte Benguela-Strom bringt nährstoffreiches Phytoplankton an die Oberfläche, das Schwärme von Fischen, insbesondere Sardellen, anzieht. Die westliche Kapregion ist daher für die Fischerei Südafrikas von sehr großer Bedeutung.

Saldanha Bay, eine wenig ansprechende Industriestadt, ist ein Handelszentrum für Fisch und Meeresfrüchte und ein wichtiger Exporthafen für Eisenerz. Es wird in Sishen in der Northern Province abgebaut, wo sich die größten Eisenerzvorkommen der Welt befinden.

Das Namaqualand ist ein trockener Gürtel, der sich nördlich des Cedarbergs bis fast zum Oranje, der natürlichen Grenze zu Namibia, erstreckt. Hier regnet es nur etwa 140 Millimeter im Jahr. Dies reicht jedoch aus, um die Landschaft jedes Jahr von August bis Oktober in einen farbenprächtigen Blumenteppich zu verwandeln.

Fischernetze mit gelben Schwimmern an der Küste bei St Helena Bay

◁ Die Fischerhütte in Paternoster *(siehe S. 156)* ist von einem Teppich gelber *Pentzia suffruticosa* umgeben

Überblick: Westküste

O bwohl die Westküste zunächst als heiße, unwirtliche Wildnis erscheinen mag, zieht sie dennoch im Frühling, wenn Daisys (Gänseblümchen), Gazanien und viele andere Blumen die Landschaft mit bunten Farbklecksen überziehen, zahlreiche Besucher an. Die Gegend ist auch wegen der Wanderwege am Cedarberg mit ihren atemberaubenden Ausblicken auf spektakuläre Felsformationen bekannt. Das kalte Wasser des Atlantischen Ozeans ist reich an Meeresfrüchten – von Langusten über schwarze Muscheln bis hin zu frischem Angelfisch –, die in den zahlreichen *skerms* (Restaurants im Freien) an der Küste probiert werden können.

Fischerboote vor Anker im Hafen von Lambert's Bay

Wolfberg Arch am Cedarberg

SEHENSWÜRDIGKEITEN AUF EINEN BLICK

AN DER WESTKÜSTE UNTERWEGS

Zur Erkundung der Region benötigt man ein Auto, da es keine öffentlichen Verkehrsmittel gibt. Einige private Busunternehmen bedienen jedoch den Küstenabschnitt. Während der Blütezeit werden ab Kapstadt organisierte Bustouren angeboten. Die Nationalstraße N7 verläuft entlang der Westküste von Kapstadt bis zur namibischen Grenze; von ihr zweigen zahlreiche Straßen in das Landesinnere ab. Zwischen Kapstadt und St Helena Bay ist die R27 die landschaftlich schönere Route mit prächtigen Ausblicken auf die Küste. Der nächste internationale Flughafen befindet sich in Kapstadt.

Weiße Namaqualand-Daisys *(Dimorphotheia pluvialis)*, gelbe Bulbinellen *(Bulbinella floribunda)* und malvenfarbene *Senecio* strecken ihre Blüten in die Sonne

SIEHE AUCH

- *Übernachten* S. 335f
- *Restaurants* S. 364f

LEGENDE

—	Hauptstraße
═══	Nebenstraße
═ ═ ═	Unbefestigte Piste
—	Panoramastraße
▬▬	Eisenbahn (Hauptstrecke)
——	Eisenbahn (Nebenstrecke)
▬▬	Staatsgrenze
——	Provinzgrenze
△	Gipfel
✕	Pass

Karte

Isdrif

einkopf
Bulletrap
ep → Upington
Springbok
Burke's Pass

Kamieskroon
0

Garies
NAMAQUALAND
Kliprand
1024 m
Groen
riep
Bokkeveldberge
Stuart-Doring
Klein-Doring
Loeriesfontein
Bitterfontein
Nuwerus
Sout
Brandkop
Landplaas
Nieuwoudtville
Grootdrif
R27
Calvinia
Lutzville
Vanrhynsdorp
Doringbaai
Olifants
Vredendal
Klawer
Botterkloof Pass
R364
WESTERN
CAPE
Doringbos
Uitspankraal
LAMBERT'S BAY **3**
CLANWILLIAM **8**
Leipoldtville
Wuppertal
CEDARBERG
Elandsbaai
Sandberg
9
Paleisheuwel
Doring
Noordkuil
7 CITRUSDAL
R27
Eendekuil
St Helena
Velddrif
Piketberg
Skurweberge
denburg
Sauer
De Hoek
Porterville
aldanha
Groot Bergrivier
Hopefield
R44
Gydopas
Langebaan
2
Moorreesburg
WEST COAST
NATIONAL PARK
Riebeek
Wes
6 TULBAGH
Yzerfontein
4 DARLING
1
5 MALMESBURY
WEST-
KÜSTE
R27
Philadelphia
Bloubergstrand
N7
Cape Town/
Kaapstad ↓
Milnerton

Aussicht im West Coast National Park

Fischer in Paternoster lassen ihr Boot zu Wasser

Westküste ❶

Straßenkarte A4, A5.

Die R27 von Kapstadt entlang der Westküste zum Fluss Olifants verbindet die Küstenstädte. Zwischen Milnerton, Bloubergstrand und Melkbosstrand bietet die Marine Drive (M14, später Otto Du Plessis Drive) fantastische Ausblicke auf Dünen und Meer. Der Ort Bloubergstrand weiter im Norden am Fuße des Blouberg (blauen Bergs) ist wegen des unübertroffenen Blicks über die 16 Kilometer breite Table Bay auf den Tafelberg eine begehrte Wohngegend. Die breiten Strände und Buchten von Bloubergstrand sind trotz der Sommerstürme aus Südwesten bei Wassersportlern und Familien beliebt.

Weiter nördlich an der R27 glitzern die silbernen Kuppeln der **Koeberg Nuclear Power Station**, dem einzigen Kernkraftwerk Afrikas. Im Kraftwerk werden Besichtigungstouren angeboten.

Zweigt man von der R27 auf die R315 ab, kommt man nach Yzerfontein, das für seine Langusten bekannt ist. Das süße Fleisch des Krustentiers ist eine Delikatesse. Während der Langusten-Saison (Dez–Apr) tummeln sich auf dem Campingplatz zahllose Taucher. Jedes Postamt erteilt Genehmigungen zum Fang von täglich vier Langusten.

Noch weiter nördlich an der R27 passiert man Saldanha – Hafen und Zentrum der Fischindustrie – und erreicht Vredenburg. Von hier sind es noch 16 Kilometer nach Paternoster, einem typischen, windigen Fischerörtchen mit weiß getünchten Hütten. Der Legende zufolge beteten gestrandete portugiesische Seeleute hier ein Paternoster (Vaterunser), um sich für ihre Rettung zu bedanken.

Lässt man die felsige Landspitze hinter sich, erreicht man an einer geschützten

Bucht **St Helena**. Kurz vor dem Ort führt eine beschilderte Abzweigung zu einem Monument, das an die Landung des portugiesischen Seefahrers Vasco da Gama an dieser Küste am St Helena's Day (7. 11.) 1497 erinnert.

Die ansässige Fischereiindustrie profitiert von dem kalten, nordwärts fließenden Benguela-Strom. Sein nährstoffreiches Wasser ist eine üppige Nahrungsquelle für riesige Sardellenschwärme und andere Fischarten.

Koeberg Nuclear Power Station
☎ (021) 550-4089. ◷ Mo–Do 7.30–16 Uhr, Fr 7.30–13.30 Uhr. ● Feiertage. ✎ telefonisch buchen.

West Coast National Park ❷

Siehe S. 158f.

Seehundbaby auf den Felsen von Bird Island, Lambert's Bay

Lambert's Bay ❸

Straßenkarte A4. 🏠 7000.
🛈 Church St, Lambert's Bay, (027) 432 1000. Lambert's Bay Charter Office, (083) 726-2207. ◷ tägl. 8 Uhr (nur in Gruppen).

Von St Helena sind es etwa zwei Stunden Fahrt auf einer Schotterstraße zu dem kleinen Fischerort, der nach Konteradmiral Sir Robert Lambert benannt ist. Der Offizier der königlichen Flotte war in Durban stationiert und überwachte die Vermessung dieses Küstenabschnitts.

SCHLEMMEN IM FREIEN

Die Westküste säumen Restaurants im Freien – *skerms* (afrikaans für »Schutz«) – darunter Die Strandloper *(siehe S. 365)* in Langebaan oder Die Muisbosskerm *(siehe S. 364)* in

Mittags im Die Strandloper

Lambert's Bay. Die Schilfdächer bieten angenehmen Schatten, als Essgeschirr werden Muscheln verwendet. Die Hauptattraktion ist jedoch das frische Seafood. Serviert werden u. a. geräucherter Angelfisch, *snoek* (Makrelenhecht), würzige Muscheleintöpfe, dünn geschnittener *perlemoen* (Seeohr) und Tintenfisch.

Die Hauptattraktion ist **Bird Island**, eine Vogelinsel, die etwa 100 Meter vor der Küste liegt und über eine Hafenmauer erreichbar ist. Auf der Insel brüten Tausende von Brillenpinguinen, Kormoranen und auffälligen Kaptölpeln mit ihren »geschminkten« Gesichtern. Von einem Aussichtsturm kann man das Verhalten der Vögel beobachten.

Im Lambert's Bay Charter Office können auf dem Boot *Wolf-T* einstündige Fahrten gebucht werden (tägl. 8 Uhr). Von August bis Oktober sieht man dort Südliche Glattwale, wohingegen die an der Westküste verbreiteten Pinguine, Kappelzrobben und Kapdelfine das ganze Jahr über beobachtet werden können.

Darling ❹

Straßenkarte B5. R307.
🏘 6000. ℹ️ *Ecke Pastorie und Hill St, (022) 492-3361.*

Die kleine Stadt ist eingebettet in Farmland, auf dem Weizen- und Weinanbau sowie Schaf- und Rinderzucht betrieben werden. Bekannt ist sie wegen der alljährlichen Frühlingsblumenschau *(siehe S. 38)*, die erstmals 1917 stattfand. Aus Darling stammt der Satiriker Pieter-Dirk Uys *(siehe S. 112)*, der durch das Porträt seines weiblichen Alter Ego, Evita Bezuidenhout *(siehe S. 59)*, Botschafterin des Fantasielandes Baphetikosweti, bekannt wurde. Die Bühne

Nationales Denkmal in der historischen Church Street, Tulbagh

Evita Se Perron (Evitas Bahnsteig) auf einem stillgelegten Bahnsteig lockt mit ihrer scharfzüngigen Auseinandersetzung mit der Lokalpolitik viele Zuschauer an.

🖼 **Evita Se Perron**
☎ *(022) 492-2831.* 🌐 🍴 ♿ 🅿️

Malmesbury ❺

Straßenkarte B5. 🏘 21000.
🚉 *Bokomo Rd.* ℹ️ *De Bron Center, (022) 487-1133.*

Malmesbury, das Herz der südafrikanischen Weizenregion, liegt im *Swartland* (schwarzes Land). Ihren Namen erhielt die Region aufgrund der dunklen Erde und des *renosterbush*, der sich im Winter dunkel färbt.

Südafrikas bedeutendstes Weizenzentrum besitzt eine der größten Getreidemühlen des Landes. Die Umgebung ist ständiger Veränderung unterworfen. Die sich im Wind wiegenden, samtigen Ähren sind ebenso wie die abgeernteten Furchen mit aufgetürmten Strohballen schön anzusehen.

Tulbagh ❻

Straßenkarte B5. R44. 🏘 18000.
🚉 *Station Rd.* 🚌 *auf der Church St.*
ℹ️ *4 Church St, (023) 230-1348.*

Im Jahr 1700 gründete Gouverneur Willem Adriaan van der Stel Tulbagh im Breede River Valley. Er benannte den Ort nach seinem Vorgänger. Die von den Witzenberg- und Winterhoek-Bergen umgebene Stadt fiel 1969 einem Erdbeben der Stärke 6,3 auf der Richterskala zum Opfer. Acht Menschen starben, viele historische Gebäude wurden stark beschädigt.

In einem fünfjährigen Restaurierungsprojekt wurde die Church Street mit den 32 viktorianischen und kapholländischen Häusern wieder aufgebaut. Das Volksmuseum Oude Kerk (alte Kirche) von 1743 ist das älteste Gebäude. Kanzel, Kirchengestühl und Bibel sind im Original erhalten. Die Oude Herberg, Tulbaghs erste Pension aus dem Jahr 1885, dient heute zugleich als Gästehaus und Kunstgalerie *(siehe S. 334)*.

Kaptölpel bevölkern Bird Island zu Tausenden

West Coast National Park ❷

Kapkormorane
Sie ernähren sich von Meeresfischen. Die Überfischung entzieht ihnen die Nahrungsgrundlage.

**Vorsicht –
Schildkröten kreuzen**

Der West Coast National Park umfasst die Langebaan-Lagune, die Inseln Schaapen, Jutten, Marcus und Malgas sowie das Postberg Nature Reserve, das im Frühling (Aug–Sep) geöffnet ist, wenn Tausende Wildblumen (Daisys und Gazanien) blühen. Der Park zählt zu Südafrikas bedeutendsten Feuchtgebieten. In ihm leben etwa 250 000 Wasservögel, darunter Regenpfeifer, Reiher, Ibis und Austernfischer, außerdem Säugetiere wie Elenantilope, Kudu und Zebra. Zu den Unterkunftsmöglichkeiten im Park gehören ein Gästehaus, Hütten und ein Hausboot in der Lagune.

SEEVÖGEL

Die 15 Kilometer lange Langebaan-Lagune hat eine durchschnittliche Tiefe von nur einem Meter und bietet Schutz für zahlreiche Seevögel wie Watvögel, Möwen, Flamingos und Pelikane. Vögel nutzen den Nährstoffreichtum des Atlantiks, um ihren Nachwuchs großzuziehen.

Mit dem langen Schnabel sucht der Brachvogel im Schlamm nach Krustentieren.

Hartlaub-Möwen suchen in den frühen Morgenstunden an den Stränden der Westküste nach Futter.

Zwergflamingos sind kleiner als gewöhnliche Flamingos und haben einen roten Schnabel. Sie bilden oft große Gruppen.

Rosapelikane
Die Langebaan-Lagune beherbergt eine der wenigen Brutkolonien des Rosapelikans im südlichen Afrika. Die Vögel fressen Fische, die sie in ihre große Schnabeltasche stecken. Sie bilden Formationen beim Fliegen.

★ Geelbek Goldfields Environmental Center
Das Lehrzentrum im Park informiert ausführlich über Fauna, Flora und Ökologie der Region. In der Nähe befindet sich ein Aussichtsplatz für die Vogelbeobachtung.

NICHT VERSÄUMEN

★ Geelbek Goldfields Environmental Center

Plan
Stoney Head
Kreeftebaai
Vondeling Island
Pre
Churchhaven
Gee
Gold
Environ
Cer
Bird-
hide
Strandveld Educational Trail
Eingang

Sixteen Mile Beach

Yzerfontein

0 Kilometer 5

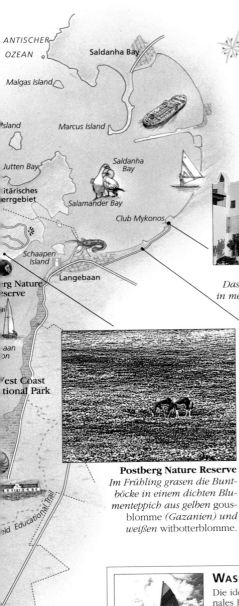

ANTISCHER
OZEAN

Saldanha Bay

Malgas Island

sland

Marcus Island

Jutten Bay

Saldanha
Bay

itärisches
errgebiet

Salamander Bay

Club Mykonos

Schaapen
Island

rg Nature
serve

Langebaan

aan
n

est Coast
tional Park

eld Educational Trail

INFOBOX

Straßenkarte A5. Yzerfontein
und Langebaan. **🛈** Geelbek
Goldfields Environmental Center,
(022) 772-2798. **◯** tägl. 7.30–
16 Uhr. Unterkunft: Buchungen
sind im Geelbek Goldfields Environmental Center möglich.
Postberg Nature Reserve
◯ Aug–Sep: 7.30–17 Uhr.

Club Mykonos
*Das attraktive Hotel und Timeshare-Resort
in mediterranem Stil liegt am Nordrand der
Lagune. Der hell gestrichene Komplex
hat in sich abgeschlossene Wohn-
einheiten mit Balkonen.*

Postberg Nature Reserve
*Im Frühling grasen die Bunt-
böcke in einem dichten Blumenteppich aus gelben gous-
blomme (Gazanien) und
weißen witbotterblomme.*

Langebaan Beach
*Der Strand ist bei Anglern
beliebt, die mit Muscheln und
anderen Ködern Kabeljau,
Rochen und Sandhaie fangen.*

WASSERSPORT IN LANGEBAAN

Die idealen Bedingungen haben internationales Interesse auf Langebaan gelenkt: 1995
wurde hier der Windsurfing World Cup ab-
gehalten. Im Jahr 1998 war Langebaan Gastgeber für die Production-Board World Cham-
pionships.
    Um die Natur zu schützen und gleichzeitig
die Interessen der Sportler zu wahren, wurde
die Lagune in drei Erholungszonen unterteilt.
Die Nordspitze ist für Wassersportler geöffnet, im mittleren Bereich dürfen hingegen
keine Motorboote fahren.

Katamaran am Strand

LEGENDE

═ Nebenstraße

═ Unbefestigte Piste

- - Wanderweg

🛈 Information

⁎ Aussichtspunkt

Häuser mit Zinkdach entlang der Church Street, Clanwilliam

Citrusdal ➐

Straßenkarte B4. 🏃 *2900.* 🚌 *vom Bahnhof Kapstadt zur Church St.* 🅲 *Voortrekker St, (022) 921-3210.*

Frostfreie Winter und das Bewässerungssystem des Flusses Olifants machten aus Citrusdal die drittgrößte Zitrusanbauregion in Südafrika. Der erste Obstgarten wurde mit Ablegern aus Van Riebeecks Garten am Fuß des Tafelbergs (*siehe S. 78f*) angelegt. Ein seit über 250 Jahren Früchte tragender Baum ist heute ein Nationaldenkmal. Die Goede Hoop Citrus Cooperative hat um Citrusdal Radwege angelegt, u. a. zum Old-Ceres- und zum Piekenierskloof-Pass.

Clanwilliam ➑

Straßenkarte B4. 🏃 *4000.* 🚌 *vom Bahnhof Kapstadt.* ℹ️ *Main Rd, (027) 482-2024.*

Clanwilliam ist Zentrum der *Rooibos* (Rotbusch)-Teeproduktion. Aus den Trieben des Wildbusches entsteht koffeinfreier Tee mit niedrigem Tanningehalt, dem auch eine heilende Wirkung nachgesagt wird (*siehe S. 354*).

Der von den Cedarbergen umgebene Clanwilliam-Stausee ist 18 Kilometer lang und bei Wasserskifahrern beliebt. Am Ufer gibt es Blockhütten und einen schönen Campingplatz.

Cedarberg ➒

Straßenkarte B4. Ceres. Von der N7 Abzweigung Algeria Cape Nature Conservation. ℹ️ *(027) 482-2812. Für Wanderungen oder Aufenthalt im Cedarberg-Gebiet ist eine Erlaubnis erforderlich.*

🏕️ 🥾 🎣 🐾

Von Norden erreicht man den Cedarberg über den Pakhuis-Pass und das Biedouw-Tal, das 50 Kilometer von Clanwilliam entfernt liegt. Von Süden nehmen Sie von Citrusdal die N7. Die surrealistisch anmutenden Sandstein-

spitzen des Cedarbergs wurden durch Erosion geformt. Er ist Teil der 1973 gegründeten, 710 Quadratkilometer großen Cedarberg Wilderness Area. In den Bergen kann man wandern, bergsteigen, zelten und die Aussicht genießen. Besonders im südlichen Teil findet man bizarre Felsformationen: das Maltese Cross, eine 20 Meter hohe Säule, und den Wolfberg Arch mit atemberaubendem Ausblick. Die größte Spalte an den Wolfberg Cracks misst über 30 Meter.

Auf dem Sneeuberg, mit 2028 Metern die höchste Erhebung, wächst die in den oberen Bergregionen beheimatete Schneeprotea (*Protea cryophila*). Die Clanwilliam-Zeder, nach der das Gebiet benannt ist, steht unter Naturschutz.

Straßenschild in Kagga Kamma

Am Südende des Cedarbergs liegt das **Kagga Kamma Private Game Reserve.** Hier können Besucher bei Sonnenaufgang und Sonnenuntergang an Safaris teilnehmen, Felsmalereien bewundern und sehen, wie Buschmänner einst lebten. Außerdem kann man Vögel beobachten, den Sternenhimmel betrachten und wandern. Zum Übernachten stehen Hütten zur Verfügung.

🦌 **Kagga Kamma Private Game Reserve** Southern Cedarberg. 🅲 *(021) 872-4343 (unbedingt reservieren).* ⭕ *tägl.* 🎫 🍴 *(im Preis sind alle Mahlzeiten enthalten).* 🖥️ *www.kaggakamma.co.za*

Blick über den Clanwilliam-Stausee auf den Cedarberg

Felsformationen am Cedarberg

Während des paläozoischen Prä-Karoo-Zeitalters lagen die Formationen, aus denen sich das Kap-Faltengebirge bildete, unter Wasser. Von den Sandstein-, Schiefer- und Quarzfelsen dieser Formationen am Kap war der Sandstein des Tafelbergs am widerstandsfähigsten. Im Karoo-Zeitalter form-ten tektonische Kräfte die charakteristischen Falten der Kapberge. Durch Erosion wurde das weiche Gestein abgetragen, eine harte Schicht blieb zurück. Das Ergebnis ist die bizarre Landschaft des Cedarbergs. Freigesetztes Eisenoxid färbte den ursprünglich grauen Stein stellenweise rot.

Wandern
Wanderer nutzen heute die vor etwa 100 Jahren angelegten Holzfällerwege.

Weiche Schichten erodieren schneller, so entstand ein dünner Sockel.

Wolfberg Cracks
75 Gehminuten vom Wolfberg Arch entfernt hat man einen herrlichen Ausblick.

MALTESE CROSS
Die 20 Meter hohe Felsformation, einen Tagesmarsch von der Dwarsrivier Farm entfernt, besteht zum Teil aus Tafelberg-Sandstein. Das widerstandsfähige Material bildet den oberen Teil des Kreuzes.

Cedarberg-Zeder
Zur Bestandssicherung der endemischen Spezies werden jährlich etwa 8000 Bäume gepflanzt. Früher dienten die Zedern als Telefonmasten.

Das Geröllfeld besteht aus von oben herabgefallenen Steinen.

Wolfberg Arch
Der majestätische Wolfberg Arch, die imposanteste Formation des Cedarbergs, ist ein beliebtes Fotomotiv.

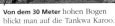

Von dem 30 Meter hohen Bogen blickt man auf die Tankwa Karoo.

Bizarre Skulpturen stehen auf brüchigen Säulen.

Spalten entstehen durch Ausdehnung und Reißen von Felsformationen.

Erosion
Über Jahrmillionen haben Wind und Wasser aus dem Cedarberg eine Märchenlandschaft geformt. Spitzen, Bogen und Spalten erinnern an verwunschene Schlösser, in denen Zwerge und Kobolde zu leben scheinen.

Tour: Namaqualand ⑩

Das kontrastreiche Namaqualand bedeckt über 48 000 Quadratkilometer. Es erstreckt sich vom Oranje im Norden bis zur Mündung des Flusses Olifants im Süden. Im Frühling blüht das sonst trockene Buschland in allen Farben – Rosa, Neongelb und Orange –, wenn Millionen von Daisys und Sukkulenten ihre Blüten der Sonne entgegenrecken. Die Samen der widerstandsfähigen Pflanzen ruhen während der Trockenzeit in der Erde. Wenn im März und April genügend Regen fällt, entfalten sie zwischen August und Oktober ihre ganze Pracht.

Gazania krebsiana

KEETMANSI

Oranje

Noordoewer

Alexander Bay

Steinkof

R382

R355

Spring

Kamies

Hondeklipbaai

0 Kilometer　50

Skilpad Wild Flower Reserve ⑥
Der WWF-SA (World Wide Fund for Nature in South Africa) erwarb 1993 das Reservat 17 Kilometer westlich von Kamieskroon, um die Flora des Gebiets zu schützen. 1998 wurde das Reservat von SANParks übernommen. Höhere Regenmengen aufgrund der Nähe zur Westküste garantieren eine einmalige Blütenpracht. Die hellorangefarbenen Daisys *(Ursinia sp)* und Gazanien blühen hier besonders schön.

Tienie Versveld Reserve ①
Nach der Blumen- und Orchideenschau in Darling kann man die Wildblumen hier in ihrer natürlichen Umgebung genießen. Je nach Niederschlagsmenge variiert der Blütenreichtum jedes Gebietes von Jahr zu Jahr erheblich.

Postberg Nature Reserve ②
Die Einheimischen fahren gerne hierher, um die Blumen anzusehen – von Kapstadt aus ist dies eine sehr bequeme Tagestour. Die farbenfrohen Blumenteppiche der einjährigen Pflanzen erstrecken sich, so weit das Auge reicht.

LEGENDE

- 〓 Routenempfehlung
- = Andere Straße
- --- Parkgrenze
- ✹ Aussichtspunkt
- 🏵 Wildblumen

Hotels und Restaurants an der Westküste *siehe Seiten 335f und 364f*

Goegap Nature Reserve ⑦
Die Ebenen und Granithügel des
15 Kilometer östlich von Springbok,
der »Hauptstadt« des Namaqualands,
gelegenen Goegap Nature Reserve
sind von Sukkulenten überzogen.
In dem Reservat wurden insgesamt
580 Pflanzenarten registriert.

Nieuwoudtville Wildflower Reserve ⑤
In diesem Reservat gibt es die größte Konzentration von Geophyten (rhyzom- oder knollen-
bildende Pflanzen). Von den etwa 300 Pflanzenarten sind die Iris- und Lilienarten besonders
auffällig.

Vanrhynsdorp ④
Die Stadt liegt in der
steinigen *Knersvlakte*
(knirschende Ebene).
Der Frühling bringt
auch Sukkulenten wie
vygies (Mittagsblume)
und einjährige
Pflanzen wie
botterblom
(Gazanien-Art) und
gousblom (Ursinia sp)
zum Blühen.

Nieuwoudtville ⑤Nieuwoudtville
Wildflower Reserve
④ Vanrhynsdorp
Biedouw Valley ③
Clanwilliam Dam
Citrusdal
Piketberg
Darling
Malmesbury

Biedouw Valley ③
Das Tal ist für seine Mittagsblumen bekannt, eine Sukku-
lentenspezies, die auch den
Afrikaans-Namen *vygie* trägt.
Daisys (Familie der Astern)
und Mittagsblumen (Familie
der Eiskrautgewächse) bilden
den Großteil der 4000 Blumen-
arten in Namaqualand.

ROUTENINFOS

*Länge: Das große Gebiet ermög-
licht Ausflüge von ein bis drei
Tagen. Bustouren: Captour.*
☎ *(021) 426-4260.*
*Rasten: Jede Stadt verfügt
über mindestens ein Hotel sowie
Gästehäuser und Campingplätze.
Auch Privathäuser bieten Unterkünfte an.*
*Beste Reisezeit: Blütezeit ist
von August bis Oktober. Weiter-
führende Informationen erhalten
Sie im Namaqualand Information
Bureau. Die Blüten öffnen sich
nur bei Sonne, die beste Zeit ist
zwischen 11 und 16 Uhr. Fahren
Sie mit der Sonne im Rücken!*
ℹ *Namaqualand Information
Bureau, (027) 712-8000.*
www.namaqualand.net

SÜDLICHES KAP

D as Innere der südlichen Kapregion ist von hohen Bergen gekennzeichnet, über die zahlreiche atemberaubende Pässe mit steil aufragenden Felswänden führen. Die größte Stadt der Region ist Oudtshoorn, das Zentrum der Straußenzucht. Hermanus an der Küste lockt alljährlich Besucher an, die die Südlichen Glattwale von vielen Aussichtspunkten aus beobachten.

Die malerischen Küstenorte der südlichen Kapregion liegen in dem Gebiet Overberg. Es erstreckt sich östlich der Hottentots-Holland-Berge bis zu den Riviersonderend-Bergen und den Gebirgszügen Langeberg und Outeniqua sowie entlang der Küste bis zur Mündung des Flusses Breede, nördlich des De Hoop Nature Reserve. Vom Sir-Lowry's-Pass, der sich hoch über die Gordon's Bay hinaufschlängelt, hat man einen wunderbaren Blick auf die False Bay. Dahinter beginnt Overberg.

Frühe europäische Siedler konnten den massiven Gebirgszug nicht überwinden, bis Major Charles Michell 1828 den Sir-Lowry's-Pass bauen ließ. Davor bewohnten die nomadisierenden Khoi *(siehe S. 48f)* Overberg, die dort frisches Wasser und Weideland für ihre Herden fanden. Hier gab es auch Elefanten und anderes Großwild. Der Pass folgt einem alten Pfad, den die Ureinwohner *gantouw* (Eland-Pfad) nannten. Als die Siedler in das unerforschte Territorium vordrangen, stießen sie auf die Gebirgszüge Langeberg und Outeniqua. Nördlich davon liegt die von den Swartbergen geschützte Kleine Karoo. Die besten Straßenbauer Südafrikas, Andrew Geddes Bain und sein Sohn Thomas, waren hier am Werk. Die spektakuläre Vier-Pässe-Fahrt *(siehe S. 174f)* ist ein lohnenswerter Ausflug. Von hier aus kann man die Tropfsteininformationen der Cango Caves besuchen oder auf einer Straußenfarm in Oudtshoorn auf einem Riesenvogel reiten.

Am windgepeitschten Cape Agulhas treffen der kalte Atlantik und der warme Indische Ozean aufeinander.

Strohgedeckte Fischerhütten in Arniston (Waenhuiskrans)

◁ Ein in unheimliches Licht getauchter Stalagmit in den Cango Caves bei Oudtshoorn *(siehe S. 175)*

Überblick: Südliches Kap

Alternativ zur Fahrt über den Sir-Lowry's-Pass auf der N2, die durch Weizenfelder und Weiden mit Kühen und Merinoschafen führt, kann man auf der landschaftlich schönen R44 entlang der Gordon's Bay bis Hermanus fahren. Küstenweiler wie Cape Agulhas, wo die beiden Ozeane zusammentreffen, bilden einen ruhigen Gegenpol zu den majestätischen Bergpässen. In Oudtshoorn kann man die Herrenhäuser der früheren »Straußenbarone« besichtigen. Ganz in der Nähe liegen die spektakulären Cango Caves.

Vom Wind geformte Sanddünen im De Hoop Nature Reserve

Felsstrand nahe der Höhle von Arniston

AM SÜDLICHEN KAP UNTERWEGS

Die N2 über den Sir-Lowry's-Pass durchzieht die südliche Kapregion und führt nach Riversdale, wo die R323 nach Oudtshoorn, zu den Cango Caves und den eindrucksvolls Pässen des Landes abzweigt. Die Pässe sind durch die R3 verbunden. Die Küstenorte erreicht man über Hauptstraße die von der N2 abzweigen. Zwei unbefestigte Pisten führe von Bredasdorp und der N2 zum De Hoop Nature Reserv Busunternehmen bieten Ausflüge an. Öffentliche Verkehrs mittel sind rar, sodass ein Auto zur Erkundung der Region nötig ist. Der nächste Flughafen befindet sich in Kapstadt.

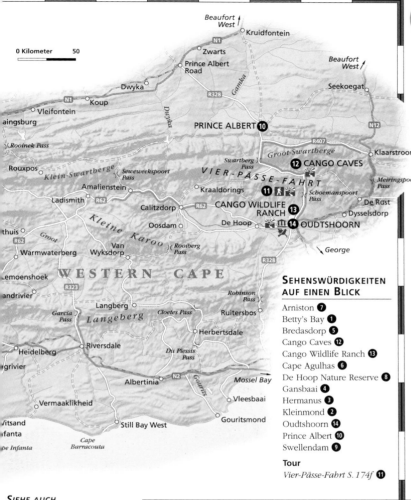

0 Kilometer 50

Beaufort West
Kruidfontein
Zwarts
Prince Albert Road
Beaufort West
Dwyka
Seekoegat
Koup
Vleifontein
aingsburg
Rooinek Pass
PRINCE ALBERT ❿
Klaarstroom
Rouxpos
Klein-Swartberge
Seweweekspoort Pass
Swartberg Pass
VIER-PÄSSE-FAHRT
Groot-Swartberge
⓬ CANGO CAVES
Meiringspoort Pass
Amalienstein
Kraaldorings
⓫
Schoemanspoort Pass
De Rust
Ladismith
Calitzdorp
CANGO WILDLIFE RANCH ⓭
Dysselsdorp
thuis
Groot
Oosdam
De Hoop
⓮ OUDTSHOORN
Warmwaterberg
Van Wyksdorp
Kleine Karoo
Rooiberg Pass
George
Lemoenshoek
WESTERN CAPE
andrivier
Robinson Pass
Sehenswürdigkeiten auf einen Blick

Langberg
Cloetes Pass
Ruitersbos
Garcia Pass
Langeberg
Herbertsdale

Arniston ❼
Betty's Bay ❶
Bredasdorp ❺
Cango Caves ⓬
Cango Wildlife Ranch ⓭
Cape Agulhas ❻
De Hoop Nature Reserve ❽
Gansbaai ❹
Hermanus ❸
Kleinmond ❷
Oudtshoorn ⓮
Prince Albert ❿
Swellendam ❾

Tour
Vier-Pässe-Fahrt S. 174f ⓫

Heidelberg
Riversdale
Du Plessis Pass
grivier
Albertinia
Mossel Bay
Vermaakliheid
Vleesbaai
Vitsand
fanta
Cape Barracouta
Still Bay West
Gouritsmond
pe Infanta

Siehe auch

• **Übernachten** S. 336f

• **Restaurants** S. 365

Legende

— Hauptstraße
== Nebenstraße
=== Unbefestigte Piste
— Panoramastraße
—— Eisenbahn (Hauptstrecke)
— Eisenbahn (Nebenstrecke)
△ Gipfel
✕ Pass

Bewohner der High-Gate-Straußenfarm bei Oudtshoorn

Betty's Bay ❶

Straßenkarte B5. R44 südöstl. von Gordon's Bay. 🚶 300. ⚓ Kapstadt. ℹ️ Kleinmond, (028) 271-5657.

Breite Lagunenöffnung und Strand in Kleinmond

Das nach Betty Youlden, Tochter eines Grundstücksmaklers, der hier um 1900 lebte, benannte Betty's Bay ist ein beliebtes Wochenendziel. Ausflügler schätzen die Abgeschiedenheit. Einige Häuser wurden erst im Jahr 1993 an das Stromnetz angeschlossen.

Bedeutend ist der **Harold Porter National Botanical Garden** an den Hängen des Kogelberg, der sich hinter Betty's Bay erhebt. Harold Porter, Teilhaber einer Grundstücksfirma, kaufte den Landstrich 1938, um die *Fynbos*-Berg- und Küstenvegetation zu erhalten. Die 1600 verschiedenen Erika-Arten, Proteas und Watsonias – eine der dichtesten Konzentrationen des Westkaps – ziehen Protea- und Nektarvögel an. Für die Begehung des Leopard Kloof Trail zu einem Wasserfall benötigt man eine Genehmigung. Das Pinguinreservat am Stoney Point dient zum Schutz einer kleinen Brutkolonie von Brillenpinguinen.

🌿 Harold Porter National Botanical Garden
📞 (028) 272-9311. ⭕ tägl. 8–16.30 Uhr (Sa, So, Feiertage bis 17 Uhr, im Sommer bis 19 Uhr).
♿ 🖥️ 🚶 🏪

Erika, Harold Porter Gardens

Kleinmond ❷

Straßenkarte B5. R44 östl. von Betty's Bay. 🚶 2900. ℹ️ Spar Center, (028) 271-5657.

Im Gebiet um die steinigen, mit *fynbos* bedeckten Hügel um Kleinmond lebten Khoi-Gruppen und entlaufene Sklaven. In den 1920er Jahren war Kleinmond am Fuß des Palmietbergs ein Fischerdorf. Heute ist es ein beliebter Ferienort. Angler fangen vor seiner Küste Kabeljau, Gelbschwanz und Thunfisch. In der Kleinmond-Lagune, in der der Fluss Palmiet in das Meer mündet, kann man baden und Kanu fahren. Von einem Netz an Wanderwegen im **Kogelberg Nature Reserve** kann man die wunderbaren Ausblicke auf das Meer und die Berge genießen. Mit etwas Glück erspäht man eine der scheuen, zarten Gazellen wie Klippspringer oder Steinantilopen und Steinböcke, die im Küsten-*fynbos* und an den unteren Berghängen leben.

🌿 Kogelberg Nature Reserve
Betty's Bay. 📞 (028) 271-5138. ⭕ tägl. 8–17 Uhr. ♿ 🖥️ 🚶

Hermanus ❸

Straßenkarte B5. 🚶 55000. ✈️ Bot River 30 km nördl. auf der N2. ℹ️ Hermanus Station, Mitchell St, (028) 312-2629.

Die als Farmerkommune von Hermanus Pieters gegründete Stadt verwandelte sich wegen des sonnigen Klimas und der attraktiven Lage in einen Ferienort und Altersruhesitz. Hier leben Fischer und Seeleute. Urlauber steigen in Hotels wie dem Windsor oder dem Astoria ab. Die Stadt hat etwas von ihrem Glanz verloren, bietet aber noch immer viel für Besucher.

Das **Old Harbour Museum** illustriert die Geschichte des Walfangs. Zu sehen sind u. a. ein Walschädel und alte Waffen. Auf einer alten Rampe liegen restaurierte Fischerboote, die 50 bis 150 Jahre alt sind. Die umliegenden höheren Felsen sind mit *bokkoms*, Ständern, auf denen Fische in der Sonne trocknen, bestückt.

In Hermanus kann man hervorragend Wale beobachten. Die Südkaper *(siehe S. 130f)* wandern alljährlich aus der Subantarktis hierher, um im Schutz der Walker Bay zu kalben. Sie kommen im

Der ruhige Harold Porter Botanical Garden, Betty's Bay

Hotels und Restaurants am südlichen Kap *siehe Seiten 336f und 365*

Juni und ziehen im Dezember wieder fort. Der beste Monat zur Walbeobachtung ist der Oktober. Dann kann man täglich den großen Säugern zusehen, wie sie sich vor der Küste tummeln.

Der offizielle »Walschreier« der Stadt bläst an der Hauptstraße sein Kelphorn. Auf einem Schild zeigt er die besten Aussichtspunkte an. Obwohl Hermanus durch Erschließung und Fremdenverkehr etwas von seinem Charme eingebüßt hat, verfügt es dennoch über eine wunderbare Küste.

Unberührte Strände wie Die Plaat, ein zwölf Kilometer langer Abschnitt von der Klein-River-Lagune nach De Kelders, eignen sich hervorragend zum Wandern und Reiten. Von New Harbour zum Grotto Beach führt ein Höhenweg. Auf den Bänken kann man sich ausruhen und die schöne Aussicht genießen. Unterhalb des Marine Hotel, östlich des alten Hafens, gibt es einen Gezeitenpool.

Zu den Attraktionen um Hermanus gehören der Rotay Way, eine zehn Kilometer lange Panoramastraße, und die Hermanus Wine Route, die zu vier abgelegenen Weingütern im schönen Hemel-en-Arde-Tal führt.

Das beliebte Marine Hotel in Hermanus

Etwa 20 Kilometer östlich von Hermanus befindet sich das ländliche Handwerkszentrum **Stanford**. Im Ortskern des kleinen, unter Denkmalschutz stehenden Dorfes gibt es viele historische Gebäude, die Ende des 19. und Anfang des 20. Jahrhunderts errichtet wurden. Das alte Schulhaus und die Anglican Church wurden 1880, das Spookhuis (in dem es spuken soll) 1885 gebaut.

Die Hauptattraktionen des **Fernkloof Nature Reserve** sind 40 Kilometer ausgeschilderte Wanderwege, ein 4,5 Kilometer langer Naturlehrpfad und mehr als tausend verschiedene *Fynbos*-Arten.

Old Harbour Museum
Market Place. 📞 *(028) 312-1475*.
🕐 *Mo–Sa 9–16.30 Uhr, So 12–16 Uhr.* ⬤ *Feiertage.* 📷 🖥

WALBEOBACHTUNG IN HERMANUS

Der World Wide Fund for Nature (WWF) bezeichnet Hermanus als einen der besten Orte zur Walbeobachtung auf dem Festland. Im Oktober werden zwischen 40 und 70 Wale gesichtet. Die Tiere können aus zehn Meter Entfernung beobachtet werden. Interessant ist die Sonarverbindung zum Old Harbour Museum. Ein im Meeresboden versenktes Hydrofon überträgt die Rufe der Wale direkt in das Museum.

Logo der Whale Route

Die felsige Küste um Hermanus eignet sich hervorragend zur Wal- und Vogelbeobachtung

Ein Taucher im Haikäfig begegnet einem Weißen Hai

Gansbaai ❹

Straßenkarte B5. R43 südöstl. von
Hermanus. 🏠 22 000. ℹ️ Ecke Main
Rd und Berg St, (028) 384-1439. 🚤

D er Name »Gansbaai«
(Gänsebucht) bezieht
sich auf die ägyptischen Nilgänse, die hier früher brüte-
ten. Gansbaai erlangte durch
die HMS *Birkenhead* traurige
Berühmtheit, die 1852 am
neun Kilometer entfernten
Danger Point mit 445 Män-
nern an Bord sank – alle
Frauen und Kinder wurden
jedoch gerettet. Bis heute ver-
steht man unter »Birkenhead
Drill« die Tradition, Frauen
und Kinder in Krisensituatio-
nen zuerst zu retten.

Von Gansbaai werden Bootsausflüge nach Dyer Island
angeboten. Hier kann man
Weiße Haie bei der Jagd nach
Seehunden, die in der Nähe
auf Geyser Island Junge gebären, beobachten. In dem
Gebiet leben viele Brillenpinguine – auch sie sind Beutetiere der Weißen Haie. Der
als »Shark Alley« bekannte
Kanal zwischen den Inseln
und dem Festland ist ein beliebtes Areal für Wasser-Safaris
und Haitaucher.

Bredasdorp ❺

Straßenkarte B5. 🏠 9800.
ℹ️ Lang St, (028) 424-2584.

B redasdorp ist in eine hügelige Landschaft mit Gers-
tenfeldern und Schafweiden
eingebettet. Die Stadt ist ein
Zentrum der Wollindustrie.
Von hier aus erreicht man
Cape Agulhas (über die R319)
und Arniston (über die R316).

Am interessantesten ist das
Shipwreck Museum, in dem
die tragische Geschichte der
Schifffahrt entlang der Südküste verdeutlicht wird. Der
trügerische Küstenabschnitt
gehört zu den gefährlichsten
der Welt – mit felsigen Riffen
und orkanartigen Stür-
men. Man nennt ihn
auch Schiffsfriedhof.
Seit 1552 liefen hier
über 130 Schiffe
auf Grund – durch-
schnittlich ist das
ein Wrack je Küsten-
kilometer.

Das Bredasdorp Moun-
tain Reserve sollte man
am besten in der Zeit von
Mitte September bis Mitte
Oktober besuchen,
wenn sich die
Landschaft in ein
farbenprächtiges
Blütenmeer verwandelt. Alle
Wildblumen, die in dieser
Region heimisch sind, können
Besucher auch in einer reizen-
den kleinen Gartenanlage be-
staunen.

**Galionsfigur,
Shipwreck Museum**

🏛 Shipwreck Museum

Independent St.
📞 (028) 424-1240. ◯ Mo–Fr 9–
16.45 Uhr, Sa, So 11–15.45 Uhr. 🎥

Das in einem alten Pfarrhaus
und einer Kirche – beide Gebäude wurden zu National-
denkmälern erklärt – unter-
gebrachte Museum wurde im
April 1975 eröffnet. Die Einrichtung der 1845 errichteten
Pfarrei entspricht der eines
typischen Stadthauses an
der Südküste Südafrikas im
19. Jahrhundert. Innenaus-
stattung und Mobiliar stammen zum Teil von Schiffen,
die an der heimtückischen
Küste gestrandet waren.
Fenster- und Türrahmen
sowie Dachsparren wurden
teilweise aus Schiffsholz an-
gefertigt.

Zahlreiche Einheimische
spendeten Gegenstände, die
in dem renovierten Haus ausgestellt werden. Der schöne
Waschtisch mit Marmorplatte
im Schlafzimmer stammt
von der *Queen of the
Thames*, die im Jahr 1871
sank. Der Arzneischrank
konnte aus der 1902 auf
Grund gelaufenen *Clan
MacGregor* geborgen
werden.

Das Kirchenschiff aus
dem Jahr 1864 wird
heute als Shipwreck
Hall bezeichnet.
Sein düsteres Inne-
res eignet sich hervorragend
für die Ausstellung der interessanten Objekte, die aus-
nahmslos von den bekann-
testen Schiffswracks der
Gegend stammen.

Küche aus dem 19. Jahrhundert im Shipwreck Museum in Bredasdorp

Hotels und Restaurants am südlichen Kap *siehe Seiten 336f und 365*

Die Fischer Arnistons leben in Kassiesbaai

Cape Agulhas ❻

Straßenkarte B5. R319, 45 km
südl. von Bredasdorp.
🏠 Lang St, (028) 424-2584.

Cape Agulhas erhielt sei-
nen Namen von portugie-
sischen Seefahrern, die Afrika
zum ersten Mal im 15. Jahrhundert umrundeten. Am
südlichsten Punkt ihrer Reise
stellten sie fest, dass ihre
Kompassnadeln an diesem
Punkt genau nach Norden
zeigten, und nannten ihn
daher »Kap der Nadeln«. An
dieser Landzunge, an der
die Spitze des afrikanischen
Kontinents unspektakulär ins
Meer taucht und die Agulhas
Bank bildet *(siehe S. 24)*, treffen Atlantik und Indischer
Ozean aufeinander. Nur ein
einfacher Steinhügel weist
auf diese Tatsache hin.

Dieser Küstenabschnitt ist
wegen der felsigen Untiefen,
des stürmischen Seegangs
und der tückischen Strö-
mungen einer der gefähr-
lichsten der Welt. Mehr
als 250 einst stolze
Schiffe sind hier ge-
sunken, darunter der
japanische Trawler

Meisho Maru 38. Das rostige
Wrack kann zwei Kilometer
westlich des Agulhas Lighthouse besichtigt werden.

🏛 Lighthouse und Museum
📞 (028) 435-6078.
🕐 tägl. 9–17 Uhr. 🏷 🍴

Das dem antiken
Leuchtturm von
Alexandria in
Ägypten nach-
empfundene
Agulhas Light-
house ent-
stand im Jahr
1848. Der
nach dem
Leuchtturm in
Green Point älteste in
Betrieb befindliche
Leuchtturm im süd-
lichen Afrika wurde
vorübergehend
nicht benutzt, jedoch 1988
aufwendig renoviert und
wieder eröffnet. Heute strahlt
seine Lampe mit einer Leucht-
kraft, für die 75 Millionen
Kerzen nötig wären,
30 Seemeilen weit. Das
dazugehörige Museum
öffnete 1994 seine Pfor-
ten. 71 Stufen führen
auf den Turm. Von hier
eröffnet sich das herr-
liche Panorama der
Küste.

Hinweistafel am
Cape Agulhas

Arniston ❼

Straßenkarte B5. 🚐 800. 🏠 Lang
St, Bredasdorp, (028) 424-2584.

Der Name »Arniston«
stammt von dem briti-
schen Schiff *Arniston*,
das im Jahr 1815 östlich
des Ortes auf
Grund lief. Von
den 378 Solda-
ten, die die
Reise von Cey-
lon (Sri Lanka)
nach Hause an-
traten, überleb-
ten nur sechs
Mann.

Der kleine Fischerort
am türkisblauen Meer
befindet sich etwa
24 Kilometer südöst-
lich von Bredasdorp
an der R316.

Die Einheimischen nennen
Arniston *Waenhuiskrans*
(Wagenhausfelsen) nach einer
Höhle zwei Kilometer südlich
des modernen Arniston Hotel,
in der mehrere voll bespannte
Ochsenwagen Platz fanden.
Die Höhle ist nur bei Ebbe
zugänglich. Vor den Wellen,
die über die glatten Felsen
schwappen, sollte man sich
allerdings tunlichst in Acht
nehmen.

Kassiesbaai besteht aus
einer Gruppe strohgedeckter
Fischerhäuser mit typischen
kleinen Fenstern, die vor der
Mittagshitze schützen. Der
kleine Ort liegt nördlich von
Arniston in der Nähe von
weißen Wanderdünen. Im
Süden befindet sich Roman
Beach. Der Strand ist ideal
für Kinder: Hier ist das Meer
seicht, außerdem gibt es Felsenpools und Höhlen. Von
hier aus gelangt man zu einer
stürmischen Felsenspitze, an
der viele Angler ihr Glück
versuchen.

Das Agulhas Lighthouse steht am südlichsten Punkt Afrikas

Mountainbiker im De Hoop Nature Reserve

De Hoop Nature Reserve ❽

Straßenkarte B5. R319, 56 km östlich von Bredasdorp. 📞 (028) 425-5020. ◯ 7–18 Uhr. Erlaubnis erforderlich. 🅿

Das Naturreservat liegt 15 Kilometer nördlich von Arniston und umfasst einen 50 Kilometer langen Küstenabschnitt mit Kalksteinfelsen und fantastischen Sanddünen. Einige von ihnen sind bis zu 90 Meter hoch. Die Hauptattraktion ist ein 14 Kilometer langes Feuchtgebiet, in dem zwölf der 16 Wasservogelarten Südafrikas leben, darunter Kammblesshühner, Gelbschnabel- und Kaplöffelenten sowie Nilgänse. Die Anzahl der Vögel ist jedoch von der Wasserhöhe des Marschlandes abhängig.

Zur Vogelbeobachtung eignen sich am besten die Monate September und April, wenn sich die Watvögel aus Europa und Nordafrika hier niederlassen. Von den 13 registrierten Arten sieht man am häufigsten Sandregenpfeifer, Bruchwasserläufer, Sichelstrandläufer, Grünschenkel und Zwergstrandläufer.

Im Reservat gedeihen zahlreiche *Fynbos*-Arten, darunter der endemische Bredasdorp Sugarbush (*Protea obtusfolia*), Stinkleaf Sugarbush (*Protea susannae*) und die Nadelkissenprotea (*Leucospermum oliefolium*).

Eland im De Hoop Nature Reserve

Auf einem kurzen Rundweg vom Camp nach Tierhoek kann man Wildtiere beobachten, beispielsweise Kapbergzebras und kleine Antilopen, wie Buntböcke, Rehböcke und die äußerst scheuen Bergriedböcke.

Für Fahrradenthusiasten bietet sich ein Mountainbike-Trail über den Potberg an. Dort brüten auch die selten zu sehenden Kapgeier. Ihre Brutplätze sind jedoch nicht zugänglich, damit die Vögel nicht gestört werden. Wer den südlichen, nicht durch Großstadtlichter aufgehellten Nachthimmel betrachten möchte, kann auf einem schönen Zeltplatz oder in Ferienhäuschen für Selbstversorger übernachten.

Swellendam ❾

Straßenkarte B5. 🏠 31 000. ℹ Oefeningshuis, Voortrek St, (028) 514-2770. **www**.swellendamtourism.co.za

Im Schatten der imposanten Langeberg Mountains liegt Swellendam, eine der malerischsten Kleinstädte Südafrikas. Die nach Kapstadt und Stellenbosch drittälteste Stadt des Landes wurde 1742 von Holländern gegründet und nach dem Gouverneur und dessen Ehefrau benannt.

Das reetgedeckte, weiß getünchte **Drostdy** wurde 1747 von der Niederländisch-Ostindischen Kompanie als Sitz des *landdrost* (Magistrats) erbaut. Heute ist hier ein Museum untergebracht, das sich dem Leben während der holländischen Kolonialzeit widmet. Etwas später entstand hinter Drostdy Old Gaol. Das ursprünglich einstöckige Haus mit angebauten Gefängniszellen wurde mittlerweile um einen Innenhof erweitert. Die beiden Zellenblöcke sind heute durch hohe Mauern verbunden.

In der Nähe des Museums befindet sich die *Ambagswerf* (ein Gewerbehof) mit Schmiede, Stellmacherei, Mühle, Bäckerei, Gerberei, Küferei und einer Kupferschmiede. Es gibt regelmäßig Handwerksvorführungen. Zum Komplex gehört auch das zwischen 1853 und 1855 errichtete Mayville Cottage. An ihm ist der Übergang vom kapholländischen zum georgianischen Architekturstil erkennbar. Vor dem Haus wurde ein schöner Rosengarten angelegt.

Swellendam ist für seine vielen alten Gebäude bekannt, darunter die eindrucksvolle Dutch Reformed Church mit der weißen Fassade und dem eleganten Uhrturm. Das **Oefeningshuis**, eine Schule für ehemalige Sklaven aus dem Jahr 1838, dient heute als Informationszentrum für Besucher. An Gebäude befinden sich zwei Uhren untereinander, von denen eine stets die Zeit für den Gottesdienst anzeigt. Auf diese

Weiß getünchte Dutch Reformed Church in Swellendam

Prince Albert bietet Besuchern dieses Panorama des Swartberg Pass

Weise erschienen Bewohner, die die Uhr nicht lesen konnten, pünktlich in der Kirche.

Interessant sind auch die schmiedeeisernen Balkone und Beschläge am Buirski & Co Shop, der 1880 gegenüber dem Oefeningshuis eröffnete, und das elegante Auld House in derselben Straße.

🏛 **Drostdy**
18 Swellengrebel St.
📞 *(028) 514-1138.*
⏰ *Mo–Fr 9–16.45 Uhr (im Sommer auch Sa, So 9–15.45 Uhr).*
🚫 *1. Jan, Ostern, 25. Dez.* 🎨

Umgebung: Der Bontebok National Park, sechs Kilometer außerhalb von Swellendam, wurde nach einer Antilopenart benannt und zu deren Schutz eingerichtet. Neben den Buntböcken, deren Bestand sich mittlerweile erholt hat, leben hier weitere Tierarten. Man kann den Park größtenteils mit dem Auto durchqueren oder auf exzellent ausgeschilderten Wanderwegen begehen.

Eine größere Herausforderung für Wanderer ist der 74 Kilometer lange Swellendam Trail im Marloth Nature Reserve an den Südhängen der Langenberg Mountains.

Prince Albert ⑩

Straßenkarte C5. 🏠 *5700.*
ℹ️ *Fransie Pienaar Museum, Kerkstraat, (023) 541-1366.*
www.patourism.co.za

Der hübsche Ort, Station während der Vier-Pässe-Fahrt *(siehe S. 174f)*, bietet einige Attraktionen. Im **Fransie Pienaar Museum** ist eine der weltweit größten Fossiliensammlungen zu sehen. Im hier untergebrachten Informationszentrum können Stadtführungen gebucht werden.

Künstler aus der Region richteten gegenüber dem Museum die **Prince Albert Gallery** ein, um darin ihre Werke präsentieren zu können. Die Ausstellungen zeigen Gemälde, Skulpturen und Fotografien.

Samstagvormittags findet auf dem Platz gegenüber dem Museum ein Lebensmittel- und Handwerksmarkt statt. Das Olive, Food & Wine Festival *(sehe S. 40)* im Mai bietet regionale Erzeugnisse, Workshops, Aktivitäten für Kinder und Stadtführungen.

Umgebung: Der eindrucksvolle Swartberg Pass führt in die Karoo. Er beginnt zwei Kilometer außerhalb von Prince Albert. Der Pass wurde im Jahr 1875 von Thomas Bain gebaut, nachdem Überschwemmungen die frühere Straße weggespült und die Farmer ihrer Verbindung zu den nächsten Häfen beraubt hatten.

Im **South African Astronomical Observatory** bei Sutherland steht das größte Teleskop der Südhalbkugel. Für die beiden täglichen Führungen sind Reservierungen erforderlich.

🏛 **Fransie Pienaar Museum**
42 Church St. 📞 *(023) 541-1172.*
⏰ *Mo–Fr 9–12.30 Uhr, 14–17 Uhr, Sa 9–12 Uhr, So 10–12 Uhr.*
🚫 *Feiertage.*

🏛 **Prince Albert Gallery**
Seven Arches, Church St.
📞 *(023) 541-1057.* ⏰ *Mo–Fr 9–16 Uhr, Sa 9.30–14 Uhr (So: informieren Sie sich unter der Rufnummer an der Tür).* 🍴 *nur nachmittags.*

🏛 **South African Astronomical Observatory**
📞 *(023) 571-2436.*

Am Swartberg Pass blühen wunderschöne Proteas

Tour: Vier-Pässe-Fahrt ⓫

Nordöstlich des De Hoop Nature Reserve führt die N2 über hohe Berge nach Norden in die Kleine Karoo. Diese Region zwischen dem Swartberg im Norden und den Langeberg und Outeniqua Mountains im Süden ist von spektakulären Berggipfeln umgeben. Sie waren für Südafrikas berühmtesten Straßenbauingenieur Thomas Bain eine Herausforderung. Der majestätischste der vier Pässe windet sich über den Swartberg.

Seweweekspoort ①

Eine 15 Kilometer lange Schotterstraße schlängelt sich durch hohe, raue Felswände an einem Fluss entlang, der durch die Klein-Swartberge fließt. Über dem nördlichen Teil des Passes erhebt sich der Gipfel des 2325 Meter hohen Seweweekspoort («Sieben-Wochen-Pass»), dessen Name sich auf die Zeit beziehen soll, die Brandy-Schmuggler für die Überquerung des Passes benötigten.

Calitzdorp ②

Viktorianische Häuser säumen die Straßen des Karoo-Dorfes. In der Nähe gibt es ein Thermalbad. Boplaas, Die Krans Estate und Calitzdorp Wine Cellar stellen einige der besten Portweine des Landes her.

LEGENDE

 Routenempfehlung

Andere Straße

--- Parkgrenze

✲ Aussichtspunkt

0 Kilometer   50

Oudtshoorn ③

Die großartigen viktorianischen Sandsteinvillen in Oudtshoorn entstanden während des Straußenfeder-Booms um 1880. Luzerne, die Lieblingsnahrung der Strauße, gedeihen im Karoo-Klima, sodass die Farmer die flugunfähigen Vögel als Nutztiere halten können.

Hotels und Restaurants am südlichen Kap *siehe Seiten 336f und 365*

Swartberg-Pass ⑤
Bains Sträflingsmannschaft benötigte für die 24 Kilometer lange Schotterstraße bis zur Eröffnung 1888 sieben Jahre.

ROUTENINFOS

Länge: *Von Laingsburg 337 km; von Oudtshoorn 175 km.*
Anfahrt: *Von der R323 nach 19 km links, nach weiteren 50 km rechts nach Seweweekspoort abbiegen; in Amalienstein auf die R62, dann Richtung Norden auf der R328; vor Prince Albert auf die R407 nach Meiringspoort abbiegen; auf der N12 nach Oudtshoorn zurück.*
Beste Zeit: *Von Frühling bis Herbst. Die Pässe können zwischen Juni und August wegen Schnees geschlossen sein.*

Prince Albert ⑥
Der abgeschiedene Ort hat einige historische Gebäude *(siehe S. 33)* und eine Quelle zur Bewässerung von Obst- und Olivenbäumen.

Schoemanspoort ④
Der Pass führt über zehn Kilometer durch eine enge Schlucht. Thomas Bain orientierte sich beim Bau 1862 an einem vorhandenen Pferdeweg entlang einem Gebirgsbach, der die Straße jedoch 1869 wegspülte. Nach elf Jahren wurde sie über der Hochwassermarke erneut errichtet.

Meiringspoort ⑦
Eine 23 Kilometer lange Teerstraße verläuft durch die majestätische Groot-River-Schlucht. Die tiefroten und orangefarbenen Falten der Sandsteinfelsen dokumentieren geologische Bewegungen, die vor Jahrmillionen stattfanden.

Cango Caves ⑫

Straßenkarte C5. R328 von Oudtshoorn. 🔾 *(044) 272-7410.* ◯ *tägl. 9–16 Uhr.* ● *25. Dez.* 🅰 🔾 🍴 www.cangocaves.co.za

Tief in den Ausläufern der Swartberge befindet sich ein unterirdisches Netzwerk aus Räumen und Gängen, in dem gelöste Minerale auskristallisierten und zu Stalaktiten, Stalagmiten und Tropfsteinformationen wuchsen, die flötenartigen Säulen und zerknitterten Tüchern ähneln. Jacobus van Zyl war der Erste, der die Höhlen erforschte, nachdem einer seiner Hirten 1780 zufällig den Eingang fand. Die Felsmalereien und die Werkzeuge in der Nähe des Eingangs lassen darauf schließen, dass der Platz bereits vor etwa 80 000 Jahren besiedelt war.

Nur Cango 1 ist für die Öffentlichkeit zugänglich. Cango 2 und 3, 1972 bzw. 1975 entdeckt, sind zum Schutz der Tropfsteinhöhlen geschlossen.

Zu den spektakulären Tropfsteinformationen in Cango 1 (762 Meter lang, neun Meter hoch) gehören Kleopatras Nadel, die rund 150 000 Jahre alt sein soll, und der gefrorene Wasserfall. Der längste Raum ist die 107 Meter lange und 16 Meter hohe Van Zyl's Hall.

Eine einstündige Tour führt durch die ersten sechs Räume. Die 90-minütige »Wanderung« über 416 Stufen ist nur für Sportliche geeignet. Die Innentemperatur liegt bei 18 °C. Die Luftfeuchtigkeit kann 99,9 Prozent erreichen.

Stalagmiten und Stalaktiten in den Cango Caves

Zahme Geparden lassen sich von Besuchern der Ranch streicheln

Cango Wildlife Ranch ⑬

Straßenkarte C5. R328 zu den Cango Caves. 📞 (044) 272-5593. 🕐 tägl. 8–16.30 Uhr. 🅰️🆑 📋
www.cango.co.za

Im Jahr 1993 wurde die Stiftung zur Erhaltung von Geparden gegründet. Seitdem zählt die Ranch drei Kilometer nördlich von Oudtshoorn zu Afrikas führenden Zuchtstationen für Geparden und zu den fünf wichtigsten Tierschutzeinrichtungen der Welt. Das Zuchtgehege ist für die Öffentlichkeit nicht zugänglich, in einem eingezäunten Bereich können Mutige jedoch zahme Geparden streicheln.

Besucher können hier auch, geschützt durch einen Käfig, zwischen Krokodilen tauchen oder, falls vorhanden, mit Tiger- oder Löwenbabys spielen. Vor Kurzem begann ein Zuchtprogramm für Königstiger. Auf der Ranch leben fünf Tiger, darunter drei seltene Weiße Tiger.

Auf Wegen über natürliches *bushveld* kann man Raubtiere wie Löwen und Jaguare aus der Nähe betrachten. Krokodile und Alligatoren, von denen Besucher etwa 30 sehen können, werden ebenfalls gezüchtet. Zu den exotischen Schlangen gehören eine Schwarze Mamba, eine Königskobra, eine vier Meter lange Boa constrictor und eine Kupferkopf-Viper. Geplant ist auch ein Zuchtprogramm für Blauducker, eine gefährdete Antilopenart.

Die Ranch bietet gute Touren und Veranstaltungen an. Einen Schnellimbiss und ein Restaurant, das Krokodil- und Straußenfleisch serviert, gibt es auf der Ranch ebenfalls.

Krokodil auf der Cango Wildlife Ranch

Oudtshoorn ⑭

Straßenkarte C5. N12 von George. 🏠 123 500. 📞 Baron van Rheede St, (044) 279-2532.
www.oudtshoorn.co.za

Am Fuß der Swartberge befindet sich Oudtshoorn. Die Stadt wurde 1847 gegründet, um den Bedürfnissen der wachsenden Bevölkerung in der Kleinen Karoo gerecht zu werden.

Oudtshoorn wurde wohlhabend, als die Mode zwischen 1870 und 1880 nach Straußenfedern verlangte. Das heiße, trockene Klima der Karoo bot die ideale Voraussetzung für Straußenzucht im großen Stil. Die Lehmböden eigneten sich für den Anbau von Luzernen, dem Hauptfutter der Vögel. Die Kiesel, die sich überall finden, wirken sich positiv auf die Verdauung der Strauße aus. Oudtshoorn war über 40 Jahre lang als Zentrum der Straußenzucht von Bedeutung und auch wegen der Herrenhäuser aus Sandstein bekannt, welche die »Straußenbarone« errichten ließen. Der Erste Weltkrieg und die neue Mode führten zum Niedergang der Stadt. Viele Bauern gingen unglücklicherweise pleite. In den 1940er Jahren erholte sich die Straußenzucht durch die Einführung der Gerberei. Zu den Straußenprodukten gehören heute Eier, Leder, Fleisch und Knochenmehl. Außerdem werden in der Region Tabak, Weizen und Wein angebaut.

»Federpalast« am Stadtrand von Oudtshoorn

Hotels und Restaurants am südlichen Kap siehe Seiten 336f und 365

Sandsteinfassade des CP Nel Museum (frühes 20. Jh.)

🏛 CP Nel Museum

3 Baron van Rheede St. 📞 *(044) 272-7306.* ◯ *Mo–Sa 9–17 Uhr.*
⬤ *Feiertage.* 📷

Das Gebäude, in dem sich früher die Boys' Highschool von Oudtshoorn befand, entwarf der Architekt Charles Bullock 1906. Die Sandsteinfassade gilt als ein besonders schönes Beispiel für Steinmetzkunst in Südafrika. J. E. Vixseboxse gestaltete 1913 die Schulaula.

Das Museum ist nach seinem Gründer Colonel C. P. Nel benannt. Eine Reihe von Dioramen visualisiert die Geschichte und die Auswirkungen der Straußenzucht auf die Stadt. Bevölkerung, Kulturgeschichte und Lebensweise der Menschen in der Kleinen Karoo sind weitere Schwerpunkte. Stolz ist man auf die Nachbildung einer Apotheke aus dem frühen 20. Jahrhundert. Eine Abteilung ist der wichtigen Rolle, die die jüdische Gemeinde bei der Entwicklung der Federindustrie von Oudtshoorn spielte, gewidmet.

Straußenei-Schnitzerei

🏛 Le Roux Townhouse

146 High St. 📞 *(044) 272-3676.*
◯ *Mo–Fr 8–13 Uhr, 14–17 Uhr, Sa, So nach Vereinbarung.*
⬤ *Feiertage.* 📷

Der außergewöhnliche »Federpalast« von 1895 gehört heute zum CP Nel Museum. Er zählt europäische Originalmöbel aus den Jahren 1900 bis 1920, eine Porzellan- und Glassammlung sowie erlesene Gegenstände aus Kap-Silber zu seinen Schätzen.

FRESSVERHALTEN DER STRAUSSE

Strauße haben weder Zähne noch Kropf. Sie nehmen daher Steine auf, die bei der Zerkleinerung und Verdauung der Nahrung helfen. Deshalb oder vielleicht, weil sie neugierig sind, gibt es wenige Dinge, die sie nicht fressen. Vor einigen Jahren wunderte sich ein Farmer in Oudtshoorn darüber, dass Teile seiner Wäsche – Hemden, Strümpfe und Hosen – an jedem Waschtag verschwanden. Der Tod eines seiner Strauße löste das Rätsel. In Straußenmägen fand man schon Babyschuhe, Sonnenbrillen, Kämme, Knöpfe und Ohrringe, die die Tiere Ausflüglern entwendet hatten.

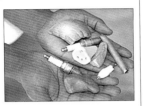

Zündkerzen, Patronenhülsen – Strauße fressen fast alles

🐾 Highgate Ostrich Show Farm

Von der R328 zur Mossel Bay.
📞 *(044) 272-7115.* ◯ *tägl. 7.30–17 Uhr.* 📷 📷 *mehrsprachig.* 🔲 🖥

Die Farm liegt etwa zehn Kilometer außerhalb von Oudtshoorn. Ein Rundgang durch die Brutstätten informiert über die verschiedenen Entwicklungsstadien der Vögel, man kann Küken und Eier berühren und ein Straußengehege besichtigen. Wer sich traut, darf auf einem Strauß reiten. Weniger Mutige können bei einem Straußen-Derby zusehen. Die Tour dauert rund zwei Stunden. Im Eintrittspreis sind Erfrischungen enthalten. Der Souvenirladen verkauft Produkte aus Straußenfedern, Hand- und Brieftaschen sowie Gürtel und Schuhe.

In Oudtshoorn werden gefärbte Straußenfedern verkauft

🐾 Safari Show Farm

Von der R328 zur Mossel Bay.
📞 *(044) 272-7311/2.* ◯ *tägl. 7.30–17 Uhr.* 📷 📷 🔲 🖥

Auf der fünf Kilometer von Oudtshoorn entfernten Show-Farm gibt es mehr als 2500 Strauße. Alle 30 Minuten finden Touren mit Straußenrennen und Besichtigung von Brutstätten und Museum statt.

Setzen Sie auf Sieg beim Straußenrennen auf einer der Farmen

GARDEN ROUTE

Berge, Flüsse, Lagunen, Seen, Strände und der pflanzen- und tierreiche Urwald des Tsitsikamma National Park machen den besonderen Reiz dieses traumhaften, langen Küstenabschnitts aus. In den ausgedehnten Feuchtgebieten bei Knysna und Wilderness leben unzählige Vögel. Die Stadt Port Elizabeth ist für ihre weitläufigen Sandstrände bekannt.

Die Garden Route, die entlang den Outeniqua-, Tsitsikamma- und Langkloof-Bergen verläuft, erstreckt sich von Mossel Bay im Westen bis zur Mündung des Storms River im Osten.

1780 schrieb der französische Naturforscher François Le Vaillant: »Die Natur hat sich hier ein bezauberndes Zuhause geschaffen.« Im 19. Jahrhundert begannen Möbelhersteller jedoch, die einheimischen Harthölzer zu schätzen. Die europäischen Siedler fällten Outeniqua-Yellowwood- *(Podocarpus falcatus)*, Ironwood- *(Olea capensis)* und die kleineren Stinkwood-Bäume *(Ocotea bullata)*. Von dem ursprünglich vorhandenen Wald sind nur 650 Quadratkilometer übrig, wovon 430 Quadratkilometer dem Staat gehören. Heute verarbeiten Papierfabriken und die Möbel- und Bauindustrie exotische Kiefern und Eukalypten.

Die landschaftlich schönen Strecken, Waldwanderwege, unberührten Küsten, Binnenseen und Lagunen sind die Hauptattraktionen der Garden Route. Die Vogelwelt ist einzigartig. Allein in Knysna wurden über 230 Arten registriert, darunter Afrikanische Löffler, Fischadler und Säbelschnäbler. Zu den Waldvögeln gehören Knysna-Lourie und Narinatrogon.

Plettenberg Bay ist ein vornehmer Küstenort. Die milde Witterung zieht auch in den Wintermonaten Besucher an. Jenseits der Garden Route liegt Port Elizabeth, das Zentrum der Automobilindustrie, mit goldenen Stränden und dem Bayworld Complex.

Wilderness ist einer der malerischsten Orte an der Garden Route

◁ Eine Hängebrücke überspannt die Mündung des Storms River im Tsitsikamma National Park *(siehe S. 190f)*

Überblick: Garden Route

Die Garden Route zwischen Wilderness und dem Ende des Tsitsikamma National Park, von wo aus die N2 nach Port Elizabeth führt, bietet unvergessliche Panoramen. Am Ortsausgang von Wilderness hält man am Dolphin's Point. Von dort kann man den herrlichen Ausblick auf die Küste mit den weißen, heranrollenden Wellen genießen. Nach Wilderness führt die N2 bis Knysna fast ununterbrochen an der Küste entlang. Von dort verläuft sie durch den Wald bis zum Storms River. Zwischen Nature's Valley und Storms River kann man von der N2 abzweigen und die spektakulären alten Bergpässe Grootrivier und Bloukrans überqueren. Sattes Grün, Berge, Lagunen, Flüsse und Meer verwöhnen das Auge.

Protea Hotel Edward, Port Elizabeth

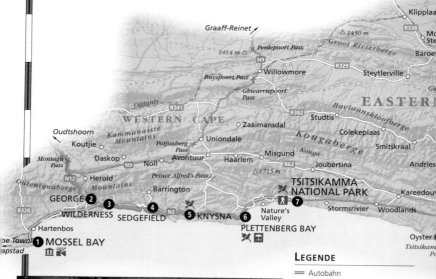

LEGENDE

═══	Autobahn
───	Hauptstraße
═══	Nebenstraße
·═·═	Unbefestigte Piste
───	Panoramastraße
───	Eisenbahn (Hauptstrecke)
───	Eisenbahn (Nebenstrecke)
───	Provinzgrenze
△	Gipfel
✕	Pass

SIEHE AUCH

- *Übernachten* S. 337–340
- *Restaurants* S. 365–367

Der Outeniqua Choo-Tjoe verkehrt zwischen George und Mossel Bay

F DER **GARDEN ROUTE**
TERWEGS

N2 entspricht der gesamten
den Route von Mossel Bay bis
Elizabeth, von wo aus sie weiter
der Ostküste entlangführt. Eine
rt mit dem Auto ist empfehlens-
t, da so auch die kleinen Küsten-
besichtigt werden können. Die
nderwege in Tsitsikamma, für die
en bzw. fünf Tage benötigt wer-
, und kürzere Waldpfade laden
n Verweilen ein. In Port Elizabeth
George gibt es Inlandsflughäfen.

0 Kilometer   50

Am Wasserloch im Addo Elephant National Park

Blick auf die Knysna-Lagune von den Heads

SEHENSWÜRDIGKEITEN
AUF EINEN BLICK

Bartolomeu Dias Museum Complex (Mossel Bay) ❶

Anlässlich des 500. Jahrestages der Ankunft von Bartolomeu Dias entstand 1988 der Bartolomeu Dias Museum Complex. Seine 1987 in Portugal in Originalgröße nachgebaute Karavelle kam 1988 in Mossel Bay an. Das 25 Tonnen schwere Schiff wurde aus dem Wasser in das eigens umgebaute Museum mit schrägem Dach, Lichtgaden und für den Kiel abgesenktem Boden gebracht.

★ Karavelle
Die kühnen spanischen und portugiesischen Seefahrer des 15. und 16. Jahrhunderts segelten in solchen kleinen Zwei- oder Dreimastern ins Ungewisse.

Portugiesische Flagge

Lateinersegel
sind typisch für Mittelmeerschiffe.

Briefkasten
Briefe, die in diesen Briefkasten im Museum geworfen werden, erhalten einen besonderen Stempel.

Post Office Tree
Die Seefahrer hinterließen im 16. Jahrhundert einander Nachrichten in einem Schuh, der an einem Milkwood-Baum wie diesem neben dem Museum hing.

Ruder

Fässer mit Frischwasser wurden im Laderaum aufbewahrt

Mannschaftskabine
Die engen Verhältnisse in den Mannschaftskabinen schränkten die Privatsphäre auf langen Seereisen ein.

NICHT VERSÄUMEN

★ Buntglas-
   fenster

★ Karavelle

INFOBOX

Straßenkarte C5. Mossel Bay.
📍 (044) 691-2202. **Museum**
📞 (044) 691-1067. 🕐 tägl. 9–16.45 Uhr (Sa, So bis 15.45 Uhr).
📷 🔗 www.diasmuseum.co.za

Der Wimpel, der am Hauptmast flatterte, trug das königliche Wappen Portugals (Haus Braganza).

Das rote Kreuz des Christusordens prangte auf den Segeln portugiesischer Schiffe.

★ **Buntglasfenster**
Drei schöne Fenster von Ria Kriek erinnern an die ersten Entdeckungsreisen. Hier sieht man die Segel von Dias' Karavelle.

DIAS' EPISCHE REISE

Im August 1487 stach eine kleine Flotte unter dem Kommando von Bartolomeu Dias *(siehe S. 48)* in Portugal in See. An Westafrikas Küste ging der Forscher mehrmals an Land und errichtete *padrões* (Steinkreuze). Im Februar 1488 ankerte er vor der Küste Südafrikas. Die Bucht, die er nach São Bras (St Blaize) benannte, heißt heute Mossel Bay.

Mithilfe von Rollen und Seilen konnten die Segel rasch gesetzt oder eingeholt werden.

Strickleiter

Anker

BARTOLOMEU DIAS MUSEUM COMPLEX

Maritime Museum

MARKET ST

CHURCH ST

SANTOS RD

FUSSWEG

Information

Post Office Tree

GRAVE ST

FUSSWEG

Malay Graves

Munrohoek Cottages

Fountain

Shell Museum

FUSSWEG

0 Meter 100

Überblick: Mossel Bay und Bartolomeu Dias Museum Complex

Hauptattraktion des 397 Kilometer östlich von Kapstadt gelegenen Küstenortes sind der Museumskomplex und das historische Zentrum mit Blick auf den Hafen.

Das Bartolomeu Dias Museum erläutert die Geschichte der Seefahrt. Neben der außergewöhnlichen Nachbildung von Dias' Karavelle sind hier alte Karten, Fotos und Dokumente über die ersten Forschungsreisen an der Südküste Afrikas ausgestellt. Der alte Postbaum erinnert an die frühen Seefahrer.

Die Stadt hat auch wegen des umstrittenen, teuren Mossgas-Projektes zur Erschließung der Erdgasvorkommen vor der Küste ungewollt Berühmtheit erlangt.

Der Reiz des Ortes liegt jedoch in seiner natürlichen Schönheit, den wunderbaren Stränden und Wanderwegen. An einem unberührten Küstenabschnitt von Bat's Cave nach Dana Bay schlängelt sich der 15 Kilometer lange St Blaize Hiking Trail entlang. Santos Beach ist der einzige nach Norden gerichtete Strand Südafrikas. Hier sind Nachmittagssonne und gefahrloses Badevergnügen garantiert.

Nach **Seal Island** werden Bootsausflüge unternommen. **Shark Africa** bietet Tauchgänge in einem Haikäfig sowie Schnorcheln und Tauchkurse an.

🚤 **Romonza-Seal Isle Trips**
📞 (044) 690-3101.

Shark Africa
Ecke Upper Cross St & Kloof St.
📞 (044) 691-3796, (082) 455 2438.

Old Post Office Tree Manor

George ②

Straßenkarte C5. 🏙 183 000.
✈ 10 km nordwestl. der Stadt.
🚉 George Station, Market St.
🚏 St Mark's Sq.
ℹ 124 York St, (044) 801-9295.
www.tourismgeorge.co.za

Die breiten Straßen von George wurden 1811 während der britischen Besetzung angelegt. Die nach König George III. benannte Stadt hieß ursprünglich George's Drostdy. Heute ist sie das wirtschaftliche und administrative Zentrum für die Farmer an der Garden Route, die hier Weizen-, Hopfen- und Gemüseanbau sowie Rinder- und Schafzucht betreiben.

Die bekannteste Attraktion ist der **Outeniqua Choo-Tjoe**. Die Schmalspur-Dampfeisenbahn fuhr einst von George nach Knysna *(siehe S. 186f)*. Leider führten schwere Regenfälle in den Jahren 2006 und 2007 zu einem Bergrutsch, der die Strecke stark beschädigte. Dieser Abschnitt ist deshalb für unbestimmte Zeit stillgelegt. Westlich von George fahren noch Züge nach Mossel Bay *(siehe S. 182f)*. Die 52 Kilometer lange Strecke führt durch die malerische Landschaft der Garden Route mit herrlichem Blick auf den Indischen Ozean.

Besuchen Sie vor einer Zugfahrt das **Outeniqua Transport Museum**. Es bietet interessante Einblicke in die Geschichte der Dampfeisenbahn in Südafrika.

Strandhäuser in Victoria Bay

Das **Outeniqua Nature Reserve** ist Ausgangspunkt für zwölf Tagestouren in die Wälder der Outeniqua Mountains, der Heimat von mindestens 125 Baum- und mehr als 30 Waldvogelarten. Der Tierkop Trail ist ein schöner, 30 Kilometer langer Rundweg (zwei Tage). Der schwierigere Outeniqua-Trail ist 108 Kilometer lang (sieben Tage).

🚉 **Outeniqua Choo-Tjoe**
Misson St, George. ⏰ Mo–Sa (Mai–Aug: nur Fr).
www.onlinesources.co.za/chootjoe

🏛 **Outeniqua Transport Museum**
2 Mission St. 📞 (044) 801-8288.
⏰ Mo–Sa 8–17 Uhr. 🎟

🌲 **Outeniqua Nature Reserve**
Witfontein, nordwestl. von George.
📞 (044) 870-8323. ⏰ Mo–Fr 8–16 Uhr. 🎟 Genehmigung im Büro.

Wilderness ③

Straßenkarte C5. N2, 12 km südöstl. von George. 🏙 3000.
🚉 Fairy Knowe. ℹ Leila's Lane, (044) 877-0045.
www.tourismwilderness.co.za

Das Seengebiet Südafrikas liegt zehn Kilometer östlich von George. Die Salz- und Süßwasserseen am Fuße bewaldeter Berghänge bilden einen Teil des **Wilderness National Park**, in dem 30 Kilometer unberührte Küstenlandschaft unter Naturschutz stehen. Zu ihm gehören zwei lange, weiße Strände: Wilderness und Leentjiesklip, an denen aufgrund der starken Strömungen jedoch von Baden abzuraten ist.

Von den fünf Seen sind die drei westlichsten, Island Lake, Langvlei und Rondevlei, miteinander verbunden. Sie werden vom Touws River über einen natürlichen Wasserkanal, den Serpentine, gespeist. Der Swartvlei, der größte und tiefste See, ist mit dem Meer verbunden. Seine Mündung verschlammt sechs Monate im Jahr. Groenvlei ist der einzige See, der nicht im Wilderness National Park liegt. Er hat weder einen Zufluss noch eine Verbindung zum Ozean. Er wird durch Quellen und Regenwasser gespeist und ist daher am wenigsten brackig. Der Park ist reich an Vögeln; 79 Wasservogelarten wurden registriert, darunter fünf Eisvogelarten – Riesen-, Grau-, Haubenzwerg- und Malachitfischer sowie der Graukopfliest. Die Gegend ist bei Anglern und Wassersportlern beliebt. Diese Aktivitäten wurden jedoch aufgrund des sensiblen Ökosystems eingeschränkt. Am Ufer des Swartvlei ist Reiten erlaubt. Von Wilderness führt eine schöne Strecke (Lakes Road) an den Seen entlang und trifft am Swartvlei auf die N2.

In und um Wilderness gibt es viele Wanderwege. Vor der Kulisse der Outeniqua-Bergkette am nördlichen Rand des Gebiets können Besucher

Haubenzwergfischer

Dampflokomotive im Outeniqua Transport Museum

Gleitschirmflieger über der wunderschönen Küste bei Sedgefield

durch naturbelassene Wälder streifen, u. a. auf dem Brown-Hooded Kingfisher Trail, dem Pied Kingfisher Trail, dem Biking & Hiking Trail (fünf Tage) oder dem Canoe & Hiking Trail (drei Tage). Weniger anstrengend ist der Wilderness Country Walk. Es gibt auch Reitpfade und Aktivitäten wie Gleitschirmfliegen und Abseiling. Bei Wilderness Heights befindet sich die »Map of Africa«, ein bewaldetes Gebiet mit den Umrissen des afrikanischen Kontinents. Von hier hat man einen grandiosen Blick in das Flusstal.

In der Region haben sich viele Künstler und Kunsthandwerker angesiedelt. In Hoekwil (Tel: 044 850-1092) kann Miniaturwaggons aus Holz kaufen, bei der bekannten Künstlerin und Designerin Beatrix Bosch (Tel: 044 877-

0585) gibt es Lederwaren. Am letzten Sonntag des Monats findet an den Ufern des Touws River ein Kunsthandwerksmarkt statt.

Im **Goukamma Nature Reserve**, das an den Wilderness National Park grenzt, gibt es ähnliche Freizeitmöglichkeiten. Hier leben Kap-Greisbock *(grysbock)*, Blauducker und Kap-Fingerotter. Buffels Bay, ein Badeort am Ostende des Reservats, bietet einen Strand zum Spazierengehen, Schwimmen und Sonnen.

✗ Wilderness National Park
Wilderness. **(** (044) 877-1197.
ℹ (012) 428-9111 (für Reservierungen. **◯** tägl. 8–17 Uhr. 🎫 🏃

✗ Goukamma Nature Reserve
Wilderness. **(** (044) 383-0042.
◯ Mo–Fr 8–17 Uhr.
🎫 🏃 🏊 🚣

Sedgefield **❹**

Straßenkarte C5. N2, 21 km östl. von Wilderness. 🏠 *8500.*
🚌 *Shell Garage, Main St.*
ℹ *30 Main St, (044) 343-2658.*
www.tourismsedgefield.co.za

Die kleine Küstenstadt Sedgefield liegt 21 Kilometer östlich von Wilderness. Der Ort ist ein guter Ausgangspunkt für Besucher des Goukamma Nature Reserve *(siehe links)*. Sedgefield selbst hat ebenfalls Attraktionen zu bieten. In den letzten Jahren führte dies allerdings dazu, dass an dem einst schönen, naturbelassenen Strand viele Ferienanlagen gebaut wurden.

Sedgefield ist vor allem für Wasser- und Abenteuersportler hochinteressant. Wagemutige können bei **Cloud Base Paragliding** einen Tageskurs bei einem Gleitschirm-Fluglehrer belegen.

Der Sedgefield Beach ist ideal für Familien geeignet, da er sicheres Badevergnügen bietet. An Cola Beach, Myoli Beach, Swartvlei Beach oder Gerike's Point kann man sein Anglerglück auf der Jagd nach Seebarschen versuchen. Neben vielen Seen und Stränden gibt es auch schöne See- und Waldwanderwege.

🪂 Cloud Base Paragliding
PO Box 446, Wilderness.
((044) 877-1414 oder (082) 777-8474.
www.cloudbase-paragliding.co.za

Fairy Knowe, ein beliebtes Hotel bei Wilderness

Schaufelraddampfer in der Knysna-Lagune

Knysna ❺

Straßenkarte C5. 🚶 53 000.
🚂 Outeniqua Choo-Tjoe. 🚌 Main
St. 🛈 40 Main St, (044) 382-5510.
www.tourismknysna.co.za

George Rex nimmt in der
Geschichte Knysnas
einen bedeutende Platz ein.
Er soll der Sohn von König
George III. und einer Quäke-
rin namens Hannah Lightfoot
gewesen sein. Die Mutter war
bei Hof nicht anerkannt
und musste nach der
Geburt ihres Sohnes
ins Exil. George Rex
spielte eine wich-
tige Rolle bei
der Entwick-
lung des
Hafens.
Sein Schiff, die
Knysna, segelte regelmäßig
an der Küste entlang. Als er
1839 starb, war er der größte
Landbesitzer der Region.

Zu den wichtigsten Indus-
triezweigen in Knysna gehören heute die Möbelherstel-
lung, der Bootsbau und die
Austernzucht.

Knysna-Lourie

Umgebung: Die 17 Kilometer
lange Knysna-Lagune wird
von zwei Sandsteinfelsen, den
sogenannten Knysna Heads,
geschützt. Sie gehört zu den
Hauptattraktionen der Stadt.
Über den George Rex Drive
gelangt man nach Leisure
Island und zum östlichen Felsen, von wo aus man einen
herrlichen Ausblick genießt.

Am westlichen Fel-
sen, zu dem man
mit einem kosten-
losen Fährdienst
gelangt, befindet
sich das **Featherbed
Nature Reserve**, ein
UNESCO-Welterbe mit
einem 2,5 Kilometer
langen Naturpfad,
dem Bushbuck Trail.
Die Lagune selbst ist
ideal für Wassersport.

Lightleys vermietet Kabinen-
boote. **Knysna Ferries** und
John Benn, ein großes Luxus-
schiff, bieten tägliche Ausflüge zu den Heads an.

Angeln ist ein beliebtes
Freizeitvergnügen. Im fischreichen Gebiet findet man
steenbras, stumpnose und

blacktail. Von Dezember bis
April kann man Hochseeboo-
te chartern und Thunfische,
Bonitos und Marlins fangen.

Südafrikas größte Austernzucht befindet sich in der
Knysna-Lagune. Die köst-
lichen Pazifik-Austern (*Cras-
sostrea gigas)* probiert man
am besten bei **Knysna Oyster
Company** auf Thesen's Island
(die Insel ist über einen
Damm zu erreichen) oder bei
Jetty Tapas. Beliebt ist auch
das im imitierten Fachwerkstil
gebaute Crab's Creek mit seinen Holzbänken unter schattigen Bäumen an der Westseite
der Knysna-Lagune.

Etwa sechs Kilometer öst-
lich von Knysna führt eine
Abzweigung nach Noetzie zu
einem Parkplatz auf einem
Felsen. Von dort verläuft ein
Pfad zu einer von fünf Schlös-
sern flankierten Bucht, die
allesamt in Privatbesitz sind.

🪶 **Featherbed Nature
Reserve**
🕿 (044) 382-1693. 🚢 *tägl. 08.45,
10, 11.45, 15 Uhr. Die Fähre legt am
Municipal Jetty ab.* 🚫

🚤 **Lightleys**
Knysna Lagoon. 🕿 (044) 386-0007.
🚫

🚤 **Knysna Ferries**
Knysna Lagoon. 🕿 (044) 382-5520.
🚫

🚤 **John Benn Cruises**
Waterfront. 🕿 (044) 382-1693.
🕐 *Apr–Sep: 12.30, 17 Uhr;
Nov–März und Schulferien: 10.15,
12.30, 15, 18 Uhr.* 🚫

Knysna Oyster Company
Thesen's Island.
🕿 (044) 382-6942. 🕐 *Mo–Fr
8–17 Uhr, Sa, So 9–16 Uhr.* 🍴

Die Knysna Heads bewachen die Laguneneinfahrt

Hotels und Restaurants an der Garden Route *siehe Seiten 337–340 und 365–367*

🍃 Knysna Forest

In Südafrikas größtem Hochwald unweit von Knysna gibt es Wander- und Radwege, landschaftlich schöne Straßen und Picknickplätze. Eine Herausforderung ist der 105 Kilometer lange **Outeniqua Hiking Trail** (sieben Tage)!

Der Goldfields Drive führt zu einem Picknickplatz am Jubilee Creek, wo Goldgräber ihre Spuren hinterlassen haben. Die Straße leitet zu den Minenschächten und Maschinen der ehemaligen Goldgräbersiedlung Millwood.

Von der **Diepwalle Forest Station** führen eine 13 Kilometer lange Straße, ein Radweg und der Elephant Walk an Outeniqua-Yellowwood-, Ironwood- und Stinkwood-Bäumen vorbei. An den Yellowwood-Bäumen wachsen oft Flechten, wie die »Bart des alten Mannes« *(Usnea barbata)*. In dem »Märchenwald« mit seinen Lianen und Farnen kann man den leuchtend grünen Knysna-Lourie entdecken. Im Diepwalle State Forest steht der King Edward Tree, ein 39 Meter hoher und sieben Meter dicker Outeniqua-Yellowwood-Baum. Er soll 600 Jahre alt sein.

Die schöne Kranshoek-Route, ca. zehn Kilometer östlich von Knysna, endet an einem Felsabhang, der steil zum Meer hin abfällt. Im »Garden of Eden« an der N2 sind viele Bäume beschildert.

🥾 Outeniqua Hiking Trail
Knysna. ☎ *(044) 382-5466.*

🌲 Diepwalle Forest Station
☎ *(044) 382-9762.*
🕐 *tägl. 7.30–17 Uhr.* 🥾 🚻 ♿

Eines der fünf privaten Schlösser am Noetzie Beach

Plettenberg Bay ❻

Straßenkarte C5. 🏘 *75 000.*
✈ *südl. der Stadt.* 🚌 *Shell Ultra City, Main St.* ℹ *Kloof St.*
☎ *(044) 533-4065.*

In Plettenberg Bay, einem noblen Ort 30 Kilometer östlich von Knysna, verbringen Wohlhabende ihre Ferien. Portugiesische Seefahrer gaben »Plett«, wie die Einheimischen es nennen, den Namen *Bahia Formosa* (»schöne Bucht«). Der Ort thront auf roten Sandsteinfelsen, die sich über dem zwölf Kilometer langen Sandstrand und der von den Flüssen Keurbooms und Bietou geformten Lagune erheben.

In Plett fallen sofort das große Luxushotel und der Timeshare-Komplex auf Beacon Isle auf.

Südlich des Ortes liegt das **Robberg Nature and Marine Reserve** mit bis zu 148 Meter hohen Felsen. Auf den Wanderwegen genießt man kontrastreiche Ausblicke auf das wilde Meer und die unberührten, einsamen Buchten, wo Angler ihr Glück beim Fang

Muschelsymbol der Plettenberg Bay

von Muschelknackern, *galjoen* und *red roman* im tiefen Wasser versuchen. Hier sieht man oft Robben und Delfine, im Frühling (ab Sep) auch Wale. Östlich von Plettenberg Bay zweigt eine schöne Straße von der N2 zum Nature's Valley ab, einem Badeort mit zahlreichen Ferienhäusern, der Teil des Tsitsikamma National Park ist *(siehe S. 190f)*.

🐾 Robberg Nature and Marine Reserve
☎ *(044) 533-2125.*
🕐 *Feb–Nov: 6–18 Uhr; Dez–Jan: 6–20 Uhr. Erlaubnis nötig (am Tor erhältlich).* 📷 🛗 🥾

Blick vom Signal Hill auf das Beacon Isle Hotel, Plettenberg Bay

WALDELEFANTEN IN KNYSNA

Im 19. Jahrhundert lebten um Knysna 400 bis 500 Elefanten, die sich hervorragend an das Waldleben angepasst hatten. Der Bestand wurde jedoch durch rücksichtslose Jagd drastisch verringert. Zu Beginn des 20. Jahrhunderts waren von den sanften Riesen nur noch 50 übrig, heute sind wahrscheinlich nur noch vier Elefanten am Leben. Aus dem Kruger National Park versuchte man zwei junge Elefanten umzusiedeln – das Projekt scheiterte jedoch. Die letzten Exemplare sind extrem scheu. Sie gehören zu der afrikanischen Elefantenart *Loxodonta africana* und sind die letzten frei lebenden Elefanten in Südafrika.

Einer der letzten Waldelefanten

Die Knysna Heads bilden den Zugang zur Lagune *(siehe S. 186)* ▷

Tsitsikamma National Park ❼

★ Yellowwood-Bäume
Einst als minderwertiges Bauholz eingestuft, wird es heute umso höher geschätzt.

Tsitsikamma bedeutet in der Sprache der San »Ort des sprudelnden Wassers«. Der Tsitsikamma National Park erstreckt sich über 68 Kilometer zwischen Nature's Valley und Oubosstrand und ragt ca. 5,5 Kilometer ins Meer, was besonders für Schnorchler und Taucher (mit Genehmigung) interessant ist. Innerhalb seiner Grenzen liegen zwei von Südafrikas beliebtesten Wanderwegen, Tsitsikamma und Otter Trail. Urwald, zerklüftete Berglandschaft, Flüsse, Bäche und Panoramen machen ihn bei Wanderern so beliebt.

Kap-Fingerotter

Fynbos
Die typische Vegetation dieser Gegend ist Küsten-fynbos, in dem niedrige Erika- und Protea-Arten vorherrschen.

In der Schlucht des Bloukrans River gibt es eine Übernachtungsmöglichkeit.

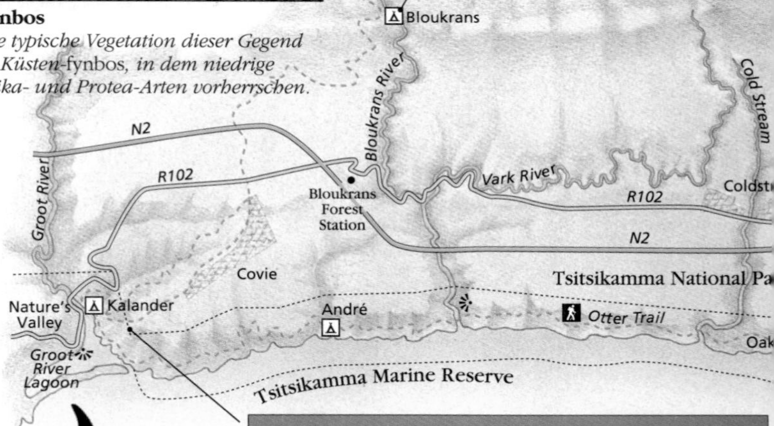

Delfine
Auf dem Otter Trail kann man Delfine beobachten.

★ Otter Trail
Der Küstenwanderweg (fünf Tage) von der Mündung des Storms River zum fantastischen Strand in Nature's Valley war der erste offizielle Wanderweg des Landes. Unterwegs sieht man Wale, Delfine, Robben und Kap-Fingerotter.

NICHT VERSÄUMEN

★ Otter Trail

★ Tsitsikamma Trail

★ Yellowwood-Bäume

INFOBOX

Straßenkarte C5. Keurboom-
strand, 14 km östl. von Plettenberg Bay auf der N2.
☒ Plettenberg Bay.
🚌 Hopper und Bazbusse zum
De Vasselot Camp.
ℹ National Parks Board (Reservierung): 📞 (011) 678-8870 oder
(012) 428-9111. ⏰ 7.30–17 Uhr.
Otter Trail: 41 km.
Tsitsikamma Trail: 60 km.
🏕 🎣 ⚓ 🚶 (Erlaubnis
erforderlich).
www.saparks.com

★ Tsitsikamma Trail

*Der relativ leichte Wanderweg im Inland, für den fünf
Tage benötigt werden, führt 60 Kilometer lang durch*
fynbos *und durch die Wälder der Tsitsikamma-Berge.*

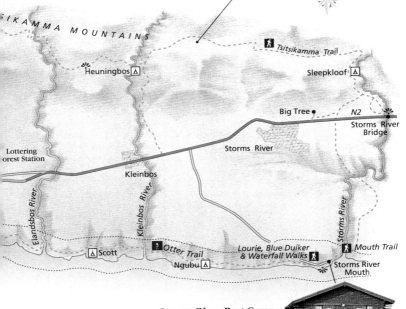

TSITSIKAMMA MOUNTAINS

🚶 Tsitsikamma Trail

Heuningbos ⚠

Sleepkloof ⚠

Big Tree ●   N2

Storms River
Bridge

Lottering
Forest Station

Storms River

Kleinbos

Kleinbos River

Elandsbos River

⚠ Scott   🚶 Otter Trail   Lourie, Blue Duiker
& Waterfall Walks 🚶   🚶 Mouth Trail

Ngubu ⚠   Storms River
Mouth.

0 Kilometer   5

Storms River Rest Camp

*Am Beginn des Otter Trail
gibt es gemütliche Unterkünfte
in rustikalen Holzhütten.*

LEGENDE

═══ Autobahn

━━━ Hauptstraße

─── Nebenstraße

--- Wanderweg

❄ Aussichtspunkt

🚶 Wandern

⚠ Camping

**Unterwegs zum
Storms River**

ROUTENINFOS

Fitness und feste Wanderschuhe sind
notwendig. Bei längeren Wanderungen
müssen Lebensmittel sowie Kochuten-
silien und Schlafsäcke getragen werden,
da die Camps nur mit Matratzen ausgerüstet sind. Den Bloukrans River am
Otter Trail kann man nur schwimmend
bzw. watend durchqueren. Wasserdich-
te Rucksäcke werden daher empfohlen.

Im Detail: Port Elizabeth ❽

Statue Königin Victorias

Port Elizabeth, das die 60 Kilometer breite Algoa Bay überblickt, ist die fünftgrößte Stadt des Landes mit dem drittgrößten Hafen. Viele Attraktionen liegen an der Strandpromenade. Das moderne Port Elizabeth dehnt sich von der ursprünglichen Siedlung ins Landesinnere und entlang der Küste nach Norden aus. Man bezeichnet sie auch als die »freundliche Stadt«. Die weiten Strände sind bei Besuchern sehr beliebt. Zu den Sehenswürdigkeiten dieser ruhigen Industriestadt gehören zahlreiche gut erhaltene historische Gebäude sowie Bay World, Snake Park, Donkin Reserve und Happy Valley.

Donkin Lighthouse
Der 1861 gebaute Leuchtturm steht im Donkin Reserve.

★ **Donkin Street**
Malerische, 1860–80 errichtete zweistöckige viktorianische Häuser säumen die Straße, die 1967 zum nationalen Denkmal erklärt wurde.

CHAPEL STREET

DONKIN STREET

Horse Memorial

HAVELOCK STREET

BELMONT TERRACE

PEARSON STREET

Art Gallery, Pearson Conservatory und War Memorial

Vom Donkin Reserve hat man einen guten Blick auf die Stadt.

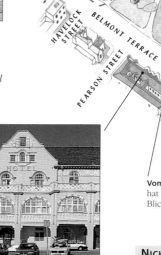

Protea Hotel Edward
Das gut erhaltene Gebäude aus der Zeit Edwards VII. liegt im Herzen von Port Elizabeths Altstadt. Das Hotel ist für sein üppiges Frühstück bekannt und hat einen uralten, noch funktionierenden Lift.

NICHT VERSÄUMEN

★ City Hall

★ Donkin Street

★ Fort Frederick

Hotels und Restaurants an der Garden Route *siehe Seiten 337–340 und 365–367*

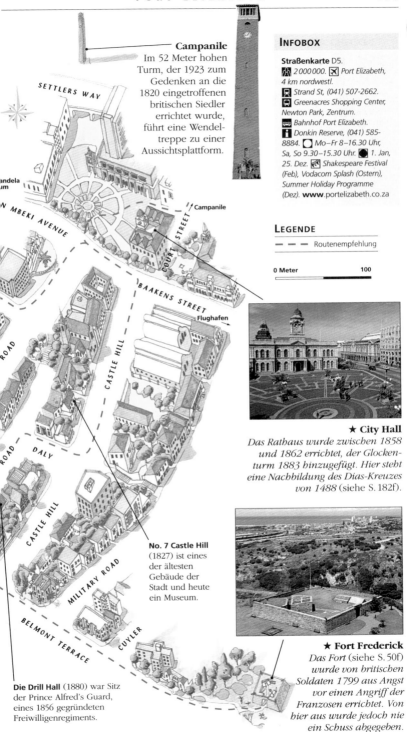

Campanile
Im 52 Meter hohen Turm, der 1923 zum Gedenken an die 1820 eingetroffenen britischen Siedler errichtet wurde, führt eine Wendeltreppe zu einer Aussichtsplattform.

SETTLERS WAY

andela
um

N MBEKI AVENUE

COURT STREET

Campanile

BAAKENS STREET

Flughafen

CASTLE HILL

ROAD

DALY

CASTLE HILL

ROAD

MILITARY ROAD

BELMONT TERRACE

CUYLER

Die Drill Hall (1880) war Sitz der Prince Alfred's Guard, eines 1856 gegründeten Freiwilligenregiments.

No. 7 Castle Hill (1827) ist eines der ältesten Gebäude der Stadt und heute ein Museum.

INFOBOX

Straßenkarte D5.
🏛 2000000. ✈ Port Elizabeth, 4 km nordwestl.
🚌 Strand St, (041) 507-2662.
🚏 Greenacres Shopping Center, Newton Park, Zentrum.
🚂 Bahnhof Port Elizabeth.
ℹ Donkin Reserve, (041) 585-8884. ⏰ Mo–Fr 8–16.30 Uhr, Sa, So 9.30–15.30 Uhr. ⏺ 1. Jan, 25. Dez. 🎭 Shakespeare Festival (Feb), Vodacom Splash (Ostern), Summer Holiday Programme (Dez). **www**.portelizabeth.co.za

LEGENDE

– – – Routenempfehlung

0 Meter   100

★ City Hall
Das Rathaus wurde zwischen 1858 und 1862 errichtet, der Glockenturm 1883 hinzugefügt. Hier steht eine Nachbildung des Dias-Kreuzes von 1488 (siehe S. 182f).

★ Fort Frederick
Das Fort (siehe S. 50f) wurde von britischen Soldaten 1799 aus Angst vor einen Angriff der Franzosen errichtet. Von hier aus wurde jedoch nie ein Schuss abgegeben.

Überblick: Port Elizabeth

Schilder

Das moderne Port Elizabeth zieht sich weit ins Landesinnere und entlang der Algoa Bay nach Norden. Viele Attraktionen der Stadt, wie Bayworld mit seinen Delfin- und Robben-Shows, findet man am Humewood Beach. Port Elizabeth ist stolz auf seine Geschichte sowie die zahlreichen historischen Gebäude und Museen in der Stadt. Doch auch im weiteren Umland gibt es viel zu entdecken!

⛲ Donkin Reserve

Belmont Terrace. 🛈 (041) 585-8884. 🕐 Mo–Fr 8–16.30 Uhr, Sa, So 9.30–15.30 Uhr. ⬤ 1. Jan, 25. Dez. 🏛

Im Park steht ein pyramidenförmiges Denkmal, das der damalige Kap-Gouverneur Sir Rufane Donkin 1820 seiner verstorbenen Frau widmete. Wenige Tage zuvor hatte er der Siedlung ihr zu Ehren den Namen Port Elizabeth verliehen.

Der Leuchtturm wurde 1861 fertiggestellt und die gesamte Anlage 1938 zum Nationaldenkmal erklärt.

Donkin Memorial

Horse Memorial

⛲ Horse Memorial

Cape Road.
Im Südafrikanischen Krieg war Port Elizabeth derjenige Hafen, an dem die Pferde der britischen Soldaten eintrafen. Nach dem Krieg sammelte Harriet Meyer Geld für eine Gedenkstätte zu Ehren der 347 000 getöteten Pferde. Die Statue von Joseph Whitehead wurde 1905 erbaut und 1957 an ihrem jetzigen Platz aufgestellt. Dort ist zu lesen: »Die Größe einer Nation liegt weniger in der Anzahl ihrer Menschen oder der Größe ihres Gebietes als in Umfang und Rechtmäßigkeit ihrer Hingabe.«

⚜ St George's Park

Park Drive.
Der Park ist Handlungsort von Athol Fugards bekanntem Stück *Master Harold and the Boys*. Hier befinden sich der älteste Cricket- und Bowlingplatz Südafrikas sowie Tennisplätze, Schwimmbad, botanischer Garten und historische Denkmäler wie das Kriegsdenkmal im Nordosten des Parks.

Das 1882 errichtete Pearson Conservatory ist nach Henry Pearson benannt, der 16 Amtsperioden lang Bürgermeister der Stadt war, und enthält eine Sammlung exotischer Pflanzen. Der St George's Park ist nicht besonders sicher. Engagieren Sie besser einen Stadtführer.

🏛 Red Location Museum

New Brighton Township. 🗝 (041) 408-8400. 🕐 Di–Fr 10–17 Uhr, Sa, So 9–15 Uhr. 🅿
www.freewebs.com/
redlocationmuseum

Mit Ausstellungen und interaktiven Displays zeichnet dieses preisgekrönte Museum den Kampf gegen Apartheid nach.

🏬 The Boardwalk

Marine Drive.
🗝 (041) 583-2030.
Der gehobene Shopping- und Entertainment-Komplex am Meer bietet Restaurants und ein Casino (Eintritt ab 18 Jahren) mit American Roulette, Blackjack, Poker und den üblichen Spielautomaten.

⚓ Fort Frederick

Belmont Terrace.
1799 wurde eine britische Garnison in die Algoa Bay entsandt, um die Invasion französischer Truppen, die die aufständische Republik Graaff-Reinet *(siehe S. 304f)* unterstützten, zu verhindern. Das quadratische Fort Frederick *(siehe S. 50f)* auf einem Hügel über der Mündung des Baakens River ist nach dem Herzog von York benannt, der damals Kommandeur der britischen Armee war. Aus den acht Kanonen wurde jedoch nie ein Schuss abgefeuert. Die Ankunft der britischen Siedler (1820) wurde vom Kommandeur der Garnison, Captain Francis Evatt, überwacht. Er liegt auf dem Gelände begraben.

🏖 Humewood Beach

2 km südl. des Stadtzentrums.
Am Humewood Beach, dem Naherholungsgebiet der Stadt, führt der Marine Drive entlang. Von hier aus erreicht man alle Attraktionen am Strand. Die überdachte Promenade ist ein willkommener Windschutz. Am Wochenende findet dort ein Flohmarkt statt. In der Nähe befindet sich ein beliebtes Schwimmbad mit Süß- und Meerwasserbecken.

Eingang zu The Boardwalk, dem direkt am Meer gelegenen Entertainment-Komplex

Das berühmte »19. Loch« am Humewood Golf Course

An allen größeren Stränden sind Rettungsschwimmer stationiert. Tauchen und Segeln sind sehr beliebt, in der windigen Algoa Bay sind ständig Yachten zu sehen. Den Marine Drive säumen Hotels und Apartmenthäuser. Überall gibt es Restaurants und Imbissbuden, wie z. B. beim Brookes Pavilion in der Nähe des Museumskomplexes.

Die Delfin- und Robben-Shows in Bayworld sind Publikumsrenner. Die »Stars« werden nicht ersetzt, wenn sie sterben.

The Museum Complex and Bayworld

Marine Drive. (041) 583-5316.
tägl. 9–16.30 Uhr. Shows um 11 und 15 Uhr.
www.bayworld.co.za

Pier am Humewood Beach

Museum und **Bayworld** sind die größten Attraktionen an der Strandpromenade. Zum Museumskomplex gehört ein Schlangenpark. Vor dem Museum werden in einigen offenen Gehegen Wasservögel gehalten. Zu den interessanten Ausstellungsstücken der Sammlung gehören Gegenstände von gestrandeten Schiffen und beflaggte Modelle alter Segelschiffe.

Eine Ausstellung mit dem Titel »The First People of the Bay« zeigt originale Artefakte aus dem Leben der Khoi, die bereits vor mehr als 2000 Jahren die Algoa Bay besiedelten. Zu den Exponaten gehören u. a. Musikinstrumente, Heilkräuter, Felsmalereien und Kleidung.

Im Schlangenhaus können Schlangen aus aller Welt bestaunt werden. Unter den Reptilien befindet sich auch die äußerst giftige südafrikanische Puffotter.

Happy Valley

3 km südl. vom Stadtzentrum.
Eine sandige Unterführung führt vom Humewood Beach zum ruhigen Park Happy Valley. Fußwege schlängeln sich an Bächen, Seerosenteichen und Wasserfällen entlang. Der Park ist nicht sicher, besuchen Sie ihn nur mit einem Führer.

Umgebung: Etwa drei Kilometer südlich von Humewood liegt der **Humewood Golf Club**, der als einer der besten Golfplätze Südafrikas gilt. Im Clubhaus kann man einen Drink zu sich nehmen und die Aussicht über die Bucht genießen.

Die liebevoll restaurierte Schmalspur-Dampfeisenbahn Apple Express verlässt am Wochenende Humewood-Bahnhof Richtung Thornhill, 48 Kilometer östlich von Port Elizabeth, und kehrt nachmittags zur Stadt zurück.

Etwa drei Kilometer südlich von Humewood befindet sich die Landspitze, die den Zugang zur Algoa Bay bildet. Cape Recife ist von einem Naturreservat umgeben und ideal zur Vogelbeobachtung und Erkundung der unberührten Felsenküste geeignet.

Ein neun Kilometer langer Wanderweg führt durch das Reservat und durchquert verschiedene Lebensräume der Küste mit Judasbäumen und Dünenvegetation. Der Weg führt am Leuchtturm von Cape Recife vorbei, von wo aus man häufig Taucher beobachten kann. Auf einem Felsvorsprung in der Nähe des Leuchtturms lebt eine kleine Kolonie von Brillenpinguinen.

Das letzte Schiff, das vor Cape Recife havarierte, war der griechische Frachter *Kapodistrias*. Er lief im Juli 1985 auf dem Thunderbolt-Riff auf Grund.

Humewood Golf Club

Marine Drive. (041) 583-1865.

Einer der »Stars« in Bayworld: ein Großer Tümmler

Addo Elephant National Park

Straßenkarte D5. 50 km nordöstl. von Port Elizabeth. **C** *(042) 233-8600.* ☐ *tägl. 7–19 Uhr.* 🅿️ 🚻 📶 **www**.addoelephantpark.com

Früher lebten überall am Kap Elefanten. Bei der Besiedelung des Landes wurden sie jedoch rücksichtslos ausgerottet. 1919 schoss Major Philip Pretorius mit der Vernichtung der letzten überlebenden Tiere beauftragt, 120 Elefanten in elf Monaten. Nur 15 verschreckte Tiere überlebten im Dickicht. Als sich die öffentliche Meinung 1931 zu ihren Gunsten wandelte, wurde ein 68 Quadratkilometer großes Landstück zum Nationalpark erklärt. Die Tiere überfielen nachts jedoch nahe gelegene Farmen. Ein Zaun wurde nötig. Nach vielen Versuchen erfand Graham Armstrong eine entsprechend stabile Konstruktion. 1954 waren etwa 23 Quadratkilometer eingezäunt. Jahrelang ähnelte Addo einem großen Zoo. Bei den Camps wurden Orangen ausgelegt, um die scheuen Tiere nachts aus dem Busch zu locken. Besucher und Elefanten waren durch stabile Zäune voneinander getrennt. Die Herde wuchs bis 1998 um **Pillendreher** die stattliche Anzahl **stehen im Park** von 265 Tieren an, **unter Naturschutz** was eine Vergrößerung des Gebietes notwendig machte. Heute leben hier mehr als 450 Ele-

fanten. Der Park ist mit den Zuurbergen im Norden auf 600 Quadratkilometer angewachsen. Die South African National Parks planen, ihn auf die vierfache Fläche zu vergrößern.

Zum Camp gehören ein Restaurant, ein Laden, ein

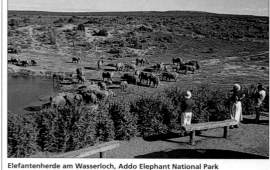

Elefantenherde am Wasserloch, Addo Elephant National Park

Swimmingpool, ein Campingplatz und 24 Chalets. Im südlichen Teil wurden Fahrwege angelegt, auf denen man den Park erkunden kann. Dies ist übrigens der einzige Park der Welt, in dem zugleich Elefanten, Leoparden, Spitzmaulnashörner, Büffel, Löwen, Weiße Haie und Südkaper leben. Außerdem gibt es hier Kudus, Elen- und Kuhantilopen sowie Buschböcke. Die faszinierendsten Kreaturen des Parks, die *flightless dung beetles* (Pillendreher), werden jedoch oft übersehen. Schilder warnen vor dem Überfahren der flugunfähigen Insekten.

Der Addo-Park mit dichtem Speckbusch-Bewuchs verzeichnet die höchste Konzentration großer Säuge-

tiere im ganzen Land. Um die Auswirkungen der Elefanten, Büffel und Spitzmaulnashörner auf die Vegetation zu beobachten, wurde ein Pflanzenreservat eingerichtet. Auf einem sechs Kilometer langen Fußweg kann man das Gelände erkunden.

Shamwari Game Reserve ⑩

Straßenkarte D5. 72 km nördl. von Port Elizabeth. **C** *(041) 407-1000.* 🅿️ 📶 *tägl. 11–18 Uhr (Reservierung erforderlich, Mahlzeit inkl.).* 🍽️ **www**.shamwari.com

Mit 140 Quadratkilometern ist Shamwari das größte Privatreservat im Ostkap und das einzige, in dem die »Big Five« *(siehe S. 28f)* zu sehen sind. Es liegt im hügeligen *bushveld* (Savanne) um den Bushmans River. Das mit vier internationalen Preisen ausgezeichnete Shamwari ist ein Projekt des Unternehmers Adrian Gardiner, der die Ranch in den Hügeln bei Paterson für seine Familie erwarb. Mit der Zeit wurden benachbarte Farmen integriert und Wildtiere angesiedelt. Im Reservat leben heute Elefanten, Breitmaulnashörner, Büffel, Zebras, Giraffen und 16 Antilopenarten, darunter Elenantilope, Kudu, Impala, Oryx, Kuhantilope, Springbock und Weißschwanzgnu.

Shamwari ist das einzige private Wildreservat im Ostkap, in dem das gefährdete Spitzmaulnashorn vorkommt. Von KwaZulu-Natal wurden fünf Tiere umgesiedelt, da sich

Rustikales Chalet im Addo Elephant National Park

Hotels und Restaurants an der Garden Route *siehe Seiten 337–340 und 365–367*

ihnen hier ein idealer Lebensraum bietet. Seither wurden vier Kälber geboren. Das Löwenrudel, einst in einem separaten Camp untergebracht, darf jetzt im gesamten Reservat jagen. Shamwari bietet luxuriöse Unterkünfte *(siehe S.340)* und ein einmaliges Afrika-Erlebnis, das viele in- und ausländische Besucher anzieht. Morgens und am späten Nachmittag kann man mit Wildhütern auf Safari gehen.

Alexandria ⓫

Straßenkarte D5. R72, östl. von Port Elizabeth.

Breitmaulnashorn, Shamwari Game Reserve

Alexandria entstand 1856 um eine reformierte Kirche. Eine Schotterstraße westlich der Stadt führt über Zichorienfelder in den zauberhaften Alexandria-Wald. Yellowwood-Bäume, eine von 170 Baumarten, überragen die Straße. Der 240 Quadratkilometer große **Alexandria State Forest** schützt den Wald und das größte Wanderdünensystem Südafrikas.

Der 35 Kilometer lange Alexandria Hiking Trail (zwei Tage) ist einer der schönsten Küstenwanderwege Südafrikas. Der Rundweg führt durch dichten Urwald und zu über 150 Meter hohen Sanddünen. Am Ausgangspunkt und bei Woody Cape gibt es Übernachtungsmöglichkeiten.

⚡ Alexandria State Forest
8 km ab der R72.
📞 (046) 653-0601.
🕐 tägl. 7–19 Uhr. 🖼️ 🏃

Port Alfred ⓬

Straßenkarte D5. R72, 150 km östl. von Port Elizabeth. 🏘️ 18000. 🏨 Halyards Hotel. ℹ️ Causeway Rd, (046) 624-1235.

Der charmante Küstenort Port Alfred ist bekannt für fantastische Strände. Die Abschnitte westlich der Flussmündung sind erschlossen, die östlichen hingegen weitgehend unberührt und für ausgedehnte Spaziergänge geeignet. Am Kelly's Beach kann man gefahrlos schwimmen. Der gesamte Küstenabschnitt ist bei Surfern sowie Fels- und Brandungsanglern beliebt.

Vor dem **Kowie Museum**, das die Geschichte der Stadt dokumentiert, steht die Galionsfigur eines alten Segelschiffs.

Umgebung: Der Kowie River ist mit kleinen Booten mehr als 25 Kilometer flussaufwärts befahrbar. Auf dem Kowie Canoe Trail (zwei Tage) können Kanufahrer die Schönheit der Fluss- und Waldlandschaft genießen. Vom Übernachtungsplatz, 21 Kilometer flussaufwärts im Waters Meeting Nature Reserve, führt ein Fußweg durch Busch und Wald. Hier kann man Vögel und zahlreiche kleinere Tiere beobachten.

🏛️ Kowie Museum
Pascoe Crescent. 📞 (046) 624-4713. 🕐 Mo–Fr 10–13 Uhr. 🚫 Feiertage.

Luxusyachten, Katamarane und Fischerboote liegen in der Marina in Port Alfred vor Anker

Grahamstown ⑬

Logo des Arts Festival

Nach dem vierten Grenzkrieg im Jahr 1812 errichtete Colonel John Graham in der Nähe der Südküste einen Militärposten. Um die Situation in der Region zu stabilisieren, wurden 4500 britische Familien angesiedelt. Die ersten kamen im Jahr 1820 an. Sie bevorzugten jedoch das Stadtleben, sodass Grahamstown zu einem blühenden Handelszentrum wurde, in dem nach Kapstadt die meisten Handwerker lebten.

Überblick: Grahamstown

Grahamstown ist bekannt für über 50 Kirchen, Universitäten Schulen. Die wichtigsten Sehenswürdigkeiten befinden sich in einem Umkreis von 500 Metern um die **City Hall** in der High Street. Etwa 60 Gebäude sind Nationaldenkmäler. Restaurierte georgianische und viktorianische Häuser säumen die Straßen.

♙ Cathedral of St Michael and St George

High St. ☎ (046) 622-3976.
○ tägl. 8–16.30 Uhr. ♿
Die Kathedrale, deren 51 Meter hoher Turm das Stadtzentrum überragt, ist das auffälligste Gebäude. Die ursprüngliche Kirche St George's, 1824 errichtet, ist die älteste anglikanische Kirche Südafrikas. Die große Orgel zählt zu den schönsten des Landes.

♙ Methodist Church

Bathurst St.
☎ (046) 622-7210.
○ tägl. ♿
Die Gedächtniskirche besitzt eine bemerkenswerte neugotische Fassade und schöne Glasfenster. Sie wurde 1850 fertiggestellt.

🏛 Albany Museum Complex

☎ (046) 622-2312.
Der Museumskomplex umfasst fünf einzelne Gebäude. In den **History and Natural Sciences Museums** werden Fossilien, Gegenstände der Siedler und Xhosa-Trachten ausgestellt. Das **Old Provost** gegenüber der Rhodes University wurde 1838 als Militärgefängnis errichtet. **Drostdy Gateway** ist alles, was vom Sitz des Friedensrichters (1842) erhalten ist. Von dem 1836 neben dem 1820 Settlers Monument *(siehe S. 50f)* errichteten **Fort Selwyn** hat man einen schönen Blick über die Stadt.

🏛 History and Natural Sciences Museums

Somerset St.
☎ (046) 622-2312.
○ Mo–Fr 9–13 Uhr,
14–17 Uhr, Sa 9–13 Uhr.
● Karfreitag, 25. Dez. 🖼 ♿

🏰 Old Provost

Lucas Ave.
☎ (046) 622-2312.
○ Fr 9–13 Uhr.
● Sa–Do, Karfreitag,
25. Dez. 🖼 ♿

🏰 Fort Selwyn

Fort Selwyn Dr.
☎ (046) 622-2312.
○ nur nach Vereinbarung. 🖼 ♿

Drostdy Gateway, Eingang zur Rhodes University

🏛 Observatory Museum

Bathurst St. ☎ (046) 622-2312.
○ Mo–Fr 9–13 Uhr, 14–17 Uhr,
Sa 9–13 Uhr. ● Karfreitag, 25. Dez.
🖼 ♿ (außer Turm).
Im Turm des historischen Gebäudes mit seiner Goldschmiedewerkstatt aus der Mitte des 19. Jahrhunderts befindet sich eine viktorianische Camera obscura, die Bilder der Stadt auf eine Wand projiziert.

🎓 Rhodes University

Artillery Rd. ☎ (046) 603-8111.
🖼 vielfach nutzbare Eintrittskarte.
www.ru.ac.za
Der Universitätskomplex beherbergt das weltweit bekannte **JLB Smith Institute of Ichthyology** (Fischkunde). Interessant sind zwei seltene Quastenflosserarten. Bis zur Entdeckung eines Exemplars im Jahr 1938 vor East London ging die Wissenschaft davon aus, dass der prähistorische Tiefseefisch ausgestorben war. Das Institut besitzt auch eine Sammlung von bekannten Salz- und Süßwasserfischen. Wer sich für afrikanische Musik interessiert, sollte auf dem Universitätsgelände die **International Library of African Music** besuchen.

🏛 JLB Smith Institute of Ichthyology

Rhodes University. ☎ (046) 603-8415. ○ Mo–Fr 8–13 Uhr, 14–17 Uhr. ● Karfreitag, 25. Dez. ♿

🏛 International Library of African Music

Rhodes University. ☎ (046) 603-8557. ○ nach Vereinbarung. ♿

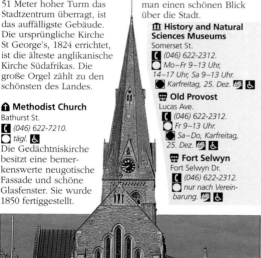

Die Kathedrale dominiert das Stadtzentrum von Grahamstown

Hotels und Restaurants an der Garden Route siehe Seiten 337–340 und 365–367

🏛 National English Literary Museum

Beaufort St. 📞 (046) 622-7042.
🔵 Mo–Fr 8.45–16.30 Uhr.
⚫ Karfreitag, 25. Dez.
♿ www.ru.ac.za/nelm
Hier werden Dokumente und persönliche Briefe bedeutender südafrikanischer Schriftsteller aufbewahrt.

🏛 1820 Settlers Monument

Gunfire Hill. 📞 (046) 603-1100.
🔵 Mo–Fr 8–16.30 Uhr. ♿ 🅿
Das Monument auf dem Gunfire Hill entstand 1974 in Form eines Schiffes und erinnert an die britischen Familien, die 1820 hier eintrafen. Der nahe Monument Theater Complex ist Hauptveranstaltungsort für das jährlich stattfindende elftägige National Arts Festival (siehe S. 41). Im eindrucksvollen Foyer hängen viele Gemälde.

Der Old Provost war einst ein Militärgefängnis

Umgebung: Das 445 Quadratkilometer große Great Fish River Reserve liegt 34 Kilometer nördlich von Grahamstown. Nach dem fünften Grenzkrieg (1819) wurde das Land zwischen den Flüssen Keiskamma und Great Fish zum neutralen Gebiet erklärt. Britischen Siedlern diente es als Puffer zu den Xhosa.

Heute beherbergt das größte Wildreservat der östlichen Kap-Provinz Kudus, Elen- und Kuhantilopen, Nilpferde, Spitzmaulnashörner, Büffel und Leoparden. Eine zweitägige Führung folgt dem Flusslauf, übernachtet wird in einem Zeltcamp, daneben gibt es komfortable Lodges.

🦌 **Great Fish River Reserve**
Fort Beaufort Rd.
📞 (046) 653-8010.

INFOBOX

Straßenkarte D5. 🏘 200 000.
✈ Port Elizabeth, 127 km nordöstl. 🚉 High St. 🚌 Cathcart Arms Hotel, Market Square.
ℹ 63 High St, (046) 622-3241.
🔵 Mo–Fr 8.30–17 Uhr,
Sa 8.30–12 Uhr.
⚫ Karfreitag, 25. Dez, Feiertage.
🎭 National Arts Festival (Juli).
www.grahamstown.co.za

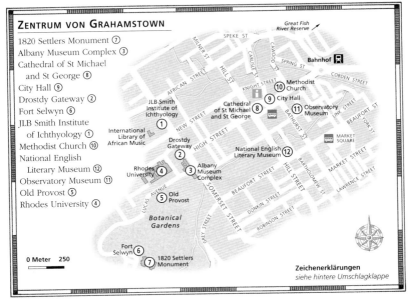

Camera obscura im Observatory Museum

ZENTRUM VON GRAHAMSTOWN

1820 Settlers Monument ⑦
Albany Museum Complex ③
Cathedral of St Michael
  and St George ⑧
City Hall ⑨
Drostdy Gateway ②
Fort Selwyn ⑥
JLB Smith Institute
  of Ichthyology ①
Methodist Church ⑩
National English
  Literary Museum ⑫
Observatory Museum ⑪
Old Provost ⑤
Rhodes University ④

0 Meter 250

Zeichenerklärungen
siehe hintere Umschlagklappe

OSTKÜSTE UND LANDESINNERES

Ostküste und Landesinneres im Überblick

Welliges Hügelland, traumhafte Strände und wildes Bergland kennzeichnen die östliche Kapregion, KwaZulu-Natal und Lesotho. Hier befinden sich die höchsten Gipfel Südafrikas. Die starken Strömungen des warmen Indischen Ozeans haben die rauen Felsen der Wild Coast geformt. Obgleich sich südlich von Durban – Südafrikas größtem Hafen – über 160 Kilometer viele Ferienorte aneinanderreihen, ist ein Großteil der Küste noch unberührt und nur auf kurvenreichen Schotterstraßen zu erreichen. Ganz im Norden bieten subtropische Wälder und Savanne Schutz für Großwild und Vögel, während Küstenseen und der Ozean Angler wie Urlauber gleichermaßen anziehen.

ZUR ORIENTIERUNG

*Golden Gate Highla
National Park*

Der Golden Gate Highlands National Park
im nordöstlichen Free State liegt in den Ausläufern der Maluti-Berge. Attraktionen sind eine traumhafte Landschaft, beeindruckende Sandsteinformationen wie der Sentinel Rock, Wildtiere und Wanderwege (siehe S. 217).

0 Kilometer   300

**WILD COAST,
DRAKENSBERGE
UND MIDLANDS**
Seiten 208–223

Das »Hole in the Wall« *an der Küste bei der Mündung des Mpako River zählt zu den bekanntesten Sehenswürdigkeiten der romantischen Wild Coast (siehe S. 213).*

Wild Coast

◁ **Kleine Karettschildkröten, Sodwana Bay an der Maputaland-Küste** *(siehe S. 242)*

Cape Vidal *trennt den Indischen Ozean vom Lake St Lucia. Es ist Teil des iSimangaliso Wetland Park* (siehe S. 242), *der an die unberührte Maputaland-Küste angrenzt, wo Leder- und Karettschildkröten ihre Eier ablegen.*

Sodwana Bay

DURBAN UND ZULULAND
Seiten 224–243

Pietermaritzburg

Die Church Street Mall
in Pietermaritzburg ist von historischen Gebäuden wie der schönen, 1893 erbauten City Hall umgeben (siehe S. 222).

Die Strandpromenade
in Durban, an der sich Hotels, Restaurants und Vergnügungsstätten aneinanderreihen, ist sechs Kilometer lang. Sie wird auch Golden Mile genannt (siehe S. 228).

Zulu

Tontopf

Seit den Auseinandersetzungen mit den Engländern im Jahr 1879 haben die Zulu einen Ruf als kriegerisches Volk. Filme wie *Zulu* und die Fernsehserie *Shaka Zulu* untermauerten dieses Vorurteil. In den Gebieten Ulundi, Eshowe und Melmoth in KwaZulu-Natal kann man viele geschichtsträchtige Zulu-Stätten besichtigen. Obgleich sie für ihr Land erbittert gekämpft haben, hat ihre Kultur auch andere Facetten wie z. B. das Kunsthandwerk mit Perlen- und Korbarbeiten und Töpferei. Im abgelegenen Tugela River Valley und im Norden der Provinz werden alte Traditionen und Tänze gepflegt.

LEGENDE

▨ KwaZulu-Natal

Getrocknete Ochsenfelle dienen der Herstellung von Kleidung und Schilden.

Zäune werden aus Pfählen und geflochtenem Schilf gemacht.

Bienenstockhütte
Ein Gerüst aus Ästen wird mit geflochtenem Gras oder Binsen bedeckt. Zum Schutz der Privatsphäre dient ein Fell.

ZULU-HANDWERK

Die Zulu sind für ihre Web- und Perlenarbeiten bekannt. Körbe und Matten aus Wedeln der Dumpalme und *Imizi*-Gras sind besonders dekorativ und beliebt. Auf den meisten Körben findet man Dreiecke oder Rautenformen, die männliche und weibliche Elemente symbolisieren. Die Händler des frühen 19. Jahrhunderts brachten glänzende Glasperlen mit.

Perlenarbeit und Löffel

Perlenarbeiten sind heute fester Bestandteil der Zulu-Kultur. Muster und Farben haben symbolische Bedeutungen wie z. B. bei den *incwadi* (Liebesbriefen), die junge Frauen herstellen und ihrem Angebeteten überreichen.

Mais, das Hauptnahrungsmittel, wird gemahlen und zu einem Brei gekocht.

Korbmacher

Die Frauen *stellen utshwala (Bier) aus Sorghum her. Die gegorene Flüssigkeit wird mit langen Grassieben gefiltert, um die Hülsen zu entfernen.*

TRADITIONELLE TÄNZE

Der Tanz ist elementarer Bestandteil gesellschaftlicher Zusammenkünfte. Die meisten Tänze erfordern körperliche Fitness und Ungehemmtheit. Bei zeremoniellen Tänzen sind es oft große Gruppen, die klatschen, stampfen und umherwirbeln. Es genügen jedoch auch eine einzelne Trommel und ein paar Zuschauer, um ein musikalisches Event auf die (Tänzer-)Beine zu stellen. Die Tänze dienen zur Überlieferung von Stammesgeschichten, ebenso aber auch als Kommunikationsmittel.

Zulu-Tänze erfordern Ausdauer und Beweglichkeit

Wasser wird immer auf dem Kopf getragen, oft auch über große Entfernungen.

Getreidelagerung
Um das Getreide vor Schädlingen zu schützen, werden Mais und Sorghum in einer Stelzenhütte gelagert.

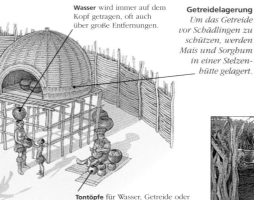

Tontöpfe für Wasser, Getreide oder Sorghumbier werden vor dem Brennen geglättet und verziert.

Vieh – *ein Symbol für Reichtum – spielt bei den Zulu eine wichtige Rolle. Es wird nachts in einen Kraal (eingezäuntes Gehege) gebracht.*

ZULU-KRAAL

Früher war der *imizi* (Zulu-Kraal) eine kreisförmige Siedlung mit *uhlongwa* (Grashütten in Bienenstockform), die um ein Gehege angeordnet waren, in das nachts das Vieh getrieben wurde. Obwohl es auch heute noch Kraals gibt, sieht man traditionelle Hütten nur noch selten. Heute wird mit Zement, Ziegelsteinen, Betonblöcken und Wellblechdächern gebaut.

Hütte des Königs

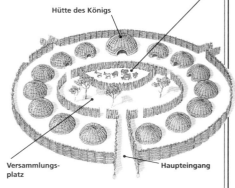

Versammlungsplatz

Haupteingang

Traditionelle Waffen *sind noch immer wichtiger Bestandteil der Zulu-Kultur. Die Männer tragen Holzstöcke und -knüppel. Politische Versammlungen und Kundgebungen erhitzen oft die Gemüter. Das Tragen traditioneller Waffen wurde daher verboten.*

Durbans Surf-Szene

Surf-Emblem Glen D'Arcy

Glasfaserbretter ersetzten im Lauf der 1960er Jahre die leinenüberzogenen Holzbretter und lösten damit einen ungeahnten Boom aus. Durban wurde wegen des warmen Wassers, der konstant guten Wellen und der weiten Strände zum Surfer-Mekka Südafrikas. Durbans erste internationale Stars der Szene waren Max Wetland, Shaun Thomson und Martin Potter. Die aktuellen Champions heißen David Weare, Travis Logie, Ricky Basnett und Jordy Smith. Die beliebtesten Surf-Reviere sind North Beach, New Pier, Bay of Plenty und Snake Park. Fortgeschrittene Surfer bevorzugen Cave Rock Bluff südlich des Hafens.

Jordy Smith *gehört zu Durbans neuer Surfer-Generation. Im Oktober 2006 gewann er bei den ISA World Surfing Games in Kalifornien den Titel.*

»Bottom turn« *nennt man das Manöver im Wellental. Danach folgt oft ein »floater«, bei dem der Surfer auf der Kante der Welle reitet, um Geschwindigkeit aufzunehmen.*

Das Reiten auf »perfekten« Wellen, für die Durban bekannt ist, erhöht den Nervenkitzel.

Moderne Bretter *sind kleiner, leichter und wendiger als die älteren Modelle.*

Long boards für Wettbewerbe müssen mindestens 2,8 Meter lang sein und zwischen 5,2 und sieben Kilogramm wiegen.

Short boards sind leichter und wendiger. Bei Wettbewerben dürfen sie nicht schwerer als 3,2 Kilogramm sein.

Für besseren Halt werden die Surfboards mit Wachs präpariert.

CAVE ROCK

Cave Rock ist Durbans bestes Surf-Revier. Durch einen tiefen Ozeankanal und ein Riff nahe der Küste entstehen mächtige Wellen, die mit den weltberühmten Brechern auf Hawai'i vergleichbar sind.

Surf-Ikone Shaun Thomson *(Mitte) wurde zum Helden, als er im Jahr 1977 die World Championship gewann.*

SURF-KULTUR

Surf-Fans auf der ganzen Welt haben ihre eigene Lebensphilosophie entwickelt. Entspannt und gelassen streben sie nach Einfachheit und konzentrieren sich auf die wunderbare Kraft des Wassers. Graffiti und Wandmalereien in Durban verbinden den Nervenkitzel des Surfens mit der Stadtsilhouette und verwandeln langweilige Wände in ein wahres Surfer-Feuerwerk.

Die »Lippe« bildet sich, wenn das Wellental auf das Riff trifft.

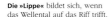

Surfer-Mode *hat sich zu einer lohnenden Industrie entwickelt. Einfallsreiche Kreationen, etwa von Quiksilver oder Billabong, spiegeln das typische Surfer-Lebensgefühl wider – allerdings zu Designerpreisen.*

Der Wellentunnel bäumt sich über und hinter dem Surfer auf.

Surf-Helden *wie Kelly Slater haben Kultstatus erreicht. Jedes Jahr locken die großen Surf-Wettbewerbe viele Fans und Autogrammjäger nach Durban.*

Mr Price Pro *(ehemals Gunston 500) ist Südafrikas wichtigstes Surf-Event. Es findet alljährlich im Juli statt und dauert sechs Tage. 1969 lag das Preisgeld beim ersten Wettbewerb, der außerhalb von Hawai'i stattfand, bei 500 Rand.*

SURFER-LATEIN

Tube – Ritt durch die konkave Kurve des Wellenkörpers
Lip – Wellenspitze (der stärkste Teil der Welle)
Barrel – Ritt durch eine Wellenkurve, bei dem die Welle über dem Surfer bricht
Bomb – riesige Welle
Filthy – tolle Gischt
Grommet – Anfänger
Shundies – danke
Tassie – junge Frau
Cactus – bei Surfern unbeliebte Person

WILD COAST, DRAKENSBERGE UND MIDLANDS

*U*khahlamba – »Barriere aus Speeren« – nennen die Zulu die höchsten Berge Südafrikas wegen der zerklüfteten Gipfel. Der Aufstieg zählt zu den schönsten Bergsteigererlebnissen. Wo sich die stolzen Drakensberge nach Süden hin neigen, finden vor allem Fischer und Wanderer ihr Paradies an der Wild Coast.

Vor etwa 1000 Jahren waren die üppig-grünen Täler der Drakensberge Heimat der San-Buschmänner: Jäger und Sammler, die Antilopen mit Pfeil und Bogen erlegten. Nach und nach wurden sie verdrängt von Zulu, Xhosa, Afrikaanern und Briten. Außer den hervorragenden Malereien unter Felsüberhängen und in Höhlen hinterließen die kleinwüchsigen Jäger jedoch keine Spuren.

Anfang des 19. Jahrhunderts war das Xhosa-Land bereits Teil der expandierenden Kapkolonie, während sich das Zulu-Königreich bis nördlich des Flusses Tugela erstreckte. Der Stamm der Basotho wurde von verschiedenen Seiten angegriffen und fand schließlich Schutz in dem Berggebiet, das später zum Königreich Lesotho werden sollte. 1848 bildete der Fluss Kei die Grenze zwischen Briten und Xhosa, während das Gebiet im Norden zwischen den Flüssen Mzimkhulu und Tugela zur Kolonie Natal erklärt wurde. Über Jahrhunderte hinweg war diese fruchtbare Gegend (die heutigen Midlands) Schauplatz zahlreicher Territorialkriege. Einige Schlachtfelder können noch immer besichtigt werden.

1976 wurde das Xhosa-Gebiet Transkei offiziell unabhängig, aber bereits 1994 wieder in das Staatsgebiet von Südafrika integriert. Diese Region ist voller Naturschönheiten. Die zauberhafte Küste blieb absolut unberührt. Sie bietet versteckte Buchten und Strände sowie die besten Fischgründe der gesamten Küste.

Sandsteinbauten am Kriegsschauplatz Rorke's Drift

◁ **Blick vom Giant's Castle Game Reserve auf Giant's Castle und Bushman's River** *(siehe S. 216)*

Überblick: Wild Coast, Drakensberge und Midlands

Die entlegenen Lesotho Highlands und die Drakensberge, Südafrikas höchster Gebirgszug, sind das Rückgrat dieses Gebiets. Atemberaubende Ausblicke und malerische Flüsse in versteckten Tälern ziehen Naturliebhaber, Wanderer, Vogelbeobachter und Forellenangler an. Zwischen den geschützten Buchten und bewaldeten Klippen der »wilden Küste« und den Bergen im Hinterland erstreckt sich eine Hochebene mit verstreut liegenden Hütten der Xhosa. Nördlich davon bilden die grünen Hügel und Wälder der Natal Midlands die idyllische Kulisse für Landhotels, viele kunsthandwerkliche Betriebe und Milchviehgehöfte.

Gipfel der Drakensberge: Champagne Castle, Monk's Cowl und Cathkin Peak

LEGENDE

▬▬	Autobahn
▬	Hauptstraße
═══	Nebenstraße
▪▪▪	Unbefestigte Piste
▬	Panoramastraße
▬▪▬	Eisenbahn (Hauptstrecke)
────	Eisenbahn (Nebenstrecke)
▬▬	Staatsgrenze
▬▬	Provinzgrenze
✕	Pass

Gedenkstätte *Laager*: Schauplatz der Schlacht am Blood River (1838) nahe Dundee

Johannesburg

Kroonstad   FRE
Ede
Odendaalsrus   *Vals*   Lindl
Welkom   N1   Steyns
Virginia   Ventersburg
Allemanskraal Dam
Theunissen   N5   Sene
Rosenc
Winburg   Marquar
Bloemfontein
Ficksburg
Clocolan
Teyateyaneng
Westminster   N8   Mase
Blue Mou
Jammerdrif   Ramabanta
Mafeteng
Bloemfontein
Breipaal   *Caledon*   Mohale
Smithfield   Zastron   Hoek
Dupleston   Mekali
Rouxville   *Oranje*   Rale
Goedemoed   N6   Sterkspruit
Aliwal North
Vineyard   R58   New En
Burgersdorp   Clanville   Bark East
Swempoort
Steynsburg   Dordrecht   Ellio
Molteno   R56
Hofmeyr   *Wil Kei*   Lady Frere
Bailey   EASTE
Queenstown
R61   R61
Coetseesberg   Tarkastad   Bolotwa
Cradock   *Swart-Kei*
Elandsdrift   Cathcart   Nqama
N10   *Winterberge*   N6
Daggaboersnek   Stutterheim   Kom
Bedford   R63   Fort Beaufort   N6
Bisho
Mdantsane
Port Elizabeth   East Lon
Oos-Lor

Felszeichnungen der San im Giant's Castle Game Reserve, Drakensberge

IN DER REGION UNTERWEGS

Die N2 verbindet East London mit KwaZulu-Natal. Die Straßen zur Wild Coast sind selten geteilt, zu den entlegenen Stränden benötigt man ein eigenes Transportmittel. Trotz Ausbau des Straßennetzes ist auf vielen Straßen in Lesotho Allradantrieb erforderlich. Von Osten her ist das Land nur schwer erreichbar. Die N3 in KwaZulu-Natal, eine der Hauptverkehrsachsen Südafrikas, führt auch zu den Hotels in den Drakensbergen. Die Straßen zu den Hotels sind meist geteilt. Busse verkehren regelmäßig zwischen den regionalen Zentren. Inlandsflughäfen befinden sich in East London, Umtata und Pietermaritzburg, ein internationaler Flughafen in Maseru.

SEHENSWÜRDIGKEITEN AUF EINEN BLICK

Cathedral Peak ❼
Champagne Castle ❺
Giant's Castle ❹
Golden Gate Highlands
  National Park ❾
Kamberg ❸
Lesotho S. 214f ❷
Midlands Meander ⓬
Natal Drakensberg Park ❻
Pietermaritzburg S. 222f ⓭
Royal Natal National Park ❽
Spioenkop Nature Reserve ⓫
Wild Coast S. 212f ❶

Tour
Zu den Schlachtfeldern ❿

SIEHE AUCH

Rathaus von Pietermaritzburg

Wild Coast ❶

East London, zweitgrößte Stadt an der Ostküste und einziger Binnenhafen des Landes, ist ein guter Ausgangspunkt, um die Küste der ehemaligen Transkei zu erkunden. Die Wild Coast ist eine der am wenigsten entwickelten Regionen Südafrikas mit Dörfern, in denen jahrhundertealte Tradition lebendig ist. Die Strände sind wunderschön, Taucher finden Wracks im Indischen Ozean. Ein Großteil des Gebiets zählt zum Gemeinschaftseigentum der Xhosa-sprachigen Einwohner.

Beliebt bei Surfern: Orient Beach bei East London

Überblick: Wild Coast

Die Wild Coast mit ihren Klippen, unberührten Küsten, geschützten Buchten, hohen Wellenbrechern und dichten Wäldern ist ein Sportparadies. Die meisten Wildschutzgebiete und Dörfer sind über die N2 erreichbar, doch viele Straßen sind nicht geteert. Es gibt kaum öffentliche Verkehrsmittel: Die beste Wahl ist der Bazbus entlang der N2.

East London

Straßenkarte E5. 808000. R72, 12 km westl. von East London. Station Rd. Oxford St. Shop 1 & 2, King's Tourism Center Esplanade (043) 722-6015.

East London ist eine gemütliche Küstenstadt am Buffalo River mit einigen schönen Badestränden am warmen Indischen Ozean.

Interessant ist u. a. die Statue von Steve Biko vor dem Rathaus. Der Anführer der Black-Consciousness-Bewegung starb unter mysteriösen Umständen in Polizeihaft.

Die Uferpromenade Latimer's Landing bietet einen schönen Ausblick auf den Fluss und den Hafen.

East London Museum

319 Oxford St. (043) 743-0686. Mo–Fr 9–16.30 Uhr (Fr bis 16 Uhr), Sa 10–13 Uhr, So 10–14 Uhr. Karfreitag, 25. Dez.

Kwelera

Straßenkarte E4. 26 km östl. von East London. Yellow Sands Resort, (043) 734-3043.
Kwelera ist eine der schönsten Flussmündungen dieser Region. Am Nordufer liegt eine Hotelanlage. Kanuten können flussaufwärts paddeln, vorbei an vereinzelten Hütten auf bewaldeten Hügeln, über denen die Fischadler kreisen. Der weitläufige Küstenwaldpark südlich der Flussmündung ist Heimat des Buschbocks.

Morgan's Bay und Kei Mouth

Straßenkarte E4. An der N2, 85 km östl. von East London. Morgan's Bay Hotel, (043) 841-1062.
Die beiden Dörfer Morgan's Bay und Kei Mouth liegen an einem reizenden Küstenstreifen. Von Kei Mouth fährt eine Autofähre auf dem Great Kei River in das einstige Xhosa-Homeland Transkei. Das Morgan's Bay Hotel liegt direkt am Strand der seichten Ntshala-Lagune. Spaziergänge entlang der Klippen bieten wundervolle Ausblicke aufs Meer.

Der Felsvorsprung von Double Mouth weiter südlich bietet einen wunderbaren Aussichtspunkt mit Blick auf Mündung und Meer.

Beliebter Sport: Felsangeln

Von Kei Mouth nach Mbashe River

Straßenkarte E4. 95 km östl. von East London. (043) 841-1004.
Die Wild Coast beginnt am Kei River. 20 Flüsse münden in diesen 80 Kilometer langen Küstenstreifen, an dem sich viele altmodische Familienhotels aneinanderreihen. Kei Mouth ist nur eine Autostunde von East London entfernt und ein beliebtes Wochenendziel.

Weiter nördlich erstreckt sich das Dwesa-Naturschutzgebiet entlang der Küste am Nqabara River. Im Park findet

QUASTENFLOSSER

1938 zogen Fischer vor der Mündung des Chalumna River nahe East London einen seltsamen Fisch an Land. Der Kapitän übergab ihn dem East London

Quastenflosser

Museum, dessen Kuratorin Marjorie Courtenay-Latimer sogleich den Ichthyologie-Professor J. L. B. Smith von der Rhodes-Universität kontaktierte. Der Fisch gehörte zu einer Art, die man seit Millionen von Jahren für ausgestorben hielt. Ein weiterer *Latimeria chalumnae* ging 1952 vor den Komoren ins Netz. Der Quastenflosser ist stahlblau mit schweren Schuppen und sechs beinartigen Stummelflossen.

Hotels und Restaurants in der Region Wild Coast, Drakensberge und Midlands siehe Seiten 340–342 und 367f

Traditionelle Hütten der Xhosa auf den Hügeln der einstigen Transkei

man seltene Baumschliefer sowie Samango-Affen. Grasland, Küste und Wälder sind weitgehend unberührt. The Haven liegt am Ufer des Mbashe River im Cwebe-Naturschutzgebiet. Die benachbarten Reservate schützen auf 60 Quadratkilometern Wald-Buschböcke, Blauducker, Elenantilopen, Kuhantilopen, Gnus und Zebras. Durch die Wild Coast führt ein Wanderweg, dessen schönster Abschnitt zwischen Mbashe und Coffee Bay liegt.

Coffee Bay
Straßenkarte E4. An der N2. ⓘ
Ocean View Hotel, (047) 575-2005/6.
Coffee Bay, benannt nach einem 1863 hier havarierten Kaffee-Frachter, ist ein beliebter Ort zum Angeln, Schwimmen und Sonnenbaden. Zahlreiche Hotels liegen malerisch oberhalb der Sandstrände. Das »Hole in the Wall«, eine herausragende Klippe, die die Erosion vom Festland trennte, befindet sich sechs Kilometer südlich an der Küste. Über Jahrhunderte hinweg höhlten die Wellen den Felsen aus, bis sich in der Mitte ein Bogenfenster herausbildete.

Umngazi Mouth
Straßenkarte E4. 25 km südl. von Port St Johns. ⓘ *Umngazi River Bungalows, (047) 564-1115/6/8/9.*
Die idyllische Mündung des Umngazi säumen bewaldete Hügel. Sie bietet hervorragende Wassersportmöglichkeiten. Am nördlichen Ufer liegen die Umngazi River Bungalows *(siehe S. 342)*, eines der besten Resorts der Wild Coast. Ein Sandstrand geht südwärts über in die raue Küste mit den Ndluzulu-Klippen, die die Xhosa nach der dort tosenden Brandung benannten.

Mkambati Nature Reserve
Straßenkarte E4. An der R61 nördl. von Port St Johns. ⓘ *Eastern Cape Tourism Board, (043) 701-9600.*
Das Mkambati-Wildreservat zwischen den Flüssen Mzikaba und Mtentu ist der größte Naturpark der Wild Coast. Neben einem 13 Kilometer langen Stück geschützter Savanne und unberührter felsiger Küste ist das Reservat wegen seiner Mkambati-Palme interessant, die nur in dieser Region gedeiht. Auch Kapgeier brüten in der Mzikaba-Schlucht.

Der Mkambati fließt mit einigen spektakulären Wasserfällen durch das Reservat, die schönsten davon sind die Horseshoe Falls.

Die Unterkünfte variieren von der Steinhütte bis zur klassischen Lodge. Das Sportangebot umfasst Angeln, Schwimmen und Reiten. Wer Tiere beobachten will, kann hier Elenantilopen, Springböcke, Blessböcke, Impala-Antilopen, Streifengnus und Zebras sehen. Ein wichtiger Aspekt ist die Nähe zum Wild Coast Sun Hotel and Casino *(siehe S. 234)*.

Das »Hole in the Wall« heißt auf Xhosa *Esikhaleni* und bedeutet »Ort des Klangs«

Lesotho ❷

Basotho-Hut

Das bergige Königreich Lesotho – eine Exklave in Südafrika – wurde am 4. Oktober 1966 von Großbritannien unabhängig. Die Gebirge, zu denen neben den Drakensbergen auch die Maluti- und die Thaba-Putsoa-Berge gehören, sind ein Paradies für Kletterer, Camper und Wanderer. Daneben wartet Lesotho mit spektakulären Felstälern, einer großen Artenvielfalt in Flora und Fauna sowie einem reichen kulturellen Erbe auf, das von den Basotho, wie die Einwohner sich nennen, lebendig gehalten wird.

ZUR ORIENTIERUNG

Die Höhlenwohnungen in Ha Kome sind aus Lehm gebaut und schöne Beispiele einheimischer Architektur.

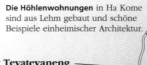

★ **Teyateyaneng**
Lesothos Hauptstadt des Kunsthandwerks ist von Maseru aus gut zu erreichen. Hier gibt es vor allem gewebte Pullover, Teppiche und Wandbehänge in allen Farben.

Maseru
Maseru am Caledon River wurde 1869 von den Briten gegründet. Hauptattraktion ist der Makoanyane Square, ein Monument für die in den Weltkriegen gefallenen Basotho.

NICHT VERSÄUMEN

★ Katse Dam

★ Sani Pass

★ Teyateyaneng

Schnee
Im Mai und Juni verwandelt sich das bergige Land in ein Paradies für Skifahrer und Snowboarder.

Hotels und Restaurants in der Region Wild Coast, Drakensberge und Midlands *siehe Seiten 340–342 und 367f*

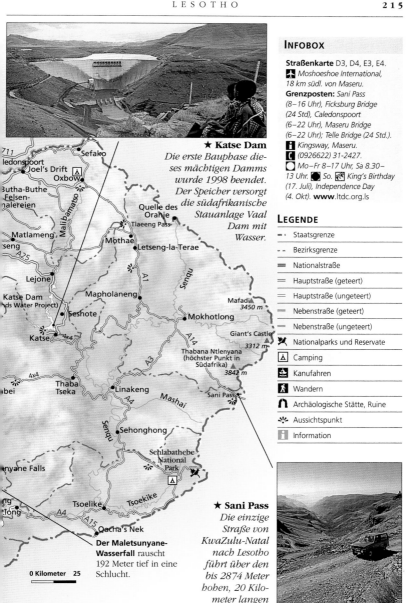

★ Katse Dam
Die erste Bauphase dieses mächtigen Damms wurde 1998 beendet. Der Speicher versorgt die südafrikanische Stauanlage Vaal Dam mit Wasser.

INFOBOX

Straßenkarte D3, D4, E3, E4.
✈ *Moshoeshoe International, 18 km südl. von Maseru.*
Grenzposten: *Sani Pass (8–16 Uhr), Ficksburg Bridge (24 Std), Caledonspoort (6–22 Uhr), Maseru Bridge (6–22 Uhr); Telle Bridge (24 Std).*
🛈 Kingsway, Maseru.
📞 (0926622) 31-2427.
⏰ *Mo–Fr 8–17 Uhr, Sa 8.30–13 Uhr.* ⬤ So. 🎆 *King's Birthday (17. Juli), Independence Day (4. Okt).* **www**.ltdc.org.ls

LEGENDE

– ·	Staatsgrenze
– –	Bezirksgrenze
=	Nationalstraße
=	Hauptstraße (geteert)
=	Hauptstraße (ungeteert)
=	Nebenstraße (geteert)
=	Nebenstraße (ungeteert)
🏹	Nationalparks und Reservate
⛺	Camping
🛶	Kanufahren
🚶	Wandern
⛰	Archäologische Stätte, Ruine
🔭	Aussichtspunkt
🛈	Information

★ Sani Pass
Die einzige Straße von KwaZulu-Natal nach Lesotho führt über den bis 2874 Meter hohen, 20 Kilometer langen Sani Pass.

Der Maletsunyane-Wasserfall rauscht 192 Meter tief in eine Schlucht.

0 Kilometer 25

Polychrome Höhlenmalereien

FELSZEICHNUNGEN UND DINOSAURIERSPUREN

Das entlegene Lesotho blieb von der Kommerzialisierung relativ unberührt. In den hohen Bergen, wo oft Basotho-Ponys die einzigen Transportmittel sind, findet man einige der schönsten Felszeichnungen Südafrikas: z.B. Thaba Bosiu bei Maseru und die Sekubu-Höhlen bei Butha-Buthe im Norden – nur zwei der über 400 sehenswerten Stätten. Versteinerte Dinosaurierspuren gibt es z.B. in Moyeni (Quthing) und bei der Tsikoane Mission in Hlotse.

Kamberg ❸

Straßenkarte E3. Estcourt. ℹ️ *Kwa-Zulu-Natal Nature Conservation, (033) 845-1000.* ⬜ *Mo–Do 8.15–18 Uhr, Fr 8.15–16.15 Uhr, Sa 8–13 Uhr, So 9–12 Uhr.* 🗺️ 🚶 🎣 🎣

Kamberg im Mooi-River-Tal ist als Forellen-Fisch-grund beliebt. Neben der Forellenfarm, die auch geführte Touren anbietet, gibt es einige kleine Stauseen. Wanderwege schlängeln sich durch das Tal oder am Fluss entlang.

Mit einem Führer kann man zu Felszeichnungen der San-Buschmänner in der Shelter Cave wandern. Der Hin- und Rückweg dauert rund vier Stunden. Oberhalb des Tals stehen einige Landhäuser.

Kamberg: Forellenangeln in traumhafter Landschaft

Giant's Castle ❹

Straßenkarte E3. Estcourt. ℹ️ *KwaZulu-Natal Nature Conservation, (033) 845-1000.* ⬜ *wie in Kamberg.* 🗺️ 🚶 🎣

Diese Gegend wurde im Jahr 1903 zum Reservat für die letzten Elenantilopen

Winterparadies: Schnee am Giant's Castle

Südafrikas erklärt. Heute zählt die Population mit 1500 Tieren zu einer der größten des Landes.

Von einem getarnten Beobachtungsposten aus kann man die gefährdeten Bartgeier sehen. Etwa 200 Paare nisten in diesem Gebiet.

Übernachten kann man in komfortablen Bungalows und kleinen Hütten. Das Haupt-Camp liebt oberhalb des Bushman's River mit dem dominierenden, 3314 Meter hohen Gipfel Giant's Castle. Mehrere Pfade beginnen am Camp, einer davon führt zu einer Höhle mit 500 Buschmann-Zeichnungen, die bis zu 800 Jahre alt sind.

Champagne Castle ❺

Straßenkarte E3. Winterton.

Champagne Castle ist mit 3377 Metern der zweithöchste Gipfel Südafrikas. Er sticht aus den übrigen Steilhängen hervor und zieht die Blicke vom hübschen Tal aus auf sich. Die 31 Kilometer lange Straße führt von der N3 zu Luxushotels und Time-share-Resorts wie The Nest und dem noblen Drakensberg Sun. Hier findet man die international renommierte Knabenchorschule Drakensberg Boys Choir School. Auch die Caravan-Parks Dragon Peaks und Monk's Cowl liegen hier.

Natal Drakensberg Park ❻

Straßenkarte E3. Winterton. ℹ️ *KwaZulu-Natal Nature Conservation, (033) 845-1000.* ⬜ *wie in Kamberg.* 🗺️ 🚶 🎣 🅰️

Im Vergleich zu den fruchtbaren Hügeln der KwaZulu-Natal Midlands wirkt die Kulisse der rauen Gebirgshänge in den Drakensbergen Ehrfurcht gebietend.

Der Natal Drakensberg Park birgt auf einer Fläche von 2350 Quadratkilometern nicht nur die höchsten Berge Südafrikas, sondern zählt auch zu den schönsten Wildschutzgebieten des Landes. In entlegenen Tälern und dichten Wäldern finden viele wilde

DRAKENSBERG-GEBIRGSKETTE

Das Gebiet der Drakensberge (Drachenberge), die größte Bergwildnis Südafrikas, folgt der Grenze von Lesotho über 250 Kilometer als natürliche Grenze zwischen der Hochebene und der subtropischen Küste von KwaZulu-Natal. Die Drakensberge unterteilt man in die felsigen High-Berge und die fruchtbaren Little-Berge. Beide eignen sich sehr gut zum Wandern.

Giant's Castle

Giant's Castle Pass   Die Hoek

Hodgson's Peaks

Tiere Schutz. Unter zahlreichen Felsüberhängen sind Buschmann-Zeichnungen der San erhalten. Diese alten Felszeichnungen sind ein Kulturgut von unschätzbarem Wert. Aus diesem Grund dürfen sie nicht berührt oder – noch schlimmer – mit Wasser benetzt werden, um die Farben besser wirken zu lassen.

Die KwaZulu-Natal-Naturschutzbehörde hat hier fünf Camps für maximal 370 Besucher eingerichtet. Außerdem gibt es viele hübsche Zeltplätze, Berghütten und Höhlen, die Wanderern und Bergsteigern Kost und Logis bieten.

Am Rande des Parks, insbesondere im Cathkin-Peak-Tal, stehen Gästen viele komfortable Hotels und Anlagen mit Sportangeboten zur Verfügung.

Cathedral Peak ❼

Straßenkarte E3. Winterton.

Die Gegend um den Cathedral Peak bietet wunderschöne Landschaften und viele Wandermöglichkeiten.

Die Straße von Winterton aus schlängelt sich 42 Kilometer entlang den sanften Biegungen des Mlambonja-Tals an vereinzelten Zulu-Dörfern vorbei. Im Hintergrund thronen die majestätischen Drakensberge. Vom Büro der Naturschutzbehörde nahe dem Cathedral Peak Hotel aus überwindet der Mike's Pass 500 Höhenmeter auf fünf Kilometern. Die Ndedema Gorge, in der auch viele Buschmann-Zeichnungen der San zu finden sind, schützt den größten Waldbestand der Region.

Royal Natal National Park ❽

Straßenkarte E3. Winterton.
🛈 Tendele Camp, (036) 438-6411.
🛏 National Parks Board Reservations: (012) 428-9111, (031) 304-4934 oder (0338) 45-1000. 🕒 tägl.
🖼 🥾 🎿 🅰 www.saparks.co.za

Der Royal Natal National Park birgt atemberaubende Landschaften, darunter das eindrucksvolle Amphitheatre, eine sechs Kilometer breite, sichelförmige Basaltwand, die 1500 Meter hoch aufragt. Hier stürzt der Tugela River über 948 Meter hinab ins Tal und bildet so den zweithöchsten Wasserfall der Welt.

Das Tendele Camp oberhalb des Tugela River bietet überwältigende Ausblicke ins Tal.

In den Tälern sind die Wochenendhotels Royal Natal und Mahai Camp geeignete Ausgangspunkte für Wanderungen im 88 Quadratkilometer großen Nationalpark.

Bartgeier

Golden Gate Highlands National Park ❾

Straßenkarte E3. Clarens. 🛏 National Parks Board Reservations: (012) 428-9111, (058) 255-0012. 🕒 tägl.
🖼 🥾 🎿 🅰 www.saparks.co.za

Der Nationalpark am Fuße der Maluti-Berge im östlichen Free State umfasst 48 Quadratkilometer Grasland mit bizarren Sandsteinformationen. Zum Erhalt der Sandsteinklippen über dem Little-Caledon-Tal wurde das Gebiet 1963 geschützt.

Weißschwanzgnu, Rehbock und Bergriedbock sind hier ebenso zu sehen wie der gefährdete Bartgeier, der Kaffernadler und der Steppenbussard.

Zum Übernachten bietet das Glen Reenen Camp Hütten und Caravan-Stellplätze. Die komfortableren Hütten der Brandwag Lodge werden derzeit renoviert. Sie sollen 2010 wiedereröffnet werden.

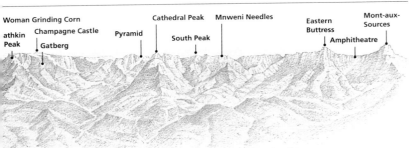

Unberührte Wildnis im Royal Natal National Park

Woman Grinding Corn   Cathedral Peak   Mnweni Needles   Eastern Buttress   Mont-aux-Sources

athkin Peak   Champagne Castle   Gatberg   Pyramid   South Peak   Amphitheatre

Viehweide am Fuß der mächtigen Drakensberge ▷

Tour: Zu den Schlachtfeldern ❿

Auf den bewaldeten Hügeln und im sich ausbreitenden Grasland im Nordwesten von KwaZulu-Natal erinnert kaum etwas an die blutigen Schlachten, die hier im 19. Jahrhundert geschlagen wurden. Um 1820 stürzte Zulu-König Shaka das gesamte Gebiet in Unruhen, weil er die Kontrolle über alle Stämme haben wollte. Die nächsten

Denkmal am Rorke's Drift

80 Jahre waren von Kriegen geprägt: Zulu gegen Ndwandwe, Afrikaner gegen Zulu sowie Briten gegen Afrikaner und Zulu. Ein Führer zu den Kriegsschauplätzen listet mehr als 50 Stätten auf – er ist an zahlreichen Stellen sowie im Talana Museum erhältlich, in dem auch kundige Reiseleiter gebucht werden können.

Elandslaagte ②
Die Streitkräfte der Buren und Briten trafen hier während eines schlimmen Unwetters am 22. Oktober 1899 aufeinander.

Ladysmith ①
Ab 2. November 1899 belagerte der Burengeneral Piet Joubert die 12 000 britischen Soldaten in Ladysmith 118 Tage lang.

Talana Museum ③
Hier wird an die erste Schlacht im Südafrikanischen Krieg vom 20. Oktober 1899 erinnert, als 4500 britische Soldaten nach Dundee kamen, um Stadt und Kohleminen zu verteidigen.

Rorke's Drift ⑤
Das Museum erzählt die Schlacht, in der 100 britische Soldaten zwölf Stunden lang den Angriff von 4000 Zulu abwehrten, womit sie sich elf Viktoriakreuze für besondere Tapferkeit verdienten.

LEGENDE

▬	Autobahn
▬	Routenempfehlung
═	Andere Straße
☀	Aussichtspunkt
⚔	Kriegsschauplatz

ROUTENINFOS
Länge: 380 km.
Rasten: In Ladysmith und Dundee gibt es Restaurants und Hotels. Tonträger können im Talana Museum in Dundee sowie in Fugitives' Drift gekauft werden, wo es auch Hotels gibt und geführte Touren organisiert werden.

Karte:
ERMELO
R543
MAJUBA · Volksrust
LAINGSNEK
SKUINSHOOGTE
N11
FORT AMIEL MUSEUM · R34
Newcastle · Utrecht
R33
Talana Museum ③ · ④ Blood River
FORT MISTAKE
Glencoe · Dundee · R68
FORT PINE
R602
Rorke's Drift ⑤ · ⑥ Isandlhwana
HARRISMITH
R103
N11 · ② Elandslaagte
① Ladysmith
R103
N3
COLENSO
Weenen
BLOUKRANS · R74
Estcourt
FORT DUNFORT MUSEUM
R622
DURBAN
0 Kilometer 25

Isandlhwana ⑥
Zulu-Krieger griffen am 22. Januar 1879 eine britische Truppe an und siegten.

Blood River ④
Die Schlacht am Blood River galt lange als Symbol des Siegs der Afrikaner über die Zulu. Der 16. Dezember wurde zum Feiertag, zum Tag der Versöhnung, erklärt.

Der Stausee Midmar Dam wird von sanften Hügeln umrahmt

Spioenkop Nature Reserve ⓫

Straßenkarte E3. 35 km südwestl. von Ladysmith auf der Winterton Rd. ((036) 488-1578. tägl. 6–18 Uhr.

Der malerische Stausee liegt am Fuß des Spioenkop. Der 1466 Meter hohe Berg war 1891 im Südafrikanischen Krieg Schauplatz einer entscheidenden Schlacht zwischen Buren und Briten (siehe S. 55). Als stumme Mahnmale liegen Gräber und Gedenksteine verstreut um den Gipfel.

Heute kommen viele Naturliebhaber nach Spioenkop, die auf dem Stausee angeln oder Boot fahren oder in der Umgebung Tiere beobachten, darunter Elen- und Kuhantilopen, Zebras, Giraffen, Kudus, Büffel und weiße Nashörner.

Das Camp bietet neben einem Kriegsmuseum auch Swimmingpool, Tennisplätze, Spielplätze und eine Gleitbahn am südlichen Ufer. Am Südufer befinden sich auch Picknickstellen. Zwei kurze Wanderpfade laden zu Tierbeobachtungen ein.

Zwei Buschcamps bieten luxuriöse Übernachtungen an: Ntenjwa liegt an der oberen Hälfte des großen Stausees und ist nur per Privatboot oder der Fähre der Parkbehörde erreichbar.

Zum Safari-Zeltcamp Iphika am Fuß des Spioenkop am Nordufer des Sees gelangt man über einen Privatweg. Dem Besucher eröffnet sich ein einzigartiges Naturerlebnis, da in diesem Gebiet keine privaten Fahrzeuge erlaubt sind.

Wandteppich, Rorke's Drift

Midlands Meander ⓬

Straßenkarte E3. Mooi River. ⓘ (033) 330-8195.

Künstler und Kunsthandwerker zogen sich schon immer gern in die sanftwelligen Hügel der Natal Midlands mit ihren grünen Wäldern und Milchviehgehöften zurück. 1985 taten sich sechs Ateliers zur Künstlerstraße Midlands Meander zusammen. Die Idee wurde schnell bekannt, inzwischen gehören ihr 170 Kunstbetriebe an. Vier Straßen schlängeln sich durch die kleinen Städte Hilton, Nottingham Road, Howick und Mooi River. Angeboten werden Kräuter, Käse, Wein sowie Töpfer-, Web- und Lederwaren, Möbel, Buntglas und Antiquitäten.

Ein Denkmal an der R103 hinter Midmar Dam erinnert an den Ort, an dem Nelson Mandela (siehe S. 59) am 5. August 1962 von der Polizei verhaftet wurde.

Die Unterkünfte reichen hier von Landhotels und ruhigen Gästehäusern bis hin zu malerischen Lodges und komfortablen Bed-and-Breakfasts. Weitere Anziehungspunkte sind ein bekanntes Heilbad sowie viele urige Pubs und Restaurants.

Das Denkmal der Schlacht von Spioenkop thront über dem Stausee

Im Detail: Pietermaritzburg ⓭

Pietermaritzburg hat sich von seinen recht bescheidenen Anfängen als 1836 von Afrikaanern gegründete Agrarsiedlung zum heutigen Handels-, Industrie- und Verwaltungszentrum der KwaZulu-Natal Midlands entwickelt. Die Vermischung viktorianischer, indischer und moderner Elemente in Kultur und Architektur macht das Besondere dieser typisch südafrikanischen Stadt aus. Um die Innenstadt und in den westlichen Vororten am Fuß der bewaldeten Hügel liegen viele historische Bauten und Denkmäler sowie Galerien und Museen. Man kann durch die umliegenden Wälder und Botanischen Gärten spazieren oder einige Naturreservate und Freizeitparks in und um die gemütliche Stadt besuchen.

Gandhi-Statue
In Pietermaritzburg musste Gandhi 1893 einen Erste-Klasse-Zug verlassen, weil er kein Weißer war.

Church Street Mall
Die Fußgängerzone ist gesäumt von Schatten spendenden Stinkwood-Bäumen und gut erhaltenen historischen Bauten.

★ **Tatham Art Gallery**
Diese Kunstsammlung im Gebäude des ehemaligen Obersten Gerichtshofs präsentiert Werke von südafrikanischen, aber auch europäischen Meistern, darunter Degas, Matisse und Picasso.

Presbyterian Church

Parliament Building
Die Tagungsstätte der Provinz-Legislative von KwaZulu-Natal war bis 1910 Sitz der Kolonialregierung.

LEGENDE

 Routenempfehlung

NICHT VERSÄUMEN

★ City Hall

★ Natal Museum

★ Tatham Art Gallery

Kolonialbauten
Das J.-H.-Isaacs-Haus und die edwardianische First National Bank in der Longmarket Street sind zwei schöne Beispiele für Kolonialarchitektur.

Hotels und Restaurants in der Region Wild Coast, Drakensberge und Midlands *siehe Seiten 340–342 und 367f*

INFOBOX

Straßenkarte E3. 🏘 *928000.*
🚉 *Durban, 80 km südöstl.*
✈ *Msunduzi Airport, südl.
der Stadt.* 🚌 *Church St.*
🚏 *Publicity House, Ecke Langali-
balele und Chief Albert Luthuli St.*
ℹ *Publicity House (033) 345-
1348.* ○ *Mo–Fr 8–17 Uhr,
Sa und Feiertage 8–13 Uhr.*
🎪 *Royal Agricultural Show (Mai).*
www.pietermaritzburg.co.za

★ **City Hall**
*Dieses hübsche Backstein-
gebäude stammt aus dem
Jahr 1893. Der erst 1900
angebaute Glockenturm
ist 47 Meter hoch.*

0 Meter   50

**Publicity
House**

Voortrekker Museum
*Die Gelöbniskirche (Church of
the Vow), von den Voortrekkern
nach der Schlacht am Blood
River (siehe S. 53) gebaut, ist das
Kernstück des Voortrekker-
Museums (Ecke Long-
market und Boshoff St).*

LOOP STREET

★ **Natal Museum**
*Gigantische Insekten
blicken von den Außen-
mauern des Museums
herab, das u. a. Exponate
zur afrikanischen Natur-
geschichte zeigt.*

Pietermaritzburg
Die Stadt bietet sich wegen
der architektonischen Juwele
für ausgedehnte Spaziergänge
an. The Lanes, ein Gassen-
labyrinth zwischen Church
und Longmarket Street, versetzt den Besucher in die
Gründerzeit von Pietermaritzburg zurück.

Umgebung: Midmar Dam,
das Wochenend- und Ferienziel für Wassersportler, liegt
27 Kilometer nördlich von
Pietermaritzburg im **Midmar
Dam Resort**. Im Wildreservat
am Südufer leben Weiß-
schwanzgnu, Elen- und Kuhantilope sowie Springbock,
Blessbock und Zebra.
 Die 1850 gegründete Stadt
Howick liegt 18 Kilometer
nördlich von Pietermaritzburg.
Ein Restaurant und eine Aussichtsterrasse bieten einen
schönen Blick auf den How-
wick-Wasserfall, der ähnlich
hoch ist wie die Victoria Falls
in Simbabwe.
 Die Karkloof Road führt
aus Howick hinaus zu dem
bekannten **Umgeni Valley
Nature Reserve**. Wanderpfade
durchziehen das felsige Tal,
in das sich der Umgeni River
tief eingegraben hat. Am Ein-
gangstor beginnt ein Pfad,
der schöne Ausblicke auf die
Schlucht bietet.

🏕 **Midmar Dam Resort**
Howick. 📞 *(033) 330-2067.*
○ *tägl. 24 Std.* 🎣 ♿ 🏪
🍴 *(Mi–So).*

🏕 **Umgeni Valley Nature
Reserve**
Howick. 📞 *(033) 330-3931.*
○ *tägl. 8–16.30 Uhr.* ● *25. Dez.*
♿ 🚶

Howick-Wasserfall

DURBAN UND ZULULAND

Der warme Meeresstrom des Indischen Ozeans umspült die malerische Gegend um Durban, eines der meistbesuchten Urlaubsziele Südafrikas. Ausgiebige Regenfälle und die ganzjährige Sonne lassen Zuckerrohr gedeihen und Ferienhotels wie Pilze aus dem Boden schießen. Nördlich des Tugela River präsentiert sich ein typisches afrikanisches Bild: Wildtiere in ungezähmter Natur.

Ende des 15. Jahrhunderts segelte der Portugiese Vasco da Gama an einem Weihnachtsabend die afrikanische Ostküste entlang. Der kühne Seefahrer sichtete eine von Dünen umrahmte Bucht, die er »Rio de Natal« (»Weihnachtsfluss«) nannte. Seither firmierte das unbekannte Land hinter den weitläufigen Stränden und bewaldeten Dünen auf allen Seekarten als »Natal«.

Um 1820 drangen Gerüchte über den Zulu-König und Militärstrategen Shaka *(siehe S. 51)* bis zur Kapkolonie. Shaka vereinigte die verstreuten Stämme der Natal-Region zu einem nahezu unbesiegbaren Heer. 60 Jahre sollten vergehen, ehe das Britische Empire die mächtige Zulu-Armee unterjochen konnte. Die Zeit verändert vieles: »Rio de Natal« heißt heute Durban, verfügt über den größten Hafen Afrikas und ist die drittgrößte Stadt des Landes. Wo sich einst Grasland und Wälder bis zum Meer erstreckten, wachsen heute Zuckerrohrplantagen als markante Trennlinie zwischen den Luxushotels an den Sandstränden des warmen Indischen Ozeans und den sanften Hügeln des Hinterlandes. Viele große Flüsse schlängeln sich durch das hügelige Hinterland hin zur Küste, an deren idyllischen Flussmündungen und Lagunen zahlreiche Vogelarten nisten.

Im Norden befinden sich einige der schönsten Wildreservate Südafrikas mit so melodischen Zulu-Namen wie Hluhluwe-Umfolozi, Mkuzi, Ndumo und Tembe, deren Landschaft sich seit König Shaka nicht mehr verändert haben mag.

Traditioneller Fischfang mit Riedfallen, Kosi Bay

◁ **Der fantastische Temple of Understanding bei Durban ist ein Zeugnis hinduistischer Kultur** *(siehe S. 231)*

Überblick: Durban und Zululand

Die Gegend ist bekannt für Sandstände, subtropisches Klima, warme Meeresströmungen und unberührte Wildreservate. Durban ist mit seinen Hotels, Stränden und Shopping-Centern der beste Ausgangsort, um die landschaftliche Vielfalt der Küste zu erkunden. Über die Küstenstraße N2 sind viele Sehenswürdigkeiten leicht erreichbar. Dieser Küstengürtel ist mit seinen Zuckerrohrplantagen auch einer der größten Zuckerproduzenten Südafrikas. Nördlich von Richards Bay, nur drei Autostunden von Durban auf gut ausgebauten Straßen entfernt, birgt der iSimangaliso Wetland Park eine Wildnis aus Sümpfen, Wäldern und Savanne – ein Paradies für Vogel- und Naturfreunde. In den bewaldeten Hügeln des nahe gelegenen Hluhluwe-Umfolozi Park kann man Nashörner, Elefanten, Büffel und Löwen sehen.

Steppenzebras weiden im Hluhluwe-Umfolozi Park

SEHENSWÜRDIGKEITEN AUF EINEN BLICK

Durban S. 228–233 **1**
Hluhluwe-Umfolozi Park **6**
iSimangaliso Wetland Park **8**
Ithala Game Reserve **7**
Kosi Bay **10**
North Coast **3**
Phinda Resource Reserve **9**
Shakaland **5**
Simunye Lodge **4**
South Coast S. 234f **2**
Tembe Elephant Park **11**

Luftaufnahme eines Strands von Durban mit Sea World im Vordergrund

SIEHE AUCH

- *Übernachten* S. 342–344
- *Restaurants* S. 368–370

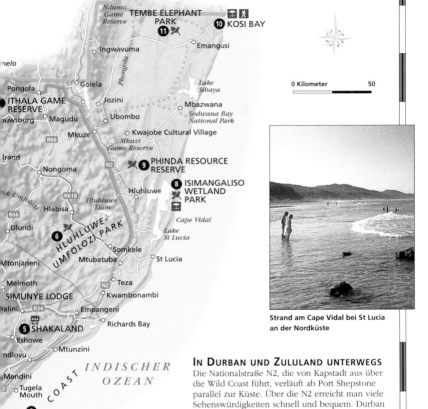

Strand am Cape Vidal bei St Lucia
an der Nordküste

IN DURBAN UND ZULULAND UNTERWEGS

Die Nationalstraße N2, die von Kapstadt aus über
die Wild Coast führt, verläuft ab Port Shepstone
parallel zur Küste. Über die N2 erreicht man viele
Sehenswürdigkeiten schnell und bequem. Durban
verfügt über einen internationalen Flughafen, nationale Flughäfen befinden sich in Margate und
Richards Bay. Einige örtliche Reiseveranstalter in
Durban bieten Touren zu den schönen Wildreservaten im Norden an.

LEGENDE

═══	Autobahn
───	Hauptstraße
┄┄┄	Nebenstraße
═ ═ ═	Unbefestigte Piste
───	Panoramastraße
──ⵜ──	Eisenbahn (Hauptstrecke)
───────	Eisenbahn (Nebenstrecke)
▬▬▬	Staatsgrenze
───	Provinzgrenze

Zuckerrohr ist das Hauptanbauprodukt im subtropischen Zululand

Durban ❶

Rettungsring

Nachdem Zulu-König Shaka das Land im Jahr 1824 an die Briten übergeben hatte, wurde Vasco da Gamas Port Natal zu Ehren des Kap-Gouverneurs Benjamin D'Urban in Durban umbenannt. Der einstige Handelsposten ist nun Südafrikas wichtigster Hafen und Ferienhauptstadt Nummer eins in Kwa-Zulu-Natal. Vor den Sandstränden reihen sich Hotels und Ferienapartments aneinander. Water World und Umgeni River Bird Park liegen nördlich von Durban.

Blick auf die »Paddling Pools« an der Golden Mile von Durban

Überblick: Durban
Die meisten Attraktionen liegen an den Stränden beieinander, nur wenige Gehminuten von den Hotels entfernt. Durban bietet Freizeitspaß am Meer, viele historische Bauten im Zentrum sowie Museen, Theater und Märkte. Aus Sicherheitsgründen sollten Besucher die Stadt nicht alleine, sondern im Rahmen einer Führung erkunden.

Golden Mile
Marine Parade.
Dieses sechs Kilometer lange Viertel steht ganz im Zeichen von Urlaubsspaß: Entlang einer Promenade reihen sich zur Stadtseite Hotels aneinander, zur Meerseite die Vergnügungsparks, ein Sessellift, Kunsthandwerksstände, Kneipen, Restaurants, Eisdielen und Sandstrände.

An der Golden Mile warten auch die fröhlich-bunt verzierten Rikschas. Die Fahrer in ihren farbenfrohen Perlentrachten und dem kunstvollen Kopfschmuck sind eine seltsame Mischung aus afrikanischer Tradition und indischem Einfluss.

Im Aquarium und Delfinarium **uShaka Marine World** tummeln sich tropische Fischarten, Schildkröten und Stachelrochen. Zweimal täglich werden die Tiere von Tauchern gefüttert. Das Delfinarium zeigt eine Show mit Delfinen, Robben und Pinguinen. Im **FitzSimons Snake Park** sind Schlangen, Krokodile, Eidechsen und Schildkröten zu sehen. Dieser Park ist der Hauptlieferant von lebenswichtigem Serum gegen Schlangenbisse.

🐬 uShaka Marine World
1 Bell St, Point Rd. (031) 328-8000. ⬤ tägl. 9–17 Uhr. 🅿 ♿
www.ushakamarineworld.co.za

🐍 FitzSimons Snake Park
248 Lower Marine Parade, Golden Mile. (073) 156-9606. ⬤ So–Fr 9–16.30 Uhr (So bis 17 Uhr). ♿

Durban Waterfront
Victoria Embankment.
Die knalligen Wandmalereien und pinkfarbenen Treppen zum **BAT Center** (Bartel Arts Trust) stimmen auf die progressive Kunst- und Musikszene im Hafenviertel ein. Im BAT befinden sich ein Theater mit 300 Sitzen, ein Tanzstudio, Kunstgalerien und -läden. Daneben gibt es eine Kneipe und ein gutes Restaurant mit Blick auf den Hafen.

Im **Natal Maritime Museum** sind Fotografien und Originalstücke aus der Seefahrtgeschichte Durbans ausgestellt, z.B. die Schlepper *Ulundi* und *JR More* sowie der Minensucher SAS *Durban*.

🏛 BAT Center
Victoria Embankment. (031) 332-0451. ⬤ Mo–Fr 8–16.30 Uhr, Sa 9–14 Uhr. ⬤ Feiertage.

🏛 Natal Maritime Museum
Victoria Embankment. (031) 311-2230. ⬤ Mo–Sa 8.30–16 Uhr, So 11–15.30 Uhr. ♿

🎡 The Wheel
55 Gillespie St. ℹ (031) 332-4324. ⬤ tägl. 9–17 Uhr. ⬤ 1. Jan. ♿
Das oberste Stockwerk dieses Shopping-Centers mit Läden, Restaurants, zwölf Kinos und einem gigantischen Riesenrad ist einem marokkanischen Dorf nachempfunden.

Moderne Kunst im BAT Center

Theater The Playhouse mit Pseudo-Tudorfassade

INFOBOX

Straßenkarte F3. Provinz KwaZulu-Natal. 🏛 *3 200 000*. ✈ *14 km südwestl. des Zentrums*. 🚉 *New Durban Station, Umgeni Road*. 🚌 *New Durban Station*. 🚏 *Old Station Bldg, 160 Pine St, (031) 304-4934*. 🎟 *Comrades Marathon (Juni), Rothmans July Handicap (Juli), Mr Price Pro (Juli)*. **www**.*durban.kzn.org.za*

Durbans Zentrum

Das Stadtzentrum mit seinen schön restaurierten Häusern und Museen lässt sich bei einem Spaziergang erkunden. Als Verschnaufpause von der schwülen Hitze bieten sich Cafés und Restaurants an.

Die City Hall von Durban wurde 1910 nach dem Vorbild des Rathauses von Belfast (Nordirland) gebaut. Die Zentralkuppel ist 48 Meter hoch. Die Statuen an den vier kleineren Kuppeln symbolisieren Kunst, Literatur, Musik und Handel.

Im Erdgeschoss der City Hall befindet sich das **Natural Science Museum** (Naturwissenschaftliches Museum) mit Ausstellungen der südafrikanischen Flora und Fauna, einem Vogelsaal, einem Dinosaurier und einer ägyptischen Mumie.

Befremdlich wirken die überdimensionalen Insekten in der *KwaNunu*-Abteilung.

Die **Durban Art Gallery** (1. Stock) war in den 1970er Jahren die erste Galerie Südafrikas, die Kunst schwarzer Südafrikaner sammelte. Sie beherbergt das **Local History Museum** (Historisches Museum) mit Relikten aus der frühen Kolonialzeit. Im Theater **The Playhouse** (gegenüber der City Hall) wird von Oper bis Experimentaltheater alles gespielt.

🏛 **Natural Science Museum**
City Hall, Smith St. 📞 *(031) 311-2256*. 🕐 *tägl. 8.30–16 Uhr (So ab 11 Uhr)*. ● *Karfreitag, 25. Dez.*

🏛 **Durban Art Gallery**
City Hall, Smith St. 📞 *(031) 311-2265*. 🕐 *tägl. 8.30–16 Uhr (So ab 11 Uhr)*. ● *Karfreitag, 25. Dez.*

🏛 **Local History Museum**
Ecke Smith und Aliwal St. 📞 *(031) 311-2225*. 🕐 *tägl. 8.30–16 Uhr (So ab 11 Uhr)*. ● *Karfreitag, 25. Dez.*

🎭 **The Playhouse**
231 Smith St. 📞 *(031) 369-9555*.

Im Natural Science Museum

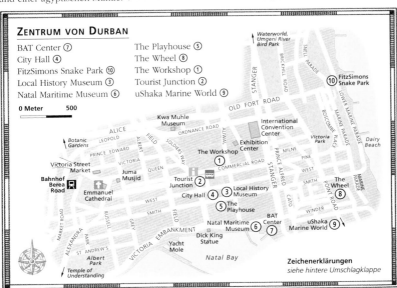

ZENTRUM VON DURBAN

BAT Center ⑦
City Hall ④
FitzSimons Snake Park ⑩
Local History Museum ③
Natal Maritime Museum ⑥

The Playhouse ⑤
The Wheel ⑧
The Workshop ①
Tourist Junction ②
uShaka Marine World ⑨

0 Meter 500

Waterworld,
Umgeni River
Bird Park

Kwa Muhle Museum
ORDNANCE ROAD
Botanic Gardens
ALICE
LEOPOLD
PRINCE EDWARD
FIELD
ALBERT
SOLDIERS WAY
ALIWAL
The Workshop ①
Exhibition Center
International Convention Center
OLD FORT ROAD
STANGER
BRICKHILL ROAD
SNELL PARADE
LOWER MARINE PARADE
BOSCOMBE
MARINE PARADE
Victoria Park
Dairy Beach

Victoria Street Market
VICTORIA
QUEEN
Juma Musjid
COMMERCIAL ROAD
MILNE
PINE
STANGER
PRINCE ALFRED
WEST
SMITH
POINT ROAD
The Wheel ⑧
MARINE PARADE

Bahnhof Berea Road
Emmanuel Cathedral
WEST
Tourist Junction ②
City Hall ④
③ Local History Museum
⑤ The Playhouse
CATO
WINDER

MARKET ROAD
ALEXANDRA
RUSSELL
PARK
GREY
FIELD
SMITH
WEST
Natal Maritime Museum ⑥
BAT Center ⑦
uShaka Marine World ⑨

ST ANDREW'S
Albert Park
Temple of Understanding
VICTORIA EMBANKMENT
Dick King Statue
Yacht Mole
Natal Bay

Zeichenerklärungen
siehe hintere Umschlagklappe

Überblick: Durban und Umgebung

Abseits des Stadtzentrums von Durban gibt es schöne Moscheen, reich verzierte Tempel und lebhafte Straßenmärkte. Naturreservate und Schutzgebiete liegen direkt vor der Stadt, z.B. im Norden der Vogelpark Umgeni River Bird Park mit exotischen Vögeln in begehbaren Volieren. An heißen Tagen erfrischt Water World am besten, während der Hindu-Tempel »Tempel of Understanding« im Vorort Chatsworth seine Besucher durch Prunk in Staunen versetzt. Reiseveranstalter bieten Bustouren zu allen Sehenswürdigkeiten an.

Exotische Gewürze

🛈 Tourist Junction
Station Building, 160 Pine St.
📞 (031) 304-4934. 🕐 Mo–Fr 8–16.30 Uhr, Sa, So 9–14 Uhr. ♿

Zwischen Commercial und Pine Street steht der einstige Bahnhof von Durban. Der vierstöckige rote Backsteinbau wurde 1894 fertiggestellt und beherbergt heute das Fremdenverkehrsbüro. Am Eingang erinnert eine Statue an Mahatma Gandhi, der sich hier im Juni 1893 ein Ticket nach Johannesburg kaufte.

Kurios: Das Bahnhofsdach sollte ursprünglich eine fünf Meter dicke Schneedecke aushalten, doch die britischen Architekten änderten die Pläne, woraufhin das Dach bei den ersten Schneefällen einstürzte.

Die Tourist Junction hält viele gute Karten und Broschüren bereit und informiert über verschiedene Stadtrundgänge. Hier können auch Übernachtungen in den Nationalparks gebucht und Fahrkarten für Überlandbusse gekauft werden.

Weitere Buchungsbüros gibt es erst wieder in Kapstadt und Pretoria/Tshwane.

🛍 The Workshop
99 Aliwal St. 📞 (031) 304-9894. 🕐 Mo–Fr 8.30–17 Uhr, Sa, So 10–16 Uhr. ♿ 🍴 🖥

Ein Erlebnis ganz eigener Art ist das Shopping-Center The Workshop, das in einem weitläufigen viktorianischen Bau der einstigen Bahnhofswerkstatt untergebracht ist.

Nach umfassenden Renovierungsarbeiten umgibt den postmodernen Komplex heute der Charme der »Alten Welt« mit Oberlichtern und Verzierungen aus Messing und Schmiedeeisen. Innen gibt es 120 Läden, Boutiquen, Juweliere, einen Supermarkt, einige Kinos sowie Restaurants und Fast-Food-Läden.

Gegenüber auf der Aliwal Street Richtung Strand liegt das Gelände des Durban Exhibition Center.

Jeden Sonntagvormittag findet hier ein Markt statt. An zahlreichen Ständen gibt es Kunsthandwerk und allerlei bunten Krimskrams.

Bananen

🎪 Victoria Street Market
Ecke Queen St u. Victoria St.
📞 (031) 306-4021. 🕐 Mo–Fr 6–18 Uhr, Sa 6–14 Uhr, So 10–14 Uhr.

Der Victoria Street Market liegt dort, wo die N3-Überführung am Ende auf die Straßen Richtung Zentrum trifft. Der leuchtende dreistöckige Bau ist markant. Jede der elf Kuppeln stellt ein bedeutendes indisches Bauwerk dar.

In dem belebten Basar mit 116 Gewürzständen liegen die Düfte des Orients in der Luft. In den oberen Stockwerken findet man 56 Läden mit Seide und anderen Stoffen sowie Messing-, Keramik- und Lederwaren. Der Fischmarkt bietet weitere 34 Stände.

🕌 Juma-Musjid-Moschee
Ecke Queen u. Grey St.
📞 (031) 306-0026. 🕐 Mo–Sa 8–12 Uhr, 14.30–16 Uhr. 📷 nur nach Voranmeldung.

Gegenüber dem Victoria Street Market liegt die Juma-Musjid-Moschee. Sie ist die größte Moschee Afrikas und wurde 1927 fertiggestellt.

Die Moschee ist zu bestimmten Zeiten auch für Besucher geöffnet. Vor dem Betreten sind die Schuhe auszuziehen. Innen herrscht eine strenge Kleiderordnung.

🌿 Durban Botanic Gardens
Sydenham Rd. 📞 (031) 201-1303. 🕐 Apr–Sep: 7.30–17.15 Uhr; Okt–März: 7.30–17.45 Uhr. ♿ 🖥

Der Botanische Garten liegt nördlich der Grey Street neben der Pferderennbahn

Wunderbare Vielfalt im Shopping-Center The Workshop

Hotels und Restaurants in Durban und Zululand *siehe Seiten 342–344 und 368–370*

Greyville Race Course. Er wurde 1849 als Versuchslabor für Tropenpflanzen angelegt. Das Ernest Thorp Orchid House wurde nach einem der ersten Kuratoren benannt und als erste botanische Naturausstellung Südafrikas berühmt.

Auf 15 Hektar sind majestätische Palmenarten und andere, zum Teil seltene Bäume zu sehen, wie der männliche *Encephalartos woodii*, der im Jahr 1916 aus dem Ngoye-Wald hierher umgepflanzt wurde. Unter den 480 Baumarten des Parks befinden sich auch die ältesten Jakarandas von Südafrika, die ursprünglich aus Argentinien importiert wurden. Zu den weiteren Attraktionen gehören ein Blindengarten, ein viktorianischer Garten und ein künstlicher See mit Pelikanen.

Temple of Understanding in Chatsworth

Ideal zum Picknick: Botanischer Garten von Durban

📷 Waterworld
Battery Beach Rd. ☎ (031) 903-3034. ○ tägl. 10–17 Uhr. 🅿️

Das fast ganzjährig schwülheiße Klima von Durban hat diesen Freizeitpark mit Wasserrutschen, kalten Wellenpools und Wasserfällen in tropischer Palmenlandschaft zu einem der beliebtesten Freizeitziele der Städter gemacht. Er ist von den nördlichen Stränden an der Golden Mile aus leicht zu erreichen.

🦜 Umgeni River Bird Park
490 Riverside Rd, Northway. ☎ (031) 579-4600. ○ tägl. 9–17 Uhr. ● 25. Dez. 🅿️ ♿

Das Vogelschutzgebiet Umgeni River Bird Park versteckt sich in traumhafter Lage nur 1,5 Kilometer entfernt von der Mündung des gleichnamigen Flusses. Seine natürlichen Grenzen bilden drei steile Klippen und das Nordufer des Umgeni. Vier Wasserfälle stürzen sich die Klippen hinunter in von üppiger Pflanzenpracht gesäumte Seen. In den vier großen begehbaren Volieren leben etwa 3000 Vögel. Zu den 400 einheimischen Arten gehören seltene exotische Papageien, Tukane, Kraniche, Aras und Nashornvögel.

Täglich findet jeweils um 11 und 14 Uhr eine interessante Vogelshow statt.

🛕 Temple of Understanding
Chatsworth. ☎ (031) 403-3328. ○ tägl. 4.30–20 Uhr. 🅿️

Dieser große, reich verzierte Tempel der Internationalen Hare-Krishna-Bewegung wurde vom österreichischen Architekten Hannes Raudner entworfen. Er ist von einem Wassergraben und einem Garten in Form einer Lotusblume umgeben. Während einer Führung kann man den Marmortempel, das innerste Heiligtum und die Audio-Video-Show besuchen.

HINDUS IN DURBAN

Als 1851 zum ersten Mal Zucker aus Zuckerrohr gewonnen wurde, erlebte die Kolonie Natal einen großen wirtschaftlichen Aufschwung. Man brauchte billige Arbeitskräfte für die Plantagen, weshalb man mit der Kolonialregierung von Indien Verhandlungen führte. Zwischen 1860 und 1911 wurden 152 000 Vertragsarbeiter aus Madras und Kalkutta nach Durban verfrachtet. Ihre Hauptsprachen waren Tamil und Hindi. Nach Ablauf des Fünf-Jahres-Vertrags konnten die indischen Arbeiter auf Wunsch kostenlos nach Indien zurückkehren. Über die Hälfte blieb in Südafrika und trat aktiv in den Einzelhandel oder die Gemüselandwirtschaft, später auch in Handel, Industrie und Politik ein. Von den derzeit eine Million Indern in Durban (die größte indische Gemeinde außerhalb Asiens) sind etwa 68 Prozent Hindus. An ihrem wichtigsten Feiertag, dem »Deepavali«-Fest, entfachen sie zu Ehren der Lichtgöttin eine Lampe, die den Sieg des Guten über das Böse symbolisiert.

Statue des verehrten religiösen Führers Bhaktivedanta Swami

Durbans Süd- und Nordküste

Traditioneller Zulu-Korb

D urban ist das Zentrum der beliebtesten Ferienküste Südafrikas. Die malerische Gegend mit subtropischem Klima besticht durch das Zusammenspiel von Sonne, Sand und Meer sowie ihre spannenden Naturreservate. Richtung Süden erstreckt sich der Küstenstreifen über rund 160 Kilometer mit kleinen Städten und Ferienorten wie Scottburgh und Port Edward. Richtung Norden genießt man auf etwa 150 Kilometern Länge ruhige Strände und lebhafte Orte wie Ballito.

ZUR ORIENTIERUNG

Oribi-Schlucht
Die Oribi-Schlucht liegt 21 Kilometer landeinwärts von Port Shepstone in einer dichten Waldlandschaft. Steile Klippen erheben sich aus der Tiefe und geben schließlich den Blick auf den atemberaubenden Samango-Wasserfall frei.

Croc World
Im Botanischen Garten Croc World bei Scottburgh findet man auf 60 Hektar einheimische Pflanzen sowie rund 12 000 Krokodile und den größten Adlerkäfig des Kontinents.

0 Kilometer 5

Port Edward
In dem Dorf nahe dem Umtamvuna Nature Reserve befindet sich das beliebte Timeshare-Resort Caribbean Estates.

San Lameer
Mit zwei Golfplätzen, einem Privatstrand und einem Naturreservat sorgt San Lameer für unvergessliche Ferien.

Hotels und Restaurants in Durban und Zululand *siehe Seiten 342–344 und 368–370*

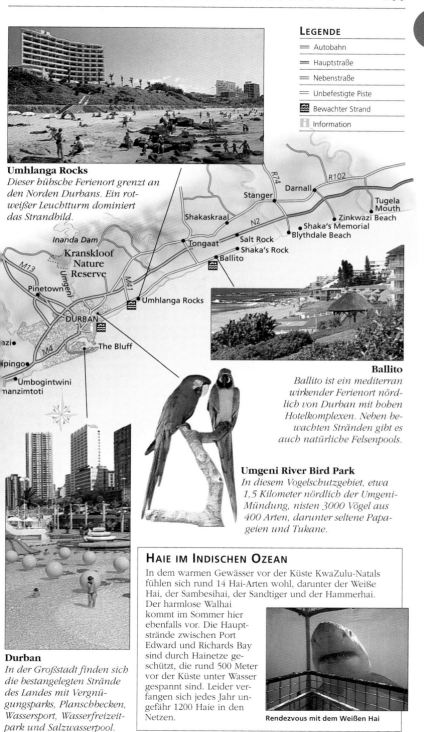

LEGENDE

═══	Autobahn
━━━	Hauptstraße
───	Nebenstraße
───	Unbefestigte Piste
🏖	Bewachter Strand
ℹ	Information

Umhlanga Rocks

Dieser hübsche Ferienort grenzt an den Norden Durbans. Ein rotweißer Leuchtturm dominiert das Strandbild.

Ballito

Ballito ist ein mediterran wirkender Ferienort nördlich von Durban mit hohen Hotelkomplexen. Neben bewachten Stränden gibt es auch natürliche Felsenpools.

Umgeni River Bird Park

In diesem Vogelschutzgebiet, etwa 1,5 Kilometer nördlich der Umgeni-Mündung, nisten 3000 Vögel aus 400 Arten, darunter seltene Papageien und Tukane.

HAIE IM INDISCHEN OZEAN

In dem warmen Gewässer vor der Küste KwaZulu-Natals fühlen sich rund 14 Hai-Arten wohl, darunter der Weiße Hai, der Sambesihai, der Sandtiger und der Hammerhai. Der harmlose Walhai kommt im Sommer hier ebenfalls vor. Die Hauptstrände zwischen Port Edward und Richards Bay sind durch Hainetze geschützt, die rund 500 Meter vor der Küste unter Wasser gespannt sind. Leider verfangen sich jedes Jahr ungefähr 1200 Haie in den Netzen.

Rendezvous mit dem Weißen Hai

Durban

In der Großstadt finden sich die bestangelegten Strände des Landes mit Vergnügungsparks, Planschbecken, Wassersport, Wasserfreizeitpark und Salzwasserpool.

South Coast ❷

Tritonshorn

Sonne, Sand, Meer und Brandung ziehen das ganze Jahr über Besucher aus den kühleren Regionen der Welt an. Rund 30 attraktive Ferienorte verwandeln die 160 Kilometer lange Küste zwischen der Grenze des Ostkaps und Durban in einen riesigen Tummelplatz, der wesentlich mehr zu bieten hat als reinen Strandspaß: Von Naturreservaten und Vogelschutzgebieten bis zu eleganten Casinos gibt es alles, was das Herz begehrt.

Port Edward

Straßenkarte E4. N2, 20 km südl. von Margate. ✖ 🚌 Margate.
🛈 *Panorama Parade, Margate, (039) 312-2322.*

Das Dorf am Umtamvuna-Fluss ist der südlichste Ferienort von KwaZulu-Natal. Port Edward bietet reichlich Wassersport wie Schwimmen, Angeln, Bootfahren und sogar Wasserski, da die Mündung gut befahrbar ist. Das Caribbean Estates am Nordufer gilt als eines der besten Timeshare-Resorts des Landes.

Zwischen 1976 und 1994 gehörte das Land südlich der Umtamvuna-River-Brücke zum unabhängigen Homeland Transkei. Damals war das Glücksspiel nach südafrikanischem Recht verboten, gerade deshalb errichtete man hier das Casino Wild Coast Sun, um Besucher aus Durban und von der Südküste anzulocken. Heute thront es über einem unberührten Küstenstreifen. Ein anspruchsvoller 18-Loch-Golfplatz erstreckt sich vom Flussufer bis zur Lagune.

Der Mzamba Village Market gegenüber dem Haupteingang des Resorts bietet Handarbeiten wie geflochtene Bastkörbe, Holzschnitzereien, Steinskulpturen und Perlenarbeiten an. Hauptattraktion ist aber das **Umtamvuna Nature Reserve** etwa acht Kilometer nördlich von Port Edward. Hier steht ein 30 Kilometer langer Abschnitt des Umtamvuna unter Schutz. Auf den Pfaden durch den dichten subtropischen Wald kann man Vögel beobachten.

✖ Umtamvuna Nature Reserve

Port Edward. Straße nach Izingolweni. 🕿 *(039) 311-2383.*
🛈 *Ezemvelo Kzn Wildlife Service, (033) 845-1000.* ◯ *tägl.*

Margate

Straßenkarte E4. N2. 🏠 45000.
✖ 4 km landeinwärts. 🚌 *Beachfront.* 🛈 *Panorama Parade, (039) 312-2322.* **www**.margate.co.za

Auf dem kleinen Flughafen von Margate, der Ferienhauptstadt der Südküste, landen täglich Flugzeuge aus Johannesburg.

Alles dreht sich hier um den breiten feinsandigen Strand, hinter dem Dutzende von Hotels und Apartmenthäuser in den Himmel ragen. Jenseits der Hotels verläuft parallel zur Küste der Marine Drive. Diese Verkehrsader wird von Banken, Restaurants, Kneipen, Fast-Food-Läden, Geschäften, Immobilienbüros und Kinos gesäumt, die hier um jeden Zentimeter Straße zu kämpfen scheinen.

Der Weg zum Sandstrand führt über einen schattigen Palmenpark, der viele Sonnenanbeter anlockt. Vor dem Hauptstrand wetteifern die zahlreichen Attraktionen wie Planschbecken, Wasserrutschen, Ruderboote, ein Süßwasserpool, ein Minigolfplatz und viele Eisdielen um die Besucher.

Margate – ein Paradies auch für Angler

Uvongo

Straßenkarte E4. N2, 12 km nördl. von Margate. 🏠 11000.
🛈 *Panorama Parade, Margate, (039) 312-2322.*

Kurz vor der Mündung stürzt der Vungu River 23 Meter in die Tiefe. Seine Lagune wird von hohen Klippen geschützt, die von wilden Bananenstauden überwuchert sind. Dies und ein winziger Sandstreifen zwischen Fluss und Küste machen Uvongo zu einem der schönsten Plätze an der Südküste. Die Lagune ist ideal zum Bootfahren und ein sicherer Spielplatz für Kinder. Hier findet täglich ein Kunsthandwerks-, Obst- und Korbmarkt statt. In der Nähe gibt es ein Restaurant, ein Timeshare-Resort sowie ein Gezeiten- und ein Planschbecken. Zwei Kilometer südlich liegt an der Hauptstraße der kleine Uvongo Bird Park, in dem viele exotische Vogelarten nisten.

Swimmingpool der Anlage Wild Coast Sun

Hotels und Restaurants in Durban und Zululand *siehe Seiten 342–344 und 368–370*

Hibiscus Coast

Die Hibiscus Coast, ungefähr 120 Kilometer südlich von Durban, reicht von Hibberdene im Norden bis Port Edward im Süden. Hier gibt es Strände, Golfplätze und – wie der Name schon sagt – jede Menge blühenden Hibiskus. Berühmt ist der Küstenstreifen für den »Sardine Run«. Jeden Juni oder Juli ziehen riesige Sardinenschwärme von ihren Laichgründen am Ostkap Richtung Norden vor Port Edward. Ihnen folgen Delfine, Haie und Robben. Viele Seevögel stürzen sich auf der Jagd nach Beute ins Meer. Der Sardine Run dauert mehrere Wochen. Er schwächt sich ab, wenn der Fischschwarm seine Reise nach Norden fortsetzt.

Vögel stürzen sich aus großer Höhe in den Sardinenschwarm

🦌 Oribi Gorge Nature Reserve

Straßenkarte E4. 21 km landeinwärts von Port Shepstone.
📞 (033) 845-1000. ⬤ tägl. 🏞️ ♿

Die vom Umzimkulwana River geformte Schlucht ist eine wahre Augenweide in dem ansonsten dicht besiedelten Gebiet, wo die natürliche Vegetation den umliegenden Zuckerrohrplantagen und Hotelresorts weichen musste. Die eindrucksvolle Schlucht ist etwa 24 Kilometer lang, fünf Kilometer breit und 300 Meter tief.

Im Reservat liegt am Südrand der Klamm ein kleines Camp mit acht Hütten. Entlang dem Fluss führen eine Panorama-Rundstraße und drei Wanderwege mit vielen hübschen Picknickplätzen.

Im dichten Wald gedeihen 500 verschiedene Baumarten. Viele Tiere, u. a. Buschbock, Ducker, Samango-Affe und Leopard, finden hier einen geeigneten Lebensraum.

Der Umzimkulwana River formte die Oribi-Schlucht

Sonnenanbeter genießen die Strände und Palmengärten von Scottburgh

Scottburgh

Straßenkarte E4. N2, ca. 30 km südl. von Amanzimtoti. 🏠 9000.
🚌 ℹ️ Scott St, (039) 976-1364.

Scottburgh, dessen Küstenstreifen fast ganz mit Zuckerrohrplantagen überzogen ist, war früher Exporthafen für Zucker. Mit seinem beliebten Strand ist es heute eine saubere, kleine Ferienstadt. Sie liegt an einer Landspitze über der Mündung des Mpambanyoni River. Die meisten Hotels und Ferienapartments bieten wunderbare Ausblicke auf das Meer.

Noch vor 100 Jahren strömte hier aus einer Quelle als Wasserfall in den Fluss. Heute befindet sich an dieser Stelle eine riesige Wasserrutsche. Zu den Attraktionen zählen außerdem ein Restaurant, kleine Läden, ein Miniaturzug und ein Gezeitenpool. Weiter südlich liegt ein Caravanpark am Strand. Der Golfplatz der Stadt bietet einen Logenplatz mit Blick auf den Indischen Ozean.

Frangipani

Amanzimtoti

Straßenkarte F4. N2, 27 km südl. von Durban. 🏠 16 300. 🚂 Durban.
🚌 ℹ️ 95 Beach Rd, (031) 903-7498.

Der Name dieser Stadt soll einem Ausspruch des Zulu-Königs Shaka Zulu *(siehe S. 51)* entstammen. Als Shaka um 1820 von einem Feldzug an der Südküste zurückkehrte, trank er vom frischen Wasser des Flusses und soll gesagt haben: »Amanzi umtoti« (»Das Wasser ist süß.«). Heute ist Amanzimtoti ein lebhafter Küstenferienort mit Hotels, Ferienapartments, Restaurants und etlichen Strandboutiquen.

Der beliebteste Strand liegt drei Kilometer nördlich des Manzimtoti River: Er ist bewacht und bietet einen Salzwasserpool und schöne Picknickplätze. Über die N2, die 400 Meter vor der Küste entlangführt, kommt man zu allen Sehenswürdigkeiten der Stadt: einem kleinen Vogelschutzgebiet, einem Naturreservat und zwei Golfplätzen.

North Coast ❸

Diese subtropische Gegend, über die sich ein grüner Teppich aus Zuckerrohr und Nutzwald ausbreitet, wird wegen ihrer reizvollen Städte, geschützten Buchten und Mündungen, ruhigen Strände und bewaldeten Dünen geschätzt. Die Nordküste von KwaZulu-Natal bietet noch unberührte Natur.

Simunye: Gästezimmer der Buschlodge im traditionellen Stil

Umhlanga Rocks

Straßenkarte F3. 20 km nordöstl. von Durban. 🏚 22000.
🚌 Umhlanga Express. 🛈 Chartwell Drive, (031) 561-4257.

Als exklusivster Ferienort der Nordküste bietet Umhlanga Rocks ausgezeichnete Strände, Hotels und Restaurants. Obwohl die vornehme Stadt schnell wächst und sich extravagante Cafés und Bistros an der wichtigsten Shopping-Meile aneinanderreihen, wirkt sie eher wie ein friedliches Küstenzentrum als wie ein hektischer Urlaubsort. Die drei Kilometer lange Flaniermeile entlang der Küste bietet wunderbare Ausblicke auf den feinsandigen Strand.

Weiter nördlich trennen an der Mündung des Ohlanga River bewaldete Dünen den Strand von einem Reservat, in dem Blauducker, Vögel und Affen beheimatet sind.

Hibiskus-Blüte

Ballito

Straßenkarte F3. N2, 30 km nördl. von Umhlanga Rocks. 🏚 14000.
🚌 Bazbus. 🛈 Dolphin Coast Publicity, Ecke Ballito Dr u. Link Rd, (032) 946-1997.

Ballito und die Nachbarstadt Salt Rock erstrecken sich über sechs Kilometer entlang der Küste, die wegen ihrer Strände, der Felsspitzen und des ruhigen Gezeitenpools beliebt ist. An der Küstenhauptstraße befinden sich Restaurants und Übernachtungsmöglichkeiten, von Luxushotels bis zu schönen Caravanparks.

Mtunzini

Straßenkarte F3. N2, 29 km südwestl. von Richards Bay.
🚌 Bazbus. 🛈 Hely-Hutchinson St, (035) 340-1421.

»Im Schatten« bedeutet der Name dieses hübschen Dorfes, das auf einem Hügel oberhalb des Meeres liegt. Korallenbäume säumen die Straßen Mtunzinis, im Winter verleihen deren rote Blüten der Stadt heitere Farbtupfer. Am Ende der Haupteinkaufsstraße liegt der Golfplatz. Nahe dem Bahnhof steht ein Hain aus Weinpalmen; den nächsten Palmenhain dieser Art findet man erst 260 Kilometer nördlich, an der Grenze zu Mosambik. Der seltene Palmgeier ernährt sich von Früchten. Sumpfwald und Weinpalmen kann man vom erhöhten Holzsteg aus überblicken.

Mtunzini liegt innerhalb eines unberührten Küstenwalds im Umlalazi Nature Reserve. Komfortable Blockhütten stehen im Wald am Rand eines breiten Sumpfs. Entlang den Ufern des Mlazi River führt ein Rundweg durch einen Mangrovensumpf, in dem Krabben und Sumpfgarnelen leben. Vom Picknickplatz am Ufer aus kann man per Boot zur Flussmündung fahren und Fischadler und Eisvögel sehen. Wanderwege, die oft auch von scheuen Waldbewohnern wie Grünmeerkatze, Rotducker und Buschbock gekreuzt werden, führen zu einem weitläufigen Sandstrand.

Simunye Lodge ❹

Straßenkarte F3. Melmoth. D256.
📞 (035) 450-3111.
🕐 tägl. 7–17 Uhr. 🍴 🛏
www.proteahotels.com

Die einzigartige Lodge im Mfule Valley, sechs Kilometer von Melmoth entfernt, bietet traditionelle und zeitgenössische Zulu-Kultur. Der Sprachforscher Barry Leitch errichtete Simunye über dem

Ferienapartments und Hotels säumen den Strand von Ballito

◁ Typisch für die Nordküste: Shaka's Rock, ein subtropischer Ferienort bei Ballito

Mfule River in einer typischen Zulu-Landschaft mit Dornensträuchern und grünen Hügeln. Die Lodge ist per Pferd, Ochsenkarren, Eselskarren, Allradfahrzeug oder mit einem einstündigen Fußmarsch zu erreichen.

Übernachtungsgäste können zwischen Steinhaus und traditionellem Zulu-Kraal wählen (siehe S. 204f). Reiseleiter erzählen Episoden aus der Geschichte des Zulu-Volks. Es werden traditionelle Tänze, Kämpfe und Speerwurf vorgeführt. Gäste erhalten Einblick hinter die Kulissen des ländlichen Zulu-Lebens.

Eingang zum nachgebauten Zulu-Dorf Shakaland

Shakaland ❺

Straßenkarte F3. Eshowe. R68, Norman Hurst Farm, Nkwalini. 📞 (035) 460-0912. ⏰ tägl. 6–21 Uhr. 🍴 tägl. 11, 14 Uhr. 🚻 🛏 www.shakaland.com

Typische Zulu-Kraals des 19. Jahrhunderts wurden 1984 eigens für die Fernsehserie *Shaka Zulu* errichtet. Die Serie wurde weltweit ausgestrahlt und der Hauptdarsteller Henry Cele ein Star. Für das Finale setzte man die Dörfer in Brand; nur das von Shakas Vater wurde ausgespart und ist heute zugänglich.

»Liebesbrief«-Tasche der Zulu (Shakaland)

Das einzigartige Zulu-Dorf ist für Tagesbesucher offen, Übernachtungsgäste können sich im Protea-Hotel vor Ort einmieten. Es gibt bienenkorbartige Hütten, traditionelle Zulu-Kost, Zulu-Tänze und Filme über die Ursprünge der Zulu.

Auf dem Rundgang durch die 40 Dorfhütten wird traditionelle Handwerkskunst erklärt, z. B. die Herstellung von Hütten, Speeren, Bier, Perlen- und Töpferware.

Eingerahmt von Dornbüschen und Aloe liegt der reizvolle Stausee Goedertrou Dam unten im Tal. Eine weitere Attraktion sind Flusskreuzfahrten bei Sonnenuntergang. Die Berge östlich von Shakaland bieten einen wunderbaren Ausblick über das breite Mhlatuze-Tal. Dort oben liegt auch KwaBulawayo, die militärische Festung von Shaka. Heute ist fast nichts mehr von der 1823 gebauten Zitadelle übrig, von der aus weite Teile Südafrikas beherrscht wurden.

TRADITIONELLE HEILKUNDE

In der traditionellen Zulu-Gesellschaft gab es einerseits den *inyanga*, einen Naturheilkundigen, der medizinische Behandlungen durchführte, andererseits die *isangoma*, eine Wahrsagerin, die angeblich übernatürliche Kräfte besaß und mit den Geistern der Vorfahren sprechen konnte.

Diese strikte Trennung gibt es nicht mehr. *Muthi* nennt man ein Sortiment von Medizin und Heilmitteln aus einheimischen Knollen, Büschen, Blättern, Baumrinde und Wurzeln. Oft werden Tierprodukte wie Fett, Klauen, Zähne und Haut verwendet. Die traditionellen Heilmethoden sind noch weitverbreitet. Um die Nachfrage nach den Heilpflanzen zu befriedigen, wurden in einigen Naturreservaten spezielle »*Muthi*-Gärten« angelegt.

Zulu-Medizinmann

Shakaland bietet originelle Übernachtungsmöglichkeiten

Hotels und Restaurants in Durban und Zululand *siehe Seiten 342–344 und 368–370*

Hluhluwe-Umfolozi Park ❻

Straßenkarte F3. 30 km westl. von Ulundi oder von der N2. ℹ (033) 845-1000 oder (035) 562-0848. ◐ *März–Okt: 6–18 Uhr; Nov–Feb: 5–19 Uhr.* 🖼 🔟 📷 **www**.kznwildlife.com

Unberührte Wildnis, subtropische Wälder, Akazienhaine und palmengesäumte Flüsse prägen den 964 Quadratkilometer großen Park, der weltberühmt ist für sein Nashorn-Schutzprogramm.

1895 wurden die Wildreservate Hluhluwe und Umfolozi errichtet, um die letzten Nashörner Südafrikas zu schützen. Anfang der 1950er Jahre fügte man einen dazwischenliegenden Landstreifen hinzu. 1989 verband man die beiden Reservate miteinander zum viertgrößten Park des Landes.

In dem bedeutenden Wildschutzgebiet sind viele Tierarten heimisch. In der üppigen Vegetation leben z. B. Nyalas, Impalas, Gnus, Kudus, Zebras und Büffel sowie Elefanten, Nashörner, Giraffen, Löwen, Leoparden, Hyänen und Geparden. Viele Tiere, die hier schon ausgestorben waren, wurden wieder angesiedelt.

1958 erschien plötzlich ein einsamer männlicher Löwe, der, wie man annimmt, wohl aus dem etwa 350 Kilometer nördlich gelegenen Kruger National Park eingewandert war. Man brachte zwei Löwinnen aus dem Kruger National Park hierher, deren Nachkommen heute hier leben.

Hluhluwe-Umfolozi Park: Lieblingsplatz der Weißkopf-Ibisse

Die Elefanten, die erstmals 1981 vom Kruger Park hier eingeführt wurden, gewöhnten sich schnell ein, heute leben hier 200 Dickhäuter.

Nyalazi Gate, der Haupteingang zum Park, ist über die N2 bei Mtubatuba zu erreichen und der ideale Ausgangspunkt, um den Park über das 220 Kilometer lange Straßennetz zu erkunden. Nach Süden führt die Straße durch offene Waldlandschaft und durchquert den Umfolozi River. Dann geht es hoch zum Mpila Camp mit atemberaubenden Blicken über das Reservat und den Fluss.

In drei exklusiven Camps mit traditionellen Hütten am Ufer der Flüsse Black Umfolozi, Sontuli, Gqoyeni und Nselweni können Gäste die entlegensten Winkel der Wildnis entdecken.

Richtung Norden vom Nyalazi Gate aus führt die kurvige Teerstraße an sanften Hügeln entlang. Die Fahrt nach Hluhluwe geht über einige Hügel und den Hluhluwe River bis in 400 Meter Höhe.

In den Hügeln fangen sich dicke Wolken, die für rund 1000 Millimeter Niederschlag im Jahr sorgen. In den dichten Wäldern leben Rotducker, Buschböcke, Nyalas und Samango-Affen. In den nordöstlichen Graslandschaften beim Memorial Gate findet man Büffel, Zebras, Elefanten und Breitmaulnashörner.

Das Hilltop Camp in 450 Metern Höhe bietet einen Panoramablick über das Land und kann bis zu 210 Gäste in Hütten beherbergen. Der kurze Wanderpfad durch den angrenzenden Wald mit zahlreichen Vogelarten bietet sich für ausgedehnte ornithologische Beobachtungen an.

Weiblicher Wasserbock, Hluhluwe-Umfolozi Park

Ithala Game Reserve ❼

Straßenkarte F3. Vryheid. R69 via Louwsburg, 50 km nordöstl. von Vryheid. ◐ *März–Okt: 6–18 Uhr; Nov–Feb: 5–19 Uhr.* ℹ (033) 845-1000. 🖼 🔟 **www**.kznwildlife.com

Von dem gemütlichen Dorf Louwsburg an der R69 führt eine Teerstraße steil hinunter zur Wildnis von Ithala, einem 296 Quadratkilometer großen Reservat mit Buschland, atemberaubender Gebirgslandschaft und dicht bewaldeten Tälern.

Das Schutzgebiet wurde 1972 eingerichtet und zu einem der interessantesten Wildparks von Südafrika ausgebaut. Der Phongolo River

Hilltop Camp im Hluhluwe-Umfolozi Park

Hotels und Restaurants in Durban und Zululand siehe Seiten 342–344 und 368–370

Ithala Game Reserve: Mhlangeni Bush Camp

luxuriöse Dreibett-Hütte auf einem Hügel. Der Blick von der Holzterrasse und vom Pool ist wohl einer der schönsten im Ithala-Park.

Die Besucher des Parks können Breitmaulnashörner, Giraffen, Kuhantilopen, Kudus, Elenantilopen, Impalas, Gnus, Warzenschweine, Zebras und sogar die einzige Leierantilopenherde von Kwa-Zulu-Natal sehen. Mehr Glück braucht man, um Elefanten, Büffel, Leoparden und Spitzmaulnashörner zu treffen.

Die schönste Strecke durch den Park führt über den 31 Kilometer langen Rundweg Ngubhu Loop, der einen breiten Kessel durchquert und direkt an den Felsen entlang zurückführt. Eine andere Straße schlängelt sich das dicht bewaldete Dakaneni-Tal bis zum Phongolo River hinunter. Die Landschaft ist fantastisch, obwohl es hier nicht so viel Wild zu sehen gibt wie im höheren Buschland.

fließt entlang der 37 Kilometer langen Nordgrenze des Parks. Sieben Nebenflüsse schufen tiefe Täler, die den Charme der Landschaft ausmachen. Der Ngoje-Steilhang erhebt sich auf 1446 Meter und bildet eine eindrucksvolle Kulisse für den Ithala-Park.

Eine sieben Kilometer lange Teerstraße führt vom Eingang zum noblen Ntshondwe Camp, das am Fuß eines imposanten Steilhangs liegt. Seine 67 Hütten (zum Teil für Selbstversorger) fügen sich sanft in die Landschaft aus Felsblöcken und Feigenbäumen ein. Im Hauptkomplex befinden sich Rezeption, Restaurant, Laden und Café. Die großzügige Aussichtsterrasse vor dem Gebäude mit Blick auf eine schilfumwachsene Wasserstelle ist ideal für Vogelbeobachtungen. Da das Camp nicht eingezäunt ist, laufen manche Tiere, wie die Warzenschweine, oft zwischen den Hütten umher. Ein Pfad führt zum Swimmingpool, der auf einer Lichtung am Fuß des Berges angelegt wurde.

Drei weitere exklusive Buschcamps bieten geführte Wandersafaris mit einheimischen Wildhütern an. Die Ntshondwe Lodge ist eine

Ithala Game Reserve: Safari-Ausflug

Breitmaulnashorn

BREIT- UND SPITZMAULNASHORN

Auf den ersten Blick mag es schwierig scheinen, die beiden grauen Kolosse voneinander zu unterscheiden, dennoch gibt es einige klare Erkennungsmerkmale beim Breitmaulnashorn *(Ceratotherium simum)* und beim Spitzmaulnashorn *(Diceros bicornis)*. Das Breitmaulnashorn ist ein Grasfresser und trägt seinen großen, schweren Kopf zu Boden gesenkt, um das Gras mit seinen breiten Lippen ausreißen zu können. Das Spitzmaulnashorn ist ein Blattfresser und trägt seinen kleinen Kopf hoch, um Blätter mit seiner verlängerten, spitzen Oberlippe abzureißen. Spitzmaulnashörner sind kleiner und treten alleine oder in kleinen Gruppen auf, während Breitmaulnashörner bis zu 2300 Kilogramm wiegen und in großen Herden leben. Heute beherbergt der Hluhluwe-Umfolozi Park 1200 Breitmaul- und 400 Spitzmaulnashörner.

Afrikanischer Fischadler

iSimangaliso Wetland Park ❽

Straßenkarte F3. St. Lucia. Etwa
53 km nordöstl. von Empangeni.
◯ *tägl., eingeschränkter Zugang.*
🈲 🚫 🅿 🍴 ⬇ ⛴ Ⓐ
www.stlucia-southafrica.com

Der 368 Quadratkilometer
große St-Lucia-See ist der
Mittelpunkt des drittgrößten
Wildschutzgebiets von Südafrika. Der iSimangaliso Wetland Park nimmt 1700 Qua-
dratkilometer ein. Er erstreckt
sich von der wildreichen
Mkuzi-Ebene im Norden bis
zur St-Lucia-Mündung im
Süden. Dazwischen liegen
verschiedenste Lebensräume
wie Gebirge, Buschland, Pal-
menhaine, Wälder, Grasland,
Sümpfe, bewaldete Küste,
Korallenriffe und das Meer.

Das Küstendorf St Lucia ist
ein Ferienziel mit vielen Frei-
zeiteinrichtungen und Hotels.
Bei Bootsafaris kann man Nilpferde, Krokodile, Pelikane,
Fischadler und seltene Wasservögel sehen. Das Crocodile
Center im Norden des Dorfes
ist das beste des Landes.

Cape Vidal, 32 Kilometer
nördlich der Mündung, bietet

iSimangaliso Wetland Park

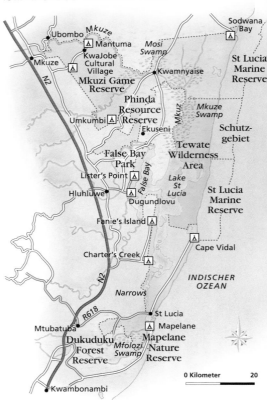

Legende

━━━ Hauptstraße

━━━ Nebenstraße

═══ Unbefestigte Piste

Ⓐ Campingplatz

einen durch Riffe geschützten
Strand, tropisches Wasser und
einen Süßwassersee.

Die Küste zwischen Cape
Vidal und Ponta Do Ouro an
der Grenze zu Mosambik ist
ein marines Schutzgebiet. Die
Sandstrände bieten ideale Nist-
plätze für Leder- und Unechte
Karettschildkröten. In bestimmten Abschnitten ist
Angeln erlaubt.

Sodwana Bay, ein beliebter
Ausgangspunkt für Hochsee-
angel- und Tauchertouren,
liegt 65 Kilometer nördlich
der St-Lucia-Mündung. Die
Straße von Sodwana zur N2
streift das Südende des **Mkuzi
Game Reserve**. Von den vier
Wildbeobachtungsposten dort
kann man Tiere aus nächster
Nähe sehen. Das **KwaJobe
Cultural Village** beim Mantuma
Camp bietet Einblicke in
Tradition und Kultur der Zulu.

Hervorragende Fischgründe an den Ufern der St-Lucia-Mündung

Hotels und Restaurants in Durban und Zululand *siehe Seiten 342–344 und 368–370*

Strand bei Kosi Bay im äußersten Norden von KwaZulu-Natal

🔆 **Sodwana Bay**
📞 (035) 571-0051.

🦌 **Mkuzi Game Reserve**
📞 (035) 573-9004.

KwaJobe Cultural Village
📞 (035) 562-0255.

Phinda Resource Reserve ❾

Straßenkarte F3. 80 km nordöstl. von Empangeni. 📞 (011) 809-4300.
⬤ eingeschränkter Zugang. 🖼 🔢
Ⓐ www.ccafrica.com

Das 170 Quadratkilometer große, privat geführte Phinda-Reservat mit Buschland, Sümpfen, Savanne und Wäldern grenzt an den iSimangaliso Wetland Park an. Zum Freizeitangebot zählen abendliche Bootssafaris am schönen Mzinene River, Picknick unter einer weit ausladenden Akazie, Jeepsafaris mit erfahrenen Wildhütern und Angel- oder Tauchexpeditionen an die nahe Küste.

Hier leben Nyalas, Kudus, Gnus, Giraffen, Zebras, Elefanten, Breitmaulnashörner, Löwen und Geparden. Gäste können in der Nyala Lodge mit Panoramablick über das Buschland oder in der exklusiven, verglasten Forest Lodge übernachten, die sich nahtlos in den dichten Wald einfügt und von dichtem Blätterwerk umgeben ist.

Das Reservat verfügt über eine eigene Landebahn und arrangiert Linienflüge nach Johannesburg sowie Pkw-Transfers nach Richards Bay.

Kosi Bay ❿

Straßenkarte F2. 155 km nordöstl. von Mkuze. 📞 (033) 845-1000.
⬤ eingeschränkter Zugang.
🖼 🚗 Ⓐ

Das 80 Quadratkilometer große Kosi Bay Nature Reserve umfasst die Kosi-Mündung, Mangrovensümpfe und vier zusammenhängende Seen. Es ist nur von Mkuze im Süden des Pongolapoort Dam aus zu erreichen. Die fischreichen Gewässer ziehen Angler und Bootfahrer an. Seit über 500 Jahren werden Tonga-Fischfallen (Zäune aus Stöcken und Schilf) benutzt. Es gibt einen Campingplatz und ein paar reetgedeckte Hütten sowie geführte Wanderungen und Bootsafaris. In einer viertägigen Rundwanderung kann man die Seen auf eigene Faust erkunden.

Umgebung: Das **Ndumo Game Reserve** liegt etwa 50 Kilo-

meter westlich von Kosi Bay. Das Reservat ist für seinen Artenreichtum an den Ufern bekannt, dazu gehören 420 Wasservogelarten. In den Nyamithi- und Banzi-Ebenen gibt es hervorragende Beobachtungsmöglichkeiten. Hier leben große Nilpferd- und Krokodilpopulationen, außerdem Nyala, Rotducker, Breit- und Spitzmaulnashorn. Die ganze Schönheit der Ebenen lässt sich am besten auf Jeep-Ausflügen erleben. Oberhalb der Banzi-Ebene befinden sich ein kleines Camp und ein Zeltsafaricamp.

🦌 **Ndumo Game Reserve**
📞 (033) 845-1000. ⬤ tägl.

Tembe Elephant Park ⓫

Straßenkarte F2. 110 km nördl. von Mkuze. 📞 (031) 202-9090.
⬤ eingeschränkter Zugang. 🖼 Ⓐ
www.tembe.co.za

Dieses exklusive Wildreservat zwischen Südafrika und Mosambik erstreckt sich auf 290 Quadratkilometern in der Ebene des Phongolo River entlang der Nordgrenze von KwaZulu-Natal. Der Park wurde 1983 zum Erhalt der Elefanten errichtet. Das Gelände ist nur für Fahrzeuge mit Allradantrieb und nur für zehn Besucher pro Tag zugänglich. Nahe dem Eingang liegt ein kleines Zeltcamp, zwei Beobachtungsposten wurden an den Wasserstellen der Elefanten eingerichtet. Im Park leben Südafrikas größte Herde der seltenen Moschusböckchen und 430 Vogelarten.

Die Unechte Karettschildkröte vergräbt ihre Eier im Sand

GAUTENG UND MPUMALANGA

GAUTENG UND MPUMALANGA
STELLEN SICH VOR 246-251

GAUTENG UND SUN CITY 252-271

BLYDE RIVER CANYON UND
KRUGER NATIONAL PARK 272-289

Gauteng und Mpumalanga im Überblick

Mit Naturwundern, Wildparks und der »Stadt des Goldes« bietet diese Region etwas für jeden Geschmack. Johannesburg steht für pulsierendes Straßenleben und elegante, exklusive Vororte, während Soweto, die »andere Seite« Johannesburgs, Einblicke in den Alltag schwarzer Stadtbewohner gewährt. Nach Osten fällt das Land zum heißen Lowveld und dem Kruger National Park über etwa 1000 Meter ab. Im Westen liegt das trockene Herz Südafrikas, dahinter scheinen sich die Magaliesberge aus dem Stausee Hartbeespoort Dam zu erheben. Faszinierende Kontraste dazu bieten das glitzernde Sun City und die fast mythische Erhabenheit der »Verlorenen Stadt«.

ZUR ORIENTIERUNG

Der Palace of the Lost City *ist ein Teil des weitläufigen Sun-City-Resorts: Das architektonische Wunderwerk aus alt wirkendem Beton, handgearbeiteten Säulen und prächtigen Kuppeln liegt in einem künstlich angelegten tropischen Garten mit vielen Wasserspielen.*

Sun City

GAUTENG UND
SUN CITY
Seiten 252–271

Johannesburg

Johannesburg *ist die größte Stadt Südafrikas und die Stadt der markantesten Extreme. Armut und Reichtum, historische Bauten und moderne Bürokomplexe schaffen Kontraste.*

◁ **Der Löwe gehört zu den »Big Five«, die man im Kruger National Park beobachten kann** *(siehe S. 284–287)*

Löwen (Panthera leo) *können in fast jedem Habitat leben, außer in der Wüste und in dichtem Wald. Sie sind sowohl tag- als auch nachtaktiv und kommen in Rudeln von drei bis 40 Tieren vor (meist sechs bis zwölf Tiere). Im Kruger National Park, der von mehreren Seiten zugänglich ist, sieht man sie oft im Schatten eines Baumes dösen.*

Kruger National Park

BLYDE RIVER CANYON UND KRUGER NATIONAL PARK
Seiten 272–289

*Höhlensystem
Bourke's Luck*

Pilgrim's Rest

Bourke's Luck *bezeichnet ein Höhlensystem, das von den Flüssen Treur und Blyde in den gelben Dolomit gegraben wurde. Es ist nach dem Goldgräber Tom Bourke benannt, der das Land neben der Hauptgoldader besaß.*

0 Kilometer   50

Pilgrim's Rest *ist eine hübsch restaurierte Goldgräberstadt, die erst 1873 mit dem großen Goldrausch in Südafrika entstand. Nach wenigen Monaten schon hatten über 1500 Goldgräber das kleine Nest in ein riesiges Goldminencamp verwandelt.*

Logo der
Nationalpark-
behörde

Naturschutz im Kruger National Park

Der Kruger National Park erstreckt sich auf einer Länge von 350 Kilometern an der Nordostgrenze Südafrikas. Das 19 366 Quadratkilometer große Areal birgt eine vielfältige Flora und Fauna. Innerhalb des Parks leben die Tiere in ihrem natürlichen Lebensraum, wenn auch hinter Zäunen. Die Wildtiere konzentrieren sich auf die grüneren südlichen Teile, was sensibles Management erfordert. In regelmäßigen Abständen müssen die Wildhüter die Zahl der Tiere dem Ökosystem anpassen und die jungen Tiere in andere Wildschutzgebiete transportieren.

AUSDEHNUNG DES KRUGER NATIONAL PARK

▢ Parkgrenzen

Kudus und Elenantilopen bevorzugen die trockenen Berge, da sie nicht regelmäßig Wasser brauchen.

Zebras vermehren sich rasch, wenn ausreichend ergiebige Wasserstellen vorhanden sind, konkurrieren dann aber mit anderen Wildtieren wie etwa Riedbock, Pferde- und Rappenantilope.

Zebr

Der Olifants River ist der größte der sieben Hauptwasserläufe des Parks. Wegen der künstlich angelegten Wasserstellen können Elefanten in Gegenden leben, die sie sonst nur in regenreichen Sommermonaten aufgesucht hätten.

Giraffe

Hohe Bäume entlang dem Flussbett schützen Tiere wie Bärenpavian, Kronenducker, Buschbock und Giraffe.

ORGANISATION DER VIELFALT

Erst jetzt beginnen Wissenschaftler, das komplexe Ökosystem der Savanne zu verstehen. Künstliche Wasserstellen werden wieder geschlossen, da sie Lebensbedingungen ändern, z. B. vermehren sich Elefanten in für sie untypischen Gegenden zum Nachteil anderer Arten.

Giraffen sind die größten Blattfresser und bevorzugen Gegenden mit vielen Akazienbäumen.

Kudus sind kräftige Antilopen, die nicht oft trinken müssen und dichten Wald bevorzugen.

Rappenantilopen benötigen hohes, saftiges Gras, das auf fruchtbaren Böden wächst.

Durch Funkpeilung *machen Wissenschaftler gefährdete Raubtiere aus. Im gesamten Park leben nur 180 Geparden und 400 Wildhunde. Vor allem die Gebietskonkurrenz mit dem aggressiveren Löwen ist der Grund für ihre geringen Vorkommen.*

DÜRRESTATISTIK

Obwohl sich die Parkleitung bemüht, die Auswirkungen der Dürre in Grenzen zu halten, variieren die Tierbestände je nach Niederschlagsergiebigkeit. Gnus und Giraffen sind weniger, Büffel, Pferde- und Rappenantilopen dagegen schwer davon betroffen.

TIERART	1992	1995	2005
Elefant	7600	8371	11672
Breitmaulnashorn	1803	2800	4509
Gnu	13960	12723	9612
Giraffe	4600	4902	5114
Impala	101416	97297	85869
Büffel	21900	19477	27000
Rappenantilope	1232	880	550
Pferdeantilope	60	44	70

Elefanten zerstören Bäume und verändern damit extrem die natürliche Vegetation, in der sie leben.

Rund um die Wasserlöcher stellt man schwere Trittschäden fest.

Künstlich angelegte Wasserstelle

Pferdeantilope

Impala

Elefanten *bevorzugen die Rinde von dornenumrankten Akazienbäumen und Fieberbäumen. Jeder der rund 10 000 Elefanten des Kruger National Park frisst täglich etwa 250 Kilogramm Pflanzennahrung.*

Die gefährdeten Pferdeantilopen brauchen offene Waldlandschaft mit hohem Gras, um sich mit ihren Jungen zu verstecken. Sie können sich nicht an das von riesigen Zebraherden abgefressene Gras rings um die künstlichen Wasserstellen anpassen.

Eingriffe in das Buschland durch Elefanten, die Bäume zerstören, und Herden, die das Gras rund um Wasserstellen abweiden, begünstigen das Vorkommen von Impalas, Kudus und Giraffen.

RICHTLINIEN FÜR BESUCHER

Einige Regeln sind für die eigene Sicherheit der Besucher und zum Schutz des Parklebens notwendig. Die Geschwindigkeitsbegrenzung ist einzuhalten, da auch Tiere die Straßen kreuzen. Die Öffnungszeiten sind streng zu beachten: Als Faustregel sollte man mit einer Durchschnittsgeschwindigkeit (inklusive Stopps) von 20 km/h kalkulieren. Außer an den 22 gekennzeichneten Rastplätzen in den 13 größeren Camps darf man das Auto keinesfalls verlassen – alle Wildtiere sind unberechenbar, die Raubtiere sind perfekt getarnt. Viele Paviane und Grünmeerkatzen betteln um Futter, vor allem an der Straße zwischen Skukuza und Lower Sabie. Das Füttern wird jedoch streng bestraft. Es beeinträchtigt das Verhalten der Tiere und ruft vor allem unter männlichen Pavianen oft Aggression hervor.

Füttern streng verboten

Ignorante Besucher missachten Regeln

Goldsuche

Krugerrand

Reichhaltigen Bodenschätzen verdankt Südafrika einen großen Teil seiner wirtschaftlichen Stärke. Das alte Sedimentgestein unter der Erdoberfläche enthält vor allem Silber, Platin, Chrom, Uran, Diamanten und Gold. Viele Goldgräber kamen hierher und haben im Land Spuren ihrer Arbeit hinterlassen. Die interessanteste historische Goldstätte ist Pilgrim's Rest *(siehe S. 278)*, eine gut erhaltene Goldgräberstadt. Heute kommt ein Viertel des weltweiten Goldbedarfs aus Südafrika. Der Abbau der Rohstoffe wird von Großunternehmen kontrolliert.

GOLDMINEN

▢ *Hauptabbaugebiete*

In der Gewinnungsanlage wird Gold mit einem Reinheitswert von 90 Prozent hergestellt und zur Veredelung weitergeleitet.

1889 war Johannesburg *eine blühende Zeltsiedlung. Auf der Farm Langlaagte, westlich des heutigen Johannesburg, hatte der Goldsucher George Harrison drei Jahre zuvor die größte Goldmine aller Zeiten entdeckt.*

In Büroblocks sind Verwaltung, Ingenieure, Geologen, Bauinspektoren, Mechaniker und Planer untergebracht.

Der Hauptschacht *wurde 60 Meter tief gebohrt und mit einem Betonkragen stabilisiert, um den Förderkorb tragen zu können. Die Schächte Südafrikas sind die tiefsten der Welt, da die Adern bis zu 3,8 Kilometer unter der Erdoberfläche liegen.*

SCHACHT 9 – VAAL REEFS

Diese riesige Goldmine bei Klerksdorp erstreckt sich über die Provinzen North West und Free State. Nach und nach werden einige von den elf Schächten an von schwarzen Südafrikanern geleitete Unternehmen wie etwa Rainbow Mining verkauft.

Minenarbeiter *wechseln sich unter Tage in Acht-Stunden-Schichten ab. Die Felstemperatur in den engen Stollen erreicht bis zu 55 °C.*

Das Kantinenpersonal *berücksichtigt die traditionelle Landesküche der Bergarbeiter ebenso wie ihren hohen Kalorienbedarf.*

°örderturm kommt der Aushub nach n, Seile und sonstige Ausrüstung wernach unten in die Schächte gebracht.

Das Erz wird gemahlen *und in einen Tank mit Zyanidlösung gepumpt, die das Gold auslaugt. Das Gold wird ausgefällt, erhitzt und zu Goldbarren von 90-prozentiger Reinheit gegossen. Ein Ertrag von einer Unze Gold (31,1 g) aus einer Tonne Erz gilt als hervorragend.*

Die gelblichen Abraumhalden *vor Johannesburg enthalten die pulverisierten Abfälle des Extraktionsverfahrens. In einem langwierigen Prozess werden die Halden renaturiert, inzwischen haben sich schon erste Tiere angesiedelt.*

Zur Wohnsiedlung der Bergleute gehören auch Sportplätze, Büchereien und Parks.

Der Goldpreis *(US-Dollar pro Feinunze) wird zweimal täglich von Londoner Goldhändlern festgesetzt.*

Karat *bezeichnet den Feingehalt des Goldes (24 Karat Gold bedeuten 100 Prozent reines Gold).*

DIE KRUGERMILLIONEN

Als Paul Kruger, der letzte Präsident der Zuid-Afrikaansche Republiek (1883–1900), 1900 nach Europa ins Exil ging, soll er das gesamte Gold der Staatsmine von Pretoria mitgenommen haben, damit es nicht in die Hände der anmarschierenden britischen Armee fiel. In Nelspruit (dem heutigen Mpumalanga) hatte der Zug Verspätung, weil mysteriöse Holzkisten ausgeladen und in den Busch getragen wurden. Kruger hatte in Europa wenig bis gar kein Vermögen, weshalb man vermutet, dass das verschwundene Gold – Krugerpfund, ungeprägte Münzen und Barren – noch immer irgendwo zwischen Nelspruit und Barberton liegt. Bis heute hat man vergeblich danach gesucht.

Präsident Paul Kruger

GAUTENG UND SUN CITY

*S*oweto und Johannesburg sind Teile der Städteansammlung, die um die reichen Goldminen von Witwatersrand in Gauteng entstand. Nördlich davon liegt Pretoria/Tshwane, die geruhsame und elegante Hauptstadt Südafrikas, die noch vor dem Goldrausch gegründet wurde. Nordwestlich davon bietet das glitzernde Sun-City-Resort schnelllebige Unterhaltung.

Nach dem ersten Goldfund im Jahr 1886 wurde das Edelmetall schnell zum wichtigsten Wirtschaftsfaktor des Landes und diktierte die weitere Entwicklung der damals ländlich geprägten Burenrepublik Transvaal. Goldsucher entdeckten bald weitere Rohstoffe, u. a. Kohle im östlichen Highveld. Sie ist heute als Energieträger von Bedeutung.

Wer den Städten entfliehen will, muss nicht weit fahren: Nordwestlich von Johannesburg und Pretoria/ Tshwane liegt der Hartbeespoort Dam, ein Wochenendparadies für Wassersportler mit beschaulichen Hotels und Ferienwohnungen am Ufer.

Die nahen Magaliesberg Mountains bieten Natur pur. Der Vaal Dam im Süden ist ein weiteres Freizeitgebiet der Provinz.

Das ambitionierte Projekt Sun City verwandelte das unwirtlichste Gebiet des früheren Homelands Bophuthatswana, nun Teil der Provinz North West, in ein Vergnügungsviertel.

Die konsequente Expansion brachte die exotische Fantasiestadt »Palace of the Lost City« hervor, in der es den Besuchern an nichts fehlt. Wo es einst nur abgegraste Weiden im Krater eines längst erloschenen Vulkans gab, gedeiht heute tropischer Dschungel, und computergesteuerte Wellen rauschen an einen künstlichen Strand. Selbst Kritiker bewundern Aufwand und Planung, die in der künstlichen Schöpfung stecken.

Wer wieder echtes Afrika erleben will, sollte sich in die stille Schönheit des nördlich gelegenen Pilanesberg National Park zurückziehen.

Im Oktober leuchten in den Straßen von Pretoria/Tshwane die fliederfarbenen Jakaranda-Blüten

◁ Der eindrucksvolle Elephant Walk führt zum Palace of the Lost City in Sun City *(siehe S. 270f)*

Überblick: Gauteng und Sun City

Der felsige Witwatersrand liegt etwa 1600 Meter über dem Meeresspiegel und hat eine West-Ost-Ausdehnung von mehr als 80 Kilometern. In Johannesburg lag das Gold buchstäblich auf (bzw. unter) der Straße. Hier lebt die Hälfte der gesamten Stadtbevölkerung Südafrikas. Im Sommer ist es sehr heiß, die Gegend wird oft von kurzen, heftigen Gewitterstürmen heimgesucht. Im Grasland auf dem Hochplateau herrscht im Winter oft Frost, manchmal schneit es sogar. Sun City und der »Palast der Verlorenen Stadt« im Nordwesten gehören zu einem Vergnügungskomplex mit Luxushotels, Casinos und Top-Unterhaltungsprogramm.

Geschichte wird in Gold Reef City lebendig

SEHENSWÜRDIGKEITEN AUF EINEN BLICK

Gold Reef City S. 260f ❷
Hartbeespoort Dam ❻
Johannesburg S. 256–259 ❶
Pilanesberg National Park ❾
Pretoria/Tshwane S. 266f ❼
Sandton und Randburg ❹
Soweto ❸
Sun City ❽
  Palace of the Lost City at Sun City S. 270f

Tour
Unterwegs in Gauteng ❺

LEGENDE

═══ Autobahn	┄┄ Eisenbahn (Hauptstrecke)
─── Hauptstraße	─── Eisenbahn (Nebenstrecke)
═══ Nebenstraße	▬▬ Staatsgrenze
═══ Unbefestigte Piste	▬▬ Provinzgrenze
─── Panoramastraße	△ Gipfel

Weitere Zeichenerklärungen *siehe hintere Umschlagklappe*

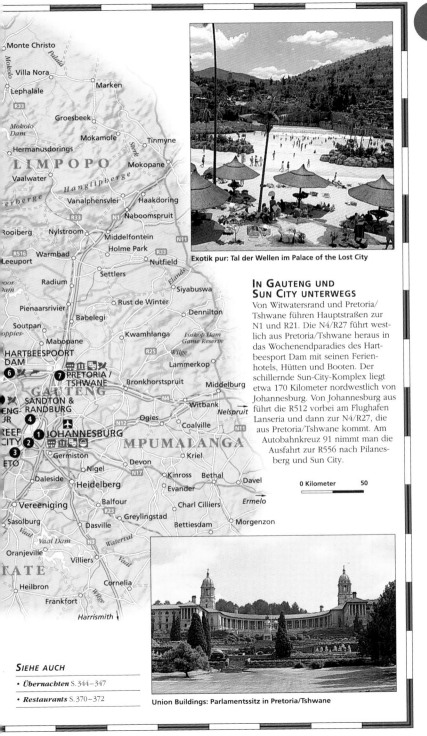

Exotik pur: Tal der Wellen im Palace of the Lost City

IN GAUTENG UND SUN CITY UNTERWEGS

Von Witwatersrand und Pretoria/Tshwane führen Hauptstraßen zur N1 und R21. Die N4/R27 führt westlich aus Pretoria/Tshwane heraus in das Wochenendparadies des Hartbeesport Dam mit seinen Ferienhotels, Hütten und Booten. Der schillernde Sun-City-Komplex liegt etwa 170 Kilometer nordwestlich von Johannesburg. Von Johannesburg aus führt die R512 vorbei am Flughafen Lanseria und dann zur N4/R27, die aus Pretoria/Tshwane kommt. Am Autobahnkreuz 91 nimmt man die Ausfahrt zur R556 nach Pilanesberg und Sun City.

0 Kilometer   50

Union Buildings: Parlamentssitz in Pretoria/Tshwane

SIEHE AUCH

- **Übernachten** S. 344–347
- **Restaurants** S. 370–372

Johannesburg ❶

Schild eines Cafés

Das dicht besiedelte Wirtschafts- und Finanzzentrum Johannesburg hat viele Namen. Die meisten, wie Egoli und Gauteng, bedeuten »Stadt des Goldes« – was wegen der Minenindustrie auch naheliegt. In der Metropole, die vor rund 100 Jahren noch ein einfaches Goldgräbercamp war, pulsiert ein moderner Unternehmergeist in der Atmosphäre einer alten Grenzstadt. Johannesburg ist das Zentrum einer der größten Agglomerationen des gesamten Kontinents. Die Stadt liegt 1763 Meter über dem Meeresspiegel, der Schacht der Western Deep Goldmine reicht bis 3777 Meter unter die Erdoberfläche.

Kunsthandwerk wird auf vielen Märkten angeboten

Überblick: Johannesburg

Johannesburg unterliegt einer massiven Umgestaltung. Die ehemals ruhigen Viertel Sandton und Randburg, nördlich des Stadtzentrums, entwickeln sich zu angesagten Bezirken. Das Zentrum birgt jedoch weiterhin interessante Plätze.

Die Stadt ist nicht ungefährlich, öffentliche Verkehrsmittel lassen oft zu wünschen übrig. Daher ist die Teilnahme an Führungen anzuraten.

Stadtzentrum
🏛 University of the Witwatersrand

Ecke Jorissen und Bertha St.
📞 (011) 717-1000. ◯ Mo–Sa 8.30–16.30 Uhr (Anmeldung).
⬤ So, Feiertage. 📷
Die Gertrude-Posel-Sammlung auf dem Campus zeigt afrikanische Schnitzereien sowie viele rituelle Objekte. Die James Kitching Gallery des Bernard Price Institute besitzt die größte Sammlung prähistorischer Fossilien des Landes.

markt gibt es drei Theater, zwei Kunstgalerien, Restaurants, Cafés und Läden. Jeden Samstagmorgen findet hier ein Flohmarkt statt.

Das gegenüber dem Market Theater gelegene Africana Museum (1935) wurde 1994 als **MuseuMAfricA** wiedereröffnet. Es beleuchtet Johannesburg und seine Menschen im soziopolitischen Wandel.

Im Westen des Market Theater entlang der Jeppe Street liegt die **Oriental Plaza** mit den exotischen Düften aller nur denkbaren Gewürze Asiens. Rund 300 Stände verkaufen alles vom Teppich bis zur Bekleidung und von Messingwaren bis zu Bronzefiguren. Viele Händler sind Nachfahren der Inder, die im 19. Jahrhundert nach Ablauf ihrer Verträge in den Zuckerrohrplantagen von Natal nach Witwatersrand kamen.

🏛 MuseuMAfricA
Newtown. 📞 (011) 833-5624.
◯ Di–So 9–17 Uhr. 📷 ♿

🏛 Oriental Plaza
Main und Bree St. 📞 (011) 838-6752. ◯ Mo–Fr 8.30–17 Uhr, Sa 8.30–15 Uhr, So, Feiertage 9–15 Uhr. 🍴 🛍

🎭 Market Theater Complex
Bree Street. 📞 (011) 832-1641.
◯ tägl. 9–17 Uhr. 🍴 🛍 ♿
Der Market Theater Complex bildet mit dem SAB World of Beer, dem Workers' Museum and Library (Arbeitermuseum) und dem MuseuMAfricA das kulturelle Zentrum des Stadtteils Newtown. In letzter Zeit wurde hier viel in die öffentliche Sicherheit investiert.

In dem ehemaligen indischen Obst-

🏦 Johannesburg Stock Exchange Building
Diagonal St. 📞 (011) 298-2800.
⬤ für die Öffentlichkeit.
Das eindrucksvolle gläserne Börsengebäude wirkt in diesem Innenstadtviertel mit Straßenverkäufern und kleinen Läden, die von Plastikeimern über Decken bis zu traditioneller Kräutermedizin alles verkaufen, völlig deplaziert. Einst war hier die Johannesburger Börse (JSE)

Das MuseuMAfricA gehört zum Market Theater Complex in Newtown

untergebracht. In der Zwischenzeit hat die Börse allerdings neue Räumlichkeiten in Sandton bezogen.

SAB World of Beer: Museumsführung mit Erfrischung

🏛 SAB World of Beer

15 President St (Eingang Gerard Sekoto St), Newton Cultural Precinct. 📞 (011) 836 4900.
🕐 tägl. 10–18 Uhr. 🍽 🎁 📷

South African Breweries (SAB) wurde 1895 gegründet. Die Brauerei gehört zu den größten der Welt. Sie produziert pro Jahr mit 150 Marken rund 190 Millionen Hektoliter. Das moderne Museum erzählt auf unterhaltsame Weise die Firmengeschichte. Die Ausstellungen erklären die Anfänge des Bierbrauens in Mesopotamien und zeigen, wie die Kunst des Brauens nach Afrika und Europa kam. Es gibt exzellente Nachbildungen eines Pubs aus der Zeit des Goldrauschs und eines traditionellen Soweto-»Shebeen«. In einem Sudhaus in Originalgröße können Besucher den Brauprozess beobachten.

Am Ende der Führung erhält jeder Teilnehmer über 18 Jahren zwei eisgekühlte Biere. Jüngere Besucher können aus einer Reihe von alkoholfreien Cocktails wählen.

🏛 KwaZulu Muti

14 Diagonal St. 📞 (011) 836-4470.
🕐 Mo–Fr 8–17 Uhr, Sa 8–13 Uhr.
⚫ So, Feiertage.

Der Kräuterladen repräsentiert eine traditionelle Seite Afrikas, die für viele Südafrikaner zum Alltag gehört. Viele Kräuter gibt es frisch und getrocknet.

Nicht alle Heilmittel, Mixturen und Arzneien sind aus Kräutern gemacht. Auch Tierhäute, Knochen, Hörner und Krallen, getrocknete Fledermäuse, Frösche und Insekten sind vorrätig. Ein *sangoma*, ein südafrikanischer Medizinmann, berät Besucher.

INFOBOX

Straßenkarte E2. Gauteng Province. 👥 4 000 000.
✈ 20 km östl. 🚌 Rotunda Terminal, Ecke Rissik und Wolmarans St, Braamfontein.
🚌 Rotunda Terminal. ℹ Sandton Mall, Ebene 4, Eingang 6, Sandton (011) 784–9596/7/8.
🕐 tägl. 🎭 FNB Vita Dance Umbrella (Feb–März), Windybrow Festival (März), Arts Alive (Sep), Johannesburg Biennale (Okt, in ungeraden Jahren).
www.gauteng.net

Traditioneller Kräuterladen

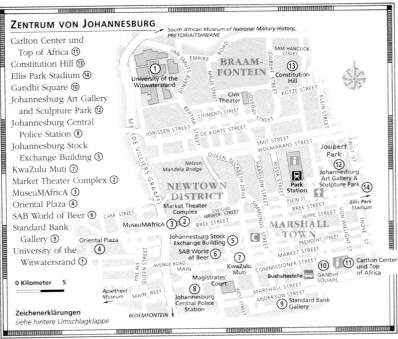

ZENTRUM VON JOHANNESBURG

South African Museum of National Military History, PRETORIA/TSHWANE

Carlton Center und Top of Africa ⑪
Constitution Hill ⑬
Ellis Park Stadium ⑭
Gandhi Square ⑩
Johannesburg Art Gallery and Sculpture Park ⑫
Johannesburg Central Police Station ⑧
Johannesburg Stock Exchange Building ⑤
KwaZulu Muti ⑦
Market Theater Complex ②
MuseuMAfricA ③
Oriental Plaza ④
SAB World of Beer ⑥
Standard Bank Gallery ⑨
University of the Witwatersrand ①

0 Kilometer 5

Zeichenerklärungen
siehe hintere Umschlagklappe

Das Carlton Center ist ein beeindruckender Blickfang in der Skyline von Johannesburg

�· Johannesburg Central Police Station

Commissioner St. 📞 (011) 375-5911. ⬤ für die Öffentlichkeit.
Der ehemalige, berüchtigte John Vorster Square war das Zentrum der Unterdrückung während der Apartheid. Dieser Ort wirkte so unheimlich wie die Hauptquartiere des KGB oder der Stasi. In dem blau-weißen Gebäude saß die gefürchtete Sicherheitspolizei, unter deren Obhut viele Gefangene gefoltert und getötet wurden. Unter neuem Namen dient es heute wieder als Polizeirevier.

🏛 Standard Bank Gallery

Ecke Simmonds und Fredericks St.
📞 (011) 631-1889.
⬤ Mo–Fr 8–16.30 Uhr,
Sa 9–13 Uhr. ⬤ Feiertage. ♿
Eine Bank ist zwar ein ungewöhnlicher Ort für eine Kunstgalerie, dennoch werden hier beeindruckende Arbeiten talentierter nationaler und internationaler Künstler präsentiert. Neben den wechselnden Ausstellungen sind auch Werke aus der riesigen Sammlung der Standard Bank zu sehen. Was als zwangloses

Projekt begann, wird durch genehmigte Kunstkäufe eines jeden neuen Vorstandsvorsitzenden der Bank stetig erweitert. Alle Ausstellungsstücke sind leicht verständlich beschrieben.
Auf der gegenüberliegenden Straßenseite, in der Zentrale der Standard Bank, befindet sich Ferreira's Stope, ein alter Minenschacht mit einem angeschlossenen kleinen Museum.

🚇 Gandhi Square

Der 1893 als Government Square angelegte Platz im Geschäftsviertel hat sich im Lauf der Zeit oft verändert. 1949 wurde er umgestaltet und nach einem Lokalpolitiker in Van der Byl Square umbenannt. Später befand sich hier eine hektische Bushaltestelle mit hoher Kriminalitätsrate. Im Jahr 2002 wurde das ganze Viertel saniert, und der Platz erhielt abermals einen neuen Namen – den des indischen Politikers Mahatma Gandhi, der 1903 nach Johannesburg kam und hier als Anwalt und Bürgerrechtler tätig war. Gandhis

Beruf führte ihn häufig in den Transvaal-Gerichtshof. Das Gebäude stand an diesem Platz, wurde später aber abgerissen.
2003 wurde die lebensgroße Gandhi-Statue des Bildhauers Trinka Christopher enthüllt. Hier fahren noch immer Busse, allerdings geht es heute wesentlich gesitteter zu. An der Südseite des Platzes haben sich trendige Läden, Restaurants und Cafés angesiedelt. Seit 2005 verbindet eine schöne Arkade den Platz mit der Marshall Street. Die neuen Ladenflächen waren nach wenigen Tagen vermietet.

🚇 Carlton Center

150 Commissioner St. 📞 (011) 368-1331. ⬤ tägl. 9–19 Uhr. 🏳
Das Carlton Center ist mit 223 Metern und 50 Stockwerken das höchste Gebäude des afrikanischen Kontinents. Gegen eine kleine Gebühr können Besucher mit dem Aufzug in die 50. Etage zur Aussichtsplattform »Top of Africa« fahren. Von dort oben hat man einen fantastischen Blick auf die Stadt. Der Wolkenkratzer entstand 1973 als Teil eines Fünf-Sterne-Hotelkomplexes. 1999 wurde es an das südafrikanische Transportunternehmen Transnet verkauft.
Das Carlton Center ist durch eine unterirdische Shopping-Mall, die mehr als 180 Läden, mehrere Restaurants und eine Eislaufbahn bietet, mit dem Carlton Hotel verbunden. Ebenerdig gibt es ein Informationsbüro für Besucher, eine beliebte Plaza und das größte Parkhaus des Landes.

Gandhi Square mit der Statue des indischen Pazifisten

Hotels und Restaurants in Gauteng und Sun City siehe Seiten 344–347 und 370–372

🏛 Johannesburg Art Gallery and Sculpture Park

Klein St, Joubert Park.
🏛 (011) 725-3130. ⬤ Di–So 10–
17 Uhr. ⬤ Karfreitag, 25. Dez. 📷
Diese Sammlung im Joubert
Park zeigt traditionelle, historische und moderne südafrikanische Kunst, außerdem
Bilder europäischer Maler
sowie Keramiken, Skulpturen,
Möbel und Textilsammlungen.
Besucher sollten hier Vorsicht walten lassen, denn leider halten sich im Park auch
viele Taschendiebe auf.

🏛 Constitution Hill

Sam Hancock St. 🏛 (011) 274-
5300. ⬤ Mo–Fr 9–17 Uhr, Sa 10–
15 Uhr. Gruppen ab zehn Personen
sollten sich anmelden. ⬤ Karfreitag,
25. Dez. 📷
Die bemerkenswerte Anlage
ist ein lebendiges Museum für
Südafrikas Geschichte und
seine Entwicklung zum demo-
kratischen Staat. Hier liegt das
Old Fort Prison, das über ein
Jahrhundert lang als Gefängnis diente – auch Nelson
Mandela saß zeitweise hier
ein. Den östlichen Teil des
Komplexes nimmt das Verfas-
sungsgericht Südafrikas ein.

Hillbrow

Einer der ältesten Vororte von
Johannesburg ist dicht besie-
delt. Laut, aktiv und voller
Lebensfreude bietet Hillbrow
Vergnügen, Restaurants und
Bars. Wegen der hohen Krimi-
nalitätsrate wird eine organi-
sierte Tour empfohlen.

Das Museum of Military History präsentiert eine Blackburn Buccaneer

🏟 Ellis Park Stadium

Ecke Cerrey und Staib St. 🏛 (011)
402-8644. 🚌 Rotunda Terminal.
🚉 Ellis Park.
Hier spielt das Rugbyteam der
Gauteng Lions. Das Stadion
von 1982 bietet Platz für
60 000 Zuschauer und ein
olympisches Becken.

Umgebung: Im Süden der
Stadt zeigt **Santarama Mini-
land** sorgfältig rekonstruierte
Wahrzeichen Südafrikas im
Kleinformat.

🎡 Santarama Miniland

Rosettenville Rd, Wemmerpan.
🏛 (011) 435-0543.
⬤ tägl. 9–17 Uhr. ♿ 📷 🍴

🏛 South African National Museum of Military History

Saxonwold 2132. 🏛 (011) 646
5513 ⬤ tägl. 9–16.30 Uhr.
⬤ Karfreitag, 25. Dez. 📷
1947 eröffnete der damalige
Premierminister General Jan
Smuts das Museum, um Süd-

afrikas Rolle in beiden Weltkriegen zu gedenken. Heute
widmet sich das Haus auch
dem Zulukrieg, dem Buren-
krieg und den Widerstandsbe-
wegungen Südafrikas. Zu den
mehr als 44 000 Ausstellungsstücken in 37 Kategorien gehören u. a. die staatliche
Sammlung von Kriegskunst
und Kriegsfotografie sowie
unzählige Bücher, Tagebücher
und Archivmaterialien. Außerdem besitzt das Museum einige sehr seltene Militärflug-
zeuge, darunter das letzte
verbliebene Exemplar eines
Nachtjägers vom Typ Messer-
schmitt Me 262.

🏛 Apartheid Museum

Northern Parkway und Gold Reef
Road, Ormonde. 🏛 (011) 309-4700
⬤ Di–So 10–18 Uhr.
Das faszinierende Museum
erinnert an die dunkelste
Epoche in Südafrikas ereignis-
reicher Geschichte. Gleich am
Eingang werden Besucher
durch getrennte Eingänge für
»Weiße« und »Nicht-Weiße« in
eine beklemmende Stimmung
versetzt. Die Ausstellungen
rücken die Apartheid-Politik
der National Party nach ihrem
Wahlsieg 1948 wieder ins
Gedächtnis – eine Politik, die
20 Millionen Menschen vor
dem Gesetz zu Bürgern zweiter Klasse machte. Zu den bedrückenden Ausstellungen
zählt ein Raum mit 131 Schlin-
gen – eine für jeden politischen Gefangenen, der während der Apartheid gehängt
wurde. BBC-Filmaufnahmen
von 1961 zeigen Nelson Mandela in seinem Versteck. Zu
sehen sind auch bewegende
Fotografien, die Ernest Cole
aufnahm, bevor er Ende der
1960er Jahre ins Exil musste.

Die getrennten Eingänge des Apartheid Museum

Gold Reef City ❷

Cancan-Tänzerin

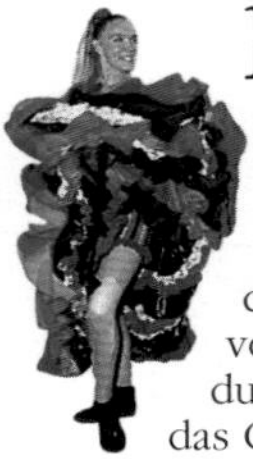

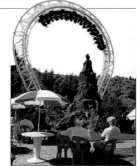

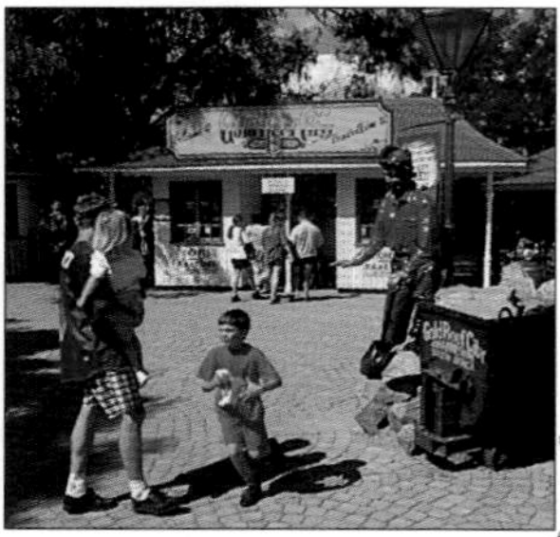

Die fantasievolle Nachbildung des Johannesburg der 1890er Jahre liegt acht Kilometer südlich der Stadt. Der Vergnügungs- und Themenpark Gold Reef City entstand um den Schacht 14 – eine Goldmine, die von 1887 bis 1971 abgebaut wurde – und dokumentiert Johannesburgs Übergangszeit vom Abbauzentrum zur Stadt. Eine Tour durch die stillgelegte Mine informiert über das Goldgräberdasein, außerdem gibt es täglich Tanzshows, eine Vogelschau und das größte Riesenrad Afrikas.

Golden Loop
Der Looping ist eines der 33 kostenlosen Fahrgeschäfte.

Haupteingang
Wer so klein ist, dass er unter den Bergmannshänden (1,20 m) durchpasst, zahlt den Eintrittspreis für Kinder.

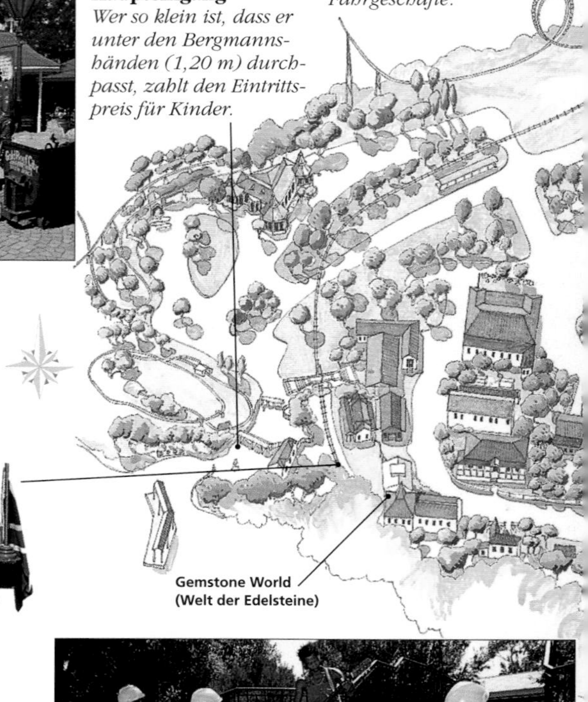

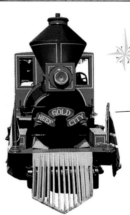

Gemstone World
(Welt der Edelsteine)

Gold-Reef-City-Zug
Einen guten Überblick über den Themenpark erhält man bei einer Fahrt mit der nostalgischen Eisenbahn. Sie hält an drei Stationen.

★ Traditionelle Tänze
Der Gummistiefel-Tanz ist einer der traditionellen Tänze, die hier vorgeführt werden. Er soll auf einen Volkstanz zurückgehen, den Missionare lehrten, weil sie von den »heidnischen« Tänzen der Afrikaner entsetzt waren. Bewusst schwergängig getanzt, spielt er auf fragwürdige Traditionen an.

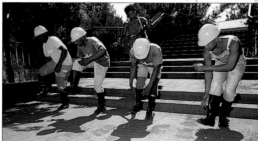

NICHT VERSÄUMEN

- ★ Hauptstraße
- ★ Jozi Story of Gold
- ★ Traditionelle Tänze

Hotels und Restaurants in Gauteng und Sun City *siehe Seiten 344–347 und 370–372*

★ Hauptstraße
Entlang der breiten Hauptstraße, die manchmal auch als Tanzbühne dient, reihen sich Restaurants, Kneipen, Banken und das Gold Reef City Hotel aneinander.

INFOBOX

Straßenkarte E2. Shaft 14, N. Pkwy, Ormonde, Johannesburg. 📞 (011) 248-6800. 🚌 55 vom Zentrum; größere Hotels bieten Shuttle-Busse. 🕐 Di–So 9.30–17 Uhr. ⬤ 25. Dez. 🎭 Shows, Fahrgeschäfte inkl. 🎁 ♿ 🍴 🖵 🖵 www.goldreefcity.co.za

4-D-Theater

Hippodrom

Überdachter Spielplatz

Stadtplatz

Tower of Terror

0 Meter   50

★ Jozi Story of Gold
Die interaktive Tour erweckt die alte Goldgräberstadt Johannesburg zum Leben. Sie umfasst einen Besuch der unterirdischen Mine, außerdem kann man beim Goldwaschen und -gießen zusehen.

Goldgießerei
In Südafrika werden ausschließlich während der Tour Jozi Story of Gold öffentlich Goldbarren gegossen.

Kiddies' Corner
Der Rummelplatz wurde speziell für Kinder eingerichtet. Hier gibt es gemütliche, nostalgische Fahrgeschäfte wie Autoskooter und Karussells.

Der Geist von Sophiatown

Sophiatown – in den 1950er Jahren noch zehn Kilometer vom Zentrum Johannesburgs entfernt – war eine zwielichtige Slumvorstadt. Die Wiege der schwarzen Städtekultur wurde zu einem südafrikanischen Mythos. Im überfüllten Slum lebten kreative Schwarzafrikaner aus Johannesburg. Künstler und Journalisten von *Drum* (dem ersten »schwarzen«

Township Shuffle

Magazin des Landes), Modefreaks und Musiker trafen sich in den Tanzsälen und politisierten in den »Shebeens« (illegalen Bars). Der Zauber ging aber nach wenigen Jahren abrupt zu Ende: Die Regierung ordnete die Zwangsverlegung der schwarzen Gemeinde in die öde Vorstadt Meadowlands an. Als nunmehr weiße Siedlung wurde Sophiatown in Triomf umbenannt.

Shebeens
Das Casbah Gang Den war das berühmteste und berüchtigtste illegale Lokal von Sophiatown. Hier trafen sich Arbeiter und Lehrer, Schwarze und Weiße.

Fließendes Wasser gab es in den wenigsten Häusern.

Sophiatown-Banden
Auch die Gangster kopierten die USA. »The Americans« war die bekannteste Bande: Man fuhr dicke Autos und war schick gekleidet.

SOPHIATOWNS BEDEUTUNG

Trotz Armut, Schmutz, Kriminalität und Gewalt waren Atmosphäre und Lebensgefühl in Sophiatown anders als in anderen Städten des Landes. Menschen aller Rassen konnten hier Land kaufen und besitzen.

Skokiaan war ein kräftiger, schwarz gebrannter »Cocktail«.

Als Baumaterial dienten Holzstücke, Pappkartons, Blech und alte Säcke.

Musik
Pennywhistle, Saxofon, Harmonika, Klavier, Trompete und Klarinette erklangen in den Straßen und Tanzsälen.

Das Ende von Sophiatown
Vier Jahre dauerte der Zwangsumzug nach Meadowlands (heute: Soweto). 1959 wurde Sophiatown abgerissen.

Graffiti auf einer Mauer in Soweto

Soweto ❸

Straßenkarte E2. 🏙 896 000.
🛈 118469 Senokonyana St,
Orlando West, (011) 982-1050.
🕐 Mo–Fr 8.30–17 Uhr.

Nur wenige weiße Südafrikaner haben Soweto oder andere Townships jenseits der »nur für Weiße« reservierten Vororte besucht. In Soweto gibt es kaum Parks, Museen oder Shopping-Center, obwohl hier knapp eine Million Menschen leben.

In Soweto begann 1976 die entscheidende Periode des Widerstands gegen die Apartheid. Am 16. Juni, dem »Youth Day«, wird des Aufstands gedacht, im Vorort steht dazu ein bescheidenes Monument. Örtliche Veranstalter (siehe S. 382) bieten Tagestouren nach Soweto an, die oft auch ein traditionelles »Shebeen« und ein »Spaza« (Hinterhofladen) besichtigen. Urlauber sollten nicht alleine nach Soweto fahren.

Sandton und Randburg ❹

Straßenkarte E2. 🏙 600 000.
🛫 Johannesburg International.
🚌 Magic Bus, (011) 394-6902.
🛈 Village Walk, Ecke Rivonia Rd und Maud St, (011) 783-4620.
🕐 Mo–Sa 9–16.30 Uhr, So 9–13 Uhr.

Der teure, von hohen Mauern, Gärten, Swimmingpools und Tennisplätzen geprägte Nobelwohnort Sandton liegt im Norden der Stadt.

Die wohlhabende Siedlung ist ein schickes Shopping-Viertel und Sandton City das wohl eleganteste Shopping-Center der südlichen Halbkugel. Es ist bekannt für seine Spezialitätengeschäfte, Boutiquen, Juweliere, afrikanische Kunst, Lederwaren und Geschenkartikel. Außerdem gibt es 11 Kinos sowie 14 Restaurants und Bistros. Unweit vom Sandton-City-Komplex sowie am Nelson Mandela Square residieren einige Fünf-

Sterne-Hotels. Bei Sandton City liegt auch Village Walk mit Restaurants, Kinos und Boutiquen, die Kleidung und Accessoires aus den europäischen Modezentren anbieten. Blickfang am Nelson Mandela Square ist ein italienisch anmutender Springbrunnen auf einer kleinen Piazza mit Cafés und Restaurants.

Etwa zehn Kilometer nordwestlich von Sandton liegt Randburg, ein beliebter Vorort Johannesburgs und eine sehr begehrte Wohnlage.

Village Walk in Sandton

Die dortige Fußgängerzone war eine der ersten des Landes. Randburg Waterfront ist ein Shopping-Center am See mit Läden, Kneipen, Restaurants, Kunsthandwerksständen, Kinos, Live-Musikshows, Kinderspielplatz und Springbrunnen (abends mit Musik und Flutlicht).

An der Witkoppen Road im Norden von Randburg und Sandton liegt das Automuseum Klein Jukskei Vintage mit einer Oldtimersammlung.

Randburg Waterfront ist eine beliebte Unterhaltungsmeile in den nördlichen Vororten von Johannesburg

Hotels und Restaurants in Gauteng und Sun City *siehe Seiten 344–347 und 370–372*

Tour: Unterwegs in Gauteng ❺

Gauteng besteht in weiten Teilen aus Industriegebieten, die viel zum Wohlstand des Landes beitragen. Trotzdem sind die Metropolen Johannesburg und Pretoria/Tshwane von einem grünen Gürtel umgeben, der viele Freizeitmöglichkeiten bietet. Beliebte Ziele wie etwa das De Wildt Wildlife Reserve, der Hartbeespoort Dam und die Wanderwege in den Magaliesbergen sind über ein hervorragend ausgebautes Autobahnnetz zu erreichen.

Maske, Heia Safari Ranch

De Wildt Wildlife Reserve ⑦
Das Wildschutzgebiet bei Brits begann 1971 mit der Zucht von in Gefangenschaft lebenden Königsgeparden. Das Projekt ist ein großer Erfolg. Besucher müssen reservieren.

0 Kilometer   10

Magaliesberg ⑥
Die Hügelkette zwischen Pretoria/Tshwane und Rustenburg ist ein Wanderparadies mit vielen Hotels, Gasthäusern, Caravanparks und Campingplätzen.

LEGENDE

🛣 Autobahn

🛣 Routenempfehlung

= Andere Straße

☆ Aussichtspunkt

Roodepoort Museum ⑤
Eine Reihe von Ausstellungen behandelt die Geschichte der Region, u.a. die Entdeckung von Gold und den Wandel Roodepoorts von der Mine zur Stadt.

ROUTENINFOS

Länge: 200 km. Hartbeespoort Dam liegt eine Autostunde von Pretoria/Tshwane und Johannesburg entfernt.
Rasten: Restaurants gibt es in der Heia Safari Ranch, im Aloe Ridge Game Reserve und im Gebiet um den Hartbeespoort Dam.

Map labels: THABAZIMBI, RUSTENBURG, Buffelspoort Dam, Mooinooi, Nooitgedacht Battlesite, MAGALIESBERG, ⑥ Magaliesberg, Blockhouse, Hartbeespoort, Kosmos, Hartbeespo, Cable, R560, WITWATERSBERG, R563, Rhino Park, Heia Saf Ran, Aloe Rid Game Reser, Sterkfontein Caves und Robert Broom Museum ④, UPINGTON, Walter S National Bo Garde ①, Krugersdorp, Roodepoort Museum ⑤, Roodepoort

Sterkfontein Caves und Robert Broom Museum ④
Die weitläufigen Höhlen zählen zum UNESCO-Welterbe und zu den bedeutendsten archäologischen Stätten der Welt. Führungen starten jede halbe Stunde.

Aloe Ridge Game Reserve ②
In diesem Reservat nahe Muldersdrift kann man Breitmaulnashörner, Büffel, Nilpferde, Antilopen und Vögel beobachten. Es gibt auch ein Zulu-Kunsthandwerkszentrum.

Hotels und Restaurants in Gauteng und Sun City siehe Seiten 344–347 und 370–372

Hartbeesport Dam ⑧
Der 17 Quadratkilometer große Stausee ist für viele Menschen aus Johannesburg und Pretoria/Tshwane ein Wochenendziel.

Crocodile-River-Kunsthandwerksmarkt ⑨
Bei dem Kunsthandwerksmarkt am ersten Wochenende im Monat kann man den Künstlern in den Ateliers zuschauen und Bilder, Möbel sowie Metallarbeiten kaufen.

Lion Safari Park ⑩
Eine Einbahnstraße führt durch einen 200 Hektar großen Löwenpark und durch einen separaten Park mit Blessbock, Weißschwanzgnu, Impala, Oryx und Zebra bis zu einem Rastplatz. Es gibt auch ein Restaurant.

Walter Sisulu National Botanical Gardens ①
Der Witpoortje-Wasserfall steht im Mittelpunkt des Botanischen Gartens mit einheimischer Hochlandflora wie Aloe und Proteas, die vielen Vogelarten Nahrung bieten.

Heia Safari Ranch ③
Impala, Blessbock und Zebra laufen frei über das Gelände, das auch über ein Konferenzzentrum, ein Restaurant und einige Bungalows verfügt.

Rennbootfahren ist ein beliebter Sport auf dem Hartbeespoort Dam

Hartbeespoort Dam ❻

Straßenkarte E2. R514, Richtung Drahtseilbahn. ☎ (012) 251-0992.

Der Stausee im **Hartbeespoort Nature Reserve** ist bei Wassersportlern und Seglern beliebt. Angler fischen nach *kurper* (einer Brassenart) und Karpfen.

Eine Rundfahrt führt durch einen Tunnel zur Staumauer. Von hier blickt man über die Wassermassen von Crocodile und Magalies River. An der Strecke liegen Ferienhütten, Wochenendhäuser und Hotelresorts sowie Bauernstände, Kioske und Souvenirläden.

Weitere Attraktionen sind ein Süßwasseraquarium mit südafrikanischen Fischen, Krokodilen, Pinguinen und Seelöwen sowie ein Zoo mit Geparden- und Raubtierpark.

In der Nähe liegt das **Gauteng Elephant Sanctuary** (www.elephantsanctuary. co.za). Hier können Besucher die Dickhäuter füttern, am Rüssel führen oder von einem Baumhaus aus beobachten.

Umgebung: Die **Magaliesberg Canopy Tour** startet am Sparkling Waters Hotel & Spa und führt an Drahtseilen mit Stopps an elf Plattformen durch die Baumkronen der Magaliesbergkette.

🏔 Magaliesberg Canopy Tour
Ysterhout Kloof. ☎ (014) 535-0000. ◯ Sommer: tägl. 6.30–16.30 Uhr; Winter: tägl. 8–15 Uhr. 📶

Pretoria / Tshwane

Delville-Wood-Denkmal

Pretoria/Tshwane ist Regierungshauptstadt und führende Hochschulstadt des Landes. Denkmäler und Verwaltungsgebäude, von denen manche bereits im 19. Jahrhundert entstanden sind, werden von Parks und Gärten gesäumt. Im Frühjahr fügen die Blüten der Jakarandabäume lila Farbtupfer hinzu. 2005 beschloss der Stadtrat, Pretoria in Tshwane («Wir alle sind gleich») umzubenennen. Der Beschluss wird derzeit vom obersten Gericht der Stadt geprüft.

Paul-Kruger-Denkmal am Church Square in Pretoria/Tshwane

Überblick: Pretoria / Tshwane

Historische Bauten, hübsche Parks, Theater und Restaurants zieren diese elegante, kompakte Stadt mit der attraktiven Fußgängerzone Church Square im Zentrum.

🐾 National Zoological Gardens

Ecke Paul Kruger und Boom St.
📞 (012) 328-3265.
🕐 tägl. 8–17.30 Uhr (im Winter bis 17 Uhr). 🖼 🚻 🍴
Der Zoologische Garten liegt im Herzen der Stadt am Ufer des Apies River. Er gehört zu den zehn schönsten Tierparks der Welt. Man investiert viel Zeit in Zuchtprogramme von seltenen Arten wie dem afrikanischen Gaukleradler und der Arabischen Oryx.

🏛 Church Square

Ecke Church und Paul Kruger St.
Zu den Bauten an diesem Platz gehören der **Raadsaal** (1890), einst Parlamentssitz der früheren Burenrepublik, und der **Justizpalast** (1899), den die Briten bis 1902 als Militärkrankenhaus nutzten. Die Paul-Kruger-Statue von

Anton van Wouw wurde 1899 gegossen. Im selben Jahr zog die Republik Transvaal gegen die Briten in den Krieg.

🎭 South African State Theater

Ecke Prinsloo und Church St.
📞 (012) 392-4000. 🕐 tägl.
Dieser Komplex im japanischen Stil beherbergt fünf Bühnen, auf denen Ballett, Theater, Opern und klassische Konzerte aufgeführt werden.

🏛 City Hall

Paul Kruger St.
Das Rathaus gegenüber dem Transvaal Museum entstand im Stil des Neoklassizismus. Zwei Statuen zeigen Stadtgründer Marthinus Pretorius und seinen Vater Andries, nach denen Pretoria benannt wurde. In der Nähe steht auch eine Statue des mythischen Häuptlings Tshwane.

🏛 Transvaal Museum

Paul Kruger St. 📞 (012) 322-7632.
🕐 Mo–So 8–16 Uhr. 🖼 🚻
Das naturgeschichtliche Museum bietet eine beachtliche Sammlung ausgestopfter Tiere sowie ständige Archäologie- und Geologie-Ausstellungen.
In der Austin Roberts Bird Hall sind in Südafrika heimische Vogelarten zu sehen.

🏛 Melrose House

275 Jacob Maré St.
📞 (012) 322-2805. 🕐 Di–So 10–17 Uhr. ⚫ Mo, Feiertage.
Um 1880 entwarf der britische Architekt William Vale dieses Haus für den Transportunternehmer George Heys. Er verwendete alle erdenklichen Guss-Deko-Formen und gestaltete einen Mix aus englischem Landhaus, indischem Pavillon und kapholländischem Stil. Heute zeigt es als Museum viel von der originalen Einrichtung.
Während des Burenkriegs war das Melrose House der Wohnsitz des britischen Oberbefehlshabers Lord Kitchener. In dem Gebäude wurde am 31. Mai 1902 der Friedensvertrag unterzeichnet.

KUNSTHANDWERK DER NDEBELE

Die Ndebele sind bekannt für ihre farbenfrohen Kleider und ihre Kunst: Skulpturen, Keramik, Perlenwaren, Webmatten und Wandmalereien *(siehe S. 375)*. Herausragendes Beispiel ist die perlenbesetzte Hochzeitsdecke *nguba*, die immer von der Braut, inspiriert von ihren Vorfahren und unter Aufsicht und Leitung der älteren Frauen ihres Stammes, gefertigt wird. Traditionell arbeiten die Frauen auf dem Feld und sind für Dekoration und Kunst zuständig, während die Männer für die Frauen Metallschmuck wie schwere Arm-, Fuß- und Halsreife herstellen.

Typische Ndebele-Kunst

⚏ Union Buildings

Church St, Meintjies Kop.
◻ *tägl. (nur Parkanlage).*

Die Union Buildings wurden von dem Architekten Sir Herbert Baker entworfen. Sie sind seit 1910 Sitz der südafrikanischen Regierung. Der Baumeister selbst hat den Platz auf dem Hügel ausgesucht, von wo aus die beiden durch einen Säulengang verbundenen breiten Verwaltungsflügel die Parklandschaften und ein Amphitheater überblicken. Das Gebäude ist aus Sicherheitsgründen nicht öffentlich zugänglich, doch der Blick auf den Renaissance-Bau mit kapholländischen und italienischen Einflüssen lohnt sich auch vom Park aus.

Umgebung: Wenn man von Johannesburg auf der N1 nach Pretoria/Tshwane fährt, sieht man auf der linken Seite das **Voortrekker Monument** mit Museum. Es gedenkt der Burenpioniere, die um 1830 der britischen Vorherrschaft am Kap entflohen.

Sein Bau im Jahr 1938 – 100 Jahre nach der Schlacht am Blood River *(siehe S. 53)* – war Symbol für die Einheit der Buren. Am Jahrestag der Schlacht, dem 16. Dezember, scheint mittags die Sonne ins Innere.

Voortrekker Monument

An der R104, östlich von Pretoria/Tshwane, steht das **Sammy Marks Museum**. In diesem eleganten Bau lebte einst der Industrielle Sammy Marks (1843–1920), der Gründer der South African Breweries. Das Haus ist in viktorianischem Stil eingerichtet.

INFOBOX

Straßenkarte E2. Gauteng Province. ⚏ *1 800 000*. ✈ *Johannesburg, 50 km südwestl. von Pretoria/Tshwane.* 🚌 *Ecke Scheiding und Paul Kruger St.* ℹ *Tourist Rendezvous Center.* ℹ *Church Square, (012) 358-1430.* ◻ *Mo–Fr 8–16 Uhr.* 🎭 *Pretoria Show (Aug).* **www**.tshwanetourism.com

⚏ **Voortrekker Monument**
Eeufees Rd. ☏ *(012) 326-6770.*
◻ *tägl. 8–17 Uhr.* 🎫
Museum ☏ *(012) 323-0682.*

⚏ **Sammy Marks Museum**
Route 104, Bronkhorstspruit Rd.
☏ *(012) 802-1150.* 🎫 *Di–So 10–16 Uhr (Führung obligatorisch).* 🔴 *25. Dez, Karfreitag.* 🎫 ♿

Das historische Melrose House liegt inmitten malerischer Gärten

ZENTRUM VON PRETORIA / TSHWANE

Zeichenerklärungen
siehe hintere Umschlagklappe

Cascades Hotel in Sun City

Sun City ❽

Straßenkarte D2. Rustenburg. N4, Abfahrt R565. ☎ *(014) 557-1000.* ✈ *Pilanesberg, (014) 522-1261.* 🚌 *Johannesburg, (011) 780-7800.* 🎫♿🍴🛏🖥📷♿

Sun City – die glitzernde Vergnügungsstadt, «die niemals schläft« – liegt in einer recht unwirtlichen Gegend zwei Autostunden von den Metropolen des Witwatersrand entfernt. Mit Sun International *(siehe S. 325)* und Computicket *(siehe S. 377)* ist Sun City ab Gauteng per Bus und ab Johannesburg International Airport täglich mit dem Flugzeug erreichbar.

Sun City ist die Schöpfung des Hoteliers Sol Kerzner. Als er den Komplex bauen ließ, gehörte das Land zur teilauto-

nomen »Republik« Bophuthatswana, in der das in Südafrika verbotene Glücksspiel legal war. Am Anfang war das Casino die Hauptattraktion der Anlage, die damals »nur« ein Luxushotel, einen künstlichen See und einen 18-Loch-Golfplatz umfasste, der von dem früheren südafrikanischen Spitzengolfer Gary Player entworfen wurde.

Nach wenigen Jahren war der Besucherandrang bereits so groß, dass zwei weitere Hotels gebaut wurden: das Cabanas und das Cascades. Das Cabanas verfügt über 284 Zimmer und

viele Freizeitangebote. Es ist ideal für Familien und Tagesbesucher geeignet, denn hier gibt es die preisgünstigsten Zimmer der ganzen Anlage.

Nach der Lockerung der Glücksspielgesetze wurden überall im Land Casinos eröffnet. Der Besucherstrom nach Sun City hält jedoch unverändert an: Viele kommen heute vor allem wegen der angeschlossenen Vergnügungsparks. In Sun City kann man nicht nur ein Vermögen am Glücksrad gewinnen, man hat auch die Wahl zwischen Tanzshows, Musikkonzerten, Schönheitswettbewerben und verschiedenen Sport-Events.

Der Komplex bietet mehrere Restaurants, Souvenirläden, Boutiquen, Cafés, ein Kino und Unterhaltungsangebote für Kinder.

The Palace of the Lost City at Sun City *(siehe S. 270f)* ist der neueste Anbau, außerdem entstanden ein viertes Hotel und ein zweiter Golfplatz.

Casino-Eingang

In unmittelbarer Nähe von Sun City findet man viele Naturattraktionen, die man ebenfalls nicht versäumen sollte. Am Eingang zum Resort liegen die faszinieren-

Sun City, eine einzigartige, künstliche Oase in der North West Province

Hotels und Restaurants in Gauteng und Sun City *siehe Seiten 344–347 und 370–372*

Pfade und Brücken in dschungelartigen Gärten

HEISSLUFTBALLONS ÜBER PILANESBERG

Die Heißluftballonfahrten über den Pilanesberg National Park und Sun City sind bei Besuchern sehr beliebt. Die Ballons schweben schwerelos über den Wildtierherden, die im erloschenen Vulkankrater friedlich grasen, und gleiten in absoluter Stille über die Pyramiden und Kuppeln der geschäftigen Sun City. Nur gelegentlich unterbricht das Zischen des Gasbrenners die Ruhe, um einen Höhenverlust wieder auszugleichen. Generell sind Ballonfahrten nur an Tagen mit schwachem Wind möglich.

Ein Heißluftballon über dem Nationalpark

den **Kwena Gardens**, in denen man auf speziell angelegten Pfaden Krokodile in ihrem natürlichen Lebensraum beobachten kann.

✖ Kwena Gardens
Sun City. 🔲 (014) 552-1262.
🔲 tägl. 9.30–18 Uhr, Fütterung: 16.30 Uhr. 🔲 🔲 🔲

Pilanesberg National Park ❾

Straßenkarte D2. R510, Abfahrt Mogwase. 🔲 (014) 555-5351/52.
🔲 tägl. 6–18 Uhr. 🔲 ✖ 🔲

Die runde Form des Nationalparks geht auf einen Krater zurück, der bei einem Vulkanausbruch in prähistorischer Zeit entstand. Den Mankwe-Stausee in der Mitte umringen drei niedrige Hügelketten aus erkalteter Lava. Das gesamte Parkareal liegt leicht erhöht über der umgebenden Ebene.

Das Reservat entstand zunächst aus rein wirtschaftlichen Gründen: Mit der Schaffung des Wildparks sollte die einheimische Bevölkerung unterstützt und das nahe gelegene Sun-City-Resort um eine Attraktion bereichert werden. Der einst unwirtliche Ort entwickelte sich zum ehrgeizigsten Wildprojekt Südafrikas: In der »Operation Genesis« siedelte man 6000 Tiere aus 19 Arten in dem Reservat an. Man setzte einheimische und ausländische Pflanzen ein, baute Telefonleitungen ab, vernichtete jegliche Spuren von Landwirtschaft und glich Erosionsschäden aus.

Heute führen in Pilanesberg Elefanten, Spitzmaulnashörner und Leoparden eine sehr eindrucksvolle Liste von Großwildtieren an. Ausgebildete Wildhüter begleiten Besucher auf Safaris in offenen Jeeps. Übernachtungsgäste können sogar an einer Nachtsafari teilnehmen.

In Pilanesberg sind auch zahlreiche Vogelarten, vor allem Raubvögel, heimisch. Kapgeier nisten in den steilen Klippen der Magaliesberge. Viele Futterstellen sorgen für das Überleben dieser gefährdeten Art. Im Pilanesberg National Park gibt es einige luxuriöse Übernachtungsmöglichkeiten wie Kwa Maritane Lodge, Tshukudu Bush Camp und Bakubung Lodge, aber auch Zeltcamps und Strohhütten. Ganz in der Nähe befinden sich ein Privatcamp mit Bungalows sowie ein Caravanpark.

Junge Elefanten im Pilanesberg National Park

Palace of the Lost City at Sun City

Palastlampe

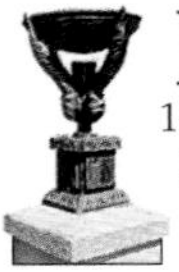

Lost City, einer Legende nach die »Verlorene Stadt« eines untergegangenen Volkes, liegt 180 Kilometer nordwestlich von Johannesburg. Hier scheint die Zeit stillzustehen. Innovatives Design und fantasievolle Architektur in einem üppigen, künstlichen Dschungel schufen einen Komplex, der einen unvergesslichen Urlaub verspricht: Hotels, Golfplätze, das glitzernde Entertainment-Center, Casinos und Wellen, die sanft an Palmenstränden auslaufen.

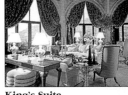

King's Suite
Die beste Suite des Hotels bietet Ahorntäfelung, eine private Bibliothek, eine Bar und den Panoramaausblick.

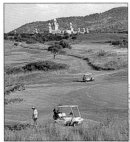

Lost City Golf Course
Der 18-Loch-Golfplatz hält diverse Tees bereit. Ein einzigartiges Wasserhindernis ist wohl der Krokodilpool am 13. Loch.

Buffalo Wing

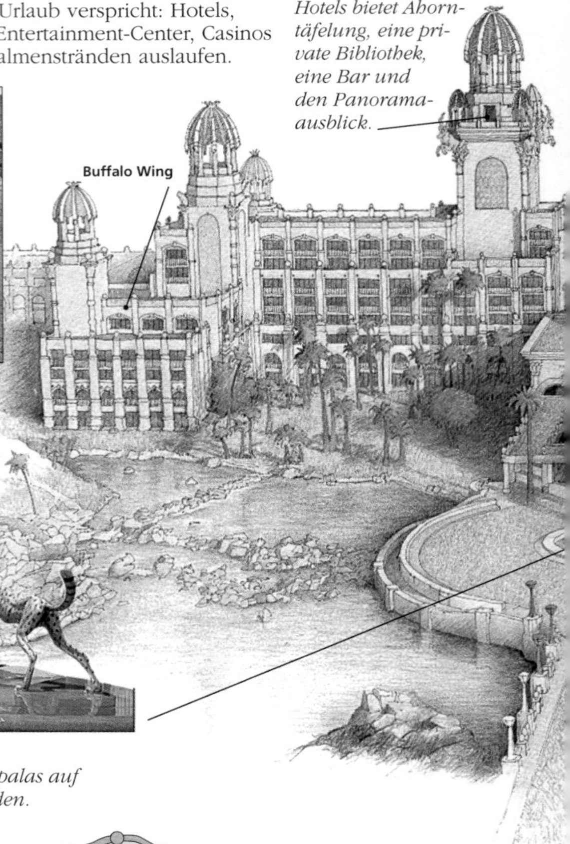

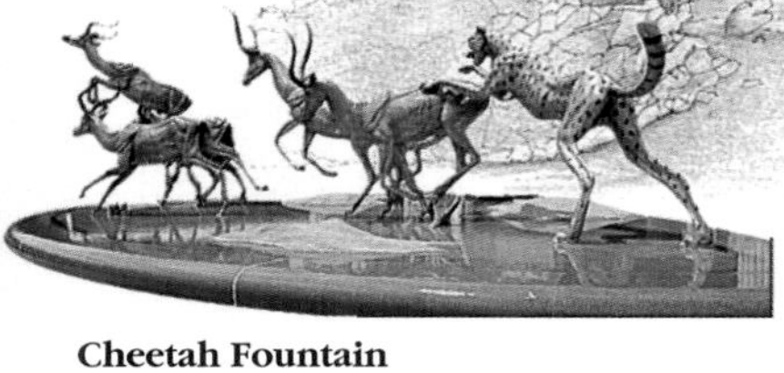

Cheetah Fountain
Die Bronzeskulptur zeigt Impalas auf der Flucht vor einem Geparden.

PILANESBERG
Village Wall
Lost City Golf Course Clubhouse
Baobab Forest
The Palace Hotel
P
P
1
2
3
4
Sway Bridge
Hidden Cave Falls
Rainforest und Hippo Pool
Lake
CASCADES
Old East Gate Bridge
Royal
5
Royal Amphitheater
6
SUN CITY
0 Meter
20

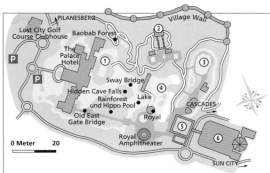

Lost City Complex

① Grand Pool
② Temple of Courage
③ Adventure Mountain
④ Roaring Lagoon
⑤ Bridge of Time
⑥ Entertainment-Center

Legende

- Teerstraße
- Gebäude
- P Parkplatz

Hotels und Restaurants in Gauteng und Sun City *siehe Seiten 344–347 und 370–372*

★ Elefantenhof und Shawu-Statue

Diese Skulptur gedenkt eines Elefantenbullen, der bis zu seinem Tod im Alter von 80 Jahren (1986) durch den Kruger National Park streifte. Sie steht in einer Nische am Ende des lichtdurchfluteten Elefantenhofs.

INFOBOX

Straßenkarte D2. N4 von Pretoria/Tshwane, anschließend R565 oder R556. North West Province. ✈ Pilanesberg, (014) 522-1261. 🚌 von Johannesburg, (014) 557-1000. ℹ Sun International Central Reservations, (011) 780-7878. 🏰 Palace of the Lost City at Sun City, (014) 557-1000. ⏰ tägl. 🎫🚭♿🚻🍴📷📹 🛍🛒🧺✂

www.suninternational.com

Royal Suites

Queen Tower

Elefantenhof

Rund 600 000 ausgewachsene Bäume und Sträucher wurden nach Lost City verpflanzt.

★ Fresko

Das Fresko an der Kuppel bei der Rezeption hat einen Durchmesser von 16 Metern. Es wurde in 5000 Arbeitsstunden gefertigt.

Das Haustor führt zur Lobby.

Roaring Lagoon

Alle 250 Sekunden rollt eine 1,3 Meter hohe Welle auf dem weißen Sandstrand aus.

NICHT VERSÄUMEN

★ Elefantenhof und Shawu-Statue

★ Fresko

BLYDE RIVER CANYON UND KRUGER NATIONAL PARK

Zu den Attraktionen im Nordosten Südafrikas zählen eine von Naturreservaten umgebene tiefe Schlucht, Landschaften mit einem prächtigen Panorama, Seen voller Forellen sowie die charmante Goldgräberstadt Pilgrim's Rest, die als lebendiges Museum erhalten geblieben ist.

Dort, wo die Drakensberge an ihrem nördlichsten Punkt steil in die trockene, heiße Ebene des Bushveld abfallen, ist die Landschaft besonders eindrucksvoll, ebenso der Blick über die Östliche Große Randstufe, wo die Savanne in die Küstenebenen von Mosambik übergeht. Auch die Wanderung durch den Blyde River Canyon lohnt sich.

Ergiebige Niederschläge sichern den dichten Waldbestand an den Berghängen und die größte Wasserfalldichte Südafrikas. Diese Gegend mit riesigen Kiefern- und Eukalyptuswäldern ist der Hauptholzlieferant des Landes. Landschaftlich reizvolle Autostrecken bieten traumhafte Ausblicke, wie die »Panorama Route« ab der geschäftigen Kleinstadt Graskop.

Ein großer Teil der Lowveld-Ebene gehört zum Kruger National Park, einem der ältesten und größten Wildschutzgebiete der Welt. Die meisten Besucher sind im attraktiveren Süden des Parks unterwegs, südlich des Letaba River und näher an den Städten Gautengs. Weniger frequentiert sind der Osten und der Norden, der für seine Elefanten mit langen Stoßzähnen berühmt ist. Strenges Management schützt den Park davor, Opfer seines Erfolgs zu werden. Den Bedürfnissen der Gäste wird in den privat geführten Luxusreservaten an der Westgrenze des Nationalparks Rechnung getragen.

Im Lowveld werden Zitrusfrüchte, Tabak, Nüsse, Mangos und Avocados in großen Plantagen angebaut.

Die grazile Impala-Antilope ist überall im Kruger National Park zu Hause

◁ **Wo Blyde und Treur zusammenfließen, haben Kiesel gigantische Löcher in den Felsen geschliffen** *(siehe S. 279)*

Überblick: Blyde River Canyon und Kruger National Park

Die ersten Goldsucher Südafrikas strömten in den Osten des Landes. Heute kommen Besucher wegen der schönen Natur in den Wildreservaten. Der Blyde River formte eine mächtige Schlucht, in der Nähe ragt die erste Kette der Drakensberge 1000 Meter auf. Im Kruger National Park und den privaten Wildreservaten wird Naturschutz großgeschrieben. Sie bieten Landebahnen und Hotels und sind nur wenige Autostunden vom Witwatersrand entfernt.

SEHENSWÜRDIGKEITEN AUF EINEN BLICK

Blyde River Canyon ❺
Dullstroom ❶
Kruger National Park S. 284f ❻
Lydenburg ❷
Pilgrim's Rest ❹
   Alanglade S. 280f
Private Wildreservate ❽
Swasiland S. 288f ❾

Touren

Entlang den Wasserfällen ❸
Im Süden des Kruger
   National Park ❼

SIEHE AUCH

• *Übernachten* S. 348–350

• *Restaurants* S. 372f

LEGENDE

═══	Autobahn
───	Hauptstraße
═══	Nebenstraße
╌╌╌	Unbefestigte Piste
───	Panoramastraße
╾╾╾	Eisenbahn (Hauptstrecke)
────	Eisenbahn (Nebenstrecke)
▬▬	Staatsgrenze
──	Provinzgrenze
△	Gipfel
⤬	Pass

Ortsnamen und Bezeichnungen auf der Karte:

Limpopo · Beitb · Evangelina · Me · Usutu · R521 · Mopan · Maasstroom · Alldays · Brak · Sand · Tonash · Carlow · Masekwaspoort Pass · R572 · Waterpoort · Tom Burke · Blouberg · Soutpansber · Marnitz · Vivo · R522 · Loui Trichard · Baltimore · Woudkop · LIMPOP · N11 · Steilloopbrug · Dendron · Botlokwa · Mook · R521 · Rita · R81 · Limburg · Matlala · Seshego · N1 · Olyfber · Mashashane · Polokwane · Mokopane · R37 · 2128 m · Strydpoortt · Pretoria/Tshwane · Zebediela · Lebowa Kgomo · Roedtan · Olifan · Tompi Seleka · Kenned · Va · Marble Hall · Hlogotlou · Groblersdal · Roossenekal · Rooikraal · N11 · DULLSTROOM · Kwaggaskop · Belfast · Middelburg · N4 · Johannesburg

0 Kilometer   50

Malerische Wellblechhäuser in der alten Goldgräberstadt Pilgrim's Rest

Der Blyde River Canyon ist ein einzigartiges Werk der Natur

IM BLYDE RIVER CANYON UND KRUGER NATIONAL PARK UNTERWEGS

Die gut ausgebaute Nationalstraße N4 führt östlich von Pretoria/Tshwane direkt zur Grenze von Mosambik. Von Johannesburg nimmt man die N12, die bei Witbank die N4 kreuzt. Zum Kruger National Park oder Blyde River Canyon fährt man nördlich auf weiterhin guten Teerstraßen – einige der Passstraßen sind jedoch eng und steil. Die »Panorama Route« ist eine der höchsten und landschaftlich schönsten Straßen Südafrikas. Sie führt auch durch das malerische Goldgräberdorf Pilgrim's Rest (siehe S. 278). Im Winter und Frühsommer muss man hier oft wegen Nebels langsam und mit Abblendlicht bzw. Nebelleuchte fahren.

Wildtiere an einer Wasserstelle im Kruger National Park

Serpentinen des Long Tom Pass bei Lydenburg

Dullstroom ❶

Straßenkarte E2. Middelburg.
🏠 500. 🛈 Huguenote St, (013)
254-0254. www.dullstroom.biz

Dullstroom ist das Fliegenfischerparadies Südafrikas. Es wurde 1893 nach dem Kosenamen eines holländischen Beamten »Dull« und dem Crocodile River benannt. In 2076 Meter Höhe befindet sich der höchstgelegene Bahnhof Südafrikas. Im Winter kann es hier bis zu −13 °C kalt werden.

Umgebung: Das **Dullstroom Dam Nature Reserve** liegt östlich der Stadt Dullstroom in einer bewaldeten Schlucht um einen ruhigen Stausee. Die geschützten Camping- und Caravanplätze am Ufer befinden sich inmitten üppiger subalpiner Flora. Zahlreiche Vogelarten schwirren umher und begleiten Wanderer auf den einladenden und markierten Wegen mit Namen »Misty Valley«, »Ratelspruit« und »Salpeterkrans«.

Das **Verloren Vlei Nature Reserve** liegt 14 Kilometer nördlich von Dullstroom im Herzen eines Sumpfgebiets. Man hofft, den hier geschützten Klunkerkranich (Wattled Crane) eines Tages wieder auswildern zu können.

Durch die bizarren **Sudwala Caves** an der Straße nach Nelspruit gibt es regelmäßige Führungen. Das Höhlennetz wurde nach einem Swasi-Führer benannt, der sich Mitte des 19. Jahrhunderts hier versteckt hielt.

Nahe den Höhlen wird die Geschichte der Menschheit dargestellt. In einem Park stehen lebensgroße Nachbildungen prähistorischer Wildtiere vor einer perfekten Kulisse aus Palmen und Büschen.

🏕 **Dullstroom Dam Nature Reserve**
🅲 (013) 254-0151. ⬭ tägl. ♿

🏕 **Verloren Vlei Nature Reserve**
🅲 (013) 254-0799. ⬭ nach Voranmeldung. ♿

⛰ **Sudwala Caves**
🅲 (013) 733-4152. ⬭ tägl. ♿

Lydenburg ❷

Straßenkarte F2. 58 km nördl. von Dullstroom. 🏠 6000.

Lydenburg bedeutet »Stadt des Leidens« und erinnert an den gescheiterten Versuch, ca. 50 Kilometer nördlich in einem Malariagebiet eine Stadt anzulegen. Die Überlebenden gründeten 1850 hier eine neue Siedlung. Interessante Bauten aus dieser Zeit sind die Kirche und die Voortrekker-Schule.

Die interessantesten Exponate im **Lydenburg Museum** sind die Repliken der Lydenburg-Köpfe (siehe S. 47), sieben große Tonmasken (500 n. Chr.), die wohl zeremoniellen Riten dienten.

🏛 **Lydenburg Museum**
Long Tom Pass Rd.
🅲 (013) 235-2213.
⬭ Mo–Fr 8–16 Uhr,
Sa, So 8–17 Uhr. ⬤ 25. Dez.

Umgebung: Sabie liegt etwa 53 Kilometer östlich von Lydenburg und ist von Nutzwäldern umgeben. Man erreicht es über den schönen **Long Tom Pass**, einst Teil einer Treckerroute. Mancher Felsen ist noch gezeichnet von den metallbeschlagenen Planwagenrädern. Im 19. Jahrhundert wurden um Sabie Bäume gepflanzt, die für die Goldminen gebraucht wurden. Das **Safcol Forest Industry Museum** zeigt alles über die Holznutzung.

🏛 **Safcol Forest Industry Museum**
10th Ave, Sabie.
🅲 (013) 764-1058. ⬭ Mo–Fr
8.30–16.30 Uhr, Sa 8–12 Uhr. ♿

FORELLENANGELN IN DULLSTROOM

1890 wurden Bachforellen erfolgreich in Binnengewässer von KwaZulu-Natal eingesetzt, später verteilten sie sich von hier aus auf das ganze Land. Die Regenbogenforelle mit ihren rötlich braunen Seitenstreifen wurde 1879 eingeführt. In den forellenreichen Gebieten um Dullstroom kann man auf Privatgrund vom Stausee und von Flussufern aus angeln. Es gibt die Möglichkeit einer zeitlich begrenzten Mitgliedschaft im Fliegenfischerclub von Dullstroom; ansässige Angler geben Tipps. Informationen werden am Eingang zum Dullstroom-Stausee erteilt. Übernachtungsgäste können zwischen einfachen Holzhütten und luxuriösen Gasthäusern wählen.

Der ruhige Stausee bei Dullstroom

Tour: Entlang den Wasserfällen ❸

Das Zusammenspiel von Hochebene, starken Niederschlägen und intensivem Abfluss schuf in dem alten Goldgräbergebiet entlang der Drakensberge spektakuläre Wasserfälle. Hier gibt es mehr Katarakte als irgendwo sonst in Südafrika. Schon auf der Rundfahrt zwischen Sabie und Graskop (ca. 100 km) sieht man einige. Die meisten sind ausgeschildert und gut per Auto zu erreichen. Aber beachten Sie die Warnschilder: So reizvoll sie sind – rund um die Wasserfälle ist es glatt und gefährlich.

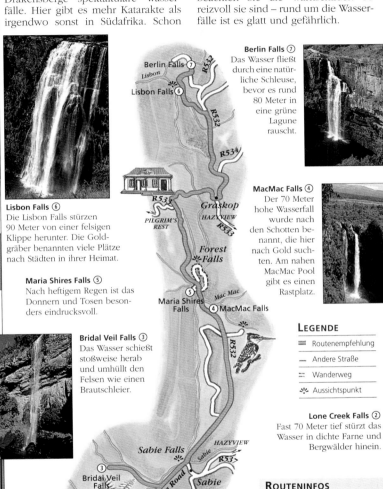

Berlin Falls ⑦
Das Wasser fließt durch eine natürliche Schleuse, bevor es rund 80 Meter in eine grüne Lagune rauscht.

MacMac Falls ④
Der 70 Meter hohe Wasserfall wurde nach den Schotten benannt, die hier nach Gold suchten. Am nahen MacMac Pool gibt es einen Rastplatz.

Lisbon Falls ⑥
Die Lisbon Falls stürzen 90 Meter von einer felsigen Klippe herunter. Die Goldgräber benannten viele Plätze nach Städten in ihrer Heimat.

Maria Shires Falls ⑤
Nach heftigem Regen ist das Donnern und Tosen besonders eindrucksvoll.

Bridal Veil Falls ③
Das Wasser schießt stoßweise herab und umhüllt den Felsen wie einen Brautschleier.

LEGENDE

- ▬ Routenempfehlung
- — Andere Straße
- ⋈ Wanderweg
- ⋇ Aussichtspunkt

Lone Creek Falls ②
Fast 70 Meter tief stürzt das Wasser in dichte Farne und Bergwälder hinein.

ROUTENINFOS

Start: *Sabie.*
Länge: *100 km.*
Verlauf: *Von Sabie links auf die R532 zu den Wasserfällen Horseshoe, Lone Creek und Bridal Veil. Von Sabie aus auf die R532 Richtung Graskop geht es zu den Wasserfällen MacMac, Maria Shires, Lisbon, Berlin und Forest.*

Horseshoe Falls ①
In Form eines Hufeisens rauscht das Wasser die Kaskaden herab. Der Wasserfall liegt auf Privatgrund gleich hinter einem Campingplatz.

0 Kilometer 5

Pilgrim's Rest ❹

Grabstein

Goldsucher ließen sich 1874 in der malerischen Lowveld-Ebene nieder. Ihr einstiges Dorf strahlt nach einer Restaurierung wieder den bescheidenen Charakter von damals aus. Die Goldgräber bauten ihre Hütten provisorisch aus Wellblech und Holz, waren sie doch nur auf kurze Wohndauer ausgelegt, bis das Gold erschöpft war. Doch diese Goldader versiegte erst nach knapp 100 Jahren, und Pilgrim's Rest wurde ein Stück Geschichte.

INFOBOX

Straßenkarte F2.
🛈 (013) 768-1060.
🕐 tägl. 9–16 Uhr. 🎫 Ein Ticket
für alles. 🅰 (013) 768-1367.
www.pilgrims-rest.co.za

LEGENDE

━ Straße

▢ Sehenswürdigkeit

0 Meter 500

Vielfältiges Angebot im Gemischtwarenladen Dredzen

SEHENSWÜRDIGKEITEN AUF EINEN BLICK

Alanglade ⑤
Dredzen & Company ④
Information ②
Miner's House ③
Old Print House ①

Überblick: Pilgrim's Rest

Das Dorf 35 Kilometer nördlich von Sabie ist ein Nationaldenkmal. Das bei der Information erhältliche Ticket gilt für alle Bauten. Ein Spaziergang durch das »Villenviertel« führt von der Kirche zur Post, wo man auch den Friedhof besichtigen kann. Der interessanteste Grabstein ist derjenige eines rätselhaften Räubers.

An der Goldgräberstätte am Ufer des Pilgrim's Creek können Gäste selbst ihr Glück mit der Goldpfanne versuchen. Die alte Druckerei »Old Print

House« ist ein typischer Bau aus Wellblech auf einem Holzgerüst. Die Zeitung war damals die einzige Verbindung zur Außenwelt, Drucker gehörten zu den ersten Siedlern.

Das Goldgräberhaus »Miner's House« rückt das Goldgräberdasein ins richtige Licht: Obwohl sie viel Gold besaßen, lebten die Goldschürfer wie einfache Leute.

Dredzen & Company ist ein Gemischtwarenladen mit zahlreichen Haushaltsgeräten des letzten Jahrhunderts.

Im herrschaftlichen Anwesen Stately Alanglade wohnte einst der Leiter der Goldmine. Es liegt in einem bewaldeten Tal, fernab vom Staub und Lärm des Dorfs (*siehe S. 280f*).

Umgebung: In der herrlichen Landschaft am Steilabfall der Drakensberge leben die Bewohner von der Holzverarbeitung und vom Fremdenverkehr.

Vom Dorf aus führt die geteerte R533 über den Bonnet Pass nach Graskop, einem guten Ausgangspunkt, um die Berge und den Kruger National Park zu entdecken, des

Blick durch das »Fenster Gottes«

sen Hauptcamp Skukuza nur 70 Kilometer von hier entfernt ist. Die R534 (auch »Panorama Route«) beginnt drei Kilometer nördlich von Graskop und führt an Klippen und Wasserfällen (*siehe S. 277*) entlang. Die Berge fallen fast 1000 Meter bis zum Lowveld ab. An klaren Tagen beträgt die Sicht bis zu 100 Kilometer. Die Landschaft gilt als eine der schönsten Südafrikas – die Ausblicke sind fantastisch.

Die Bar des Royal Hotel war einst eine Kapelle

Hotels und Restaurants in der Region Blyde River Canyon und Kruger National Park *siehe Seiten 348–350 und 372f*

»Three Rondavels« – die drei Rundhütten – im Blyde River Canyon

Blyde River Canyon ❺

Straßenkarte F2. An der R534.
 (031) 761-6019.
 tägl. 7–17 Uhr. 🖼 🖳 🎀 Ⓐ

Der reißende Blyde River hat sich über Jahrhunderte durch 700 Meter Schiefer- und Quarzgestein gearbeitet, bis er die etwa 20 Kilometer lange Schlucht mit ihrer landschaftlichen Vielfalt aus Klippen, Inseln, Hochebenen und buschbestandenen Hängen geschaffen hatte. Im Herzen der Schlucht liegt der Blydepoort-Stausee.

In den bewaldeten Hängen leben Antilopen, Vögel, Nilpferde und Krokodile. Nur im Blyde River Canyon findet man alle südafrikanischen Affen: Bärenpaviane, Grünmeerkatzen, Samango-Affen und beide Arten der Buschbabys. Die Flora reicht von Flechten und Moosen über Bergwaldpflanzen hin zu Orchideen.

Überblick: Blyde River Canyon Nature Reserve

Eine 300 Kilometer lange Rundstrecke von Graskop über Bosbokrand, Klaserie, Swadini und Bourke's Luck bietet fantastische Ausblicke auf die Berge über der Ebene, den Blydepoort-Stausee und tief hinunter in die Schlucht. Man kann mehrtägige oder kurze Wanderungen unternehmen und in den Hotelanlagen von Swadini und Blydepoort übernachten.

Kowyn's Pass

Die geteerte R533 zwischen Graskop und dem Lowveld bietet Blicke auf Berge und steile Klippen. Sie führt auch an der reizvollen Panoramaschlucht mit Wasserfall vorbei.

Forever Swadini

 (012) 423-5600. tägl.
www.foreverswadini.co.za
Diese Anlage liegt tief in der Schlucht an den Ufern des Blydepoort und bietet Übernachtung, Restaurant und Bootsfahrten. Im Besucherzentrum und dem unteren Aussichtspunkt gibt es Informationen zum Stausee und den Kadishi Falls, der größten Tuffsteininformation der Welt.

Three Rondavels

Diese drei Hügel, die wie traditionelle Rundhütten der Xhosa oder Zulu aussehen, wurden durch Erosion geformt: Die harte »Gesteinskappe« erodierte langsamer als das weiche Gestein darunter. Im schwarzen Quarz-

Bourke's Luck Potholes

gestein wurzelt immergrüner Busch. Entlang dieser Panoramastraße liegen noch World's End und Lowveld View als weitere Aussichtspunkte.

Bourke's Luck

 (013) 761-6019.
 tägl. 7–17 Uhr. 🖼
Kleine und große Steine, die von den Flüssen Blyde (»Freude«) und Treur (»Trauer«) mitgerissen wurden, gruben tiefe Löcher in das Gestein, aus denen die ersten Goldsucher riesige Mengen Gold herausholten. Etwas abseits der R532 liegt Bourke's Luck, der Hauptort des Reservats, mit einem Informationszentrum.

»Pinnacle« an der Panorama Route

Panorama Route

Ein 18 Kilometer langer Abschnitt führt direkt am Klippenrand entlang. Namen wie »Wunderblick« und »Fenster Gottes« mögen übertrieben klingen, bis man selbst einmal dort gewesen und in stiller Bewunderung der atemberaubenden Natur gegenübergestanden hat.

Pinnacle

Diese eindrucksvolle Felsensäule an der Panorama Route scheint direkt aus dem immergrünen Blätterwerk zu wachsen. Durch optische Täuschung wirkt sie näher, als sie in Wirklichkeit ist. Die auffälligen Sandsteinschichten geben Aufschluss über ihre Geschichte: Selbst die Spitze dieses riesigen Felsens lag in früheren geologischen Epochen unter Wasser.

Pilgrim's Rest: Alanglade

Verglichen mit den Bauten in Pilgrim's Rest ist Alanglade ein wahrer Palast: Hier lebten jeweils die Leiter der Transvaal-Goldmine. Trotzdem bringt man das Haus immer noch mit seinen ersten Bewohnern in Verbindung. Alan und Gladys Barry zogen 1916 als junge Familie in das neu gebaute Haus ein. Heute ist das Anwesen ein Museum in edwardianischem Stil, das nur auf die Rückkehr seiner ersten Bewohner zu warten scheint.

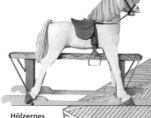

Hölzernes Schaukelpferd

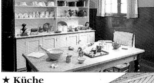

★ Küche
Das Personal musste für viele kochen. Die Küche umfasst zwei Speisekammern, Speiseschrank, Spülküche und einen Milchraum.

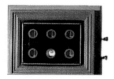

Elektrische Klingel
Ein ausgeklügeltes Klingelsystem zeigte dem Personal exakt an, von welchem Raum aus man geläutet hatte.

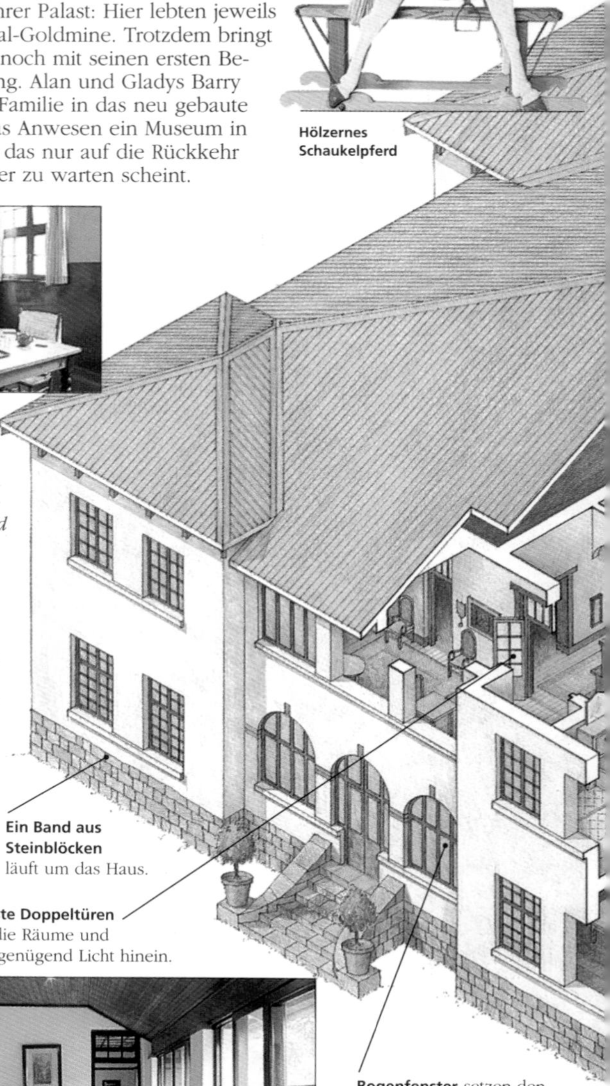

Ein Band aus Steinblöcken läuft um das Haus.

Verglaste Doppeltüren teilen die Räume und lassen genügend Licht hinein.

Bogenfenster setzen den Eingangsbereich vom Rest des Hauses ab.

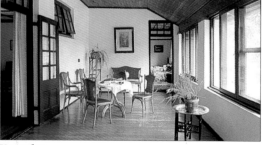

Veranden
Die luftigen Veranden dienten auch als Schlafplatz für die siebenköpfige Barry-Familie und die vielen Bediensteten.

NICHT VERSÄUMEN

★ Ericas Schlafzimmer

★ Küche

Hotels und Restaurants in der Region Blyde River Canyon und Kruger National Park *siehe Seiten 348–350 und 372f*

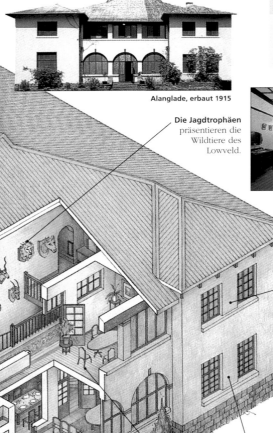

Alanglade, erbaut 1915

INFOBOX

Pilgrim's Rest. 3 km nordöstl.,
Abzweigung R533.
 (013) 768-1060. Mo–Sa
11, 14 Uhr (Anmeldung im
Pilgrim's Rest Info-Center).

Die Jagdtrophäen
präsentieren die
Wildtiere des
Lowveld.

★ Ericas Schlafzimmer
*Erica, die älteste Tochter,
war das einzige Kind
mit eigenem Schlaf-
zimmer, obwohl sie nur
während der Schulferien
zu Hause war.*

Antiquitäten
*In Alanglade sind beson-
ders schöne Antiquitäten
ausgestellt, z. B. dieser
Rosenholzschrank.*

Kindergarten

Die Bodenbeläge
waren gewebte
Matten aus Kokos,
Stroh oder Sisal.

Rosengarten
*Nur ein kleiner Rosengarten
lässt ahnen, dass hier einst
ein akkurat angelegter Garten mit Linien und geome-
trischen Mustern blühte.*

ALAN BARRYS VERMÄCHTNIS

Am 15. August 1930 schrieb Richard Alan Barry, Geschäfts-
führer der Transvaal Gold Mining Estates Ltd, in sein Tagebuch: »Ich verlasse Pilgrim's Rest. Es ist
ein trauriger Abschied von Arbeit,
Freunden und Bekannten.« Dieses
(wie die beiden anderen Familien-
häuser zuvor in Johannesburg)
auf »Alanglade« getaufte Haus war
14 Jahre lang das Zuhause der Bar-
rys. Die Familie prägte das Haus
so, dass es bis heute Alanglade
genannt wird.

Drei der Barry-Kinder

Kruger National Park ❻

Der größte Nationalpark Südafrikas ist zweifellos eines der schönsten Wildreservate der Welt. Vom Limpopo River im Norden bis zum Crocodile River im Süden erstreckt sich der Kruger National Park über eine Länge von 350 Kilometern, von Ost nach West misst er 60 Kilometer. Diese riesige Wildnis ist mit 19 633 Quadratkilometern in etwa so groß wie der Staat Israel. 16 verschiedene Vegetationstypen sind in dem Areal zu finden.

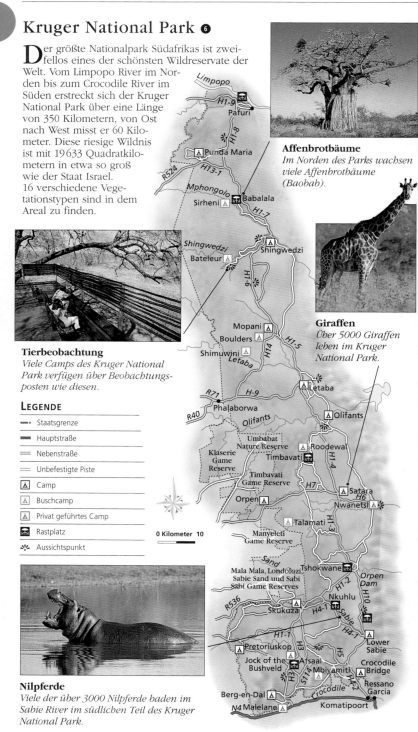

Affenbrotbäume
Im Norden des Parks wachsen viele Affenbrotbäume (Baobab).

Tierbeobachtung
Viele Camps des Kruger National Park verfügen über Beobachtungsposten wie diesen.

Giraffen
Über 5000 Giraffen leben im Kruger National Park.

LEGENDE

— ·— Staatsgrenze
——— Hauptstraße
═══ Nebenstraße
＝＝ Unbefestigte Piste
🅰 Camp
🅰 Buschcamp
🅰 Privat geführtes Camp
🏪 Rastplatz
🌟 Aussichtspunkt

0 Kilometer 10

Nilpferde
Viele der über 3000 Nilpferde baden im Sabie River im südlichen Teil des Kruger National Park.

◁ **Kruger National Park: Zebras und Impalas an einer der vielen Wasserstellen**

Mopane-Buschland bei Punda Maria im Norden des Kruger National Park

INFOBOX

Straßenkarte F1–2. ✈ *Nelspruit, Mpumalanga, Phalaborwa.* 🎫 **Buchungen:** *National Parks Board, (012) 428-9111.* 🕐 *Okt– März: 5.30–18.30 Uhr (Okt, März: bis 18 Uhr); Apr–Sep: 6–18 Uhr (Mai–Juli: bis 17.30 Uhr). Malaria-Vorsorge notwendig.* 📷 ♿ 📷 🍴 🏨 www.sanparks.org

Norden des Kruger National Park

Den halbtrockenen Norden des Kruger National Park prägt Savanne mit Mopane-Bewuchs. Die wenigen Flüsse sind oft nicht mehr als Rinnsale im Sandbett, erhalten aber wunderbare Lebensräume. Neben riesigen Elefanten- und Büffelherden sieht man hier auch große Populationen von Rappen-, Pferde-, Elen-, Kuh- und Leierantilopen sowie von Greisböckchen.

Punda Maria

Wer Einsamkeit sucht, ist im entlegenen Punda Maria, dem nördlichsten Punkt des Kruger National Park, genau richtig. Die Hütten des Camps wurden 1933 gebaut. Der Rastplatz Pafuri an der Nordgrenze des Parks ist ein Paradies für Vogelfreunde: Hier sieht man rot-grün leuchtende Narinatrogone, Meves-Glanzstare, Perlhühner und Weißstirnspinter. Wilde Feigen, Mahagoni-, Ebenholz- und Affenbrotbäume säumen den Luvuvhu River, an dem Tieflandnyalas friedlich weiden.

Shingwedzi und Mopani

Rund Kilometer südlich liegt Shingwedzi auf einem Hügel mit Blick über den Pioneer-Stausee. In dieser trockenen, heißen Region ist der Pool des Camps eine wahre Oase. Das 63 Kilometer entfernte Mopani ist Ausgangspunkt für Ausflüge. Ein Straßennetz führt an beiden Uferseiten des Shingwedzi River entlang. Hier sieht man Elefanten, Tieflandnyalas, Wasserböcke, Büffel, Löwen und Leoparden.

Letaba

Das Letaba Camp am Südufer des Letaba River ist eines der am schönsten gelegenen Camps im Park. Alle Hütten bieten Flussblick. Die Elefantenhalle zeigt die Stoßzähne der als »Magnificent Seven« bekannt gewordenen Elefantenbullen, deren Stoßzähne als die längsten je in Südafrika gefunden gelten.

Zentrum des Kruger National Park

Das Zentrum des Kruger National Park wird zwar nicht von großen Flüssen gespeist, trotzdem tummeln sich in diesem offenen Grasland riesige Antilopenherden und anderes Wild. Wegen der vielen Beutetiere lebt hier gut die Hälfte des gesamten Löwenbestands des Parks. Im Winter ziehen Impalas, Zebras, Gnus, Büffel und Giraffen in großen Herden zu den künstlichen Wasserstellen und Stauseen. An der Straße nördlich von Lower Sabie kann man an Haltepunkten die Aussicht über die Stauseen des Nationalparks genießen. Eine schattige Terrasse mit Ausblick findet man beim Rastplatz am Mlondozi-Stausee. Vom Aussichtspunkt Nkumbe erblickt man das einzigartige Panorama der weiten Ebene. Zum Wasser des Orpen-Stausees am Fuß der N'wamuriwa-Berge ziehen Kudus, Elefanten und Giraffen.

Perlhühner

Olifants

Am Camp über der breiten Flussebene des Olifants leben große Elefantenherden. Auch Löwen, Antilopen und Büffel ziehen oft die Straße am Fluss entlang.

Satara und Orpen

Satara, das zweitgrößte Camp im Park, liegt in einem Löwengebiet. Hervorragende Wildbeobachtungen bieten die Kieswege entlang den Flüssen Sweni, Nuanetsi und Timbavati. Westlich von Satara liegt das Orpen Camp nahe am privaten Timbavati-Wildschutzgebiet.

Satara: Nach dem Regen genießen Zebras und Giraffen das frische Grün

Hotels und Restaurants in der Region Blyde River Canyon und Kruger National Park *siehe Seiten 348–350 und 372f*

Tour: Im Süden des Kruger National Park ❼

Obwohl der südliche Teil des Kruger National Park nur ein Fünftel der Gesamtfläche ausmacht, zieht er die meisten Besucher an. Drei der fünf größten Park-Camps befinden sich hier. Manchmal ist viel Betrieb, trotz-dem bekommt man viele Wildtiere zu Gesicht. Landschaftlich ist die Gegend sehr reizvoll: Granitfelsen *(koppies)* setzen im Waldland markante Akzente, der Sabie River schlägt eine grüne Schneise durch die Ebene.

Skukuza ①
Das größte Camp mit 1000 Betten liegt mitten im besten Beobachtungsgebiet des Kruger National Park. Zum Camp gehören Flughafen, Autovermietung, Bank, Post, Museum, Bücherei, Restaurant, Laden und eine Bäckerei.

Nkuhlu-Rastplatz ⑤
An dem Rastplatz am schattigen Ufer des Sabie tummeln sich viele Affen, die sich von den Bäumen am liebsten direkt auf die Teller der Besucher stürzen würden. Am Himmel ziehen Fischadler ihre Kreise, im Fluss lauern Krokodile.

Lower Sabie Road (H4–1) ④
Zwischen Skukuza und Lower Sabie verläuft die Straße 43 Kilometer lang parallel zum Sabie River. Da man hier oft Wildtiere sieht, ist die Straße entsprechend befahren.

Tshokwane-Rastplatz ②
Ein hübscher Platz für ein Frühstück oder Mittagessen. Erfrischungen sind am Kiosk erhältlich. Tshokwane liegt auf der alten Planwagenstrecke, die 1880 durch den Busch führte.

0 Kilometer 5

Lower Sabie ③
Im kleinen Lower-Sabie-Camp sind viele Hütten zum Sabie River hin ausgerichtet, wo Elefanten, Büffel, Nilpferde, Enten und Reiher zur Tränke gehen.

LEGENDE

▬ Routenempfehlung

═ Andere Straße

❊ Aussichtspunkt

ROUTENINFOS

Start: Vom Paul Kruger Gate nach Skukuza, Tshokwane und Lower Sabie, weiter auf der H4–1.
Länge: 100 km.
Route: N4 von Nelspruit, dann die R538 nach Hazyview und die R536 zum Paul Kruger Gate.

Hotels und Restaurants in der Region Blyde River Canyon und Kruger National Park *siehe Seiten 348–350 und 372f*

Private Wildreservate ❽

An der Westgrenze des Nationalparks, zwischen den Flüssen Sabie und Olifants, befinden sich private Wildreservate als Puffer zwischen dem Kruger National Park und den dicht bevölkerten Gebieten Lebowa und Gazankulu. Ein Zaun, der in den 1960er Jahren an den Parkgrenzen errichtet wurde, um die Ausbreitung von Tierseuchen zu verhindern, blockierte den Wildwechsel. 1994 wurden die Zäune eingerissen, seither bewegen sich die Tiere wieder auf ihren alten Pfaden.

Sabi Sabi Game Reserve: Nilpferde in ihrem natürlichen Element

Überblick: Private Wildreservate

Luxuslodges, die oft internationale Auszeichnungen für exzellenten Service erhalten, bieten ein exklusives »Buscherlebnis« für kleine Gruppen an. Der Schwerpunkt liegt bei der persönlichen Betreuung. Erfahrene Wildhüter begleiten die Gäste auf Nachtsafaris und Buschwanderungen.

Sabi Sand Complex

Mpumalanga. 🕿 Buchung: Londolozi, (011) 280-6655; Mala Mala, (011) 442-2267; Sabi Sabi, (011) 447-7172. ⭘ eingeschränkter Zugang. 🈳 🛏 alles inkl. www.sabisand.co.za
Der Komplex grenzt über 50 Kilometer an den Kruger National Park und umfasst die Reservate Mala Mala, Londolozi und Sabi Sabi. In dem Gebiet gibt es keine Zäune, die Tiere können deshalb ungehindert umherstreifen. Das Wasser der Flüsse Sand und Sabie sorgt das ganze Jahr über für üppige Vegetation. Die Wahrscheinlichkeit, die »Big Five« zu Gesicht zu bekommen, ist sehr hoch. Daneben sieht man auch Hyänen, Geparden und Wildhunde.

Manyeleti Game Reserve

Mpumalanga. 🕿 692-8780. ⭘ eingeschränkter Zugang. 🈳 alles inkl. http://manyeleti.krugerpark.co.za
Das Reservat ist ein idealer Ausgangspunkt für das an Wildtieren reiche Orpen-Gebiet. Für Übernachtungen gibt es das komfortable Honeyguide-Zeltcamp, luxuriöse Khoka-Moya-Hütten und weitere Lodges.

Urlauber auf Fotosafari

Timbavati Game Reserve

Mpumalanga. 🕿 Buchung: (021) 424-1037. ⭘ eingeschränkter Zugang. 🈳 🛏 alles inkl. http://timbavati.krugerpark.co.za
Das 550 Quadratkilometer große Reservat grenzt an das Zentrum des Nationalparks und bietet beste Möglichkeiten zur Tierbeobachtung. Von mehreren Lodges führen Jeep- und Wandersafaris in diverse Teile des Reservats. Das Umlani Bush Camp befindet sich im Norden, die luxuriösen Lodges Ngala und Tanda Tula liegen im Zentrum des Reservats. Bekannt ist auch die Gomo Gomo Game Lodge.

Klaserie Game Reserve

Mpumalanga. 🕿 Buchung: Thornybush, (011) 253-6500; Maduma Boma Game Conservancy, (015) 793-2813; Gwalagwala Safari Lodge, (015) 793-3491. ⭘ eingeschränkter Zugang. 🈳 🛏 alles inkl. www.thornybush.co.za
Klaserie umfasst viele private Wildreservate und ist damit das zweitgrößte private Schutzgebiet des Landes. Es ist 620 Quadratkilometer groß und grenzt an den Kruger National Park sowie an den Olifants River. Der Klaserie River schlängelt sich durch halbwüstes Buschland. An der Wasserstelle sammeln sich viele Vögel und Tiere. Bis 1995 war Klaserie für die Öffentlichkeit nicht zugänglich. Seither haben viele hervorragende Buschcamps und Lodges eröffnet.

Luxuriöse Lounge in der Mala Mala Lodge im Sabi Sand Complex

Swasiland 🄈

Traditionelle Swasi-Hütte in Mlilwane

Das Königreich Swasiland erklärte am 6. September 1968 seine Unabhängigkeit von Großbritannien. Seit 1986 regiert König Mswati III. etwa eine Million Swasi. Im Westen der »Schweiz Afrikas« laden Berge zum Wandern ein. Im Zentrum, das auch für sein Kunsthandwerk bekannt ist, werden tropische Früchte angebaut. Im Osten wechseln Zuckerrohrplantagen mit kargem Buschland der Wildschutzgebiete und Farmen ab.

★ Mbabane
Swasilands Hauptstadt entwickelte sich um den Ort, an dem Michael Wells 1888 einen Handelsposten am Fluss gründete. Heute ist der Swazi Market das lebendige Handelszentrum.

★ Mlilwane Wildlife Sanctuary
In dem kleinen Wildschutzgebiet (45 km²) leben Breitmaulnashörner, Giraffen, Zebras und Antilopen. Vom Camp-Restaurant Hippo Haunt überblickt man einen Nilpferdpool.

NICHT VERSÄUMEN

★ Hlane Royal National Park

★ Mbabane

★ Mlilwane Wildlife Sanctuary

★ Peak Craft Center, Piggs Peak

Manzini
Die größte Stadt Swasilands liegt nahe am Flughafen. Hier gibt es nicht nur Industrie, sondern auch bunte Märkte mit Kunsthandwerk und Stoffen.

Hotels und Restaurants in der Region Blyde River Canyon und Kruger National Park *siehe Seiten 348–350 und 372f*

★ **Peak Craft Center, Piggs Peak**
Örtliche Künstler präsentieren ihre Werke an der Straße, die nach Norden zu einem Casino-Hotel führt.

Das Phopanyane-Naturreservat ist in Privatbesitz. Die subtropische Vegetation zieht viele Vögel an.

INFOBOX

Straßenkarte F2. ✈ Matsapha (Manzini), 34 km südöstl. von Mbabane. 🚌 City Liner von Durban nach Pretoria via Mbabane.
Grenzübergänge: Bulembu (7–16 Uhr), Mananga (8–18 Uhr), Ngwenya, Lavumisa und Mahamba (7–22 Uhr), Matsamo und Mhlumeni (7–20 Uhr). 🛈 Swazi Plaza und Ngwenya Border Gates.
📞 (268) 404-2531 und (268) 442-4206. ⏰ Mo–Do 8–17 Uhr, Fr 8–16 Uhr. ● Feiertage.
🎭 Umhlanga Reed Dance (Aug/Sep), Independence Day (6. Sep).
Swaziland National Parks
📞 (268) 528-3943.
www.biggameparks.org
Swaziland Tourism
📞 (268) 409-0112.
www.welcometoswaziland.com

Malolotja Nature Reserve
Im Reservat liegt Ngwenya, die älteste Mine der Welt. Hier wurde bereits vor rund 43 000 Jahren Hämatit abgebaut, das man zur Körperhygiene verwendete. Von hier aus bieten sich atemberaubende Ausblicke über das Land.

Bei Big Bend, nahe den Lubombo-Bergen, gedeiht entlang dem Lusutfu River Zuckerrohr.

★ **Hlane Royal National Park**
Die benachbarten Reservate Hlane und Mlawula umfassen 370 Quadratkilometer Wald und die Lubombo-Berge. Elefanten, Nasbörner, Antilopen, Nilpferde und Giraffen sind hier heimisch. Löwen und Geparden werden in separaten Camps gehalten. Auf Anfrage finden geführte Wandersafaris statt.

0 Kilometer 20

LEGENDE

-·- Staatsgrenze	🅰 Camping
-- Provinzgrenze	🛶 Kanu, Rafting
═ Hauptstraße	🚶 Wanderweg
= Nebenstraße	✲ Aussichtspunkt
= Unbefestigte Piste	🛈 Information

ARIDES
INLAND

Das aride Inland im Überblick

Die dünn besiedelte Halbwüste Karoo erstreckt sich über das nördliche Kap und Teile der Provinzen Free State, Eastern Cape und Western Cape. Verschlafene Kleinstädte und Dörfer bergen oft Juwele von kapholländischer und viktorianischer Architektur und dienen als Versorgungszentren für die umliegenden Farmen. Nördlich des Oranje liegen die roten Dünen der Kalahari-Wüste, eines der schönsten Wildschutzgebiete Südafrikas. Im nördlichen Teil des Kaps werden in den berühmtesten Diamantenminen der Welt Edelsteine abgebaut.

ZUR ORIENTIERUNG

Richtersveld *erinnert an eine karge Mondlandschaft. Die seltsame Flora umfasst auch den Köcherbaum* (kokerboom), *aus dem die Jäger der Khoi ihre Pfeile schnitzen.*

Richtersveld

Upington

SÜDLICH DES ORANJE
Seiten 298–309

Die Kamelreiterstatue *in Upington erinnert an die Polizisten, die Anfang des 20. Jahrhunderts auf dem Höckertier durch die Kalahari patrouillierten.*

◁ **Ein Köcherbaum** (kokerboom) **in der trockenen Halbwüste des Augrabies Falls National Park** (siehe S. 314)

Die Diamantenminen von Kimberley – *einst im Besitz der De Beers Mining Company – gehören heute der Anglo American Group. Den eindrucksvollen Förderturm sieht man schon von Weitem. In der Stadt befinden sich viele hübsche historische Bauten, darunter auch das Rathaus.*

Das Verwaltungszentrum von Bloemfontein *bildet mit seinen hohen und modernen Glas- und Betongebäuden einen starken Kontrast zu den traditionellen stattlichen Sandsteinbauten.*

NÖRDLICH DES
ORANJE
Seiten 310–319

Kimberley

Bloemfontein

Der Gariep Dam *ist der größte Stausee am Oranje und ein beliebtes Ausflugsziel am Wochenende.*

Gariep Dam

Bethesda

Die malerische Dutch Reformed Church *in Nieu Bethesda wurde 1905 fertiggestellt. Blickfang dieser kleinen Stadt in der Karoo ist das bizarre Owl House (»Haus der Eulen«).*

0 Kilometer 100

Kalahari

Samtmilbe

Die Kalahari ist eine ausgedehnte Wüste, die sich im Binnenland vom Oranje weit nach Norden zieht. Sie erstreckt sich über Teile des nördlichen Kaps, Namibia und Botsuana. Die jährlichen Niederschlagsmengen zwischen 150 und 400 Millimeter versickern oder verdunsten schnell. Hier gibt es nur wenige Gewässer. Die spärliche Pflanzenwelt besteht hauptsächlich aus Gras, Büschen und Kameldornakazien entlang den ausgetrockneten Flussbetten. Obwohl die Landschaft verlassen scheint, lebt hier doch erstaunlich viel Wild, das sich hervorragend an die Gegebenheiten angepasst hat.

Manche Flüsse, z. B. der Auob, erwache nur alle paar Jahre nach heftigen Reger fällen wieder zum Leben – das Flussbett ist die meiste Zeit über völlig trocken.

Die Oryx-Antilope *frisst Gras, Blätter und Wurzeln und kann lange ohne Wasser auskommen. Die Temperatur der Tiere passt sich an die täglichen Temperaturschwankungen an und klettert tagsüber auf über 45 °C.*

Der Köcher enthält Pfeile, deren Spitzen mit dem giftigen Saft von Käferlarven benetzt sind.

Die Löwen der Kalahari *leben nur im Kgalagadi Transfrontier Park. Sie haben gelernt, mit kleineren Beutetieren wie Stachelschweinen und Löffelhunden auszukommen.*

Mit ihren großen Ohren *können Löffelhunde in trockenen Gegenden unterirdisches Getier wie Termiten und Käferlarven ausmachen.*

Die Braune Hyäne *frisst vor allem Aas, aber auch Wildfrüchte, Käfer, Termiten, Vogeleier und Kleintiere. Sie lebt nur in den trockenen Wüstenregionen des südlichen Afrika und kann über längere Zeitspannen ohne Wasser auskommen.*

Das saftige, bittere Fruchtfleisch *der Tsamma-Melone wird von Menschen wie Tieren gegessen. Es enthält viel Vitamin C.*

Steppenbussarde *gehören zu den vielen Greifvogel-arten der Kalahari. Die Zugvögel leben zwischen Oktober und März in Südafrika.*

Die männlichen Namaqua-Sandhühner *fliegen alle drei bis fünf Tage bis zu 60 Kilometer weit zu Wasserstellen. Ihre besonders angepassten Brustfedern saugen sich voll mit Wasser, die dem Tier einige Tage ausreichend Flüssigkeit liefern.*

Stöcke werden zum Ausgraben verschiedener essbarer und wasserhalti-ger Wurzeln und Knollen benutzt.

Straußeneier liefern Flüssigkeit und Eiweiß.

Die Puffotter *ist eine hochgiftige Schlange, die sofort beißt, wenn sie sich angegriffen fühlt. Ihre tiefen, geraden Spuren kann man manch-mal in den Sanddünen der Kalahari finden.*

BUSCHMÄNNER

Das Nomadenvolk ist fast ganz vom Sub-kontinent verschwunden. Eine kleine Gruppe lebt noch südlich des Kgalagadi Transfrontier Park auf einem ihnen 1997 zugestandenen Stück Land. Die Gegenwart hat die Kultur dieses Volks nachhaltig ver-ändert. Sogar in entlegenen Ecken von Botsuana leben sie sesshaft in Familien-siedlungen rund um Wasserstellen und haben ihr Nomadendasein aufgegeben. Bevor man diese Camps einrichtete, lebten die Buschmänner vom Wasser- und Nah-rungsangebot des Buschs: Sie kannten 20 essbare Insekten und 180 Pflanzen, Wurzeln und Knollen.

Die Geckos der Wüste *kündigen den Sonnenuntergang mit scharfen, klicken-den Geräuschen an. Wenn sie bedroht werden, erstarren sie unsichtbar in Tarn-farbe auf dem roten Sand.*

Der Skarabäus Sparrmannia flava *hat einen Pelz-panzer, mit dem er auch nachts bei tiefen Temperaturen aktiv sein kann.*

Windräder *treiben Wasser-pumpen an. So gelangt das wertvolle Nass in Metallbecken an der Erdober-fläche. In der Kalahari wurden Karakulschafe, Ziegen und Wildtiere gezüchtet, während die robusten afri-kanischen Kühe nur an einer gesicher-ten Wasserquelle überleben können.*

Oranje

Köcherbaum

Das Klima im Zentrum Südafrikas ist sehr trocken. Die Niederschläge nehmen von Ost nach West ab, nur ein geringer Teil des Regens erreicht die wenigen Flüsse. Der Oranje und seine Nebenflüsse bewässern rund die Hälfte des Landes. Auf dem 2450 Kilometer langen Weg von der Quelle im Nordwesten von Lesotho bis zur Mündung in den Atlantik schlängelt er sich durch die trockenen Ebenen des nördlichen Kaps. Hier fördern Wassermühlen das wertvolle Nass aus den Kanälen, um einen schmalen Streifen aus Weinbergen, Dattelpalmenhainen und Baumwollfeldern zwischen dem Fluss und der Wüste zu erhalten.

ZUR ORIENTIERUNG

Den Richtersveld National Park *durchzieht ein Netz von nur mit dem Jeep befahrbaren Straßen. Der Nationalpark ist das achte UNESCO-Welterbe in Südafrika.*

In Alexander Bay *werden große Mengen an Diamanten abgebaut. Die nahe Mündung des Oranje ist Sumpfland, in dem viele Vogelarten nisten.*

Der Fish River Canyon liegt an der Grenze zu Namibia.

Ai-Ais and Fish River Canyon Park

Rosh Pinah

Eingeschränkter Zugang

Richtersveld National Park

Khubus

Peace of Paradise

Vioolsdrif

Noordoewer

Goodhouse

Oranjemund

Alexander Bay

Haib

B1

N7

Brak

R382

Hom

W

0 Kilometer   50

Kanufahrten auf dem Oranje (siehe S. 380) *wurden seit den 1990er Jahren immer beliebter. Einige Abenteuerveranstalter aus Kapstadt bieten Kanu- und Raftingtouren mit Zeltübernachtung am Flussufer an.*

Die Augrabies Falls *erhielten ihren Namen von dem Khoi-Begriff* Aukoerebis – »*Ort des großen Lärms*«. *Hier stürzt sich der Oranje 56 Meter tief in eine Granitschlucht. Der Wasserfall und seine Umgebung wurden 1966 zum Nationalpark erklärt.*

Onseepkans, eine kleine Siedlung und Grenzposten, ist der Ausgangspunkt für Kanufahrten auf dem Oranje.

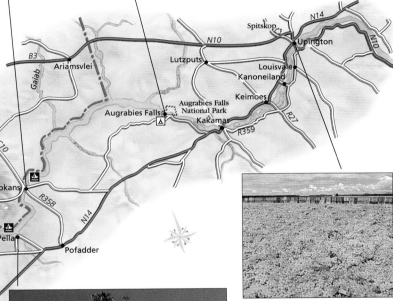

Upington *ist die größte Stadt am Oranje. In dem für die Herstellung von Trockenfrüchten bekannten Zentrum sieht man entlang der Straße Weintrauben unter der Sonne trocknen. Das Ferienzentrum auf der Flussinsel bietet sich als Zwischenstopp an.*

Pella Mission *mutet mit Dattelpalmen und dem hohen Turm der katholischen Kirche mexikanisch an. Dieses Gotteshaus wurde von zwei Missionaren gebaut, die als Bauhandbuch nur ein Lexikon besaßen.*

LEGENDE

▬•▬	Staatsgrenze
▬▬	Hauptstraße
══	Nebenstraße
──	Andere Straße
△	Camping
⚓	Kanu, Rafting

SÜDLICH DES ORANJE

Weit und unerbittlich – die Große Karoo ist eine besondere Landschaft: Freigelegte Granitkuppen ragen aus schier endloser Steppe empor. In rauer Umgebung entstanden friedliche Städte und Dörfer. Sie werden von den großen, niedrigen Sandsteinhäusern in der typischen Karoo-Bauweise geprägt. Seit den 1970er Jahren werden zum Schutz der Wildtiere Reservate errichtet.

Die Khoi nannten die Region *Karoo* (»Land des großen Durstes«). Die holländischen Kolonialherren zögerten im 17. Jahrhundert lange, ehe sie in das unbekannte Gebiet vordrangen. Ensign Schrijver war der erste Europäer, der 1689 die östliche Karoo erkundete. 1795 hatte sich dann die Kapkolonie auf die südliche und östliche Karoo-Region ausgedehnt. Man teilte die weite Ebene auf einige Schafzüchter auf. Sie dezimierten die Herden von Springböcken, Kuhantilopen, Weißschwanzgnus, Elenund Quagga-Antilopen durch unkontrollierte Jagd. 80 Jahre später waren die Quagga-Antilopen ausgestorben, Bergzebras und Weißschwanzgnus auf kleine Restbestände reduziert.

Mit der Verlagerung der Grenze errichtete man neue Städte. Graaff-Reinet wurde 1786 gegründet und wuchs schnell zum Zentrum der Schafzucht. Heute ist es bekannt für kapholländische Architektur und als Stadt mit den meisten denkmalgeschützten Bauten Südafrikas.

Anderswo sieht man oft die typische Karoo-Bauweise der Farmen aus Sandstein, mit Steildach und umgeben von einer breiten Veranda und herrlichem Gitterwerk.

Das Karoo Nature Reserve umfasst die Region um Graaff-Reinet, der Karoo National Park liegt nördlich von Beaufort West. Der Mountain Zebra National Park bei Cradock soll das Bergzebra vor dem Aussterben bewahren. Der Gariep-Stausee im Osten der Karoo ist das größte Wasserbauprojekt Südafrikas. Er versorgt das Ostkap mit Wasser. Hier sind auch einige Wassersport- und Ferienzentren entstanden.

Mittagsblumen sind gefeit gegen Dürre, ihre feuerfarbenen Blüten zeigen sich aber nur nach Regen

◁ **Die Silhouette des Windrads bei Sonnenuntergang ist das inoffizielle Emblem der Wüstenlandschaft**

Überblick: Südlich des Oranje

In der Karoo gibt es den unendlich weiten Horizont, blauen Himmel und schnurgerade Straßen, die ins Nichts zu führen scheinen. Riesige Schafzuchtfarmen produzieren den Großteil von Südafrikas Lammfleisch und Wolle. Mühlen, deren Stahlmantel in der Sonne glüht, versorgen das Land mit Wasser. Nur etwa 70 Kleinstädte und Dörfer, der größte Ort ist Beaufort West, halten sich zäh im von Dürre gezeichneten Land. Viele von ihnen, wie z. B. Graaff-Reinet, bergen architektonische Schätze. In Beaufort West, Graaff-Reinet und Cradock schützen Naturparks die charakteristische Landschaft, Flora und Fauna.

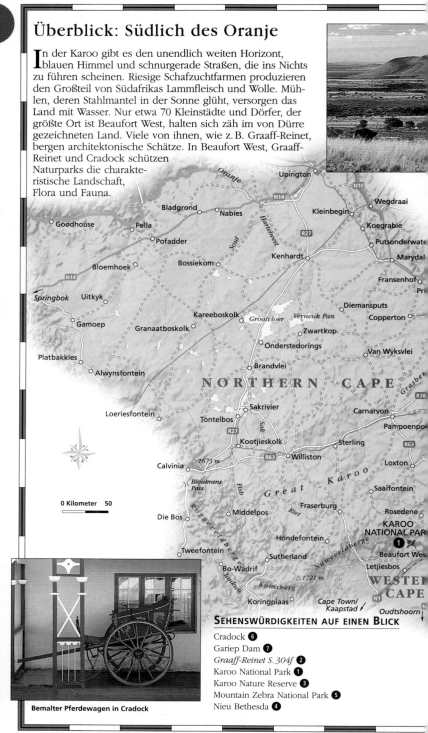

Bemalter Pferdewagen in Cradock

Sehenswürdigkeiten auf einen Blick

Weitere Zeichenerklärungen *siehe hintere Umschlagklappe*

Strauß im Mountain Zebra National Park

SÜDLICH DES ORANJE UNTERWEGS

Die Nationalstraße N1 zwischen Kapstadt und Johannesburg führt durch Beaufort West. Die N9 zwischen Graaff-Reinet und der Küste des Südkaps zweigt bei Colesberg von der N1 ab. Cradock und der nahe Mountain Zebra National Park liegen westlich der Stadt an der N10. Die meisten der kleineren Dörfer sind durch Teerstraßen verbunden, sodass Besucher selbst entlegene Winkel der Region entdecken können. Die Entfernungen sind zwar groß, aber die Straßen kaum befahren. Viele Städte in der Karoo verfügen über komfortable Bed-and-Breakfast-Hotels und Restaurants. Langstreckenbusse halten in Beaufort West, Graaff-Reinet und Cradock.

Graaff-Reinet: Das schmucke Drostdy-Hotel im kapholländischen Stil war einst Verwaltungssitz

LEGENDE

— Hauptstraße
=== Nebenstraße
=== Unbefestigte Piste
— Panoramastraße
— Eisenbahn (Hauptstrecke)
— Eisenbahn (Nebenstrecke)
— Staatsgrenze
— Provinzgrenze
△ Gipfel
✕ Pass

SIEHE AUCH

Karoo National Park ❶

Straßenkarte C4. N1, 7 km südl. von Beaufort West. 📞 *(023) 415-2828.* 📞 *Buchung: (086) 111-4845.* ⏰ *tägl. 5–22 Uhr.* 🏕️♿🍽️🚶 www.sanparks.org

Der Karoo National Park wurde 1979 bei Beaufort West errichtet, um das einzigartige Naturerbe dieser Region zu erhalten. Heute erstreckt er sich über die gesamte Ebene bis zu den schroffen Nuweveld-Bergen.

In dem Schutzgebiet leben neben zahlreichen Bergriedböcken auch Rehböcke, Kudus, Steinböcke, Schakale und Erdwölfe. Wieder eingeführt wurden Springbock, Kuhantilope, Oryx, Gnu, Bergzebra und die gefährdeten Arten Spitzmaulnashorn und Uferkaninchen. Bei einer Erfassung des Tierbestands wurden 196 Vogelarten gezählt, darunter mehr als 20 Kaffernadlerpaare.

Am Fuß der Nuweveld-Berge befindet sich ein komfortables Camp mit hübschen kapholländischen Hütten. Es ist leicht von der N1 aus erreichbar. Zum Camp gehören ein Laden, ein Swimmingpool, ein Restaurant und ein Stellplatz für Wohnwagen. Im nahe gelegenen historischen Ou Skuur Farmhouse befindet sich das Informationszentrum des Parks.

Einst tummelten sich Springböcke zu Tausenden in der Karoo-Ebene.

Ein Jeep-Pfad führt in den rauen Westen des Parks. Auf Nachtfahrten kann man mit etwas Glück viele scheue und nachtaktive Tiere wie den Erdwolf sehen.

Die beiden kurzen Wanderwege Fossil und Bossie Trail geben Aufschluss über rund 250 Millionen Jahre Erdgeschichte und die einzigartige Pflanzenwelt der Karoo. Der Fossil Trail ist für Rollstuhlfahrer zugänglich und auch mit Tafeln in Blindenschrift ausgestattet. Von dem Camp aus bietet sich eine einfache, elf Kilometer lange Rundwanderung an.

Graaff-Reinet ❷

Siehe S. 304f.

Karoo Nature Reserve ❸

Straßenkarte C4. Graaff-Reinet. 📞 *(049) 892-3453.* ⏰ *Apr–Sep: 6–18 Uhr; Okt–März: 6–19 Uhr.* 🏕️🚶 www.graaffreinet.co.za

Das Karoo Nature Reserve umfasst 145 Quadratkilometer um Graaff-Reinet *(siehe S. 304f)* und schützt die typischen Landschaften und Wildtiere der Karoo. Westlich der Stadt liegt das bekannte »Tal der Verlassenheit« (»Valley of Desolation«), eine der Attraktionen des Reservats. Hier ragen bizarre Felsen und zerklüftete Abstürze 120 Meter über das Tal empor.

Eine 14 Kilometer lange Straße führt zu einem Aussichtspunkt und einem Wanderweg. Die einen Tag dauernde Rundwanderung beginnt am Berg-en-dal-Tor am Westrand der Stadt. Der bergige Südosten des Reservats bietet sich für zwei- bis dreitägige Wanderungen an.

Im Osten erheben sich die Driekoppe-Gipfel 600 Meter über die Ebene. Hier leben über 220 Vogelarten, Bergzebras, Büffel, Kuhantilopen, Spring- und Blessböcke sowie Kudus.

Um den Stausee Van Ryneveld's Pass im Zentrum liegen viele Tierbeobachtungsstraßen und Rastplätze. Auf dem Stausee ist Bootfahren und Angeln erlaubt.

Das »Tal der Verlassenheit« im Karoo Nature Reserve

Hotels und Restaurants südlich des Oranje *siehe Seiten 350f und 373*

Im Hinterhof des Owl House stehen viele seltsame Figuren

Nieu Bethesda ❹

Straßenkarte C4. 50 km nördl. von Graaff-Reinet. 🏠 950. ℹ️ Church St, (049) 892-4248.

Die Abzweigung von der N9 liegt 27 Kilometer nördlich von Graaff-Reinet. Ab hier folgt man der guten, aber unbefestigten Straße über Voor Sneeuberg («Vor dem Schneeberg») nach Nieu Bethesda.

Der Kompasberg ist mit 2502 Metern der höchste Gipfel der Sneeuberg-Kette. Er wurde vom Kapgouverneur Baron van Plettenberg so genannt, der 1778 mit seinem Besucher Colonel Jacob Gordon durch die Berge wanderte und feststellte, dass man die umliegende Gegend von diesem Gipfel aus hervorragend überblicken kann.

Nieu Bethesda wurde von Charles Murray, einem Geistlichen der Dutch Reformed Church von Graaff-Reinet, gegründet. Das fruchtbare Tal in dieser trockenen Gegend erinnerte ihn an den biblischen Teich von Betesda *(Johannes 5, 2–9)*, und so benannte er die Stadt danach.

1875 kaufte er eine Farm im Tal, 1905 wurde die Kirche gebaut (heute in der Parsonage Street). Um an das fehlende Geld für den Bau zu kommen, versteigerte der Pfarrer fruchtbares Kirchenland an die Allgemeinheit. 1929 waren die Schulden beglichen.

Heute säumen Birnbäume und Quittenhecken die schmucke Hauptstraße Martin Street. Bewässerte Felder und Pappeln bilden den Kontrast zu den rauen Karoo-Bergen im Hintergrund. Die Pienaar Street führt über den Gat River zum Westufer und vorbei an einer alten, im Jahr 1860 vom Eigentümer der damaligen Uitkyk-Farm gebauten Wassermühle.

Das ursprüngliche Wasserrad war aus Holz und wurde später durch das jetzige Stahlrad ersetzt.

Seit einigen Jahren zieht das malerische Dorf viele Künstler an, so z. B. Athol Fugard, den größten zeitgenössischen Dramatiker Südafrikas, der mit provozierenden Stücken wie *Master Harold and the Boys (siehe S. 194)* weltweit bekannt wurde.

🏛 Owl House

River St. 🕐 *tägl. 9–17 Uhr.* 📞 (049) 841-1733. 📷

Das »Haus der Eulen« gehört zu den 50 interessantesten Sehenswürdigkeiten Südafrikas. Im Garten stehen Betonskulpturen: Eulen, Schafe, Kamele, Menschen, Sphinxe und religiöse Symbole, die über 30 Jahre lang von Helen Martins und ihrem Assistenten Koos Malgas geschaffen wurden. Die Wände und Türen des Hauses sind mit Buntglas verziert. Spiegel reflektieren das Licht von Kerzen und Lampen. Ihr in Quantität und Art ungewöhnliches Werk wird als »Außenseiter«-Kunst (da es als Ergebnis von Isolation oder Geisteskrankheit nicht in eine Kunstrichtung passt) bzw. als »Naive« Kunst (da sie Unschuld und Fantasie impliziert) charakterisiert.

Eulenstatue

HELEN MARTINS (1897–1976)

Helen Martins wurde am 23. Dezember 1897 in Nieu Bethesda geboren, studierte Lehramt in Graaff-Reinet und heiratete später einen jungen Diplomaten. Diese wie auch ihre zweite Ehe ging in die Brüche. Helen kehrte heim, um ihren jähzornigen Vater zu pflegen. Nach seinem Tod wendete sie sich immer mehr ihrer eigenen Fantasiewelt zu und begann, ihren Garten mit seltsamen Figuren auszustatten – Abbild ihres persönlichen mythischen Universums. Da sie lange Zeit viel mit Buntglas gearbeitet hatte, wurden ihre Augen immer schlechter. Im August 1976 beging sie im Alter von 78 Jahren Selbstmord mit einer tödlichen Dosis Ätznatron. Als Künstlerin wird sie ein Rätsel bleiben.

Eine »Tapete« aus Buntglas im Schlafzimmer

Im Detail: Graaff-Reinet ❷

D ie Vereenigde Oost-Indische Compagnie beauftragte 1786 einen *landdrost* (Verwaltungsbeamten) damit, holländische Gesetze im östlichen Karoo-Gebiet durchzusetzen. Die Siedlung um den Verwaltungssitz wurde nach dem Gouverneur Cornelis Jacob van de Graaff und seiner Frau Hester Cornelia Reinet benannt. Neun Jahre später verjagten die Bürger von Graaff-Reinet

Exponat im Urquhart House

den *landdrost* und erklärten die Stadt zur ersten Burenrepublik. Die Kolonialmacht erlangte jedoch bald wieder die Oberhand.

Das War Memorial
ehrt die Gefallenen beider Weltkriege.

Huguenot Monument

PARK STREET

Town Hall

Valley of Desolation

Spand Kop

NORTH STREET

CALEDON STREET

Dutch Reformed Church
Die hübsche Groot Kerk *(große Kirche) wurde 1887 aus zwei verschiedenen Steintypen gebaut.*

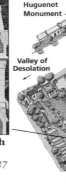

Old Library Museum

CHURCH STREET

SOMERSET STREET

0 Meter　　100

South African War Memorial
Das 1908 enthüllte Südafrikanische Kriegsdenkmal erinnert an die Schlachten der Burensoldaten gegen die Briten.

LEGENDE

– – Routenempfehlung

PARLIAMENT STREET

STRETCH'S COURT

NICHT VERSÄUMEN

★ Old Residency

★ Reinet House

★ Stretch's Court

★ Stretch's Court
Diese Häuschen wurden um 1850 für Arbeiter und befreite Sklaven gebaut.

Hotels und Restaurants südlich des Oranje *siehe Seiten 350f und 373*

Spandau Kop überragt die Stadt

Infobox

Straßenkarte C4. 🏘 60 000.
✈ Port Elizabeth, 236 km süd-
östl. 🚗 Kudu Motors, Church St.
ℹ Fremdenverkehrsbüro Graaff-
Reinet, (049) 892-4248.
⭘ Mo–Fr 8–17 Uhr.
Reinet House ☎ (049) 892-
3801. ⭘ Mo–Fr 8–17 Uhr,
Sa 9–15 Uhr, So 9–16 Uhr.
www.graaffreinet.co.za

★ Reinet House
*Das 1812 für Pfarrer Andrew Murray
gebaute Haus ist ein schönes Beispiel
für kapholländische Architektur.*

St James'
Church

Urquhart House

MURRAY STREET

CROSS STREET

PARSONAGE STREET

Cactus
Collection

Hester Rupert
Art Museum

Drostdy
*Schild am Drostdy (Verwal-
tungssitz), ein 1804 von
dem französischen Architekten Louis Michel Thibault
errichtetes Gebäude.*

★ Old Residency
*Das kapholländische Land-
haus wurde um 1820 ge-
baut. Das alte Oberlicht ist
noch immer über der Ein-
gangstür zu sehen. Heute ist
Old Residency ein Neben-
gebäude des Reinet House.*

Überblick: Graaff-Reinet
Graaff-Reinet liegt im Flusstal
des Sundays River. Die Gärten
und Alleen stehen im Kontrast
zu der sonst kargen Karoo-
Steppe. Viele der historischen
Gebäude wurden sorgsam
restauriert, mehr als 200 von
ihnen unter Denkmalschutz
gestellt. Die wichtigsten
Bauwerke liegen zwischen
Bourke und Murray Street.

🔒 Dutch Reformed Church
Diese hübsche Kirche aus
dem Jahr 1886 wurde der
Salisbury Cathedral nachempfunden. Sie ist das schönste
Beispiel gotischer Architektur
in Südafrika.

⚰ Stretch's Court
1855 kaufte Captain Charles
Stretch das Land nahe dem
Drostdy für seine Arbeiter.
Die Häuschen wurden 1977
restauriert und gehören jetzt
zum Drostdy-Hotel.

🏛 Old Library Museum
Church St. ⭘ Mo–Fr 8–13 Uhr, 14–
17 Uhr, Sa 9–15 Uhr, So 9–16 Uhr.
In diesem Bau aus dem Jahr
1847 werden historische Fotografien, Fossilien aus der
Karoo und Kopien von Felszeichnungen ausgestellt.

🏛 Hester Rupert Art Museum
Church St. ☎ (049) 892-2121
⭘ Mo–Fr 10–12 Uhr, 15–17 Uhr,
Sa, So 10–12 Uhr. 📷
Das Kunstmuseum, eine ehe-
malige Missionarskirche, stellt
Werke zeitgenössischer afrika-
nischer Künstler aus, darunter
Objekte von Cecil Skotnes
(siehe S. 318) und Irma Stern.

Dutch Reformed Church

Bergzebra im Mountain Zebra National Park

Mountain Zebra National Park ❺

Straßenkarte D4. 26 km westl. von Cradock. 📞 (048) 881-2427. 🕐 Mai–Sep: 7–18 Uhr; Okt–Apr: 7–19 Uhr. 🍴🎣🚶🏕 **www.**sanparks.org

D er Nationalpark westlich von Cradock ist zwar der zweitkleinste des Landes, aber für Besucher sehr interessant. Ursprünglich sollte hier das Bergzebra vor der drohenden Ausrottung bewahrt werden. Als der Park 1937 eingerichtet wurde, gab es sechs Zebras, 1949 waren es nur noch zwei. Nach gezielten Schutzmaßnahmen wuchs der Bestand auf etwa 300 Tiere an. Einige Zuchtherden wurden bereits in andere Parks umgesiedelt, aber das Bergzebra zählt weiterhin zu den stark gefährdeten Arten.

Neben Zebras kann man Spring- und Bergriedbock, Kuh- und Elenantilope sowie Weißschwanzgnu sehen. Inzwischen sind Spitzmaulnashörner hier ebenfalls wieder heimisch geworden.

Das Camp liegt über einem Tal und verfügt über Hütten, einen Caravanpark, ein Restaurant, einen Laden und ein Informationszentrum. Nur ein paar Meter hinter den Hütten liegt der Swimmingpool exponiert am Fuß eines Granitfelsens.

Der Park umfasst zwei Abschnitte: Vom Camp aus kann man auf einer 28 Kilometer langen Rundfahrt das bewaldete Wilgeboom-Tal mit seinen rauen Granitformationen erkunden. Die Straße führt durch Doornhoek Cottage, wo die *Geschichte einer afrikanischen Farm* verfilmt wurde, und zu einem schattigen Rastplatz am Fuß der Berge. Die nördliche Tour beginnt direkt vor Wilgeboom und führt hinauf zur Rooiplaat-Hochebene. Hier bieten sich einmalige Ausblicke auf die Karoo und die zahlreichen Wildtiere, die hier beheimatet sind. Am besten kommt man frühmorgens oder am späten Nachmittag hierher. Auf einer dreitägigen Rundwanderung kann man vom Camp aus den südlichen Park mit den einmaligen Granitfelsformationen der Bankberge entdecken.

Cradock ❻

Straßenkarte D4. 🚶 20 000. 🚉 Church St. 🚌 Struwig Motors, Voortrekker St. 🛈 Stockenstroom St, (048) 881-2383.

N ach dem vierten Kaffernkrieg sicherte Sir John Cradock im Jahr 1812 die Ostgrenze mit Militärposten in Grahamstown und in Cradock. Merinoschafe gediehen hier prächtig, und Cradock wuchs rasch zu einem Zentrum der Schafzucht heran. Die Dutch Reformed Church wurde der Londoner Kirche St Martin-in-the-Fields nachempfunden. Sie entstand 1867 und beherrscht den Stadtplatz.

Das **Great Fish River Museum** hinter dem Rathaus erzählt die Geschichte der ersten Pioniere.

Dutch Reformed Church in Cradock

Die Tuishuise (siehe S. 351) in der Market Street ist eines von 14 restaurierten Häusern aus dem 19. Jahrhundert, die zu Bed-and-Breakfast-Hotels umgewandelt wurden. Jedes spiegelt eine bestimmte Architekturepoche wider.

Fünf Kilometer nördlich der Stadt befindet sich **Cradock Spa**, ein Frei- und Hallenbad, das von heißen Quellen gespeist wird.

🏛 **The Great Fish River Museum**
87 High St. 📞 (048) 881-5251. 🕐 Mo–Fr 8–13 Uhr, 14–16 Uhr.

OLIVE EMILIE SCHREINER (1855–1920)

Geschichte einer afrikanischen Farm wird als der erste echte Roman Südafrikas bezeichnet. Während ihrer Arbeit als Hauslehrerin auf Farmen begann Olive Schreiner zu schreiben. Das Manuskript kam 1883 unter dem männlichen Pseudonym Ralph Iron heraus und war sofort ein Bestseller. Schreiner schrieb als aktive Verfechterin der Gleichberechtigung (von Frauen und Schwarzen) ausgiebig über Politik. 1920 starb sie in Wynberg (Kapstadt). Ihr Ehemann, Samuel Cronwright-Schreiner, begrub sie in Buffelskop, 24 Kilometer südlich von Cradock, neben ihrer Tochter. Diese war 25 Jahre zuvor 18 Stunden nach ihrer Geburt gestorben.

Olive Schreiner

Hotels und Restaurants südlich des Oranje siehe Seiten 350f und 373

Cradock: Hübsche Häuschen mit gestreiften Markisen und bemalten *stoeps* (Veranden)

🔥 Cradock Spa
Marlow Rd. 📞 *(048) 881-2709.*
🕐 *tägl. 7–17 Uhr.* 🅿️

Gariep Dam ❼

Straßenkarte D4. nordöstl. von
Colesberg auf der R701.
📞 *(051) 754-0060 (Gariep Hotel).*
🏕️ 🚶 🛥️ 🅰️

Der Oranje ist Südafrikas
breitester und längster
Fluss. Zusammen mit seinen
Seitenarmen (außer dem Vaal
River) bewässert er insgesamt
ein Drittel des Landes.

Als Colonel Robert Gordon
1779 an die Ufer eines Wasser-
laufs kam, den die Khoi
Gariep nannten, taufte er den
Fluss kurzerhand nach dem
holländischen Prinzen von
Oranje um. 200 Jahre später
erhielt der angelegte Stausee
wieder den ursprünglichen
Namen Gariep.

1928 hatte Dr. A. D. Lewis
die Idee, einen Stausee des
Oranje über einen Tunnel mit
dem östlichen Kap zu verbinden. 1948 wurde der Regierung dazu ein Bericht vorge-
legt, doch erst 1962 gab der
damalige Premierminister
Hendrik Verwoerd das ehrgei-
zige Projekt zur Durchführung
frei. Die Arbeiten begannen
1966, im September 1970
wurde die letzte Lücke in der
Staumauer geschlossen. Der
Gariep-Stausee ist das größte
Süßwasserreservoir Südafrikas. Die Staumauern sind
90 Meter hoch und 948 Meter
lang. Der Stausee bedeckt

insgesamt eine Fläche von
374 Quadratkilometern. Bei
der Stadt Oviston wird über
den 83 Kilometer langen
Oranje-Fish-Tunnel Wasser in
den Great Fish River bei
Steynsburg abgeleitet. Dieser
Tunnel – der zweitlängste
wasserführende Tunnel der
Welt – wurde 1975 fertiggestellt. Mit einem Durchmesser
von fünf Metern kann er ein
Viertel des Oranjewassers
ableiten.

Bushveld säumt die Ufer
des Gariep-Stausees. Das
Land zwischen den Flüssen
Caledon und Oranje wurde in
drei Naturreservate (Gesamtfläche 452 Quadratkilometer)
verwandelt. Spring- und Blessbock, Bergzebra und Weiß-
schwanzgnu wurden erfolg-
reich wiederangesiedelt.

Das **Aventura Midwaters
Resort** an der Staumauer bie-

tet komfortable Hütten, einen
Campingplatz und zahlreiche
Freizeitmöglichkeiten wie
Trampolinspringen, Golf (mit
eigener Ausrüstung), Angeln
und Schwimmen. Es gibt auch
Führungen zur Staumauer.

An den Stausee grenzt das
Reservat **Tussen-die-Riviere**
(«Zwischen den Flüssen»), in
dem Springbock, Kuh- und
Elenantilopen, Weißschwanz-
gnu, Oryx, Zebra und Breit-
maulnashörn leben. Von den
Hütten aus sieht man Caledon
und Oranje zusammenfließen.
Wanderwege führen in den
Osten des Reservats.

🏕️ Aventura Midwaters
Gariep Dam. 📞 *(051) 754-0045.*
🕐 *tägl. (Tagesbesucher müssen sich
anmelden).* 🅿️ 🍴 🚶 🛥️ 🏊 ⛵
🅰️

🦌 Tussen-die-Riviere
Gariep Dam. 📞 *(051) 754-0060.*

Hütten direkt am Ufer des Gariep-Stausees

Berge bilden die Kulisse hinter dem Camp im Karoo National Park (siehe S. 302) ▷

Nördlich des Oranje

*D*ie rötlichen Dünen der Kalahari fließen nördlich des Oranje über die Landschaft wie die Wellen eines Wüstenmeers. Drei Bergketten durchbrechen die Monotonie, bis die Dünen schließlich den Blick über das Grasland des Highveld freigeben. In dieser Wildnis sind Städte wie Upington eine Oase für den Reisenden. Auf dem schmalen Uferstreifen des Oranje wird Wein angebaut.

Anfang des 19. Jahrhunderts war das nördliche Kap ein weißer Fleck auf der Karte: die Heimat der letzten nomadisierenden Jäger, der San-Buschmänner. 1820 bauten Robert und Mary Moffat eine Mission in Kuruman, 263 Kilometer nordöstlich von Upington, und arbeiteten 50 Jahre an der Setswana-Übersetzung der Bibel. Die Expeditionen ihres Schwiegersohns David Livingstone machten Europa auf Afrika aufmerksam.

In der Kapkolonie wurden die Burensiedler immer unzufriedener mit der britischen Verwaltung und zogen auf der Suche nach Neuland gen Norden. 1836 querte eine Gruppe von Voortrekkern *(siehe S. 52f)* den Oranje und siedelte bei Thaba Nchu, östlich des heutigen Bloemfontein, wo sie 1854 den Oranje-Freistaat als unabhängige Republik gründeten.

Die Entdeckung von Diamanten im Jahr 1866 veränderte die wirtschaftliche Situation Südafrikas dramatisch. In Kimberley schürften zahllose Glücksritter im »Big Hole«, einem Krater, aus dem man bis zu seiner Stilllegung 1914 2722 Kilogramm Diamanten zutage gefördert hat.

Weiter westlich lud ein Griqua-Führer Pfarrer Christiaan Schröder ein, eine Mission am Ufer des Oranje zu errichten – Grundstein für die Stadtgründung von Upington. Bewässerungskanäle verwandelten die Wüste in ein fruchtbares Anbaugebiet für Wein, Obst, Getreide und Luzerne. Der Bergbau ist zwar immer noch der wichtigste Wirtschaftszweig, doch touristisch gesehen begeistert die Region mit Wüstenlandschaften und Wildtieren, darunter viele Raubtiere und der einzigartige Kalahari-Löwe.

Erdmännchen leben in großen Familienverbänden zusammen

◁ Ein Halbmensch *(halfmens, Pachypodium namaquanum)* über der dunstigen Richtersveld-Ebene *(siehe S. 389)*

Überblick: Nördlich des Oranje

Upington ist der ideale Ausgangspunkt, um ein Highlight der südafrikanischen Landschaft zu erkunden: die roten Dünen der Kalahari. Obwohl seit Jahrtausenden keine permanenten Flüsse diese uralte Landschaft durchziehen und grasbedeckte Sanddünen bis zum Horizont zu reichen scheinen, findet man hier eine üppige Tierwelt. Kimberley im Osten war einst Schauplatz des weltgrößten Diamantenrausches. Noch heute erinnert vieles an seine Blütezeit. Nach Osten wird es feuchter. Im Grasland von Free State gibt es Rinder- und Schafhaltung, Mais- und Sonnenblumenanbau. Bloemfontein, einst Hauptstadt der Burenrepublik Oranje-Freistaat, zieren viele alte Häuser.

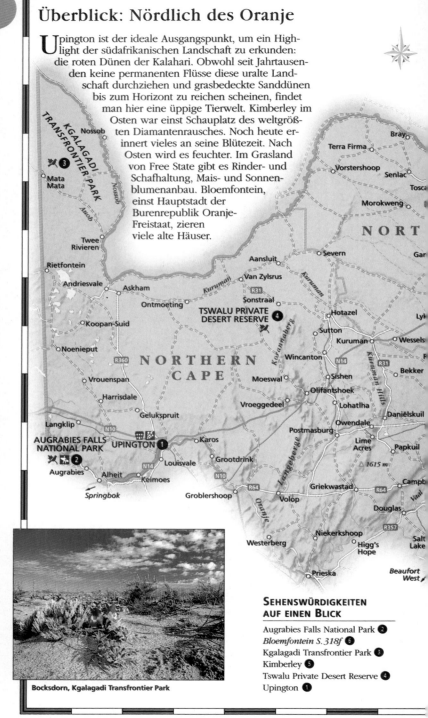

Bocksdorn, Kgalagadi Transfrontier Park

SEHENSWÜRDIGKEITEN AUF EINEN BLICK

Augrabies Falls National Park ❷
Bloemfontein S. 318f ❻
Kgalagadi Transfrontier Park ❸
Kimberley ❺
Tswalu Private Desert Reserve ❹
Upington ❶

LEGENDE

—	Hauptstraße
===	Nebenstraße
=·=	Unbefestigte Piste
—	Panoramastraße
—	Eisenbahn (Hauptstrecke)
—	Eisenbahn (Nebenstrecke)
▬	Staatsgrenze
—	Provinzgrenze
△	Gipfel

0 Kilometer 50

The Big Hole in Kimberley, begonnen um 1870

NÖRDLICH DES ORANJE UNTERWEGS

Die meisten Städte nördlich des Oranje liegen weit voneinander entfernt, und unterwegs gibt es nur wenige Tankstellen oder Raststätten. Das Verkehrsaufkommen ist gering, alle Hauptstraßen sind geteert. Die R360 verläuft nördlich von Upington zum Kgalagadi Transfrontier Park. Die Straßen im Park sind sandig, man benötigt aber keinen Allradantrieb. Nationalstraßen verbinden die regionalen Zentren mit Johannesburg und dem westlichen und östlichen Kap. Die von Ost nach West verlaufende R64 verbindet Upington, Kimberley und Bloemfontein. Alle drei Zentren besitzen regionale Flughäfen, Überlandbusse verkehren in andere Städte.

SIEHE AUCH

- *Übernachten* S. 351
- *Restaurants* S. 373

Sonnenblumen gehören zu den Hauptanbauprodukten der Provinz Free State

Das Haus von Reverend Christiaan Schröder in Upington

Upington ❶

Straßenkarte B3. 🏠 *76000.*
🛈 *Schröder St, (054) 332-6064.*
✈ *7 km nordöstl. der Stadt.*
🚌 🚉 *Bahnhof Upington.*

Upington liegt in einer weiten, von niedrigem Buschwerk durchsetzten Ebene. Wo die Straße den Oranje berührt, wechselt die Szenerie abrupt, denn der Fluss verläuft als grünes Band durch die Landschaft.

Upington ist nach Kimberley die zweitgrößte Stadt des Nordkaps und Zentrum einer landwirtschaftlich genutzten Region. Am fruchtbaren Flussufer bauen Farmer u. a. Luzerne, Baumwolle, Obst und Wein an.

Im späten 19. Jahrhundert war das Nordkap unerschlossenes Land. Die nomadisierenden Khoi, Jäger und Sammler, widersetzten sich der Besiedlung durch die Weißen und stahlen ihnen Vieh, bis 1871 Reverend Schröder auf Ersuchen des Korana-Führers Klaas Lukas eine Missionsstation in der Wildnis gründete und die ersten Bewässerungskanäle anlegte. Die einstige Kirche ist nun Teil des **Kalahari Oranje Museum** in der Schröder Street. Hier erinnert die Statue eines Kamelreiters an

Lebende Steine

die Polizisten und ihre unermüdlichen Patrouillenritte durch diese Wüstenregion. Von Die Eiland, einem schönen Ferienresort, starten Sunset-Kreuzfahrten den Fluss hinunter.

Die fünf Weinkeller in dieser Region gehören den **Oranje Rivier Wine Cellars**. Hier werden Weinproben angeboten. An der Louisvale Road am südlichen Flussufer befindet sich die South African Dried Fruit Co-op, die täglich bis zu 250 Tonnen Trockenfrüchte verarbeitet.

🏛 **Kalahari Oranje Museum**
Schröder St. 📞 *(054) 332-6064.*
🕐 *Mo–Fr 8–12.30 Uhr, 13.30–17 Uhr.* ♿

🍷 **Oranje Rivier Wine Cellars**
📞 *(054) 337-8800.* 🕐 *Mo–Fr 7.30–17 Uhr, Sa 6–12 Uhr.*
● *Feiertage.* 📷

Augrabies Falls National Park ❷

Straßenkarte B3. 100 km westl. von Upington. 🛈 *(054) 452-9200.*
🕐 *tägl.* 📞 *Reservierung: (012) 428-9111.* 📷 ⛽ 🚶 ⛺ ⛺
www.sanparks.org

Der Augrabies Falls National Park wurde 1966 gegründet, um die Wasserfälle und die größte Granitschlucht der Welt zu schützen. Bei normalem Wasserstand stürzt der größte Wasserfall 56 Meter in die Tiefe. Der kleinere Bridal-Veil-Wasserfall an der nördlichen Wand der Schlucht ergießt sich in den 75 Meter darunterliegenden Fluss.

Zum Hauptgebäude am Eingang des Parks gehören ein Laden, ein Restaurant und eine Bar. Von hier führen Wege zu den Wasserfällen. Trotz der Absperrungen ist in der Nähe des Hauptwasserfalls Vorsicht geboten, da die Felsen sehr rutschig sind.

Der Reiz von Augrabies liegt nicht nur in den Wasserfällen und dem Camp mit 59 Hütten, drei Swimmingpools und einem weitläufigen Campinggelände. Auf dem 39 Kilometer langen Klippspringer-Pfad kann man den südlichen Teil des Parks erkunden und dabei den überwältigenden Blick auf die Schlucht und die umliegende Wüste genießen. Die Black Rhino Adventure Company bietet flussabwärts Ausflüge in Gummi-Dinghys an und unternimmt Touren durch den Nordteil des Parks, wo Spitzmaulnashörner leben.

Die Augrabies Falls im gleichnamigen Nationalpark

Hotels und Restaurants nördlich des Oranje *siehe Seiten 351 und 373*

Kgalagadi Transfrontier Park ❸

Straßenkarte B2. 280 km nördl. von Upington. ❚ *(054) 561-2000.* 🄲 *Reservierung: (012) 991-0758.* ⏲ *tägl.* 🏊🍴🚶⛺ **www**.sanparks.org

Springbock (*Antidorcas marsupialis*), Kgalagadi Transfrontier Park

Der größte Nationalpark Afrikas (früher Kalahari Gemsbok National Park), eine endlose, von zwei trockenen Flussbetten durchzogene Wildnis aus grasbedeckten Dünen, ist mit 34 390 Quadratkilometern fast doppelt so groß wie der Kruger National Park. Südafrika und Botsuana teilen sich die Parkverwaltung. Die Staatsgrenze ist im Park nicht versperrt, die Tiere können frei zwischen den Ländern wechseln.

Von Upington zieht sich die neue R360 durch scheinbar menschenleeres Gebiet. Die Teerstraße wird bei Andriesvale zu einer parallel zur Grenze verlaufenden Sandpiste, bevor sie die Südeinfahrt erreicht. In der Nähe des Tors liegt ein Campingplatz, nicht weit davon befindet sich das Camp Twee Rivieren mit Chalets, Restaurant und Swimmingpool. Von Twee Rivieren führen zwei Straßen an den trockenen Läufen der Flüsse Auob und Nossob zu den Camps Mata Mata und Nossob. Am Nossob befinden sich vier wunderschöne Picknickplätze, der Platz am Auob liegt auf etwa halber Strecke.

Obwohl Twee Rivieren in der trockensten Zone des Parks liegt, ist die Tierwelt erstaunlich vielfältig. Zwar kann die Kalahari nicht mit den vielen Antilopenarten der Savannenparks aufwarten, dafür aber mit 19 Raubtierarten, darunter schwarzmähniger Kalahari-Löwe, Gepard, Braune Hyäne, Wildkatze und Honigdachs. Häufig zu sehen sind Raubvögel wie Gaukler, Kampf- und Raubadler sowie der Weißbürzel-Singhabicht.

In den Flussbetten schaffen 40 Windmühlen Wasserstellen für Springbock, Kuhantilope, Gnu und Spießbock (Oryx).

Büffelbulle

Tswalu Private Desert Reserve ❹

Straßenkarte C2. 115 km nordwestl. von Kuruman. ❚ *Information und Reservierung: (053) 781-9234.* 🖥 **www**.tswalu.com

Südafrikas größtes Privatreservat umfasst 750 Quadratkilometer rote Kalahari-Dünen und die idyllischen Korannaberge.

Das Schutzgebiet ist dem britischen Geschäftsmann Stephen Boler zu verdanken. Er kaufte 26 Rinderfarmen auf und legte sie zusammen. Anschließend wurden 800 Kilometer Zaun, 2300 Kilometer Elektrodraht, 38 Betondämme und die Farmhäuser abgebaut. Etwa 7000 Rinder wurden verkauft und das Gelände eingezäunt.

Boler investierte 54 Millionen Rand in das Reservat.

Insgesamt wurden hier 4700 Tiere aus 22 Arten wieder heimisch – darunter Löwe, Leopard, Gepard, Breitmaulnashorn, Büffel, Zebra, Giraffe, Rappen-, Leier- und Elenantilope sowie Spießbock. Doch der Stolz Tswalus sind zweifellos seine acht Wüsten-Spitzmaulnashörner (Unterart *Diceros bicornis bicornis*), die mit Erlaubnis der namibischen Regierung hierher zurückgeführt wurden. Ihnen folgten später sieben Wüstenelefanten.

Tswalus Luxus-Lodge ist bewusst auf 30 Gästebetten beschränkt. Sie besitzt eine eigene geteerte Start- und Landebahn und wird von der Conservation Corporation verwaltet. Die Gäste sind in neun strohgedeckten Quartieren untergebracht, das Hauptgebäude liegt an einem prächtigen Swimmingpool.

SIR LAURENS VAN DER POST (1906–1996)

Laurens van der Post, Sohn einer Afrikaanerin und eines Holländers, war Soldat, Autor, Philosoph und Forscher. Im Zweiten Weltkrieg brachte er es bis zum Oberst, bis 1945 war er in japanischer Gefangenschaft auf Java. Nach seiner Rückkehr begann er mit der Erforschung der Wildnis. Der fesselnde Bericht von seiner Suche nach den San-Buschmännern der Kalahari erschien 1958. *The Lost World of the Kalahari*, eines seiner ersten Bücher, beschrieb diese faszinierende Kultur. Van der Post war mit der englischen Königsfamilie befreundet und machte sich später einen Namen durch seine philosophischen Schriften, die in erster Linie moralische und soziale Themen seiner Zeit aufgriffen.

Sir Laurens van der Post

Kimberley **⑤**

Der erste Diamantenrausch um Kimberley begann 1869 nach Funden auf der Farm Bultfontein. Im Juli 1871 kampierten Schürfer 4,5 Kilometer nordwestlich an einem Hügel. Der Koch der Gruppe wurde zur Strafe für ein Vergehen auf den Gipfel geschickt und kehrte mit einem Diamanten zurück. In den folgenden beiden Jahren ließen sich etwa 50 000 Schürfer in der Zeltstadt New Rush nieder, die 1873 in Kimberley umbenannt wurde. Als Cecil John Rhodes *(siehe S. 54)* in die Stadt kam, waren bereits 3600 Claims abgesteckt.

Rekonstruierte Straßenszene in Kimberley Mine Big Hole

Überblick: Kimberley

Der verwinkelte Straßenverlauf Kimberleys steht in Kontrast zum Schachbrettmuster, das andere südafrikanische Städte prägt. Er stammt aus der Zeit, als Kimberley noch Zeltstadt war. Zwar begegnet man Hinweisen auf die Vergangenheit nicht auf Schritt und Tritt, doch bietet Kimberley viele historische Sehenswürdigkeiten.

🏦 Kimberley Mine Big Hole

West Circular Rd.
📞 (053) 833-1557. 📷 ♿ 📷
Das malerische Museumsdorf rings um den Rand des Big Hole präsentiert mit Kopfstein gepflasterte Straßen und historische Gebäude: eine kleine Kirche, eine Apotheke, mehrere Läden und eine alte Bar. Alle sind original ausgestattet.

🏨 Kimberley Club

70–72 Du Toitspan Rd.
📞 (053) 832-4224. 🕐 tägl. ♿ 📷
www.kimberleyclub.co.za
Der luxuriöse Club, der 1896 fertig wurde, war Treffpunkt der Bergbau-Magnaten und Schauplatz manch lukrativen Diamantendeals. Zum Club gehören ein Boutique-Hotel und Konferenzeinrichtungen.

🌿 Oppenheimer Memorial Gardens

Jan Smuts Blvd.
Digger's Fountain im Park umgeben fünf bronzene Diamantenschürfer. Die Kolonnade schmückt eine Büste des deutschstämmigen Diamantenhändlers Ernest Oppenheimer, der 1917 die Anglo American Corporation gründete.

INFOBOX

Straßenkarte D3.
🏙 1 000 000. ✈ 7 km südl. der Stadt. 🚌 Old de Beers Rd. 🚗 Shell Ultra City. ℹ 121 Bultfontein Rd, (053) 832-7298.

🏛 William Humphreys Art Gallery

Cullinan Crescent. 📞 (053) 831-1724. 🕐 Mo–Fr 8–16.45 Uhr, Sa 10–16.45 Uhr. 📷 Mi und 1. Wochenende im Monat gratis. ♿
Das Museum gegenüber den Memorial Gardens zeigt eine erstklassige Sammlung von Werken europäischer Meister und südafrikanischer Maler.

🏛 McGregor Museum

S Atlas St, Belgravia. 📞 (053) 839-2700. 🕐 Mo–Sa 9–17 Uhr, So 14–17 Uhr. 📷 ♿ 📷 📷
In dem Gebäude wohnte Cecil John Rhodes während des Südafrikanischen Krieges. Es umfasst ein natur- und kulturhistorisches Museum mit bedeutenden ethnologischen und archäologischen Exponaten sowie Felsmalereien.

🏛 Duggan-Cronin Gallery

Egerton Rd. 📞 (053) 839-2700. 🕐 Mo–Fr 9–17 Uhr, So 14–17 Uhr.
Die Sammlung präsentiert 8000 Fotografien des Anthropologen Alfred Duggan-Cronin, aufgenommen in einem Zeitraum von 20 Jahren. Der Forscher befasste sich seit 1897 mit den Ureinwohnern des Nordkaps.

🏛 Honoured Dead Memorial

Dalham & Oliver Rd.
Das Denkmal von Herbert Baker erinnert an die britischen Soldaten, die 1899 bei der Belagerung Kimberleys fielen. Daneben steht die Kanone Long Cecil, die während der Belagerung eingesetzt wurde.

Das McGregor Museum, Kimberley

Hotels und Restaurants nördlich des Oranje *siehe Seiten 351 und 373*

Diamantenrausch von Kimberley

Die Kimberley-Mine, genannt The Big Hole, ist die einzig zugängliche der vier Diamantenminen in der Region um Kimberley. Im Jahr 1871, nur zwei Jahre nach Entdeckung der diamanthaltigen Kimberlit-Schlote, arbeiteten gleichzeitig bis zu 30 000 Schürfer an den Claims. Auf frühen Fotografien ist ein ganzes Netz aus Tauen zu sehen, die am Rand des Aushubs nach oben führen. Mit kaum mehr als Spitzhacke und Schaufel ausgestattet, gruben sich die Schürfer in die Erde, 1889 hatte das Loch bereits die Tiefe von 150 Metern.

Barney Barnato

Je tiefer man grub, desto schwieriger wurde es, das diamanthaltige Gestein abzubauen. Das Chaos aus Tauen, steilen Pfaden und Claims, die auf unterschiedlichen Höhen lagen, veranlasste die Diamantgräber, Syndikate zu bilden. Diese gingen in verschiedene Gesellschaften über, die später von Cecil John Rhodes aufgekauft wurden.

Der Cullinan *ist der größte Diamant, der je gefunden wurde. Eine Kopie liegt im Kimberley Mine Museum.*

Cecil John Rhodes, *den dieser Punch-Cartoon (19. Jh.) als Erschaffer eines Imperiums zeigt, war einer der mächtigsten Männer Kimberleys.*

Diamantsucher arbeiteten in den 1870er Jahren sechs Tage pro Woche, gequält von Hitze, Staub und Fliegen.

Cocopans (Schubkarren auf Schmalspurschienen) transportierten das diamanthaltige Gestein nach oben.

THE BIG HOLE

Der Krater umfasst eine Fläche von 17 Hektar, bei einem Umfang von 1,6 Kilometern. Am Ende betrug die Tiefe 800 Meter, davon wurden die ersten 240 Meter mühsam von Hand gegraben. Ein unterirdischer Schacht führte 1098 Meter tief. Bis 1914 wurden 22,6 Millionen Tonnen Gestein abgebaut, das einen Ertrag von 14,5 Millionen Karat Diamanten lieferte.

De Beers Consolidated Mines, *die Cecil John Rhodes gehörten, erwarben 1889 Barney Barnatos Diamantenminen zum Preis von 5 338 650 Pfund.*

The Big Hole *wurde 1914 stillgelegt. Es ist das größte von Menschenhand geschaffene Loch der Welt und Mittelpunkt des Kimberley-Mine-Big-Hole-Museums.*

Bloemfontein ❻

Bloemfontein im Herzen Südafrikas ist Hauptstadt von Free State, Sitz des Provinzparlaments und des obersten südafrikanischen Gerichts sowie Knotenpunkt von sechs Hauptstrecken durch das Land. Die Lage auf 1400 Metern bringt moderate Sommer und milde bis kühle Winter mit sich. Der Ort (»Blumenquelle«) ist nach einer Quelle westlich des Geschäftsviertels benannt, an der einst Reisende haltmachten. Die Geschichte der Stadt und vieler ihrer alten, stolzen Sandsteingebäude ist eng mit dem Unabhängigkeitskampf der Afrikaaner verknüpft. 1854, als Major Henry Warden, der offizielle britische Repräsentant der Region, an das Kap abberufen wurde, gründeten die Afrikaaner eine eigene Republik mit Bloemfontein als Hauptstadt.

Appeal Court in Bloemfontein

Überblick: Bloemfontein

Major Wardens Fort steht nicht mehr, doch südlich des Stadtzentrums ist noch ein Teil des Queen's Fort aus dem Jahr 1848 zu sehen.

Die President Brand Street säumen prächtige Sandsteingebäude wie der **Appeal Court** (Appellationsgericht) von 1929 für die Legislative der Provinz Free State sowie gegenüber der **Fourth Raadsaal**, der 1893 unter der Präsidentschaft von Frederick Reitz errichtet wurde.

🏛 National Museum

36 Aliwal St.
📞 (051) 447-9609.
🕐 Mo–Fr 8–17 Uhr, Sa 10–17 Uhr, So und Feiertage 12–17.30 Uhr. 🅿
www.nasmus.co.za

Das Museum beim Fourth Raadsaal zeigt neben Dinosaurierfossilien auch die Rekonstruktion einer Straße Bloemfonteins im 19. Jahrhundert mit einem Gemischtwarenladen.

🏛 National Museum for Afrikaans Literature

Ecke President Brand und Maitland St. 📞 (051) 405-4711. 🕐 Mo–Fr 8–17 Uhr, Sa 9–12 Uhr.

Das Museum in der Nähe des Appeal Court ist afrikaanssprachigen Autoren gewidmet, auch Gegnern der Apartheid wie André Brink (siehe S. 31).

Detail des Women's Memorial

🏯 Old Presidency

President Brand St.
📞 (051) 448-0949.
🕐 Mo–Fr 10–16 Uhr.
Drei Blocks südlich des Literaturmuseums steht das prächtige Gebäude der Old Presidency von 1861. Hier stand einst das Wohnhaus von Major Wardens Farm.

🏯 First Raadsaal

St George's St. 📞 (051) 447-9610.
🕐 Mo–Fr 10–13 Uhr. 🅿 ♿
Das älteste Gebäude der Stadt, ein weißer schlichter Bau beim National Museum, der einst als Schule diente,

ließ Warden 1849 errichten. Nach Wardens Abberufung 1854 diente es als Versammlungsort für den *Volksraad* der Republik.

⛪ Tweetoringkerk

Charles St. 📞 (051) 430-4274.
Die 1881 geweihte Doppelturmkirche der niederländisch-reformierten Kirche ist einmalig in Südafrika. Richard Wocke sah sich beim Vorbild gotischer Kathedralen. Im gotischen Innenraum sind die Holzarbeiten an Altar und Orgel bemerkenswert.

🍁 King's Park und Zoo

King's Way. 📞 (051) 405-8483.
In dem herrlichen Park am westlichen Stadtrand liegt der Loch Logan. Den See umgeben schattige Bäume, Blumenbeete, sanft wogende Rasenflächen und ein kleiner Tierpark.

🏛 National Women's Memorial and War Museum

Monument Rd. 📞 (051) 447-3447.
🕐 Mo–Fr 9–16.30 Uhr, Sa 9–16.30 Uhr, So 14–16.30 Uhr. 🅿
Die Gedenkstätte im Süden der Stadt erinnert an die Burenfrauen, Schwarzafrikanerinnen und Kinder, die im Südafrikanischen Krieg in Konzentrationslagern starben. Emily Hobhouse, eine Britin, die sich für eine bessere Behandlung der Gefangenen einsetzte, liegt am Fuß des Monuments begraben.

Umgebung: Das **Franklin Nature Reserve** liegt nördlich des Stadtzentrums auf dem Naval Hill. Der Name stammt aus dem Südafrikanischen Krieg, als die britische Marinebrigade hier eine Kanone postierte. Im Jahr 1928 ließ

Abstraktes Gemälde von Cecil Skotnes, Oliewenhuis Art Gallery

Hotels und Restaurants nördlich des Oranje siehe Seiten 351 und 373

Die Oliewenhuis Art Gallery, Bloemfontein

INFOBOX

Straßenkarte D3. 🏙 500 000.
✈ N8, 10 km östl. der Stadt.
🚉 Harvey Rd. 🚌 Tourist Center.
ℹ Bloemfontein Tourist Center,
60 Park Rd, (051) 405-8489.
⏰ Mo–Fr 8–16.15 Uhr, Sa 8–
12 Uhr. 🎭 Bloemfontein Show
(März), Rose Festival (Okt).
www.mangaung.co.za

die Universität von Michigan (USA) eine Sternwarte auf dem Gipfel bauen. Als sie im Jahr 1972 schließlich geschlossen wurde, hatte man 7000 Sterne entdeckt. Heute beherbergt das Gebäude ein Theater.

Weiter nördlich zeigt die **Oliewenhuis Art Gallery** in einem weitläufigen Garten in der Harry Smith Street eine hervorragende Sammlung südafrikanischer Kunst.

Im Norden Bloemfonteins erstrecken sich mehrere überaus sehenswerte Wildreservate. Das **Soetdoring Nature Reserve** grenzt an den Krugerdrif-Stausee, dessen Staumauer mit fünf Kilometern eine der längsten in Südafrika ist. Der Fluss und sein Ufer bieten herrliche Picknickstellen und ziehen viele Vögel an. Antilopenarten wie Weißschwanzgnu und Spieß-

bock leben hier frei, Löwen, Hyänenhunde und andere Raubtiere in einem Gehege.

Die Abzweigung zum **Willem Pretorius Game Reserve** befindet sich 150 Kilometer nördlich von Bloemfontein an der N1. Im Grasland um den Allemanskraal-Stausee leben viele Gazellen, in den Hügeln am Nordufer kann man Kudus, Elenantilopen, Büffel, Giraffen und Breitmaulnashörner sowie Vogelarten wie Knarrtrappe und Doppelband-Rennvogel beobachten.

🦌 **Franklin Nature Reserve**
Union Ave, Naval Hill. ⏰ tägl.

🏛 **Oliewenhuis Art Gallery**
Harry Smith St. 📞 (051) 447-9609.
⏰ Mo–Fr 8–17 Uhr, Sa 10–17 Uhr,
So 13–17 Uhr. 🚻

🦌 **Soetdoring Nature Reserve**
R64 (Kimberley Rd). 📞 (051) 433-9002. ⏰ tägl. 7–18 Uhr. 🎫 🍴 🥾

🦌 **Willem Pretorius Game Reserve**
N1 nach Kroonstad. 📞 (057) 651-4003. ⏰ tägl. 🏊 🛏 **www.**
sa-venues.com/game-reserves/
fs_willempretorius.htm

Giraffe im Franklin Nature Reserve am Naval Hill, Bloemfontein

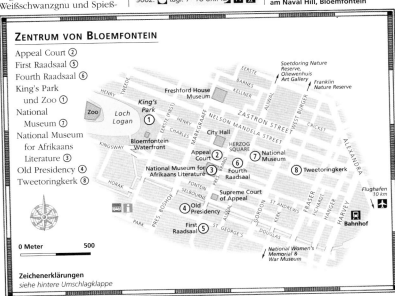

ZENTRUM VON BLOEMFONTEIN

Appeal Court ②
First Raadsaal ⑤
Fourth Raadsaal ⑥
King's Park und Zoo ①
National Museum ⑦
National Museum for Afrikaans Literature ③
Old Presidency ④
Tweetoringkerk ⑧

0 Meter 500

Zeichenerklärungen
siehe hintere Umschlagklappe

ZU GAST IN SÜDAFRIKA

ÜBERNACHTEN

Das gemächliche Reisetempo vergangener Jahrhunderte, als man die gewaltigen Entfernungen im Land mit Pferd oder Ochsenkarren zurücklegen musste, schuf eine stolze Tradition: In Südafrika ist Gastlichkeit nicht nur ein Wort. Von der größten Hotelkette bis zur Bed-and-Breakfast-Pension ist man sehr um das Wohl des Reisenden bemüht. Die Unterkunftsmöglichkeiten sind so vielfältig wie das Land. Ein Fantasie-Ferienhotel wie der Palace of the Lost City at Sun City *(siehe S. 270f)* und Kapstadts elegantes

Portier des Mount Nelson Hotel

Mount Nelson im Kolonialstil *(siehe S. 327)* bieten jeden erdenklichen Luxus. Reizvolle Alternativen sind die Gäste-Cottages in den *dorpe* (Dörfern), in denen Gemütlichkeit und Hausmannskost wichtiger sind als moderner Komfort.

Farmhäuser und Safari-Lodges garantieren ein opulentes, wenn auch nicht unbedingt preiswertes Afrika-Abenteuer, während Campingplätze für Freiluft-Enthusiasten und Herbergen für Rucksackurlauber die elementaren Bedürfnisse jüngerer Besucher mit knappem Budget erfüllen.

HOTELAUSWAHL

Wer in Südafrika mit dem Auto reist, muss sich wegen der großen Distanzen nicht sorgen: Selbst in den abgelegensten Dörfern findet man Hotels, Bed-and-Breakfast-Pensionen oder Ferienhäuser. Häufig bieten auch Farmen Übernachtungen an.

In den Großstädten ist die Vielfalt an Unterkünften enorm, ob für Familien, Geschäftsleute oder Luxus gewohnte Gäste. Auch in gut besuchten ländlichen Gegenden oder an Ferienorten gibt es Übernachtungsmöglichkeiten für jeden Geschmack und Geldbeutel, in vielen Wildparks stehen Luxus-Lodges und einfache Campingplätze zur Verfügung. In den meisten Urlaubsorten am Meer kann man zwischen Hotels, Campingplätzen, Bed-and-Breakfast und Gästehäusern wählen. Fragen Sie beim

Fremdenverkehrsbüro oder bei **AA Travel Services**, **South African Tourism (Satour)**, **Hostelling International** und **Guest House Association of Southern Africa** *(siehe S. 325)*. Wenn Sie in kleinen Orten eine Übernachtungsmöglichkeit suchen, können Sie in Läden oder bei der Polizei nachfragen.

Wer Ruhe sucht, sollte die kleineren und schlichteren Herbergen im Binnenland oder abseits der betriebsamen Küstenorte wählen. Die meisten privaten Wildparks haben hervorragende Safari-Lodges.

HOTELPREISE

Die Preise gelten in der Regel pro Person und nur selten pro Zimmer. Steuern sind in der Regel im Preis enthalten. Trinkgeld wird gerne genommen, dabei sind zehn bis fünfzehn Prozent der Summe die Norm.

Sabi Sabi Game Lodge *(siehe S. 349)*

Sind die Preise als »dinner, bed and breakfast« oder »bed and breakfast« ausgewiesen, werden die Mahlzeiten auch dann berechnet, wenn sie nicht eingenommen werden. Sprechen Sie sich mit dem Wirt ab, damit er nicht benötigte Mahlzeiten nicht berechnet. Informieren Sie ihn auch, wenn Sie vegetarische Kost wünschen. Bei »Special offers« (Sonderangeboten) gibt es allerdings kaum Verhandlungsspielraum.

Ein Zimmer mit Bad ist meist teurer als ein Zimmer mit Dusche. Auch ein schöner Ausblick erhöht den Preis für die Unterkunft.

Außerhalb der Hauptsaison (von November bis Februar, am Osterwochenende und in den großen Ferien) gibt es Preisnachlässe. Fragen Sie in Ihrem Reisebüro oder erkundigen Sie sich direkt vor Ort. Hotels haben auch im Winter (Mai bis August) geöffnet.

Strohgedeckte Rondavels, Olifants, Kruger National Park *(siehe S. 285)*

◁ **Elefantenherde im Addo Elephant Park** *(siehe S. 196)* **bei Port Elizabeth**

Pool im Singita Private Game Reserve *(siehe S. 349)*

HOTELKATEGORIEN

Hotels werden in Südafrika von mehreren Verbänden klassifiziert, u. a. von Satour, der nationalen Fremdenverkehrsbehörde, und **Portfolio of Places**. Satour teilt Hotels in fünf Kategorien ein und kennzeichnet sie durch eine Plakette mit einem bis fünf Sternen. Fünf-Sterne-Hotels bieten meist Luxusausstattung, Suiten, Zimmer und Dienstleistungen wie Friseur, Reinigung und Zimmerservice. Ein Ein-Stern-Hotel auf dem Land kann komfortabel und zufriedenstellend, in der Stadt eine bessere Spelunke oder ein lautes Stundenhotel sein.

Viele ansprechende Hotels sind niedrig eingestuft, während Hotels mit mehreren Sternen zwar gehobene Ausstattung und erweiterten Service haben mögen, vielleicht aber unpersönlich wirken. Satour kategorisiert auch Ferien-Cottages und Gästehäuser.

AUSSTATTUNG

Die Ausstattung richtet sich nach Lage und Kategorie. Parkplätze sind meist vorhanden, aber nicht immer überdacht oder bewacht. Manche Hotels bieten tägliche Autowäsche an oder Leihwagen mit und ohne Chauffeur.

In den meisten Hotels steht ein Telefon im Zimmer, generell ist ein öffentliches Telefon aber günstiger. Recht häufig sind auch Zimmer mit Fernseher (ohne Kabelanschluss). Fast immer steht ein Fernsehgerät im Salon.

Zentralheizung im Winter ist hingegen nicht die Norm, die meisten Anbieter stellen aber tragbare Heizkörper zur Verfügung. Viele Ferienhütten, vor allem auf Farmen, sind mit einem offenen Kamin ausgestattet.

Manche der gehobeneren kleinen Gästehäuser oder Bed-and-Breakfast-Pensionen führen eine Hotelbar mit Bier, Wein und Mineralwasser.

In kleineren Ortschaften liegt die Hotelfront häufig in Richtung der Hauptstraße. Ist keine Umgehungsstraße vorhanden, kann der Lärmpegel recht hoch sein, vor allem nachts. Bevor Sie aber um ein Zimmer auf der Rückseite bitten, vergewissern Sie sich, dass dort keine großen Kühlgeneratoren installiert sind, die sich oft noch störender auswirken.

Die meisten Hotels verfügen über einen Safe, um Wertsachen sicher zu verwahren.

HOTELKETTEN

Viele Hotels der besseren Kategorien gehören einer nationalen Hotelkette *(siehe S. 325)* an, die Ermäßigungen oder günstige Pauschalangebote bieten, etwa Sondertarife für Familien oder die Nebensaison.

MIT KINDERN REISEN

Gehen Sie nicht automatisch davon aus, dass ein Hotel Kinder aufnimmt. Viele der besseren Hotels, Gästehäuser und Lodges akzeptieren keine Kinder unter zehn Jahren.

Werden Kinder akzeptiert, kann sich die Familie gegen Aufschlag ein Zimmer teilen, falls die Preise pro Zimmer gelten.

RESERVIERUNG

Wenn möglich, bestätigen Sie eine telefonische Reservierung per Post, Fax oder E-Mail. Wahrscheinlich verlangt man eine Anzahlung, die nicht erstattet wird, wenn Sie kurzfristig stornieren. Das Hotel ist verpflichtet, Sie zu unterrichten, wenn die Preise nach der Buchung steigen. Haben Sie ein bestimmtes Zimmer reserviert, sehen Sie es sich an, bevor Sie sich eintragen. Haben Sie Sonderwünsche, vergewissern Sie sich, dass sie erfüllt werden können.

Wenn nicht anders erwähnt, gilt die Belegung in der Regel von mittags bis mittags.

Rezeption im Palace of the Lost City at Sun City *(siehe S. 270f)*

SELBSTVERSORGUNG

Quartiere für Selbstversorger gibt es in verschiedensten Formen und Preisklassen – die Ferienhäuschen heißen Cottages, Chalets, Bungalows oder *rondavels* (strohgedeckte Rundhütten).

Viele Wildparks haben luxuriöse Safarizelte in ostafrikanischem Stil mit privatem Kochplatz im Freien, während in den Farm-Cottages der weiten Karoo *(siehe S. 302)* Feuerstellen gegen kalte Winternächte schützen. Stadt-Chalets auf Caravanplätzen erfüllen häufig nur die Grundbedürfnisse, hingegen gehören in manchen der Cottages der Kap-Weinregion *(siehe S. 136–149)* sogar Mikrowelle und Satellitenfernsehen zur Ausstattung.

Ferien-Cottage am Blyde River Canyon *(siehe S. 279)*

Mykonos, Langebaan *(siehe S. 159)*

Ferienanlagen und Wildparks bieten meist Cottages als eigenständige Einheiten oder solche, die sich Küche, Waschküche und Bad teilen. Ferien-Cottages besitzen meist gut ausgestattete Küchen, sind komfortabel möbliert und vielleicht sogar mit Handtüchern und Bettwäsche ausgerüstet, man sollte sich jedoch vorher erkundigen.

Bei Ihrer Ankunft prüft ein Angestellter eventuell, ob das Inventar vollständig und funktionstüchtig ist. Vielleicht bittet man Sie auch um eine geringe Kaution, die bei der Abreise zurückerstattet wird.

Fragen Sie in den Fremdenverkehrsbüros der jeweiligen Stadt oder Region nach Adressen und Telefonnummern der Anbieter von Ferienhäusern. Auch Agenturen wie **Roger & Kay's Travel Selection** können behilflich sein.

COTTAGES AUF DEM LAND

Cottages auf Farmen und in idyllischen Dörfern findet man in Mpumalanga **(Jacana Collection)**, den KwaZulu-Natal Midlands **(The Underberg Hideaway)** und in den Wein- und Obstanbaugebieten um Kapstadt. Gastlichkeit und typische regionale Verpflegung machen einen solchen Aufenthalt auf dem Land unvergesslich.

BED-AND-BREAKFAST

Die Unterbringung in Privathäusern ist inzwischen sehr beliebt, vor allem entlang der Garden Route und in größeren Städten wie Kapstadt, Port Elizabeth und Johannesburg. Typisch ist die geringe Zahl von Gästen, die meist nur eine oder zwei Nächte bleiben, und die persönliche Betreuung.

GÄSTEFARMEN

Gäste- oder Ferienfarmen im ganzen Land bieten relativ preisgünstigen, familienfreundlichen Urlaub auf dem Bauernhof an. Gäste wohnen im Farmhaus oder einem Cottage in der Nähe. Manchmal isst man mit den Gastgebern, manchmal ist eine eigene Küche vorhanden. Gäste dürfen auch helfen, Eier einzusammeln oder Kühe zu melken.

PARK-LODGES

Die Lodges der meisten Privatreservate *(siehe S. 386–391)* sind für zahlungskräftige Gäste und haben Küche, luxuriöse Ausstattung, bestens geschultes Personal und Wildhüter, die den Gästen die afrikanische Tierwelt zeigen. Lodges in Nationalparks sind wesentlich einfacher, aber sehr komfortabel.

Eingang des Table Bay Hotel, V&A Waterfront, Kapstadt *(siehe S. 327)*

PREISGÜNSTIGE UNTERKÜNFTE

Bei Hosteling International kann man Unterkünfte in verschiedenen Herbergen buchen. YMCA und YWCA versorgen ihre Gäste mit einfacher Grundausstattung. Ein Alterslimit gibt es nicht, jugendliche Reisende werden aber bevorzugt. Quartiere für Rucksackurlauber eignen sich prinzipiell eher für junge Leute, denn Ausstattung und Verpflegung sind minimal, und es gibt so gut wie keine Privatsphäre. Kurz: Die Unterbringung ist recht bescheiden.

CARAVANPARKS

Viele Betreiber von Caravanparks vermieten Wohnwagen, Fertighäuschen oder rustikale Hütten. Der zugeteilte Platz hat in der Regel Wasser- und Stromanschluss.

Größere Caravanplätze bieten Einkaufsmöglichkeiten, Restaurant und Swimmingpool, manchmal sogar Tennis- und Bowlingplätze.

Die meisten Camper kochen selbst. Die bevorzugte Garmethode ist das südafrikanische *braaivleis* oder Barbecue. Es gibt eine Koch- bzw. *Braai*-Stelle je Einzelplatz. Gutes, trockenes Brennholz ist bei der Platzaufsicht erhältlich.

Camper im Natal Drakensberg Park *(siehe S. 216f)*

Campingplätze können bei Nacht laut sein. Vermeiden Sie Plätze in der Nähe des Eingangs, der meist auch als Ausfahrt dient. AA Travel Services kann Ihnen bei der Wahl der Caravan- und Campingplätze behilflich sein.

REST CAMPS

Rest Camps sind die »Standardausführung« der luxuriösen Wildpark-Lodges und in Nationalparks und Provinzparks zu finden *(siehe S. 386–391)*. Die meisten Rest Camps bieten Swimmingpool, Läden und gemeinschaftliche Essbereiche. Die Unterbringung reicht von Bungalows bis hin zu größeren Chalets.

ZELTEN

An den großen Flüssen und an der Küste gibt es viele Zeltplätze. Die einzelnen Zeltbereiche sind durch Kattunwände oder Hecken abgeteilt. Für Waschgelegenheiten ist gesorgt. Viele der Zeltplätze sind an örtliche Caravanplätze angegliedert.

THERMALQUELLEN

Um die meisten heißen Quellen sind Ferienanlagen entstanden, z. B. in Cradock *(siehe S. 306f)*. Hauptattraktion ist das warme Wasser der Pools und Heilbäder. Hotels und Campingplätze bieten Übernachtungsmöglichkeiten.

AUF EINEN BLICK

HOTELKETTEN

Aventura Resorts
(011) 423-5660.

City Lodge
(011) 557-2600 oder (0861) 563-437.

Formule 1 Hotel
(011) 392-1453.

Holiday Inn Garden Court
(0861) 447-744.

Portfolio of Places
(021) 686-5400.

Protea Hotels
(0861) 119-000.

Southern Sun
(0861) 447-744.

Sun International
(011) 780-7800.

Superior Choices
(012) 460-1050.

LANDHÄUSER

Jacana Collection
Box 337, Bruma. (012) 734-2978. www.jacanacollection.co.za

The Underberg Hideaway
Box 1218, Hilton, KwaZulu-Natal, 3245.
(033) 343-1217.
www.hideaways.co.za

CAMPING

Aventura Resorts
(011) 423-5660.

KZN Wildlife
(033) 845-1000.
www.kznwildlife.com

National Parks Board Bookings
(021) 975-2189 oder (021) 975-4472.
www.sanparks.org

GÄSTEHÄUSER UND B&Bs

Bed 'n' Breakfast Bookings
Box 91309, Auckland Park, Gauteng, 2006.
(011) 234-5045.
www.bedandbreakfast.co.za

Guest House Association of Southern Africa
Box 18416, Wynberg, Kapstadt, 7824.
(021) 762-0880.
www.ghasa.co.za

Roger & Kay's Travel Selection
Box 405, Bergvliet, Kapstadt, 7864. (021) 715-7130. www.travelselection.co.za

ALLGEMEIN

AA Travel Services
(011) 713-2000 (Johannesburg); (021) 794-3003 (Kapstadt).
www.aatravel.co.za

Hosteling International
www.hihostels.com

South African Tourism
Private Bag X10012, Sandton, 2146.
(011) 895-3000.
www.southafrica.co.za

Hotelauswahl

Die folgenden Hotels wurden aufgrund ihres guten Preis-Leistungs-Verhältnisses, ihrer Ausstattung und Lage ausgewählt. Alle Einträge sind innerhalb der Städte nach Preiskategorien geordnet. Die Kartenverweise zu den Hotels in Kapstadt beziehen sich auf den Stadtplan auf den Seiten 115–123.

PREISKATEGORIEN
Die Preise gelten für ein Standard-Doppelzimmer pro Nacht ohne Frühstück, inkl. Steuern und Service:

Ⓡ unter 400 Rand
ⓇⓇ 400–800 Rand
ⓇⓇⓇ 800–1200 Rand
ⓇⓇⓇⓇ 1200–2000 Rand
ⓇⓇⓇⓇⓇ über 2000 Rand

KAPSTADT

STADTZENTRUM Formula 1 Hotel   🗒 Ⓡ
J Smuts Ave & M Hammerschlag Way, Foreshore, 8000 📞 *(021) 418-4664* **Zimmer** *64*   **Stadtplan** *6 D1*

Das preisgünstige Formula 1 ist einfach und sauber. Aufgrund seiner zentralen Lage hinter dem Artscape Theater ist es ein guter Ausgangspunkt für Sightseeing-Touren. Die belebte V&A Waterfront ist rund zwei Autominuten entfernt. Alle Zimmer sind mit Bad ausgestattet und für bis zu drei Personen ausgelegt. **www.hotelformule1.co.za**

STADTZENTRUM Acorn House   🏨🚻 ⓇⓇ
1 Montrose Avenue, Oranjezicht, 8001 📞 *(021) 461-1782* 📠 *(021) 461-1768* **Zimmer** *9*   **Stadtplan** *5 A4*

Herbert Baker baute das Acorn House im Jahr 1904 für den Redakteur einer Lokalzeitung. Heute ist es das Zuhause von Bernd und Beate, die sich in Kapstadts deutschem Viertel wegen ihrer Gastfreundlichkeit, der wunderschönen Ausstattung und der exzellenten Weinkarte einen Namen gemacht haben. **www.acornhouse.co.za**

STADTZENTRUM Daddy Long Legs   ⓇⓇ
134 Long Street, 8000 📞 *(021) 424-1403* 📠 *(021) 422-3446* **Zimmer** *13*   **Stadtplan** *5 A2*

Jedes Zimmer in dieser Pension wurde von einem anderen Künstler aus der Region gestaltet. Die individuellen Ergebnisse repräsentieren die lebhafte Kulturlandschaft von Kapstadt. Es gibt auch fünf Zimmer für Selbstversorger. Das Daddy Long Legs liegt in der Nähe des lebhaften Kapstädter Nachtlebens. **www.daddylonglegs.co.za**

STADTZENTRUM Lions Kloof Lodge   🏨🚻 ⓇⓇ
26 Higgo Crescent, Higgovale, 8001 📞 *(021) 426-5515* 📠 *(021) 422-2047* **Zimmer** *6*   **Stadtplan** *4 E4*

Das Lions Kloof mit Holzvertäfelungen zwischen dem Tafelberg und Signal Hill befindet sich oberhalb eines üppigen exotischen Gartens. Das Ambiente ist entspannt, die Möbel sind einfach und elegant. Afrikanische Kunstwerke setzen Akzente. **www.lionskloof.co.za**

STADTZENTRUM Palm Tree Manor   ⓇⓇ
11 Glynville Terrace, Gardens, 8001 📞 *(021) 461-3698* **Zimmer** *4*   **Stadtplan** *5 A1*

Das Palm Tree Manor befindet sich in einem restaurierten Haus mit viktorianischen Terrassen unweit des historischen Dunkley Square. Die National Gallery, das Parlament und viele gute Restaurants sind in der Nähe. Die Einrichtung ist kolonial und afrikanisch. Alle Zimmer sind mit Bad, drei mit Balkon ausgestattet.

STADTZENTRUM Cape Town Hollow Boutique Hotel   📺🔢🏨🚻🗒 ⓇⓇⓇ
88 Queen Victoria Street, 8001 📞 *(021) 423-1260* 📠 *(021) 423-2088* **Zimmer** *56*   **Stadtplan** *5 B2*

Das Vier-Sterne-Boutique-Hotel mit Blick auf die Dutch East India Company Gardens liegt in der Altstadt und verfügt über moderne Möbel und ein Wellness-Center. Ab dem fünften Stockwerk bieten die Zimmer zum Garten den Blick auf den Tafelberg. **www.capetownhollow.co.za**

STADTZENTRUM Leeuwenvoet House   🏨🚻🗒 ⓇⓇⓇ
93 New Church Street, Tamboerskloof, 8001 📞 *(021) 424-1133* 📠 *(021) 424-0495* **Zimmer** *12*   **Stadtplan** *4 F2*

Das Gästehaus in einem liebevoll restaurierten viktorianischen Haus liegt gleich in der Nähe der angesagten Kloof Street mit Restaurants und Boutiquen. Starten Sie den Tag mit einem herzhaften Frühstück, um dann nach Kloof Nek zum Strand aufzubrechen, oder fragen Sie im Hotel nach Sightseeing-Tipps. **www.leeuwenvoet.co.za**

STADTZENTRUM Table Mountain Lodge   🏨🚻🗒 ⓇⓇⓇ
10a Tamboerskloof Road, Tamboerskloof, 8001 📞 *(021) 423-0042* 📠 *(021) 423-4983* **Zimmer** *8* **Stadtplan** *4 F2*

Das große farbenfrohe kaphölländische Farmhaus an den Hängen des Tafelbergs wurde vom südafrikanischen Fremdenverkehrsverband mit vier Sternen ausgezeichnet. Frische Schnittblumen schmücken die Lobby. Die Lodge bietet acht Zimmer mit Bad und klassischen eleganten Möbeln. **www.tablemountainlodge.co.za**

STADTZENTRUM Underberg Guesthouse   🚻 ⓇⓇⓇ
6 Tamboerskloof Road, Tamboerskloof, 8001 📞 *(021) 426-2262* 📠 *(021) 424-4059* **Zimmer** *10*   **Stadtplan** *4 F2*

Das wunderschön renovierte viktorianische Haus verfügt über zehn Zimmer mit Bad. Den Gästen steht eine Minibar sowie WLAN-Internet zur Verfügung. Die Gastgeber helfen Ihnen gerne beim Flughafentransfer, geben Reisetipps oder reservieren Ihnen Restaurants und Theaterkarten. **www.underbergguesthouse.co.za**

Zeichenerklärungen *siehe hintere Umschlagklappe*

STADTZENTRUM Villa Lutzi ®®®

6 Rosmead Avenue, Oranjezicht, 8001 **(021) 423-4614** FAX *(021) 426-1472* **Zimmer** *11* **Stadtplan** *4 F4*

Die Villa Lutzi liegt an einem Berghang in Oranjezicht. Sie ist zehn Minuten von der Stadt entfernt, bietet luxuriöse Unterkünfte, einen exotischen Garten und einen Pool mit Blick auf den Lion's Head. Die Gastgeber Dagmar und Eric geben hilfreiche Tipps zu Restaurants und Nachtleben in der Umgebung. **www.villalutzi.com**

STADTZENTRUM Townhouse Hotel ®®®

60 Corporation Street, 8001 **(021) 465-7050** FAX *(021) 465-3891* **Zimmer** *106* **Stadtplan** *5 B2*

Das Vier-Sterne-Hotel im Stadtzentrum bietet u. a. ein beheiztes Hallenbad, einen Fitnessraum und einen Shuttle-Service zur V&A Waterfront. Das Hotel wurde im Jahre 2006 umfassend renoviert. Alle Zimmer sind schön eingerichtet und verfügen über TV, elektronische Safes und Highspeed-Internet. **www.townhouse.co.za**

STADTZENTRUM Urban Chic Boutique Hotel ®®®

172 Long Street, 8001 **(021) 426-6119** FAX *(021) 423-2086* **Zimmer** *20* **Stadtplan** *5 A2*

Das kosmopolitische Boutique-Hotel besitzt eine Zigarren-Lounge, in der Sie Cocktails trinken und kabellos im Internet surfen können. Das Nachtleben Kapstadts ist gleich in der Nähe. Jedes Zimmer bietet ein großes Eckfenster, von dem man einen tollen Ausblick auf Tafelberg und Signal Hill hat. **www.urbanchic.co.za**

STADTZENTRUM Cape Heritage Hotel ®®®®

Heritage Square, Bree Street, 8001 **(021) 424-4646** FAX *(021) 424-4949* **Zimmer** *15* **Stadtplan** *5 B1*

In dem Vier-Sterne-Boutique-Hotel in einem Haus aus dem 18. Jahrhundert trifft kolonialer Charme auf zeitgenössisches Design. Das Hotel liegt auf einer schattigen Anlage und ist von fünf Restaurants umgeben. Alle 15 Zimmer sind individuell in europäischem Stil eingerichtet. **www.capeheritage.co.za**

STADTZENTRUM Kensington Place ®®®®

38 Kensington Crescent, Higgovale, 8001 **(021) 424-4744** FAX *(021) 424-1810* **Zimmer** *8* **Stadtplan** *4 F4*

Das preisgekrönte Kensington Place am Fuß des Tafelbergs ist eine gute Wahl im exklusiven Higgovale. Das Hotel setzt mit seinem zeitgenössischen Stil und dem aufmerksamen Service neue Maßstäbe für Boutique-Hotels. Im Jahr 2006 wurde es vom *Tatler* unter die 101 besten Hotels der Welt gewählt. **www.kensingtonplace.co.za**

STADTZENTRUM Mount Nelson Hotel ®®®®

76 Orange Street, 8001 **(021) 483-1000** FAX *(021) 483-1001* **Zimmer** *201* **Stadtplan** *5 A3*

Kapstadts berühmtestes Hotel, die »Pink Lady«, ist ein koloniales Meisterwerk. Es liegt am Fuß des Tafelbergs auf einer großen Anlage mit schönen Gärten und wurde bei den *World Travel Awards* mehrere Jahre in Folge zum besten Hotel Südafrikas gewählt. Nelson Mandela feierte hier 1997 Geburtstag. **www.mountnelson.co.za**

STADTZENTRUM Westin Grand Cape Town Arabella Quays ®®®®

Convention Square, Lower Long Street, 8000 **(021) 412-9999** FAX *(021) 412-9001* **Zimmer** *483* **Stadtplan** *5 B1*

Das architektonische Juwel bietet Technik auf dem neuesten Stand und jeden erdenklichen Luxus mit zeitgenössischen Möbeln, großen Betten und afrikanischen Kunstwerken. Der elektronische Butler leitet jeden Ihrer Wünsche an das zuständige Personal weiter. **www.starwoodhotels.com/sheraton**

V&A WATERFRONT Breakwater Lodge ®®

Portswood Road, V&A Waterfront, 8001 **(021) 406-1911** FAX *(021) 406-1436* **Zimmer** *192* **Stadtplan** *1 A1*

Die komfortable, preiswerte Breakwater Lodge befindet sich in einem umgebauten Gefängnis aus dem 19. Jahrhundert. Die Zimmer eröffnen entweder den Blick auf die Table Bay oder auf den Tafelberg. Die Lodge ist mit der UCT Graduate School of Business verbunden und bietet gute Konferenzräume. **www.bwl.co.za**

V&A WATERFRONT Victoria Junction ®®®

Ecke Somerset & Ebenezer Rd, Green Point, 8005 **(021) 418-1234** FAX *(021) 418-5678* **Zimmer** *172* **Stadtplan** *2 D5*

Das Design-Hotel befindet sich zur einen Hälfte in Green Point, zur anderen in der V&A Waterfront. Die Möbel lenken etwas vom Industrie-Chic des Hotels ab. Die Zimmer ähneln Apartment-Lofts. Das exzellente Restaurant wurde um ein Filmset herumgebaut. **www.proteahotels.com**

V&A WATERFRONT Cape Grace ®®®®

West Quay Road, V&A Waterfront, 8002 **(021) 410-7110** FAX *(021) 419-7622* **Zimmer** *121* **Stadtplan** *1 B2*

Das Cape Grace ist Mitglied der »Leading Small Hotels of the World« und ist ein Kronjuwel unter den Hotels der V&A Waterfront. Seit der Eröffnung 1996 wurde es schon mehrfach international ausgezeichnet. Das Cape Grace bietet gemütliches Ambiente, vorzügliche Einrichtung und persönlichen Service. **www.capegrace.co.za**

V&A WATERFRONT Radisson Hotel ®®®®

Beach Road, Granger Bay, V&A Waterfront, 8002 **(021) 441-3000** FAX *(021) 441-3520* **Zimmer** *177* **Stadtplan** *1 C3*

Das Radisson ist ein etabliertes Hotel in der Granger Bay, mit Blick auf einen privaten Yachthafen. Es verfügt über viele Einrichtungen – u. a. ein hauseigenes Spa und eine Vielzahl an Restaurants. Der Service ist aufmerksam, aber nicht aufdringlich. Alle Zimmer haben Blick entweder auf den Berg oder das Meer. **www.radissonsas.com**

V&A WATERFRONT The Table Bay Hotel ®®®®®

Quay 6, V&A Waterfront, 8002 **(021) 406-5000** FAX *(021) 406-5656* **Zimmer** *329* **Stadtplan** *1 C1*

Das Table Bay hat den Charme eines Kreuzfahrtschiffs. Im Salzwasserpool befindet sich vermutlich das einzige tropische Meerwasser in Western Cape. Das Hotel bietet ein Spa, eine kleine Fitnesshalle, einen Ballsaal, einen Sitzungssaal und einen überwältigenden Blick aufs Meer. **www.thetablebay.co.za**

Stadtplan Kapstadt *siehe Seiten 115–123*

V&A WATERFRONT Victoria & Alfred Hotel
Pier Head, V&A Waterfront, 8002 **(** (021) 419-6677 **FAX** (021) 419-8955 **Zimmer** 120 **Stadtplan** 1 B2

Das Victoria & Alfred ist ein originales Waterfront-Hotel mit geräumigen Zimmern und Panoramablick auf Berg und Bucht. Das Hotel bietet auf Wunsch einen Fahrdienst und eine regelmäßige Shuttle-Verbindung in die Innenstadt. **www.vahotel.co.za**

ATLANTIKKÜSTE Albatross B&B
24 Queens Road, Bantry Bay, 8005 **(** (021) 434-7624 **FAX** (021) 434-7666 **Zimmer** 10

Die komfortable geräumige Bed-and-Breakfast in Bantry Bay bietet Nichtraucherzimmer mit Bad und Dreibettzimmer. Der wunderschöne Garten wird von zwei großen Palmen beschattet. Hier kann auch gefrühstückt werden. Das Hotel bietet Ausflüge nach Kapstadt, Flughafentransfer und Autovermietung. **www.albatrossct.co.za**

ATLANTIKKÜSTE Villa Rosa Guesthouse
277 High Level Road, Sea Point, 8005 **(** (021) 434-2768 **FAX** (021) 434-3526 **Zimmer** 8

Das Villa Rosa in Sea Point ist ein viktorianisches Haus unterhalb des Lion's Head. Das herzhafte Frühstück besteht aus Müsli, Brot und hausgemachter Marmelade. Sie können sicher sein, dass Sie im Villa Rosa herzlich empfangen werden und einen angenehmen Aufenthalt genießen können. **www.villa-rosa.com**

ATLANTIKKÜSTE Villa Sunshine
1 Rochester Road, Bantry Bay, 8001 **(** (021) 439-8224 **FAX** (021) 439-8219 **Zimmer** 7

Die Vier-Sterne-Villa bietet B&B-Unterbringung in sieben individuell eingerichteten Zimmern mit Bad. Das Hotel verfügt über moderne Annehmlichkeiten wie Highspeed-Internet sowie über einen Salzwasserpool. Die Villa Sunshine liegt etwas abseits in der eindrucksvollen Bantry Bay. **www.wheretostay.co.za/villasunshine**

ATLANTIKKÜSTE Ambassador Hotel
34 Victoria Road, Bantry Bay, 8005 **(** (021) 439-6170 **FAX** (021) 439-6336 **Zimmer** 97

Das große etablierte Vier-Sterne-Hotel liegt an einem Küstenabschnitt in Bantry Bay zwischen der Hauptstraße und den darunterliegenden Felsen. Das Gebäude wurde renoviert. Alle Zimmer bieten einen tollen Ausblick auf die umliegenden Granitfelsen. **www.ambassador.co.za**

ATLANTIKKÜSTE Bateleurs House
81 Theresa Avenue, Camps Bay, 8001 **(** (021) 438-1697 **FAX** (021) 438-9588 **Zimmer** 3

Oben an den Bergstraßen von Camps Bay liegt diese Fünf-Sterne-Unterkunft. Sie verfügt über zwei große Suiten und eine dritte, etwas kleinere, mit eigenem Eingang. Alle Zimmer bieten einen wunderbaren Blick auf die Camps Bay und den Atlantik dahinter. **www.bateleurshouse.co.za**

ATLANTIKKÜSTE Blackheath Lodge
6 Blackheath Road, Sea Point, 8005 **(** (021) 439-2541 **FAX** (021) 439-9776 **Zimmer** 10

Die Blackheath Lodge befindet sich unterhalb von Signal Hill in der Nähe der V&A Waterfront und der Strände von Clifton und Camps Bay. Das geräumige, afrikanisch ausgeschmückte viktorianische Haus aus den 1880er Jahren bietet hohen Decken und Holzböden. Zum Frühstück gibt es Quiches und Muffins. **www.blackheathlodge.co.za**

ATLANTIKKÜSTE The Cape Cove
11 Avenue Deauville, Fresnaye, 8005 **(** (021) 434-7969 **FAX** (021) 434-8191 **Zimmer** 8

Das luxuriöse Boutique-Hotel hat sich aufgrund seines innovativen Designs einen Namen gemacht. Der große Holzterrasse mit Pool erstreckt sich in Richtung des Lion's Head. Innen ist das Hotel mit Holz, Ledermöbeln und zeitgenössischen afrikanischen Kunstwerken ausgestattet. **www.capecove.com**

ATLANTIKKÜSTE O on Kloof
Ecke King & Kloof Road, Bantry Bay, 8005 **(** (021) 439-2081 **FAX** (021) 439-8832 **Zimmer** 8

Das O on Kloof an den Hängen des Lion's Head wurde mit viel Liebe zum Detail ausgestattet. Die Holzterrasse in der Honeymoon Suite ist ideal geeignet, um das Panorama der Berge und des Ozeans zu genießen. Das Hotel tauchte im Jahr 2008 im *Tatler* unter den besten 101 Hotels der Welt auf. **www.oonkloof.co.za**

ATLANTIKKÜSTE Primi Royal
32 Camps Bay Drive, Camps Bay, 8001 **(** (021) 438-2741 **FAX** (021) 438-1718 **Zimmer** 10

Das Boutique-Hotel der Primi-Hotelkette ist eine Mischung aus afrikanischem und asiatischem Stil. Die Suiten bieten eine tolle Sicht auf Lion's Head, Backoven und den Atlantik. Der beliebte Strand von Camps Bay mit seinen vielen Restaurants liegt gleich auf der anderen Straßenseite. **www.primi-royal.com**

ATLANTIKKÜSTE Villa Clifton
7 Leckhampton Court, 234 Kloof Road, Clifton, 8005 **(** (021) 919-1752 **FAX** (021) 919-1758 **Zimmer** 2

Das Gästehaus für Selbstversorger in der Kloof Road verfügt über eine Terrasse mit Blick auf einige der schönsten Strände der Welt. Die Sonnenuntergänge über dem Atlantik zum Klang der brechenden Wellen genießen Sie am besten mit einem Cocktail. **www.villaclifton.com**

ATLANTIKKÜSTE Winchester Mansions
221 Beach Road, Sea Point, 8001 **(** (021) 434-2351 **FAX** (021) 434-0215 **Zimmer** 76

Das Winchester an der Promenade von Sea Point ist ein renommiertes Vier-Sterne-Hotel in Privatbesitz. Die Hotelleitung organisiert auf Wunsch Ausflüge in die Weinregion oder zum Cape Point. Das Hotelrestaurant Harvey's wird von einem preisgekrönten Chefkoch geführt. **www.winchester.co.za**

ATLANTIKKÜSTE The Bay Hotel

🔲🏊♨🚻📺☰ ⓇⓇⓇⓇ

69 Victoria Road, Camps Bay, 8005 ☎ *(021) 430-4444* FAX *(021) 438-4433* **Zimmer** *78*

Das oberhalb von Kloof Nek gelegene große Anwesen in Camps Bay bietet viele Aktivitäten für unternehmungslustige Gäste. Es verfügt über vier Pools, einen Tennisplatz und ein luxuriöses Wellness-Center. Das Stadtzentrum ist fünf Autominuten entfernt. **www.thebay.co.za**

ATLANTIKKÜSTE Ellerman House

🔲🏊📺☰ ⓇⓇⓇⓇⓇ

180 Kloof Road, Bantry Bay, 8005 ☎ *(021) 430-3200* FAX *(021) 430-3215* **Zimmer** *11*

Das Ellerman ist eine historische Sehenswürdigkeit auf den Granitformationen an der Bantry Bay. Das klassische Haus aus der Jahrhundertwende gilt als eines der besten Boutique-Hotels der Welt. Der Service ist perfekt. Die Ellerman Villa nebenan kann ebenfalls gemietet werden, allerdings ist der Preis deftig. **www.ellerman.co.za**

ATLANTIKKÜSTE The Hout Bay Manor Hotel

🔲🏊♨📺☰ ⓇⓇⓇⓇ

Baviaanskloof, an der Hauptstraße, Hout Bay, 7872 ☎ *(021) 790-0116* FAX *(021) 790-0118* **Zimmer** *21*

Das Manor von 1871 bietet Besuchern der selbst ernannten »Republic of Hout Bay« die ultimative Entspannung. Der Strand ist einen kurzen Spaziergang entfernt. Dort gibt es Läden, Restaurants und am Wochenende einen Kunsthandwerksmarkt. Alle Zimmer sind kinderfreundlich und mit Schlafsofas ausgestattet. **www.houtbaymanor.co.za**

ATLANTIKKÜSTE The Twelve Apostles Hotel & Spa

🔲🏊♨📺☰ ⓇⓇⓇⓇⓇ

Victoria Road, Oudekraal, Camps Bay, 8005 ☎ *(021) 437-9000* FAX *(021) 437-9001* **Zimmer** *70*

Das Fünf-Sterne-Hotel zwischen den Bergen und dem Atlantischen Ozean bietet einen wunderbaren Blick auf die unberührte Küste. Die Zimmer sind schön eingerichtet. Die Standardsuiten sind für die King-Size-Betten allerdings etwas klein. **www.12apostleshotel.com**

GREEN POINT UND MOUILLE POINT 18 on Crox

🏊☰ ⓇⓇⓇ

18 Croxteth Road, Green Point, 8005 ☎ *(021) 439-3871* FAX *(021) 433-2318* **Zimmer** *4*   **Stadtplan** *1 C4*

Das Gästehaus war lange Zeit nur Insidern ein Begriff. Mittlerweile hat es sich in Kapstadt etabliert. Möbel und Beleuchtung sind beeindruckend. In den Zimmern stehen Bademäntel, Pantoffeln und Daunenkissen zur Verfügung. Aufgrund der Beliebtheit des Hotels empfiehlt es sich, frühzeitig zu buchen. **www.18oncrox.com**

GREEN POINT UND MOUILLE POINT Brenwin

🏊♨ ⓇⓇⓇ

1 Thornhill Road, Green Point, 8001 ☎ *(021) 434-0220* FAX *(021) 439-3465* **Zimmer** *16*   **Stadtplan** *1 4C*

Das Brenwin entstand 1830 als Unterkunft für Kapstadts Hafenkapitäne. Es liegt in Green Point abseits der High Level Road mit Blick auf die Küste und bietet geräumige Doppelzimmer mit zusätzlichen Schlafsofas sowie Apartments, die mit Frühstück oder als Selbstversorger gebucht werden können. **www.brenwin.co.za**

GREEN POINT UND MOUILLE POINT Jambo Guest House

☰ ⓇⓇⓇ

1 Grove Road, Green Point, 8005 ☎ *(021) 439-4219* FAX *(021) 434-0672* **Zimmer** *5*   **Stadtplan** *1 B4*

Im Jambo kann man im warmen Jacuzzi, umgeben von tropischem Grün, entspannen. Die Besitzer empfehlen gerne die Sehenswürdigkeiten der Gegend. Die Zimmer sind mal kolonial, mal mit afrikanischen Tierhäuten dekoriert. Das Gästehaus wurde bereits mehrfach ausgezeichnet, u. a. für sein gutes Preis-Leistungs-Verhältnis. **www.jambo.co.za**

GREEN POINT UND MOUILLE POINT La Splendida Luxury Suites

🔲♨☰ ⓇⓇⓇ

121 Beach Road, Mouille Point, 8001 ☎ *(021) 439-5119* FAX *(021) 439-5112* **Zimmer** *22*   **Stadtplan** *1 B3*

An der Küste von Mouille Point bietet La Splendida saubere, moderne Unterkünfte zu vernünftigen Preisen, u. a. ein zweistöckiges Penthouse. Das Personal steht allerdings nicht rund um die Uhr zur Verfügung. Die V&A Waterfront ist zu Fuß zehn Minuten entfernt. **www.lasplendida.co.za**

GREEN POINT UND MOUILLE POINT Romney Park Luxury Suites

🔲🏊♨☰ ⓇⓇⓇ

Ecke Hill & Romney Road, Green Point, 8005 ☎ *(021) 439-4555* FAX *(021) 439-4747* **Zimmer** *24*   **Stadtplan** *1 B4*

Die Unterkünfte im Romney Park wurden sorgfältig eingerichtet und mit afro-kolonialem Schmuck versehen. Das Hotel bietet u. a. einen kleinen Pool und ein Spa. Die Zimmer sind in gedeckten Farben gehalten und mit Teppichen und Mahagonimöbeln ausgestattet. **www.romneypark.co.za**

KHAYELITSHA Majoro's

📄 Ⓡ

69 Helena Crescent, Graceland, 7784 ☎ *(021) 361-3412* FAX *(021) 361-3412* **Zimmer** *2*

Maria Maile empfängt die Gäste ihres B&Bs sehr herzlich. Wenn Sie erfahren wollen, wie die meisten Südafrikaner leben, dann ist das Majoro's der richtige Ort. Zum Abendessen wird ein afrikanisches Gericht serviert. Im örtlichen Shebeen kann man den neuesten Tratsch der Township erfahren. **majoros@webmail.co.za**

KHAYELITSHA Vicky's B&B

📄♨ Ⓡ

C685a Kiyane Street, Site C, Khayelitsha, 7784 ☎ *(0)82 225-2986* FAX *(021) 364-9660* **Zimmer** *6*

Vicky's Pension wurde im typischen Township-Stil aus Pressspanplatten, Wellblech und Holz gebaut. Die Gäste werden herzlich empfangen und verwöhnt. Das Haus liegt direkt gegenüber von einem »originalen« V&A-Waterfront-Shebeen. **vickysbandb@yahoo.com**

LANGA Ma Neo's

📄 Ⓡ

30 Zone 7, Langa, 7455 ☎ *(021) 694-2504* FAX *(021) 695-0661* **Zimmer** *5*

Ma Neo's ist ein freundliches Haus, in dem der Gastgeber sein umfangreiches Wissen über die regionale Kultur und Geschichte gerne mit seinen Gästen teilt. Dies ist der ideale Ort, um zu erfahren, welche Veränderungen Südafrika von den Jahren der Apartheid bis heute erlebt hat. **maneo@absamail.co.za**

Stadtplan Kapstadt *siehe Seiten 115–123*

SÜDLICHE HALBINSEL Afton Grove Country Guesthouse ®®

Chapman's Peak Road (M6), Noordhoek, 7979 ((021) 785-2992 FAX (021) 785-3456 **Zimmer** 11

Das Vier-Sterne-Gästehaus am südlichen Ende des Chapman's Peak Drive in Noordhoek bietet Bed-and-Breakfast und Hütten für Selbstversorger. Auf Wunsch gibt es Dinner am Pool oder Picknickkörbe. In der Umgebung werden Aktivitäten wie Reiten, Surfen, Wal- und Haibeobachtungen angeboten. **www.aftongrove.co.za**

SÜDLICHE HALBINSEL Lord Nelson Inn ®®

58 St George's Street, Simon's Town, 7975 ((021) 786-1386 FAX (021) 786-1009 **Zimmer** 10

Das Lord Nelson befindet sich in der Nähe von Cape Point Nature Reserve und Boulders Beach mit seiner berühmten Kolonie von Brillenpinguinen. In der Umgebung gibt es Tennisplätze und einen Golfplatz. Das Gästehaus erhielt vom südafrikanischen Tourismusverband drei Sterne. **www.lordnelsoninn.co.za**

SÜDLICHE HALBINSEL Boulders Beach Lodge & Restaurant ®®®

Boulders Place, abseits der Bellvue Road, Simon's Town ((021) 786-1758 FAX (021) 786-1825 **Zimmer** 14

In der Nähe von Boulders Beach mit seinen Pinguinen bietet diese Lodge beeindruckende Sonnenuntergänge und großartiges Essen. Es gibt hier keinen Fernseher, der von der tollen Umgebung ablenken könnte. Das Haus verfügt über Doppelzimmer und Selbstversorger-Unterkünfte für maximal sechs Personen. **www.boulderbeach.co.za**

SÜDLICHE HALBINSEL Toad Hall ®®®

9 AB Bull Road, Froggy Farm, Simon's Town, 7975 ((021) 786-3878 FAX (021) 786-3878 **Zimmer** 2

In der Pension am ruhigen Ortsrand von Simon's Town können Sie die Sonne über False Bay aufgehen sehen und von Ende August bis Anfang November Wale beobachten. Die Gastgeber organisieren hierfür Bootsausflüge. Besuchen Sie auch Cape Point und Kalk Bay mit tollen Restaurants. **www.toad-hall.co.za**

SÜDLICHE HALBINSEL Villa St James ®®®

36 Main Road, St James, 7945 ((0)82 784-8000 **Zimmer** 8

Die Villa St James ist eine Sehenswürdigkeit an der False Bay und bietet einen Panoramarundblick auf Berge und Meer. In der Villa waren über die Jahre viele Prominente zu Gast, u. a. die griechische Königsfamilie und Premier Jan Smuts. Nicht weit entfernt liegt Kalk Bay mit lebhaften Cafés und Shops. **www.villastjames.co.za**

SÜDLICHE HALBINSEL Whale View Manor ®®®

402 Main Road, Murdoch Valley, Simon's Town, 7995 ((021) 786-3291 FAX (021) 786-5453 **Zimmer** 8

Die Vier-Sterne-Oase liegt in einer abgeschiedenen Ecke des Südens auf einem Grünstreifen, der bis zum Fisherman's Beach reicht. Möbel und hohe Decken vermitteln ein koloniales Ambiente. Die Pinguinkolonie von Boulders Beach ist einen kurzen Spaziergang entfernt. **www.whaleviewmanor.co.za**

SÜDLICHE HALBINSEL Glenview Cottage ®®®®

56 Camilla St, Glencairn Heights, Simon's Town, 7975 ((021) 782-1324 FAX (021) 782-9406 **Zimmer** 2

Der Finalist der AA Accomodation Awards von 2006 liegt oberhalb von Glencairn Beach, Tal und Simon's Town. Hier können Sie Ruhe, Gastfreundlichkeit und im Patio ein schmackhaftes Frühstück zum Klang der Wellen in der False Bay genießen. **www.glenviewcottage-sa.com**

SÜDLICHE HALBINSEL The Long Beach ®®®®®

1 Kirsten Avenue, Kommetjie, 7975 ((021) 794-6561 FAX (021) 794-2069 **Zimmer** 6

Das Fischerdorf Kommetjie liegt in einer noch unberührten Ecke der Kap-Halbinsel und ist bei Surfern beliebt. The Long Beach gehört zu einer Gruppe kleiner Kapstädter Boutique-Hotels. Hier bietet jedes Zimmer Blick auf das Meer. Kinder unter fünf Jahren sind nicht erwünscht. **www.thelongbeach.com**

SÜDLICHE VORORTE Allandale Holiday Cottages ®®

72 Swaanswyk Road, Tokai, 7945 ((021) 715-3320 FAX (021) 712-9744 **Zimmer** 15

Das Allandale liegt am Ende einer Sackgasse an den Hängen von Constantiaberg in der Nähe des Tokai Forest Reserve. Es bietet Selbstversorger-Hütten mit Telefon, Handtüchern und Bettwäsche sowie einen Pool und einen Tennisplatz. Auf Wunsch können Mountainbikes ausgeliehen werden. **www.safarinow.com/go/allandaleholidaycottages**

SÜDLICHE VORORTE Dongola House ®®

30 Airlie Place, Constantia, 7806 ((021) 794-8283 FAX (021) 794-9024 **Zimmer** 7

Im Dongola werden Sie vom Ruf eines Perlhuhns geweckt. Die Einrichtung der Pension ist eine Mischung aus modernem Chic und traditionell Afrikanischem. Die Constantia Wine Route beginnt nicht weit von hier, und auch die Strände und Restaurants der südlichen Halbinsel sind nur eine kurze Autofahrt entfernt. **www.dongolahouse.co.za**

SÜDLICHE VORORTE Dunedin Guest House ®®

12 Tudor Road, Tokai, 7945 ((021) 712-0514 FAX (021) 715-7511 **Zimmer** 3

In diesem Vorort von Tokai im Herzen der Kap-Halbinsel bietet das ruhige, entspannte und komfortable Gästehaus einen schönen Garten, einen Swimmingpool und eine Barbecue-Ecke. Für Nachtschwärmer gibt es ein Pub, in dem auch Dart gespielt werden kann. **www.dunedinguesthouse.com**

SÜDLICHE VORORTE Hampshire House ®®

10 Willow Road, Constantia, 7806 ((021) 794-6288 FAX (021) 794-2934 **Zimmer** 3

Das Vier-Sterne-Haus in Constantia ist bekannt für seine Ruhe, den Garten und für das englische und kontinentale Frühstück. Ricky und Carole Chapman sind zuvorkommende Gastgeber mit Sinn für Humor. Das Hampshire House gewann drei Jahre in Folge die Auszeichnung »AA's Guest House of the Year«. **www.hampshirehouse.co.za**

SÜDLICHE VORORTE Welgelee Guesthouse

Dressage Close, an der Spaanschemat Road, Constantia, 7800 ((021) 794-7397 FAX (021) 794-4320 *Zimmer* 8

Das Vier-Sterne-Gästehaus befindet sich auf einer ehemaligen Farm. Es bietet sechs Doppelzimmer mit Bad und zwei Cottages für Selbstversorger mit voll ausgestatteten Küchen. Das Ambiente ist entspannt. Die Gastgeber Peter und Anna Buchanan helfen mit Reisetipps, beim Transport oder beim Mieten eines Autos. **www.welgelee.co.za**

SÜDLICHE VORORTE The Wild Olive Guest House

4 Keurboom Road, Newlands, 7708 ((021) 683-0880 FAX (021) 671-5776 *Zimmer* 7

Das Wild Olive liegt in der begrünten Vorstadt Newlands in der Nähe des Cricket-Platzes und des Shopping-Mekkas Cavendish Square. Das weitläufige Anwesen bietet Pool, Fitness-Center und Sauna. Es vermittelt eine heitere und einladende Atmosphäre. Die Zimmer sind luxuriös in warmen Erdfarben eingerichtet. **www.wildolive.co.za**

SÜDLICHE VORORTE Constantia Lodge

Duntaw Close, Constantia, 7806 ((021) 794-2410 FAX (021) 794-2418 *Zimmer* 7

Die Constantia Lodge liegt an den Südhängen des Tafelbergs in ruhigen und waldreichen Upper Constantia. Die Suiten sind von einfacher Eleganz und für die Lage recht preisgünstig. Vom Hotelgarten und dem Pool hat man einen hervorragenden Ausblick auf die False Bay. Mahlzeiten gibt es nach Vereinbarung. **www.constantialodge.com**

SÜDLICHE VORORTE Houtkapperspoort

Constantia Nek Estate, Hout Bay Main Rd, 7806 ((021) 794-5216 FAX (021) 794-2907 *Zimmer* 24

Houtkapperspoort verteilt sich über ein weitläufiges Gebiet des Constantia Nek. Ein Gebirgspass führt zur Hout Bay auf der anderen Seite des Bergs. Trotz der Vier- und Fünf-Sterne-Landhäuser ist es erstaunlich preisgünstig. Das Hotel verfügt über einen Tennisplatz, einen beheizten Pool und Internet-Zugang. **www.houtkapperspoort.co.za**

SÜDLICHE VORORTE Alphen Hotel

Alphen Drive, Constantia, 7806 ((021) 794-5011 FAX (021) 794-5710 *Zimmer* 21

Das Alphen Hotel ist ein umgebautes Herrenhaus und nationales Baudenkmal aus dem Jahr 1753. Es liegt in der begrünten Vorstadt von Kapstadt im Herzen eines früheren Weinguts. Das Alphen bietet einen Friseur und einen Schönheitssalon. Auf Wunsch werden private Ausflüge und Flughafentransfers arrangiert. **www.alphen.co.za**

SÜDLICHE VORORTE Vineyard Hotel

Colington Road, Newlands, 7700 ((021) 657-4500 FAX (021) 657-4501 *Zimmer* 175

Das Vineyard ist ein Vier-Sterne-Hotel mit drei hervorragenden Restaurants auf dem Grundstück. 2009 soll ein Konferenz-Center eröffnet werden. Das Hotel liegt in der Nähe der Shopping-Mall Cavendish Square. V&A Waterfront und Stadtzentrum sind eine 15-minütige Autofahrt entfernt. **www.vineyardhotel.co.za**

SÜDLICHE VORORTE Andros

Ecke Newlands & Phyllis Rd, Claremont, 7700 ((021) 797-9777 FAX (021) 797-0300 *Zimmer* 10

Das Andros ist ein von Sir Herbert Baker designtes, kapholländisches Landhaus im grünen Claremont. Das Bed-and-Breakfast mit Boutique-Hotel beschäftigt einen eigenen Küchenchef und bietet elegante Zimmer. Das Shopping-Paradies Cavendish Square ist gleich um die Ecke. **www.andros.co.za**

SÜDLICHE VORORTE The Bishops Court

18 Hillwood Avenue, Bishopscourt, 7708 ((021) 797-6710 FAX (021) 797-0309 *Zimmer* 5

Das Fünf-Sterne-Boutique-Hotel zeichnet sich durch aufmerksames Personal und einen unvergleichlichen Ausblick aus. Die Rasenfläche – auf ihr befinden sich ein Pool und ein Tennisplatz – erstreckt sich bergab zum Kirstenbosch Botanical Garden. Im Hintergrund ist der Tafelberg zu sehen. **www.thebishopscourt.com**

SÜDLICHE VORORTE Cellars Hohenort

93 Brommersvlei Road, Constantia, 7800 ((021) 794-2137 FAX (021) 794-2149 *Zimmer* 53

In dem Fünf-Sterne-Luxushotel ist auch das berühmte gleichnamige Restaurant untergebracht. Das Hotel bietet ländliche Atmosphäre in geringer Entfernung der angrenzende Kapstadts, Luxus-Doppelzimmer, Standard-Doppelzimmer, Suiten, Einzelzimmer und eine weitere Suite auf dem Grundstück. **www.collectionmcgrath.com**

SÜDLICHE VORORTE Constantia Uitsig Country Hotel

Spaanschemat Road, Constantia, 7800 ((021) 794-6500 FAX (021) 794-7605 *Zimmer* 16

Das Weingut Uitsig wird seit dem 17. Jahrhundert bewirtschaftet. Es bietet ausgezeichnete Unterkünfte und mit dem Constantia Uitsig und dem La Colombe zwei der besten Restaurants Südafrikas. Aus den 16 Zimmern kann man das wundervolle Panorama von Constantia Valley genießen. **www.constantiauitsig.co.za**

SÜDLICHE VORORTE Greenways Hotel

1 Torquay Avenue, Upper Claremont, 7708 ((021) 761-1792 FAX (021) 761-0878 *Zimmer* 17

Das Fünf-Sterne-Hotel liegt in einer Gartenanlage von rund 2,5 Hektar und bietet seinen Gästen Charme und Aufmerksamkeit. Das kapholländische Herrenhaus entstand in den 1920er Jahren. In der Nähe befinden sich fünf Golfplätze, der Kirstenbosch Botanical Garden und die Shopping-Mall Cavendish Square. **www.greenwayshotel.co.za**

SÜDLICHE VORORTE Steenberg Hotel and Winery

10802 Steenberg Estate, Tokai Road, Constantia, 7945 ((021) 713-2222 FAX (021) 713-2251 *Zimmer* 24

Das Steenberg Hotel befindet sich am Fuße der Constantiaberge auf einem ruhigen Weingut in denkmalgeschützten kapholländischen Gebäuden. Von hier hat man einen wunderschönen Ausblick auf die Weinberge. Zweimal täglich fährt ein Shuttle-Service zur V&A Waterfront und zu einem Spa. **www.steenberghotel.com**

KAP-WEINREGION

FRANSCHHOEK Auberge Bligny   ®®

28 van Wijk Street, Franschhoek, 7690 ☎ *(021) 876-3767* FAX *(021) 876-3483* **Zimmer** *8*

Das hugenottische Haus aus dem Jahr 1860 liegt im historischen Zentrum von Franschhoek. Es ist antik eingerichtet und vermittelt die Atmosphäre der damaligen Zeit. Einige der besten Restaurants Südafrikas sind zu Fuß erreichbar. Im Sommer wird das Frühstück auf der Terrasse mit Blick auf den Pool und die Berge serviert. **www.bligny.co.za**

FRANSCHHOEK Franschhoek Country House & Villas   ®®

Main Road, Franschhoek, 7690 ☎ *(021) 876-3386* FAX *(021) 876-2744* **Zimmer** *26*

In diesem restaurierten Herrenhaus mit Parfümerie legt man Wert auf klassischen Luxus und Liebe zum Detail. Das Restaurant Monneaux mit dem Chefkoch Adrian Buchanan sammelt seit den 1990er Jahren Auszeichnungen. Die eindrucksvollen Villen-Suiten und der Weinkeller kamen 2006 hinzu. **www.fch.co.za**

FRANSCHHOEK La Fontaine Guest House   ®®®

21 Dirkie Uys Street, Franschhoek, 7690 ☎ *(021) 876-2112* FAX *(021) 876-2112* **Zimmer** *12*

Das wunderschöne, preiswerte Gästehaus befindet sich im Ortszentrum. Von den Zimmern im Haupthaus hat man einen hervorragenden Blick auf die Berge. Angeboten werden u. a. Fliegenfischen, Reiten und Wandern. Hier sind Kinder jeden Alters willkommen. **www.lafontainefranschhoek.co.za**

FRANSCHHOEK Plumwood Inn Guest House   ®®®

11 Cabrière Street, Franschhoek, 7690 ☎ *(021) 876-3883* FAX *(0)86 672-6030* **Zimmer** *7*

Das Plumwood verfügt über sieben Zimmer mit zeitgenössischer indiviueller Einrichtung. Das Hotel verwöhnt seine Gäste mit wunderschönen Ausblicken und einem täglichen »Konzert« der Singvögel. Das Zentrum von Franschhoek ist rund zwei Minuten zu Fuß entfernt. **www.plumwoodinn.com**

FRANSCHHOEK Akademie Street Guesthouses   ®®®®

5 Akademie Street, Franschhoek, 7690 ☎ *(021) 876-3027* FAX *(021) 876-3293* **Zimmer** *3*

Das Akademie verfügt über drei separate Hütten, jede mit eigenem Pool und Garten mit gurrenden Tauben und zirpenden Grillen. Die Zimmer sind bei Flitterwöchnern beliebt. 2006 gewann das Haus die Auszeichnung »AA's Best Small Guest House«. **www.aka.co.za**

FRANSCHHOEK Rusthof Guesthouse   ®®®®

12 Huguenot Street, Franschhoek, 7690 ☎ *(021) 876-3762* FAX *(021) 876-3682* **Zimmer** *8*

Das kleine exklusive Gästehaus kann maximal 16 Gäste bewirten. Der Rusthof liegt an Franschhoeks Hauptstraße unweit der Feinkostläden und Restaurants. Es können einige Aktivitäten arrangiert werden, u. a. Weintouren, Ausritte, Ballonfahrten und Panoramatouren auf der Route 62. **www.rusthof.com**

FRANSCHHOEK Le Quartier Français   ®®®®®

16 Huguenot Street, Franschhoek, 7690 ☎ *(021) 876-2151* FAX *(021) 876-3105* **Zimmer** *15*

Das Le Quartier legt Wert auf »ultimativen Luxus und Charme«. 2005 wurde es vom Magazin *Tatler* zum »Best Small Hotel in the World« gekürt. Das Restaurant gehört regelmäßig zu den besten 50 Restaurants der Welt. Geboten werden Schönheitsbehandlungen und einige Zimmer mit eigenem Pool und iPod-Anschluss. **www.lqf.co.za**

HERMON Bartholomeus Klip Farmhouse   ®®®®®

Hermon, 7308 ☎ *(022) 448-1820* FAX *(022) 448-1829* **Zimmer** *5*

Weite Panoramen, Antilopenherden, die durch *fynbos* streifen, Berge, die sich im Sonnenuntergang pink färben – die Lage des Farmhauses ist großartig. Sie können ohne Extrakosten die Farm und das Naturschutzgebiet mit dem Mountainbike erkunden, am See entspannen oder die Zebra- und Büffelaufzucht besuchen. **www.parksgroup.co.za**

KUILS RIVER Zevenwacht Country Inn   ®®®®

Langverwacht Road, Kuils River, 7580 ☎ *(021) 903-5123* FAX *(021) 903-3373* **Zimmer** *25*

Das Zewenwacht bietet in seinen klimatisierten Luxussuiten mit Terrassen und Blick über die False Bay alle modernen Annehmlichkeiten. Das Weingut liegt an der Weinstraße Stellenbosch. Auf dem Anwesen werden Kellerbesichtigungen, Käse- und Weinproben sowie Reiten und Quadfahren angeboten. **www.zevenwacht.co.za**

MONTAGU Monteco Nature Reserve   ®

Gats Kraal, Montagu, 7560 ☎ *(028) 572-1922* FAX *(028) 572-1290* **Zimmer** *5*

Das preisgekrönte Monteco ist auf Öko- und Abenteuerurlaub spezialisiert und bietet im Naturschutzgebiet Hütten für Selbstversorger. Auf Safaris, Wanderungen und Quadtouren können die 40 Säugetier- und 160 Vogelarten des Reservats beobachtet werden. Es gibt auch einen Zeltplatz. **www.monteco.co.za**

MONTAGU Mimosa Lodge   ®®®

Church Street, Montagu, 6720 ☎ *(023) 614-2351* FAX *(023) 614-2418* **Zimmer** *16*

Das gemütliche Mimosa im Edwardianischen Stil bietet große Zimmer, ist modern eingerichtet und bekannt für seine Gastfreundschaft. Für das hochgelobte Essen sorgt Eigentümer Bernard Hess persönlich. Der Ort Montagu liegt in der Nähe der Route 62, die eine immer beliebtere Alternative zur Garden Route ist. **www.mimosa.co.za**

MONTAGU Montagu Country Hotel   ⏹⏹⏹⏹   ®®

27 Bath Street, Montagu, 6720 ☎ *(023) 614-3125* FAX *(023) 614-1905* **Zimmer** *26*

Das Hotel mit Art-déco-Akzenten bietet einfachen ländlichen Charme und Entspannung. Das Personal verwöhnt die Gäste mit Massagen und diversen Schönheitsbehandlungen. Im Frühling und Sommer erfüllen Obstbäume am Straßenrand die Luft mit ihrem Duft. **www.montagucountryhotel.co.za**

PAARL Goedemoed Country Inn   ⏹   ®®

Cecilia Street, Paarl, 7646 ☎ *(021) 863-1102* FAX *(021) 863-1104* **Zimmer** *9*

Das Bed-and-Breakfast befindet sich auf einem Weingut in einem kapholländischen Haus. Auf Wunsch gibt es auch Abendessen. Das Goedemoed liegt, umgeben von Shiraz- und Chardonnay-Reben, in der Nähe des Flusses Berg und eines 18-Loch-Golfplatzes. Alle neun Zimmer bieten kostenlosen WLAN-Internet-Zugang. **www.goedemoed.com**

PAARL Lemoenkloof Guest House   ⏹⏹   ®®

396a Main Street, Paarl, 7646 ☎ *(021) 872-3782* FAX *(021) 872-7520* **Zimmer** *26*

Das viktorianische Anwesen aus dem 19. Jahrhundert steht unter Denkmalschutz. Es hat einen gepflegten Garten, einen Pool und eine Sonnenterrasse, auf der man sich nach dem herrlichen Frühstück sonnen kann. Das Ambiente ist entspannt. Auf der benachbarten Farm kann man nach Absprache reiten. **www.lemoenkloof.co.za**

PAARL Pontac Manor Hotel and Restaurant   ⏹⏹⏹⏹   ®®®®

16 Zion Street, Paarl, 7646 ☎ *(021) 872-0445* FAX *(021) 872-0460* **Zimmer** *22*

Das Pontac Manor ist ein historisches Haus aus dem 18. Jahrhundert. Das gastfreundliche preisgekrönte Hotel ist von Eichen umgeben. In einer restaurierten Scheune ist ein ausgezeichnetes Restaurant untergebracht. Auf dem Anwesen befindet sich auch eine Schönheitsklinik. **www.pontac.com**

PAARL Roggeland Country House   ⏹⏹⏹⏹   ®®®®

Dal Josaphat Valley, Northern Paarl, Paarl, 7623 ☎ *(021) 868-2501* FAX *(021) 868-2113* **Zimmer** *11*

Das Roggeland befindet sich in einem kapholländischen denkmalgeschützten Haus für maximal 21 Gäste. Es bietet große Zimmer mit Bad und eine täglich wechselnde Speise- und Weinkarte. Wer mit Kindern anreist, sollte die Hotelleitung vorab informieren. Frühstück, Abendessen und Wein sind im Preis inbegriffen. **www.roggeland.co.za**

PAARL Grande Roche Hotel   ⏹⏹⏹⏹⏹⏹   ®®®®®

Plantasie Street, Paarl, 7646 ☎ *(021) 863-5100* FAX *(021) 863-2220* **Zimmer** *34*

Das Herrenhaus aus dem 18. Jahrhundert wurde mit einer vornehmen zeitgenössischen Note eingerichtet. Das Hotel bietet Tennisplätze mit Flutlicht, zwei Swimmingpools, ein preisgekröntes Restaurant, einen Fitnessraum, einen Massageraum, einen Friseur, eine Sauna und ein Dampfbad. **www.granderoche.co.za**

ROBERTSON Rosendal Winery and Wellness Retreat   ⏹⏹⏹   ®®

Klaas Voogds West, Robertson, 6705 ☎ *(023) 626-1570* FAX *(023) 626-1571* **Zimmer** *8*

Das atemberaubende Panorama des Breede River Valley, Safaris, die vor der Haustür starten, der gemütliche Weinkeller, eines der angesehendsten Restaurants der Gegend sowie das wunderschöne Wellness-Center machen dieses Hotel zu etwas Besonderem. **www.rosendalwinery.co.za**

SOMERSET WEST Penny Lane Lodge   ⏹⏹⏹   ®®

5 North Avenue, Westridge, Somerset West, 7130 ☎ *(021) 852-9976* FAX *(021) 851-2520* **Zimmer** *6*

Im schönen Städtchen Somerset West bietet die Penny Lane Lodge Bed-and-Breakfast oder Unterkünfte für zwei bis vier Selbstversorger. In der Nähe befinden sich sechs große Golfplätze. Auf Wunsch werden Tagesausflüge, Walbeobachtungen oder Angeltouren arrangiert. **www.pennylanelodge.co.za**

SOMERSET WEST Straightway Head Country Hotel   ⏹⏹⏹⏹   ®®

175 Parel Valley Road, Somerset West, 7129 ☎ *(021) 851-7088* FAX *(021) 851-7091* **Zimmer** *19*

Das luxuriöse Landhotel in der Nähe von Kapstadt bietet Vier-Sterne-Unterkünfte in 15 Hütten und vier Suiten. Im großen Pool kann man vor der Kulisse der Heldenberg Mountains entspannen. Der Golfplatz von Erinvale ist fünf Minuten entfernt. Auch der Strand von Gordons Bay ist in der Nähe. **www.straightwayhead.com**

SOMERSET WEST Ivory Heights Boutique Hotel   ⏹⏹⏹⏹   ®®®

17 L Botha Ave, Monte Sereno, Somerset West, 7130 ☎ *(021) 852-8333* FAX *(021) 852-8886* **Zimmer** *10*

Das Ivory Heights ist ein Fünf-Sterne-Boutique-Hotel mit einer wunderbaren Aussicht auf die False Bay. Es bietet WLAN-Internet, einen Pool, Satelliten-TV mit Heimkino, einen Fitnessraum sowie Tennis- und Squashplätze. Zeitgenössische Architektur und moderne Einrichtung setzen hier Akzente. **www.ivoryheights.co.za**

STELLENBOSCH Knorhoek Guest House   ⏹⏹   ®®

Knorhoek Rd, von der R44 auf die N1, zwischen Stellenbosch und Klapmuts, 7600 ☎ *(021) 865-2114* **Zimmer** *7*

In der lebhaften Atmosphäre des Weinguts von 1710 können Sie ein traditionelles Kap-Frühstück genießen. Während der Weinlese werden Sie eingeladen, den ersten Wein und die preisgekrönten Jahrgänge zu probieren. Neben den sieben Zimmern mit Bad gibt es auch eine Suite für Selbstversorger. **www.knorhoek.co.za**

STELLENBOSCH Dorpshuis Boutique Hotel   ⏹⏹⏹   ®®®

22 Dorp Street, Stellenbosch, 7600 ☎ *(021) 883-9881* FAX *(021) 883-9884* **Zimmer** *26*

Das Dorpshuis in der Nähe der Universität von Stellenbosch bietet Unterkünfte im ländlichen Stil. Es besitzt neun Luxussuiten und 15 Standardzimmer mit modernen Annehmlichkeiten. Untertags werden kleine Snacks angeboten. Die Bar ist rund um die Uhr geöffnet. Es gibt auch ein Spa und eine Sauna. **www.proteahotels.com/dorpshuis**

STELLENBOSCH Eendracht Boutique Hotel

161 Dorp Street, Stellenbosch, 7600 **[** *(021) 883-8843* **FAX** *(021) 883-8842* **Zimmer** *12*

Das Boutique-Hotel im Herzen der Altstadt von Stellenbosch legt großen Wert auf Luxus und afrikaanse Gastfreundlichkeit. Hierfür wurde es 2005 ausgezeichnet. Gleich nebenan befindet sich das interessante Dorfmuseum. Es besteht aus den vier ältesten Häusern der Stadt. **www.eendracht-hotel.com**

STELLENBOSCH Ryneveld Country Lodge

67 Ryneveld Street, Stellenbosch, 7600 **[** *(021) 887-4469* **FAX** *(021) 883-9549* **Zimmer** *10*

Die Lobby der denkmalgeschützten Rynefeld Country Lodge glänzt mit antiken Möbeln. Die Lodge bietet Cottages für Selbstversorger und individuell eingerichtete Zimmer mit Bad. Auf Wunsch werden Golf- oder Weintouren organisiert. Kinder sind willkommen. Seit 1999 erhält die Hotelleitung regelmäßig Preise. **www.ryneveldlodge.co.za**

STELLENBOSCH Batavia House Boutique Hotel

12 Louw Street, Stellenbosch, 7600 **[** *(021) 887-2914* **FAX** *(021) 887-2915* **Zimmer** *5*

Das einzigartige, exklusive Batavia erhielt in den Jahren 2005, 2006 und 2007 den »Best Boutique Hotel Award«. Es liegt unweit der Dorp Street in der Altstadt von Stellenbosch. Das im Jahr 2003 renovierte Haus trägt die Handschrift von Matilda de Bod. **www.bataviahouse.co.za**

STELLENBOSCH D'Ouwe Werf Country Inn

30 Church Street, Stellenbosch, 7600 **[** *(021) 887-4608* **FAX** *(021) 887-4626* **Zimmer** *32*

Das D'Ouwe ist seit 1802 im Geschäft und gibt dem Begriff »etabliert« somit eine ganz neue Bedeutung. Das Hotel bietet 32 individuell eingerichtete Zimmer mit Bad, einen beheizten Pool, freies Parken und aufmerksames Personal. Im D'Ouwe kann man auch ausgezeichnet zu Abend essen. **www.ouwewerf.com**

STELLENBOSCH Summerwood Guest House

28 Jonkershoek Road, Mostertsdrift, Stellenbosch, 7600 **[** *(021) 887-4112* **FAX** *(021) 887-4239* **Zimmer** *9*

Das Haus aus der Jahrhundertwende wurde von einem italienischen Architekten liebevoll restauriert und an den modernen Geschmack angepasst. Die weitläufige Anlage bietet nur neun Zimmer, somit fühlt man sich hier niemals beengt. Das Personal gibt Tipps für Ausflüge nach Stellenbosch, Wein- und Golftouren. **www.summerwood.co.za**

STELLENBOSCH The Village at Spier

R310 Lynedoch Road, Lynedoch, Stellenbosch, 7600 **[** *(021) 809-1100* **FAX** *(021) 881-3141* **Zimmer** *155*

Die riesige Anlage in diesem luxuriösen Weindorf bietet frei stehende kleine Häuser. Das Anwesen von 1692 ist heute ein lebhaftes kulturelles Zentrum der Region. Zum Komplex gehören vier exzellente Restaurants, darunter das einzigartige Moyo, sowie Kunstsammlungen und das Camelot Spa. **www.spier.co.za**

STELLENBOSCH Lanzerac Manor and Winery

Lanzerac Road, Stellenbosch, 7599 **[** *(021) 887-1132* **FAX** *(021) 887-2310* **Zimmer** *48*

Das Lanzerac ist ein sehr schönes Beispiel für kapholländische Architektur in Südafrika. Es liegt in einer Gartenanlage und ist von alten Eichen umgeben. Unter den angebotenen Zimmern befinden sich eine Präsidentensuite und eine Royal Pool Suite – wie der Name schon sagt mit eigenem Pool. **www.lanzerac.co.za**

STELLENBOSCH Sante Hotel and Wellness Center

Simonsvlei Road, Paarl-Franschhoek Valley, 7625 **[** *(021) 875-8100* **FAX** *(021) 875-8111* **Zimmer** *90*

Im Sante Hotel and Wellness Center dreht sich alles um Gesundheit und Lifestyle. Das Spa wurde bereits von mehreren Fachmagazinen hochgelobt. Es ist berühmt für seine Traubenkur namens »Weintherapie«. Sie soll entspannen, verjüngen und den Stress des Alltags vergessen lassen. **www.santewellness.co.za**

TULBAGH De Oude Herberg

6 Church Street, Tulbagh, 6820 **[** *(023) 230-0260* **FAX** *(023) 230-0260* **Zimmer** *4*

Das 1885 gegründete De Oude steht seit dem Wiederaufbau nach dem verheerenden Erdbeben 1969 unter Denkmalschutz. Die Lage unweit des Ortszentrums ist erstklassig. Die Herberge verfügt über vier Doppelzimmer mit Bad, die einfach, aber elegant eingerichtet sind. **www.deoudeherberg.co.za**

TULBAGH Rijk's Boutique Hotel

Middelpos Road, Tulbagh, 6820 **[** *(023) 230-1006* **FAX** *(023) 230-1125* **Zimmer** *15*

Das Rijk's Boutique Hotel gehört zu einem Weingut, das etwas abseits in einem ruhigen Vorort liegt. Jedes Zimmer besitzt eine eigene Veranda, von der man einen schönen Ausblick genießt. Das Fünf-Sterne-Resort bietet auch Weinproben und die beliebte Iceberg-Terrasse mit Blick auf den See und die Weinberge. **www.rijks.co.za**

WELLINGTON Diemersfontein Wine and Country Estate

Jan van Riebeeck Drive, (R301), 7654 **[** *(021) 873-2671* **FAX** *(021) 864-2095* **Zimmer** *14*

Seit Diemersfontein 2001 seinen ersten Rotwein auf den Markt brachte, ist das Weingut nicht mehr vom Weinmarkt wegzudenken. Der himmlische Pinotage ist heute schwer zu finden. Die Zimmer sind komfortabel und ländlich eingerichtet. Zu den möglichen Aktivitäten gehören Reiten und Mountainbiking. **www.diemersfontein.co.za**

WORCESTER Church Street Lodge

36 Church Street, Worcester, 6850 **[** *(023) 342-5194* **FAX** *(023) 342-8859* **Zimmer** *21*

Die Church Street befindet sich in der attraktiven historischen Altstadt. Die Lodge bietet einen römischen Pool, Brunnen und einen ruhigen Garten zum Entspannen. Jedes Zimmer ist mit Klimaanlage, Kühlschrank und Pay-TV ausgestattet. Es gibt auch Unterkünfte für Selbstversorger. **www.churchst.co.za**

WESTKÜSTE

CEDARBERG Mount Ceder

Grootrivier Farm, Cedarberg **(** *(023) 317-0113* FAX *(023) 317-0543* **Zimmer** *21*

Ein Fluss fließt durch die zerfurchte Berglandschaft von Cedarberg. Hier gibt es neun Hütten für Selbstversorger. In der Nähe befindet sich ein kleiner Laden, in dem sich die Gäste mit dem Nötigsten eindecken können. In dieser Gegend kann man gut wandern, Kanu fahren, Vögel beobachten, schwimmen und reiten. **www.mountceder.co.za**

CITRUSDAL Treetops

Abfahrt Citrusdal von der N7, Citrusdal, 7340 **(** *(022) 921-3626* FAX *(022) 921-3626* **Zimmer** *4*

Hier wohnt man inmitten der Baumkronen. Die Unterkünfte stehen auf Stelzen und sind untereinander mit Stegen verbunden. Auf einem davon gibt es einen Grillplatz mit Blick auf den Fluss Olifants. Am Fluss stehen Kanus bereit. Eine kurze Autofahrt entfernt befindet sich eine Thermalquelle mit Swimmingpools. **www.citrusdal.info/kardouw**

CLANWILLIAM Saint du Barry's Country Lodge

13 Augsberg Road, Clanwilliam, 8135 **(** *(027) 482-1537* FAX *(027) 482-2824* **Zimmer** *5*

Die Gastgeber Wally und Joan sorgen in ihrer luxuriösen Lodge für eine unbeschwerte Atmosphäre. Alle Zimmer bieten ein Bad und sind mit reichlich Holz ausgestattet. Die Gastfreundlichkeit in diesem Haus hat schon viele Gäste veranlasst wiederzukommen. **www.saintdubarrys.com**

CLANWILLIAM Bushmanskloof Wilderness Reserve

Over Pakhuis Pass, Richtung Wuppertal, 8135 **(** *(021) 685-2598* FAX *(021) 685-5210* **Zimmer** *16*

Hier gibt es mehr Felszeichnungen zu sehen als irgendwo sonst in Südafrika. Sie wurden an 130 verschiedenen Plätzen entdeckt. Im Frühling zaubern Wildblumen ein farbenprächtiges Blütenmeer. Die Region kann mit Wanderungen und botanischen Führungen erkundet werden. Essen und Aktivitäten sind inklusive. **www.bushmanskloof.co.za**

LANGEBAAN The Farmhouse Hotel

5 Egret Street, Langebaan, 7357 **(** *(022) 772-2062* FAX *(022) 772-1980* **Zimmer** *16*

1860 wurde das kapholländische Haus auf dem Hügel über der Lagune errichtet. Es bietet große Kamine und grandiose Ausblicke. Sie können entweder durch das angrenzende Naturschutzgebiet spazieren oder aber den Bars und Restaurants von Langebaan einen Besuch abstatten. **www.thefarmhouselangebaan.co.za**

MOOREESBURG Sewefontein

Palaisheuwel Road, Piekenierskloof Pass, abseits der N7 **(** *(022) 921-3301* FAX *(022) 921-2502* **Zimmer** *2*

Das Sewefontein bietet oben auf dem Piekenierskloof zwei Häuser für Selbstversorger. Das Hotel ist eine preiswerte Option für Reisende, die unabhängig bleiben wollen, und ein guter Ausgangspunkt, um die Umgebung von Clanwilliam, Lambert's Bay, Cedarberg und Kouebokkeveld zu erforschen. **www.citrusdal.info/sewefontein/**

PIKETBERG Dunn's Castle Guesthouse

R399 Veldrif Road, Piketberg, 7320 **(** *(022) 913-2470* FAX *(022) 913-3065* **Zimmer** *24*

Dunn's Castle wurde von Herbert Baker im Herzen von Swartland errichtet. Es verfügt über gemütliche Zimmer mit viktorianischem Flair und eigenen Kaminen. Vor Kurzem entstanden 19 Hütten für Selbstversorger. Die Gastgeber sind bekannt für ihre Fürsorge und ihre herzliche Gastfreundschaft. **www.dunnscastle.8k.com**

RIEBEEK KASTEEL The Royal Hotel

33 Main Street, Riebeek Kasteel, 7307 **(** *(022) 448-1378* FAX *(022) 448-1073* **Zimmer** *10*

Mit dem Umbau im Jahr 2005 wurde das Royal ein Vier-Sterne-Hotel mit topmodern eingerichteter Küche und einem Freiluft-Amphitheater. Die Veranda soll »die geselligste südlich des Limpopo« sein. Erwarten Sie also eine lebhafte Atmosphäre mit vielen Einheimischen. **www.royalinriebeek.com**

RIEBEEK WEST Riebeek Valley Hotel

4 Dennehof Street, Riebeek West, 7306 **(** *(022) 461-2672* FAX *(022) 461-2692* **Zimmer** *16*

Das gut ausgestattete Landhaus strahlt Ruhe aus. Das Hotel liegt oberhalb eines Tals mit Weinbergen und dem Cedarberg im Hintergrund. Es gibt geräumige, romantisch dekorierte Zimmer mit Bad. Das Restaurant Bishops serviert erstklassige Fusionsküche. **www.riebeekvalleyhotel.co.za**

ST HELENA BAY The Oystercatcher Lodge

1st Avenue, Shelley Point, St Helena Bay, 7382 **(** *(022) 742-1202* FAX *(022) 742-1201* **Zimmer** *6*

Im Oystercatcher fühlt man sich wie in einem Strandhaus am ruhigen Mittelmeer. Die Ausblicke von den Veranden sind atemberaubend. Im Frühling kann man vom Zimmer aus Wale beobachten. In unmittelbarer Nähe befindet sich ein Neun-Loch-Golfplatz. Es gibt auch drei Apartments für Selbstversorger. **www.oystercatcherlodge.co.za**

VELDRIF Doornfontein Bird and Game Lodge

R399, Veldrif, 7368 **(** *(022) 783-0853* FAX *(022) 783-0853* **Zimmer** *9*

Das Doornfontein liegt auf einer Farm. Die Gastgeber tun alles, damit ihre Gäste einen optimalen Urlaub an der Westküste verbringen. Für Ausflüge bei Sonnenuntergang und Vogelbeobachtungen steht ein Boot bereit. Es gibt Zimmer im restaurierten Bauernhof und im Landhaus neben dem beheizten Hallenbad. **www.doornfonteinfarm.co.za**

VELDRIF Kersefontein Farm ®®®

Zwischen Hopefield und Veldrif, 7355 **☎** *(022) 783-0850* **FAX** *(022) 783-0850* **Zimmer** 6

Die Kersefontein Farm wurde 1770 von dem Siedler Martin Melck gegründet. Heute ist sie in Familienbesitz. Die Zimmer mit Bad sind liebevoll mit antiken Möbeln eingerichtet. Für den *Architectural Digest* macht die Farm den Eindruck, »als würde sie in einer romantischen Zeitschleife stecken«. **www.kersefontein.co.za**

YZERFONTEIN Emmaus on Sea ®®

30 Versveld Street, Yzerfontein, 7351 **☎** *(022) 451-2650* **FAX** *(022) 451-2650* **Zimmer** 6

Das Emmaus ist eine Autostunde von Kapstadt und 19 Kilometer vom West Coast Nature Reserve entfernt. Genießen Sie die Ausblicke über den Fischerhafen, Spaziergänge an unberührten Stränden und die Gelegenheit, Wale und Vögel zu beobachten. Es gibt Bed-and-Breakfast- und Selbstversorger-Unterkünfte. **www.emmaus.co.za**

SÜDLICHES KAP

BETTY'S BAY Buçaco Sud Guesthouse ®®

2609 Clarence Drive, Betty's Bay, 7141 **☎** *(028) 272-9750* **FAX** *(028) 272-9750* **Zimmer** 6

In den individuell eingerichteten Zimmern des schönen Gästehauses fühlt man sich ein bisschen wie in der Provence. Die Kogelberge im Hintergrund stehen auf der UNESCO-Liste der Biosphärenreservate und sind damit einzigartig in Südafrika. Die Bucht davor ist ein beliebtes Ziel für Walbeobachter. **www.bucacosud.co.za**

GANSBAAI Crayfish Lodge Sea and Country Guest House ®®®®

2–4 Killarney Street, De Kelders, 7220 **☎** *(028) 384-1898* **FAX** *(028) 384-1898* **Zimmer** 5

Wenn man aus dem zeitgenössischen Haus blickt, sieht man das Meer und *fynbos*. Es gibt einen großen beheizten Pool und unten am Hügel einen Sandstrand. Die Lodge betreibt eine eigene Wellness-Klinik. Es gibt zwei Luxussuiten und drei Zimmer mit Garten. Alle Unterkünfte haben ihren eigenen kleinen Patio. **www.crayfishlodge.co.za**

GREYTON The Greyton Lodge ®®

52 Main Street, Greyton, 7233 **☎** *(028) 254-9800* **FAX** *(028) 254-9672* **Zimmer** 15

Das frühere Polizeirevier wurde in mehrere Cottages umgewandelt. Das Hotel ist typisch für den eleganten Ort Greyton. Das Restaurant GL bietet eine preisgekrönte Küche und ausgezeichnete südafrikanische und ausländische Weine. Die benachbarte Galerie präsentiert regelmäßig Werke einheimischer Künstler. **www.greytonlodge.com**

HERMANUS Harbour Vue ®®®

84 Westcliff Road, Hermanus, 7200 **☎** *(028) 312-4860* **FAX** *(028) 312-4860* **Zimmer** 4

Das geschmackvoll und edel eingerichtete Harbour Vue bietet komfortable Bed-and-Breakfast-Unterkünfte mit vier Sternen. Sie können vom Schlafzimmer aus Wale beobachten oder unten an den Klippen den Duft von *fynbos* genießen. Im Speisesaal hört man bei geöffneten Fenstern den Klang der Wellen. **www.harbourvue.co.za**

HERMANUS The Marine ®®®®

Marine Drive, Walker Bay, Hermanus, 7200 **☎** *(028) 313-1000* **FAX** *(028) 313-0160* **Zimmer** 43

Im Marine finden Sie individuell eingerichtete Zimmer und Suiten vor. Im großen Innenhof befinden sich ein Spa und ein beheizter Salzwasserpool. Vom Gezeitenpool vor dem Hotel kann man mit etwas Glück Wale an der Küste vorbeiziehen sehen. **www.marine-hermanus.co.za**

HERMANUS Whale Rock Lodge ®®®®

26 Springfield Avenue, Westcliff, Hermanus, 7200 **☎** *(028) 313-0014* **FAX** *(028) 313-2932* **Zimmer** 11

Das Whale Rock ist ein äußerst liebevoll gepflegtes altes Haus in Hermanus. Das dicke Strohdach lässt bereits die gemütliche Atmosphäre im Inneren erahnen. Das Frühstück wird mit Blick auf den Koi-Teich und den Pool serviert. Das Hotel arrangiert auf Wunsch Kajaktouren, Tauch- oder Angelausflüge. **www.whalerock.co.za**

MCGREGOR The Old Mill Lodge ®®

McGregor, 6708 **☎** *(023) 625-1841* **FAX** *(023) 625-1941* **Zimmer** 4

The Old Mill Lodge besteht aus vier Cottages. In jedem befinden sich zwei Zimmer mit Bad. Das liebevoll restaurierte Gebäude liegt etwas abseits an der längsten Weinstraße der Welt. Es gibt eine wunderbare gemütliche Lounge-Bar mit Blick auf die Weinberge und die majestätischen Langeberg Mountains. **www.oldmilllodge.co.za**

OUDTSHOORN De Oude Meul Country Lodge ®®

In der Nähe der Cango Caves, 6620 **☎** *(044) 272-7190* **FAX** *(0)82 272-7190* **Zimmer** 40

Die Vier-Sterne-Lodge liegt, von Bergen umgeben, auf halbem Weg zwischen den Cango Caves und Oudtshoorn im wunderschönen Schoemanspoort-Tal. Die Besitzer Boy und Marianne sorgen für einen überaus komfortablen Aufenthalt und servieren am Abend ein köstliches Straußensteak. **www.deoudemeul.co.za**

OUDTSHOORN Feather Nest Guest House ®®

12 Tiran Street, West Bank, Oudtshoorn, 6620 **☎** *(044) 272-3782* **FAX** *(086) 622-9396* **Zimmer** 2

Mia Steyns Gästehaus ist komfortabel, zwanglos und preiswert. Sie können am Pool entspannen und den Hunderten von Vögeln in den Baumkronen lauschen oder auf einem der Balkone mit einem Cocktail in der Hand den spektakulären Karoo-Sonnenuntergang genießen. **www.feathernest.co.za**

Preiskategorien *siehe Seite 326* **Zeichenerklärungen** *siehe hintere Umschlagklappe*

OUDTSHOORN La Plume Guest House ®®

Volmoed, Route R62, 6620 ☎ *(044) 272-7516* FAX *(044) 272-7516* **Zimmer** *9*

Diese Farm züchtet Strauße und Luzerne. La Plume bietet das wunderschöne Panorama vom Fluss Olifants bis hin zu den Swartbergen. Die Gastgeber Bartel und Karin sind äußerst gastfreundlich und bieten großartigen Service auf hohem Niveau. Das Gästehaus erhielt 2002 einen Preis. **www.laplume.co.za**

OUDTSHOORN Queens Hotel ®®®

Baron van Rheede Street, Oudtshoorn, 6625 ☎ *(044) 272-2101* FAX *(044) 272-2104* **Zimmer** *40*

Das kinderfreundliche, 1880 im Kolonialstil erbaute Hotel in Oudtshoorn ist das drittälteste in Südafrika. 2006 wurde es renoviert. Das Queens liegt in der Nähe der Shops und Restaurants des Stadtzentrums. Jedes der 40 Zimmer ist mit Bad und Dusche ausgestattet. **www.queenshotel.co.za**

OUDTSHOORN Rosenhof Country Lodge ®®®®®

264 Baron van Rheede Street, Oudtshoorn, 6625 ☎ *(044) 272-2232* FAX *(044) 272-3021* **Zimmer** *14*

Die Ansammlung von antiken Möbeln gleicht den Anblick der Balken und Decken aus Yellowwood etwas aus. Abseits des Haupthauses gibt es noch zwei Suiten. Beide haben einen eigenen Swimmingpool. Die Wellness- und Fitness-Einrichtungen sind exzellent, ebenso das Cordon bleu im Restaurant. **www.rosenhof.co.za**

STANFORD Mosaic Farm ®®®

Hermanus Lagoon, Provincial Road, 7210 ☎ *(028) 313-2814* FAX *(028) 313-2811* **Zimmer** *9*

Die Mosaic Farm liegt an der Kleinrivier-Lagune in Stanford. Die geräumigen Unterkünfte mit Bad und Strohdach passen sich nahtlos in die Umgebung aus dichten Bäumen, *fynbos* und den zerklüfteten Overberg Mountains ein. Es werden viele Aktivitäten im Freien angeboten. **www.mosaicfarm.net**

SWELLENDAM Aan de Oever Guest House ®®

21 Faure Street, Swellendam, 6740 ☎ *(028) 514-1066* FAX *(028) 514-1086* **Zimmer** *7*

Aan de Oever wird von der Familie de Venter betrieben und bietet geräumige durchgehende Zimmer mit einfachen, aber eleganten Möbeln. Sie können am Salzwasserpool entspannen, neun Löcher Golf spielen oder durch das Fernrohr im Garten Vögel beobachten. **www.aandeoever.com**

SWELLENDAM The Hideaway ®®

10 Hermanus Steyn Street, Swellendam, 6740 ☎ *(028) 514-3316* FAX *(028) 514-3316* **Zimmer** *4*

Adin und Sharon wurden für ihre unvergleichliche Gastfreundlichkeit und das elegante Cottage schon mehrfach geehrt. Adin schreinert seine Möbel selbst, ist aber auch bekannt für sein köstliches Frühstück. The Hideaway zählt regelmäßig zu Südafrikas besten Gästehäusern. **www.hideawaybb.co.za**

SWELLENDAM De Kloof Luxury Estate ®®®

8 Weltevrede Street, Swellendam, 6740 ☎ *(028) 514-1303* FAX *(028) 514-1304* **Zimmer** *9*

Das de Kloof bietet tägliche Gratis-Weinproben, eine Zigarren-Lounge, einen Pool und einen Fitnessraum. In den De-luxe- und Honeymoon-Suiten sorgen Betten und Bettdecken in Übergröße für ein Gefühl von absolutem Luxus. Für Walbeobachtungen an der Küste können auf Wunsch Charterflüge arrangiert werden. **www.dekloof.co.za**

SWELLENDAM Klippe Rivier ®®®®

Klippe Rivier Homestead, 6740 ☎ *(028) 514-3341* FAX *(028) 514-3337* **Zimmer** *13*

Das kapholländische Herrenhaus liegt am Ende einer gewundenen Straße, umgeben von Pfirsichgärten und Weinbergen. Das Haupthaus ist mit antiken viktorianischen und holländischen Möbeln ausgestattet. Die Dachzimmer mit Klimaanlage und Balkon befinden sich direkt unter wohlriechendem Stroh. **www.klipperivier.com**

WITSAND Breede River Lodge ®®®

Joseph Barry Avenue, Witsand, 6666 ☎ *(028) 537-1631* FAX *(028) 537-1650* **Zimmer** *23*

Die Lodge liegt an der Mündung des Breede River. Sie bietet ihren Gästen eine Reihe von Aktivitäten, z. B. Hochseefischen, Bootsausflüge, Speerfischen, Reiten sowie Kajak- und Quadfahren. Die Unterkünfte sind mit drei Sternen ausgezeichnet, die Zimmer für Selbstversorger mit vier Sternen. **www.breederiverlodge.co.za**

GARDEN ROUTE

ADDO Cosmos Cuisine Guesthouse ®®®

Sunland, Addo, Sundays River Valley ☎ *(042) 234-0323* FAX *(042) 234-0796* **Zimmer** *13*

Das Gästehaus liegt mitten im Sunday River Valley und ist nur zehn Minuten vom Addo Elephant Park entfernt. Das Restaurant zählt zu den besten in Südafrika. Nach einem langen Safari-Tag schmecken die umwerfenden Fünf-Gänge-Menüs noch einmal so gut. **www.cosmoscuisine.co.za**

THE CRAGS Hog Hollow Country Lodge ®®®®

Askop Road, The Crags, Plettenberg Bay, 6600 ☎ *(044) 534-8879* FAX *(044) 534-8879* **Zimmer** *15*

Das Hog Hollow bietet am Rande eines privaten Naturschutzgebiets und eines naturbelassenen Waldes ein Stück Paradies an der Garden Route. Die prächtig ausgestatteten Holzhütten glänzen mit wunderschönen Ausblicken auf die Wälder. Das tolle Team und das freundliche Personal kommen aus der Umgebung. **www.hog-hollow.com**

GEORGE Protea Hotel King George ®®®

King George Drive, King George Park, George, 6529 ☏ *(044) 874-7659* FAX *(044) 874-7664* **Zimmer** *64*

Das Protea in der Nähe des George Golf Course bietet aufmerksamen Service und Annehmlichkeiten wie zwei Swimmingpools, einen Tennisplatz und einen Kinderspielplatz. In der Nähe befinden sich auch eine Bowlingbahn, Squash-Courts und Wanderpfade. Von der Terrasse blickt man auf die Outeniqua-Bergkette. **www.proteahotels.com**

GEORGE Fancourt Hotel and Country Club ®®®®®

Montague Street, Blanco, George, 6529 ☏ *(044) 804-0165* FAX *(044) 804-0710* **Zimmer** *146*

Das Fancourt ist sehr geschmackvoll eingerichtet und mit Elementen im Kolonialstil dekoriert. Mehrere Restaurants bieten leckere Gerichte für müde Wanderer an. Das Hotel bietet zwei Gary-Player-Golfplätze, eine Golfschule, vier Tennisplätze, einen Squash-Court, Rasenbowling und Swimmingpools. **www.fancourt.co.za**

GEORGE Hilltop Country Lodge ®®®®

Victoria Bay, George, 6529 ☏ *(044) 889-0142* FAX *(044) 889-0199* **Zimmer** *8*

Das Landgasthaus befindet sich in einem privaten Schutzgebiet mit Blick auf den Indischen Ozean. Dank großer Fenster und Glastüren hat man freie Sicht auf die Rasenflächen, die Wälder und das Meer. Die Gastgeber haben nützliche Ratschläge für Tagesausflüge parat. **www.hilltopcountrylodge.co.za**

GRAHAMSTOWN The Cock House Guest House ®®

10 Market Street, Grahamstown, 6139 ☏ *(046) 636-1287* FAX *(046) 636-1287* **Zimmer** *9*

Das mit edlen Stoffen und Antiquitäten ausgestattete Cock House, ein Wahrzeichen von Grahamstown, wurde bereits bei den AA Travel Awards in der Kategorie Kulturerbe ausgezeichnet. Der bekannte Schriftsteller André Brink schrieb hier vier seiner Romane. **www.cockhouse.co.za**

GRAHAMSTOWN 7 Worcester Street ®®®

7 Worcester Street, Grahamstown, 6139 ☏ *(046) 622-2843* FAX *(046) 622-2846* **Zimmer** *10*

Das restaurierte viktorianische Haus liegt in der Nähe der Shopping-Möglichkeiten und kulturellen Veranstaltungen der Innenstadt. Das Boutique-Hotel besitzt herzliches und gastfreundliches Personal sowie eine Kunstsammlung, u. a. mit Stücken aus der Ming-Dynastie und zeitgenössischen afrikanischen Werken. **www.worcesterstreet.co.za**

KNYSNA Point Lodge Luxury Guest House ®®

The Point, Knysna, 6570 ☏ *(044) 382-1944* FAX *(044) 382-3445* **Zimmer** *9*

Ryk und Amanda Cloetes Gästehaus bietet den Panoramablick über die Lagune bis zu den Knysna Heads. Point Lodge ist ein guter Ausgangspunkt für Ausflüge nach Knysna. Hierfür können Kanus und Fahrräder gemietet werden. Im Hotelgarten gibt es mehrere Vogelarten zu sehen und zu hören. **www.pointlodge.com**

KNYSNA Waterfront Lodge ®®

The Point, Knysna, 6570 ☏ *(044) 382-1696* FAX *(044) 382-1652* **Zimmer** *8*

Die Lodge liegt am Rande der ruhigen Knysna-Lagune. Sie werden beeindruckt sein von den vielen Vogelarten, die Sie vom Garten mit Blick auf die Lagune beobachten können. Hier gibt es auch eine Sauna und einen Jacuzzi. Sie können sich massieren lassen oder in der Nähe eine Runde Golf spielen. **www.waterfront-lodge.co.za**

KNYSNA The Lofts Boutique Hotel ®®®

Long Street, The Boatshed, Thesen's Island, Knysna, 6570 ☏ *(044) 302-5710* FAX *(044) 302-5711* **Zimmer** *15*

Das Boutique-Hotel liegt versteckt in einem früheren Bootsschuppen auf Thesen's Island. Zu den Annehmlichkeiten gehören u. a. ein beheizter Pool und eine Lounge-Bar. Einige Zimmer haben Balkone mit Blick auf Lagune und Hafen. Viele edle Restaurants und interessante Läden sind zu Fuß nur etwa sieben Minuten entfernt. **www.thelofts.co.za**

KNYSNA Belvidere Manor ®®®

Belvidere Estate, 169 Duthie Drive, Knysna, 6570 ☏ *(044) 387-1055* FAX *(044) 387-1059* **Zimmer** *27*

Belvidere Manor ist ein historisches Anwesen aus dem Jahr 1834. Gäste übernachten in Cottages, von denen jedes mit Veranda, Bad, Wohnzimmer und Schlafzimmer mit Doppelbett ausgestattet ist und den Blick auf die Lagune eröffnet. Essen kann man in Caroline's Bistro der Bell Taverne, dem kleinsten Pub in Knysna. **www.belvidere.co.za**

KNYSNA St James of Knysna ®®®

The Point, Knysna, 6570 ☏ *(044) 382-6750* FAX *(044) 382-6756* **Zimmer** *15*

Das wunderschön gestaltete Fünf-Sterne-Landhotel am Ufer der Lagune wird vom Eigentümer selbst geführt. Der exklusive Rückzugsort am Rand von Knysna legt hohen Wert auf Privatsphäre und Service. Hier erhält jeder Gast eine Sonderbehandlung. **www.stjames.co.za**

MATJIESFONTEIN The Lord Milner Hotel ®®

Matjiesfontein, abseits der N1, Karoo, 6901 ☏ *(023) 561-3011* FAX *(023) 561-3020* **Zimmer** *58*

Das Hotel ist ein gut erhaltenes koloniales Überbleibsel aus der Zeit, als dies ein glanzvoller viktorianischer Erholungsort war. Im Burenkrieg zu Beginn des 19. Jahrhunderts wurde es als Krankenhaus genutzt. Auf einem der Türme wird täglich der Union Jack gehisst. **www.matjiesfontein.com**

MOSSEL BAY Cheetah Lodge ®®®

Über die R328 Hartenbos/Oudtshoorn, Brandwag ☏ *(044) 694-0029* FAX *(044) 694-0029* **Zimmer** *5*

Die afrikanisch geschmückte Cheetah Lodge bietet u. a. ein Braai-Areal im Freien und einen beheizten Pool. Auf der Anlage kann man viele Vogelarten und vereinzelt Antilopen sehen. Das Hotel-Management organisiert für Gäste Aktivitäten wie Safari-Touren, Hochseeangeln, Quadfahren und Vogelbeobachtungen. **www.cheetahlodge.com**

MOSSEL BAY Eight Bells Mountain Inn

🔢 ♨ 🚶 📺 ⓇⓇⓇ

Robinson Pass, R328, zwischen Mossel Bay & Oudtshoorn 📞 *(044) 631-0000* 📠 *(044) 631-0004* **Zimmer** *25*

Seit mehr als 30 Jahren führt die äußerst gastfreundliche Familie Brown dieses Bed-and-Breakfast. Die Unterkünfte reichen von *rondavels* mit Strohdächern bis zu Blockhütten und Zimmern im Haupthaus. Auf dem Grundstück können Sie auch reiten oder Tennis spielen. **www.eightbells.co.za**

MOSSEL BAY Linkside 2 Guesthouse

♨ 🚶 📋 ⓇⓇⓇ

72 21st Avenue, Mossel Bay, 6506 📞 *(044) 690-4364* 📠 *(086) 680-5599* **Zimmer** *4*

Genießen Sie Ihren Aufenthalt in diesem wunderschönen Gästehaus mit atemberaubendem Ausblick über Mossel Bay. Sie können auf der Terrasse frühstücken und währenddessen den Walen in der Bucht zusehen. Der Mossel Bay Golf Course ist 800 Meter vom Hotel entfernt. **www.bellasombra.co.za**

MOSSEL BAY The Point Hotel

🔢 🔢 ♨ 🚶 📋 ⓇⓇⓇ

Point Road, The Point, Mossel Bay, 6500 📞 *(044) 691-3512* 📠 *(044) 691-3513* **Zimmer** *52*

Das Vier-Sterne-Hotel wurde auf einem Felsen unterhalb des Leuchtturms erbaut. Von hier hat man einen fantastischen Ausblick auf die Wellen, die an die Felsküste peitschen. Im Frühling kann man Wale sehen. Der St Blaize Hiking Trail entlang der Küste startet gleich in der Nähe. **www.pointhotel.co.za**

PLETTENBERG BAY Anlin Place

♨ ⓇⓇ

33 Roche Bonne Avenue, Plettenberg Bay, 6600 📞 *(044) 533-3694* 📠 *(044) 533-3394* **Zimmer** *5*

Das afrikanisch ausgeschmückte Gästehaus, auch als Anlin Beach House bekannt, liegt nur einen kurzen Spaziergang vom Indischen Ozean und von Robberg Beach entfernt. Beide Apartments sind komplett für Selbstversorger ausgestattet. Die Suiten bieten Satelliten-TV und WLAN-Internet-Anschluss. **www.anlinplace.co.za**

PLETTENBERG BAY Crescent Budget Hotel

♨ ⓇⓇ

Piesang Valley Road, Plettenberg Bay, 6600 📞 *(044) 533-3033* 📠 *(044) 533-2016* **Zimmer** *39*

Preisgünstige Unterkünfte sind in Plettenberg Bay immer seltener zu finden. Das alteingesessene, in Gehweite vom Robberg Beach gelegene Crescent bietet noch günstige Bed-and-Breakfast-Unterkünfte. Für die Freizeitgestaltung werden Kanus, Ponys, Tennis und Volleyball angeboten. **www.crescenthotels.com**

PLETTENBERG BAY Emily Moon River Lodge

♨ ⓇⓇⓇⓇ

Ende der Rietvlei Rd, abseits der N2, nach Plettenberg Bay, 6600 📞 *(044) 533-2982* 📠 *(044) 533-0687* **Zimmer** *5*

Die Unterkünfte sind individuell und stilvoll möbliert. Die Familien-Lodge ist für vier Personen ausgelegt, in den anderen Zimmern können jeweils zwei Gäste übernachten. Von den Holzterrassen blickt man auf das tierreiche Feuchtgebiet am Bitou River. Die Bäder sind mit Fußbodenheizung und Freiluftduschen ausgestattet. **www.emilymoon.co.za**

PLETTENBERG BAY Tsala Treetops Lodge

🔢 ♨ ⓇⓇⓇⓇ

Von Plettenberg Bay 10 km westl. auf der N2, 6600 📞 *(044) 532-7818* 📠 *(044) 532-5787* **Zimmer** *10*

Hier wohnt man mitten in den Baumkronen des Tsitsikamma-Walds. Die Hütten aus Glas und Holz stehen auf Stelzen und sind mit Holzstegen miteinander verbunden. Jedes Baumhäuschen verfügt über einen eigenen Pool, einen Kamin und eine versenkte Badewanne. **www.hunterhotels.com**

PORT ALFRED Fort d'Acre Reserve

♨ ⓇⓇ

Box 394, Port Alfred, 6170 📞 *(082) 559-8944* 📠 *(046) 675-1095* **Zimmer** *4*

In diesem privaten Wildreservat an der Mündung des Great Fish River blickt man auf Meer und Bushveld. Die strohgedeckte Safari-Lodge ist mit afrikanischer Kunst und Artefakten dekoriert. Safaris mit dem Auto oder zu Pferde können von der Hotelleitung arrangiert werden. **www.fortdacre.com**

PORT ALFRED The Halyards

🔢 🔢 ♨ 🚶 ⓇⓇⓇ

Albany Road, Port Alfred, 6170 📞 *(046) 604-3300* 📠 *(046) 624-2466* **Zimmer** *48*

Alle Gäste des Hotels, einer Sehenswürdigkeit in Port Alfred, haben im Spa am östlichen Flussufer freien Eintritt. Dort gibt es auch ein beheiztes Hallenbad. The Halyards bietet Touren zum Hochseefischen und Safaris im hoteleigenen Mansfield Private Reserve an. **www.riverhotels.co.za**

PORT ELIZABETH Forest Hall

🔢 ♨ 🚶 Ⓡ

84 River Road, Walmer, Port Elizabeth, 6001 📞 *(041) 581-3356* 📠 *(086) 600-4848* **Zimmer** *6*

Bevor Sie in diesem reizenden Bed-and-Breakfast das Frühstück im toskanisch gestylten Speiseraum genießen, werden Sie vom Gesang unzähliger Vögel geweckt. Alle Zimmer bieten einen eigenen Patio mit Blick auf den Garten und den romanisch anmutenden Pool. In der Nähe befindet sich das Little Walmer Golf Estate. **www.foresthall.co.za**

PORT ELIZABETH Brighton Lodge

🔢 ♨ 🚶 ⓇⓇ

21 Brighton Drive, Summerstrand, Port Elizabeth, 6001 📞 *(041) 583-4576* 📠 *(041) 583-4104* **Zimmer** *11*

Die Boutique-Lodge liegt in der Nähe des Flughafens und des Shopping-Viertels der Stadt. Sie eignet sich gleichermaßen für Geschäftsleute und Urlauber. Es gibt Internet, Fax, einen Pool und auf Wunsch auch einen Shuttle-Service zum Flughafen. **www.brightonlodge.co.za**

PORT ELIZABETH Beach Hotel

🔢 🔢 ♨ 🚶 📋 ⓇⓇⓇ

Marine Drive, Summerstrand, Port Elizabeth, 6001 📞 *(041) 583-2161* 📠 *(041) 583-6220* **Zimmer** *58*

Das Hotel liegt am Strand von Port Elizabeth in der Nähe von Bayworld und mehreren Shopping-Centern. Zum berühmten Hobie Beach, einem Casino und einer Reihe an Freizeit- und Wassersportmöglichkeiten ist es ebenfalls nicht weit. Auf Anfrage gibt es Nichtraucherzimmer, Jacuzzis und separate Duschen. **www.beach-hotel.co.za**

PORT ELIZABETH Hacklewood Hill Country House

152 Prospect Road, Walmer, Port Elizabeth, 6070 **(** *(041) 581-1300* FAX *(041) 581-4155* **Zimmer** *8*

Das luxuriöse, heitere Landhaus verströmt viktorianisches Flair. Jedes Zimmer hat ein großes Bad, manche bieten einen Balkon. Auf dem Grundstück gibt es einen Swimmingpool und einen Tennisplatz. Zur farbenfrohen Einrichtung gehören edle Stoffe und diverse Antiquitäten. **www.pehotels.co.za**

PORT ELIZABETH Shamwari Game Reserve

R342 nach Paterson, an der N2, zwischen Port Elizabeth und Grahamstown, 6139 **(** *(041) 407-1000* **Zimmer** *60*

Das Wildlife Department im Shamwari, dem führenden malariafreien Wildreservat in Südafrika, hat den »Global Nature Fund Award« für Naturschutz bekommen. Das Reservat und sein Ökosystem werden von einem Expertenteam akribisch gepflegt. Nach einer langen Safari-Tour können Sie im luxuriösen Spa entspannen. **www.shamwari.com**

SEDGEFIELD Lakeside Lodge

Wilderness National Park, Wilderness, 6560 **(** *(044) 343-1844* FAX *(044) 343-1844* **Zimmer** *7*

Die Lodge am Ufer des Swartvlei Lake im Wilderness National Park hat sich dem umweltverträglichen Fremdenverkehr verschrieben. Es gibt B&B- und Selbstversorger-Unterkünfte mit Blick auf den See. Gäste fühlen sich hier niemals beengt, da die Zimmeranzahl begrenzt und die Lodge nur für Gäste zugänglich ist. **www.lakesidelodge.co.za**

TSITSIKAMMA Tsitsikamma Lodge

Storms River, Tsitsikamma, 6308 **(** *(042) 280-3802* FAX *(042) 280-3702* **Zimmer** *32*

Der Gewinner des »AA Awards for Best Leisure Hotel« bietet in der Gartenanlage diverse Blockhütten mit eigenem Spa-Bad und tollem Ausblick. Auf der Anlage befinden sich ein Pool, ein Spa und ein Spielzimmer. In der Nähe führen einige Wanderwege vorbei, u. a. der berühmte Striptease River Trail. **www.tsitsikamma.com**

WILDERNESS Ballots Bay Coastal Lodges

Abzweigung Victoria Bay, George Industria, 6536 **(** *(044) 880-1153* FAX *(044) 880-1153* **Zimmer** *8*

Ballots Bay liegt bei einer felsige Bucht, umgeben von steilen Klippen und zerklüfteter Küste. In dem eindrucksvollen privaten Naturschutzgebiet stehen rustikale Holzhäuser. Naturliebhaber, die gerne wandern, angeln oder Wild und Vögel beobachten, werden sich hier sehr wohlfühlen. Die umliegenden Hügel sind mit *fynbos* bedeckt.

WILDERNESS Bay Tree House

898 Eighth Avenue, Wilderness, 6560 **(** *(044) 877-0488* FAX *(044) 877-0441* **Zimmer** *3*

Wilderness ist das Herzstück der Garden Route. Die Gegend ist ideal für Kanuten, Brandungsfischer, Schwimmer, Gleitschirmflieger und Golfer. Das Vier-Sterne-Gästehaus ist mit Fußbodenheizung, Daunenbetten, Spa-Pool und Bar ausgestattet. **www.baytreehouse.co.za**

WILD COAST, DRAKENSBERGE UND MIDLANDS

BALGOWAN Granny Mouse Country House

Box 22, Balgowan, KwaZulu-Natal, 3275 **(** *(033) 234-4071* FAX *(033) 234-4429* **Zimmer** *20*

Die exklusiven Strohhütten stehen am Fuß der Drakensberge im Herzen der Natal Midlands. Das Vier-Sterne-Haus ist umgeben von Golfplätzen und Schlachtfeldern. Es bietet ein preisgekröntes Restaurant sowie ein Spa und arrangiert auf Wunsch Canopy-Touren durch die Baumkronen sowie Quad- und Ballonfahrten. **www.grannymouse.co.za**

BARKLY EAST Reedsdell Guest Farm

Box 39, Barkly East, Eastern Cape, 9786 **(** *(045) 974-9900* FAX *(045) 974-9900* **Zimmer** *7*

Die bewirtschaftete Farm liegt in der Nähe der höchsten Pässe der südlichen Drakensberge. Die malerische Umgebung mit Wasserfällen, Klippen, Grasland und Felszeichnungen ist perfekt für Wanderer geeignet. Die Farm organisiert Kunst- und Handwerkskurse. Im Winter kann man Skiunterricht nehmen. **www.snowvalley.co.za**

BERGVILLE Mont aux Sources Hotel

Mont aux Sources, Bergville, 3350 **(** *(036) 438-8000* FAX *(036) 438-6201* **Zimmer** *95*

Das Mont aux Sources liegt in der wunderschönen Umgebung der Drakensberge. Hier stürzt der Tugela als zweithöchster Wasserfall der Welt 950 Meter in die Tiefe. Zu den Freizeitmöglichkeiten gehören Riesenschach, ein Spielplatz, Ballspiele sowie Wandern und Bergsteigen. **www.places.co.za**

BUTHA BUTHE, LESOTHO Afri-Ski Leisure Kingdom

Mahlasela Pass, Lesotho **(** *(0861) 754-754* FAX *(058) 303-6831* **Zimmer** *40*

Wer aktiv sein möchte, ist hier genau richtig. Es gibt eine Skipiste mit Lift, eine Skischule in österreichischer Hand, ein Après-Ski-Restaurant und mehrere Bars. Im Sommer kann man angeln, Mountainbike und Quad fahren, raften, wandern oder auf dem höchstgelegenen Gary-Player-Golfplatz der Welt ein paar Löcher spielen. **www.afriski.net**

BUTHA BUTHE, LESOTHO New Oxbow Lodge

Box 60, Ficksburg, Free State, 9730 **(** *(051) 933-2247* **Zimmer** *35*

Die Lodge am Malibamatsoe River in den Lesotho Maluti Mountains bietet *rondavels* aus Stroh und Blech. Hier ist man auf Allradantrieb angewiesen. Sie können wandern, klettern und Wild beobachten. Am Mahlasela Hill (11 km entfernt) gibt es eine Skipiste mit Skiverleih. Kinder unter zwölf Jahren wohnen hier kostenlos. **www.oxbow.co.za**

CHAMPAGNE VALLEY Inkosana Lodge

Box 60, Winterton, 3340 【 *(036) 468-1202* FAX *(036) 468-1202* **Zimmer** *13*

Das Inkosana, Gewinner des »AA Overnight Backpackers Award«, ist von üppigen naturbelassenen Gärten umgeben. Hier gibt es mehrere Übernachtungsmöglichkeiten, darunter auch Schlafsäle. Die Lodge organisiert Rafting und Führer für Klettertouren. Abends gibt es häufig Barbecues. **www.inkosana.co.za**

DUNDEE Royal Country Inn

61 Victoria Street, Dundee, 3000 【 *(034) 212-2147* FAX *(034) 218-2146* **Zimmer** *26*

Das Royal Country Inn liegt auf der Schlachtfelder-Tour. Es bietet gut ausgestattete Zimmer und zweckmäßige Unterkünfte für Rucksackurlauber. In der Umgebung kann man Vögel beobachten, wandern, klettern, mountainbiken und raften. In der Nähe befinden sich Naturreservate und die Zulu Cultural Experience. **www.royalcountryinn.com**

EAST LONDON Bunkers Inn

23 The Drive, Bunkers Hill, East London, 5241 【 *(043) 735-4642/(0)82 659-8404* FAX *(043) 735-1227* **Zimmer** *10*

Das Bunkers Inn im Art-déco-Stil befindet sich in einem ruhigen Vorort. In der Nähe gibt es einen Golfplatz, Wildreservate, Museen, einen Schlangenpark, ein Aquarium und einen Strand. Jedes Zimmer bietet Internet-Zugang. Das Inn arrangiert auf Wunsch Picknicks. **www.portfoliocollection.com**

EAST LONDON Kennaway Hotel

Esplanade Street, Beach Front, East London, 6280 【 *(043) 722-5531* FAX *(043) 722-5531* **Zimmer** *107*

Das siebenstöckige Drei-Sterne-Hotel an der Promenade bietet geräumige Zimmer, Suiten, Familienzimmer und Flitterwochen-Suiten. In der Nähe gibt es ein Spa und ein Aquarium sowie die Gelegenheit, Wale zu beobachten. Es können auch Township-Touren organisiert werden. **www.katleisure.co.za**

GONUBIE The White House

10 Witthaus Street, Gonubie, Eastern Cape, 5120 【 *(072) 140-0344* FAX *(072) 140-4898* **Zimmer** *11*

Das Vier-Sterne-Haus liegt 15 Minuten von East London entfernt an einem ausgezeichneten Badestrand in der Nähe des Gonubie River. Es bietet u.a. Unterkünfte für Selbstversorger. Wer mag, kann surfen, segeln, Wasserski und Boot fahren. In der Nähe befinden sich ein Casino und ein Wildreservat. **www.wheretostay.co.za/thewhitehouse**

HOWICK Mulberry Hill Guest House

Curry's Post Road, Howick, 3290 【 *(033) 330-5921/(0)82 465-9978* FAX *(033) 330-4424* **Zimmer** *6*

Das Mulberry steht auf einem Anwesen in der Nähe der Howick Falls. Das Vier-Sterne-Gästehaus liegt an der Künstlerstraße Midlands Meander. In der Nähe kann man Forellen angeln, wandern, reiten, Vögel beobachten sowie Kroket, Polo oder Golf spielen. **www.mulberryhill.co.za**

LIDGETTON Pleasant Places

Lidgetton Valley, KwaZulu-Natal, 3270 【 *(033) 234-4396/(0)82 456-2717* FAX *(033) 234-4396* **Zimmer** *6*

Das Pleasant Places ist ein strohgedecktes, von Wäldern und Farmland umgebenes Landhaus in den grünen Natal Midlands. Sie können im Garten entspannen oder in den Stromschnellen des nahe gelegenen Flusses aktiv werden. Naturliebhaber sollten Ausschau nach Ottern und Vögeln halten. **www.pleasantplaces.co.za**

MAZEPPA BAY Mazeppa Bay Hotel

Mazeppa Bay, Eastern Cape 【 *(047) 498-0033* FAX *(047) 498-0034* **Zimmer** *49*

Über eine Hängebrücke erreicht man die Insel, auf der das hochgelobte Mazeppa Bay Hotel steht. Um das Haupthaus herum stehen strohgedeckte Hütten und *rondavels*. Zu den angebotenen Aktivitäten gehören Angeln, Kanufahren, Wandern, Volleyball, Tennis, Sandboarding und Mountainbiking. **www.mazeppabay.co.za**

MOOI RIVER Sycamore Avenue Treehouse

PO Box 882, Mooi River, 3310 【 *(033) 263-2875* FAX *(033) 263-2134* **Zimmer** *7*

In einer der malerischsten Regionen von KwaZulu-Natal liegt das Sycamore Avenue Treehouse mit wunderschön eingerichteten Holzpavillons in den Bäumen. Alle Zimmer haben Balkone und Jacuzzis. Für Kinder unter zwölf Jahren zahlt man nur den halben Preis, Kinder unter zwei Jahren sind frei. **www.sycamore-ave.com**

MOOI RIVER Hartford House

Hlatikulu Road, Mooi River, 3300 【 *(033) 263-2713* FAX *(033) 263-2818* **Zimmer** *16*

Das frühere Heim des Premierministers von Natal ist jetzt ein luxuriöses, von schönen Gärten umgebenes Boutique-Hotel. Es verfügt über ein Wellness-Center und einen Hubschrauberlandeplatz. Das Hotel bietet Führungen im Naturreservat sowie Ausflüge zu Schlachtfeldern und Felszeichnungen der San-Buschmänner an. **www.hartford.co.za**

NEWCASTLE Newcastle Inn

Ecke Hunter & Victoria Road, Newcastle, 2940 【 *(034) 312-8151* FAX *(034) 312-4142* **Zimmer** *167*

Das Newcastle Inn liegt im Wirtschaftszentrum von KwaZulu-Natal. Hier fällt der Blick auf üppige Gärten und das Stadtzentrum von Newcastle. Das Inn ist ein guter Ausgangspunkt für Ausflüge zu den Schlachtfeldern in Zululand. In der Nähe gibt es ein Casino und einen Golfplatz. **www.africanskyhotels.com**

NOTTINGHAM ROAD Rawdon's Hotel

Box 7, Nottingham Road, Midlands, KwaZulu-Natal, 3280 【 *(033) 266-6044* FAX *(033) 266-6048* **Zimmer** *28*

Das herzliche, gastfreundliche Rawdon – ein strohgedecktes Haus mit Dachgauben – liegt in einer bei Fliegenfischern beliebten Gegend. Restaurants, ein Coffeeshop und eine kleine Brauerei bieten nach Aktivitäten wie Tennis, Bowling oder Volleyball eine willkommene Erfrischung. **www.rawdons.co.za**

NOTTINGHAM ROAD Fordoun Spa ⬛🍴📺 ⓇⓇⓇⓇ

Notthingham Road, Midlands, KwaZulu-Natal, 3280 **☏** *(033) 266-6217* FAX *(033) 266-6630* **Zimmer** *17*

In den 1880er Jahren graste auf den üppigen Wiesen Milchvieh. Mittlerweile wurde aus der Farm in ein Boutique-Hotel mit Restaurant. Sie können im Dampfbad oder bei einer Hydrotherapie entspannen. Sonstige Aktivitäten sind Angeln, Reiten, Ballonfahren und Mountainbiking. Es ist auch ein Golfplatz in der Nähe. **www.fordounspa.co.za**

PIETERMARITZBURG Hilton Hotel ⬛🍴 ⓇⓇⓇ

Box 35, Hilton, 3245 **☏** *(033) 343-3311* FAX *(033) 343-3722* **Zimmer** *38*

Das in Privatbesitz befindliche Hilton begrüßt seit 1936 Gäste. Der Tudor-Bau liegt im Grünen und bietet einen Swimmingpool, einen Tennisplatz und mehrere *Braai*-Plätze, auf denen die Hausspezialität, Spießbraten vom Schaf, zubereitet wird. Dies ist ein guter Ausgangspunkt für die Künstlerstraße Midlands Meander. **www.hiltonhotel.co.za**

PORT ST JOHNS Khululeka Retreat 🍴⬛🍴👥 ⓇⓇ

Box 128, Port St Johns, 5120 **☏** *(039) 253-7636* FAX *(086) 672-4096* **Zimmer** *10*

Das Khululeka Retreat liegt auf einem Waldhügel über dem Meer und der Ntafufu-Mündung. Unter den Hütten befinden sich auch welche für Selbstversorger. Sie können Stammesmitglieder treffen, eine Teeplantage und Schwefelquellen besuchen sowie angeln, Wale beobachten, wandern oder Rad fahren. **www.khululekaretreat.co.za**

PORT ST JOHNS Umzimvubu Retreat 🍴 ⓇⓇ

380 Golf Course Drive, First Beach, Port St Johns, 5120 **☏** *(047) 564-1741* FAX *(047) 564-1310* **Zimmer** *11*

Das Drei-Sterne-Gästehaus liegt in Gehweite des Stadtzentrums und eines Golfplatzes. Von hier blickt man auf die Mündung des Great Umzimvubu und auf den Indischen Ozean. Genießen Sie regionale Handwerkskunst, Angeln, Kanu-Touren und Waldwege. **www.geocities.com/umzimvuburetreat**

PORT ST JOHNS Umngazi River Bungalows ⓇⓇⓇ

Box 75, Port St Johns, Wild Coast, 5120 **☏** *(047) 564-1115/19* FAX *(047) 564-1210* **Zimmer** *64*

Große strohgedeckte Bungalows, ein Spa und frische regionale Kost locken viele Gäste hierher. Weitere Gründe sind unberührte Strände, atemberaubende Panoramen, Wälder und Mangrovensümpfe. Wer aktiv werden möchte, kann angeln, sowie Tennis, Snooker und Tischtennis spielen. **www.umngazi.co.za**

QOLORA MOUTH Trennery's ⬛🍴👥 ⓇⓇⓇ

Southern Wild Coast, Eastern Cape, 4960 **☏** *(047) 498-0004/(0)82 908-3134* FAX *(047) 498-0011* **Zimmer** *37*

Das Trennery's bietet strohgedeckte *rondavels* und Bungalows in üppigen, tropischen Gärten unweit vom Fluss und der Lagune. Angeboten werden Tennis, Bowling, Golf, Segeln, Angeln, Offroad-Touren und Kreuzfahrten. Samstagabends gibt es Seafood satt. Dies ist ein guter Ort für Kinder. **www.trennerys.co.za**

RORKE'S DRIFT Fugitives' Drift Lodge 🍴 ⓇⓇⓇⓇⓇ

PO Rorke's Drift, KwaZulu-Natal, 3016 **☏** *(034) 271-8051/(034) 642-1843* FAX *(034) 271-8053* **Zimmer** *17*

Im stilvollen Gästehaus der Familie Rattray gibt es eine eindrucksvolle Sammlung mit Erinnerungsstücken an die Zulu- und Burenkriege. Das Haus liegt in einem großen malariafreien Naturreservat mit vielen Wildtieren, darunter Zebras, Giraffen und über 250 Vogelarten. **www.fugitives-drift-lodge.com**

WINTERTON Dragon Peaks Mountain Resort ⬛🍴📋 ⓇⓇ

PO Winterton, 3340 **☏** *(036) 468-1031* FAX *(036) 468-1104* **Zimmer** *30*

Das familien- und haustierfreundliche Resort bietet B&B- und Selbstversorger-Unterkünfte. Cottages, Chalets und der Campingplatz liegen im Schatten des Champagne Castle, des zweithöchsten Bergs des Landes, und der Cathkin Mountains in der Welterbestätte Ukhahlamba. In der Nähe gibt es ein Wildreservat. **www.dragonpeaks.com**

WINTERTON Cathedral Peak Hotel ⬛🍴👥📺 ⓇⓇⓇⓇ

Winterton, Drakensberg, KwaZulu-Natal, 3340 **☏** *(036) 488-1888* FAX *(036) 488-1889* **Zimmer** *94*

Das Drei-Sterne-Hotel in den Drakensbergen wurde 1939 eröffnet und 2001 renoviert. In der schönen Umgebung gibt es eine Hochzeitskapelle und einen Hubschrauberlandeplatz. Kinder werden hier gut unterhalten. Wer mag, kann Rad fahren, angeln, reiten oder wandern. **www.cathedralpeak.co.za**

DURBAN UND ZULULAND

BALLITO Dolphin Holiday Resort ⬛🍴👥 ⓇⓇ

Compensation Road, Dophin Crescent, Ballito, 4420 **☏** *(032) 946-2187* FAX *(032) 946-3490* **Zimmer** *16*

Das zwanglose Resort in einem Wald nördlich von Durban bietet Cottages, einen Caravan- und einen Zeltplatz. In der Nähe gibt es Shopping-Möglichkeiten, Strände, einen Golfplatz und Restaurants. Freiluftschacht, Volleyball, Trampoline, Spielplatz – für junge Familien mit Kindern wird hier einiges geboten. **www.dolphinholidayresort.co.za**

BALLITO Izulu Hotel ⬛🍴👥📺📋 ⓇⓇⓇⓇ

Rey's Place, Ballito, 4420 **☏** *(032) 946-3444* FAX *(032) 946-3494* **Zimmer** *18*

Das Fünf-Sterne-Hotel ist zu Fuß nicht einmal fünf Minuten vom Meer entfernt und bietet einen wundervollen Ausblick auf die subtropischen Dünen. Sie können im luxuriös ausgestatteten Spa entspannen oder die Krokodilfarm, das Wildreservat sowie die kulturellen und historischen Stätten, u. a. Schlachtfelder, besuchen. **www.hotelizulu.com**

DOLPHIN COAST The Lodge at Prince's Grant

Prince's Grant, Dolphin Coast, 4404 **(032) 482-0005** FAX *(032) 482-0040* **Zimmer** 15

Das Vier-Sterne-Haus am Prince's Grant liegt direkt an einem Golfplatz und in der Nähe weiterer Golfplätze. Neben der hoteleigenen Lagune können die Gäste auch die unberührte Küste bei Rorke's Drift und das herrliche Panorama des Indischen Ozeans genießen. **www.princesgrantlodge.co.za**

DURBAN Garden Court South Beach

73 Marine Parade, Durban, 4001 **(031) 337-2231** FAX *(031) 337-4640* **Zimmer** 414

Der Art-déco-Bau am Strand liegt in der Nähe des Stadtzentrums und einiger Sehenswürdigkeiten, darunter die Juma-Musjid-Moschee (die größte auf der Südhalbkugel), der indische Markt, der botanische Garten und das BAT Center. In den einfach eingerichteten Zimmern kann man Kaffee und Tee kochen. **www.southernsun.com**

DURBAN Protea Hotel Edward

149 Marine Parade, Durban, 4001 **(031) 337-3681** FAX *(031) 332-1692* **Zimmer** 101

Das elegante Vier-Sterne-Hotel von 1911 befindet sich an der Golden Mile. Das Geschäftsviertel von Durban, das Messezentrum, ein Casino und mehrere Läden sind zu Fuß erreichbar. Das Restaurant hat sich international einen Namen gemacht. Kinder unter zwölf Jahren wohnen hier kostenlos. **www.proteahotels.com**

DURBAN Riviera Hotel

127 Victoria Embankment, Durban, 4001 **(031) 301-3681** FAX *(031) 301-3681* **Zimmer** 66

Das moderne und preisgünstige Riviera liegt am Rande des Geschäftsviertels, gegenüber vom Yachthafen und in der Nähe des BAT Center. Messezentrum, Marine World und Casino sind mit dem Auto in fünf Minuten erreichbar. Die Zimmer sind einfach, aber sauber und komfortabel. Einige bieten Meerblick. **www.sa-venues.com/kzn/riviera**

DURBAN 164 Guest House

164 St Thomas Road, Musgrave, Berea, Durban, 4001 **(031) 201-4493** FAX *(031) 201-4496* **Zimmer** 7

Das 164 Guest House im angesagten Musgrave profitiert von der Nähe zu Boutiquen, Cafés, Shops und Bars. Das 1928 im Kolonialstil erbaute Gästehaus bietet auch Unterkünfte für Selbstversorger. Zu den vielen möglichen Aktivitäten zählen Reiten, Radfahren, Golf, Vogelbeobachtungen und Paragliding. **www.164.co.za**

DURBAN City Lodge

Old Fort/Brickhill Roads, Durban, 4001 **(031) 332-1447** FAX *(031) 332-1483* **Zimmer** 160

Die City Lodge ist für Geschäftsleute und Urlauber geeignet. Sie liegt zentral, nur ein paar Minuten von den Stränden sowie dem Messe- und Ausstellungszentrum entfernt. Die Zimmer sind einfach, aber es gibt einen üppigen Garten und einen Swimmingpool. **www.citylodge.co.za**

DURBAN Audacia Manor

11 Sir Arthur Road, Morningside, 4001 **(031) 303-9520** FAX *(031) 303-2763* **Zimmer** 101

Audacia Manor ist seit 1928 aus der Hotellerie in Durban nicht mehr wegzudenken. Das renovierte Haus besitzt vornehmen Charme. Sie können sich in den Salon zurückziehen oder auf der schönen Veranda die kühle Brise genießen. Zum Haus gehören eine Kosmetikerin, ein Chauffeur und ein Krocket-Feld. **www.audaciahotel.com**

DURBAN Elangeni Hotel

63 Snell Parade, Durban, 4001 **(031) 362-1300** FAX *(031) 332-5527* **Zimmer** 449

Das modische Elangeni liegt direkt am Strand. Läden und Restaurants sowie Attraktionen wie Snake Park, Seaworld und ein Flohmarkt sind nicht weit entfernt. Die Hotelleitung kann Ihnen helfen, wenn Sie Tennis oder Squash spielen, bowlen, angeln oder windsurfen möchten. **www.southernsun.com**

DURBAN North Beach Hotel

83 Snell Parade, Durban, 4001 **(031) 332-7361** FAX *(031) 337-4058* **Zimmer** 295

North Beach ist ein berühmtes Surferparadies, doch auch Museen und Kunstgalerien sind von diesem Drei-Sterne-Haus zu Fuß zu erreichen. Messezentrum, Snake Park und Mini Town sind ebenfalls nicht weit entfernt. Vom Pool im 33. Stock hat man einen umwerfenden Blick auf den Indischen Ozean. **www.southernsun.com**

DURBAN Quarters Hotel

101 Florida Road, Morningside, 4001 **(031) 303-5246** FAX *(031) 303-5269* **Zimmer** 24

Vier anmutige viktorianische Häuser verbinden europäischen Charme und moderne Raffinesse. Die Zimmer sind mit Balkonen, Klimaanlagen und doppelt verglasten Fenstern ausgestattet. Das Restaurant Brasserie bietet eine umfangreiche Speisekarte. Zum Meer und in das Restaurantviertel der Stadt sind es ein paar Minuten. **www.quarters.co.za**

DURBAN Royal Hotel

267 Smith Street, Durban, 4001 **(031) 333-6000** FAX *(031) 333-6002* **Zimmer** 251

Das 150 Jahre alte Grandhotel in der Innenstadt ist mit Yellowwood ausgestattet und in Blautönen gehalten. Der Butler-Service vermittelt luxuriöse Raffinesse. Es gibt Massagen, eine Sauna und ein Stockwerk, das Frauen vorbehalten ist. Sechs Restaurants, drei Bars und der Yachthafen tragen zum Gesamteindruck bei. **www.theroyal.co.za**

ESHOWE Shakaland

Normanhurst Farm, Nkwalini, Eshowe, 3816 **(035) 460-0912** FAX *(035) 460-0824* **Zimmer** 55

In diesem Resort oberhalb des Umhlatuze-Sees können Sie mehr über die Zulu-Kultur erfahren. Shakaland ist ein nachgebildetes historisches Zulu-Dorf. Gäste wohnen in traditionellen »Bienenkörben« und werden mit Stammestänzen, Speerherstellung, Perlenstickerei und einer Bierzeremonie unterhalten. **www.shakaland.com**

HLUHLUWE Zululand Tree Lodge

PO Box 116, Hluhluwe, 3960 (*(035) 562-1020/(0)82 902-5972* FAX *(035) 562-1032* **Zimmer** 24

Die Lodge im Ubizane Game Reserve bietet strohgedeckte Häuser auf Stelzen. In jedem Baumhaus gibt es ein luxuriöses Schlafzimmer mit Bad und Balkon. Für Gäste werden auf Wunsch geführte Buschwanderungen und -fahrten, Bootstouren sowie Vogel- und Gepardenbeobachtungen organisiert. **www.threecities.co.za**

KOSI BAY Rocktail Bay Lodge

Manguzi, Kosi Bay, KwaZulu-Natal, 3886 (*(021) 424-1037* FAX *(021) 424-1036* **Zimmer** 11

Den Gästen der Rocktail Bay Lodge im iSimangaliso Wetland Park stehen 29 Kilometer Küste offen. Das Maputaland Marine Reserve liegt in Ufernähe und bietet die einmalige Gelegenheit zum Tauchen und Schnorcheln. Die Unterkünfte bestehen aus strohgedeckten Baumhäusern mit Balkon und Bad. **www.wilderness-safaris.com**

LINKHILLS Zimbali Lodge & Country Club

PO Box 943, Linkhills, 3652 (*(031) 765-4446* FAX *(031) 765-4446* **Zimmer** 76

Das Zimbali ist ein Fünf-Sterne-Boutique-Hotel in einem tier- und pflanzenreichen Naturschutzgebiet mit Blick auf den Indischen Ozean. Die luxuriösen Zimmer befinden sich in Lodges mit Aussichtsdecks und Holzmöbeln. In der Umgebung kann man Vögel und Schmetterlinge beobachten, golfen, reiten und schwimmen. **www.zimbali.org**

NORTH KWAZULU White Elephant Safari Lodge & Bush Camp

Pongola Game Reserve, North KwaZulu (*(034) 413-2489/(0)82 945-7173* FAX *(034) 413-2499* **Zimmer** 8

Alle acht luxuriösen Safari-Zelte bieten vor der Kulisse der Lebombo Mountains und des Jozini-Sees eine Veranda, ein Bad und eine Freiluftdusche. Die Familie Kors organisiert Buschwanderungen und Touren, auf denen man Elefanten und andere Wildtiere beobachten kann. **www.whiteelephant.co.za**

SAN LAMEER Mondazur Resort Estate Hotel

Old Main Road, San Lameer, 4277 (*(039) 313-0011* FAX *(039) 313-0157* **Zimmer** 40

Das Hotel in einer Lagune am Indischen Ozean wurde mit einer Investition von mehreren Millionen Rand renoviert. Das Mondazur eignet sich hervorragend für einen Strandurlaub. Gäste können allerdings auch die artenreiche Tierwelt bestaunen, Boot fahren sowie Tennis, Golf, Volleyball und Squash spielen. **www.mondazur.com**

SOUTH COAST Rock Inn Backpackers

835 Tegwan Road, Ramsgate, 4285 (*(039) 314-4837* FAX *(039) 314-4393* **Zimmer** 8

Das bei jungen, bewegungsfreudigen Gästen beliebte Rock Inn befindet sich an einem malerischen Küstenabschnitt in einem rund 100 Jahre alten Steinhaus. Zu entdecken gibt es Strände, die Ramsgate-Lagune und das tropische, malariafreie Naturreservat. Das Inn bietet Kajakfahren, Reiten und Tauchkurse an. **www.sa-venues.com**

UMHLANGA ROCKS The Oyster Box

2 Lighthouse Road, Umhlanga Rocks, 4319 (*(031) 561-2233* FAX *(031) 561-4072* **Zimmer** 93

Das am Strand gelegene Art-déco-Gebäude aus den 1930er Jahren wurde renoviert und erweitert, bietet aber noch immer die elegante Atmosphäre der damaligen Zeit und einen eigenen Leuchtturm. Das Ortszentrum ist nicht weit entfernt. Das Hotel ist bekannt für gepflegten Tee und abwechslungsreiche Austerngerichte. **www.oysterbox.co.za**

UMHLANGA ROCKS Beverly Hills Hotel

Lighthouse Road, Umhlanga Rocks, 4320 (*(031) 561-2211* FAX *(031) 561-3711* **Zimmer** 88

Das Beverly Hills ist ein modernes Küstenhotel mit Blick auf den Indischen Ozean und Zugang zu kilometerlangen unberührten Stränden. Die renovierten Zimmer sind in Braun- und Cremetönen gehalten. Die Suiten bieten schwedische Ledermöbel und Plasmafernseher. In der Nähe befinden sich u. a. mehrere Läden. **www.southernsun.com**

GAUTENG UND SUN CITY

DUNKELD Backpackers Ritz

1a North Road, Dunkeld, 2196 (*(011) 325-7125* FAX *(011) 325-2521* **Zimmer** 15

Im Backpackers Ritz, der ältesten Jugendherberge in Johannesburg, werden einfache Unterkünfte, freundlicher Service, gute Reistipps, ein Swimmingpool und eine Bar geboten. Es befindet sich auf einem großen Anwesen in einem Herrenhaus, das im Burenkrieg zu einem Fort gehörte. **www.backpackers-ritz.co.za**

DUNKELD Ten Bompas

10 Bompas Rd, Dunkeld, 2196 (*(011) 341-0282* FAX *(011) 341-0281* **Zimmer** 10

Jede der zehn Suiten wurde von einem anderen Innenarchitekten mit neutralen Farben und Kirschholzmöbeln so gestaltet, dass sich Gäste wie zu Hause fühlen können. Das Restaurant serviert klassische Gerichte. Vom prächtigen Weinkeller blickt man auf den Swimmingpool. **www.tenbompas.com**

FOURWAYS Amaqele Bed & Breakfast

213 Seven Oaks Lane, Chartwell, Fourways, 2021 (*(083) 456-0213* FAX *(086) 655-2952* **Zimmer** 12

Im Amaqele können Gäste das afrikanische Landleben in unmittelbarer Nähe der Stadt genießen. Die Zimmer befinden sich in frei stehenden Hütten mit Kochnischen, Terrassen und Blick auf den Garten. Für Kinder gibt es einen Spielplatz, einen Sandkasten und ein Baumhaus. **www.amaqele.co.za**

Preiskategorien *siehe Seite 326* **Zeichenerklärungen** *siehe hintere Umschlagklappe*

FOURWAYS Palazzo InterContinental Montecasino 🔲🔢🔲🔲📋 ®®®®®

Montecasino Blvd, 2021 📞 *(011) 510-3000* 📠 *(011) 510-4001* **Zimmer** *246*

Die toskanisch anmutende Villa aus dem Jahr 2000 steht in einem gehobenen Stadtteil in der Nähe der Hauptverkehrsrouten. Das Palazzo ist ein großer Freizeit-, Unterhaltungs- und Shopping-Komplex. Ruhe findet man im Garten. Das Restaurant serviert internationale Gerichte. **www.interconti.com**

HARTEBEESPOORT Leopard Lodge 🔢🔲📋 ®®®

Box 400, Broederstroom, 0240 📞 *(012) 207-1130* 📠 *(012) 207-1158* **Zimmer** *14*

Die Leopard Lodge bietet ihren Gästen Wildbeobachtungen, Buschwanderungen und einen traditionellen *boma*. Es gibt zwei Swimmingpools, eine Vogelbeobachtungsplattform und ein afrikanisches Pub. Vom Restaurant blickt man auf den Hartebeespoort Dam. Dort gibt es zahlreiche Wassersportmöglichkeiten. **www.leopardlodge.co.za**

JOHANNESBURG Brown Sugar Backpackers 🔲 ®

75 Observatory Avenue, 2198 📞 *(011) 648-7397* 📠 *(011) 648-7138* **Zimmer** *10*

Ein Mosambikaner ließ das schlossähnliche Herrenhaus in den 1970er Jahren errichten. Die Zimmer sind sauber und komfortabel. Einige bieten den Blick auf Johannesburg. Im Haus gibt es eine Bar, einen Billardtisch und einen Pool. In der Nähe befinden sich der Bruma-Flohmarkt und der Flughafen. **www.brownsugarbackpackers.com**

JOHANNESBURG The Westcliff 🔲🔢🔲🔲🔲📋 ®®®®®

67 Jan Smuts Avenue, 2193 📞 *(011) 481-6000* 📠 *(011) 481-6010* **Zimmer** *117*

Das Westcliff wurde im Stil eines Dorfs am Mittelmeer mit Kopfsteinpflaster, Brunnen und üppigem Grün errichtet. Das Hotel bietet Luxus, makellosen Service und das Panorama von Johannesburg. Auf dem Gelände steht den Gästen ein Fahrdienst zur Verfügung. **www.westcliff.co.za**

KEMPTON PARK InterContinental Airport Sun 🔲🔢🔲🔲📋 ®®®®®

Johannesburg International Airport, 1620 📞 *(011) 961-5400* 📠 *(011) 961-5401* **Zimmer** *138*

Das Airport Sun liegt in unmittelbarer Nähe der Terminals des OR Tambo International Airport außerhalb von Johannesburg. Das Hotel bietet Fluginformationen, ein Spa, ein beheiztes Hallenbad und den Panoramablick über die südafrikanische Metropole. **www.southernsun.com**

MAGALIESBERG Lesedi African Lodge 🔢 ®®®

Box 699, Lanseria, 1748 📞 *(012) 205-1394/(082) 523-4539* 📠 *(012) 205-1433* **Zimmer** *30*

Das Lesedi African besteht aus fünf Modelldörfern (Zulu, Sotho, Xhosa, Pedi, Ndebele) mit entsprechender Dekoration. Am Abend können die Gäste beim Singen, Tanzen und Geschichtenerzählen zusehen oder mitmachen. Besuchen Sie unbedingt den Ndebele-Kunsthandwerksmarkt und -laden. **www.lesedi.com**

MAGALIESBERG Hunters Rest 🔢🔲🔲🔲📋 ®®®

Box 775, Rustenburg, 0300 📞 *(014) 537-8300* 📠 *((014) 537-8400* **Zimmer** *91*

Die große Ferienanlage bietet u. a. Golf, Tennis, Safaris, einen Quadverleih, Wandern, Tanzen, beheizte Pools und ein Casino. Für Kinder gibt es einen speziellen Bauernhof. Es befindet sich sogar eine Kinderkrippe auf dem Grundstück. Samstagmittags wird ein *braai* am Pool veranstaltet. **www.huntersrest.co.za**

MAGALIESBERG Mount Grace Country House & Spa 🔲🔢🔲🔲📋 ®®®®®

Old Rustenberg Road, R24, 2805 📞 *(014) 577-5600* 📠 *(014) 577-5777* **Zimmer** *121*

Das dezent-elegante, im englischen Landhausstil gehaltene Country House & Spa befindet sich in einem vier Hektar großen Garten. Alle Zimmer haben einen eigenen Patio. Man kann schwimmen, angeln, Vögel beobachten, Krocket spielen und wandern. Es gibt ein ausgezeichnetes Spa, wunderbares Essen und erlesene Weine. **www.grace.co.za**

MELROSE Premiere Classe Furnished Apartments ®®

62 Corlett Drive, Melrose, 2196 📞 *(011) 788-1967* 📠 *(011) 788-1971* **Zimmer** *30*

Das zentral gelegene und preisgünstige Apartmenthotel für Selbstversorger eignet sich sowohl für kurze als auch für längere Aufenthalte. Die Zimmer werden täglich gereinigt, bieten voll ausgestattete Küchen, einen Wohn- und Essbereich sowie Telefon und Pay-TV. Auf Wunsch wird im Apartment Frühstück serviert. **www.premiereclasse.co.za**

MELROSE Protea Wanderers Hotel 🔲🔢🔲🔲📋 ®®®®

Ecke Corlett Drive & Rudd Road, Melrose, 2196 📞 *(011) 770-5500* 📠 *(011) 770-5555* **Zimmer** *229*

Das Protea-Hotel bietet komfortable Zimmer in der Nähe der Geschäfts- und Unterhaltungsviertel. Gleich um die Ecke befindet sich ein rund um die Uhr geöffnetes Fitness-Center. Im Zimmer werden Sie stets kleine Aufmerksamkeiten vorfinden, z. B. täglich einen frischen Apfel. **www.proteahotels.com**

MELROSE Melrose Arch Hotel 🔲🔢🔲🔲📋 ®®®®®

1 Melrose Square, Melrose Arch, 2196 📞 *(011) 214-6666* 📠 *(011) 214-6600* **Zimmer** *118*

Das angesagte Fünf-Sterne-Hotel befindet sich in einer sicheren Wohngegend und verfügt über eine moderne Einrichtung in warmen Farbtönen mit stimmungsvoller Beleuchtung. Das stilvolle Restaurant bietet internationale Gerichte. Versinken Sie in der Bibliothekbar in einem der bequemen Ledersofas. **www.africanpridehotels.com**

MELVILLE Pension Idube 🔲🔲 ®

11 Walton Avenue, Melville, 2092 📞 *(011) 482-4055* **Zimmer** *7*

Da Idube ist eine preisgünstige Option, wenn Sie nach Johannesburg reisen wollen. Der Besitzer wohnt vor Ort und gibt der Pension eine persönliche Note. Zum Haus gehören ein Whirlpool, eine Terrasse, eine Küche für Selbstversorger, ein Wäscheservice und ein TV-Raum. Auf Wunsch werden Safari-Touren arrangiert. **www.pensionidube.co.za**

MELVILLE Die Agterplaas B&B ®®

66 Sixth Avenue, 2092 ☎ *(011) 726-8452* FAX *(0)86 616-8456* **Zimmer** *10*

Die Unterkunft am Fuße der historischen Melville Koppies befindet sich in unmittelbarer Nähe der verschiedenen Restaurants und Läden von Melville. Neben Zimmern mit Bad gibt es für längere Aufenthalte auch ein geräumiges Apartment. Das Café bietet köstliches *Bobotie* und *Biryani*. **www.agterplaas.co.za**

MIDRAND Owl's Loft Country House ®®®®

165 Pecan Grove Lane, Kyalami, Midrand, 1684 ☎ *(011) 464-1198* FAX *(011) 334-2805* **Zimmer** *7*

Die geräumige Lodge liegt 30 Minuten vom Flughafen entfernt auf einer zehn Hektar großen Fläche mit schönen gepflegten Gärten und einem Pool. Abendessen nach Absprache (Zutaten aus biologischem Anbau). Auf Wunsch werden Rundfahrten und Flughafentransfer organisiert. **www.sa-venues.com/visit/owlsloft**

MULDERSDRIFT Misty Hills Country Hotel, Conference Center & Spa ®®®

69 Drift Boulevard Road, 1747 ☎ *(011) 950-6000* FAX *(011) 957-3212* **Zimmer** *151*

Misty Hills befindet sich zwischen Johannesburg und Pretoria/Tshwane und bietet Unterkunft in strohgedeckten Steincottages. Das Restaurant ist für seine Wildgerichte und andere traditionelle Fleischgerichte bekannt, die über einem riesigen offenen Feuer zubereitet werden. **www.rali.co.za**

MULDERSDRIFT Avianto ®®®®

Driefontein Road, 1747 ☎ *(011) 668-3000* FAX *(011) 668-3060* **Zimmer** *34*

Das stilvolle, aber einfache Hotel in unverkennbarem toskanischem Stil liegt direkt am Crocodile River. Wenn Sie abends zu Bett gehen, steigt Ihnen ein romantischer Duft von frischem Lavendel in die Nase. Als Golffan sollten Sie Qolf probieren. Dieses anspruchsvolle Rasenspiel ist eine Mischung aus Golf und Krocket. **www.avianto.co.za**

NORWOOD Garden Place ®®

53 Garden Road, Orchards, 2192 ☎ *(011) 485-3800* FAX *(011) 485-3802* **Zimmer** *24*

Das Garden Place befindet sich in dem schicken Vorort Norwood und bietet komfortable Zimmer für Selbstversorger mit voll ausgestatteten Küchen. Für diejenigen, die sich gerne unter Leute mischen, gibt es einen Frühstücksraum. Mit seinem schönen Garten ist das Hotel ein großartiger Ort zum Entspannen. **www.gardenplace.co.za**

ORMONDE Protea Hotel Gold Reef City ®®®

Shaft 14, Northern Parkway, 2159 ☎ *(011) 248-5700* FAX *(011) 248-5791* **Zimmer** *74*

Das Hotel im viktorianischen Stil befindet sich in einem Freizeitpark. Der Besucher wird in längst vergangene Zeiten versetzt, ohne auf moderne Annehmlichkeiten verzichten zu müssen. Jedes der Zimmer mit Bad ist individuell eingerichtet. Das Gold Reef City bietet zahlreiche Aktivitäten für Kinder. **www.proteahotels.com/goldreefcity**

PILANESBERG Bakubung Game Lodge ®®®®

Box 294, Sun City, 0136 ☎ *(014) 552-6000* FAX *(014) 552-6300* **Zimmer** *76*

Die Chalets mit eigenem Bad befinden sich am Rande des malariafreien Pilanesberg National Park. Auf Safaris lassen sich Löwen, Geparden, Leoparden und Antilopen entdecken. Ein Shuttle-Bus bringt Sie nach Sun City, wo Sie die Krokodilfarm, ein Casino, einige Theater und Kinos besuchen können. **www.legacyhotels.co.za**

PILANESBERG Kwa Maritane Bush Lodge ®®®®®

Pilanesberg National Park, Sun City, 0316 ☎ *(014) 552-5100* FAX *(014) 552-5333* **Zimmer** *143*

Die luxuriösen Suiten und Hütten für Selbstversorger befinden sich am Eingang des Pilanesberg National Park. Das Kwa Maritane ist ein kinderfreundliches Resort mit Spielplatz, Trampolin und Wasserrutsche. Für Erwachsene werden Volleyball, Tennis und Schwimmen angeboten. **www.legacyhotels.co.za**

PILANESBERG Tshukudu Bush Lodge ®®®®®

Box 6805, Rustenburg, 0300 ☎ *(014) 552-6255* FAX *(014) 552-6266* **Zimmer** *6*

Die sechs luxuriösen Hütten bieten einen Ausblick über den Nationalpark und eine Wasserstelle, die regelmäßig von Wildtieren aufgesucht wird. Tagsüber bietet ein Pool Abkühlung, abends kann man am Lagerfeuer speisen. Das Hotel bietet zweimal täglich Safaris an, morgens außerdem eine Safari-Wanderung. **www.legacyhotels.co.za**

PRETORIA/TSHWANE La Maison Guesthouse ®®

235 Hilda Street, Hatfield, 0083 ☎ *(012) 430-4341* FAX *(012) 342-1531* **Zimmer** *6*

Das Gästehaus in der Nähe des Hatfield Shopping Center hat eine lange Tradition. Genießen Sie den Blick von der Dachterrasse oder einen Cocktail am Pool. Fans des österreichischen Künstlers Gustav Klimt werden sich über das Wandgemälde in einem der Speisesäle freuen, auf dem sein Werk *Der Kuss* dargestellt ist. **www.lamaison.co.za**

PRETORIA/TSHWANE Oxnead Guesthouse ®®

802 Johanita Street, Moreleta Park, 0044 ☎ *(012) 993-4515* FAX *(012) 998-9168* **Zimmer** *10*

Das Oxnead im georgianischen Stil war eines der ersten Gästehäuser von Pretoria/Tshwane. Es befindet sich in einem sicheren, ruhigen Vorort. Die meisten der geschmackvoll eingerichteten Zimmer verfügen über eine Küche und einen eigenen Eingang. Für Golffans gibt es einen Zugang zu einer Driving Range. **www.oxnead.co.za**

PRETORIA/TSHWANE Kievits Kroon Country Estate ®®®

Plot 41, Reier Road, Kameeldrift East, 0035 ☎ *(012) 808-0150* FAX *(012) 808-0148* **Zimmer** *99*

Dieses romantische Anwesen liegt im schönen Kameeldrift Valley und ist ein idealer Rückzugsort. Das Kievits Kroon ist sehr stolz auf sein abwechslungsreiches Catering-Angebot: Sie können sowohl im eleganten Restaurant speisen als auch ein Picknick am Pool genießen. Außerdem gibt es ein ausgezeichnetes Spa. **www.kievitskroon.co.za**

PRETORIA/TSHWANE Illyria House
⚋⚋⚋⚋ ®®®®®

37 Bourke Street, Muckleneuk, 0002 ☎ *(012) 344-5193* FAX *(012) 344-3978* **Zimmer** 6

Das Illyria ist ein prunkvolles koloniales Herrenhaus mit feinsten Antiquitäten, Wandteppichen aus dem 17. Jh. und einer ausgezeichneten Küche. Die Gäste werden das Ambiente mit Butler und klassischer Hintergrundmusik lieben. Nutzen Sie die Schönheitsbehandlungen im Garten in einem der Behandlungsräume aus Holz. **www.illyria.co.za**

ROSEBANK Grace in Rosebank
⚋⚋⚋⚋⚋ ®®®®®

54 Bath Avenue, Rosebank, 2196 ☎ *(011) 280-7200* FAX *(011) 280-7474* **Zimmer** 73

Das unabhängige Fünf-Sterne-Hotel liegt in einer belebten Gegend. Das Rosebank Shopping-Center mit einer Vielzahl an Läden befindet sich in unmittelbarer Umgebung. Die einfache, aber innovative Speisekarte, der ruhige Dachgarten und der beheizte Außenpool machen das Grace zu etwas Besonderem. **www.thegrace.co.za**

SANDTON City Lodge Morningside
⚋⚋⚋⚋ ®®

Ecke Rivonia & Hill Road, Sandton, 2146 ☎ *(011) 884-9500* FAX *(011) 884-9440* **Zimmer** 160

Dieser elegante Außenposten der City Lodge Hotels bietet eine preiswerte und erstklassige Unterkunft. Das Hotel liegt im Herzen eines eleganten Vororts von Johannesburg, in der Nähe der Hauptverkehrsstraßen, exklusiver Läden und Restaurants. Kinder, die im Zimmer der Eltern schlafen, müssen nicht extra zahlen. **www.citylodge.co.za**

SANDTON Melleney's Exclusive Guest House
⚋⚋

149 12th Avenue, Rivonia, 2128 ☎ *(011) 803-1099* FAX *(011) 803-1190* **Zimmer** 9

Dieses exklusive Gästehaus befindet sich in der Nähe der Läden und Restaurants von Rivonia. Eines der Highlights des Melleney's Exclusive Guest House ist der Salzwasserpool. Das kürzlich renovierte Pub bietet eine freundliche und entspannte Atmosphäre. **www.melleneys.co.za**

SANDTON Zulu Nyala Country Manor
⚋⚋⚋ ®®®

270 Third Road, Chartwell, 2146 ☎ *(011) 708-1969* FAX *(011) 708-2220* **Zimmer** 30

Das strohgedeckte Herrenhaus bietet komfortable, geräumige Zimmer und ein gastfreundliches Ambiente. Es befindet sich in einem schönen Landschaftsgarten, zehn Minuten von Johannesburg entfernt. Der Lion Park ist gleich in der Nähe, sodass Sie nachts vielleicht sogar die Löwen brüllen hören können. **www.zulunyala.com**

SANDTON Protea Hotel Balalaika
⚋⚋⚋⚋⚋ ®®®®

20 Maude Street, Sandton, 2196 ☎ *(011) 322-5000* FAX *(011) 322-5022* **Zimmer** 330

Das Balalaika ist ein ruhiges, erst kürzlich renoviertes Hotel im Herzen von Sandton mit Gärten und zwei Pools. In unmittelbarer Umgebung befinden sich zahlreiche Shopping-Möglichkeiten – u.a. das Oriental Plaza, Nelson Mandela Square und Sandton City, eines der größten Shopping-Center Südafrikas. **www.proteahotels.com/balalaika**

SANDTON Fairlawns Boutique Hotel & Spa
⚋⚋⚋⚋ ®®®®®

Alma Road, abseits der Bowling Avenue, Sandton, 2191 ☎ *(011) 804-2540* FAX *(011) 802-7261* **Zimmer** 19

Dieses elegante Boutique-Hotel erinnert an die romantische Architektur des 18. Jahrhunderts in Europa. Es verfügt über geräumige Zimmer mit Marmorbädern, Swimmingpool, Whirlpool und einen schönen Garten. Das Fairlawns ist außerdem für seine preisgekrönte Weinkarte bekannt. **www.fairlawns.co.za**

SANDTON Michelangelo
⚋⚋⚋⚋⚋ ®®®®®

135 West Street, Sandton, 2128 ☎ *(011) 282-7000* FAX *(011) 282-7172* **Zimmer** 242

Das Michelangelo ist Mitglied der Leading Hotels of the World. Das angesehene Fünf-Sterne-Hotel im Renaissance-Stil ist von edlen Shops und Restaurants umgeben. Es bietet unaufdringlichen Service mit viel Liebe zum Detail. Im Restaurant wird afrikanische Gourmetküche serviert. **www.sa-venues.com/visit/themichelangelo**

SANDTON Saxon Hotel & Spa
⚋⚋⚋⚋⚋ ®®®®®

36 Saxon Road, Sandton, 2132 ☎ *(011) 292-6000* FAX *(011) 292-6001* **Zimmer** 24

Das großartige Boutique-Hotel & Spa liegt im ruhigen, bewaldeten Sandhurst, eine fünf Minuten von Sandton entfernt. Es ist von zwei Hektar Landschaftsgarten umgeben und verkörpert geschmackvolle afrikanische Eleganz. Für absolute Entspannung sorgt die Klangtherapie im hervorragenden Spa. **www.thesaxon.com**

SUN CITY Cascades, Sun City Hotel and Cabanas
⚋⚋⚋⚋⚋ ®®®

Box 2, Sun City, 0316 ☎ *(011) 780-7800* FAX *(011) 780-7443* **Zimmer** 962

In diesem großen Fünf-Sterne-Komplex in der Nähe des Sun-City-Casinos und -Unterhaltungszentrums sind die Unterkünfte in drei Bereiche unterteilt. Die luxuriösen Zimmer in Ocker und Gelbtönen sind mit dunklen Möbeln ausgestattet, wohingegen die Cabanas besonders für Familien mit Kindern geeignet sind. **www.suninternational.com**

SUN CITY The Palace of the Lost City at Sun City
⚋⚋⚋⚋⚋ ®®®®

Box 308, Sun City, 0316 ☎ *(014) 557-1000* FAX *(014) 557-3111* **Zimmer** 338

Dieses außergewöhnliche Hotel wurde von dem Unternehmer Sol Kerzner entworfen und einem antiken afrikanischen Tempel nachempfunden. Die prachtvolle Architektur wird durch Tierstatuen und exotische Kunstwerke vervollständigt. Der Water Park und das Valley of the Waves sind ein Spaß für Kinder. **www.suninternational.com**

VEREENIGING Riviera on Vaal
⚋⚋⚋⚋⚋ ®®®®

Mario Milani Drive, Vereeniging, 1930 ☎ *(016) 420-1300* FAX *(016) 420-1301* **Zimmer** 89

Dieses Boutique-Hotel befindet sich am Ufer des Vaal River, unweit von Johannesburg. Es eignet sich gleichermaßen für Geschäftsreisende wie für Freizeiturlauber. Jedes der Zimmer bietet eine hervorragende Aussicht auf den Fluss. Das bekannte Flussrestaurant ist eine einmalige Erfahrung. **www.rivieraonvaal.co.za**

BLYDE RIVER CANYON UND KRUGER NATIONAL PARK

DULLSTROOM Peebles Country Retreat   🔢 ♨   ®®®
Ecke Lyon Cachet & Bosman Street, Dullstroom, 1110 📞 *(013) 254-8000* 📠 *(013) 254-8014* **Zimmer** *10*

Dieses in Familienbesitz befindliche Boutique-Hotel in Dullstroom bietet eine Reihe von Aktivitäten: Forellenfischen, Vogelbeobachtung, Reiten, Tontaubenschießen, Bogenschießen und Mountainbiking. Das Peebles glänzt mit persönlichem Service. Die Zimmer sind mit viel Liebe zum Detail ausgestattet. **www.peebles.co.za**

DULLSTROOM Walkersons   🔢 ♨ 📺 🏋   ®®®®®
Walkersons Private Estate, Dullstroom, 1110 📞 *(013) 253-7000* 📠 *(013) 253-7230* **Zimmer** *24*

Das Walkersons ist eine strohgedeckte Lodge im Herzen des Fliegenfischerparadieses von Südafrika. Die Zimmer mit Terrasse und Kamin haben Seeblick. Die Küche ist ländlich und der Wein preisgekrönt. In den umliegenden Gewässern können Sie Regenbogenforellen angeln, die nötige Ausrüstung wird bereitgestellt. **www.walkersons.co.za**

GRASKOP Mac Mac Forest Retreat   📇 ♨ 🏋   ®
Box 907, Sabie, 1260 📞 *(013) 764-2376* 📠 *(013) 764-2376* **Zimmer** *4*

Das Hotel liegt direkt an den gewaltigen Mac Mac Falls und bietet Aktivitäten wie Bogenschießen, Kanufahren, Paintball und Mountainbiking an. Die Unterkünfte für Selbstversorger befinden sich in renovierten Forsthäusern, die mit Geschirr, Besteck, Haushaltsgeräten und Bettwäsche ausgestattet sind. **www.macmac.co.za**

GRASKOP The Graskop Hotel   🔢 ♨ 🏋   ®®
3 Main Street, Graskop, 1270 📞 *(013) 767-1244* 📠 *(013) 767-1244* **Zimmer** *34*

Dieses Hotel liegt im malariafreien Graskop, in der Nähe des Kruger National Park mit Sehenswürdigkeiten wie God's Window, Pilgrim's Rest und Bourke's Luck Potholes. Die Zimmer sind kunstvoll eingerichtet, die Zutaten für das Essen stammen aus eigenem Anbau. Vor Ort gibt es ein Kunstatelier und eine Galerie. **www.graskophotel.co.za**

HAZYVIEW Sabi River Sun   🎴 🔢 ♨ 🏋 📺 📇   ®®
Main Road, Perry's Farm, Hazyview, 1242 📞 *(013) 737-7311* 📠 *(013) 737-7314* **Zimmer** *60*

Das Sabi River Sun bietet komfortable Zimmer und Sportaktivitäten wie z. B. einen 18-Loch-Golfplatz, fünf Pools, drei Flutlichttennisplätze, eine Bowlingbahn, Squash, Volleyball und einen Joggingpfad. Das Sabi ist sehr kinderfreundlich und bietet ein tägliches Unterhaltungsprogramm. **www.southernsun.com**

HAZYVIEW The Windmill Wine & Cottages   🔢 📇   ®®
R536 Box 204, Hazyview, 1242 📞 *(013) 737-8175* 📠 *(013) 737-8966* **Zimmer** *7*

Das Windmill liegt auf 22 Hektar malariafreiem Land, auf dem Wildtiere wie Grüne Meerkatzen, Wüstenluchse und Schirrantilopen leben. Die geräumigen Hütten bieten Gästen den notwendigen Freiraum. Von ihrer Terrasse aus können Sie Vögel beobachten, im Weinladen können Sie Wein, Bier und Käse probieren. **www.thewindmill.co.za**

HAZYVIEW Rissington Inn   🔢 ♨ 🏋   ®®®
R40 Box 650, Hazyview, 1242 📞 *(013) 737-7700* 📠 *(013) 737-7112* **Zimmer** *14*

Die preisgünstige Lodge liegt nur zehn Minuten vom Kruger National Park entfernt. Die komfortablen Zimmer verfügen über eigenen Eingang und Terrasse, sodass Sie die atemberaubende Aussicht auf das Tal ganz privat für sich genießen können. Golf, Reiten und einige andere Aktivitäten sind in der Nähe verfügbar. **www.rissington.co.za**

HAZYVIEW Thulamela Guest Cottages   ♨ 📇   ®®®
R40, White River Road, Hazyview, 1242 📞 *(013) 737-7171* 📠 *(013) 737-7171* **Zimmer** *6*

Das Thulamela ist ein beliebtes Ziel für die Flitterwochen, Kinder unter 16 Jahren sind nicht erwünscht. Jede der Hütten im Thulamela wurde eingerichtet, um den Gästen absolute Privatsphäre zu gewährleisten: Sie befinden sich im Busch und verfügen über ein Spa auf der Terrasse. Reichhaltiges Frühstück. **www.thulamela.co.za**

HAZYVIEW Blue Mountain Lodge   🔢 ♨ 📇   ®®®®®
R514, Kiepersol, 1241 📞 *(012) 423-5600* 📠 *(012) 423-5610* **Zimmer** *17*

Wer Ruhe sucht, wird dieses Hotel, das sich in einem großen Waldgebiet befindet, lieben. Die luxuriösen Suiten sind unterschiedlich eingerichtet – von viktorianisch-elegant bis provenzalisch-rustikal. Im Angebot sind Ballonfahrten, Helikopterflüge, Rafting, Buschwanderungen sowie Schönheitsbehandlungen. **www.bluemountainlodge.co.za**

HAZYVIEW Highgrove House   🔢 ♨   ®®®®®
R40 Box 46, Kiepersol, 1241 📞 *(013) 764-1844* 📠 *(013) 764-1855* **Zimmer** *8*

Das preisgekrönte Highgrove House im Kolonialstil befindet sich in ländlicher Umgebung. Die Zimmer verfügen über offene Kamine, Ventilatoren und Terrassen mit schönem Ausblick. Im Restaurant werden Gourmetgerichte und guter Wein serviert. Guter Zugang zu den Wildreservaten und Panoramarouten der Umgebung. **www.highgrove.co.za**

HENDRIKSDAL Artist's Café and Guest House   🔢 🏋   ®®
Hendriksdal Siding, Sabie, 1260 📞 *(013) 764-2309* 📠 *(013) 764-2309* **Zimmer** *4*

Die Zimmer und das Restaurant befinden sich in einem ehemaligen Bahnhof aus dem Jahr 1920, der von üppigen Wäldern umgeben ist. Eine wechselnde Auswahl an Kunstwerken schafft ein einmaliges Ambiente. Das Restaurant serviert toskanische Küche mit Kräutern und Gemüse aus eigenem Anbau. **www.wheretostay.co.za/artistscafe**

Preiskategorien *siehe Seite 326* **Zeichenerklärungen** *siehe hintere Umschlagklappe*

KRUGER NATIONAL PARK Satellite Camps ®

Box 787, Pretoria/Tshwane, 0001 **℡** *(012) 428-9111* **FAX** *(012) 343-0905* **Zimmer** *135*

Das Satellite ist das ideale Camp für Naturliebhaber. Wenn Sie ins Maroela, Tamboti, Tsendze, Balule, Malelane, Boulders oder ins Roodewal Camp möchten, müssen Sie sich vorher im Hauptcamp anmelden. Wichtig zu wissen ist, dass nachts kein Personal vor Ort ist. **www.sanparks.org**

KRUGER NATIONAL PARK Bushveld Camps ®®®

Box 787, Pretoria/Tshwane, 0001 **℡** *(012) 428-9111* **FAX** *(012) 343-0905* **Zimmer** *67*

Das Bushveld ist für Familien, die nach einer echten Buscherfahrung suchen, bestens geeignet. Die Camps Bateleur, Mbyamiti, Sirheni, Shimuwini und Talamati bieten auch einige Hütten für Selbstversorger. Es ist kein Handy-Netz verfügbar, sodass ein ruhiger, ungestörter Aufenthalt garantiert ist. **www.sanparks.org**

KRUGER NATIONAL PARK Main Camps 🏠🏊📖 ®®®

Box 787, Pretoria/Tshwane, 0001 **℡** *(012) 428-9111* **FAX** *(012) 343-0905* **Zimmer** *636*

Die große Auswahl an Camps ist ideal für Safari-Neulinge. Die Camps verfügen über Restaurants, Shops und weitere Annehmlichkeiten. Außer dem Olifants haben alle einen Pool. Die Camps Berg-en-Dal, Skukuza, Satara und Letaba bieten Ferienprogramme für Kinder. Im Skukuza gibt es einen Geldautomaten und ein Postamt. **www.sanparks.org**

LYDENBURG De Ark Guesthouse 🏠🏊📖 ®®

37 Kantoor Street, Lydenburg, 1120 **℡** *(013) 235-1125* **FAX** *(013) 235-1125* **Zimmer** *9*

Das reizende De Ark ist eines der ältesten Gebäude in Lydenburg. Es wurde liebevoll renoviert und mit zeitgenössischen Möbeln eingerichtet. Die Besitzer François und Francis Le Roux sind ihren Gästen bei Fragen und der Ausarbeitung einer Reiseroute immer gerne behilflich. **www.dearkguesthouse.co.za**

MALELANE Malelane Sun 🏠🏊👧📖 ®®®®

Riverside Farm, Box 392, Malelane, 1320 **℡** *(013) 790-3304* **FAX** *(013) 790-3303* **Zimmer** *102*

Die luxuriösen, mit Stroh gedeckten Hütten liegen in der Nähe des Kruger National Park. Sie sind eine ideale Alternative für Besucher, die direkt im Park keine Unterkunft finden konnten. Von der Aussichtsplattform auf dem Fluss lassen sich unvergessliche Sonnenauf- und Untergänge genießen. **www.southernsun.com**

PILGRIM'S REST Crystal Springs Mountain Lodge 🏠🏊👧📺 ®®®

Robber's Pass, Pilgrim's Rest, 1290 **℡** *(013) 768-5000* **FAX** *(013) 768-5024* **Zimmer** *192*

Das Crystal Springs in einem Wildreservat hoch oben über dem Pilgrim's Rest verfügt über individuelle Selbstversorger-Hütten, Tennis- und Squashplätze, einen Minigolfplatz, Fitnessraum, Pool und Jacuzzibereich. Entspannen Sie sich im Pub, am eigenen Kamin oder auf Ihrer Terrasse mit Grillstelle. **www.crystalsprings.co.za**

ROOSSENEKAL Old Joe's Kaia Country Lodge 🏠🏊 ®®®

Schoemanskloof Valley, Roossenekal, 1207 **℡** *(013) 733-3045* **FAX** *(086) 518-7778* **Zimmer** *14*

Das authentische Old Joe's im afrikanischen Kolonialstil ist ein farbenfrohes Landhaus. Sie können zwischen verschiedenen Zimmertypen wählen. Das Essen wird mit frischen Zutaten zubereitet. Es kann im Speisezimmer, im Garten oder am Fluss eingenommen werden. Probieren Sie unbedingt das selbst gebackene Brot. **www.oldjoes.co.za**

SABIE Hillwatering Country House ®®

50 Marula Street, Sabie, 1260 **℡** *(013) 764-1421* **FAX** *(013) 764-1550* **Zimmer** *5*

Das Landhaus liegt in einer ruhigen Wohngegend, einige Minuten von Sabies Zentrum entfernt. Vier Zimmer sind mit Fenstertüren ausgestattet, die zu einer Veranda führen, von der die Gäste die Aussicht auf die Drakensberge genießen können. Die Besitzer organisieren gerne Tagesausflüge und andere Aktivitäten für Sie. **www.hillwatering.co.za**

SABIE Böhm's Zeederberg Country House 🏠🏊📖 ®®®

Box 94, Sabie, 1260 **℡** *(013) 737-8101* **FAX** *(013) 737-8193* **Zimmer** *10*

Dieses Landhaus befindet sich genau zwischen den Pinien- und Eukalyptuswäldern von Sabie und einem wichtigen Anbaugebiet von Tropenfrüchten. Im Garten finden Sie einen Pool, einen Jacuzzi, eine Sauna sowie eine Vielzahl an heimischen Bäumen, die zur leichteren Identifizierung beschriftet sind. **www.bohms.co.za**

SABIE Lone Creek River Lodge 🏠🏊 ®®®

Old Lydenburg Road, Sabie, 1260 **℡** *(013) 764-2611* **FAX** *(013) 764-2233* **Zimmer** *21*

Das Fünf-Sterne-Boutique-Hotel liegt in der Nähe der wichtigen Hauptverkehrsstraßen und bietet eine ganze Auswahl an Unterkünften – von Holzhütten für Selbstversorger bis hin zu Luxussuiten am Flussufer. Kinder sind in den Holzhütten herzlich willkommen. Unter sieben Jahren zahlen sie nur den halben Preis. **www.lonecreek.co.za**

SABIE SAND RESERVE Sabi Sabi Game Lodge 🏠🏊👧📖 ®®®®®

Box 52665, Saxonwold, 2132 **℡** *(011) 483-3939* **FAX** *(011) 483-3799* **Zimmer** *25*

Diese Einrichtung, die schon viele Preise gewonnen hat, vereint vier einzigartige Camps – Bush, Little Bush, Selati und Earth. Jedes von ihnen bietet einmalige und luxuriöse Safari-Erlebnisse. Erfahrene Reiseführer begleiten Besucher auf Tages- und Nachtsafaris in offenen Fahrzeugen. Alles inklusive. **www.sabisabi.com**

SABIE SAND RESERVE Singita Private Game Reserve 🏠🏊📺📖 ®®®®®

Box 23367, Claremont, 7735 **℡** *(021) 683-3424* **FAX** *(021) 683-3502* **Zimmer** *30*

Das Singita wurde 2004 vom Condé Nast Traveller zum besten Hotel der Welt gewählt. Es verfügt über fünf luxuriöse Lodges. Gourmetküche, eine umfangreiche Weinauswahl, Tages- und Nachtsafaris sowie Wanderungen sind im Preis inbegriffen. Die Suiten in der Boulders Lodge verfügen über Steinbäder und Schlafzimmer. **www.singita.com**

SWASILAND Mlilwane Lodge ⬛🏊🏃 ®

Mlilwane Wildlife Sanctuary, Lobamba 📞 *(09268) 528-3943* FAX *(09268) 528-3924* **Zimmer** 8

Im Mlilwane Lodge kann man aus einer Vielzahl an Unterkünften direkt im Naturschutzgebiet wählen: Es gibt Doppelbungalows, Familien-Bungalows oder ganze Häuser (als Strohhütte oder *rondavel*) sowie Zeltplätze und eine preisgünstige Jugendherberge. **www.biggame.co.sz**

SWASILAND Malolotja Lodge ®®

Malolotja Nature Reserve, Nkhaba 📞 *(09268) 416-1151* FAX *(09268) 416-1480* **Zimmer** 20

Malolotja Lodge bietet einfache, rustikale Holzhütten und Zeltplätze in einer malerischen Landschaft. Vor jeder Hütte steht ein Grill für das allabendliche *braai* (Grillen). Durch das Naturreservat führen zahlreiche interessante Wanderwege. Am Haupteingang gibt es einen Lebensmittelladen. **www.welcometoswaziland.com**

SWASILAND Royal Swazi Spa Hotel ⬛🏊🏃⬛🍽 ®®®®®

Main Road, Mbabane – Manzini 📞 *(09268) 416-5000* FAX *(09268) 416-1859* **Zimmer** 149

Das Royal Swazi im malerischen Ezulwini-Tal gehört zur Royal Swazi Sun Valley-Kette. Das Hotel ist für seinen Golfplatz, das Casino und Spitzenküche bekannt. Daneben gibt es Tennisplätze, eine Squash-Halle, für Kinder eine Spielehalle und das Camp Kwena, sowie Reitkurse und ein Spa. **www.suninternational.com**

TIMBAVATI PRIVATE GAME RESERVE Tanda Tula Safari Camp ⬛🏊 ®®®®®

Box 32, Constantia, 7848 📞 *(021) 794-6500* FAX *(021) 794-7605* **Zimmer** 10

Das Tanda Tula ist ein Luxus-Camp nahe am Kruger National Park. Die strohgedeckten Hütten im ostafrikanischen Stil bieten Bäder, Außenduschen und Terrassen mit schönem Ausblick auf das trockene Flussbett. Gerichte und Getränke sind inklusive. Man isst individuell auf der Terrasse oder gemeinsam rund um die *boma*. **www.tandatula.co.za**

TZANEEN Coach House ⬛🏊🍸🍽 ®®®

Box 544, Tzaneen, 850 📞 *(015) 306-8000* FAX *(015) 306-8008* **Zimmer** 39

Das Coach House auf einer Hochebene wurde 1892 für Reisende in den Zeiten des Goldrauschs erbaut. Die Hütten stehen in wunderschönen Gärten und verfügen über eigene Veranden mit Blick auf die Drakensberge. Im Keller lagern 8000 Flaschen Wein. Der Coach-House-Nougat ist legendär. **www.coachhouse.co.za**

WHITE RIVER Kirby Country Lodge ⬛🏊🏃 ®®

Jatinga Road, White River, 1240 📞 *(013) 751-2645* FAX *(013) 750-1836* **Zimmer** 11

Die strohgedeckte Lodge ist nur 25 Autominuten vom Kruger National Park entfernt und wird von einer gastfreundlichen Schweizer Familie betrieben. Sie helfen ihren Gästen gerne, Aktivitäten zu buchen – von Safari-Touren bis zu Heißluftballonfahrten. Familien mit Kindern sind hier herzlich willkommen. **www.kirbycountrylodge.co.za**

WHITE RIVER Jatinga Country Lodge ⬛🏊🍽 ®®®®

Jatinga Road, White River, 1240 📞 *(013) 751-5059* FAX *(013) 751-5119* **Zimmer** 26

Das Jatinga, eine alte Unterkunft für Jäger, gibt es schon seit den 1920er Jahren. Trotz der Renovierung 2001 blieb der originale Kolonialstil erhalten. In den Hängematten im Garten kann man prima entspannen. Die Restaurantkarte bietet auch viele Gerichte für Diabetiker und Vegetarier. **www.jatinga.co.za**

WHITE RIVER Cybele Forest Lodge ⬛🏊🍸🍽 ®®®®®

R40 Box 346, White River, 1240 📞 *(013) 764-1823* FAX *(013) 764-9510* **Zimmer** 12

Die Cybele Forest Lodge, ein exquisites altes Farmhaus, liegt tief im Wald. Die Zimmer sind sehr geräumig, haben eigene Kamine, manche gar einen eigenen Gartenanteil, z. T. sogar mit beheiztem Pool. Man bietet den Gästen Spa- und Beauty-Behandlungen, Reitkurse und vogelkundliche Kurse. **www.cybele.co.za**

SÜDLICH DES ORANJE

BEAUFORT WEST Lemoenfontein ⬛🏊🏃🍽 ®®

Vom Jagers Pass, Beaufort West, 6970 📞 *(023) 415-2847/(0)82 495-3124* FAX *(023) 415-1044* **Zimmer** 12

Das Lemoenfontein, eine Jägerunterkunft von 1850, liegt im Zentrum der Great Karoo unterhalb der Nieuweveld-Berge. In diesem Reservat leben zahlreiche Giraffen und Vögel. Genießen Sie den Blick von den Terrassen, das herzhafte Frühstück und die traditionellen Karoo-Gerichte. **www.lemoenfontein.co.za**

BEAUFORT WEST Treetop Guest House 🏊🍽 ®®

17 Bird Street, Beaufort West, 6970 📞 *(023) 414-3744/(0)83-366 9784* FAX *(023) 415-1329* **Zimmer** 7

Das Treetop Guest House liegt inmitten eines Gartens. Das Gästehaus mit Pool und *Braai*-Platz vermittelt eine großzügige Atmosphäre. Starten Sie den Tag mit einem reichhaltigen Frühstück und beenden Sie ihn mit einem traditionellen Karoo-Abendessen bei Kerzenlicht. **www.treetopguesthouse.co.za**

COLESBERG Kuilfontein Stable Cottages 🏊 ®®

Box 17, Colesberg, 9795 📞 *(051) 753-1364/(0)82 522-2488* FAX *(051) 753-0200* **Zimmer** 8

Auf dieser Farm züchtet man bereits seit über 100 Jahren Karoo-Lamm. Die Zimmer befinden sich in früheren Ställen. Sie können hier auf Safari gehen und Tiere beobachten. In der Nähe gibt es steinzeitliche Sehenswürdigkeiten, Wassersportangebote am Gariep-Damm und ein Museum mit Karoo-Fossilien. **www.kuilfontein.co.za**

CRADOCK Die Tuishuise

36 Market Street, Cradock, 5880 **(** *(048) 811-322* **FAX** *(048) 881-5388* **Zimmer** *27*

Diese traditionellen Blechdachhütten wurden wunderschön renoviert und zu Unterkünften umgebaut. Jede Hütte ist im Stil der englischen und holländischen Siedler mit antiken Möbeln und Himmelbetten eingerichtet. Geboten werden Safaris, Township-Touren und Besichtigungen der Steinmalereien. **www.tuishuise.co.za**

GRAAFF-REINET Caledonia

61 Somerset Street, Graaff-Reinet, 6280 **(** *(049) 892-3156* **FAX** *(049) 892-3156* **Zimmer** *6*

Das 150 Jahre alte Steinhaus im Kolonialstil liegt im historischen Zentrum der viertältesten Stadt Südafrikas. Läden, Banken und Museen sind leicht zu Fuß erreichbar. Im Valley of Desolation können Sie Zebras, Gnus und Springböcke sehen. Das Restaurant serviert köstliche Gerichte der Karoo-Küche. **www.caledonia.co.za**

KING WILLIAM'S TOWN Dreamers

29 Gordon Street, Hospital Hill, 5601 **(** *(043) 642-3012/(0)82 923-3870* **FAX** *(086) 677-6016* **Zimmer** *11*

Das Gästehaus in King William's Town ist ein guter Zwischenstopp auf dem Weg zu den Drakensbergen. Die Besitzer Marieta und André sind stolz darauf, alle kulinarischen Wünsche ihrer Gäste erfüllen zu können. Man organisiert Ihnen hier auch gerne einen Besuch in einem Xhosa-Kraal. **www.dreamersguesthouse.com**

LADY GREY Comfrey Cottage

51–59 Stephenson Street, Lady Grey, 9755 **(** *(051) 603-0407* **FAX** *(051) 603-0407* **Zimmer** *8*

Das Comfrey gehört zu den vier familienbetriebenen Häusern am Fuße der Witteberge. Das Vier-Sterne-Haus bietet hohen Komfort und leckeres Essen. Das Hotel ist ideal, um in der Gegend zu wandern, zu fischen oder Radtouren zu unternehmen. Das Cottage darf auch Alkohol ausschenken. **www.comfreycottage.co.za**

NÖRDLICH DES ORANJE

BLOEMFONTEIN Dias Guest House

14 Dias Crescent, Dan Pienaar, 9301 **(** *(051) 436-6225/(0)83 265-0265* **FAX** *(051) 436-7733* **Zimmer** *8*

Das schwulenfreundliche Gästehaus von Rhyno und Mariette befindet sich in der Nähe von Museen und historischen Denkmälern wie dem Women's War Memorial, dem War Museum und Rugby Museum. Jedes Zimmer verfügt über Internet-Anschluss, Kühlschrank und Mikrowelle. **www.diasgfi.co.za**

BLOEMFONTEIN Florentia

2c Louis Botha Street, Waverley, 9301 **(** *(051) 436-7847/(0)82 853-7472* **FAX** *(051) 436-7847* **Zimmer** *8*

Das Vier-Sterne-Gästehaus liegt an einer Allee am Fuße des Navalberge. Der Eigentümer Jolena van Rooyen sammelt Quilts, die auf den Betten und an den Wänden bewundert werden können. Gleich in der Nähe befindet sich ein Reservat, ein Orchideenhaus sowie ein Theater. **www.florentia.co.za**

BLOEMFONTEIN Halevy Heritage Hotel

Markgraaff & Charles Street, 9301 **(** *(051) 403-0600/(0)82 559-9443* **FAX** *(051) 403-0699* **Zimmer** *21*

Das Halevy Heritage Hotel wurde im 19. Jahrhundert ursprünglich als Hotel für Theatergäste erbaut. Trotz der Renovierung 2004 behielt das Hotel seinen Charme mit geräumigen Zimmern, hohen Decken, dunklen Möbeln und reizenden Tiffany-Nachttischlämpchen. **www.halevyheritagehotel.co.za**

KIMBERLEY Protea Hotel Diamond Lodge

124 Du Toits Pan Road, Kimberley, 8301 **(** *(053) 831-1281* **FAX** *(053) 831-1284* **Zimmer** *34*

Die kleine, aber komfortable Drei-Sterne-Lodge befindet sich in zentraler Lage nahe dem Geschäftszentrum von Kimberly. Von hier aus hat man es nicht weit zu den historischen Attraktionen oder dem Mine Museum. Die meisten Zimmer haben Doppelbetten. **www.proteahotels.com**

KIMBERLEY Garden Court

120 Du Toits Pan Road, Kimberley, 8301 **(** *(053) 833-1751* **FAX** *(053) 832-1814* **Zimmer** *135*

Das Garden Court ist ein Stadthotel für Geschäftsleute und Urlauber. Es liegt in der Nähe der wichtigsten Sehenswürdigkeiten und der Trambahn zum Big Hole, der größten Ausgrabungsstätte der Welt. Das Hotel organisiert Touren zum Ghost Trail und zu historischen Schlachtfeldern. **www.southernsun.com**

KIMBERLEY Kimberley Club

35 Currey Street, Kimberley, 8301 **(** *(053) 832-4224* **FAX** *(053) 832-4226* **Zimmer** *17*

Der Kimberley Club wurde von englischen Diamantmagnaten gegründet, die ihre Londoner Clubs vermissten. Heute ist es ein frisch renoviertes Vier-Sterne-Boutique-Hotel. Der Club liegt nahe am Schlachtfeld von Magersfontein, bei Museen, Bergwerken und dem Big Hole. **www.kimberleyclub.co.za**

UPINGTON Le Must Manor

11 Schröder Street, Upington, 8800 **(** *(054) 332-3971* **FAX** *(054) 332-7830* **Zimmer** *7*

Das wunderschöne Gästehaus im gregorianischen Stil liegt am Flussufer des Oranje mitten im Geschäftsviertel von Upington. Die Kalahari, Augrabies Falls, der Kgalagadi Transfrontier Park und das Tswalu Reserve sind alle nur eine kurze Fahrt vom Hotel entfernt. **www.lemustupington.com**

RESTAURANTS

Südafrika bietet alles, von Steakhäusern und dampfenden *Boere-wors*-Ständen über Nobel-lokale für Geschäftsleute bis hin zu Restaurants, die auf Seafood, orientalische, französische oder mediterrane Küche spezialisiert sind. Scheint die Sonne, isst man im Freien und die Cafés sind überfüllt. Afrikanische Lokale für westliche Gaumen findet man in Großstädten, manche Township-Touren *(siehe S. 382)* beinhalten traditionelle Mahlzeiten. Das multikulturelle Erbe zeigt sich auch an den Restaurants, die scharfe Currys anbieten – auf indische oder auf KwaZulu-Art. Am westlichen Kap sind süße malaiische Currys als Mittagssnack beliebt, konventioneller ist die Küche der Weinregion.

Mr. DELIVERY

Lieferservice

Village Walk in Sandton, Gauteng

ESSENSZEITEN

Restaurants haben mittags in der Regel von montags bis freitags geöffnet, abends von dienstags bis sonntags. Viele haben montags Ruhetag (italienische Lokale sind häufig dienstags geschlossen).

Cafés servieren meist zwischen 9 und 17 Uhr Frühstück, Mittagsimbiss, Tee oder Kaffee und Kuchen. Probieren Sie das traditionelle Frühstück aus harten Eiern mit Speck und Würstchen. Beliebt sind auch Muffins (erhältlich in Supermärkten, Feinkostläden und Tankstellen), z. B. Kleie-, Bananen- oder Dattel-Muffins.

Mittags greift man am besten zu Salaten, Sandwiches und Quiches, nachmittags ist Möhren-, Schokoladen- oder Käsekuchen gefragt.

Das Abendessen, die wichtigste Mahlzeit des Tages, wird von 18.30 bis 22 Uhr serviert. Bars, beliebte Restaurants und Schnellimbisse in den Städten bewirten ihre Gäste bis Mitternacht und darüber hinaus.

RESTAURANTS

Man kann in den Städten und in gut besuchten Regionen stets gut essen. Das jährlich erscheinende *Eat Out Magazine* (bei Zeitschriftenhändlern) empfiehlt Restaurants im ganzen Land und betreibt eine Website mit Gastkritiken (www.eatout.co.za). Eine weitere gute Website ist www.dining-out.co.za.

RESERVIERUNG

Am besten reserviert man telefonisch einen Tisch. Alteingesessene oder gefragte Lokale können schon Wochen im Voraus ausgebucht sein. Können Sie eine Reservierung nicht wahrnehmen, sollten Sie telefonisch absagen.

PREISE UND TRINKGELD

Essen gehen ist in Südafrika meist nicht allzu teuer. Man zahlt für ein Drei-Gänge-Menü (inklusive Wein und Trinkgeld) in einem guten Restaurant pro Person 140 bis 160 Rand. Gerichte mit Seafood sind etwas teurer. Ein Feinkost-Sandwich mit ausgezeichneter Füllung kostet kaum mehr als 30 Rand, ein reichhaltiges Frühstück etwa 50 Rand.

Das Trinkgeld sollte sich nach dem Service richten. War er durchschnittlich, gibt man zehn, war er hervorragend, 15 Prozent. Manchmal steht eine Büchse neben der Kasse.

Seafood-*braai* an einem *skerm* (Grillplatz) an der Westküste

RESTAURANTWAHL

Die afrikanischen, indischen (in KwaZulu-Natal) oder kapmalaiischen (in Kapstadt) Restaurants in den Großstädten sind ein Muss. An der Küste sollte man sich Meeresdelikatessen wie Calamares, Muscheln, Thunfisch, Languste, Brasse und Kabeljau nicht entgehen lassen. Die Westküste bietet herrlich gelegene Seafood-*braais* (Barbecues). Die größeren Städte haben exzellente internationale Küche zu bieten: portugiesisch, thailändisch, italienisch, griechisch, französisch und chinesisch. Typisch südafrikanische Restaurants servieren auch traditionelle Speisen und Getränke wie *witblits* (Pfirsichschnaps).

Südafrikaner sind Fleischesser. Die Beefsteaks sind gut, die Steakhäuser bieten viel für Ihr Geld. Eine große Auswahl gehaltvoller Salate und fleischloser Gerichte kommt Vegetariern entgegen.

Unzählige Stände verkaufen *boerewors* (scharfe Würste) mit Brötchen. Bei privaten Einladungen können Sie ein *meat braai (siehe S. 21)* erleben. Pizzaketten sind beliebt und überall präsent.

Witblits
(Pfirsichschnaps)

WEINAUSWAHL

Für jeden Geschmack gibt es einen südafrikanischen Wein. Die meisten Restaurants führen einen Querschnitt regionaler Marken. Oft reicht das Angebot von leichtem Tafelwein bis hin zu edelsten Tropfen. Gelegentlich wird eine Auswahl von Flaschenweinen pro Glas angeboten, meist aber kommt der Hauswein aus einem günstigen Fünf-Liter-Behältnis. Elegante Restaurants haben internationale Weine auf der Karte, bessere italienische Lokale führen auch italienische Weine. Bringt man seine eigene Flasche mit, wird Korkengeld (ab 25 Rand) berechnet.

LIEFERSERVICE

Lieferdienste werden gerne in größeren Städten in An-spruch genommen. Der Service »Mr Delivery« arbeitet für die verschiedensten Lokale (nicht nur Schnellimbisse) und bringt gegen geringen Aufschlag sowohl mittags als auch von früh- bis spätabends warme Mahlzeiten ins Haus. Näheres finden Sie in den örtlichen Telefonbüchern.

RAUCHEN

Südafrika hat strenge Anti-Raucher-Gesetze. Im Hauptessbereich von Restaurants darf nicht geraucht werden. Die meisten Lokale verfügen jedoch über Raucher- und Nichtraucherbereiche. Bei der Reservierung sollte man seinen Wunsch nennen.

MIT KINDERN ESSEN

Nicht alle Restaurants und Lokale sind kinderfreundlich, besonders am Abend, wenn viele Südafrikaner gediegen essen gehen und die Kinder zu Hause lassen.

Am besten geht man mit Kindern tagsüber im Freien oder in weniger vornehmen Restaurants essen. Hochstühle und Kinderteller sind unüblich. Für eine Kinderportion zahlt man etwa drei Viertel des normalen Preises.

Empfehlenswert sind Lokale wie das Spur Steakhouse. Hier gibt es spezielle Kindergerichte, Malwettbewerbe, Luftballons und Clowns.

Das Spur Steakhouse hat auch kleinen Gästen etwas zu bieten

ETIKETTE

Teure Restaurants erwarten oft elegantes, allerdings nicht formelles Outfit. Kurze Hosen und Turnschuhe sind in solchen Häusern also unpassend, können aber überall sonst bedenkenlos getragen werden.

BEHINDERTE REISENDE

Das wachsende Bewusstsein für die Bedürfnisse behinderter Gäste veranlasste manche – meist bessere – Restaurants dazu, Rampen und breitere Toilettentüren einzubauen. Viele Lokale sind aber nicht auf Rollstuhlfahrer eingestellt, man sollte sich deshalb vorher erkundigen.

Gäste im Innenhof eines südafrikanischen Restaurants

Südafrikanische Spezialitäten

Im Jahr 1652 richtete die Vereenigde Oost-Indische Compagnie am Kap eine Verpflegungsstation für ihre Schiffe ein. Die ersten Siedler eigneten sich viele Kenntnisse der einheimischen Jäger und Sammler an. Dies war der Beginn für die multiethnische Küche Südafrikas. Händler brachten exotische Gewürze, britische, indische und deutsche Siedler Zutaten ihrer Heimatstaaten ins Land. Schließlich sorgten französische Hugenotten für kulinarische Finesse. Die verschiedenen Einflüsse prägen noch heute traditionelle und moderne Gerichte.

Rooibos-Tee

Braai-Vorbereitungen in einem Restaurant an der Westküste

KAPMALAIISCHE KÜCHE

Zu Beginn des 17. Jahrhunderts kamen malaiische Sklaven aus Java in die Kapkolonie. Ihre Kenntnisse über Gewürze hatten einen starken Einfluss auf die Kap-Küche. Noch heute gibt es in Kapstadts historischem Viertel Bo-Kaap authentische Spezialitäten. Obwohl die kapmalaiischen Gerichte mit traditionellen Curry-Zutaten wie Kurkuma, Ingwer, Zimt, Kardamom, Nelken und Chili gewürzt sind, sind sie niemals feurig-scharf. Fleisch wird meist mit Obst sowie mit süßen und pikanten Aromen zubereitet. Fisch, vor allem Snoek und Seafood, spielt ebenfalls eine große Rolle. Bei den Siedlern waren malaiische Köche äußerst gefragt. Schon bald verfeinerten sie ihre traditionellen holländischen Gerichte wie melktert (Milchtorte) mit Zimt und geriebener Muskatnuss. Andere warme Puddings und Torten blieben typisch holländisch. Eingemachtes Obst hat dagegen seinen Ursprung bei den französischen Hugenotten.

KWAZULU-NATAL

Anfang des 19. Jahrhunderts wurden Inder für die Arbeit auf den Zuckerrohrfeldern von Natal ver-

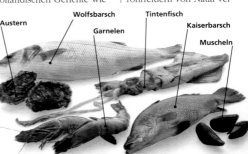

Austern   Wolfsbarsch   Tintenfisch   Kaiserbarsch   Garnelen   Muscheln

Eine Auswahl an Seafood aus Südafrika

GERICHTE UND SPEZIALITÄTEN AUS SÜDAFRIKA

Ein typisch malaiisches Gericht ist *bobotie* (Hackfleischgericht) mit *geelrys* (Reis mit Rosinen und Gewürzen) und *blatjang* (würziges Früchte-Chutney). In Durban isst man gerne *bunny chow* (indisches Gericht), ein ausgehöhltes Brot, gefüllt mit Curry und eingelegtem Gemüse. Während der Apartheid, als schwarze Südafrikaner Restaurants nicht betreten durften, wurde dieser Snack oft an der Hintertür verkauft. Gespickter Wildrücken ist das typische Gericht in der Karoo. Wird Fleisch getrocknet, gesalzen und gewürfelt, entsteht eine Art Dörrfleisch namens *biltong*. In der Cedarberg-Region gibt es den leichten und fruchtigen Rooibos-Tee. Der warme Benguelastrom und kalte Atlantikströmungen sorgen für reichlich frischen Fisch. Snoek ist einer der beliebtesten Fische.

Biltong

Smoorsnoek *ist ein Schmorgericht aus Snoek (einem Raubfisch), Kartoffeln und Tomaten.*

Südafrikanisches Obst auf einem Markt in Kapstadt

BRAAI

Das südafrikanische *braai* (Barbecue) ist weit mehr als bloßes Grillen von Fleisch über offenem Feuer. Es ist eine im ganzen Land verbreitete Tradition. Spezialitäten sind Lammkoteletts, Steaks, Hähnchen, *sosaties* (Kebabs) und *boerewors* (Wurstschnecken). Am westlichen Kap isst man gerne gegrillten Snoek in einer Sauce aus Aprikosenmarmelade, Weißwein und Früchte-Chutney. Gegrillte Krebse sind eine weitere *Braai*-Spezialität.

pflichtet. Nachdem die Verträge ausgelaufen waren, blieben viele Arbeiter im Land. Die indische Gemeinde wuchs, und schon bald wurde sie von Händlern mit heimischen Gewürzen versorgt. Zusammen mit Zutaten der Region ergaben sie eigene südafrikanische Aromen. Heute bieten Läden eine große Auswahl an Gewürzmischungen – manche gibt es nur in Südafrika – für köstliche Gerichte. Die ersten indischen Siedler stiegen in den Obst- und Gemüsehandel ein und brachten tropische asiatische Früchte nach KwaZulu-Natal. Mangos, Litschis, Bananen, *paw paws* (Papayas) und Wassermelonen genießt man frisch oder als Zutaten für Currys.

Frischer Fisch ist in dieser Region sehr beliebt. Dem jährlichen »Sardine Run« an der Küste sehen viele mit freudiger Erwartung entgegen. Sobald die ersten Fische gesichtet werden, machen sich die Einheimischen an die Arbeit, sie im Dutzend zu fangen. Die Sardinen werden gesalzen und gewürzt und sofort gebraten.

Südafrikanische Brassen, gefangen von einem Fischer aus Natal

AUF DER SPEISEKARTE

Erwtensoep Holländische Erbsensuppe, mit gewürfeltem, gesalzenem Schweinefleisch.

Groenmielies Über offenem Feuer gegrillter Maiskolben mit Butter – darf bei einem Sommer-*braai* nicht fehlen.

Koeksisters »Kuchenschwestern« sind ein süßer malaiischer Snack – eine Art Krapfen mit Zuckersirupfüllung.

Perlemoen Weich geklopfte, in Milch getränkte Seeohren werden für den Erhalt des Meeraromas leicht gebraten.

Sosaties Spieße mit Fleisch, Zwiebeln und getrocknetem Obst werden in Currysauce mariniert und gegrillt.

Waterblommetjiebredie Der typische Kap-Eintopf besteht aus Lamm und *waterblommetjies*, einer der Artischocke ähnlichen Wasserpflanze.

Bobotie *ist Rinderhackfleisch, mit Lorbeer und Kurkuma gewürzt und mit Eiercreme überbacken.*

Springbock- und Wildbraten *bleiben saftig, wenn man sie stets mit einer Sauerrahm-Marinade bestreicht.*

Melktert *stammt aus der frühen kapmalaiisch-holländischen Küche. Die süße Milchtorte wird mit Zimt bestäubt.*

Getränke

Südafrika mag zur »Neuen Welt« gehören, in der Weinherstellung kann das Land jedoch eine lange Geschichte vorweisen. Jan van Riebeeck setzte 1655 am Kap der Guten Hoffnung die ersten Weinstöcke. Den größten Einfluss auf den Weinanbau hatte Simon van der Stel. Er gründete die Weingüter Stellenbosch und Constantia. Constantia erlangte mit einem Dessertwein bereits Ende des 17. Jahrhunderts weltweite Beachtung. 1885 wurden die Weinberge durch Reblausbefall verwüstet. Nach einer Erholungsphase führte der Aufschwung zu einer Überproduktion. Dies und die Handelssanktionen infolge der Apartheidpolitik brachten Qualitätseinbußen mit sich. In den letzten Jahren hat sich die Weinindustrie gewandelt. Kleine unabhängige Weingüter produzieren erstklassige Weine. Heute ist Südafrika der achtgrößte Weinproduzent der Welt.

Bei der Traubenlese im malerischen Weingut Dieu Donné

WEISSWEIN

Der Südwesten Südafrikas ist wegen des mediterranen Klimas für den Weinanbau ideal geeignet. Die Bedingungen sind perfekt für die allgegenwärtige Rebsorte Chenin Blanc, die für die Massenproduktion, für Billigweine und für die Brandyherstellung verwendet wurde. Seit dem Ende der Quotenregelung 1992 werden vermehrt andere Rebsorten gepflanzt. Inzwischen wachsen hier Sauvignon Blanc, Chardonnay und sogar deutsche, spanische und portugiesische Rebsorten. Die besten Weißweine kommen aus Stellenbosch, Constantia und dem milden Klima der Walker Bay.

Wein vom Meerlust Estate

Avondale-Keller an den Hängen von Klein Drakenstein bei Paarl

ROTWEIN

Merlot ist die in Südafrika am weitesten verbreitete Traube, doch die Konkurrenz der einheimischen Rebsorte Pinotage *(siehe S. 128f)* wächst stetig. Südafrika produziert noch immer viele einfache Tafelweine. Hersteller wie Hamilton Russell (Pinot Noir) und Neil Ellis (Cabernet Sauvignon) haben das Angebot an exzellenten Rotweinen allerdings deutlich erweitert.

Rotwein des Morgenhof Estate bei Stellenbosch

SCHAUMWEIN UND ANDERE WEINE

Méthode Cap Classique – so heißt die Champagnermethode, die in den wichtigsten Weinregionen des Landes *(siehe S. 134)* zum Einsatz kommt. Der honigsüße Constantina-Dessertwein wurde erstmals vor über 350 Jahren hergestellt. Seit dieser Zeit hat sich die Weinindustrie weiterentwickelt und ein breites Angebot an beliebten Roséweinen aus Rebsorten wie Gamay und Shiraz hervorgebracht. In Calitzdorp in der Region Klein Karoo entsteht ein bekannter, dem Portwein ähnlicher Likörwein. Auch aus Paarl und Stellenbosch kommen gute Erzeugnisse. Die bekanntesten Hersteller von Likörweinen sind Axe Hill, JP Bredell und De Krans.

Graham Beck brut non-vintage

BIER

Die South African Breweries (SAB) wurden 1895 in London gegründet. In den letzten 20 Jahren übernahm das Unternehmen weltweit Marken und Konkurrenten. Heute ist SAB hinter der belgischen InBev-Gruppe der zweitgrößte Brauereikonzern der Welt. Die Marke Castle ist allgegenwärtig. Die Biersorte ist sogar im Rezept für Beef & Castle Pie verewigt. Das Unternehmen betreibt das SAB World of Beer Museum in Johannesburg *(siehe S. 257)*. Nach der Führung mit Erläuterungen des Brauprozesses werden die Besucher mit einer Erfrischung nach Art des Hauses belohnt.

Black Label   Castle   Hansa

BRANDY

Die 1984 in Stellenbosch gegründete South African Brandy Foundation repräsentiert praktisch alle 50 Brandymarken des Landes. 1997, zum 325. Jahrestag der Brandy-Destillierung in Südafrika, richtete die Stiftung die weltweit erste Brandy Route ein. Die Strecke führt von Stellenbosch durch Paarl und Franschhoek nach Worcester im Breede River Valley. Zu den Attraktionen gehören der Van Ryn Brandy Cellar *(siehe S. 139)* acht Kilometer außerhalb von Stellenbosch, in dem die Besucher mehr über die Verfahren bei der Brandy-Herstellung erfahren, das Oude Molen Brandy Museum in Stellenbosch und die Probierstuben der Backberg Distillery bei Paarl.

KWV, zehn
Jahre alt

Boplaas
Potstill-Brandy

Weingut vor der Kulisse der Berge um Franschhoek

SORTE	REGIONEN	HERSTELLER
WEISSWEIN		
Chenin Blanc	Breede River Valley, Stellenbosch, Cedarberg, Swartland	De Trafford, Kleine Zalze, Nederburg, Beaumont Hope
Sauvignon Blanc	Darling District, Elim Ward Overberg, Cape Point, Stellenbosch	Groote Post, Paul Cluver, Steenberg Vineyards, Hamilton Russell
Chardonnay	Breede River Valley, Overburg, Paarl, Swartland, Cedarberg	Springfield Estate, Neil Ellis, Glen Carlou, Jordan Wines
ROTWEIN		
Cabernet Sauvignon	Cedarberg, Paarl, Stellenbosch, Swartland, Tygerberg	Thelema Mountain Cedarberg Cellars, Neil Ellis, Rupert & Rothschild
Shiraz	Franschhoek, Paarl, Stellenbosch	Fairview, Neil Ellis, Boekehnhoutskloof
Pinotage	Overberg, Tulbagh, Breede River Valley, Stellenbosch	Rijk's Private Cellar, Fairview Primo, Graham Beck
Merlot	Constantia, Tygerberg, Paarl	Le Riche, Veenwouden, Glen Carlou
Pinot Noir	Overberg, Elgin, Constantina, Walker Bay, Darling District	Newton Johnson, Bouchard Finlayson, Paul Kluver, Groote Post
SCHAUMWEIN		
Cape Classic	Kap-Halbinsel	JC Le Roux, Villiera Wines, Graham Beck Wines
LIKÖRWEIN		
(eine Art Portwein)	Kleine Karoo	Axe Hill, De Krans, JP Bredell

ETIKETTENKUNDE

Südafrikas strenges Etikettierungsgesetz garantiert die Qualität der Weine. Gemäß dem System WO (Wine of Origin) muss das Etikett Angaben über verwendete Rebsorten und Jahrgang von mindestens 85 Prozent des Flascheninhalts enthalten. Die Trauben müssen allerdings zu 100 Prozent aus dem ausgewiesenen Ursprungsort stammen. Dabei kann es sich um die Region handeln (z.B. Olifants River, Breede Valley River, Cape Point), den Landkreis (z.B. Paarl, Stellenbosch, Swartland) oder sogar den genauen Bezirk (Elgin, Waterberg, Cedarberg). Top-Weine können als »Estate Wines« gekennzeichnet werden, wenn das Produkt auf ein und demselben registrierten Grundstück gepflanzt, ausgebaut und abgefüllt wurde.

Restaurantauswahl

PREISKATEGORIEN
Die Preise beziehen sich auf ein Drei-Gänge-Menü pro Person mit einer halben Flasche Hauswein, inklusive Gedeck, Steuern und Service:
Ⓡ unter 60 Rand
ⓇⓇ 60–120 Rand
ⓇⓇⓇ 120–160 Rand
ⓇⓇⓇⓇ 160–200 Rand
ⓇⓇⓇⓇⓇ über 200 Rand

Die Restaurants wurden wegen ihrer Küche, ihres Preis-Leistungs-Verhältnisses und ihrer interessanten Lage ausgewählt. Hier finden Sie auch Informationen, ob z. B. vegetarische Gerichte oder Tische im Freien angeboten werden. Die Einträge sind nach Regionen und innerhalb der Preiskategorien alphabetisch sortiert.

KAPSTADT

STADTZENTRUM Mr Pickwicks Ⓥ Ⓡ
158 Long Street, 8001 📞 *(021) 423-3710*   *Stadtplan 5 A2*

Der lebhafte Delikatessenladen mit Coffeeshop ist bei Urlaubern wie Einheimischen beliebt. An der Theke erhält man große hausgemachte Sandwiches. Probieren Sie unbedingt auch den Milkshake »Bar One« aus Eiscreme und Schokolade. Der Service ist etwas konfus, und gelegentlich muss man das Personal auf sich aufmerksam machen.

STADTZENTRUM Mugged on Roeland Ⓥ Ⓡ
37 Roeland Street, East City, 8001 📞 *(0)84 589-4665*   *Stadtplan 5 B2*

Der gut besuchte libanesische Coffeeshop bietet köstliche, mit frischen mediterranen Zutaten gefüllte Pasteten, eine große Auswahl an Muffins, riesige Vorspeisenplatten und hervorragenden Kaffee. Dazu gibt es kostenlosen WLAN-Internet-Zugang.

STADTZENTRUM Vida e Caffe Kloof Street ♿ 🚻 📋 Ⓥ Ⓡ
34 Kloof Street, Gardens, 8001 📞 *(021) 426-0627*   *Stadtplan 5 A2*

Ein Besuch dieses angesagten Cafés ist immer ein Erlebnis. Hier treffen sich schicke Einheimische und Besucher aus aller Welt zum Sehen und Gesehenwerden. Das Lokal serviert ausgezeichneten Kaffee – der Milchkaffee soll der beste der Stadt sein. Auch die riesigen Apfel-Zimt-Muffins sind köstlich.

STADTZENTRUM Greens on Park ♿ 🚻 📋 🍷 Ⓥ ⓇⓇ
5–9 Park Road, Gardens, 8001 📞 *(021) 422-4415*   *Stadtplan 5 A2*

Dieses Restaurant befindet sich im denkmalgeschützten Haus eines ehemaligen Hotels und gehört zur erfolgreichen Constantia-Kette. Auf der großen Terrasse kann man Preiselbeer-Brie, Pizzas oder herzhafte Burger genießen. Die Innenräume sind geschmackvoll gestaltet und in Erdtönen gehalten.

STADTZENTRUM Lola's ♿ 🚻 📋 🍷 Ⓥ ⓇⓇ
228 Long Street, 8001 📞 *(021) 423-0885*   *Stadtplan 5 A2*

Die ausgezeichnete vegetarische Küche im Lola's wird Gemüsefreunde, die Kapstadt besuchen, begeistern. Das belebte Restaurant hat eine tolle Atmospäre, allerdings sollte man bei einem Besuch etwas Zeit mitbringen, da das Personal weder das schnellste noch das aufmerksamste ist.

STADTZENTRUM Manna Epicure ♿ 🚻 📋 🍷 Ⓥ ⓇⓇ
151 Kloof Street, 8001 📞 *(021) 426-2413*   *Stadtplan 4 F3*

Das trendige Restaurant zeigt sich in glänzendem Weiß. Gereicht werden selbst gebackenes Brot und originelle Tapas-Gerichte. Die Speisekarte ist unterteilt in Süßes, Bitteres, Saures und Pikantes, dazu gibt es frisch gepresste Säfte und tolle Cocktails. Versuchen Sie das Kokosnussbrot mit Rührei, Avocado und Lachs.

STADTZENTRUM Relish Restaurant & Bar ♿ 🚻 📋 🍷 Ⓥ Ⓟ ⓇⓇ
70 New Church Street, 8000 📞 *(021) 422-3584*   *Stadtplan 5 A2*

Das dreistöckige Restaurant am Rand von Tamboerskloof bietet einen tollen Blick auf den Sonnenuntergang am Berg. Für Raucher gibt es Tische im Freien, die Innenräume sind minimalistisch im 1960er-Jahre-Stil gestaltet. Chef Richard Walsh sorgt persönlich für die schnörkellose Bistro-Küche, außerdem gibt es äußerst leckere Cocktails.

STADTZENTRUM Royale Eatery ♿ 🚻 📋 🍷 Ⓥ ⓇⓇ
279 Long Street, Gardens, 8001 📞 *(021) 422-4536*   *Stadtplan 5 A2*

Sacha Berolskys Gourmet-Burger-Restaurant in der belebten Long Street ist eine Hommage an den Film *Pulp Fiction* und sucht seinesgleichen. Im Angebot sind Lamm-, Straußen- und vegetarische Burger, die mit Pommes frites aus Süß- oder normalen Kartoffeln gereicht werden. Über dem Restaurant befindet sich die trendige Bar Waiting Rooms.

STADTZENTRUM Yum ♿ 🚻 📋 🍷 Ⓥ Ⓟ ⓇⓇ
2 Deer Park Drive, Vredehoek, 8000 📞 *(021) 461-7607*   *Stadtplan 5 B5*

An den Hängen des Tafelbergs findet sich dieser ausgezeichnete Feinkostladen mit Restaurant, wo man auch schön frühstücken kann. Die Gästeschar des Yum ist jung und hip, die Preise sind moderat. Die Speisekarte grenzt ans Avantgardistische und führt ein paar äußerst gewagte Kombinationen auf.

STADTZENTRUM Arnold's
🔲 **V**   ®®®

60 Kloof Street, Gardens, 8001 📞 *(021) 424-4344*   **Stadtplan 5 A2**

Diese Institution in Kapstadt bietet hervorragenden Service und ist bei Urlaubern und Einheimischen gleichermaßen beliebt. In schöner Umgebung mit Sicht auf den Tafelberg werden ausgefallene Gerichte aus Krokodil-, Warzenschwein- und Straußenfleisch serviert, Spezialität des Hauses ist jedoch Filetsteak mit Pilzen.

STADTZENTRUM Café Paradiso
🔲 🍷 **V**   ®®®

110 Kloof Street, Gardens, 8001 📞 *(021) 423-8653*   **Stadtplan 4 F3**

Das Café Paradiso ist ein bodenständiges Restaurant mit herzhafter mediterraner Küche und umfangreicher Weinkarte. Es ist bekannt für seine Steaks und das Vorspeisenbüfett. Der Außenbereich an der Kloof Street mit Blick auf den City Bowl ist ein perfekter Ort, um die wunderschöne Landschaft von Cape Town zu genießen.

STADTZENTRUM Carlyles
🔲 ☰ 🍷 **V**   ®®®

17 Derry Street, Vredehoek, 8000 📞 *(021) 461-8787*   **Stadtplan 5 C4**

Am Berg in Vredehoek finden Sie diesen schönen Ort für ein zwangloses Essen. Die lange Liste der Spezialitäten reicht von Pizza über Pasta bis zu Fleischgerichten. Wie die Bedienungen die Gerichte und Zubereitungsarten aufzählen, ist allein schon ein Erlebnis.

STADTZENTRUM Chef Pons
🍷 **V**   ®®®

12 Mill Street, Gardens, 8001 📞 *(021) 465-5846*   **Stadtplan 5 A3**

Junge Einheimische lieben die thailändische und südostasiatische Küche des Chef Pons, weshalb es hier ab 19 Uhr auch immer schon sehr turbulent zugeht. Wenn Sie auf der Suche nach einer neuen kulinarischen Erfahrung sind, sollten Sie das feurig-scharfe Curry probieren, andernfalls wählen Sie eines der etwas milderen Wokgerichte.

STADTZENTRUM Mama Africa Restaurant & Bar
🍷 **V**   ®®®

178 Long Street, 8001 📞 *(021) 424-8634*   **Stadtplan 5 A2**

Wie der Name verspricht ist Mama Africa die Matriarchin unter Cape Towns Restaurants. Die fröhlich unkonventionelle Atmosphäre steckt alle Gäste an, die Live-Musik tut mit Marimbaklängen ihr Übriges. Versuchen Sie gemischtes Wild oder – wenn Sie abenteuerlustig sind – Mopaneraupen.

STADTZENTRUM Manolo
🔲 ☰ 🍷 **V P**   ®®®

30 Kloof Street, Gardens, 8001 📞 *(021) 422-4747*   **Stadtplan 5 A2**

In einer viktorianischen Villa in der Kloof Street bietet das schicke Manolo einen Mix aus asiatischer, afrikanischer und französischer Küche. Das Lokal rühmt sich seines kulinarischen Flairs, stilvollen Ambientes und perfekten Services. Probieren Sie norwegischen Lachs mit *Fynbos*-Honig – und den »Manolo Chill Cocktail« an der hervorragenden Bar.

STADTZENTRUM Miller's Thumb
🔲 ☰ 🍷 **V**   ®®®

10b Kloofnek Road, Tamboerskloof, 8001 📞 *(021) 424-3838*   **Stadtplan 4 F3**

Die Speisekarte des Fischrestaurants von Solly und Jane Solomon variiert, führt aber stets das Frischeste aus dem Meer, ohne Schnickschnack zubereitet. Es lehnt sich an kreolische und Cajun-Küche an, aber auch die Variation des japanischen *yaki soba* (Garnelen, Lachs und Huhn mit Cashews) ist bei den einheimischen Gästen sehr beliebt.

STADTZENTRUM Oasis
♿ 🔲 ☰ 🍷 **V P**   ®®®

Mount Nelson Hotel, 76 Orange Street, 8001 📞 *(021) 483-1000*   **Stadtplan 5 A3**

Im Restaurant des Mount Nelson Hotel genießt man Meeresfrüchte, nach Wunsch zubereitete Fleischgerichte oder Pizzas aus dem Holzofen mit Blick auf den malerischen Garten samt Pool. Für Eilige gibt es hausgemachtes Ciabatta, *kitka* und *Focaccia*-Röllchen mit Räucherlachs und Shrimps.

STADTZENTRUM 95 Keerom
🍷 **V**   ®®®®

95 Keerom Street, 8000 📞 *(021) 422-0765*   **Stadtplan 5 B2**

Ein rund hundert Jahre alter Olivenbaum wächst inmitten des alteingesessenen Restaurans im Stadtzentrum. Der Schwerpunkt der norditalienisch inspirierten Küche liegt auf Fisch, den der Besitzer Giorgio Nava nicht nur zubereitet, sondern gern auch persönlich fängt. Besonders beliebt ist Thunfisch mit Tomaten, Oliven und Kapern.

STADTZENTRUM Bukhara
🔲 ☰ 🍷 **V P**   ®®®®

33 Church Street, 8001 📞 *(021) 424-0000*   **Stadtplan 5 B1**

Eines der angesehensten indischen Restaurants der Stadt beglückt seine Gäste mit erlesenen und sorgfältig zubereiteten Köstlichkeiten. Das schöne Ambiente lebt durch die großflächige verglaste Küche mit Tandoori-Öfen und die großen Fenster mit Blick auf die Church Street.

STADTZENTRUM Ginja
☰ 🍷 **V P**   ®®®®

121 Castle Street, Bo-Kaap, 8001 📞 *(021) 426-2368*   **Stadtplan 5 B1**

Das moderne Restaurant wirkt mit seinen hohen Decken und schweren Metalltüren wie ein umgebautes Lagerhaus, ist aber im Stil einer französischen Brasserie aus den 1930er Jahren gestaltet. Die innovative Speisekarte von Küchenchef Mike Basset weist Gerichte wie Lammkotelett mit Miso-Gorgonzola-Sauce und englischem Spinat auf.

STADTZENTRUM Haiku
☰ 🍷 **V**   ®®®®

33 Church Street, 8001 📞 *(021) 424-7000/1472*   **Stadtplan 5 1B**

Das extrem angesagte Haiku liegt beim Bukhara um die Ecke und wurde 2005 bei den *Eat Out Awards* als bester Newcomer Südafrikas ausgezeichnet. Laute Lounge-Musik durchdringt das Lokal, dessen Ambiente aus sanftem Licht und schwarzen Granitwänden sich ansonsten eher »Zen-mäßig« zeigt. Hell beleuchtet ist nur die offene Küche.

Stadtplan Kapstadt *siehe Seiten 115–123*

STADTZENTRUM Veranda

♿ ▣ ▤ ♻ V   ®®®®®

Metropole Hotel, 38 Long Street, 8000 ☎ *(021) 424-7247*   *Stadtplan 5 A2*

Das Veranda bietet gute Fusionsküche mit einer modernen Note. In einem völlig weißen Speisesaal werden Gerichte wie Tintenfisch aus dem Wok mit Chili und Petersilie, Frühlingsrollen mit Preiselbeeren, gebratener Schweinebauch mit Apfelpüree und *pak choi* gereicht – allerdings nur abends.

V&A WATERFRONT Il Paninaro

▣ ♻ V   ®®

Shop 14–15, Alfred Mall, 8001 ☎ *(021) 421-6052*   *Stadtplan 1 B1*

Der Name bedeutet »Sandwich-Macher«, doch hier bekommen Sie auch Salate, Pizzas und Pasta. Il Paninaro ist nicht nur für den besten Kaffee der Stadt bekannt, sondern auch für hochwertige Zutaten – die Fleischprodukte kommen alle aus Italien. Auf dem Weg nach Robben Island sollten Sie hier ein paar der berühmten Sandwiches mitnehmen.

V&A WATERFRONT Paulaner Brauhaus and Restaurant

♿ ▣ ▤ ♻ V ▣   ®®

Shop 18–19, Clock Tower Square, 8001 ☎ *(021) 418-9999*   *Stadtplan 1 B1*

In der äußerst beliebten Brauereigaststätte wird natürlich hauptsächlich deutsches Essen serviert. Zu den typischen herzhaften Gerichten gehört z. B. Schweinshaxe mit Knödel und Krautsalat. Gäste können außerdem aus einem breiten Angebot an importierten Bieren wählen.

V&A WATERFRONT Belthazar Restaurant and Wine Bar

♿ ▣ ▤ ♻ V ▣   ®®®®

Shop 153, Victoria Wharf, 8001 ☎ *(021) 421-3753/6*   *Stadtplan 1 C1*

Beim Sieger im »Fine Dining« unter den Küstenrestaurants und dem besten Steakhaus Südafrikas 2005 werden Speisen perfekt zubereitet. Mindestens ebenso eindrucksvoll ist die gewaltige Weinkarte. Das Lokal strebt wohl auch einen Preis für die weltweit größte Auswahl an offenen Weinen an. Reservieren Sie rechtzeitig!

V&A WATERFRONT Den Anker Restaurant and Bar

♿ ▣ ▤ ♻ V ▣   ®®®®

Pierhead, 8001 ☎ *(021) 419-0249*   *Stadtplan 1 B2*

Der Schwerpunkt des Restaurants liegt auf dem Belgischen. Rundum verglast bietet es Blicke auf Yachthafen, City Bowl und die Berge dahinter. Muscheln mit Pommes frites und Mayo sind eine der bezeichnenden Vorspeisen, während Gerichte wie Chateaubriand vom Springbock regionale Zutaten und europäische Zubereitung kombinieren.

V&A WATERFRONT The Green Dolphin

♿ ▣ ▤ ♻ V ▣   ®®®®

Shop 2a, Alfred Mall, Pierhead, 8001 ☎ *(021) 421-7471*   *Stadtplan 1 B2*

Verglichen mit dem etwas ungehobelten Manenberg Café ist dieses Restaurant die kultiviertere Option. Der Service ist freundlich und professionell, die Gerichte sind nach lokalen und internationalen Musikern benannt. Wählen Sie zwischen »Oscars Straußensteak«, »Sunnys Meeresfrüchte-Spektakel« oder »Tiffins Sorbet-Trio«.

V&A WATERFRONT Sevruga

♿ ▤ ♻ V   ®®®®®

Shop 4, Quay 5, 8001 ☎ *(021) 421-5134*   *Stadtplan 1 B1*

Das Schwesterrestaurant des beliebten Beluga in Green Point *(siehe S. 361)* ist das angesagteste Lokal der Küste und ganz Kapstadts, wenn es um Sehen und Gesehenwerden geht. Es bietet seinen vorwiegend schönen Gästen eine umfangreiche Karte mit anspruchsvollen Gerichten wie fangfrisches Sushi, Fleisch vom Grill und Carpaccio.

ATLANTIKKÜSTE La Cuccina

▣ ▤ ♻ V ▣   ®®

Victoria Mall, Victoria Road, Hout Bay, 7872 ☎ *(021) 790-8008*

Der weiträumige Feinkostladen mit Restaurant hat ofenfrischen Kuchen und ein tolles Mittagsbüfett zu bieten. Bezahlt wird nach Gewicht der Teller. Auch wenn das Lokal etwas abseits liegt, kennt es in Hout Bay wirklich jeder. Da auch das Frühstücksangebot hervorragend ist, geht es hier den ganzen Tag recht lebhaft zu.

ATLANTIKKÜSTE Café Caprice

▣ ▤ ♻ V   ®®®

37 Victoria Road, Camps Bay, 8001 ☎ *(021) 438-8315*

Models und modebewusste Mittzwanziger lieben dieses lebhafte Café, das vor allem in den Sommermonaten stets gut besucht ist. Die Frühstückskarte findet viel Anklang, besonders gut sind die Eier Benedict. Am Abend legt in der Bar ein DJ aus der Gegend auf, sonntags wird das Caprice zur Partyzone.

ATLANTIKKÜSTE Codfather

▤ ♻ V ▣   ®®®

37 The Drive, Camps Bay, 8001 ☎ *(021) 438-0782/3*

Das erste ausdrückliche Sushi-Restaurant in Kapstadt eröffnete 2001, es gibt hier aber auch eine Auswahl anderer Fisch- und Meeresfrüchtegerichte. Mangels einer Speisekarte hilft das Personal bei der Wahl des passenden Gerichts. Einige der Tische erlauben einen schönen Panoramablick aufs Meer.

ATLANTIKKÜSTE La Perla

♿ ▣ ▤ ♻ V   ®®®®

Beach Road, Sea Point, 8000 ☎ *(021) 439-9538*

Die Alte Dame unter den Seafood-Restaurants bietet leckere Gerichte. Für jeden Fisch der Karte stehen drei Zubereitungsarten mit verschiedenen Saucen zur Auswahl. Das Ambiente ist elegant, aber nicht steif, und auch Kinder sind willkommen. Leider klappt der Service nicht immer. An den Tischen im Freien kann man die Wellen beobachten.

ATLANTIKKÜSTE Blues

♿ ▣ ▤ ♻ V   ®®®®

The Promenade, Victoria Road, Camps Bay, 8001 ☎ *(021) 438-2040*

Das Blues stammt noch aus den 1980er Jahren, als Yuppie-Restaurants in Kapstadt boomten, und konnte sich über die Jahre gut halten. Nach einer Renovierung verfügt es jetzt über einen Weinkeller, der sich für kleine private Feiern eignet. Die mediterrane Speisekarte führt jede Menge Seafood und zeigt zeitgemäße internationale Einflüsse.

GREEN POINT UND MOUILLE POINT Andiamo
Cape Quarter, 72 Waterkant Street, Green Point, 8001 ((021) 421-3687/8 **Stadtplan 2 D5**

Der Italiener im schicken Kapstädter Viertel Green Point versprüht ansteckende Lebensfreude. Die erfrischend unprätentiösen Gerichte sind allesamt sorgfältig zubereitet. Zu den Spezialitäten zählen Lammsteaks und Fisch aus dem Pizzaofen. Im angeschlossenen Feinkostladen werden täglich Verköstigungen angeboten.

GREEN POINT UND MOUILLE POINT Bravo
121 Beach Drive, Mouille Point, 8005 ((021) 439-5260 **Stadtplan 1 B3**

Dieses Lokal an Mouille Points Boulevard mit Blick aufs Meer ist in Familienhand und stets eine gute Wahl, um Pizzas und verschiedene Pastagerichte im Freien zu genießen. Ein nahe gelegener Spielplatz mit Miniaturbahn unterhält die Kleinen, während die Eltern entspannt auf den nächsten Gang warten.

GREEN POINT UND MOUILLE POINT Anatoli
24 Napier Street, Green Point, 8005 ((021) 419-2501 **Stadtplan 2 D5**

Schon seit 1984 serviert das Anatoli die beste türkische Küche Kapstadts. Die lebendige türkische Kultur zeigt sich sowohl in der Einrichtung des hundert Jahre alten, ehemaligen Lagerhauses als auch in der Speisekarte, die laufend wechselt. Gäste werden mit riesigen Platten Vorspeisenhäppchen und warmem Fladenbrot begrüßt.

GREEN POINT UND MOUILLE POINT Beluga
The Foundry, Prestwich Street, Greenpoint, 8001 ((021) 418-2948 **Stadtplan 2 D5**

Eine rund hundert Jahre alte Metallfabrik birgt heute das Beluga, das einen Mix aus Fisch, Meeresfrüchten und Grillgerichten bietet. In der Sushi-Bar des Restaurants können Sie den asiatischen Köchen beim Zerlegen des Tagesfangs zusehen. Das »Zwei-für-Eins«-Sushi zur Mittagszeit ist sehr beliebt.

GREEN POINT UND MOUILLE POINT Tank Restaurant and Sushi Bar
Cape Quarter, 72 Waterkant Street, Green Point, 8001 ((021) 419-0007 **Stadtplan 2 D5**

Das Restaurant im schicken Cape Quarter bietet pazifische Küche und Sushi nach kalifornischer Art. Weiße Wände und eine elegant minimalistische Einrichtung bestimmen das Ambiente. Küchenchef Frederic Faucheaux bereitet hervorragende Entenbrust, und auch der norwegische Lachs ist sehr empfehlenswert.

GREEN POINT UND MOUILLE POINT Wakame
Ecke Beach Drive & Surrey Road, Mouille Point, 8005 ((021) 433-2377 **Stadtplan 1 B3**

Das imposante Maskottchen dieser Sushi-Bar im ersten Stock – ein riesiges Fischskelett über der Theke – hat bisher noch jeden Gast beeindruckt. Das Lokal bietet auch Tische im Freien, von denen man im Frühling manchmal Wale in der Bucht beobachten kann.

GREEN POINT UND MOUILLE POINT Pigalle
57 Somerset Road, Greenpoint, 8001 ((021) 421-4848 **Stadtplan 2 D5**

Bei der Ausstattung dieses gehobenen Restaurants in einer ehemaligen Eishalle wurden keine Kosten und Mühen gescheut. Als eines von wenigen konnte sich dieses Ausnahmelokal in Kapstadts unbeständiger Restaurantszene halten und lockt nun jeden Abend zahlreiche Prominente an.

NÖRDLICHE VORORTE De Tijgerkombuis
12 Old Oak Road, Bellville, 7530 ((021) 914-0186

Das holländische Pub-Restaurant zeigt sich in altem Stil und serviert Gerichte der Region, was es bei Einheimischen sehr beliebt macht. Zu den landestypischen und traditionellen Spezialitäten zählen Ochsenschwanz, *bobotie* und ganz hervorragende Kutteln.

NÖRDLICHE VORORTE La Masseria
Ecke Bluegum & Huguenot Street, Durbanville, 7550 ((021) 976-0036

Im Familienbetrieb Masseria liegt der Schwerpunkt auf herzhafter Hausmannskost. Die Speisekarte richtet sich ganz nach der Saison. Da hier traditionell großer Wert aufs Detail gelegt wird, lässt man sich bei der Zubereitung die nötige Zeit. Chef Lorenzo betreibt auch einen gut gehenden Feinkostladen mit Rauchfleisch und italienischem Käse.

SÜDLICHE HALBINSEL Kalky's
Kalk Bay Harbour, Kalk Bay, 7945 ((021) 556-5555

Kalky's ist Kapstadts bester Laden für Fish & Chips. Lassen Sie sich nicht von der heruntergekommenen Hafengegend abschrecken – hier ist alles frisch, und Sie bekommen viel für Ihr Geld. Die beste Wahl ist das »family meal«, mit dessen Menge an Fisch, Pommes frites, Calamari und Brot Sie eine kleine Armee satt bekämen.

SÜDLICHE HALBINSEL The Meeting Place
98 St Georges Street, Simon's Town, 7975 ((021) 786-1986

Der Feinkostladen und Coffeeshop gegenüber dem Yachthafen von Simon's Town verfügt über einen hübschen Balkon im Kolonialstil, der Blick auf die alte Hauptstraße und jede Menge gemütlicher Sofas bietet. Wählen Sie aus hausgemachten Kuchen, Muffins, Toastsandwiches und anderen leichten Gerichten.

SÜDLICHE HALBINSEL The Brass Bell
Kalk Bay Station, Main Road, Kalk Bay, 7975 ((021) 788-5455

Bevor Urlauber in das Gebiet kamen, war dieses Lokal eine Musikkneipe, in der sich hauptsächlich Bewohner aus dem Nachbarort Fish Hoek trafen, wo Alkoholverbot herrschte. Heute ist das Brass Bell ein schickes, nettes Restaurant, das Pizzas aus dem Holzofen serviert.

Stadtplan Kapstadt *siehe Seiten 115–123*

SÜDLICHE HALBINSEL Cape to Cuba
165 Main Road, Kalk Bay, 7975 **(** *(021) 788-1566*

Das Cape to Cuba besteht eigentlich nur aus einer Reihe Wellblechhütten an den Eisenbahngleisen und ist ein Wunder an südafrikanischem Unternehmergeist. Jedes Stück der lateinamerikanischen oder afrikanischen Dekoration steht zum Verkauf und ist mit einem deutlichen Preisschild versehen. Es gibt Cocktails und leichte Snacks.

SÜDLICHE HALBINSEL Carla's
9 York Road, Muizenberg, 7945 **(** *(021) 788-6860*

Carla, eine Auswanderin aus Mosambik, die nun glücklich in Muizenberg lebt, ist jeden Abend in diesem kleinen, gemütlichen Restaurant anzutreffen. Spezialität des Hauses sind die »LM Prawns«, ein regionales Gericht, das mit Reis, Pommes frites und Piri-Piri-Sauce serviert wird. Reservierung ist empfohlen.

SÜDLICHE HALBINSEL Il Postino
153 Main Road, Muizenberg, 7945 **(** *(021) 788-6776*

Das Lokal von Daniel Evans befindet sich im alten Postgebäude von Muizenberg und veranstaltet skurrile Aufführungen im Post Box Theater nebenan. Es gibt hier nur ein festes Tagesmenü mit kleinen Variationsmöglichkeiten. Ob Sie nun ins Theater gehen oder nicht – das Il Postino ist auf jeden Fall einen Besuch wert.

SÜDLICHE HALBINSEL Octopus' Garden
The Old Post Office Building, Main Road, St James, 7945 **(** *(021) 788-5646*

Die ungewöhnliche Örtlichkeit in St. James und der köstliche Zitronenbaiserkuchen – der beim Essen ein gewisses Geschick voraussetzt – sind nur zwei der Attraktionen dieses Restaurants. Das Ambiente ist entspannt und freundlich, Hunde sind hier ebenso willkommen wie Kinder. Eine Hängematte bietet nach dem Essen Platz zum Entspannen.

SÜDLICHE HALBINSEL Olympia Café & Deli
134 Main Road, Kalk Bay, 7975 **(** *(021) 788-6396*

Unkonventionelles Ambiente und kulinarische Kunstfertigkeiten brachten dem Olympia einen Preis in der Kategorie »Everyday Eating« ein, der nun in einem der Waschräume bewundert werden kann. Das Frühstück ist ganz zu Recht legendär, aber auch der sautierte Thunfisch und andere, regelmäßig wechselnde Spezialitäten sind ein Gedicht.

SÜDLICHE HALBINSEL Polana
Kalk Bay Harbour, Kalk Bay, 7945 **(** *(021) 788 4133*

Das Polana auf der südlichen Halbinsel umweht ein Hauch von Café del Mar. Das überteuerte Essen ist weit weniger reizvoll als die Lage des Restaurants. Im Sommer ist die Glasfront geöffnet, und man spürt die Meeresbrise fast auf der Haut, während man in großen Sofas auf den nächsten Gang wartet oder einen Cocktail an der Bar genießt.

SÜDLICHE HALBINSEL The Black Marlin
Main Road, Millers Point, Simon's Town, 7995 **(** *(021) 786-1621*

Um zum ältesten Fischrestaurant Kapstadts zu gelangen, müssen Sie durch Simon's Town und vorbei an der Boulders Pinguinkolonie, bis nur noch die menschenleere Küste vor Ihnen liegt. Allein schon die Aussicht ist die lange Fahrt wert. In der richtigen Saison können Sie hier fangfrische Langusten mit Blick auf vorbeiziehende Wale genießen.

SÜDLICHE HALBINSEL Harbour House
Kalk Bay Harbour, Kalk Bay, 7945 **(** *(021) 788-4133*

Das wohl vornehmste Restaurant des beliebten Fischerdorfs liegt im Hafen über zwei anderen Lokalen. Das Interieur ist sehr luftig gestaltet und die Bar beinahe so groß wie der Restaurantbereich. Wenn Sie auf der Terrasse an einem Cocktail nippend die Seehunde beobachten, werden Sie sich wie ein Millionär fühlen.

SÜDLICHE VORORTE Peddlars on the Bend
Spaanschemat River Road, Constantia, 7800 **(** *(021) 794-7747*

Im Peddlars, einer Institution in der Gegend, wird eine treue Gästeschar mit typischer Kneipenkost versorgt. An schönen Tagen ist der Garten stets voll besetzt und von Geschnatter erfüllt. Kosten Sie »Ferrari prego«, eine Variation der klassischen Steaksemmel, oder »Kingklip Calabrese« mit Anchovis. Vegetarier bevorzugen Spinat oder Linsenauflauf.

SÜDLICHE VORORTE Rhodes Memorial Restaurant
Rhodes Memorial, Groote Schuur Estate, Rondebosch, 7740 **(** *(021) 689-9151*

Das Restaurant hinter dem Rhodes Memorial bietet einen tollen Blick auf City Bowl und City Flats und ist für seine hausgemachten Desserts berühmt. Nach einem morgendlichen Spaziergang entlang dem Bergpfad bekommt man hier auch ein deftiges Frühstück mit frisch gepresstem Orangensaft – oder ein Bier.

SÜDLICHE VORORTE Constantia Uitsig
Constantia Uitsig Farm, Spaanschemat River Road, Constantia, 7800 **(** *(021) 794-4480*

Im hochgelobten Restaurant von Frank Swainston passt einfach alles: vom Essen über den Service bis zur Weinkarte. Es wurde vor 13 Jahren eröffnet und befindet sich im ehemaligen Herrenhaus des Weinguts Constantia Uitsig. Die große Beliebtheit verdankt es sicher auch der freundlichen Gastlichkeit seines Besitzers.

SÜDLICHE VORORTE La Colombe
Constantia Uitsig, Constantia, 7800 **(** *(021) 794-2390*

Das Colombe auf Constantia Uitsig wurde vom britischen Magazin *Restaurant* 2006 bei der Wahl zum weltbesten Restaurant mit dem 28sten Platz bedacht und eignet sich für besondere Abende in schlichter Eleganz. Die französische Küche weist eine leichte Cape-Note auf. Das Augenmerk liegt auf der Zubereitung, nicht auf gestelztem Service.

KAP-WEINREGION

FRANSCHHOEK Bouillabaisse Champagne and Oyster Bar

🖼 🍽 🍷 V P ⓇⓇⓇ

38 Huguenot Street, Franschhoek, 7690 📞 *(021) 876-4430*

Chefkoch Camil hat ein wahrlich dekadentes Restaurant gegründet, das eine Reihe exotischer Gerichte in Tapas-Größe reicht. Die Speisekarte ist unterteilt in verlockend, entzückend, sensationell, traumhaft und prestigeträchtig – aber lassen Sie unbedingt noch Platz für Austern und Champagner, die dem Restaurant den Namen gegeben haben.

FRANSCHHOEK Haute Cabrière

🍽 🍷 V P ⓇⓇⓇ

Cabrière Estate, Pass Road, Franschhoek, 7690 📞 *(021) 876-3688*

In diesem eleganten Keller-Restaurant hoch oben am Franschhoek Pass werden die Speisen vorwiegend aus Zutaten der nahen Region zubereitet. Frischer Lachs und Forellen stammen z.B. aus dem benachbarten Gebirgsbach, wo sie gezüchtet werden. Das Haute Cabrière wird regelmäßig unter den zehn besten Restaurants Südafrikas geführt.

FRANSCHHOEK La Petite Ferme

🖼 🍽 🍷 V P ⓇⓇⓇ

Franschhoek Pass Road, Franschhoek, 7690 📞 *(021) 876-3016*

Das Magazin *Wine* setzte das Restaurant 2004 auf die Liste der zehn besten. Der Weinkeller ist milde gesagt beeindruckend, die Winzerei hat über die Jahre einige preisgekrönte Tropfen hervorgebracht. Küchenchefin Olivia Mitchell und ihre Crew vollbringen wahre Wunder beim Zaubern afrikanischer und malaiischer Köstlichkeiten.

FRANSCHHOEK Le Quartier Français

🖼 🍽 🍷 V P ⓇⓇⓇⓇ

16 Huguenot Street, Franschhoek, 7690 📞 *(021) 876-2151*

Das Restaurant gehört beim Magazin *Restaurant* regelmäßig zu den 50 besten. Chefköchin Margot Janse kreiert für ihre Gäste eine Auswahl an vier-, sechs- und achtgängigen Menüs, die allesamt aus saisonalen Zutaten der Region bereitet sind. Im Bistro Ici werden preiswertere, aber ebenso köstliche Gerichte serviert.

FRANSCHHOEK Reubens Restaurant & Bar

🍽 🍷 V P ⓇⓇⓇⓇ

Oude Stallen Center, 19 Huguenot Road, Franschhoek, 7690 📞 *(021) 876-3772*

Restaurantprüfer Reuben Riffel eröffnete sein schickes Lokal 2003 und legte sich schwer ins Zeug, den allgemein großen Erwartungen gerecht zu werden. Die entspannte Atmosphäre, hervorragender Service und die ausnehmend guten Gerichte aus Fisch und Meeresfrüchten sind ein Erlebnis, das man nicht so schnell vergisst.

PAARL Kikka

🖼 🍷 V P Ⓡ

217 Main Street, Paarl, 7646 📞 *(021) 872-0685*

Gleich hinter der Hauptstraße des Dorfes liegt dieser Blumenladen mit Coffeeshop. Lassen Sie sich durch den hübschen Krimskrams des Ladens aber nicht vom hervorragenden Büfett ablenken, oder von den leichten Gerichten, die in dieser behaglichen Umgebung serviert werden. Das benachbarte Noop bietet eher deftige Speisen.

PAARL Restaurant 101

♿ 🖼 🍷 V P ⓇⓇ

Simonsvlei Winery, Old Paarl Road (101), Paarl, 7646 📞 *(021) 863-2486*

Dieses Lokal ist preisgünstig, groß, kinderfreundlich, bietet eine große Terrasse und bildet einen willkommenen Gegenpart zu all den gehobenen Restaurants, die man sonst in den Winelands findet. Es richtet oft große Feiern aus und veranstaltet im Sommer auch Picknicks oder Mittagsbüfetts am Wasser.

PAARL 42 on Main

♿ 🖼 🍷 V P ⓇⓇⓇ

42 Main Street, Paarl, 7646 📞 *(021) 863-0142*

Das einzigartige traditionelle Afrikaans-Lokal verströmt die entspannte Atmosphäre eines Farmhauses. Es verfügt über vier separate Speisesäle, der beliebteste ist der *braaimaker* oder Barbecue Room. Auf der Speisekarte finden sich afrikanische Spezialitäten, aber auch Speisen aus diversen anderen Kulturen wie etwa ein Punjabi-Lammgericht.

PAARL Gabbemas

🖼 🍽 🍷 V P ⓇⓇⓇ

De Oude Paarl Hotel, 132 Main Street, Paarl, 7646 📞 *(021) 872-1002*

Das Gourmetrestaurant im Oude Paarl Hotel hat eine große Weinauswahl und einige extravagante Hauptgerichte zu bieten. Abenteuerlustige Feinschmecker möchten vielleicht das in Honig, *Rooibos*-Tee und Vanille marinierte Hähnchen-Piccata mit *paw paw*, Chilisauce und Stachelbeeren-Coulis probieren.

PAARL Bosmans

♿ 🖼 🍽 🍷 V P ⓇⓇⓇⓇ

The Grande Roche Hotel, Plantasie, 7646 📞 *(021) 863-2727*

Schon zwei Jahre in Folge wurde das Bosmans von der Zeitschrift *Style* zum besten De-luxe-Restaurant Südafrikas gekürt. Ein internationales Küchenteam sorgt dafür, dass der hohe Standard erhalten bleibt. Die erlesenen Gerichte sollen »ein verfeinertes Bewusstsein dessen vermitteln, was in der kulinarischen Welt vor sich geht«.

SOMERSET WEST The Avontuur Estate Restaurant

🖼 🍽 🍷 V P ⓇⓇⓇ

R44, Somerset West, 7130 📞 *(021) 855-4296*

Das Restaurant des Weinguts liegt zwischen Degustationsraum und Weinkeller. Sehr sorgfältig werden hier feine Gerichte mit mediterraner Note aus frischen Zutaten vom Land zubereitet. Bei schönem Wetter können Sie auf der Veranda im Garten speisen und den weiten Blick über die Weinberge bis zum Tafelberg genießen.

SOMERSET WEST Wine Women & Sushi

🖼️📋🍷 V P ⓇⓇⓇ

Urtell Crescent, The Triangle, Somerset Mall, 7130 📞 *(021) 851-0271*

Sushi ist so ziemlich alles, was dieses Lokal zubereitet, aber das macht es wirklich gut. Nicht umsonst ist Wine Women & Sushi eines der besten japanischen Restaurants in den Winelands. Die Gerichte der Karte gibt es auch zum Mitnehmen, darunter sind einige vegetarische Variationen zu finden. Im Sommer stehen Tische im Freien.

SOMERSET WEST 96 Winery Road

♿🖼️📋🍷 V P ⓇⓇⓇⓇ

Zandberg Farm, Winery Road, Somerset West, 7130 📞 *(021) 842-2020*

Im gut gehenden Landgasthof in Helderberg werden nur frische Bioprodukte aus der Region verwendet. Die Steaks sind besonders gut, da das Fleisch 18 Tage in einem extra dafür eingerichteten Kühlraum reift. Für seine Weinauswahl hat das Restaurant den Preis des *Diners Club* in der Kategorie »Excellence« erhalten.

SOMERSET WEST Die Ou Pastorie

🖼️📋🍷 V P ⓇⓇⓇⓇ

41 Lourens Street, Somerset West, 7130 📞 *(021) 850-1660*

Das Landhaus-Restaurant hat schon einige gastronomische Auszeichnungen eingeheimst. Die Hauptgerichte stützen sich in erster Linie auf Fleisch aus der Region. Sehr schmackhaft sind etwa die geschmorte Keule vom Springbock und das Straußenfilet. Für Vegetarier gibt es Kürbisravioli mit Spinatröllchen.

SOMERSET WEST Steffanie's Place

🖼️📋🍷 V P ⓇⓇⓇ

113 Irene Avenue, Somerset West, 7130 📞 *(021) 852-7584*

Dieser beliebte Familienbetrieb wird wirklich immer besser. Sein größter Pluspunkt ist wohl die Lage am höchsten Punkt der Irene Avenue mit Blick auf Meer und Berge. Die Gäste kommen aber auch wegen der leckeren Gerichte von Küchenchef Conan Garrett gerne wieder, darunter z. B. gegrillter Aal mit Parmesan und Schnittlauchsauce.

STELLENBOSCH Moyo at Spier

🖼️📋🍷 V P ⓇⓇⓇⓇⓇ

Spier Estate, Lynedoch Road (R310), 7603 📞 *(021) 809-1131*

Das Moyo ist mehr als nur ein Restaurant – es ist eine kulturelle Erfahrung. Das Essen wird als köstliches Büfett präsentiert, während einheimische Tänzer und Musiker mit traditionellen Trommeln für Unterhaltung sorgen. Der Garten steht voller Beduinenzelte und Baumhäuser. Vor allem Kinder haben hier viel Spaß.

STELLENBOSCH Terroir

🖼️📋🍷 V P ⓇⓇⓇⓇⓇ

Kleine Zalze, Ausfahrt Techno Park, Strand Road (R44), 7600 📞 *(021) 880-8167*

Das Restaurant im provenzalischen Stil befindet sich auf dem Weingut Kleine Zalze und serviert dessen preisgekrönte Weine. Die Fenster blicken auf den See, es gibt aber auch einen Außenbereich unter majestätischen Eichen. Die Gerichte werden als »trügerisch einfach« beschrieben und richten sich ganz nach dem saisonalen Angebot der Region.

WESTKÜSTE

BLOUBERG The Blue Peter

🖼️📋🍷 V P ⓇⓇⓇ

Blue Peter Hotel, 7 Popham Road, Bloubergstrand, 7441 📞 *(021) 554-1956*

Das Haus vereint gleich drei Restaurants, das edle ist im Obergeschoss zu finden. Die beiden einfacheren Lokale im Erdgeschoss sind kinderfreundlich und bei Einheimischen sehr beliebt. Abgesehen von den leckeren Pizzas sprechen auch die freundliche Atmosphäre und der Ausblick auf den Tafelberg für einen Besuch.

BLOUBERG On the Rocks

🖼️🍷 V P ⓇⓇⓇ

45 Stadler Road, Bloubergstrand, 7441 📞 *(021) 554-1988*

Der Name ist wörtlich zu nehmen, also genießen Sie den Blick auf Meer und spielende Delfine, während die Sonne hinter dem Tafelberg versinkt. Das noble Restaurant konzentriert sich auf Fisch und Meeresfrüchte, aber auch Fleischliebhaber und Vegetarier kommen auf ihre Kosten. Probieren Sie Aalmedaillons mit Basilikum und Schinken.

CLANWILLIAM Khoisan Kitchen

📋🖼️🍷 V P ⓇⓇⓇ

Traveller's Rest, R364, Clanwilliam, 8135 📞 *(027) 482-1824*

Am Ufer des Flusses Brandewyn serviert Haffie Strauss beliebte Afrikaans- und malaiische Gerichte wie Hammel- oder *Waterblommetjie*-Eintopf und *roosterkoek*. Der Sevilla Rock Art Trail folgt hier vier Kilometer lang dem Flusslauf und passiert neun Felsbilder, die die Khoi Khoi hinterlassen haben.

DARLING Evita Se Perron

♿🖼️🍷 V P ⓇⓇⓇ

Darling Railway Station, Darling, 7345 📞 *(022) 492-2831*

Das Essen im Evita ist sehr gut, doch eigentlich kommen die Gäste wegen der Show hierher. Evita Bezuidenhout, das Alter Ego des Komikers und Aids-Aktivisten Pieter-Dirk Uys, ist hier ein Kulturgut. Erwarten Sie eine urkomische und respektlose Show, die die Südafrikaner und ihre kontroverse Geschichte aufs Korn nimmt.

LAMBERT'S BAY Muisbosskerm Open-Air Restaurant

♿🖼️🍷 V P ⓇⓇⓇ

Elands Bay Road, Lambert's Bay, 8130 📞 *(027) 432-1017*

Was als Freizeitunterhaltung für Familie und Freunde begann, wurde mit der Zeit zum Geschäft und ist hier seit 1986 ein Phänomen. Das lange Open-Air-Büfett in der Strandanlage aus Buschwerk birgt unzählige Köstlichkeiten aus dem Meer. Neben gebackenem, geräuchertem und gegrilltem Fisch und Schalentieren gibt es auch jede Menge *potjiekos*.

LANGEBAAN Die Strandloper

⊘ 🍴 P ⓇⓇⓇ

Am Strand, Langebaan, 7357 📞 *(022) 772-2490*

Für einen Besuch dieses Strandrestaurants sollten Sie viel Zeit mitbringen. Es dauert schon einige Stunden, all die fangfrischen Spezialitäten aus dem Meer zu genießen, die hier Gang für Gang aufgetischt werden. Bezahlt wird pro Kopf, Kinder unter zwölf Jahren bezahlen nach Größe, Kinder unter fünf Jahren essen umsonst.

YZERFONTEIN Strandkombuis

🍴 🍷 V P ⓇⓇⓇ

16 Mile Beach, Dolphin Way, Yzerfontein, 7351 📞 *(022) 451-2506/(082) 575-9683*

Das Seafood-Restaurant am langen Strand von Yzerfontein ist für größere Gesellschaften ein toller Ort, um zwanglos zu feiern. Es eignet sich auch für Familienfeste, da es sehr kinderfreundlich ist und eigene Getränke mitgebracht werden können. Die Speisen werden in *Braai*-Gruben oder Steinöfen bereitet, auch das frisch gebackene Brot.

SÜDLICHES KAP

GREYTON The Jam Tin

⊘ 🍴 V ⓇⓇ

Boschmanskloof, Aster Laan, Greyton, 7233 📞 *(028) 254-9075*

Im altmodisch hübschen Jam Tin wird traditionelle Kost in authentischem Ambiente geboten. Es kann sein, dass Sie schon beim Reservieren nach Ihrem Lieblingsgericht gefragt werden, das dann speziell für Sie zubereitet wird. Die malaiischen und Afrikaans-Gerichte sind alle meisterlich gemacht. Das Lokal hat mittags und abends geöffnet.

HERMANUS Momo

♿ 🍴 🍷 V ⓇⓇ

165 Main Road, Hermanus, 7200 📞 *(028) 313-2851*

Dieses Thai-Restaurant ist eine preiswerte Alternative zu den sonst eher traditionellen Lokalen in Hermanus. Die Küche verwendet nur hochwertige Zutaten, um die gesunden, köstlichen und frischen Gerichte zuzubereiten. Das Momo ist eine gute Wahl für Vegetarier und bietet eine breite Auswahl für jeden Geschmack.

OUDTSHOORN The Godfather

🍴 🍽 🍷 V P ⓇⓇⓇ

61 Voortrekker Road, Oudtshoorn, 6620 📞 *(044) 272-5404*

Das Restaurant gilt als »Little Italy« von Southern Cape. Von außen ist es einfach und unspektakulär, doch die Atmosphäre im Inneren ist legendär. Bunte Wandgemälde mit Karikaturen berühmter Besucher schmücken die Wände. Die Speisekarte bietet eine herzhafte Auswahl an Grill-, Wild- und Pastagerichten.

OUDTSHOORN Jemima's

🍴 🍽 🍷 V P ⓇⓇⓇ

94 Baron van Rheede Street, Oudtshoorn, 6625 📞 *(044) 272-0808*

Ein genussvolles Festmahl ist garantiert in diesem Restaurant, das immer wieder in der Liste der zehn besten des Landes auftaucht. Die geselligen Wirtsleute teilen ihr kulinarisches Wissen gerne mit ihren Gästen und freuen sich, wenn sie zur Karoo-Lammkeule den passenden Wein empfehlen dürfen. Auch Vegetarier werden hier gut umsorgt.

STANFORD Marianas Home Deli & Bistro

⊘ 🍴 V P ⓇⓇ

12 Du Toit Street, Stanford, 7210 📞 *(028) 341-0272*

Der Gewinner des *Eat-Out*-Farmküchen-Wettbewerbs von 2005 verwendet Biogemüse vom eigenen Feld. Gerichte wie etwa die Lammkeule sind einfach himmlisch. Da das hervorragende und freundliche Restaurant nur von Freitag bis Sonntag zum Frühstück und Mittagessen geöffnet hat, sollte man unbedingt reservieren.

SWELLENDAM Herberg Roosje van de Kaap

🍴 🍽 🍷 V P ⓇⓇⓇ

5 Drostdy Street, Swellendam, 6740 📞 *(028) 514-3001*

Das Restaurant im Roosje van de Kaap Hotel findet sich regelmäßig auf der Top-Ten-Liste von *Eat Out*. Die Karte reicht von malaiischen Gerichten über klassische französische Küche bis zur Gourmet-Pizza. Traditionelles Dekor und sanfte Beleuchtung unterstützen die »Alte-Welt-Atmosphäre«. Lassen Sie Platz für eines der wunderbaren Desserts.

SWELLENDAM Zanddrift Restaurant

🍴 🍷 V P ⓇⓇⓇ

Stormsvlei, an der N2 von Swellendam nach Riviersonderend, 7150 📞 *(028) 261-1167*

Edwina Kohlers Landküche liegt im alten Stormsvlei Hotel. Ihre Zubereitungstaktik ist herrlich spontan, weshalb es auch keine Speisekarte gibt. Sie fragt einfach die Gäste, was sie gerne essen würden, und bereitet es dann zu. So entstehen Gerichte wie Bauerneintopf, Entrecôte mit Crêpes, Sahne und Brandy oder Ochsenzunge mit Senf.

GARDEN ROUTE

GRAHAMSTOWN The Cock House

🍽 🍷 V ⓇⓇⓇ

10 Market Street, Grahamstown, 6139 📞 *(046) 636-1287*

Der bewährte Gasthof in einem denkmalgeschützten Haus bietet seinen Gästen selbst gebackenes Brot, Kräuter aus dem eigenen Garten, eine innovative Speisekarte und eine erlesene Auswahl an Weinen. Das Restaurant hatte schon Nelson Mandela zu Gast und findet in Lannice Snymans Buch *Reflections of the South African Table* Erwähnung.

KNYSNA île de païn
Thesen's Island, The Boatshed, Knysna, 6570 **C** *(044) 302-5707*

Die Besitzerin Liezie Mulder verwendet einen Holzofen und nur beste Zutaten der Garden Route für ihr wunderbares Brot, das ein wichtiger Bestandteil der angebotenen Frühstücks ist. Zum Mittagessen empfiehlt sich die sizilianische Bruschetta oder das kambodschanische Curry. Sie können auch Leckereien für die Fahrt mitnehmen.

KNYSNA Persellos
41 Main Road, Town Central, Knysna, 6570 **C** *(044) 382-2665*

Das italienische Lokal in Familienhand heißt bei Einheimischen schlicht und einfach »Mamma's«. Das liegt wohl nicht zuletzt an der hausgemachten Pasta, die tatsächlich wie bei Muttern schmeckt. Wenn Sie nach einer preiswerten Gelegenheit suchen, weitab vom Urlaubertrubel auf Thesen's Island gemütlich zu essen, dann sind Sie hier richtig.

KNYSNA 34 Degrees South
Quay 19, Knysna Quays, Waterfront Drive, Knysna, 6571 **C** *(044) 382-7331*

Die Lokalität, benannt nach Knysnas Längengrad auf der Karte, ist eine tolle Kombination aus Feinkostladen und Fischhandel. Entsprechend liegt der Schwerpunkt auf Speisen, die der Ozean hervorbringt. Dabei kommt hier kein Fisch aus dem Schleppnetz, sondern täglich frisch vom Angelhaken. Natürlich gibt es auch Knysna-Austern.

KNYSNA The Knysna Oyster Company
Thesen's Island, Knysna, 6570 **C** *(044) 382-6941*

Dieses Restaurant züchtet schon seit 1949 seine eigenen Austern. Beginnen Sie den Abend mit einem Glas Champagner, während Sie den herrlichen Blick aufs Wasser genießen. Dann gönnen Sie sich eines der angebotenen Menüs, bei denen meist Austern im Mittelpunkt stehen. Es gibt aber auch Gerichte wie Hähnchen-Kebab oder Steak.

KNYSNA Paquitas
The Heads, George Rex Drive, Knysna, 6570 **C** *(044) 384-0408*

Der Name stammt von einem deutschen Dreimaster, der 1903 vor der Südküste auf Grund gelaufen ist. Das familiengeführte Restaurant steht auf den Klippen der berühmten Knysna Heads und bietet herzhafte und unkomplizierte Gerichte wie Grillfleisch, Pizzas und Pasta. Die Lage, das Essen, eine Flasche Wein – was will man mehr.

KNYSNA Drydock Food Co
Knysna Quays, hinter dem Waterfront Drive, Knysna, 6571 **C** *(044) 382-7310*

An der Stelle von Knysnas erstem Trockendock bietet dieses Restaurant eine breite Auswahl an Fisch und Meeresfrüchten, opulente Salate und Fusionsgerichte. Nehmen Sie den Fang des Tages oder probieren Sie Fisch »Fontana« mit Gemüse und geräucherter Lachsforelle. Die Bar ist gut ausgestattet, es gibt Import-Biere und einen Weinkeller.

KNYSNA Pembreys
Brenton Road, Belvidere, Knysna, 6571 **C** *(044) 386-0005*

Die einfache ländliche Kulisse täuscht über das anspruchsvolle Speiseangebot hinweg. Pembreys bietet hausgemachte Pasta und regionale Gerichte mit mediterraner Note. Eine der Spezialitäten ist Seezunge, Desserts wie die Crème brûlée verleiten zum Schwärmen. Das Besitzerpaar reist jährlich zur kulinarischen Fortbildung nach Europa.

PLETTENBERG BAY Blue Bay Café
Lookout Center, Main Street, Plettenberg Bay, 6600 **C** *(044) 533-1390*

Im Blue Bay Café speist man in traditionell elegantem Ambiente. Kosten Sie Spezialitäten wie geräucherten Springbock mit Rucola, Crème fraîche und Tomatensalsa oder auch gebratenen Thunfisch in Sesamkruste mit Sojasauce, Wasabi und eingelegtem Ingwer.

PLETTENBERG BAY Cornuti al Mare
Perestrella Street, Plettenberg Bay, 6600 **C** *(044) 533-1277*

Cornuti al Mare (»Hahnreie am Meer«) ist das Küsten-Gegenstück zu Piero Carraras Johannesburger Lokal. Da es bei den Einheimischen sehr beliebt ist, empfiehlt es sich zu reservieren. Eine gute Wahl sind die knusprigen Pizzas, aufgrund der Küstenlage stehen aber auch feine Häppchen aus Meeresfrüchten auf der Speisekarte.

PLETTENBERG BAY The Lookout Deck
Lookout Beach, Plettenberg Bay, 6600 **C** *(044) 533-1379*

Der unberührte Lookout Beach ist einer der schönsten Strände Südafrikas. Hier liegt eines der besten Restaurants der Plettenberg Bay. Die Karte des etablierten Lokals basiert deutlich auf Fisch und Meeresfrüchten. Der Blick auf vorbeiziehende Wale, tanzende Delfine und herrliche Sonnenuntergänge rundet den Besuch ab.

PORT ELIZABETH Gondwana Café
Shop 2, Dolphin's Leap, Beach Road, Humewood, 6001 **C** *(041) 585-0990*

Die schicke Restaurant-Lounge hat eine überraschend vielfältige Speisekarte zu bieten. Das beliebte »Café an der Ecke« verfügt über riesige Fenster, die einen schönen Blick auf die Bucht erlauben, während man an einem der vorzüglichen Cocktails nippt. An Wochenenden sorgen DJs für Deep House und Lounge-Musik.

PORT ELIZABETH Royal Delhi
10 Burgess Street, Richmond Hill, Port Elizabeth, 6001 **C** *(041) 373-8216*

Seit 17 Jahren ist das Royal Delhi in Familienhand und serviert die beste indische Küche in der Region. Das farbenfrohe Restaurant in zentraler Lage hat eine Vielzahl an nord- und südindischen Currys im Angebot, aber auch Meeresfrüchte und Grillgerichte. Auf der Karte finden Sie einige interessante Weine.

PORT ELIZABETH De Kelder   ▤◪▯Ⅴℙ   ®®®®
Marine Protea Hotel, Marine Drive, Summerstrand, 6001 ◧ *(041) 583-2750*

Fisch und Meeresfrüchte sind die Spezialität dieses kultivierten, großräumigen Restaurants, das täglich frische Austern anbietet. Aber auch Fleisch- und Wildgerichte sind hier zu haben. Das freundliche und aufmerksame Personal serviert die Speisen stilvoll. Probieren Sie unbedingt eines der vorzüglichen flambierten Desserts.

WILD COAST, DRAKENSBERGE UND MIDLANDS

BERGVILLE Bingelela Restaurant   ♿▦▯Ⅴℙ   ®®®
Needwood Farm, Box 5, Bergville, 3350 ◧ *(036) 448-1336*

Am Fuße der Drakensberge bietet dieses alte Farmhaus sowohl Essen als auch nette Bed-and-Breakfast-Unterkunft. Die Wirtsleute Paula und Joss versorgen ihre Gäste mittags und abends mit leichten Gerichten – im Restaurant mit 68 Sitzplätzen und Nichtraucherbereich oder an Tischen im Freien.

BERGVILLE Caterpillar & Catfish Cookhouse   ♿▦▯   ®®®
Windmill Farm, Oliviershoek Pass, Bergville, 3350 ◧ *(036) 438-6130*

Das Restaurant des Gästehauses bereitet angeblich Forelle in 30 Variationen zu. Stellen Sie den Koch auf die Probe oder greifen Sie auf ein leckeres Steak zurück, vielleicht gefolgt von Karamellpudding. Im Winter können Sie nach dem Essen noch am Kamin sitzen – oder ein Zimmer nehmen, falls Sie die Weinkarte zu intensiv studiert haben.

COFFEE BAY Lily Lodge Seafood Restaurant   ♿▦▤Ⅴ   ®®
Box 7, Second Beach, Port St Johns, 5120 ◧ *(047) 564-1171*

In den Dünenwäldern des Second Beach gibt es zum Blick auf den Indischen Ozean und seine Delfine eine große Auswahl an Fisch und Meeresfrüchten. Krebse, Austern, Garnelen, Muscheln, Dorsch und Kabeljau werden von ein paar ausgesuchten Weinen begleitet. Angestellte aus Pondoland unterstützen den Familienbetrieb.

EAST LONDON Ocean Basket   ♿▦ℙ   ®®
Vincent Park Center, Vincent, East London, 5214 ◧ *(043) 726-8809*

Das Ocean Basket gehört dem größten Fischhändler des Landes und ist Teil einer beliebten südafrikanischen Restaurantkette. Hier kann man in fröhlicher Atmosphäre preiswert essen, die Auswahl reicht von mediterraner Küche über kreolisch und Cajun bis zu Sushi. Für ein Korkgeld von 15 Rand können Sie eigenen Wein mitbringen.

EAST LONDON Michaela's at Cintsa   ♿▦▤▯Ⅴℙ   ®®®
Steenbras Drive, Cintsa East, Eastern Cape, 5275 ◧ *(043) 738-5139*

Das zweistöckige Restaurant kann mit einer spektakulären Lage auf den Dünen protzen und bietet eine entsprechende Aussicht. Die Kunstgegenstände, die den Raum schmücken, stehen zum Verkauf. Die Speisekarte setzt auf Seafood aus der Region, weist aber auch Currys, Pasta und Grillgerichte auf. Regionale Weine sind gut und preiswert.

HIMEVILLE Moorcroft Manor   ♿▦▯ℙ   ®®®
Sani Road, Himeville, 3256 ◧ *(033) 702-1967*

Das Restaurant des preisgekrönten Fünf-Sterne-Gästehauses in den Drakensbergen hat mittags eine Auswahl leichter Gerichte im Angebot, darunter auch einen leckeren Brotzeitteller. Abends wird à la carte gegessen, dann werden bestes regionales Fleisch, Forellen, Salate, Pilze und Käse serviert. Dazu gibt es jede Menge feine Weine.

HOWICK Corner Post   ♿   ®®
124 Main Street, Howick, 4200 ◧ *(033) 330-7636*

Traditionelle Gerichte mit orientalischer Note kann man in diesem bezaubernden Pub-Restaurant genießen. Die Ente mit Soja, Orange und Sherry sollten Sie probieren. Absolute Pflicht ist dann noch eines der fabelhaften Desserts wie Crème brûlée oder hausgemachtes Eis. Im Haus finden regelmäßig Kunstausstellungen statt.

HOWICK Yellowood Café   ®®®
1 Shafton Road, Howick, 4200 ◧ *(033) 330-2461*

Im Herzen der Natal Midlands liegt dieses Café, das von seiner Veranda einen fantastischen Blick auf die Howick Falls bietet. Die Küche stützt sich auf frische Produkte der Saison und stellt sogar die Aussicht in den Schatten. Sie können à la carte wählen oder sich für etwas aus dem Pub-Angebot entscheiden, einer der guten Weine passt sicher dazu.

LESOTHO Rendez-Vous Restaurant   ♿▤ℙ   ®®®
Kingsway Street, Maseru ◧ *00266 2231 2114*

Das Restaurant, auch unter dem Namen Lancer's Inn bekannt, ist eine der Lieblingslokalitäten von Lesothos König Letsie III. Speisen Sie ebenfalls königlich, die Speisekarte geizt nicht mit Köstlichkeiten. Leider ist der Service alles andere als schnell.

MONT-AUX-SOURCES Tower of Pizza   ♿▦▯Ⅴℙ   ®®
Mont-aux-Sources, Northern Drakensberg, 3354 ◧ *(036) 438-6480*

Der Tower ist eigentlich ein Silo auf einer Farm, steht aber für dieses behagliche italienische Restaurant. Auf der imposanten Speisekarte sind Pizzas aus dem Holzofen, Pastagerichte, Tramezzini, Salate, Desserts und saisonale Spezialitäten zu finden. Den Speisesaal des zwanglosen und kinderfreundlichen Lokals schmücken Kunst und Kuriositäten.

MOOI RIVER Hartford House
Hlatikulu Road, Mooi River, 3300 📞 *(033) 263-7713*   ⓇⓇⓇⓇ

Auf einem internationalen Pferdegestüt, dem früheren Zuhause des letzten Premierministers von Natal, kann man fein essen. Jacqueline Camerons opulente Speisenauswahl hat dem Restaurant schon viele Auszeichnungen eingebracht, auch die Aufnahme ins »Fine-Dining«-Programm von American Express. Dazu gibt es viele erlesene Weine.

PIETERMARITZBURG Turtle Bay
Cascades Center, McCarthy Drive, Pietermaritzburg, 3201 📞 *(033) 347-1555*   ⓇⓇ

Das entspannte Restaurant im Einkaufszentrum besitzt eine Terrasse am Wasser, wo man leichte Mittagsgerichte oder den Nachmittagstee genießen kann. Ganz besonders zu empfehlen sind Schwein mit Pflaumen und Aprikosen, marrokanisches Filet mit Datteln und Koriander sowie Gemüsestrudel mit Tomatenpesto. Passende Weine runden es ab.

PIETERMARITZBURG Els Amics
380 Longmarket Street, Pietermaritzburg, 3201 📞 *(033) 345-6524*   ⓇⓇⓇⓇ

Das Els Amics serviert seit 1976 in einem viktorianischen Haus Speisen mit spanischer Note. Genießen Sie Knoblauchsuppe, Gazpacho oder saftiges Fleisch mit viel frischem Gemüse. Auch die Weinkarte bietet ein paar hervorragende Tropfen. Wenn Sie rechtzeitig Bescheid geben (mind. 6 Std.), wird für Sie eine echte *paella valenciana* zubereitet.

TWEEDIE Snooty Fox
Fernhill Hotel, Tweedie, 3255 📞 *(033) 330-5071*   ⓇⓇ

Herzhaftes Frühstück, ordentliche Mittagsgerichte und Candle-Light-Dinner bietet das Restaurant des Fünf-Sterne-Landhotels im Tudorstil. Das Essen ist recht preisgünstig, vor allem das berühmte Fleischbüfett. Sie können es am prasselnden Kaminfeuer genießen. Der Service des Hauses lässt keine Wünsche offen.

UNDERBERG Pile Inn Tea Garden
27 Old Main Road, Underberg, 3257 📞 *(033) 701-2496 oder (0)82 487-4998*   Ⓡ

Das Lokal am Fuße des Hlogoma ist einen Zwischenstopp wert, wenn Sie auf dem Weg zum Sani Pass sind. Hier gibt es tolle Milchshakes und die besten Fish & Chips und Burger der Gegend. Im Winter sitzt man gemütlich am offenen Kamin, im Sommer auf einer schattigen Terrasse.

DURBAN UND ZULULAND

BALLITO Al Pescatore
14 Edward Place, Ballito, 4420 📞 *(032) 946-3574*   ⓇⓇⓇ

Das alteingesessene italienische Lokal ist bei Einheimischen beliebt. Der wunderbare Ausblick auf den Indischen Ozean lässt sich bei herzhaften Speisen genießen. Probieren Sie die Meeresfrüchteplatte oder Fisch in Pesto zusammen mit einem guten Wein von der erlesenen Karte. Mittwochs und donnerstags gibt es Live-Musik.

DURBAN Fabulous Moroccan
37 St Thomas Road, Durban, 4001 📞 *(031) 201-7292*   ⓇⓇ

Das Restaurant in einem eleganten Haus nahe dem Botanischen Garten serviert nordafrikanische Speisen. Das Interieur mit Gobelins und Mosaiken ist ebenso beeindruckend wie der Duftgarten. Die Karte listet zehn Vor- und zehn Hauptspeisen sowie *tajines* mit Safran und Couscous. Am Wochenende kann man bei einer Shisha Bauchtanz sehen.

DURBAN Jaipur Palace
Sunset Casino Boulevard, Durban, 4001 📞 *(031) 562-0287*   ⓇⓇ

Das Jaipur Palace im Riverside Hotel wurde unter die besten 100 Restaurants Südafrikas gewählt. Es bietet eine reiche Auswahl an indischen Gerichten. Vor allem Vegetarier sowie Curry- und Tandoori-Liebhaber werden hier fündig. Auch wenn die Küche »halal« ist, gibt es eine Weinkarte und eine Bar. Der Blick auf den Ozean ist prächtig.

DURBAN Mo' Noodles
Florida Center, 275 Florida Road, Berea, 4001 📞 *(031) 312-4193*   ⓇⓇ

Das Restaurant in einem Shopping-Center am Stadtrand besitzt eine großartige Atmosphäre. Die Küche vereint thailändische, japanische und australische Elemente, mit Schwerpunkt auf Nudelgerichten. Spezialitäten sind Huhn in Sesam und Chili Peanuts auf Kokosnudeln. Es gibt auch vegetarische Gerichte und Salate.

DURBAN TransAfrica Express
BAT Center, 45 Maritime Place, Victoria Embankment, Durban, 4001 📞 *(031) 332-0804*   ⓇⓇ

Die panafrikanische Küche im TransAfrica Express besitzt indische Einflüsse und einen modernen Touch. Genießen Sie köstliche *Mezes*-Platten mit Drakensbergforellen, *prawn chapati*, gerösteten Süßkartoffeln, Pasternak und marinierten Straußensteaks bei einem zauberhaften Blick auf den kleinen Hafen.

DURBAN Vintage India
20 Windermere Road, Morningside, 4001 📞 *(031) 309-1328*   ⓇⓇ

Die Einrichtung des gehobenen Restaurants bietet warme Farben, Holzmöbel und traditionelle indische Instrumente als Wandschmuck. Die Speisekarte reflektiert ganz Indien, von Spezialitäten aus Goa über fein gewürzte Garnelen *xacuti* bis zu Gerichten aus Hyderabad. Das Angebot an vegetarischen Speisen ist groß.

DURBAN 9th Avenue Bistro & Bar   🚻 🗏 🅿   ®®®

Avonmore Center, Morningside, 4001 ☎ *(031) 312-9134*

Ein Speiselokal im Kaffeehausstil mit ockerfarbenem Interieur. Der Besitzer und Chefkoch Carly Goncalves kreiert interessante klassische japanische und italienische Gerichte sowie moderne Fusionsküche. Die Speisekarte wechselt nach Saison.

DURBAN Gateway to India   🚻 🍷 🆅 🅿   ®®®

Palm Boulevard, Umhlanga Ridge, Newtown 4320 ☎ *(031) 566-5711*

Das Restaurant in einem eleganten Shopping-Center ist authentisch indisch: vom Koch bis zum Kunsthandwerk und der opulenten Dekoration. Die umfangreiche nordindische Speisekarte enthält Tandoori-Gerichte, Currys, *roghan josh* und eine große Auswahl vegetarischer Gerichte. Auf der Weinkarte stehen auch viele gute offene Weine.

DURBAN Oyster Bar   🍴 🆅 🅿   ®®®

Wilsons Wharf, Victoria Embankment, Durban, 4001 ☎ *(031) 307-7883*

Die Bar gehört zu einer Reihe von beliebten Restaurants direkt am Meer. Frisch gefangene oder gezüchtete Austern werden mit Champagner und Zitrone gereicht. Man kann auch Austern *mornay* (mit Käse), Austern mit Schinken oder gegrillte Austern mit Ingwersauce, Koriander und Soja probieren. Regionale und internationale Weinauswahl.

DURBAN Saagries House of Curries   🚻 🆅 🅿   ®®®

Holiday Inn, 167 Marine Parade, Durban, 4001 ☎ *(031) 332-7922*

Das elegante, vornehme Saagries ist beim Zulu-Königshaus beliebt. Küche und Service sind gut. Auf der Speisekarte stehen malaiische, südindische Gerichte und Currys sowie ein umfangreiches Angebot an Desserts. Vorsicht: Currys sind in Durban üblicherweise sehr scharf. Die Weinkarte bietet eine erlesene Auswahl.

DURBAN Le Troquet   🚻 🍴 🍷 🆅 🅿   ®®®®

Village Market, 123 Hofmeyr Road, Westville, 3630 ☎ *(031) 266-5388*

Das authentisch französische Bistro ist seit über 20 Jahren in Familienbesitz. Zu den täglich wechselnden Spezialitäten der *cuisine regionale* gehören Meeresfrüchte, Pilzpfannkuchen, Kaninchen und flambiertes Filet Mignon. Es gibt seltene französische Weine. Dunkle Möbel und Wände, rosa Tischdecken und ein Säulengang bilden das Interieur.

DURBAN Roma Revolving Restaurant   🗏 🆅 🅿   ®®®®

32nd Floor, John Ross House, Esplanade, Victoria Embankment, Durban, 4001 ☎ *(031) 337-6707*

Das Roma im John Ross House auf 150 Metern Höhe bietet einen 360°-Panoramablick auf die Stadt. Die Speisekarte ist italienisch und kontinental geprägt, mit einer guten Mischung aus Seafood und Wild. Spezialitäten sind Languste Portofino in Weißweinsauce und das in Brandy flambierte Filet Old Man.

RAMSGATE The Waffle House   🚻 🆅   ®®

Marine Drive, Ramsgate, 4285 ☎ *(039) 314-9424*

Aufmerksamer Service, günstige Preise und ein Kinderspielplatz machen das Waffle House beliebt bei Familien. Auf einer Terrasse mit Blick auf die Lagune lassen sich die vielen belgischen Waffelvariationen genießen: mit heißem Apfelmus, Eiscreme oder Gemüsecurry. Es gibt sie auch mit geräuchertem Lachs, Avocado und Käse garniert.

RAMSGATE La Petite Normandie   🚻 🍴 🍷 🆅 🅿   ®®®®

73 Marine Drive, Ramsgate, 4285 ☎ *(039) 317-1818*

Im La Petite ist französische Gastfreundschaft Programm. Besitzerin Yvonne Cosson serviert traditionelle französische Gerichte wie Froschschenkel, gefüllte Ente, *pâté de foie gras*, Rahmspargel, *tarte tatin* und Windbeutel. Die Weinkarte des La Petite ist hervorragend. Gäste können auch im Garten speisen.

UMHLANGA ROCKS Razzmatazz   🍴 🆅   ®®

10 Lagoon Drive, Umhlanga Rocks, 4320 ☎ *(031) 561-5847*

Der terrakottafarbene Speisesaal des Restaurants besitzt einen formellen Charakter, die Atmosphäre auf der Terrasse mit Blick auf den Ozean ist entspannt. Zu den Spezialitäten gehören Krokodil- und Straußenkebab sowie Hähnchen im Blätterteig. Auch Seafood, Wild und Pasta stehen auf der Karte. Die *crème brûlée* ist hervorragend.

UMHLANGA ROCKS Tare Panda   🚻 🅿   ®®

Gateway Theater of Shopping, Umhlanga Rocks, 4320 ☎ *(031) 566-3138*

Das nach einer Comic-Figur benannte Tare Panda bietet überwiegend japanische, aber auch thailändische und chinesische Küche. Sushi, Tepanyaki, Tempura werden nach original japanischer Art zubereitet, ebenso *shabu shabu*, das wie ein Fondue in heißer Suppe bereitet wird. Die Bar ist hervorragend mit Wein und Sake ausgestattet.

UMHLANGA ROCKS Grill Room at the Oyster Box   🚻 🍴 🅿   ®®®®

Lighthouse Road, Umhlanga Rocks, 4320 ☎ *(031) 561-2233*

Das Grill Room liegt direkt am Strand. Es ist für umsichtigen Service alten Stils bekannt. Das Restaurant serviert Austern in verschiedenen Variationen, daneben gute Steaks, Koteletts und Currys. Auf der Terrasse mit Blick auf das Meer sind kleine Gerichte erhältlich. Gute Auswahl an südafrikanischen Weinen.

UMHLANGA ROCKS Ile Maurice   🚻 🍴 🍷 🆅 🅿   ®®®®

9 McCausland Crescent, Umhlanga Rocks, 4320 ☎ *(031) 561-7609*

In der Küche des eleganten, aber legeren Restaurants kreieren Bruder und Mutter des Besitzers Robert Mauvis französische Gerichte mit mauritischem, Cajun- oder kreolischem Einschlag. Die Auswahl an Weinen ist exzellent. Die hervorragenden Speisen, der schöne Blick auf das Meer und der unaufdringliche Service sind die hohen Preise wert.

UMHLANGA ROCKS Sugar Club
♿ ▤ ☰ ♟ Ⓥ 🅿   ⓇⓇⓇⓇ

Lighthouse Road, Umhlanga Rocks, 4320 ☎ *(031) 561-2211*

Das luxuriöse Restaurant des Fünf-Sterne-Hotels Beverly Hills ist eines der besten im Land. Der preisgekrönte Chefkoch bereitet zeitgenössische und Fusionsgerichte zu. Spezialitäten sind Austern Tempura und asiatisches Entenconfit mit Trüffeln und gebratenem Gemüse. Die Weinauswahl ist umfangreich.

GAUTENG UND SUN CITY

BRYANSTON Fruits 'n' Roots
♿ ☷ ☰ Ⓥ   Ⓡ

Hobart Ecke Shopping Center, 2191 ☎ *(011) 646-4404*

Gesundheitsbewusste, Vegetarier und Veganer werden mit der Auswahl an frisch zubereiteten Gerichten im Fruits 'n' Roots verwöhnt. Die Spezialitäten reichen von kalter Ingwer- und Kürbissuppe bis hin zu süßem Chili-»Hühnchen« und Salat mit grünen Bohnen. Das Essen genießt man in entspannter Umgebung im Freien.

FOURWAYS Rodizio
♿ ☷ ☰ ♟ Ⓥ 🅿   ⓇⓇ

The Leaping Frog Center, William Nicol Drive, 2055 ☎ *(011) 467-8127*

Wer nach einem festlichen Tanzlokal sucht, ist in dem brasilianischen Rodizio richtig. »Meat Rodizio«, Spezialität des Hauses, enthält in einer speziellen Sauce mariniertes Huhn, Rind, Lamm oder Schwein, das von langen Spießen direkt am Tisch serviert wird. Mit einem grünen oder roten Signal an Ihrem Tisch zeigen Sie, ob Sie Nachschub möchten.

GREENSIDE Karma
♿ ☷ ♟ Ⓥ   ⓇⓇⓇ

Ecke Gleneagles Road & Barry Hertzog, 2193 ☎ *(011) 646-8555*

Das Karma bietet eine große Auswahl an indischen Gerichten mit modernem Touch. Die Speisen sind dezent und ausgewogen gewürzt, sodass auch empfindliche Gaumen Geschmack an den Currygerichten finden. Die lange Gincocktail-Karte ist berühmt. Das in warmen Erdfarben gehaltene Lokal besitzt eine einzigartige Atmosphäre.

GREENSIDE Green Truffle
☷ ♟ Ⓥ 🅿   ⓇⓇⓇⓇⓇ

26 Gleneagle Road, 2193 ☎ *(011) 486-1645*

Das Green Truffle im trendigen Greenside hat Straßencafé-Atmosphäre. Spezialitäten der modernen Küche sind Vanille-Chorizo-Risotto, Butternuss-Bohnen-*panzerotti* (gefüllte Pasta) und *kingklip saltimbocca* (eine Umhüllung aus Parmaschinken mit Spargelspitzen). Kosten Sie unbedingt die leckeren Nachspeisen.

HYDE PARK Leonidas Café Chocolaterie
♿ ☷ ☰ ♟ Ⓥ 🅿   ⓇⓇ

Shop 57, Hyde Park Shopping Center, 2196 ☎ *(011) 325-5779*

Alle, die Süßes lieben, fühlen sich hier wie im siebten Himmel. Leonidas bietet belgische Schokolade und Waffeln sowie echte, geschmolzene heiße Schokolade mit Milch. Probieren Sie den griechischen Salat und den Café Royale – einen besonderen Kaffee, der mit einer Art Stövchen auf dem Tisch serviert wird.

HYDE PARK Willoughby & Co
♿ ☷ ☰ ♟ Ⓥ 🅿   ⓇⓇⓇ

Shop 2, Hyde Park Shopping Center, 2196 ☎ *(011) 325-5107*

Das Restaurant ist für seine köstlichen, frischen Fisch- und Seafood-Gerichte bekannt. Empfehlenswert sind die Muschelsuppe mit Lauch und Safran und die Meeresfrüchte-*linguine*. Hier gibt es auch das beste Sushi der Stadt. Die Auswahl im Feinkostladen ist riesig. Erscheinen Sie rechtzeitig, da keine Reservierung möglich ist.

ILLOVO Parea
☷ ☰ ♟ Ⓥ 🅿   ⓇⓇⓇ

Shop 3d, Corlett Drive, 2196 ☎ *(011) 788-8777*

Das Parea, ein Restaurant mit authentisch griechischer Atmosphäre, besteht seit 15 Jahren. Bauchtänzerinnen und griechische Tänze, bei denen traditionell Teller geworfen werden, sorgen freitags und samstags für Vergnügen. Spezialitäten des Hauses sind Lammkeule und gegrillter fangfrischer Fisch. Es gibt auch eine gute vegetarische Platte.

JOHANNESBURG Chinatown
▣ ♿ ☷ Ⓥ   Ⓡ

Derrick Avenue, Cyrildene, 2198 ☎ *(011) 622-0480*

Johannesburgs Chinatown ist eine lebendige, berauschende Straßenzeile voller Supermärkte und Imbisslokale. Hier findet man authentische Küche verschiedener Regionen wie der Mongolei, Korea und Taiwan. Die bekannteste Adresse ist das Fisherman Plate in der Derrick Avenue18. Kommen Sie früh, da die Lokale um 21 Uhr schließen.

JOHANNESBURG Oriental Plaza
▣ ♿ ☷ Ⓥ 🅿   Ⓡ

Bree, Malherbe, Lilian, Main und Avenue Street, Fordsburg, 2001 ☎ *(011) 838-6752/53*

Auf dem belebten Basar mit zahlreichen indischen Restaurants und Imbissbuden bekommt man die besten *samosas* in ganz Johannesburg. Die Düfte sind streng, aber der Besuch des Basars ist ein Erlebnis. Es gibt einen Sicherheitsdienst, achten Sie dennoch auf Ihre Habseligkeiten.

JOHANNESBURG The Bell Pepper
♿ ☷ ♟ Ⓥ 🅿   ⓇⓇⓇ

176 Queen Street, Kensington, 2094 ☎ *(011) 615-7531*

Das Bell Pepper ist in einem einstigen Antiquitätenladen in Kensingtons bezaubernder Queen Street ansässig. Es ist in warmen Farben gehalten, Schwarz-Weiß-Fotos zieren die Wände. Regionale und europäische Gerichte werden hier mit französischer Note zubereitet. Probieren Sie Thunfisch, Wild und Ente. Montags geschlossen.

JOHANNESBURG Gramadoelas

    🛗🍽🍷Ⓥℙ   ⓇⓇⓇ

Market Theater, Bree Street, 2001 🕽 *(011) 838-6960*

Zeitloser Charme, die gemütliche Einrichtung und gute Küche locken Einheimische und prominente Besucher. Die Speisekarte bietet Nelson Mandelas Lieblingsgericht (geschmortes Rindfleisch mit Bohnen und Mais), *sosatie, bredie* (Gemüseeintopf) und andere traditionelle Kost. Die Besitzer erzählen gern von der bewegten Geschichte des Lokals.

JOHANNESBURG Primi Piatti

    🛗🍽🍷Ⓥℙ   ⓇⓇⓇ

Shop 13, Keywest Shopping Center, 45 Van Buuren Rd, Bedfordview, 2008 🕽 *(011) 455-0331*

Das schicke Primi Piatti sprüht vor urbanem Leben. Das Gebäude besitzt riesige Fenster, das Personal trägt hellorange Overalls, der Service ist hervorragend. Die Gerichte sind italienisch, die Portionen groß. Bestellen Sie *minestrone alla genovese*, eine herzhafte Gemüsesuppe mit Lammbrühe und Pesto, die hier köstlich zubereitet wird.

LINKSFIELD Afrodisiac

    🛗🍽🍷Ⓥℙ   ⓇⓇⓇⓇ

Ecke Civin & Linksfield Drive, 2192 🕽 *(011) 443-9990*

Das afrikanische Grill-Restaurant ist ein beliebtes Urlauberziel in Gauteng. Tägliche Live-Unterhaltung – Musik mit Trommeln und anderen traditionellen Instrumenten, rituelle Handwaschungen und Gesichtsbemalung – sorgt für Stimmung. Das Afrodisiac liegt 15 Minuten vom OR Tambo International Airport entfernt.

MELROSE Moyo

    🛗🍷Ⓥℙ   ⓇⓇⓇⓇ

Shop 5, Melrose Arch Square, 2196 🕽 *(011) 684-1477*

Das fünfstöckige Gebäude des Moyo beeindruckt mit rustikalem Kupfer, Stahltreppen, Mosaiken, Wasserspiel und afrikanischer Kunst. Die afrikanischen Gerichte reichen von *tajines* bis hin zu ostindischen Currys. Alle Hauptgerichte werden mit Reis, Couscous, Pommes frites oder Kartoffelpüree gereicht.

MIDRAND Thirty-Three High Street

    🛗🍽🍷Ⓥℙ   ⓇⓇⓇ

33 High Street, Modderfontein, 2065 🕽 *(011) 606-3574*

Hohe Decken und Pinienholzböden vermitteln eine gemütliche Atmosphäre. An den Wochenenden ist der üppige Garten des Restaurants ideal für ein Mittagessen. Die Speisekarte enthält internationale Gerichte und südafrikanische Spezialitäten wie die Vorspeise *halloumi*, gefolgt von gegrilltem *kingklip*. Kinder sind herzlich willkommen.

MULDERSDRIFT The Cradle Restaurant

    🛗🍷Ⓥℙ   ⓇⓇⓇⓇ

Kromdraai Road, Lanseria, 1748 🕽 *(011) 659-1622*

In dem minimalistischen Restaurant der UNESCO-Welterbestätte Cradle of Humankind steht die Natur im Mittelpunkt. In dem Gebäude aus Glas, Stahl und Stein erhält man ländliche italienische Küche mit besonderer Note. Kosten Sie das Hirschcarpaccio mit Parmesan sowie die in Rotwein geschmorte Lammkeule. Es gibt eine Kinderkarte.

NORWOOD Singing Fig

    🛗🍷Ⓥℙ   ⓇⓇⓇⓇ

44 The Avenue, 2192 🕽 *(011) 728-2434*

Das rustikale, großräumige und freundliche Lokal ist aufgrund der Mischung französisch-provinzieller und amerikanischer Küche beliebt. Gedämpftes Licht, orange und grüne Farbtöne sowie die mit Bildern geschmückten Wände vermitteln eine entspannte Atmosphäre. Die Küche kommt individuellen Wünschen entgegen.

NORWOOD The Barrio

    🛗🍽🍷Ⓥ   ⓇⓇⓇⓇ

80 Grant Avenue, 2192 🕽 *(011) 728-2577*

Viele halten The Barrio für das beste koschere Restaurant Johannesburgs. Im Herzen Norwoods bietet es eine stilvolle, elegante Atmosphäre. Schmackhafte internationale Gerichte werden frisch zubereitet und ansprechend serviert. Sushi und Carpaccio sind hervorragend. Die Räume sind mit Mosaiken wunderbar dekoriert.

ORMONDE Back o' the Moon

    🍽🍷Ⓥℙ   ⓇⓇⓇⓇ

Shop 17, beim Gold Reef City Casino, 2055 🕽 *(011) 496-1423*

Vorbild für das Back o' the Moon war eine namensgleiche Shebeen (illegale Kneipe) in Sophiatown, in der Besucher in den 1950er Jahren Jazz hörten und wunderbares Essen genossen. Wenn auch nicht mit dem Original vergleichbar, bietet das Lokal sehr gute Steaks, Meeresfrüchte, Eintöpfe und Currys sowie glanzvolle Unterhaltung.

PRETORIA/TSHWANE Café Riche

    🛗🍽🍷Ⓥℙ   ⓇⓇ

2 Church Square, 0002 🕽 *(012) 328-3173*

Das bezaubernde Art-Noveau-Gebäude, heute ein nationales Denkmal, beherbergt das älteste Café in Pretoria/ Tshwane. Es gibt eine große Salatauswahl und Baguettes mit verschiedensten Belägen. Mittagskarte und Wochenend-Brunch überzeugen durch ein gutes Preis-Leistungs-Verhältnis. Die Bar bietet südafrikanische und andere Biere.

PRETORIA/TSHWANE The Odd Plate

    🍽🍷Ⓥℙ   ⓇⓇⓇ

262 Rhino Street, Hennops Park, Centurion, 0157 🕽 *(012) 660-3260*

Im Restaurant des Prue Leith College of Food & Wine werden angehende Köche und Servicekräfte geschult. Das Unterrichtsprogramm diktiert die Speisekarte, die von klassischer bis zu moderner Küche reicht. Die Gerichte werden von den Studenten mit Leidenschaft und Kunstfertigkeit zubereitet. Sonntags und dienstags geschlossen.

ROSEBANK Cranks

    🛗🍷Ⓥℙ   ⓇⓇ

Shop 169, Rosebank Mall, 2193 🕽 *(011) 880-3442*

Wer gemütlich und in Ruhe speisen möchte, wird das lebendige, stimmungsvolle Cranks meiden. Das quirlige thailändisch-vietnamesische Restaurant ist seit über 30 Jahren erfolgreich. Jedes Gericht besitzt eine vegetarische Variante. An den Wochenenden wird Live-Blues gespielt.

ROSEBANK The Grillhouse
Shop 70, The First Hyatt Center, 2193 ☎ *(011) 880-3945*

Das Grillrestaurant New Yorker Stils bietet ausgesuchte Steaks in verschiedenen Größen. Darüber hinaus werden Seafood, fangfrischer Fisch und Geflügel serviert. Der vom Restaurant durch einen Korridor getrennte Salon bietet einen Raucherbereich und eine Bar mit Live-Musik.

SANDTON The Blues Room
Village Walk Shopping Center, 2196 ☎ *(011) 784-5527*

Gedämpftes Licht und Blues-Atmosphäre kennzeichnen das Restaurant. Es bietet vielfältige internationale Speisen – von Buffalo Wings über Burger bis hin zu Pasta –, orientalische Wok-Gerichte sowie ein wenig Seafood. Lassen Sie Platz für die vorzüglichen Desserts. In dem Lokal treten Blues-, Rock- und Jazzbands auf.

SANDTON Yo Sushi
Shop 49, Village Walk Shopping Center, 2196 ☎ *(011) 783-6166*

Das Förderband liefert exzellente Sushi, Sashimi und andere japanische Spezialitäten. Die Farben der Teller geben die Preislage der Gerichte an. Beginnen Sie mit warmem Sake, halten Sie dann mit grünem Tee Ihre Geschmacksnerven frisch. Die Atmosphäre des Yo Sushi ist entspannt, die Preise sind günstig.

SANDTON Browns of Rivonia
21 Wessels Road, 2128 ☎ *(011) 803-7533*

Das ehemalige Farmhaus mit sonnigem Garten bietet im Sommer Tische im Freien. In der kalten Jahreszeit macht ein Kamin den Innenraum behaglich. Die exquisite Wein- und Käseauswahl, Seafood und Kalbsgerichte haben dem Restaurant mehrere Auszeichnungen eingebracht.

SANDTON Linger Longer
58 Wierda Road, 2196 ☎ *(011) 884-0465*

Das preisgekrönte Restaurant befindet sich in einem Haus im Kolonialstil mit Garten. Es zählt zu den zehn besten des Landes. Die Küche vereint östliche und westliche Einflüsse, bietet aber auch klassische Gerichte wie pochierten schottischen Lachs oder ein Trio aus Lamm, Rind und Kalb. Die Weinkarte ist hervorragend.

SOWETO Wandies Restaurant
618 Makhalemele Street, Dube, 1800 ☎ *(011) 982-2796*

Die Taverne mitten in Soweto ist bei Tourveranstaltern und bei Einheimischen sehr beliebt. Das Büfett bietet einige vegetarische Gerichte wie *morugu* (wilder Spinat mit Kräutern) und *chakalaka* (für die Region typischer Salat mit Tomaten, gebackenen Bohnen, Zwiebeln und Chili).

STERKFONTEIN Greensleeves
Hekpoort Road (R63), 1740 ☎ *(011) 951-8900*

Versetzen Sie sich bei einem Fünf-Gänge-Menü mit einer Unmenge Fleisch in das Mittelalter. Probieren Sie *sallama-gundy* (Salat mit Früchten, Gemüse und Fisch) mit selbst gebackenem Brot. Das Essen begleiten Troubadoure und Minnesänger in mittelalterlichen Kostümen. Es gibt einen Kostümverleih.

SUN CITY Crystal Court
Palace of the Lost City at Sun City, Sun City, 0316 ☎ *(014) 557-4315*

Das Crystal Court liegt an einem malerischen See. Das Restaurant bietet 320 Gästen Platz. Es besitzt eine große Fensterfront, einen wunderschönen großen Kronleuchter und einen Brunnen. Serviert wird internationale Küche, der Nachmittagstee ist ein Hochgenuss.

SUN CITY The Famous Butcher's Grill
Cabanas Hotel, Sun City, 0316 ☎ *(014) 552-2008*

Gäste wählen selbst ein Stück Rindfleisch aus und genießen es als Steak in Pfefferkruste oder mit verschiedenen Saucen wie Barbecue-, Champagnersauce mit Blauschimmelkäse, Pilz-, Käse- oder Knoblauchsauce. Als Beilagen gibt es Pommes frites, Kartoffelpüree, Frühkartoffeln oder Reis.

BLYDE RIVER CANYON UND KRUGER NATIONAL PARK

GRASKOP Harries Pancakes
Ecke Louis Trichard & Church Street, Graskop, 1270 ☎ *(013) 767-1273*

Das Lokal ist für seine traditionelle südafrikanische Küche bekannt. Spezialitäten sind Pfannkuchen mit verschiedenen Füllungen, von traditionellem *bobotie* bis zu Hühnerleber, von karamellisierten Bananen bis zu Schokoladenmousse. Neben dem Restaurant ist ein Laden mit afrikanischem Kunsthandwerk.

HENDRIKSDAL Artist's Café
Hendriksdal Siding, 1260 ☎ *(013) 764-2309*

Die Trattoria in einem ehemaligen Bahnwärterhäuschen liegt inmitten üppiger Wälder. Es gibt deftige toskanische Kost. Die Speisekarte wechselt nach einigen Monaten, enthält aber immer hausgemachte Pasta mit frischen Kräutern und Gemüse aus dem eigenen Garten. Im Café werden afrikanische Kunst und Handwerk ausgestellt.

NELSPRUIT 10 on Russell

10 Russell Street, Nelspruit, 1200 **(013) 755-2376**

Das preisgekrönte Restaurant in einem alten Farmhaus besitzt einen schönen Garten, in dem man hervorragend im Freien speisen kann. Das 10 on Russell prägt eine vornehme, entspannte Atmosphäre. Die Speisekarte enthält viele erfrischende Salate und hervorragende selbst gemachte Pasta. Für Kinder kann man kleine Portionen bestellen.

SWASILAND Phoenix Spur

Shop 19, Mall, Mbabane, H100 **(09268) 404-9103**

Das entspannte Familienrestaurant gehört zu einer Kette mit amerikanischem Motto. Die Speisekarte bietet überwiegend Gegrilltes und Burger. Das Salatbüfett bietet eine umfangreiche Auswahl. Kinder sind hier wunderbar aufgehoben – es gibt Spiele und eine spezielle Speisekarte.

WHITE RIVER Oliver's Restaurant and Lodge

White River Country Estate, 1240 **(013) 750-0479**

Bei einem Mittagessen im Oliver's blickt man auf das erste Grün des White-River-Golfplatzes. Das Restaurant bietet mediterrane Küche mit einigen österreichischen Einschlägen. Empfehlenswert sind die Wildplatte mit Kudu und Antilope sowie das Krabbenrisotto mit Weißwein. Für Kinder gibt es eigene Gerichte.

WHITE RIVER Salt

Shop 7, R40, Bagdad Center, 1240 **(013) 751-1555**

Das stilvolle Salt ist bekannt für seine internationale Speisekarte. Vor allem Ente in Aprikosensauce ist empfehlenswert. Gedämpftes Licht, Musik und ein Kamin sorgen für eine angenehme Atmosphäre. Das Restaurant verfügt über einen beeindruckenden Weinkeller.

Südlich des Oranje

GRAAFF-REINET The Coldstream Restaurant

3 Kerk Street, Graaff-Reinet, 6280 **(049) 891-1181**

Das Coldstream befindet sich im selben Haus wie der zweitälteste Men's Club des Landes. Es bietet ein historisches Erlebnis. Gäste können Frühstück oder Mittagessen genießen – oder schlicht einen Tee mit Kuchen. Die Qualität der Speisen ist durchgehend hervorragend.

GRAAFF-REINET Andries Stockenström Guest House

100 Cradock Street, Graaff-Reinet, 6280 **(049) 892-4575**

In dieser gastronomischen Oase Graaff-Reinets wird gute, bodenständige südafrikanische Küche mit regionalen Zutaten bereitet. Das Angebot enthält Salat mit leicht geräuchertem Kudu und Sesamwaffel sowie Lende vom Karoo-Lamm mit Kartoffelrösti und Bohnen. Die gebackene Mandelcreme mit Beeren ist ein leckeres Dessert.

Nördlich des Oranje

BLOEMFONTEIN Beethoven's Café Restaurant

Victoria Square, Second Avenue, Westdene, 9301 **(051) 448-7332**

Der reizende europäische Coffeeshop bietet zahlreiche köstliche Frühstücksvariationen, Kaffee, Tee, heiße Schokolade sowie köstliche hausgemachte Kuchen und Gebäck. Gäste, die auch an kühlen Tagen draußen sitzen möchten, bekommen Decken bereitgestellt.

BLOEMFONTEIN De Oude Kraal Country Estate

N1, Ausfahrt 153, südlich von Bloemfontein, 9301 **(051) 564-0636**

Das extravagante und doch schlichte De Oude liegt auf einer Farm 25 Kilometer südlich von Bloemfontein. Es bietet mit seinem großartigen Dinnerbüfett und dem Sechs-Gänge-Menü ein gastronomisches Erlebnis. Die Weinkarte ist preisgekrönt. Wer das Diner lange genießen will, kann hier auch übernachten.

KIMBERLEY Kimberley Club

35 Currey Street, Kimberley, Northern Cape, 9320 **(053) 832-4224**

Im einstigen Kimberley Men's Club genießt man köstliches Essen in elegantem Ambiente mit Holzmöbeln und weißer Tischdekoration. Der experimentierfreudige Koch serviert traditionelle und moderne Gerichte, einschließlich T-Bone-Steaks, Karoo-Lammsteaks und Eisbein in Apfelsauce.

UPINGTON Le Must Manor

11 Schröder Street, Upington, 8800 **(054) 332-3971**

Für die Kalahari-Küche mit französischem Touch werden regionale Zutaten verwendet. Der Küchenchef Neil Stemmet verwendet stets Produkte der Saison und bereitet diese sorgfältig zu. Kosten Sie crème brûlée mit Blauschimmelkäse oder Schweinefleisch mit grünen Feigen und Senfkompott. Ein guter Zwischenstopp bei einem Besuch der Gegend.

SHOPPING

Die begehrtesten Souvenirs sind zweifellos die handgefertigten Waren und Schmuck aus einheimischem Gold, besetzt mit Edel- oder Halbedelsteinen. Sogenannte *Curio*-Shops und Märkte im ganzen Land verkaufen feine Perlenarbeiten, gewebte Teppiche, dekorative Körbe, Stein- und Holzschnitzereien, Löffel aus Holz und Knochen sowie traditionelle Gewänder mit geometrischen Motiven. Kunsthandwerker aus anderen Ländern Afrikas, vom Fremdenverkehr angelockt, bieten auf den Märkten in den größeren Städten rituelle Holzmasken und Armbänder aus Malachit an. Die Märkte zeigen eine Produktpalette, die vom Windspiel über hölzerne Strandstühle und bemalte Steppdecken bis hin zu Chilisaucen und traditionellen Lederwaren reicht.

Amethyst-Ausblühung

Eindrucksvolle Malachit-Arbeiten

ÖFFNUNGSZEITEN

Die Shopping-Center in den Großstädten haben verlängerte Öffnungszeiten bis 21 Uhr, die meisten Läden in kleineren Orten halten die gesetzlichen Zeiten von 9 bis 17 Uhr ein. Auf den Dörfern ist oft über Mittag geschlossen, da das ländliche Südafrika die Mittagsruhe pflegt.

Flohmärkte dauern in der Regel von 10 Uhr bis Sonnenuntergang.

BEZAHLUNG

Shopping-Center und Läden in den Großstädten akzeptieren Visa und MasterCard. Reiseschecks von American Express werden bei Vorlage des Ausweises angenommen. Kleine Läden und Händler bevorzugen Bargeld. In abgelegenen Gegenden und kleinen Dörfern ist es ratsam, Geldbörsen oder Beutel mit Bargeld unter der Kleidung zu tragen. Die meisten Banken haben Geldautomaten (ATM), die Kredit- oder internationale Geldkarten nehmen.

VERHANDELN

Afrikanische Händler verhandeln mit großer Ausdauer, weil sie lieber etwas verkaufen wollen, als gar kein Geschäft zu machen. Auch indische Händler kommen den Preisvorstellungen ihrer Kunden entgegen.

MEHRWERTSTEUER

Die meisten Waren (außer Grundnahrungsmittel) unterliegen einer Mehrwertsteuer von 14 Prozent, die im Preis inbegriffen ist. Kaufen Sie Antiquitäten, Schmuck und Kunst bei renommierten Händlern, erhalten Sie von diesen ein Dokument zur Rückerstattung der Mehrwertsteuer, das Sie vor ihrem Abflug aus Südafrika am Flughafen vorlegen können.

Farbenprächtiger Marktstand

WARNHINWEIS

Auf den Parkplätzen von Shopping-Centern und Märkten gibt es oft Straßenhändler, die flüsternd und mit diskreter Miene Goldschmuck und -uhren unter ihrer Jacke oder aus einem gefalteten Stück Stoff hervorziehen und verkaufen möchten. Meist handelt es sich dabei um billige Messingimitationen. Sie können natürlich auch echt sein, sind dann aber eventuell gestohlen. Auf jeden Fall sollten Sie solche Angebote höflich, aber bestimmt ablehnen und weggehen.

REKLAMATIONEN

Haben Sie beschädigte Ware gekauft, haben Sie Anspruch auf Rückerstattung. Stellen Sie fest, dass Ihnen ein Stück nicht gefällt, müssen Sie sich eventuell mit einer Gut-

The Workshop *(siehe S. 230)* in Durban während der Weihnachtszeit

schrift oder einem Umtausch abfinden. Meist gilt: je größer das Geschäft, desto mehr Rechte für den Kunden. War der Service schlecht, sprechen Sie mit dem Manager.

FACHGESCHÄFTE

Viele interessante Läden sind aus den Shopping-Centern ausgezogen. In den Seitenstraßen der Innenstädte findet man neben Buchhändlern auch Design-, Wein- und Feinkostläden sowie Kunstgalerien. Auch die Antiquitätenläden in den Kleinstädten bieten erlesene Waren. Gold- und Diamantenschmuck kauft man am besten im Shopping-Center.

WARENVERSAND

Die Post versendet Pakete bis 30 Kilogramm und maximal 2,5 Quadratmetern nach Europa. Neben einer Bearbeitungsgebühr werden zusätzliche Gebühren je 100 Gramm berechnet. Möglich ist eine Paketversicherung bis zu einer Höchstgrenze von rund 2000 Rand. Standardpost ist zwei bis vier Wochen unterwegs, Luftpost eine Woche.

Viele gehobene Läden arrangieren Verpackung und Versand. Für Ihren eigenen Export beauftragen Sie am besten einen Spediteur wie **Trans Global Cargo Pty Ltd**. Er übernimmt zu angemessenen Preisen Zoll und Verpackung und liefert an Ihre Heimatadresse oder die Vertretung vor Ort. Es gibt dabei keine Mindest- oder Höchstgrenzen.

In Swasiland findet man eine große Auswahl an Matten und Körben

SÜDAFRIKANISCHE ARTIKEL

Großstädte bieten eine hervorragende Auswahl an traditionellen südafrikanischen Artikeln. Johannesburg ist der geeignete Ort für einheimisches Kunsthandwerk und zieht Käufer aus ganz Südafrika an. Dabei kommt ein großer Teil der Holzschnitzereien und Steinmetzarbeiten aus West- und Zentralafrika oder Simbabwe.

Kunsthandwerk aus Durban *(siehe S. 228–231)* und Kwa-Zulu-Natal *(siehe S. 204f)* ist sehr gefragt. Zulu-Körbe sind von höchster Qualität, ebenso Strohbesen, Töpfe, Schilde und Trommeln. Aus Telefondraht geflochtene bunte Körbe sind ebenfalls beliebt.

Diese Produkte und zauberhafte, oft bunt bemalte Holztiere findet man am Highway N2 von Durban zu den Wildparks Hluhluwe-Umfolozi und Mkuzi.

Ganzankulu und Venda sind ebenfalls berühmt für ihr Kunstgewerbe. Beliebt sind Tontöpfe mit charakteristischen geometrischen Designs in glänzendem Silber und Ocker, ebenso Holzschnitzereien, Stoffe, Wandteppiche und gebatikte Textilien.

Perlenbestickte Decken, Gürtel, Schürzen und Puppen der Ndebele *(siehe S. 266)* findet man im Botshabelo Museum and Nature Reserve bei Fort Merensky, 13 Kilometer nördlich von Middelburg.

Auch Knysna *(siehe S. 186f)* ist ein Zentrum für Kunsthandwerk, vor allem für Holz-

verarbeitung. Hier kauft man Stühle und Tische aus Yellow- und Stinkwood, Türknäufe und andere ungewöhnliche Accessoires. Auch farbenfrohe Mohairdecken, Schals, Kissenbezüge und Jacken werden hier gefertigt.

Das Etikett »Scarab Paper« steht für ein einzigartiges südafrikanisches Produkt: handgemachtes Papier, Notizblöcke und Karten aus (nun geruchsneutralem) Elefantendung, erhältlich in Kunstgewerbeläden und *Curio*-Shops im ganzen Land.

Auch Swasi-Kerzen werden landesweit verkauft: langsam brennende Kerzen in Tier-, Vogel- oder traditionellen Formen, die aussehen wie bunt bemaltes Glas.

Im ganzen Land bieten Souvenirläden und Schmuckgeschäfte eine riesige Auswahl an Ohrringen, Ketten, Ringen und Armreifen an. Für deren Produktion werden heimische Diamanten und Halbedelsteine verwendet und häufig mit südafrikanischem Gold und Platin kombiniert.

AUF EINEN BLICK

SPEDITEURE

Trans Global Cargo Pty Ltd
📞 *(0860) 444-111.*

Seaclad Maritime (Reederei)
📞 *(021) 419-1438.*

AfroMar (Schiffsmakler)
📞 *(011) 803-0008.*

Weine für jeden Geschmack

UNTERHALTUNG

Südafrikas Unterhaltungszentrum ist zweifelsohne Johannesburg. In der von vitalem Unternehmergeist geprägten Stadt amüsieren sich die Menschen so intensiv, wie sie arbeiten. Hier wird immer etwas geboten – was nicht heißen soll, dass andere südafrikanische Städte langweilig wären. Selbst in kleineren, ländlichen Orten gibt es einschlägige Restaurants, Clubs und Musiktreffs. Kinos und Casinos sind beliebt, und regelmäßig werden aufregende neue Lokale eröffnet. Das Theater des Landes ist innovativ und anspruchsvoll, eine Vielzahl von Theatergruppen bezieht sich auf afrikanische Traditionen und fördert die Entwicklung regionaler Kunststile. Die dynamische Musikszene reicht von Klassik über Jazz bis hin zu lokalem Genre.

Ballett-tänzer

Das Oude Libertas Amphitheater, Stellenbosch *(siehe S. 39)*

INFORMATION

Veranstaltungshinweise für die Großstädte geben regionale Tageszeitungen und landesweite Wochenzeitungen wie *Mail & Guardian*. Dort findet man Rezensionen und Ankündigungen zu Theater, Kino, Musik, Ausstellungen und anderen Events.

Programme und Kritiken erscheinen auch in Magazinen, die in Buch- und Zeitschriftenläden ausliegen.

Die Website Tonight (www.tonight.co.za) bietet Restaurantkritiken sowie Hinweise zu Workshops und Veranstaltungen für Schwule, Lesben und Jugendliche in Kapstadt, Johannesburg und Durban.

KARTENVORVERKAUF

Karten für die meisten Veranstaltungen erhält man telefonisch bei **Computicket**, mit Filialen in allen größeren Städten. Karten für Kinos der Ster-Kinekor-Kette kann man bei **Ster-Kinekor Ticket-Line** reservieren. Die meisten Theater und Kinos akzeptieren telefonische Reservierungen nur bei Zahlung mit Kreditkarte.

KINO

Südafrikanische Kinos zeigen hauptsächlich gängige Hollywood-Produktionen, da die einheimische Filmindustrie noch in den Kinderschuhen steckt und Südafrikaner nur wenig Bedarf an fremdsprachigen Filmen mit Untertiteln haben.

In den Städten finden regelmäßig Filmfestivals statt, deren Themen von Naturmedizin über Umwelt bis zu Homosexualität reichen.

THEATER, OPER UND TANZ

Besonders beliebt sind Comedy, Satire, Cabaret und Musicals sowie modernisierte und »regionalisierte« Shakespeare-Bearbeitungen.

Die Theater sind sehr um die Ausbildung von Dramaturgen und Regisseuren bemüht und veranstalten Festivals zur Talentsuche.

Eines der wichtigsten Events der darstellenden Künste ist das Festival Arts Alive im September in Johannesburg. FNB Dance Umbrella, im Februar und März ebenfalls in Johannesburg, ist eine maßgebliche Plattform für junge Choreografen. Das National Arts

South African State Theater, Pretoria/Tshwane *(siehe S. 266)*

»Scheideweg«, Rupert Museum, Stellenbosch

Festival *(siehe S. 41)* gibt jeden Juli in Grahamstown einen Überblick über die spannende Entwicklung von Theater, Tanz, bildender Kunst und Musik im jungen Südafrika.

Beim Massed Choir Festival zum Jahresende in KwaZulu-Natal bieten afrikanische Chöre Oratorien, Opern und traditionelle Musik dar. Hinweise können Sie der Presse entnehmen.

Beliebt ist auch die Oper. Das fünfmonatige Spier Festival of Music, Theater and Opera zieht jährlich nationale und internationale Künstler an.

Zulu-Tänzer auf der Heia Safari Ranch

MUSIK

Die fünf Symphonie-Spielzeiten des Jahres stoßen in den Großstädten auf großen Anklang: Konzerte werden in der Durban City Hall *(siehe S. 229)*, dem Baxter Theater in Kapstadt *(siehe S. 111)* und dem Johannesburg College of Music in Parktown aufgeführt.

Beliebt sind Freiluftdarbietungen in der Dämmerung, etwa in Durbans Botanischem Garten *(siehe S. 230f)* und in Kapstadts Kirstenbosch Garden *(siehe S. 104f)*. Im Dezember sind in den Großstädten musikalische Feuerwerkshows zu sehen.

Auch international bekannte Bands, Pop- und Opernsänger besuchen auf ihren Welttourneen regelmäßig Südafrika.

Einheimischen Bands decken eine große musikalische Bandbreite ab: Rock, Jazz, Gospel, Reggae, Rap und

Afro-Fusion. Das beliebte Soweto String Quartet begeistert mit einzigartigen Kompositionen und afrikanisch inspirierten Interpretationen klassischer Stücke.

Lokale Rockbands wie die Springbok Nude Girls und Parlotones treten landesweit auf. Programmzeitschriften und lokale Radiosender geben die Veranstaltungen bekannt.

Musik aus anderen afrikanischen Ländern wird zunehmend auch in Südafrika gehört. Klänge aus Ghana, Mali oder Benin erfüllen heute viele Clubs des Landes.

BILDENDE KUNST

Städte wie Johannesburg, Durban, Kapstadt, Port Elizabeth und Bloemfontein, aber auch Kleinstädte wie Knysna können ausgezeichnete Kunstsammlungen vorweisen. Präsentiert werden lokale und internationale Kunstwerke, ob traditionell

Im Entertainment-Center Carousel

oder avantgardistisch, ob Fotografie, Multimedia oder Installationen. Die Ausstellungen wechseln regelmäßig. Vernissagen sind beliebte gesellschaftliche Events.

GLÜCKSSPIEL

Bauträger, Investoren und Casinobetreiber pumpen Milliarden Rand in die Glücksspielbranche. Südafrika ist hierfür angeblich einer der vielversprechendsten Märkte weltweit.

Spektakuläre Glücksspiel- und Vergnügungszentren wie **Sun City**, **Carousel** und **Emnotweni** findet man im ganzen Land. Charakteristisch ist eine aufwendige Architektur, die Spaß und Fantasie mit moderner Technologie verbindet.

In einigen Bars stehen Spielautomaten mit begrenzter Ausschüttung *(siehe S. 268f)* und einarmige Banditen. In den Casinotischen wird Blackjack, Roulette, Poker und Punto Banco gespielt. Größere Casinos verfügen in den meisten Fällen über einen *salon privé*.

AUF EINEN BLICK

KARTENVORVERKAUF

Computicket
📞 *(083) 915-8000 oder (0861) 100-220 für Reservierungen mit Kreditkarte.*
www.computicket.com

KINO

NuMetro
www.numetro.co.za

Ster-Kinekor Ticket-Line
📞 *(082) 16789.*
www.sterkinekor.com

GLÜCKSSPIEL

📞 The Boardwalk *(041) 507-7777.*
📞 Carnival City *(011) 898-7000.*
📞 Carousel *(012) 718-7777.*
📞 Emnotweni *(013) 757-4300.*
📞 Grandwest *(021) 505-7777.*
📞 Sun City *(014) 557-1000.*
📞 Wild Coast Sun *(039) 305-9111.*

THEMENFERIEN UND AKTIVURLAUB

Südafrikaner halten sich gerne im Freien auf. Mildes Klima, viel Sonne, lange Küsten und abwechslungsreiche Landschaften laden praktisch ganzjährig zu Aktivitäten ein. Wer Kapstadt im Sommer besucht, könnte meinen, die ganze Stadt trainiere für die bevorstehenden Marathons und Radrennen: Viele Kapstädter zieht es täglich nach draußen, um sich fit zu halten. Aber es stehen auch andere Möglichkeiten der Freizeitgestaltung zur Wahl:

Bungee-Jumping

Kanufahrten auf dem Oranje, botanische Exkursionen in den Küstenwäldern von KwaZulu-Natal, Bergsteigen in den Drakensbergen, Bungee-Jumping an der Garden Route, Besichtigung von historischen Stätten oder Museen und Ausflüge zu Delfinen und anderen Meerestieren. Südafrikas interessante multikulturelle Vergangenheit und Gegenwart kann man auf vielen regionalen Festivals *(siehe S. 38f)* sowie bei speziellen Führungen kennenlernen.

WANDERN UND BERGWANDERN

Wandern zählt zu den beliebtesten Freizeitaktivitäten der Südafrikaner. Selbst kleinste Parks in entlegensten Regionen bieten Wanderwege mit Kilometerangaben. Landkarten erhält man bei der Buchung. Mehrtägige Touren führen oft durch Privatland oder durch staatliche Reservate, übernachtet wird in einfachen Hütten. Beliebte Fernwanderungen wie der Otter und der Tsitsikamma Trail mit jeweils vier Übernachtungen sollten über ein Jahr im Voraus gebucht werden. Die meisten Läden für Camping- und Wanderausrüstung können ein- oder mehrtägige Touren empfehlen. Sie verkaufen Wanderführer, Landkarten und Verpflegung. **Hiking South Africa** führt eine Liste mit rund 250 Wandervereinen im ganzen Land, die Tages-

Beim Kloofing gehören tollkühne Sprünge in kleine Bergseen dazu

und Wochenendwanderungen für Anfänger und erfahrene Wanderer arrangieren. Sie organisieren auch längere, anspruchsvollere Touren.

Die meisten privaten Schutzgebiete sowie einige Provinzreservate und Nationalparks bieten geführte Wanderungen zur Wild- und Vogelbeobachtung sowie mehrtägige Touren durch Bushveld und Wildnis an. Wanderungen durch den afrikanischen Busch, mit allen Düften und Klängen von Flora und Fauna, sind ein einmaliges Erlebnis.

Im Kruger National Park *(siehe S. 284–287)* werden sieben solcher Touren angeboten, u. a. führt der Bushman Trail zu Felszeichnungen. Die beliebten Wanderungen sollten bereits Monate im Voraus gebucht werden. Informationen liefert die **Wildlife Society of South Africa**.

KLOOFING UND BERGSTEIGEN

Kloofing ist eine relativ neue Form des Bergwanderns, bei der man einem Flusslauf folgt und stellenweise von Fels zu Fels springt. Man braucht hierfür Fitness und ein gewisses Maß an Mut, vor allem bei Sprüngen in kleine Bergseen. Wer Kloofing ausprobieren möchte, kann sich beim **Mountain Club of South Africa** informieren.

Bergsteigen (ob traditionell, als Sport oder Klettern) hat viele Anhänger in Südafrika. Läden für Bergsteigerausrüstung helfen mit Informationen und Routenvorschlägen. Für traditionelles Bergsteigen sind die KwaZulu-Natal-Drakensberge *(siehe S. 216f)* geeignet. Erfahrene Bergsteiger stoßen an Kapstadts Tafelberg *(siehe S. 78f)* auf neue Herausforde-

Bergwandern in KwaZulu-Natal

rungen. Diverse Anbieter machen aus dem Abstieg einen schnellen und aufregenden Abseil-Event. Beim Rap-Jumping, einem neuen Trend aus Australien, seilt man sich mit hoher Geschwindigkeit kopfüber von Felswänden ab. Dabei kann man die Fallgeschwindigkeit nur mit einem Griff ins Seil kontrollieren.

FISCHEN

Über eine Million Angler fischen in den südafrikanischen Gewässern, für die übrigens strenge Vorschriften gelten – Informationen erhält man bei der Polizei oder bei der **South African Deep Sea Angling Association**. Mehr als 250 Fischarten werden mit Fliege oder Leine gefangen, zur Auswahl stehen Sport-, Brandungs- und Riffangeln. Vor dem südlichen Kap, dort, wo der kalte Atlantik auf den warmen Indischen Ozean trifft, tummeln sich unzählige Fische, einschließlich Marlin und Thunfisch. Hervorragende Forellengewässer findet man in Mpumalanga und KwaZulu-Natal. Kalk Bay in Kapstadt besitzt einen der wenigen Leinenfischereihäfen der Welt. **Grassroutes Tours** organisiert eintägige Angelausflüge auf traditionellen Holzbooten.

Fast alle Häfen und Yachthäfen bieten kurze Fahrten auf kommerziellen oder privaten Booten an, Reiseunternehmen wie **Big Game Fishing Safaris** und **Lynski Deep Sea Fishing Charters** veranstalten Charter-Touren.

Sportangler am Cape Vidal im iSimangaliso Wetland Park

Heißluftballons besteigt man gerne für Wildbeobachtungen

FLUGSPORT

Der **Aero Club of South Africa** kontrolliert und koordiniert sämtliche Flugsportaktivitäten wie Ballonfahren, Drachenfliegen, Flüge in Ultraleichtflugzeugen und Fallschirmspringen. Aus dem Korb eines Heißluftballons hat man die beste Sicht auf das Land. An vielen Orten werden Ballonfahrten angeboten, am beliebtesten sind jedoch die Fahrten über Weinregionen oder Wildparks. Die besten Zeiten sind frühmorgens oder spätabends, wenn Thermik für perfekten Auftrieb sorgt. Sollte allerdings der Wind zu stark oder zu schwach wehen, müssen die Ballons am Boden bleiben. Da ein Heißluftballon nahezu lautlos durch die Luft gleitet, hat man die Chance, auch sehr scheue Tiere zu Gesicht zu bekommen. Informationen bietet **Pilanesberg Safaris** *(siehe S. 269)*.

Hubschrauberflüge werden ebenfalls an vielen Orten angeboten. Vor allem für das Panorama von Kapstadt *(siehe S. 60–123)* und Tafelberg *(siehe S. 78f)* lohnt sich der Flug. Man kann auch Flugunterricht nehmen.

Kurse für Gleitschirmfliegen und Fallschirmspringen (fragen Sie bei der **Hang Gliding and Paragliding Association** nach) sind ebensdo beliebt wie Tandemsprünge. Waghalsige könne sich beim Bungee-Jumping testen. Die Sprünge müssen von einem offiziellen Veranstalter wie **Face Adrenalin** in Kapstadt organisiert werden. Extremsprünge sind an der Garden Route möglich,

z. B. der Bloukrans Bungee Jump in 216 Meter Tiefe, die wahrscheinlich größte Herausforderung dieser Art weltweit.

Mountainbiker in Knysna

RADFAHREN

Selbst in großen Städten gibt es spektakuläre Radrouten. Jedes Jahr nehmen immerhin 35 000 Fahrer am Rad-Marathon rund um die Kap-Halbinsel *(siehe S. 64f)* teil. Radfahrerorganisationen wie die **Pedal Power Association** und die **South African Cycling Federation** veranstalten Wochenendausflüge (auch auf Nebenrouten in ansonsten unzugänglichen Farmgebieten) und geben Hinweise zu Radverleihen. Veranstalter von Abenteuerferien organisieren ebenfalls verschiedene Radtouren, sowohl auf Nebenstrecken wie auf asphaltierten Straßen, z. B. entlang der Garden Route oder in der Karoo. Für Essen, Unterkunft und Gepäcktransport wird gesorgt.

Ein Taucher im Haikäfig begegnet einem Weißen Hai

JAGEN UND TONTAUBENSCHIESSEN

Die Jagd hat sich zu einer Multimillionen-Rand-Industrie entwickelt. In speziellen Jagdrevieren, z. B. in der Northern-Province-Region Waterberg, wurde Wild extra aus diesem Grund angesiedelt. Ausländische Jäger müssen laut Gesetz von einem professionellen südafrikanischen Jäger begleitet werden. Die **Professional Hunters' Association of South Africa (PHASA)** kann Ihnen bei der Organisation eines Jagdausflugs helfen.

Jagen ohne Blutvergießen bietet das Tontaubenschießen. Der Sport wurde in den letzten Jahren immer beliebter. Informationen erhalten Sie bei der **Clay Target Shooting Association South Africa**.

Rafting in Schlauchbooten auf dem Oranje (*siehe S. 296f*)

WASSERSPORT

Südafrika besitzt 2500 Kilometer Küste und viele Flüsse. Das Land bietet einige der besten Surfreviere der Welt. Mit die besten Wellen gibt es in der Jeffrey's Bay an der Garden Route. Wer windsurfen oder segeln möchte, kann sich in vielen Resorts die nötige Ausrüstung leihen. Die Strände und vor allem die vielen Sanddünen im Land eignen sich gut für Sandboarding, eine Art Surfen an Land.

Südafrika ist ein attraktives Tauchrevier. Tauchlehrer sollten entweder der **National Association of Underwater Instructors** (NAUI) oder der **Professional Association of Diving Instructors** (PADI) angehören. Die besten Tauchplätze liegen im St Lucia Estuary Park in KwaZulu-Natal. Hier sieht man Korallenriffe, tropische Fische, Schildkröten und Haie. In Kapstadt kann man gut nach Schiffswracks tauchen und einen Kelpwald erforschen.

Raften ist ein beliebtes Urlaubsabenteuer. Qualifizierte Veranstalter, z. B. **River Rafters** und **Felix Unite River Trips** in Kapstadt, organisieren Raftingtouren auf verschiedenen Gewässern in Schlauchbooten für zwei oder acht Personen. Ob Wildwasser oder ruhiges Paddeln, es gibt für jeden die passende Tour. Unterkünfte und Verpflegung sind meist hervorragend. Beliebte Strecken sind der Blyde River Canyon sowie die Flüsse Breede, Oranje und Tugela. **Coastal Kayak Trails** bietet ein- oder mehrtägige Küstentrips um die Kap-Halbinsel, entlang der Garden Route oder in KwaZulu-Natal an.

Der ultimative Nervenkitzel ist die Begegnung unter Wasser mit einem Weißen Hai – nur geschützt durch einen Tauchkäfig. Möglich ist dies z. B. in der »Shark Alley« in der Nähe von Gansbaai (*siehe S. 170*). Ein Schutzkäfig bietet Platz für mehrere Taucher. **White Shark Ecoventures** bietet eine Zehn-Tage-Tour mit Übernachtung und Verpflegung an. Die Ausflüge von **Apex Predators** starten in Simon's Town bei Kapstadt. Der Veranstalter organisiert mit die längsten Touren für kleine Reisegruppen von sechs bis maximal zwölf Personen.

Pony-Trekking durch Lesotho (*siehe S. 214f*)

REITEN UND PONY-TREKKING

Der Reitsport steht unter der Aufsicht der **South African National Equestrian Foundation**. Freizeitausritte sind sehr beliebt, z. B. am Strand bei Sonnenuntergang oder in Weinregionen in Verbindung mit Weinproben.

Malealea Lodge and Horse Treks in Lesotho (*siehe S. 214f*) bietet eine afrikanische Attraktion an. Zusammen mit einem Führer reitet man durch das weite Land zu Dinosaurierspuren und Felsmalereien der San-Buschmänner. Übernachtet wird in Basotho-Hütten. Einheimische sorgen für Verpflegung und Tanz.

Nektarvogel mit smaragdgrünem Gefieder

VOGELBEOBACHTUNGEN, FLORA UND FAUNA

Südafrika ist ein Paradies für Vogelfreunde. Das Land ist mit einer ungeheuren Vielfalt an heimischen Vogelarten gesegnet. Während des europäischen Winters gesellen sich riesige Zugvogelschwärme hinzu. Die Fauna ist ohnehin äußerst abwechslungsreich. Seehund- und Walbeobachtungen *(siehe S. 130f)* – mit dem Boot oder mit einem Fernglas bewaffnet an Land – sind an der Küste sehr beliebt. Auf Safaris und Wildwanderwegen hat man eine gute Gelegenheit, Wildtiere und -pflanzen in ihrer natürlichen Umgebung zu sehen. Solche Trips gehören zu jedem Südafrika-Besuch *(siehe S. 386–391)*, man muss sie jedoch weit im Voraus buchen.

Die **Wildlife and Environment Society of South Africa** und regionale Gesellschaften für Ornithologie und Botanik (die meisten gehören dem **National Botanical Institute** an) bieten regelmäßig Kurse und Ausflüge zu Themen wie Heilpflanzen, Orchideen oder Spinnen an. Die Organisationen informieren detailliert.

SPORTVERANSTALTUNGEN

Wer Sport lieber passiv als aktiv betreibt, wird in Südafrika gut bedient. In dem sportbegeisterten Land kann man in modernen Rugby- und Cricket-Stadien absolutem Spitzensport beiwohnen,

z. B. in den Newlands-Anlagen in Kapstadt oder den Wanderers Cricket Grounds in Johannesburg. Im Juni und Juli 2010 ist das Land Gastgeber der Fußball-WM. Über eine Million Tickets sollen bis dahin verkauft sein. Wer ein Spiel sehen möchte, sollte sich so früh wie möglich um Eintrittskarten kümmern. Die Vergangenheit hat gezeigt, Karten für WM-Spiele ergattert man nur mit viel Glück. Tagespresse und **Computicket** (www.computicket.com) informieren über aktuelle Sportveranstaltungen.

Im Stadion ist man außer auf der Tribüne stets unter freiem Himmel. Stadionbesucher sollten also eine Kopfbedeckung, Sonnenschutz und reichlich Wasser mitnehmen.

Auf dem Leopard Creek Golf Course genießt man das schöne Panorama

GOLF

Britische, genauer gesagt schottische Kolonisten brachten Anfang des 19. Jahrhunderts den Golfsport nach Südafrika. Seitdem hat sich

das Land zu einer stolzen Golfnation entwickelt. Der Südafrikaner Gary Player gehört mit 164 Turniersiegen zu den besten Golfern aller Zeiten. In den letzten Jahren hielt Ernie Els bei den großen Golfturnieren die südafrikanische Flagge hoch.

Seit den 1980er Jahren und dem Beginn der weltweiten Golfeuphorie wurden in Südafrika viele Golfplätze modernisiert oder neu angelegt, darunter der von Jack Nicklaus designte Golfplatz des **Paarl Valley Golf Estate and Spa**. Der Golfplatz des **Fancourt Golf Club Estate** an der malerischen Garden Route ist nach internationaler Ansicht nicht nur einer der besten Golfplätze, sondern wohl derjenige mit dem schönsten Panorama.

Im **Gary Player Country Club** in Sun City spielen jedes Jahr die zwölf weltbesten Golfer um den Sieg bei der Nedbank Golf Challenge. Andere Top-Golfplätze kommen bei der European PGA Tour, der Sunshine Tour und den South African Open zum Einsatz, etwa Durbans **Erinvale Golf and Country Club**, **Leopard Creek** und **Glendower Country Club**.

Vor allem in und um die Weinregion *(siehe S. 132–151)* sowie an der Garden Route *(siehe S. 178–199)* sorgen Bodenbeschaffenheit, Klima und außergewöhnliche Anlagen für den perfekten Golfgenuss. Kein Wunder, dass immer mehr Golfreisen nach Südafrika gebucht werden. Mittlerweile bezeichnet sich Südafrika selbst als das Land mit den meisten erfolgreichen Golfern weltweit.

Cricket in Newlands vor der Kulisse des Tafelbergs

Robben Island – wichtiges historisches und ökologisches Erbe

TOWNSHIPS UND KULTURREISEN

Ein Abstecher nach Soweto ist einer der Höhepunkte eines Aufenthalts in Südafrika. Die Township zählt täglich 1000 Besucher. Viele finden sie interessanter als Sun City oder die Wildparks. Ein erfahrener Führer zeigt Jazzclubs, Kliniken, Schulen, Shebeens (Lokale) und Friedhöfe. Übernachtungen und ein Besuch im Kulturdorf des afrikanischen Mystikers und Autors Credo Mutwa können arrangiert werden.

Andere faszinierende Touren in und um Johannesburg beinhalten einen Abstecher in das Lesedi Cultural Village, um die Kultur der Zulu, Xhosa und Sotho kennenzulernen, oder den Besuch eines Ndebele-Dorfs bei Bronkhorstspruit in der Nähe von Pretoria/Tshwane. Am besten wendet man sich an Veranstalter wie **Jimmy's Face-to-Face Tours**.

In Kapstadt werden Besuche des malaiischen Viertels inklusive traditioneller Mahlzeiten angeboten (*siehe S. 75*). District Six, Handwerks- und Bildungszentren, Moscheen und die eher tristen Vororte »Cape Flats« gehören ebenfalls zum Programm. Veranstalter wie **Legend Tours** organisieren solche Ausflüge.

Wer sich für das Leben unter dem Apartheid-Regime interessiert, sollte unbedingt Robben Island (*siehe S. 88f*) und Orte, an denen Protestaktionen gegen die Apartheid stattfanden, besuchen. Die

Führer sind zum Teil ehemalige Aktivisten von *Umkhontowe-Sizwe* (Speer der Nation).

Ausflüge in und um Durban geben Einblick in die indische Gemeinde und die nahe gelegenen Townships. Bei einem Trip nach Shakaland (*siehe S. 239*) erfährt man etwas über gesellschaftliche Traditionen, Handwerk und Medizin der Zulu.

SCHLACHTFELDER

Touren zu den Schlachtfeldern (*siehe S. 220*) sind eine Wachstumsbranche des südafrikanischen Fremdenverkehrs. Staats- und Regionalregierungen haben viel in Gedenkstätten und historisch interessante Wanderwege investiert. Viele ortsansässige Museen und Lodges organisieren Führungen. Die Reisebegleiter, z. B. der **Fugitives' Drift Lodge** (*siehe S. 342*) oder der **Isibindi Lodge**, sind mitreißende Erzähler. Die Touren führen zu einigen der bedrückenden Kriegsdenkmälern, die zur Erinnerung an diverse Konflikte, u. a. an Südafrikas Rolle in beiden Weltkriegen, errichtet wurden.

Der skrupellose König Shaka schuf in den 1820er Jahren die Zulu-Nation aus dem Nichts und stellte eines der gefürchtetsten Heere auf. Bei Rorke's Drift (*siehe S. 220*) verteidigten 100 britische Soldaten eine Verpflegungsstation zwölf Stunden lang gegen 4000 Zulu-Krieger. Für diese Leistung wurden Sie mit elf Viktoriakreuzen geehrt. Die Schlacht wurde in dem Film *Zulu* (1964) mit Michael Caine thematisiert. Dies half, die Stätte zu einer Besucherattraktion auszubauen.

Stopps auf der Burenkrieg-Tour sind die Belagerung von Ladysmith (*siehe S. 220*), Mafeking, wo Baden Powell später die Pfadfinderbewegung gründete, und Spioenkop (*siehe S. 221*). An dem strategisch wichtigem, 1466 Meter hohen Gipfel fand eine der blutigsten Schlachten statt.

Während der Tour zu den Schlachtfeldern kommt man in der Nähe von Dundee am Blood River (*siehe S. 220*) vorbei. In der Schlacht am 16. Dezember 1838 besiegten die Afrikaaner hier ein großes Zulu-Heer.

Denkmal für die Schlacht von Isandhlwana (1879) in KwaZulu-Natal

AUF EINEN BLICK

WANDERN UND BERGWANDERN

Hiking South Africa
(083) 535-4538.
www.hikingsouth-africa.info

Wildlife and Environment Society of South Africa
(031) 201-3126.
www.wessa.org.za

KLOOFING UND BERGSTEIGEN

Mountain Club of South Africa
97 Hatfield House,
Kapstadt 8001.
(021) 465-2412.
www.mcsa.org.za

FISCHEN

Big Game Fishing Safaris
Simon's Town Pier,
Kapstadt 7700.
(021) 674-2203.

Grassroutes Tours
Waverley Business Park,
Mowbray.
(021) 464-4269.

Lynski Deep Sea Fishing Charters
(031) 539-3338 oder
(082) 445-6600.
www.lynski.com

South African Deep Sea Angling Association
PO Box 4191,
Kapstadt 8000.
(021) 976-4454.

FLUGSPORT

Aero Club of South Africa
Aeroclub House, Hangar
4, Rand Airport, Gauteng.
(0861) 018-018.
www.aeroclub.org.za

Face Adrenalin
(044) 697-7001 oder
(042) 281-1255.
www.faceadrenalin.com

Pilanesberg Safaris
PO Box 79, Sun City 0316.
(014) 555-5469.

South African Hang Gliding and Paragliding Association
49 New Road, Il Piachere,
Midrand 1685.
(012) 668-1219.
www.sahpa.co.za

RADFAHREN

Pedal Power Association
PO Box 665,
Rondebosch 7701.
(021) 689-8420.
www.pedalpower.org.za

South African Cycling Federation
12 Andmar Building,
Ryneveld St,
Stellenbosch 7600.
(021) 557-1212 oder
(072) 449-9035.
www.cyclingsa.com

JAGEN

Clay Target Shooting Association South Africa
PO Box 812,
Great Brak River 6525.
(086) 111-4581.
www.ctsasa.co.za

Professional Hunters' Association of South Africa
PO Box 10264, Centurion,
Pretoria/Tshwane 0046.
(012) 667-2048.
www.phasa.co.za

WASSERSPORT

Apex Predators
14 Thibault Walk,
Marina da Gama 7945.
(082) 364-2738.
www.apexpredators.com

Coastal Kayak Trails
179 Beach Rd, Three
Anchor Bay 8001.
(021) 439-1134.
www.kayak.co.za

Felix Unite River Trips
Unit 304a, Building 20,
Waverley Business Park,
Mowbray, Kapstadt 7700.
(021) 404-1830.
www.felixunite.com

National Association of Underwater Instructors (NAUI)
40 Gordonia Center,
Gordon's Bay 7150.
(021) 856-5184.
www.naui.co.za

Professional Association of Diving Instructors
0117 300 7234.
www.padi.com

River Rafters
1 Friesland St, Durbanville,
Kapstadt 7800.
(021) 975-9727.
www.riverrafters.co.za

White Shark Ecoventures
PO Box 50325, V&A Waterfront, Kapstadt 8002.
(032) 532-0470.
www.white-shark-diving.com

REITEN UND PONY-TREKKING

Malealea Lodge and Horse Treks
Malealea, Lesotho.
(051) 436-6766 oder
(082) 552-4215.
www.malealea.com

South African National Equestrian Foundation
PO Box 30875,
Kyalami 1684.
(011) 468-3236.
www.horsesport.org.za

VOGELBEOBACHTUNGEN, FLORA UND FAUNA

National Botanical Institute
Kirstenbosch,
Rhodes Dr, Newlands,
Kapstadt 7700.
(021) 799-8783.
www.nbi.ac.za

GOLF

Erinvale Golf and Country Club
Lourensford Road,
Somerset West,
Western Cape 7129.
(021) 847 1160.
www.erinvale.co.za

Fancourt Golf Club Estate
Montagu Street,
Blanco, George 6530.
(044) 804 0030.
www.fancourt.co.za

Gary Player Country Club
Sun City Resort, PO Box 2,
Sun City 0316.
(014) 557 1245/6.

Glendower Country Club
20 Marias Rd,
Dowerglen 2008.
(011) 453-1013/4.
www.glendower.co.za

Leopard Creek
Kruger National Park,
Mpumalanga.
(013) 791 2000.
www.leopardcreek.co.za

Paarl Valley Golf Estate and Spa
No 1 Paarl Valley Golf
Estate, Paarl 7649.
(021) 867 8000.
www.nicklaus.com

TOWNSHIPS UND KULTURREISEN

Jimmy's Face-to-Face Tours
130 Main St, 1. Stock,
Budget House,
Johannesburg 2001.
(011) 331-6109.
www.face2face.co.za

Legend Tours
26 Hayward Rd, Crawford,
Kapstadt 8060.
(021) 704-9140.
www.legendtours.co.za

SCHLACHTFELDER

Fugitives' Drift Lodge
PO Rorke's Drift 3016.
(034) 642-1843.
www.fugitives-drift-lodge.com

Isibindi Lodge
PO Box 1593,
Eshowe 3815.
(035) 474-1473/1490.
www.isibindiafrica.co.za

Eisenbahn-Romantik

Zugreisen durch Südafrika werden immer beliebter. Während die Eisenbahn früher überwiegend von älteren Reisenden genutzt wurde, finden heute Erwachsene jeden Alters Gefallen an romantischen Zugfahrten. Für Familien mit Kindern eignet sich diese Reiseart allerdings nicht. Zugreisen werden das ganze Jahr hindurch angeboten, in der Hauptsaison zu höheren Preisen. Züge bieten Vorteile: Das »Hotel« reist mit dem Gast mit, man erreicht selbst entlegene Regionen auf komfortable Weise, und nicht zuletzt macht Zugfahren Spaß. Das gemütliche Tempo einer Dampflok eignet sich perfekt für eine Sightseeing-Tour quer durchs Land.

Eine Dampfeisenbahn von Rovos Rail vor der untergehenden Sonne

REISEROUTEN

Das ganzjährig angenehme Klima und die wunderschöne Landschaft machen Südafrika zu einem perfekten Land für luxuriöse Zugreisen. Ein solcher Urlaub ist allerdings nicht billig und auch nicht zu allen Zeiten im Jahr sinnvoll. Die günstigsten Tarife gibt es zwischen Mai und August. Von September bis Dezember wird es deutlich teurer.

Südafrikas Zugreiserouten bieten den Fahrgästen überwältigende Panoramen und führen zu vielen Orten, die mit dem Auto nur schwer zu erreichen sind. Es lohnt sich, sich die Reiserouten genau anzusehen. Beim Blue Train sollte man sich z. B. für eine Fahrt von Süden nach Norden entscheiden, damit man die schönsten Panoramen noch bei Tageslicht genießen kann. Andere Zugreisen beinhalten Safari-Expeditionen oder Stopps in angrenzenden Ländern. Rovos Rail hat z. B. Zugreisen zu den Victoriafällen in Simbabwe sowie eine großartige Fahrt nach Kairo in Ägypten im Angebot.

ZÜGE

Diverse Veranstalter haben Zugfahrten im Angebot – vom Tagesausflug bis zur längeren Zugreise.

Rovos Rail besitzt nach eigener Aussage den »luxuriösesten Zug der Welt« – eine

Dampfeisenbahn Outeniqua Choo-Tjoe in Dolphin Point

These, der die traditionellen Möbel und das exquisite Dekor durchaus gerecht werden. Die beiden wunderschön restaurierten Züge bieten jeweils Platz für 72 Passagiere. Alle Suiten bieten Fünf-Sterne-Luxus, sind klimatisiert sowie mit Dusche und Bad ausgestattet. Die teuersten Suiten mit voll ausgestattetem viktorianischem Bad nehmen jeweils einen halben Waggon ein. Im Zug gibt es einen 24-Stunden-Zimmerservice und zwei Speisewagen, in denen alle Fahrgäste zur gleichen Zeit zu Abend essen können.

Seit 1995 ist der **Shongololo Express** auf Abenteuer spezialisiert und deshalb bei jüngeren Reisenden sehr beliebt. Die Kabinen sind eher zweckmäßig als komfortabel ausgestattet. Es gibt zwei Abteile mit Bad. Bei den günstigeren Optionen muss man sich Bad und Dusche mit anderen Passagieren teilen. Alle Züge führen klimatisierte Tourenwagen für eine Safari-Expedition mit.

Frische Bettwäsche, marmorverkleidete Bäder, kultivierte Lounges und makellosen Service bietet der prächtige **Blue Train**, eine der berühmtesten Eisenbahnlinien der Welt. Edles Holzfurnier und feine Details gesellen sich zum Ambiente der 1950er Jahre. Die Suiten bieten Bad oder Dusche sowe eine Auswahl an Spielfilm- und Radiokanälen. In den Lounge-Waggons kann man perfekt die vorbeiziehenden Panoramen, z. B. der Weinregion oder der Karoo, genießen.

STRECKEN UND SEHENSWÜRDIGKEITEN

Der Blue Train fährt in 27 Stunden 2600 Kilometer von Kapstadt und Pretoria/Tshwane. Dabei kommt er durch einige der schönsten Landstriche Südafrikas. Die Southern Meander Tour bietet bis zur Ankunft in Pretoria/Tshwane u. a. zwei Nächte in einem Johannesburger Top-Hotel. Eine alternative Strecke führt von Pretoria/Tshwane nach Durban, mit zwei Übernachtungen in der Zimbali Lodge in der Nähe eines 18-Loch-Golfplatzes. Man kann

auch bis zur Bakubung Game Lodge fahren, dort zweimal übernachten und auf Wunsch an einer Tour in die Wildnis teilnehmen.

Rovos Rail fährt verschiedene Strecken. Die dreitägige Reise von Kapstadt nach Pretoria/Tshwane (oder umgekehrt) beinhaltet Besuche der Kimberley Mine Big Hole und der historischen Stadt Matjiesfontein. Der Zug von Pretoria/Tshwane nach Durban streift den Kruger National Park und hält in Swasiland und Zululand. Eine Safari im Hluhluwe Game Park, der Heimat von Breit- und Spitzmaulnashörnern, ist im Preis inbegriffen. Die wohl faszinierendste Reise ist das 14-tägige African Adventure von Kapstadt nach Dar es Salaam in Mosambik. Die Fahrt führt durch Simbabwe und Sambia sowie vorbei an den Victoriafällen und dem Selous Game Reserve, dem größten Reservat des Kontinents.

Der Shongololo Express fährt kreuz und quer durch Südafrika. Zum Teil führen die Strecken auch in die Staaten Namibia, Mosambik, Botsuana, Sambia und Tansania. Es gibt zwei beliebte »Limited Edition«-Reisen: Eine widmet sich dem Leben der Wildnis, die andere folgt den Spuren des Dr. Livingstone.

KÜCHE UND SERVICE

Verpflegung und Service an Bord sind mit denen eines Fünf-Sterne-Hotels vergleichbar. In diesen Zügen teilen sich nur wenige Gäste ein Mitglied des Personals, vor

Der Blue Train passiert auf seiner Reise den Tafelberg

allem im Speisewagen. Im Blue Train serviert man ein Gourmet-Menü. 2005 wurde das Reiseunternehmen von Diners Club International in der Kategorie »Wine List of the Year« sogar mit Platin ausgezeichnet.

Eine ungewöhnliche Art, mit der Dampfeisenbahn zu reisen

REISEGEPÄCK

Leichtes Reisegepäck zahlt sich aus, da der Stauraum für Gepäck in den Zügen begrenzt ist. Fragen Sie bei der Eisenbahngesellschaft nach. Die Abende sind stets Großereignisse, für die Damen ein Abendkleid, Herren einen

feinen Anzug oder Smoking im Gepäck haben sollten. Untertags muss man sich nicht formell kleiden, während dieser Zeit ist schicke Freizeitkleidung ausreichend.

LEISTUNGEN

Bei Rovos Rail sind Essen, Getränke und Ausflüge im Luxusbus im Preis enthalten. In jeder Suite steht eine Minibar, die nach Wunsch des Gastes befüllt wird. In diesen Punkten unterscheiden sich die wichtigsten Zugreiseveranstalter kaum. Manche berechnen Champagner extra.

GESUNDHEIT UND SICHERHEIT

In allen Zügen fährt in Erster Hilfe ausgebildetes Personal mit, außerdem sind entlang der Strecke Ärzte auf Abruf. Falls Ihre Zugreise durch Malariagebiet führt, sollten Sie sich bei Ihrem Arzt nach einer Malariaprophylaxe erkundigen. Die Züge sind alle sehr sicher. Verwahren Sie dennoch Ihre Wertsachen im Bordsafe.

AUF EINEN BLICK

Blue Train
Private Bag X637,
Pretoria/Tshwane 0001.
📞 (012) 334-8459.
www.bluetrain.co.za

Rovos Rail
PO Box 2837, Pretoria/Tshwane 0001. 📞 (012) 315-8242.
www.rovos.co.za

Shongololo Express
PO Box 1558, Parklands,
Gauteng, 2121.
📞 (011) 781-4616.
www.shongololo.com

Im Shangani von Rovos Rail: Speisewagen 195 mit originalen Teak-Pfeilern

SAFARIS, NATIONALPARKS UND WILDRESERVATE

Kaum ein Urlaubserlebnis bleibt derat im Gedächtnis wie der afrikanische Busch. Südafrikas Nationalparks und Wildreservate bieten Besuchern eine reiche Auswahl mit Savannen, rauen Halbwüsten, dem kapländischen Florenreich, Küstenparks und Gras-

Nashornvogel

land. Sie werden weltweit für ihren Beitrag zum Erhalt der Natur geachtet. Die meisten bieten hervorragende Möglichkeiten, Wild zu beobachten, manche widmen sich dem Schutz der Landschaft. Die große Auswahl erfordert, einen Safari-Urlaub sorgfältig zu planen.

Elefanten an einem Wasserloch im Addo Elephant National Park

BESTE REISEZEIT

Wildtiere kann man am besten im Winter (Juli–September) beobachten, dann lockt die Trockenzeit die Tiere an Flüsse und Wasserlöcher. Zu dieser Zeit ist die Landschaft allerding karg, und die Tiere sind nicht in bester Verfassung.

Der viele Regen im Sommer (November–Januar) verwandelt die Landschaft in üppiges Grün. Jetzt kann man die Pflanzenwelt in ihrer ganzen Pracht bestaunen. Die Tiere sind allerdings weit verstreut und schwerer zu beobachten. Mehr Wasser bedeutet auch ein höheres Malariarisiko in gefährdeten Gebieten.

Viele Besucher kommen hauptsächlich wegen der »Big Five«. Doch auch die Stille des afrikanischen Buschs, großartige Wanderungen, umwerfende Landschaftspanoramen und weniger bekannte Wildtiere haben ihren Reiz. Jeder Park und jedes Reservat bietet etwas Besonderes. Die folgenden Seiten sollen Besuchern helfen, sich für ein Schutzgebiet zu entscheiden.

ORGANISIERTE UND INDIVIDUELLE TOUREN

Die meisten Veranstalter sitzen in Kapstadt, Durban und Johannesburg. Sie arrangieren Unterkünfte und Wildbeobachtungen im Rahmen einer organisierten Tour. Die Spanne reicht von günstigen Exkursionen bis hin zu kostspieligen Ferienaufenthalten. Viele Veranstalter bieten Pauschalangebote zu vernünftigen Preisen. Oft ist es einfacher, alle Planungen dem Anbieter zu überlassen. Er sollte von der **Southern African Tourism Service Association** (SATSA) anerkannt sein. Wer

seinen Aufenthalt selbst plant, kann Geld sparen und seine Zeit frei einteilen. Mietwagen, Unterkünfte für Selbstversorger sowie Kartenmaterial und Informationen können problemlos beschafft werden.

PLANUNG UND RECHERCHE

Die meisten Parks gehören zu **South African National Parks** (SANParks), **CapeNature** und **KwaZulu Wildlife**. Es ist ein guter erster Schritt, diese Organisationen zu kontaktieren und einen Blick auf deren Websites zu werfen. Auch die Internet-Auftritte der Safari-Veranstalter sind informativ. Im Reiseteil führender Tageszeitungen stehen oft saisonabhängige Sonderangebote.

Mit der Wild Card erwirbt man ein Jahr unbeschränkten Zugang zu den SANParks – eine sinnvolle Investition, wenn Sie mehr als ein Reservat besuchen möchten.

Die meisten Parks können mit dem Auto besucht werden. Straßen und Kieswege sind in der Regel in gutem Zustand. In der Regenzeit (Dezember–April) ist ein Fahrzeug mit Allradantrieb zu empfehlen. Tankstellen akzeptieren keine Kreditkarten. Bei

Der Bontebok National Park gehört zur SANParks-Gruppe

Typisches südafrikanisches *braai* im Busch

höheren Temperaturen sorgen Klimaanlagen für angenehme Kühle, allerdings kann man nur bei geöffneten Fenstern alle Klänge und Gerüche des Buschs genießen. Bei einer Geschwindigkeit von 15 km/h kann man die Wildtiere am besten beobachten. Auf Schautafeln an den Eingängen der Camps sieht man, in welchem Gebiet sich welche Tiere aufhalten. Tierführer und Fernglas sollten auf keiner Safari fehlen. Beides ist in den Camp Shops erhältlich.

Tragen Sie unauffällige Kleidung, um die Wildtiere nicht zu stören. Sie sollte bequem sein und Insekten kaum Angriffsfläche bieten. Denken Sie auch an Kopfbedeckung, Sonnenschutz, Sonnenbrille und Fotoapparat.

UNTERKÜNFTE

Sie sollten so früh wie möglich buchen, vor allem wenn sich Ihr Aufenthalt mit den Schulferien oder Feiertagen Südafrikas überschneidet. Die Nationalparks bieten diverse Unterkünfte: Campingplätze, Hütten, Safari-Zelte sowie Chalets und Cottages für Selbstversorger. In der Regel gibt es Unterkünfte mit und ohne eigenem Bad und eigener Küche. Bettwäsche, Handtücher, Kühlschrank und Kochgeschirr sind im Preis enthalten. In manchen Parks in KwaZulu-Natal dürfen Gäste die Küche nicht benutzen. Dort bereitet ein Koch alle Mahlzeiten zu. Nach der Buchung erhält man vom Veranstalter eine Broschüre mit Beschreibungen aller Camp-Einrichtungen.

Empfehlenswert sind die luxuriösen Lodges der privaten Wildreservate. Die meisten liegen rund um den Kruger National Park. Die Preise sind hoch, allerdings sind Verpflegung, Wildbeobachtungen und Getränke meist inklusive. Die Lodges eignen sich sehr gut für Besucher, die zum ersten Mal an einer Safari teilnehmen. Die Beobachtungstouren werden von erstklassigen Wildhütern begleitet. Somit steigt die Chance, wirklich Wildtiere zu sehen.

PROGRAMMABLAUF

Wild lässt sich am besten frühmorgens und spätnachmittags beobachten. Denken Sie daran, dass die Camps kurz vor Einbruch der Dunkelheit schließen.

Game Drives (Wildbeobachtungen mit Geländewagen), Wanderungen und Nachttouren bucht man in den Camp-Büros. In der Regel startet man frühmorgens und kehrt nach ein paar Stunden wieder zurück. Wanderungen dauern länger. Sie werden von einem bewaffneten Wildhüter begleitet und beinhalten Übernachtungen im Basislager. Sie können bereits Monate im Voraus gebucht werden.

Private Wildreservate planen oft den Tag ihrer Gäste. Es gibt allerdings Spielraum. Ein typischer Tag sieht so aus: Drink in der Morgendämmerung, geführte Wildbeobachtungstour, Drink in der Abenddämmerung, Nachtausflug mit Abendessen.

SICHERHEIT UND GESUNDHEIT

Bleiben Sie leise und wachsam, wenn Sie ein Tier gesichtet haben. Halten Sie großzügig Abstand zu anderen Fahrzeugen und stellen Sie den Motor ab. Füttern ist streng verboten. Tiere, die sich daran gewöhnen, von Menschen Futter zu bekommen, werden aggressiv und

müssen getötet werden. Bleiben Sie stets im Auto. Sollten Sie im Park eine Panne haben, warten Sie, bis Hilfe eintrifft. Andere Besucher können die entsprechenden Stellen benachrichtigen.

Führen Sie reichlich Wasser und Getränke mit. Besuchern von Gebieten mit Malariarisiko, z.B. dem Kruger National Park, wird eine Prophylaxe angeraten. Fragen Sie Ihren Arzt. Die höchste Malariagefahr besteht in der Regenzeit (Dezember–April). Bedecken Sie möglichst viel Haut mit leichter Kleidung und verwenden Sie Insektenschutz. Die **24-Stunden-Malaria-Hotline** liefert weitere Informationen.

Die meisten Parks sind auf behinderte Reisende eingerichtet. Viele bieten Toiletten und Unterkünfte, die für Rollstühle geeignet sind.

Begegnung mit einem von Südafrikas »Big Five«

MIT KINDERN AUF SAFARI

Südafrikanische Parks und Reservate sind auf Familien eingestellt. Es gibt ausgezeichnete Wildreservate mit den »Big Five«, aber ohne Malariarisiko. Informieren Sie sich, ob die Rest Camps und Lodges ein Mindestalter für Kinder vorschreiben und ob die Unterkünfte durch Zäune geschützt sind. Viele Kinder finden lange Autofahrten langweilig, deshalb sollte man einen Führer in Erwägung ziehen, der Kinder bei Laune halten kann. Planen Sie ein Picknick und Zwischenstopps an Wasserlöchern ein.

GAUTENG UND MPUMALANGA

Der **Kruger National Park** mit 150 Säugetier- und 500 Vogelarten ist das berühmteste Wildreservat Südafrikas und ultimatives Ziel für viele Besucher. Im Norden des Parks findet man auch interessante historische und archäologische Stätten. Es gibt u. a. Straßen und Wege für Fahrzeuge mit Allradantrieb sowie für Mountainbiker. In Skukuza befindet sich ein nicht eingezäunter Neun-Loch-Golfplatz.

Das **Madikwe Game Reserve** in der Northwest Province grenzt an Botsuana. Im Übergangsgebiet zur Kalahari leben viele seltene Tierarten. Von allen Wildreservaten legt dieses am meisten Wert auf Umweltschutz. Wer das Reservat besuchen möchte, muss in einer der Lodges übernachten.

Der **Pilanesberg National Park** liegt in einem alten Vulkan. Zu den vielen Attraktionen gehören Spuren prähistorischer Menschen der Stein- und Eisenzeit. Der Park befindet sich ebenfalls

in der Übergangszone mit einem einzigartigen Ökosystem sowie vielfältiger Fauna und Flora. Das farbenprächtige Bushveld und die abwechslungsreiche Topografie locken viele Künstler und Fotografen in dieses Reservat.

Das **Suikerbosrand Nature Reserve** bei Johannesburg ist nach der hier heimischen Protea-Art *suikerbos* benannt. Das Paradies für Naturliebhaber bietet in der Suikerbosrand-Bergkette exzellente Möglichkeiten für Bergwanderer und Mountainbiker. Es gibt diverse ein- und mehrtägige Routen. Der 700 Meter lange Toktokkie Trail wurde speziell für behinderte Reisende

angelegt. Die Wege sind gepflastert, und es stehen dort mehrere Bänke, auf denen man sich ausruhen kann.

OSTKÜSTE UND LANDESINNERES

Der **Golden Gate Highlands National Park** erhielt seinen Namen von den Sandsteinformationen, die im Sonnenuntergang purpurfarben und golden leuchten. Der Park bietet geführte Wanderungen und Bergwanderrouten, man sich abseilen, Kanu fahren oder reiten. Als Unterkünfte gibt es luxuriöse Blockhütten und ein Rest Camp, das einem Basotho-Dorf des 18. Jahrhunderts nachempfunden ist. Vogelbeobachter können mit etwas Glück seltene Bartgeier und Glattnackenrappen erspähen.

Im Herzen von Zululand, wo einst die Stammeskönige auf die Jagd gingen, liegt der **Hluhluwe-Umfolozi Park** mit mehr als 6000 Breitmaul- und 300 Spitzmaulnashörnern. Er umfasst mehrere exzellente Wanderpfade und

GAUTENG UND MPUMALANGA

OSTKÜSTE UND LANDESINNERES

ARIDES INLAND

WESTLICHES UND SÜDLICHES KAP

REISEPLANUNG

Die Tabelle soll Ihnen bei der Auswahl einer Safari helfen. Die Parks und Reservate sind innerhalb der Regionen alphabetisch geordnet.

	Big Five	Restaurant	Swimmingpool	Benzin	Malariarisiko	Für Kinder geeignet	Rollstuhltauglich	Game Drive & Führer	Rastplätze	Läden	Fernsehen	Strom	Information	Internet-Café	Wäscherei	Medizinische Hilfe	Mobilfunkempfang	Öffentliche Telefone	Wanderwege	Walbeobachtung
GAUTENG UND MPUMALANGA																				
Kruger National Park	•	•	•	•	•	•	•	•	•	•	•	•	•	•		•	•	•	•	
Madikwe Game Reserve	•	•	•		•	•		•				•	•	•		•	•	•	•	
Pilanesberg National Park	•	•	•	•	•	•	•	•		•		•	•	•		•	•	•	•	
Suikerbosrand Nature Reserve						•	•		•			•							•	
OSTKÜSTE UND LANDESINNERES																				
Golden Gate Highlands National Park		•	•	•		•	•					•			•		•	•	•	
Hluhluwe-Umfolozi Park	•	•	•		•	•		•		•		•	•	•		•	•	•	•	
iSimangaliso Wetland Park	•		•		•	•	•		•			•						•	•	
Tembe Elephant Reserve	•	•			•	•		•				•							•	
Ukhahlamba Drakensberg Park		•	•	•		•	•		•			•				•		•	•	
ARIDES INLAND																				
Ai-Ais Richtersveld Transfrontier Park			•			•			•			•							•	
Augrabies Falls National Park		•	•	•		•	•		•			•						•	•	
Goegap Nature Reserve						•	•					•						•	•	
Karoo National Park		•	•			•	•		•			•					•	•	•	
Kgalagadi Transfrontier Park		•	•	•		•	•		•			•			•			•	•	
Namaqua National Park						•						•							•	
WESTLICHES UND SÜDLICHES KAP																				
Addo Elephant National Park	•	•	•	•		•	•		•			•		•		•		•	•	
Bontebok National Park						•			•			•						•	•	
De Hoop Nature Reserve						•			•			•	•			•		•	•	•
Table Mountain National Park		•	•	•		•	•		•			•	•	•		•		•	•	•
Tsitsikamma National Park		•	•	•		•	•		•			•	•			•		•	•	•
Wilderness National Park			•			•	•		•			•	•	•		•		•	•	

Durstige Großkatzen an einem Wasserloch im Kruger National Park

geführte Touren. Übernachten kann man in äußerst komfortablen Lodges im Hilltop Camp, aber auch in einfachen Unterkünften in einem der Bush Camps.

Die Welterbestätte **iSimangaliso Wetland Park**, Südafrikas wichtigstes Feuchtgebiet, bietet Bushveld, Grasland, Küstenwälder, Sümpfe, Strände, Korallenriffe und Meer. Am besten besucht man den Park, wenn die Schildkröten ihre Eier ablegen (Oktober–April), oder zwischen Juni und Dezember zur Walbeobachtung. Man kann auch Flusspferde, Krokodile, Pelikane, Raubseeschwalben und Fischadler sehen.

In einer abgelegenen Ecke von KwaZulu-Natal entstand das **Tembe Elephant Reserve** zum Schutz der letzten Elefanten der Region. Heute leben hier 220 Afrikanische Elefanten, die »Big Five« und zahlreiche Vogelarten. Daneben bietet das Reservat auch eine kulturelle Erfahrung: Man sitzt auf dem *boma* (Versammlungsplatz) um ein Lagerfeuer herum und lauscht gesungenen und getanzten volkstümlichen Geschichten.

Zur UNESCO-Welterbestätte **Ukhahlamba Drakensberg Park** gehören die höchsten Gipfel südlich des Kilimanjaro. Spektakuläre Wasserfälle, felsige Pfade und Sandsteinklippen machen den Park vor allem für Wanderer und Bergsteiger interessant. In den umliegenden Bergen lebten vor

rund 4000 Jahren die San. Nirgendwo in Afrika findet man mehr Felszeichnungen dieses Volkes als hier. Bergwanderer können in Höhlen übernachten, die einst von San-Buschmännern bewohnt wurden.

Reiter durchforsten den Golden Gate Highlands Park

ARIDES INLAND

Der außergewöhnliche **Ai-Ais Richtersveld Transfrontier Park** ist nichts für Besucher auf der Suche nach Großwild. Die wilde Landschaft erscheint zunächst trostlos, doch dann offenbart sich die weltweit größte Artenvielfalt an Wüstenpflanzen. An den Klippen gedeihen winzige Gärten. Die Stämme der *halfmens* sehen von Weitem betrachtet fast menschlich aus. Der Park ist nur für Fahrzeuge mit Allradantrieb geeignet. Andere Autos werden am Eingang abgewiesen.

Der **Karoo National Park** ist das größte Ökosystem in Südafrika mit einem großen Reichtum an Pflanzen- und Tierarten. Hier lebt beispielsweise das Quagga, eine Zebra-Art, die bereits als ausgestorben galt, außerdem Bergzebras, Springböcke, fünf Schildkrötenarten sowie der seltene Malaienadler. Der Nationalpark bietet Panoramafahrten entlang dem Klipspringer Pass, geführte Nachttouren und mehrere Bergwanderrouten. Der Karoo Fossil Trail wurde speziell für behinderte Reisende angelegt.

Das eindrucksvolle Panorama des Karoo National Park

Der **Augrabies Falls National Park** erhielt seinen Namen von dem herrlichen Wasserfall, den der Oranje schuf und den die Khoi »Ort des großen Lärms« nannten. Der Boden im Bereich des Wasserfalls ist sehr schlüpfrig und sorgte schon für schlimme Stürze. Das Gebiet ist bekannt für traditionelle Kuppelhütten und zahlreiche Vogelarten. Starke Temperaturschwankungen sind in dieser Gegend nicht unüblich, nehmen Sie deshalb warme Kleidung mit.

Im Frühling blühen im **Goegap Nature Reserve** bunte Blumen. Die Rundgänge und anspruchsvollen Mountainbike-Strecken ziehen viele Besucher an. Für Übernachtungen gibt es ein Gästehaus für Selbstversorger, Buschhütten und Campingplätze.

Der **Kgalagadi Transfrontier Park** ist eine Wüste mit rot glühenden Sanddünen, durch die zwei trockene Flussbetten verlaufen. Zusammen mit einem Nationalpark in Botsuana bildet er den International Peace Park, der fast zweimal so groß ist wie der Kruger National Park *(siehe S. 388)*. Hier werden traditionelle Rest Camps und bewachte Campingplätze in freier Natur angeboten. Diese Plätze sind sehr beliebt, da die Gäste hier praktisch mitten im Busch leben. Der Park ist auch bekannt für Oryxantilopen und Greifvögel.

Das Blütenmeer im Frühling, das unzählige Schmetterlinge und Vögel anlockt, hat den **Namaqua National Park** auf der ganzen Welt bekannt gemacht. Die beste Besuchszeit reicht von Anfang August bis September. Von den geschätzten 3500 Pflanzenarten im Park kommen mehr als 1000 nur hier vor. Der Park ist noch immer im Aufbau, deshalb kann man hier nicht übernachten. Ein Stand auf einer angrenzenden Farm ist der einzige Ort, an dem man etwas zu essen bekommt.

WESTLICHES UND SÜDLICHES KAP

Im **Addo Elephant National Park** leben rund 450 Elefanten und der einzigartige *flightless dung beetle* (Pillendreher). Der 500 Meter lange PPC Discovery Trail wurde speziell für Menschen mit Geh- und Sehbehinderungen eingerichtet. Übernachten kann man in Safari-Zelten, Hütten, *rondavels* und luxuriösen Gästehäusern sowie auf Caravan- und Campingplätzen.

Junger Pavian, De Hoop Reserve

Die Welterbestätte **Bontebok National Park** wurde zum Schutz einer Antilopenart angelegt und nach ihr benannt. Der Park bietet das herrliche Panorama der Langeberg Mountains und, als Teil des kapländischen Florenreichs,

Pinguine im Kapstädter Table Mountain National Park

eine artenreiche Pflanzenwelt. Man kann am ruhigen Breede River entspannen oder die umliegenden Gebiete und Weingegenden besuchen.

Das Besondere am **De Hoop Nature Reserve** sind die vielen Delfine, Robben und Wale sowie die über 260 einheimischen und Zugvogelarten. Es gibt diverse Wanderrouten. Der Whale Trail mit fünf Übernachtungen eignet sich hervorragend, um das Gebiet zu erkunden.

Der **Table Mountain National Park** ist eine einzigartige Mischung aus schöner Natur und dem geschäftigen Treiben in Kapstadt. Der Eintritt in den Park ist ungewöhnlicherweise kostenlos. Gebühren werden nur verlangt für das Kap der Guten Hoffnung, Silvermine und Boulders, das man sich wegen der drolligen Brillenpinguine nicht entgehen lassen sollte. Der Park

Das Blütenmeer im Namaqua National Park ist eine Augenweide

gehört zum kapländischen Florenreich und bietet eine abwechslungsreiche Tierwelt. Unter den zahlreichen Aktivitäten im Park sind Gerätetauchen und Mountainbiken die beliebtesten.

Wanderfreunde sollten sich den berühmten Otter Trail im **Tsitsikamma National Park** nicht entgehen lassen. Der Meerespark bietet seinen Gästen Ausflüge unter Wasser, Gerätetauchen und Schnorcheln. Hier sieht man häufig Delfine und Wale in Ufernähe. Während der Walwanderung kann man mit etwas Glück auch Südliche Glattwale vorbeiziehen sehen.

Wanderer und Vogelfreunde genießen die Naturwanderwege durch die Wälder und ruhigen Flussufer im **Wilderness National Park** gleichermaßen. Vogelbeobachter sollten nach dem Knysna Lourie und dem Graufischer Ausschau halten. Im Park werden einige Outdoor-Trendsportarten angeboten, u.a. Abseiling und Gleitschirmfliegen.

Wanderer auf dem Otter Trail im Tsitsikamma National Park

AUF EINEN BLICK

REISEPLANUNG

24-Stunden-Malaria-Hotline
(082) 234 1800.

CapeNature
Belmont Park, Belmont Road, Rondebosch.
(021) 426-0723.
www.capenature.org.za

KwaZulu Wildlife
Box 13069, Cascades, Pietermaritzburg, 3202.
(033) 845-1000.
www.kznwildlife.com

South African National Parks
Box 787,
Pretoria/Tshwane, 0001.
(012) 428-9111
(Reservierungszentrale).
www.sanparks.org

South African Tourism Services Association (SATSA)
(086) 127-2872.
www.satsa.co.za

GAUTENG UND MPUMALANGA

Kruger National Park
N4, R538, R569 oder R536.
(012) 428-9111.
www.sanparks.org/parks/kruger

Madikwe Game Reserve
70 km nördl. von Zeerust an der R49.
(018) 350-9931.
www.madikwe-game-reserve.co.za

Pilanesberg National Park
50 km nördl. von Zeerust an der R49.
(014) 555-1600.
www.pilanesberg-game-reserve.co.za

Suikerbosrand Nature Reserve
Außerhalb von Heidelberg.
(011) 904-3930.

OSTKÜSTE UND LANDESINNERES

Golden Gate Highlands National Park
R711 oder R712.
(058) 255-1000.
www.sanparks.org/parks/golden_gate

Hluhluwe-Umfolozi Park
N2, ab Mtubatuba ausgeschildert.
(033) 845-1000.
www.kznwildlife.com

iSimangaliso Wetland Park
N2, von Mtubatuba.
(035) 590-1340.
www.kznwildlife.com

Tembe Elephant Reserve
N2, vorbei an Mkuze, Ausfahrt Jozini.
(031) 267-0144.
www.tembe.co.za

Ukhahlamba Drakensberg Park
N3, via Mooi River oder Harrismith und Estcourt.
(033) 845-1000.
www.kznwildlife

ARIDES INLAND

Ai-Ais Richtersveld Transfrontier Park
Von Springbok, N7 nach Steinkopf, Port Nolloth & Alexander Bay; Kiesstraße nach Sendelingsdrift.
(027) 831-1506.
www.sanparks.org/parks/richtersveld

Augrabies Falls National Park
N14, 120 km westl. von Upington.
(054) 452-9200.
www.sanparks.org/parks/augrabies

Goegap Nature Reserve
Östl. der N7; südl. der R14; 15 km südöstl. von Springbok. (027) 718-9906.
www.northerncape.org.za

Karoo National Park
N1 nach Beaufort West.
(023) 415-2828.
www.sanparks.org/parks/karoo

Kgalagadi Transfrontier Park
R360 von Upington.
(054) 561-2000.
www.sanparks.org/parks/kgalagadi

Namaqua National Park
Abseits der N7 Richtung Namibia.
(027) 672-1948.
www.sanparks.org/parks/namaqua

WESTLICHES UND SÜDLICHES KAP

Addo Elephant National Park
N2 aus der Stadt, dann R335.
(042) 233-8600.
www.sanparks.org/parks/addo

Bontebok National Park
Abseits der N2.
(028) 514-2735.
www.sanparks.org/parks/bontebok

De Hoop Nature Reserve
56 km östl. von Bredasdorp (unbefestigte Piste).
(028) 425-5020.
www.capenature.co.za

Table Mountain National Park
(021) 701-8692.
www.sanparks.org/parks/table_mountain

Tsitsikamma National Park
N2 von Plettenberg Bay.
(042) 281-1607.
www.sanparks.org/parks/tsitsikamma

Wilderness National Park
In der Nähe der N2, 15 km von George.
(044) 877-1197.
www.sanparks.org/parks/wilderness

GRUND-
INFORMATIONEN

PRAKTISCHE HINWEISE

Südafrika begrüßt jährlich etwa 4,5 Millionen Besucher. Sehr viele kommen in der Zeit von Anfang Dezember bis Ende Februar, dann sind die meisten Hotels, besonders an der Süd- und Ostküste, ausgebucht. Ostern ist sowohl an der Küste als auch im Landesinneren viel Betrieb, dasselbe gilt für die vierwöchigen Schulferien im Juni und Juli.

National-Monument-Logo

Obwohl die Zahl der Urlauber jährlich steigt, bietet das Land in manchen Teilen noch »ursprüngliche« Atmosphäre. Die Einheimischen sind an vielen Stränden noch ganz unter sich. Die Infrastruktur ist in weiten Teilen des Landes sehr gut ausgebaut. Im Landesinneren ziehen Naturattraktionen und Tierreservate jährlich unzählige Besucher an.

BESTE REISEZEIT

Viele Teile Südafrikas sind im September und Oktober am schönsten, wenn der Frühling beginnt und angenehme Temperaturen herrschen. Wer Tiere sehen will, kommt besser von Juni bis August, dann sind die Bäume kahl und die Tiere drängt es zu den immer seltener werdenden Wasserlöchern. Die Winter sind in den meisten Landesteilen überwiegend sonnig und warm, nach Sonnenuntergang wird es jedoch kühl.

Von Dezember bis Februar können die Temperaturen unerträglich werden, besonders in hoch gelegenen Gebieten, doch fast jeden Nachmittag bringen Gewitter Abkühlung. An der Küste mildert der Einfluss des Meeres die Hitze, obwohl hier viele Menschen unter der Feuchtigkeit leiden. Im Südwesten fällt im Winter viel Regen, die Sommer sind hier heiß. Die Südküste erhält fast das ganze Jahr über Niederschläge. Nahezu alle Sehenswürdigkeiten sind das ganze Jahr über geöffnet.

REISEGEPÄCK

Unterschätzen Sie weder Südafrikas Winter noch den Wind im Sommer. Zentralheizungen in Hotels sind die Ausnahme, deshalb sollten Sie warme Kleidung einpacken, aber auch Sonnenschutz. Benötigen Sie spezielle Medikamente, gehören auch diese in Ihr Reisegepäck.

EINREISE

Bewohner der Europäischen Union benötigen für die Einreise und einen Aufenthalt bis zu 90 Tagen einen gültigen Reisepass, ein Visum ist nicht erforderlich. Beachten Sie, dass die Überschreitung der Aufenthaltserlaubnis auch um nur wenige Tage mit empfindlichen Geldstrafen geahndet wird.

Möchten Sie in Swasiland einreisen, bekommen Sie an der Grenze ein kostenloses Visum. Für Lesotho ändern sich die Vorschriften nahezu jährlich. Erkundigen Sie sich bei der südafrikanischen Botschaft in Ihrem Heimatland.

Information für Besucher

Bei der Einreise in Südafrika müssen Sie eine vorläufige Aufenthaltsgenehmigung ausfüllen. Nachweise über Impfungen sind nicht erforderlich, es sei denn, Sie reisen aus einem Land mit Gelbfiebergefahr ein. In Teilen von KwaZulu-Natal und Mpumalanga besteht das Risiko einer Malaria-Infektion. Für diese Gebiete wird eine Prophylaxe empfohlen.

INFORMATION

Die Fremdenverkehrsbüros, erkennbar an einem »I« auf grünem Grund, sind eine hervorragende Informationsquelle. Sie tragen auch manchmal den Namen einer Dachorganisation oder eines regionalen Fremdenverkehrsverbandes. In kleineren Orten sind diese Büros meist an der Hauptstraße, manchmal auch neben dem (oder im) Büro der Verwaltung eines örtlichen Museums oder der Bücherei zu finden. Vor der Anreise können Sie beim südafrikanischen Fremdenverkehrsverband **South African Tourism** hilfreiche Informationen erhalten.

Im Sommer im Addo Elephant Park, Port Elizabeth (siehe S. 196)

◁ Eine Dampfeisenbahn überquert vor Wilderness (siehe S. 184f) die Brücke über den Kaaimans River

Die *John Benn* fährt auf der Knysna Lagoon *(siehe S. 186)*

ÖFFNUNGSZEITEN UND EINTRITTSPREISE

Die meisten Museen und Kunstsammlungen sind von 8 oder 9 Uhr bis 16 oder 17 Uhr geöffnet. In kleineren Orten können sie, außer während der Hochsaison, schon mittags zwischen 13 und 14 Uhr schließen. Die größeren Museen und Sammlungen bleiben meist einen Tag pro Woche (oft montags) geschlossen. Die Eintrittspreise variieren. Reservate, Wildparks und botanische Gärten verlangen meist eine geringe Eintrittsgebühr.

Behindertenparkplatz

ETIKETTE

In Städten kleidet man sich meist leger, außer in Top-Restaurants oder zu offiziellen Anlässen. An Stränden ist »oben ohne« für Frauen verboten. Illegal sind der Konsum von Alkohol in der Öffentlichkeit und Rauchen in Bussen, Zügen, Taxis und den meisten öffentlichen Gebäuden.

Beim Besuch von Tempeln, Moscheen und anderen Glaubensstätten sollten unbedingt die religiösen Gepflogenheiten beachtet werden.

BEHINDERTE REISENDE

In Südafrika gibt es weniger Einrichtungen für Behinderte als in Europa. Rollstuhlfahrer werden dennoch ihren Urlaub genießen können. Falls Sie ein Auto mieten, erkundigen Sie sich nach den entsprechenden Karten für eine Parksondererlaubnis.

Bei Inlandsflügen sollten Sie die Fluggesellschaft vorab informieren. Immer mehr Hotels in Südafrika verfügen über Einrichtungen für behinderte Reisende. Im Kruger und Karoo National Park stehen behindertengerechte Hütten zur Verfügung. Wenden Sie sich an die **Association for Persons with Physical Disabilities** *(siehe S. 397)*, wenn Sie weitere Informationen sowie Kontaktadressen benötigen.

AUF EINEN BLICK

BOTSCHAFTEN

Deutschland
180 Blackwood St, Arcadia, Pretoria/Tshwane 0083.
(012) 427-8900.
www.pretoria.diplo.de

Österreich
1109 Duncan St, Brooklyn, Pretoria/Tshwane 0181.
(012) 452-9155.
www.bmeia.gv.at/pretoria

Schweiz
225 Veale St, New Muckleneuck, Pretoria/Tshwane 0181.
(012) 452-0660.
www.eda.admin.ch/pretoria

SÜDAFRIKANISCHE BOTSCHAFTEN

Deutschland
Tiergartenstr. 18, 10785 Berlin.
(030) 22 07 30.
www.suedafrika.org

Österreich
Sandgasse 33, 1190 Wien.
(01) 320-6493.
www.saembvie.at

Schweiz
Alpenstrasse 29, 3006 Bern.
(031) 350-1313.
www.southafrica.ch

INFORMATION

Cape Town Tourism
(021) 487-6800.
www.tourismcapetown.co.za

Eastern Cape Tourism Board
(041) 585-7761.
www.ectourism.co.za

Free State Tourism
(051) 405-8111.
www.freestate.co.za

Johannesburg Tourism
(011) 832-2780.
www.gauteng.net

Mpumalanga Tourism
(013) 752-7001.
www.mpumalanga.com

Pretoria/Tshwane Tourism
(012) 358-1430.
www.tshwane.gov.za

South African Tourism
(011) 895-3000.
www.southafrica.net

Tourism Durban
(031) 304-4934.
www.durban.org.za

Vor dem Besuch eines Hindu-Tempels muss man die Schuhe ausziehen

Staunen auf der Cango Wildlife Ranch, Oudtshoorn *(siehe S. 176)*

MIT KINDERN REISEN

Das Reisen mit Kindern ist vergleichsweise unkompliziert, da das Wetter viele Aktivitäten im Freien zulässt. Achten Sie darauf, dass die Kinder viel Wasser trinken und Sonnencreme mit hohem Lichtschutzfaktor tragen. Informieren Sie sich auch bei Ihrem Arzt über Reisen mit Kindern in Malariagebiete.

Mit Kindern kommt man häufig schnell in Kontakt mit Einheimischen, man sollte sie aber nie außer Sichtweite kommen lassen.

Während der Schulferien finden Sie auch in kleineren Städten Angebote für Kinder, von Aquarium- und Zoobesuchen bis zu Theater-, Back- und Werkkursen. Anregungen liefern Lokalpresse, Bibliotheken und die Website Tonight (www.tonight.co.za). Auf »Touch-and-Feed«-Farmen dürfen Kinder streicheln und füttern.

ALLEIN REISENDE FRAUEN

Die Vergewaltigungsrate ist in Südafrika leider extrem hoch. Wer entsprechende Vorsichtsmaßnahmen beachtet *(siehe S. 398)*, sollte allerdings relativ sicher sein. In größeren Städten gibt es Beratungsstellen für Vergewaltigungsopfer (Rape Crisis Center). Generell ist es nicht empfehlenswert, alleine zu reisen. Frauen sind potenzielle Raubopfer, bleiben Sie also (auch tagsüber) in belebten, gut beleuchteten Straßen und tragen Sie keine Wertsachen zur

Schau. Nie sollte man jemanden im Auto mitnehmen oder sich mitnehmen lassen.

Sexuelle Belästigungen sind selten, viele südafrikanische Männer haben aber noch chauvinistische Ansichten. Seien Sie nie zu freundlich, es könnte falsch ausgelegt werden. Die Zahl der Aids-Infektionen ist verheerend, verzichten Sie unbedingt auf ungeschützten Sex. Kondome gibt es in Apotheken und Supermärkten.

SCHWULE UND LESBEN

In der neuen Verfassung werden die Rechte von Homosexuellen geschützt. Kapstadt gilt als die »Schwulenhauptstadt Afrikas«, kleinere Städte sind weniger liberal.

In den Großstädten gibt es viele schwule Kneipen und Theater. Die Website iafrica (www.iafrica.com) veröffentlicht jeden Monat Veranstaltungstipps für Schwule und Lesben.

TOGS, eine Organisation schwuler Sportvereine, ist mit verschiedenen Aktivsportarten in den größeren Städten vertreten.

Die von Mother City Queer Projects alljährlich im Dezember in Kapstadt veranstaltete Drag-Party zieht mehr als 10 000 Teilnehmer an. Jedes Jahr im September steigt in Johannesburg die Gay and Lesbian Pride Parade. Sie gilt als die größte Parade dieser Art in Afrika.

Gay and Lesbian Pride Parade

STUDENTEN

Für Studenten mit gültigem internationalem Studentenausweis (ISIC) gibt es verbilligte Flüge. Sehenswürdigkeiten und Veranstaltungen in Südafrika gewähren keine Ermäßigungen. Das auf Studenten und Rucksackurlauber spezialisierte Reiseunternehmen **STA Travel** betreibt weltweit Filialen.

Quartier für Rucksackreisende im Zentrum Kapstadts

ZEIT

Die südafrikanische Standardzeit entspricht unserer Mitteleuropäischen Sommerzeit (MESZ) und ist der Winterzeit (MEZ) um eine Stunde voraus. Das gesamte Staatsgebiet erstreckt sich über eine einzige Zeitzone. Europäische Besucher schätzen daher Südafrika als Reiseziel besonders, da der lästige Jetlag entfällt.

ÖFFENTLICHE TOILETTEN

Öffentliche Toiletten stehen Besuchern in praktisch allen Shopping-Centern und vielen öffentlichen Gebäuden wie Verwaltungszentren, Büchereien oder Rathäusern zur Verfügung.

Auch zahlreiche große Tankstellen in den Städten sind mit Toiletten ausgestattet. Sie sind allerdings ausschließlich tankenden Kunden vorbehalten. An den am stärksten befahrenen Strecken haben die meisten Raststätten in der Regel gepflegte Anlagen. Auch an Bahnhöfen und Busbahnhöfen gibt es öffentliche WCs. Diese sind oft nicht besonders sauber, außerdem fehlen häufig Seife und Handtücher oder Handtrockner.

In den meisten Restaurants und Lokalen wird es nicht gerne gesehen, wenn man die Toilette aufsucht, obwohl man kein Gast ist.

Große Shopping-Center sowie die meisten Sehenswürdigkeiten bieten in der Regel gut gepflegte sanitäre Einrichtungen. Häufig findet man hier auch behindertengerechte Toiletten und Wickelräume.

Südafrikanische Stecker mit zwei und drei Stiften

STROM

Praktisch ganz Südafrika wird von dem staatlichen Energieversorger Eskom mit Strom beliefert. Die Stromspannung beträgt 230 V bei 50 Hz Wechselstrom. Die meisten südafrikanischen Stecker sind für eine Maximalbelastung von fünf Ampere (Stecker mit Doppelstift, wie Eurostecker) oder 15 Ampere (mit drei runden Stiften) ausgelegt.

Elektrofachgeschäfte vor Ort informieren Sie über geeignete Adapter. Das Angebot kann jedoch vor allem zur Hauptreisezeit sehr begrenzt sein. Besorgen Sie sich also am besten schon vor Ihrer Abreise einen passenden Adapter.

In entlegenen Gebieten ist auf die Stromversorgung nicht immer Verlass. In einer ganzen Reihe von Buschcamps und Campingplätzen fehlt beispielsweise jeglicher Stromanschluss. Es wird daher empfohlen, unbedingt eine Taschenlampe und einen Gaskocher mitzunehmen.

MASSE UND GEWICHTE

Südafrika benutzt das metrische System und die allgemein gängigen SI-Einheiten (Système International). Im Alltag werden hin und wieder, vor allem von älteren Einheimischen, noch britische Einheiten, z. B. Meilen, verwendet.

AUF EINEN BLICK

BEHINDERTE REISENDE

Titch Travel
26 Station Rd,
Rondebosch, Kapstadt.
(021) 686-5501.
Touren für Körper- und Sehbehinderte.
www.titchtours.co.za
@ titcheve@iafrica.com

Association for Persons with Physical Disabilities
Kapstadt
(021) 555-2881.
Durban
(031) 767-0348.
Johannesburg
(011) 646-0833.
Kimberley
(053) 833-3315.

Port Elizabeth
(041) 484-5426.
www.apd-wc.org.za

Disabled People of South Africa
Kapstadt
(021) 422-0357.
Western Cape
(043) 743-1579.
www.dpsa.org.za

KINDER

Childline
08000-55-555
(gebührenfrei).
www.childline.org.za

SCHWULE UND LESBEN

Gay and Lesbian Coalition
Kapstadt
(021) 487-3810.
www.q.co.za

Gay Travel
Kapstadt
(021) 790-0010.
www.travel.co.za

TOGS (The Organization for Gay Sport)
Ecke Putney und Cheswick St, Brixton, Johannesburg.
(011) 802-5589.
www.togs.co.za

HILFE BEI VERGEWALTIGUNG
Kapstadt
(021) 447-9762 oder (083) 222-5158.
Durban
(083) 222-5158.
Johannesburg
(011) 642-4345 oder (083) 222-5158.
Pretoria/Tshwane
(012) 342-2222 oder (0861) 322-322.

AIDS-BERATUNG

AIDS Helpline
(080) 001-2322.
Kapstadt
(021) 797-3327.
Durban
(031) 300-3104.
Johannesburg
(011) 725-6711.
Pretoria/Tshwane
(012) 308-8743.

STUDENTEN

STA Travel
Tygervalley, Kapstadt.
(021) 914-1718.
34 Mutual Gardens, Rosebank Mall, Johannesburg.
(011) 447-5414.
Hauptbüro
(0861) 781-781.
www.statravel.co.za
www.statravel.de

Sicherheit und Notfälle

Polizei-Abzeichen

Südafrika erlebt derzeit einen dramatischen Wandel, dessen Tempo manche Menschen überfordert, anderen hingegen als zu langsam erscheint. In der jungen Demokratie sind noch zahlreiche Probleme ungelöst, etwa die in Städten wie auf dem Land weitverbreitete Armut und Arbeitslosigkeit. Es gibt Gegenden mit hoher Kriminalität, insgesamt jedoch ist das Land sicher für Besucher, die die entsprechenden Vorsichtsmaßnahmen beachten. Bisse und Stiche von giftigen Tieren sind selten, in bestimmten Regionen sollte man sich aber vor Malaria und Bilharziose schützen.

PERSÖNLICHE SICHERHEIT

Sicherheit ist eine Frage der Vorsicht. Zwar dürften die Zentren in Großstädten und Townships nachts am gefährlichsten sein, aber auch in Dörfern gibt es unsicheres Terrain.

Gehen Sie nie alleine aus. Falls doch, sollten Sie sich in belebten, gut beleuchteten Gegenden aufhalten. Tragen Sie keine wertvollen Accessoires. Für den Fall, dass Sie überfallen werden: Leisten Sie keinen Widerstand und händigen Sie Geld oder Handy aus.

Tragen Sie keine großen Geldbeträge mit sich, halten Sie aber etwas Kleingeld in einer Jacken- oder Hosentasche bereit, damit Sie nicht bei jeder Gelegenheit den Geldbeutel zücken müssen.

Nehmen Sie immer nur mit, was Sie unbedingt benötigen. Eine Gürteltasche oder ein Brustbeutel unter Ihrer Kleidung eignen sich gut für Dokumente und Geldscheine.

Polizist

Begeben Sie sich nie, außer als Teil einer Reisegruppe, in verlassene, zwielichtige Gegenden oder an Orte, an denen mit hohem Alkoholkonsum zu rechnen ist. Deponieren Sie Wertgegenstände im Hotelsafe.

Fahren Sie außerhalb der Hauptverkehrszeiten nicht mit Vorortzügen, es sei denn, Sie sind mit einer Gruppe von mindestens zehn Personen unterwegs.

Unternehmen Sie nur Streifzüge, wenn Sie genau wissen, wohin Sie gehen. Unterrichten Sie jemanden von Ihrer Absicht.

Verständigen Sie im Notfall die **Police Flying Squad**, das nächste Polizeirevier oder einen Polizisten. Dabei müssen Sie Ihre Identität nachweisen. Benötigen Sie Hilfe, können Sie sich an den kostenfreien Notdienst Eblockwatch wenden. Sie können sich bereits vor Reiseantritt unter www.eblockwatch.co.za registrieren. Der Service sendet Ihnen dann vor Ort einen Mitarbeiter, der sie unterstützt.

Abschleppwagen

Wer im Auto reist, sollte stets die Türen verriegeln und die Fenster nur einen Spalt geöffnet lassen. Schließen Sie den Wagen nach Verlassen ab, auch wenn Sie sich nur kurz entfernen (siehe S. 408). Vergewissern Sie sich, dass im Wageninnern keine Wertgegenstände zu sehen sind. Lassen Sie das Handschuhfach offen, damit jeder potenzielle Dieb sich davon überzeugen kann, dass es leer ist.

Nutzen Sie bewachte Parkplätze und nehmen Sie niemals Anhalter mit. Falls Sie von einem Kriminellen mit einer Waffe bedroht werden, sollten Sie widerstandslos auf seine Forderungen eingehen.

Apotheken bieten medizinischen Rat und Service

NOTDIENSTE

Staats- und Provinzkrankenhäuser haben angemessene Einrichtungen, oft aber zu wenig finanzielle Mittel und Personal. Mitglieder einer Krankenversicherung werden meist an Privatkrankenhäuser wie die **Sandton Medi-Clinic** überwiesen. Empfehlenswert ist der Abschluss einer Reise-Krankenversicherung. Haben Sie bereits eine Krankheit oder müssen Sie Medikamente einnehmen, setzen Sie den behandelnden Arzt vor Ort davon in Kenntnis.

LEBENSMITTEL UND WASSER

Leitungswasser ist unbedenklich, aber gechlort. Es gibt eine große Auswahl an Wasser in Flaschen. Ver-

Polizistin

Berittener Polizist

Krankenwagen

Streifenwagen

Feuerwehrfahrzeug

trauen Sie nicht dem Fluss- oder Bergwasser in dicht besiedelten Regionen.

Das Essen in Hotels und Restaurants entspricht meist internationalem Standard. Auf Märkten sollten Sie keine Milch- oder Fleischprodukte kaufen, die in der Sonne lagen. Waschen Sie Obst und Gemüse.

Besucher Südafrikas bleiben in der Regel von Magenproblemen verschont, über die Urlauber im übrigen Kontinent oft klagen.

RISIKEN IM FREIEN

In Wäldern und im Buschland herrscht vor allem im trockenen Winter Brandgefahr, werfen Sie deshalb niemals brennende Streichhölzer oder Zigarettenkippen weg.

Schützen Sie sich mit Kopfbedeckung und Sonnenschutz vor der intensiven Sonneneinstrahlung.

Wer in die Berge geht, sollte die Wettervorhersage studieren, da das Wetter schnell umschlagen kann. Geraten Sie in eine Wolkenwand, halten Sie sich warm und warten Sie, bis es aufklart. Informieren Sie eine Person über Ihre Route und voraussichtliche Rückkehr. Machen Sie sich vorher mit Ihrem Wanderweg vertraut.

GIFTIGE BISSE UND STICHE

Es kommt selten vor, dass Urlauber in Südafrika von einem giftigen Tier gebissen oder gestochen werden. Dennoch sollten Teilnehmer einer Safari oder Wanderung darauf achten, wohin sie treten und ihre Hände legen.

Nur wenige Schlangen sind tödlich giftig, die meisten sind sogar ungiftig. Grundsätzlich greifen Schlangen nur an, wenn sie bedroht werden. Die giftigste Spinne ist die Braune Witwe (Button Spider), der man aber äußerst selten begegnet. Die meisten Skorpionarten sind nur leicht giftig, am gefährlichsten sind meist Exemplare mit dicken Schwänzen und kleinen Scheren. Kinder sind aufgrund ihres geringen Gewichts anfällig für Gifte.

MALARIA UND BILHARZIOSE

Malaria tritt am häufigsten in Mpumalanga, der Northern Province und im nördlichen KwaZulu-Natal auf. Eine Malaria-Prophylaxe bietet den

besten Schutz. Man beginnt je nach Mittel etwa eine Woche vor Reiseantritt mit der Einnahme der Tabletten und setzt die Behandlung bis einen Monat nach der Rückkehr fort.

Bilharziose (Schistosomiasis) wird durch Würmer in verschmutztem Wasser ausgelöst. Das größte Risiko besteht in Northern Province, Mpumalanga, North West Province, KwaZulu-Natal und Eastern Cape. In verdächtigem Wasser sollte man keinesfalls baden oder sich waschen. Für den Gebrauch muss es abgekocht werden.

Brandgefahr

AUF EINEN BLICK

NOTRUFNUMMERN

Police Flying Squad
📞 *10111 (überall).*

Krankenwagen
📞 *10177 (überall).*

Private Ambulanz
ER24 Service.
📞 *084124 (überall).*

Feuerwehr
Durban 📞 *(031) 361-0000.*
Jo'burg 📞 *(011) 624-2800.*
Kapstadt 📞 *(021) 535-1100.*
Port Elizabeth 📞 *(041) 585-1555.*
Pretoria/Tshwane 📞 *10177.*

AASA-Straßennotfalldienst
📞 *083-84322 (24 Std., überall, gebührenfrei).*

ADAC-Notruf
📞 *(0949) 89 22 22 22 (D).*

NOTDIENSTE

Nachtapotheken
Durban 📞 *(031) 368-3666.*
Jo'burg 📞 *(011) 624-2800.*
Kapstadt 📞 *(021) 797-5094.*
Port Elizabeth 📞 *(041) 390-7000.*
Pretoria/Tshwane
📞 *(012) 460-6422.*

Christiaan Barnard Memorial Hospital
181 Longmarket St, Cape Town.
📞 *(021) 480-6111.*

Giftzentrale
📞 *0800 333-400 (überall).*

Sandton Medi-Clinic
Peter Place, Bryanston, Jo'burg.
📞 *(011) 709-2000.*

St Augustine's Hospital
107 Chelmsford Rd, Glenwood, Durban. 📞 *(031) 268-5000.*

Polizeistation in Pietermaritzburg

Banken und Währung

Standard-Bank-Logo

Das südafrikanische Bankensystem entspricht dem der meisten westlichen Industrieländer. Ausländische Währung darf in unbegrenzter Höhe eingeführt werden, Beschränkungen gelten allerdings bei der Ausfuhr sowohl in- als auch ausländischer Währung. Die Höchstgrenzen unterliegen der Fluktuation der Wechselkurse, erkundigen Sie sich daher vor Antritt der Reise in Ihrem Reisebüro. Reiseschecks können bei Banken, Wechselstuben sowie in einigen Hotels und Läden eingetauscht werden. Die Banken bieten in der Regel die besten Kurse.

Wechselstube in Kapstadt an der V&A Waterfront

ÖFFNUNGSZEITEN

Banken in größeren Städten haben wochentags von 9 bis 15.30 Uhr geöffnet, samstags von 9 bis 11 Uhr. Kleinere Filialen haben eventuell kürzere Öffnungszeiten und samstags geschlossen. An Sonn- und Feiertagen sind alle Banken geschlossen.

An den zentralen Orten, wie etwa an der V&A Waterfront in Kapstadt und im Flughafen OR Tambo in Johannesburg, findet man einen 24-Stunden-Wechselservice. Alle Flughäfen bieten in den Hallen für für internationale Ankünfte und Abflüge einen Bankenservice für Passagiere an.

GELDAUTOMATEN

Geldautomaten (ATM) finden Sie in allen Städten in großer Anzahl. Abhebungen bis zu einem Höchstbetrag pro Tag und Karte werden mit der Kundenkarte der Bank vorgenommen, sind aber auch mit Kreditkarten möglich. Die in Südafrika gängigsten Kreditkarten sind Visa und MasterCard. An Automaten mit dem entsprechenden Logo kann auch mit der Maestro-/EC-Karte Geld abgehoben werden. Für Transaktionen am Schalter benötigen Sie Ihren Pass. An Wochenenden und vor Feiertagen kann den Automaten das Geld ausgehen. Heben Sie also rechtzeitig und in ausreichendem Umfang ab.

Holen Sie kein Geld vom Automaten, wenn Sie alleine unterwegs sind oder sich abends in einer verlassenen Gegend befinden. Weisen Sie unaufgeforderte »Hilfsangebote« immer zurück. Die Manipulation von Geldautomaten ist weitverbreitet. Ein Betrüger kann den Kartenschlitz so manipulieren, dass Ihre Karte darin stecken bleibt. Später befreit er Ihre Karte und erleichtert damit Ihr Konto. Auf den Geldautomaten in Südafrika finden Sie eine 24-Stunden-Notrufnummer, die Sie bei einem unerwarteten Problem anrufen können.

KREDITKARTEN

Die meisten Hotels und Restaurants sowie die größeren Läden in den Städten akzeptieren die gängigen Kreditkarten. Kleine Händler und auch Tankstellen nehmen normalerweise keine Kreditkarten an. Viele Banken stellen daher spezielle Benzinkarten aus – Mietwagenfirmen können Ihnen dabei behilflich sein. Erkundigen Sie sich im Vorfeld, welche Gebühren Ihre Bank für die Benutzung der Kreditkarte in Südafrika erhebt.

GELDWECHSEL

Seit kurzer Zeit findet man in größeren Städten Automaten, die ausschließlich für den Währungstausch geeignet sind. Dies ist eine praktische Einrichtung, wenn die Banken bereits geschlossen haben. Allerdings sind noch nicht viele Wechselautomaten im Einsatz. Ihre Anzahl soll aber erhöht werden.

Geldautomat (ATM)

AUF EINEN BLICK

KREDITKARTENVERLUST

Allg. Notrufnummer
📞 (0949) 116 116.
www.116116.eu

American Express
📞 0800 11 0929.

Diners Club
📞 0860 34 6377.

MasterCard
📞 0800 99 0418.

Visa
📞 0800 99 0475.

Maestro-/EC-Karte
📞 (0949) 69 740 987.

BANKEN UND GELDWECHSEL

First National Bank
📞 0800 11 0132.

Nedbank
📞 0800 11 0929.

Rennies Foreign Exchange Bureaus (Thomas Cook)
📞 0800 99 8175.

Standard Bank
📞 0800 02 0600.

REISESCHECKS

Reiseschecks in gängigen Währungen wird Ihnen jede Bank einlösen. Die Filialen derjenigen Bank, die Ihre Schecks ausgestellt hat, erheben keine Gebühren.

WÄHRUNG

Die südafrikanische Währung heißt Rand, abgekürzt als »R«, das dem Betrag vorangestellt wird (»Rand« ist abgeleitet von der Goldader »Witwatersrand« in Gauteng).

1 Rand entspricht 100 Cent (c). Ältere Münzen und Geldscheine sind noch immer gültig. Die südafrikanische Währung ist – meist zum Nominalwert – auch in Lesotho, Namibia, Swasiland und Botsuana in Gebrauch.

Banknoten
Geldscheine mit Abbildungen der »Big Five«, der berühmten Großwildtiere, sind in Werten von 10, 20, 50, 100 und 200 Rand im Umlauf.

200-Rand-Schein

100-Rand-Schein

50-Rand-Schein

20-Rand-Schein

10-Rand-Schein

Münzen (Originalgröße)
Kupferfarbene Münzen mit glattem Rand gibt es in Werten von 1 Cent, 2 Cent und 5 Cent. 10-, 20- und 50-Cent-Münzen sind messingfarben und haben eine Rändelung. Die 1-, 2- und 5-Rand-Münzen besitzen eine Rändelung, sind silberfarben und glänzen.

1-Cent-Münze

2-Cent-Münze

5-Cent-Münze

10-Cent-Münze

20-Cent-Münze

50-Cent-Münze

1-Rand-Münze

2-Rand-Münze

5-Rand-Münze

Kommunikation

Südafrikas Kommunikationsnetz gehört zu den fortschrittlichsten der Welt. Das halbstaatliche Telekommunikationsunternehmen Telkom SA Limited unterhält in jeder Stadt viele öffentliche Karten- und Münztelefone *(payphones)*. Postämter im ganzen Land bieten die verschiedensten Leistungen an, von eingeschriebenen Sendungen bis zu Kurierdiensten. Telefonkarten und Briefmarken sind in vielen Läden und Supermärkten erhältlich. Vor allem auf dem Land findet man in manchen Geschäften öffentliche Telefone, die von der Telkom gemietet sind. Internet-Cafés gibt es mittlerweile in fast jeder Stadt.

Telkom-Logo

Computer in einem Internet-Café

TELEFONE

Die meisten Vermittlungsstellen funktionieren automatisch, man kann also direkt wählen, wenn man die Vorwahl kennt. Öffentliche Telefonzellen befinden sich in Postämtern, an Bahnhöfen und in Shopping-Centern, nicht immer allerdings mit Telefonbuch. In den Postämtern liegen sämtliche Telefonbücher Südafrikas aus. In Restaurants gibt es häufig ein Tischmünztelefon, das als *chatterbox* bezeichnet wird. Auch wenn Sie kein Gast sind, wird man Ihnen die Benutzung in der Regel gestatten.

Öffentliches Telefon

Telefonkarten erhalten Sie in den meisten Postämtern, Cafés und bei Zeitschriftenhändlern. Öffentliche Telefone akzeptieren entweder Münzen oder Telefonkarten, jedoch nicht beides gleichzeitig.

Die Ortsvorwahl (z. B. 011 für Johannesburg) wird immer mitgewählt, auch bei Ortsgesprächen. Ermäßigte Tarife gelten meist von 19 bis 7 Uhr an Werktagen und samstags von 13 Uhr bis montags um 7 Uhr.

Mitglieder des südafrikanischen Automobilclubs AA können unter (011) 799 1500, Nichtmitglieder unter der allgemeinen Notrufnummer 10177 Hilfe anfordern.

INTERNET

Nur rund zehn Prozent der südafrikanischen Bevölkerung verfügen über einen Internet-Zugang. Die Zahl der Internet-Cafés steigt dagegen stetig, vor allem in den Stadtzentren. Die Adressen stehen in den Gelben Seiten. Die meisten Cafés in Kapstadt bieten kostenlosen WLAN-Internet-Zugang, deshalb sind dort Gäste mit Notebooks keine Seltenheit. Auch viele Restaurants sowie gehobene Hotels und Gästehäuser bieten untertags diesen Service.

MOBILTELEFONE

Mobiltelefone *(cell phones)* erhält man, wenn man bei einem privaten Anbieter einen Vertrag abschließt. An

MÜNZ- UND KARTENTELEFONE

1 Hörer abheben und auf Freizeichen warten.

2 Erforderliche Münzen einwerfen.

3 Das Display zeigt Ihr Guthaben an.

4 Nummer wählen und auf die Verbindung warten.

5 Nach dem Gespräch Hörer auflegen und Restgeld entnehmen.

Telefonkarten
Telkom-Telefonkarten gibt es zu 15, 20, 50, 100 und 200 Rand.

5 Für ein weiteres Gespräch den Folgeknopf drücken.

1 Hörer abheben und auf Freizeichen warten.

3 Das Display zeigt das Guthaben der Karte an. Ist es aufgebraucht, ertönt ein akustisches Zeichen, die Karte wird automatisch ausgegeben. Entnehmen Sie die alte Karte und führen Sie eine neue ein.

4 Nummer wählen und auf die Verbindung warten.

2 Telkom-Telefonkarte entsprechend der Pfeilmarkierung einführen.

Telkom Phonecard R15 · Telkom Phonecard R20 · Telkom Phonecard · Telkom Phonecard · Telkom Phonecard

Standard-Briefkasten

den wichtigsten Flughäfen kann man Handys auch mieten. Häufig werden sie optional zu einem Mietwagen angeboten. In Kürze wird es wahrscheinlich ein Gesetz geben, welches das Telefonieren beim Autofahren untersagt.

Der Mobilfunkempfang ist in den meisten Städten und entlang den Autobahnen sehr gut.

POST

Die Post wird derzeit umfassend umstrukturiert, da die Zustellung von Briefen und Paketen unzuverlässig geworden ist. Briefe oder Waren können als Einschreiben, gegen Nachnahme, mit Versicherung, als Expresssendung, Fastmail oder mit Speed Services (garantierte Zustellung innerhalb von 24 Stunden in Südafrika) versandt werden. Private Kurierdienste ergattern immer mehr Marktanteile. Briefmarken gibt es bei Zeitschriftenhändlern, in Lebensmittelläden und in Cafés. Postämter sind werktags von 8 bis 16.30 Uhr und samstags von 8 bis 12 Uhr geöffnet. Kleinere Filialen schließen meist über Mittag.

POSTE RESTANTE

Postlagernde Sendungen müssen an das Postamt in der Stadt, in der Sie die Post entgegennehmen wollen, geschickt werden. Der Service ist kostenlos. Sie müssen dem betreffenden Postamt Ihren

Namen mitteilen sowie das Datum, ab dem Sie den Service in Anspruch nehmen, und eine Adresse, an die nicht abgeholte Sendungen weitergeleitet werden sollen. An Sie gerichtete Briefe sollten wie das folgende Beispiel adressiert sein: »M. Meier, Poste Restante, Cape Town, 8000, South Africa«. Die Sendungen werden dann einen Monat lang im betreffenden Postamt für Sie verwahrt.

ZEITUNGEN UND ZEITSCHRIFTEN

Tageszeitungen erscheinen in allen größeren Städten meist als Früh- und Spätausgabe sowie als Samstags- und Sonntagsausgabe. Sie finden auch diverse wöchentliche oder vierzehntägige Zeitschriften. In den Städten gibt es einige deutschsprachige Publikationen zu kaufen. In ländlichen Gebieten ist die Versorgung weniger gut, viele Zeitungen sind bereits einen Tag alt. Diverse nationale und internationale Magazine mit Themen wie Reise, Sport, Natur und Freizeit sind vielerorts erhältlich, ebenso einige deutsche und ausländische Zeitungen. Man erhält sie bei gut sortierten Zeitschriftenhändlern, z. B. in Filialen der CNA-Kette. Einige liegen auch in gehobenen Hotels aus.

Eine Auswahl südafrikanischer Tages- und Wochenzeitungen

Aerogramm

KURIERDIENSTE

In den Großstädten gibt es Filialen von internationalen Kurierdiensten wie **DHL** oder **Speed Services**. Alle bieten einen Abholservice.

RADIO UND FERNSEHEN

Die South African Broadcasting Corporation (SABC) betreibt vier TV-Programme sowie nationale und regionale Radiosender. Im Fernsehen wird meist Englisch gesprochen. Britische und US-Produktionen überwiegen, es gibt aber auch gute südafrikanische Sendungen. Lokale Radiosender wenden sich an bestimmte Ziel- und Sprachgruppen. Der private Betreiber MNet bietet Kabel- und Satelliten-TV an.

AUF EINEN BLICK

POST

Kapstadt
📞 *(021) 464-1700.*

Johannesburg
📞 *0800 11 0226.*

Postnet
📞 *(011) 783-6810 oder (021) 426-0316.*

TELEFONDIENSTE

📞 *1023 (Auskunft national).*
📞 *0800 22 3368 (WorldCall Charge Card).*
📞 *10900 (Anrufe weltweit).*
📞 *10903 (Auskunft weltweit).*
📞 *10118 (Information, Service für Hotels, Restaurants usw.).*

Deutschland Direkt
📞 *0800 99 0049.*

VORWAHLNUMMERN

Südafrika: *0027.*
Deutschland: *0949.*
Österreich: *0943.*
Schweiz: *0941.*
Johannesburg: *011.*
Pretoria/Tshwane: *012.*
Kapstadt: *021.*
Durban: *031.*
Port Elizabeth: *041.*

KURIERDIENSTE

DHL International
📞 *(011) 921-3600.*

Speed Services Couriers
📞 *(086) 002-3133.*

REISEINFORMATIONEN

Südafrika, einst willkommener Zwischenstopp für Seefahrer, unterhält heute Flugverbindungen mit den meisten Ländern der Erde und ist per Straßen und Schienen mit anderen Teilen Afrikas vernetzt. Die nationale Fluggesellschaft South African Airways (SAA) hat einen guten Ruf, zahlreiche internationale Fluglinien fliegen Südafrika regelmäßig

SAA 747

an. SAA und andere Airlines bedienen auch Inlandsstrecken. Das Schienennetz durchzieht das ganze Land und reicht über die Grenzen bis ins südliche und zentrale Afrika. Das dichte Straßennetz besteht aus meist guten Straßen, die Unfallzahlen sind jedoch hoch. Überlandbusse verbinden die Großstädte, der Personennahverkehr ist in vielen Städten noch ausbaufähig.

Flugzeuge von South African Airways und Star Alliance

ANREISE
MIT DEM FLUGZEUG

Die meisten Besucher landen auf dem OR Tambo International Airport außerhalb von Johannesburg. Internationale Direktflüge starten und landen auch in Kapstadt und Durban. Das Angebot an Gabelflügen (z. B. Ankunft in Johannesburg, Rückflug von Kapstadt) ist für viele Urlauber interessant.

Inlandsflüge der staatlichen Airline SAA verkehren zwischen Johannesburg, Durban, Kapstadt, Port Elizabeth, Bloemfontein, East London, Ulundi, George, Kimberley und Upington. Kleinere Zentren und der Flughafen bei Skukuza im Kruger National Park sind über Zubringerlinien angeschlossen.

Für den Transfer zwischen den Stadtzentren und großen Flughäfen sorgen private oder linieneigene Shuttle-Busse und Funktaxis. In größeren Städten arrangieren viele Hotels, Gästehäuser und einige Rucksackurlauber-Quartiere Transporte.

Internationale Flughäfen bieten Bank- und Postfilialen, Wechselstuben, Autovermietungen, Informationszentren, Duty-free-Shops (nur für Passagiere auf internationalen Flügen), Läden, Bars und Restaurants.

ZOLL

Die derzeitigen Bestimmungen gestatten die zollfreie Einfuhr von Waren bis zu einem Betrag von 3000 Rand. Zollfrei sind 50 Milliliter Parfum, zwei Liter Wein, ein Liter Spirituosen, 250 Gramm Tabak, 200 Zigaretten und 20 Zigarren. Kinder und Jugendliche unter 18 Jahren dürfen keinen Alkohol oder Tabak einführen.

Zusätzliche Waren bis zu einem Wert von 12 000 Rand müssen zu einem Pauschalsatz von 20 Prozent ihres Werts verzollt werden. Südafrika, Swasiland, Lesotho, Botsuana und Namibia sind Mitglieder der Südafrikanischen Zollunion. Zwischen

FLUGHAFEN	INFORMATION	ENTFERNUNG VON DER CITY	TAXIKOSTEN IN DIE CITY	BUSTRANSFER IN DIE CITY
✈ Johannesburg	☎ (011) 921-6262	24 Kilometer	230 Rand	30–35 Minuten
✈ Kapstadt	☎ (021) 937-1200	20 Kilometer	200 Rand	35–50 Minuten
✈ Durban	☎ (031) 451-6758	20 Kilometer	200 Rand	20–30 Minuten
⊠ Port Elizabeth	☎ (041) 507-7319	3 Kilometer	50 Rand	7–10 Minuten
⊠ Bloemfontein	☎ (051) 433-2901	15 Kilometer	160 Rand	20–40 Minuten
⊠ East London	☎ (043) 706-0306	15 Kilometer	160 Rand	10–15 Minuten
⊠ George	☎ (044) 876-9310	10 Kilometer	130 Rand	10 Minuten
⊠ Skukuza *	☎ (013) 735-5644			

* Skukuza, das größte Camp im Kruger National Park, wird dreimal täglich von Johannesburg aus angeflogen.

Zollabfertigung

den Mitgliedsländern ist der Austausch von Waren und Dienstleistungen zollfrei.

INTERNATIONALE FLÜGE

Flüge nach Südafrika sind während der Hauptsaison von September bis Februar mit Abstand am teuersten. In der Nebensaison bieten die meisten Fluggesellschaften günstigere Tarife und Sonderangebote.

South African Airways bietet mehrmals wöchentlich Direktflüge von Frankfurt und München nach Johannesburg an, Lufthansa fliegt von Frankfurt nach Johannesburg und Kapstadt. Die Flugzeiten betragen zehn bis elf Stunden.

INLANDSFLÜGE

South African Airways, British Airways/Kulula.com, Mango und Itime.co.za bieten Inlandsflüge an. Von Großstädten gibt es auch Verbindungen in kleinere Städte.

Die derzeitigen Tarife sind recht günstig, Rückflüge und andere attraktive Extras sind laufend im Angebot. Grundsätzlich gilt, je früher man bucht, desto günstiger ist der Preis. Die meisten Gesellschaften bieten Ermäßigungen, wenn man mindestens sieben Tage im Voraus bucht. Reservieren ist unbedingt erforderlich.

PAUSCHALREISEN

Flug und Unterkunft bei Pauschalreisen sind fast immer ermäßigt und günstiger als Reisen auf eigene Faust, sofern man nicht vorhat, in Jugendherbergen, Ferienapartments oder auf Campingplätzen zu wohnen.

Beliebt sind Pauschalreisen, bei denen Durban, Kapstadt, Johannesburg, Port Elizabeth, Garden Route, Wild Coast, Sun City mit dem Palace of the Lost City sowie der Kruger National Park auf dem Programm stehen.

FLY-AND-DRIVE-ANGEBOTE

Viele Reisebüros bieten zusammen mit Mietwagenfirmen Pauschalangebote, die den Flug und einen Mietwagen am Zielort beinhalten. Das ist meist günstiger und mit weniger Umständen verbunden, als wenn Sie erst bei der Ankunft am Flughafen ein Auto mieten. Die meisten großen Mietwagenfirmen wie Avis, Hertz, Budget und Imperial *(siehe S. 409)* haben Filialen an den Flughäfen.

FLUGHAFENSTEUER

Die südafrikanische Flughafensteuer wird beim Kauf des Tickets entrichtet, sie beträgt pro internationalem Abflug 116 Rand, für Inlandsflüge 80 Rand und für Flüge nach Botsuana, Namibia, Lesotho oder Swasiland 60 Rand.

AUF EINEN BLICK
FLUGHAFENTRANSFER

Cape Town Magic Bus
Ankunft Inlandsflüge,
Cape Town International Airport.
📞 *(021) 505-6300.*

Durban Magic Bus
Suite 7, Grenada Center, 16
Chartwell Dr, Umhlanga Rocks.
📞 *(031) 263-2647.*

East London Shuttle
Ankunft Inlandsflüge,
East London National Airport.
📞 *(082) 569-3599.*

Greyhound & Mega Coach
Ankunft Inlandsflüge, Terminal 3,
Johannesburg International.
📞 *(011) 249-8800.*

Pretoria/Tshwane Airport Shuttle
Ecke Prinsloo & Vermeulen St.
📞 *(012) 991-0085.*

INLANDSFLÜGE

British Airways Domestic/ Kulula.com
📞 *(0861) 585-852.*
www.kulula.com

Itime.co.za
📞 *(0861) 345-345.*
www.itime.co.za

Mango
📞 *(0861) 162-646.*
www.flymango.com

South African Airways
📞 *(0861) 359-722.*
www.flysaa.com

MIETWAGEN

Informationen über die Anbieter Avis, Hertz, Imperial und Budget siehe S. 409.

Im OR Tambo International Airport

Mit dem Zug unterwegs

Blue-Train-Logo

D ie Züge Südafrikas sind bequem und preiswert, aber in der Regel nicht sehr schnell. Die Elektro- oder Dieselelektro-Loks fahren auf einer Spurweite von 1067 Millimetern. Sehr gefragt sind die luxuriösen Eisenbahnsafaris von Blue Train *(siehe S. 384f)*. Das Unternehmen bietet vier malerische Strecken an, die gemächlichen Fahrten variieren zwischen 16 Stunden und zwei Tagen und Nächten. Ein anderer Betreiber, Rovos Rail, unternimmt ähnliche Exkursionen zu anderen Zielorten. Fahrten mit Vorortzügen sind bei ausländischen Gästen nicht sehr beliebt, da die Strecken begrenzt sind, die Züge unregelmäßig verkehren und die Sicherheit nicht gewährleistet ist.

Vorortzüge sind das wichtigste Verkehrsmittel für Berufspendler

VORORTZÜGE

V orortzüge der Eisenbahngesellschaft **Spoornet** verkehren in den meisten Städten Südafrikas. In Kapstadt betreibt **Cape Metrorail** die Vorortverbindungen. Die Züge werden überwiegend von Berufspendlern genutzt. Aus diesem Grund fahren sie außerhalb der Berufszeiten und am Wochenende seltener. Kinder unter fünf Jahren fahren kostenlos, Kinder unter elf Jahren zahlen den halben Fahrpreis.

Tickets und Fahrpläne erhalten Sie an den Bahnhöfen. Ein Erste-Klasse-Ticket kostet etwa das Doppelte der dritten Klasse und bietet bequemere Sitzplätze sowie eine höhere Sicherheit.

Die Fahrscheine werden von Schaffnern entwertet,

beim Ausstieg an den Hauptstationen müssen sie aber ein weiteres Mal vorgezeigt werden (andernfalls droht eine Geldbuße). Wochen- und Monatstickets sind günstiger und übertragbar, man sollte sie also gut aufbewahren. Für Studenten und Rentner werden keine Ermäßigungen angeboten.

Fahren Sie nur tagsüber in Vorortzügen, am besten morgens und nachmittags zur Hauptverkehrszeit. Auf gar keinen Fall sollten Sie alleine einen Vorortzug besteigen!

In manche Vorortzügen gibt es ein Bordrestaurant. Empfehlenswert ist die komfortable **Biggsy's Restaurant Carriage & Wine Bar** entlang

Wochen- und Monatskarten von Metrorail

der False Bay Coast. Die Fahrt von Kapstadt nach Simon's Town *(siehe S. 98)* dauert ungefähr eine Stunde.

FERNVERKEHRSZÜGE

D as flächendeckende Fernverkehrsstreckennetz wird von **Mainline Passenger Services**, einem Unternehmensbereich von Spoornet, betrieben. Täglich verkehren Züge zwischen Kapstadt und Johannesburg (Trans-Karoo Express), zwischen Johannesburg und Port Elizabeth (Algoa Express), Johannesburg und Durban (Trans-Natal Express) sowie Johannesburg und East London (Amatola Express).

Die Züge sind trotz der Bezeichnung »Express« nicht unbedingt schnell, der Trans-Karoo Express etwa benötigt für eine Strecke von circa 1500 Kilometern ungefähr 24 Stunden.

Fernverkehrszüge fahren auch in die Nachbarstaaten Simbabwe und Mosambik.

Tickets und kostenlose Fahrpläne sind an den meisten Hauptbahnhöfen und in den Geschäftsstellen von Mainline Passenger Services erhältlich. Auch auf Fernstrecken kostet das Dritte-Klasse-Ticket etwa die Hälfte der ersten Klasse, die zweite Klasse liegt preislich in der Mitte. Abteile der ersten Klasse haben vier Sitze, die der zweiten

Hauptbahnhof in Pretoria/Tshwane *(siehe S. 267)*

Klasse sechs, in der dritten Klasse sitzt man in Großraumwagen. Während der Ferien sollte man Plätze reservieren.

Ermäßigte Bahnkarten wie in Europa gibt es in Südafrika nicht, Besitzer eines gültigen Studentenausweises erhalten jedoch zwischen Februar und November 40 Prozent Ermäßigung, Rentner im selben Zeitraum 25 Prozent. Kinder unter fünf Jahren fahren ganzjährig kostenlos, Kinder unter elf Jahren zum halben Preis.

TAGESAUSFLÜGE

Viele Zugstrecken führen durch schöne Landstriche Südafrikas

Die Dampfeisenbahn **Outeniqua Choo-Tjoe** *(siehe S. 184)* musste den Betrieb zwischen George und Knysna einstellen, befährt allerdings noch die malerische Route zwischen George und Mossel Bay. In George zeigt das Outeniqua Transport Museum *(siehe S. 184)* drei Dampflokomotiven und diverse Ojekte aus der Zeit der Dampfeisenbahnen.

Apple-Express-Logo

Das **South African National Railway and Steam Museum** in Johannesburg verzichtet jeden ersten Sonntag im Monat auf den Eintrittspreis. Dampfloksafaris zeigen, wie man früher mit der Eisenbahn reiste.

Von Kapstadt aus unternimmt **African Vintage Rail Tours** Luxusfahrten in schönen alten Waggons durch wunderschöne Weinberge.

Beliebt sind auch die Tagesausflüge von **Union Limited** durch das Franschhoek Valley, über die Berge nach Ceres oder die sechstägigen Golden Thread Tours nach Oudtshoorn. Eine andere Feriendampfeisenbahn ist der kleine **Apple Express**. Er startet von Port Elizabeth aus auf 61 Zentimeter schmalen Schienen zu einer Fahrt ins Blaue.

Die Züge des Anbieters **Shosholoza Meyl** fahren von Johannesburg nach Port Elizabeth, Durban und Kapstadt. Außerdem gibt es noch eine Route zwischen Kapstadt und Durban. Kinder unter vier Jahren fahren kostenlos, Kinder unter zwölf Jahren zahlen den halben Fahrpreis.

AUF EINEN BLICK
PERSONENZÜGE

Cape Metrorail
((080) 065-6463.
www.capemetrorail.co.za

Mainline Passenger Services/Spoornet
((086) 000-8888.
www.spoornet.co.za

TAGESAUSFLÜGE

African Vintage Rail Tours
((021) 419-5222.
@ info@thesteamtraincompany.com

Apple Express
((041) 583-2030.

Biggsy's
((021) 788-7760.

Outeniqua Choo-Tjoe
((044) 801-8202.

SA National Railway and Steam Museum
((011) 888-1154.

Shosholoza Meyl
((086) 000-8888.
www.spoornet.co.za

Union Limited Steam Railtours
((011) 773-7743.

FERNVERKEHRSSTRECKEN

SIMBABWE
Musina
Louis-Trichardt
Polokwane
BOTSUANA
PRETORIA/ TSHWANE — Nelspruit — Komatipoort
Johannesburg
SWASILAND
NAMIBIA
Kroonstad
Bethlehem
Kimberley
Ladysmith
Bloemfontein
LESOTHO
Durban
De Aar
LEGENDE
— Hauptstrecken
Middelburg
Beaufort West
East London
Worcester
Oudtshoorn
Cape Town/ George — Port Elizabeth
Kaapstad

0 Kilometer 500

Mit dem Auto unterwegs

Logo der AA

Das Straßennetz ist gut, allerdings kann der Zustand einzelner Abschnitte auch auf Nationalstraßen (vorangestelltes »N«) mangelhaft sein. Auf dem Land sind manchmal nur Hauptstrecken geteert. Die Busverbindungen zwischen den Städten sind schnell und günstig, für abgelegene Gebiete benötigt man ein Auto. Die meisten Sehenswürdigkeiten sind gut erreichbar. Autofahrer sollten die Entfernungen zwischen einzelnen Städten und Reisezielen nicht unterschätzen. Das Benzin ist preiswert, an stark befahrenen Straßen gibt es viele Werkstätten und Tankstellen.

Sechsspurige Autobahn von Pretoria/Tshwane nach Johannesburg

Raststätten sind willkommene Stopps auf langen Strecken

FÜHRERSCHEIN

Wenn Sie in Südafrika mit einem Auto unterwegs sind, benötigen Sie den internationalen Führerschein. Sie müssen ihn rechtzeitig vor Reiseantritt bei Ihrer zuständigen Führerscheinstelle in Ihrem Heimatland beantragen. Ein nationaler Führerschein ist nicht ausreichend. Der Führerschein muss stets im Auto mitgeführt werden.

VERKEHRSREGELN

In Südafrika herrscht Linksverkehr. Dennoch gilt, wenn die Vorfahrt nicht anders geregelt ist, »rechts vor links«. Fahrzeuge im Kreisverkehr haben immer Vorfahrt. Die Höflichkeit gebietet es, schnellere Autos rechts überholen zu lassen. Auf den Vorder- und Rücksitzen besteht für alle Mitfahrer Anschnallpflicht. Kinder müssen

Warnung vor Tieren und Steinschlag

angemessen gesichert sein. Die Höchstgeschwindigkeit in Ortschaften beträgt 60 km/h, auf Autobahnen und nicht anderweitig ausgewiesenen Schnellstraßen gilt ein Tempolimit von 120 km/h. Bei einer Panne müssen Sie ganz nach links an den Seitenstreifen fahren und das Warnlicht einschalten. Mitglieder können den Pannenservice des Automobilclubs unter (011) 799-1500 erreichen. Alternativ kann über den allgemeinen Notruf 10177 Hilfe angefordert werden. Bei einem Unfall dürfen Sie weiterfahren, wenn niemand verletzt wurde, müssen aber innerhalb von 24 Stunden die nächste Polizeidienststelle benachrichtigen. Wurde jemand verletzt, benachrichtigen Sie umgehend die Polizei und lassen Sie den Wagen bis zum Eintreffen der Beamten stehen. Die Alkoholgrenze liegt in Südafrika bei 0,5 Pro-

mille. Wer diese Grenze überschreitet, riskiert ein Bußgeld von bis zu 24 000 Rand oder eine Haftstrafe von bis zu sechs Jahren.

SICHERHEIT

Die Polizei rät Urlaubern, keine Fremden mitzunehmen. Verriegeln Sie die Türen und kurbeln Sie die Fenster hoch. Lassen Sie keine Wertsachen sichtbar im parkenden Wagen (siehe S. 398). Nachts sollte man sein Auto nur in gut beleuchteten Gegenden abstellen.

Viele Verkehrsteilnehmer, auch Fußgänger, verhalten sich undiszipliniert. Achten Sie auf dem Land besonders auf Fußgänger und streunende Tiere.

Wegen der großen Entfernungen zwischen vielen Orten, vor allem im ariden Binnenland, ist es ratsam, rechtzeitig zu tanken und sich mit Reiseproviant zu versorgen.

An den wichtigsten Straßen stehen Notruftelefone

Display
Münzeinwurf
Ticketauswurf
Parkbuchtnummer

Moderne Parkuhren akzeptieren Münzen und kleine Geldscheine

PARKEN

Die meisten Städte haben Parkuhren, achten Sie auf die nummerierten Parkbuchten auf dem Asphalt, am Randstein und auf den Hinweisschildern. Ein Ärgernis sind die selbst ernannten »Parkplatzwächter«. Viele von ihnen verlangen Geld bei der Ankunft des Wagens und oft ein Trinkgeld bei der Abfahrt. Es kommt aber auch vor, dass sie parkende Autos beschädigen, wenn man sich nicht auf ihre Bedingungen einlässt.

Wenn möglich, parken Sie in ausgewiesenen Zonen, die offiziell bewacht werden.

TANKEN

Kraftfahrzeuge fahren mit Superbenzin (97 Oktan), bleifreiem Benzin oder Diesel, Maßeinheit ist der Liter. Tankstellenmitarbeiter übernehmen das Auftanken, Checks wie Reifendruck, Öl- und Wasserstand sowie das Reinigen der Windschutz- und Heckscheibe. Trinkgeld wird gerne angenommen.

MIETWAGEN

Mietwagen sind teuer und sollten am besten über Fly-and-Drive-Angebote (siehe S. 405) oder von zu Hause aus gebucht werden. Mietwagenfirmen sind an allen internationalen Flughäfen vertreten. Voraussetzung ist ein Mindestalter von 23 Jahren und der Besitz eines Führerscheins seit mindestens fünf Jahren. Lesen Sie das Kleingedruckte zur Versicherung. Oft gibt es verlockende Angebote.

Logos bekannter und zuverlässiger Mietwagenfirmen

BUSUNTERNEHMEN

Die Busse von Greyhound, Intercape und Translux steuern die meisten Städte des Landes an. Sie sind sicher, bequem, recht günstig und schneller als Züge. Greyhound und Translux bieten Ermäßigungen für Vielfahrer.

Die Hop-on-/Hop-off-Busse von City Liner, für Rucksackreisende und junge Leute gedacht, verkehren an der Küste zwischen Durban und Kapstadt. Tickets können bei den landesweiten Filialen von Computicket gebucht werden.

Busverbindungen bestehen auf den wichtigsten Überlandstraßen. Minibus-Taxis befördern Arbeiter, sind aber nicht sehr sicher und daher nicht zu empfehlen.

Südafrika hat kein zentrales Taxisystem. Wenn Sie ein Taxi benötigen, sollten Sie sich in Ihrem Hotel oder im nächsten Fremdenverkehrsbüro einen Service empfehlen lassen oder die Gelben Seiten konsultieren. In Gauteng betriebt der AA den Service Metro Cab.

AUF EINEN BLICK

MIETWAGEN

Avis
((0861) 021-111.
www.avis.co.za

Budget
((086) 101-6622.
www.budget.co.za

Europcar
((0860) 011-3441.
www.europcar.co.za

Hertz
((086) 160-0136.
www.hertz.co.za

Imperial
((086) 113-1000.
www.imperialcarrental.co.za

BUSUNTERNEHMEN

Bazbus Backpackers Bus
((021) 439-2323.

City Liner
((083) 915-8000.

Computicket
((083) 915-8000.
www.computicket.com

Greyhound
((083) 915-9000.
www.greyhound.co.za

Intercape
((021) 380-4400.
www.intercape.co.za

SA Roadlink
((0861) 7623-5465.
www.saroadlink.co.za

Translux
((086) 158-9282.
www.translux.co.za

Busterminal in der Adderley Street, Kapstadt

Textregister

Danksagung und Bildnachweis

DORLING KINDERSLEY bedankt sich bei allen, die bei der Herstellung dieses Buches mitgewirkt haben.

Hauptautoren

Michael Brett bereiste zahlreiche afrikanische Länder, darunter Kenia, Malawi, Simbabwe, Namibia und Mosambik. Sein erstes Projekt war ein Detailplan des Pilanesberg National Park in der North West Province von Südafrika (1989). 1996 arbeitete er als Co-Autor für den *Touring Atlas of South Africa*. Er ist Autor von *Great Game Parks of Africa: Masai Mara* und *Kenya the Beautiful*. Berichte von Michael Brett wurden in zahlreichen Reisemagazinen und im *Reader's Digest* veröffentlicht.

Brian Johnson-Barker ist in Kapstadt geboren und aufgewachsen. Nach dem Besuch der Universität von Kapstadt arbeitete er 15 Jahre lang als Leiter eines Pathologie-Labors, bevor er schließlich Schriftsteller wurde. Er ist Verfasser von zahlreichen Drehbüchern und Zeitungsartikeln. Zu seinen beinahe 50 Buchveröffentlichungen zählen u.a. *Off the Beaten Track* (1996) und *Illustrated Guide to Game Parks and Nature Reserves of Southern Africa* (1997), beide sind bei *Reader's Digest* erschienen.

Mariëlle Renssen schrieb für das südafrikanische Magazin *Fair Lady*, bevor sie zwei Jahre lang in New York für das Teenager-Magazin *Young & Modern* arbeitete, eine Produktion der Bertelsmann-Gruppe. Nach ihrer Rückkehr nach Südafrika veröffentlichte sie zahlreiche Artikel in *Food and Home SA* und *Woman's Value*. Seit 1995 ist sie Chefredakteurin bei Struik Publishers' International Division, in dieser Zeit fungierte sie auch als Co-Autorin für *Traveller's Guide to Tanzania*.

Weitere Autoren

Duncan Cruickshank, Claudia Dos Santos, Luke Hardiman, Peter Joyce, Gail Jennings, Loren Minsky, Roger St Pierre, Anne Taylor.

Ergänzende Fotografie

Charley van Dugteren, Anthony Johnson, Ian O'Leary, John Reeks, Jerry Young.

Ergänzende Illustrationen

Anton Krugel.

Ergänzende Kartografie

Genené Hart, Eloïse Moss.

Recherche-Assistenz

Susan Alexander, Sandy Vahl.

Ergänzende Bildrecherche

Rachel Barber.

Korrektur

Mariëlle Renssen.

Textregister

Brenda Brickman.

Layout- und Redaktionsassistenz

Beverley Ager, Claire Baranowski, Uma Bhattacharya, Hilary Bird, Arwen Burnett, Sean Fraser, Anna Freiberger, Thea Grobbelaar, Freddy Hamilton, Vinod Harish, Mohammad Hassan, Lesley Hay-Whitton, Victoria Heyworth-Dunne, Jacky Jackson, Vasneet Kaur, Juliet Kenny, Vincent Kurien, Maite Lantaron, Alfred Lemaitre, Carly Madden, Glynne Newlands, Marianne Petrou, John Reeks, Gerhardt van Rooyen, Sands Publishing Solutions, Mitzi Scheepers, Azeem Siddiqui, Conrad Van Dyk.

Weitere Unterstützung

Joan Armstrong, The Howick Publicity Bureau; Coen Bessinger, Die Kaapse Tafel; Tim Bowdell, Port Elizabeth City Council; Dr Joyce Brain, Durban; Katherine Brooks, MuseuMAfricA (Johannesburg); Michael Coke, Durban; Coleen de Villiers und Gail Linnow, South African Weather Bureau; Dr Trevor Dearlove, South African Parks Board; Louis Eksteen, Voortrekker Museum (Pietermaritzburg); Lindsay Hooper, South African Museum (Kapstadt); Brian Jackson, The National Monuments Commission; Linda Labuschagne, Bartolomeu Dias Museum Complex (Mossel Bay); Darden Lotz, Kapstadt; Tim Maggs, Kapstadt; Hector Mbau, The Africa Café; Annette Miller, Bredasdorp Tourism; Gayla Naicker und Gerhart Richter, Perima's; Professor John Parkington, University of Kapstadt; Anton Pauw, Kapstadt; David Philips Publisher (Pty) Ltd, Kapstadt; Bev Prinsloo, Palace of the Lost City; Professor Bruce Rubidge, University of the Witwatersrand; Jeremy Saville, ZigZag Magazine; Mark Shaw, Barrister's; Dr Dan Sleigh, Kapstadt; Anthony Sterne, Simply Salmon; David Swanepoel, Voortrekker Museum; Johan Taljaard, West Coast National Park; Pietermaritzburg Publicity Association; Beyers Truter, Beyerskloof wine farm, Stellenbosch; Dr Lita Webley, Albany Museum, Grahamstown; Lloyd Wingate und Stephanie Pienaar, Kaffrarian Museum (King William's Town); und alle Fremdenverkehrsämter der Provinzen und Parks.

Nachweis der Fotografien und Kunstwerke

Vida Allen und Bridget Carlstein, McGregor Museum (Kimberley); Marlain Botha, Anglo American Library; The Cape Archives; Captain Emilio de Souza; Petrus Dhlamini, Anglo American Corporation (Johannesburg); Gawie Fagan und Tertius Kruger, Revel Fox Architects (Kapstadt); Jeremy Fourie, Cape Land Data; Graham Goddard, Mayibuye Center, The University of the Western Cape; Margaret Harradene, Public Library (Port Elizabeth); Maryke Jooste, Library of Parliament (Kapstadt); Llewellyn Kriel, Chamber of Mines; Professor André Meyer, Pretoria/Tshwane University; Julia Moore, Boschendal Manor House; Marguerite Robinson, Standard Bank National Arts Festival; Christine Roe und Judith Swanepoel, Pilgrim's Rest Museum; Dr F Thackeray, Transvaal Museum (Pretoria/Tshwane); Marena van Hemert, Drostdy Museum (Swellendam); Kees van Ryksdyk, South African Astronomical Observatory; Cobri Vermeulen, The Knysna Forestry Department; Nasmi Wally, The Argus (Kapstadt); Pam Warner, Old Slave Lodge (Kapstadt).

Fotografiererlaubnis

DORLING KINDERSLEY bedankt sich bei folgenden Personen und Institutionen für die freundlich gewährte Erlaubnis zum Fotografieren:
African Herbalist's Shop, Johannesburg; Alanglade, Pilgrim's Rest; Albany Museum Complex, Grahamstown; Bartolomeu Dias Museum Complex, Mossel Bay; BAT (Bartel Arts Trust) Center, Durban; Bertram House, Kapstadt; BMW Pavilion, Victoria & Alfred Waterfront; Bo-Kaap Museum, Kapstadt; Cango Caves, Oudtshoorn; The Castle of Good Hope; Department of Public Works, Kapstadt; Drum Magazine/Bailey's Archives; Dutch Reformed Church, Nieu Bethesda; The Edward Hotel, Port Elizabeth; Gold Reef City, Johannesburg; Groot Constantia; Heia Safari Ranch; Highgate Ostrich Farm, Oudtshoorn; Hindu (Hare Krishna) Temple of Understanding; Huguenot Museum, Franschhoek; Johannesburg

International Airport; Kimberley Open-air Mine Museum; Kirstenbosch National Botanical Garden; Koopmans-De Wet House, Kapstadt; Mal a Mala Private Reserve; MuseuMAfricA, Johannesburg; Natural Science Museum, Durban; Old Slave Lodge, Kapstadt; Oliewenhuis Art Gallery, Bloemfontein; Oom Samie se Winkel, Stellenbosch; Owl House, Nieu Bethesda; Paarl Museum; Pilgrim's Rest; Rhebokskloof Wine Estate; Robben Island Museum Service; Sandton Village Walk; Shakaland; Shipwreck Museum, Bredasdorp; Simunye; South African Library; South African Museum, Kapstadt; Tatham Art Gallery, Pietermaritzburg; Two Oceans Aquarium, V&A Waterfront; The Village Museum Stellenbosch; Sue Williamson, Kapstadt; Worchester Museum; The Workshop, Durban.

Bildnachweis

o = oben; ol = oben links; olm = oben links Mitte; om = oben Mitte; or = oben rechts; mlo = Mitte links oben; mo = Mitte oben; mro = Mitte rechts oben; ml = Mitte links; m = Mitte; mr = Mitte rechts; mlu = Mitte links unten; mu = Mitte unten; mru = Mitte rechts unten; ul = unten links; u = unten; um = unten Mitte; uml = unten Mitte links; ur = unten rechts; d = Detail.

Kunstwerke wurden mit freundlicher Genehmigung der Copyright-Inhaber abgedruckt:
Lead Ox, 1995–1996, © Cecil Skotnes, auf Holz 318ur; *Porträt einer Dame*, Frans Hals (1580–1666), Öl auf Leinwand, Old Town House (Kapstadt), © Michaelis Collection 70ul; *Rocco Catoggio und Rocco Cartozia de Villiers*, unbekannter Künstler, ca. 1842, Öl auf Leinwand, © Huguenot Museum (Franschhoek) 145um; Ohne Namen, 1998, Hannelie de Clerq, Tempera, © Stellenbosch Art Gallery 133ol.

Wir haben uns bemüht, alle Urheber ausfindig zu machen und zu nennen. Sollte dies in einigen Fällen nicht gelungen sein, bitten wir, dies zu entschuldigen. In der nächsten Auflage werden wir versäumte Nennungen nachholen.

Der Verlag bedankt sich bei folgenden Personen, Institutionen und Bildarchiven für die freundliche Genehmigung zur Reproduktion ihrer Fotografien:
ACSA (AIRPORTS COMPANY OF SOUTH AFRICA): 404o, 405u; Shaen Adey: 1o, 28ml, 32o, 75ul, 84o, 84u, 107mr, 288ol, 288mlo, 288ml, 288u, 289o, 289mr; AFRICAN PICTURES: Guy Stubbs 385m; ALAMY IMAGES: Bruce Coleman Inc./Michael P. Fogden 11m; Cephas Picture Library/Emma Borg 10ur; Cephas Picture Library/Juan Espi 357mr; Cephas Picture Library/Alain Proust 356mlu; Cephas Picture Library/Mick Rock 356mlo; Dennis Cox 382ur; Danita Delimont/Amos Nachoum 170ol; Danita Delimont 170ol; Reinhard Dirscherl 11ur; Greatstock Photographic Library/Michael Meyersfeld 258om; ImageState/Pictor International 13ul; Jon Arnold Images 12ul; Geof Kirby 382ol; Shaun Levick 389o; Suzanne Long 106om, 390or; Eric Nathan 10ml, 12or; PCL 12m; Stu Porter 184m; Ben Queenborough 390m; Malcolm Schuyl 235ol; Peter Titmuss 354mlo, 355m, 356or; Travelstock 356mr; Liam West 386om; ANITA AKAL: 41ml; ANGLO AMERICAN CORPORATION OF SOUTH AFRICA LIMITED: 20m, 250mlu, 250u, 250–251m, 251ol, 251or, 251mr, 251r, 317o, 317ul; APARTHEID MUSEUM: 259ul; The Argus: 57ul, 58ol, 59mlo; ASP COVERED IMAGES: 206or, 207mu; AA (AUTOMOBILE ASSOCIATION OF SOUTH AFRICA): 408ol.

DARYL BALFOUR: 289u; BARNETT COLLECTION: © The Star 54mlo; BARRY FAMILY COLLECTION: 281ul; BIBLE SOCIETY OF SOUTH

AFRICA: 30ol, 57u; THE BLUE TRAIN: 385or; 406ol; BOOM-SHAKA/POLYGRAM: 59ol; BOPLASS FAMILY VINEYARDS: 357ml; MICHAEL BRETT: 31o, 248ml, 249ul, 249ur, 268u, 269ol, 315m, 377u.

THE CAMPBELL COLLECTION OF THE UNIVERSITY OF NATAL, DURBAN: 56mlu, 145mr; CAPAB (CAPE PERFORMING ARTS BOARD): © Pat Bromilow-Downing 376o; CANGO WILDLIFE RANCH: 176ol; CAPE ARCHIVES: 4o, 30or, 48u, 49u, 49m, 50o, 50mo, 55mr, 55ur; CAPE LEGENDS: 129ur; CAPE PHOTO LIBRARY: © Alain Proust 21o; 21m, 35m, 89ol, 128mlo, 128mo, 128mm, 129or, 142ml, 143mro, 143mru; www. capespirit.com: 111or; CAPE TOWN CITY BALLET: Pat Bromilow Downing 112ur; CAPE TOWN PHILHARMONIC ORCHESTRA: 112ol; CAPE QUARTER: 106mr; CARROL BOYES FUNCTIONAL ART: 108ul, 108m; Zia Bird/Daniel Boshof 108ul, 108m; CLOUDBASE PARAGLIDING: Khobi Bowden 185o; CORBIS: Jonathan Blair 13or; Gallo Images/Luc Hosten 172ur; Gallo Images/Shaen Adey 172ol; Martin Harvey 265ur; Jon Hicks 258ul, 384um; Robert Harding World Imagery/Steve & Ann Toon 10om; THE CORY LIBRARY OF RHODES UNIVERSITY, GRAHAMSTOWN: 53mu; RUPHIN COUDYZER: 30u.

DE BEERS: 54u; Roger de la Harpe: 5o, 34ml, 35u, 39or, 212u, 213u, 214ol, 215o, 215mr, 216m, 218–219, 221u, 234ol, 238o, 239o, 241u, 325o, 378u, 379or; NIGEL DENNIS: 24mr, 28–29m, 294ol, 295mlu, 295mru, 308–309; DEPARTMENT OF TRANSPORT: 395m; DEPARTMENT OF WATER AFFAIRS AND FORESTRY: 187u; DIGITAL PERSPECTIVES: 14ul; GERHARD DREYER: 24ur, 104ol, 159ml, 162u.

THE FEATHERBED COMPANY: 186o; FOTO HOLLER, © SCHIRMER, HERMANUS: 130ml, 130–131m, 130ul.

GALLO IMAGES: © Anthony Bannister 24ml, 25mr, 264or, 294–295m; © David Gikey 40o; © Kevin Carter Collection 35or; © Rod Haestier 25or; G'echo Design: 40u; GETTY IMAGES: Gallo Images/Heinrich van den Berg 355ol; Gleanings in Africa: (1806) 131u; Benny Gool/Trace: 23m, 58–59m; Bob Gosani: 262mlo; GREAT STOCK: © Jürgen Schadeberg 262o, 262mro, 262mr, 262mlu, 262u; GRAHAM BECK WINES: Alain Proust 356ur; GREEN DOLPHIN: 110u; GUARDIAN NEWSPAPERS LIMITED: 57o.

ROD HAESTIER: 131mr, 190ul; GEORGE HALLETT: 57ur, 59or; Lex Hes: 27mr, 28um, 29ul, 29um; HULTON PICTURE COMPANY: 317mro.

I-AFRICA: © Nic Bothma 207o, 207mro; © Sasa Kralj 31u, 46ml; © Eric Muller 21u; INTERNATIONAL EISTEDDFOD: © Bachraty Ctibor 38ol; IZIKO MUSEUMS, KAPSTADT: Cecil Kortjie 70m.

J&B PHOTOGRAPHERS: 29mro; JACOBSDAL WINE ESTATE: 128ul.

KING GEORGE VI ART GALLERY, PORT ELIZABETH: 53mru; KLEIN CONSTANTIA: 101ml; WALTER KNIRR: 39ml, 57mr, 75ml, 75ur, 220mo, 232mlo, 252u, 260or, 261ur, 266u, 267o, 269ur, 269u, 279u, 352m, 374ml, 376u, 394mr, 406ul; KWV: 357ol.

STEFANIA LAMBERTI: 85ml, 233u; GRANT LEVERSHA: 381m; LEVI'S: 59ml; LIBRARY OF PARLIAMENT, KAPSTADT: © Mendelssohn-Sammlung von Aquarellen von Francois Vaillant 29ol; LOCAL HISTORY MUSEUM, DURBAN: 55ul; LONELY PLANET IMAGES: Craig Pershouse 171m.

MAYIBUYE CENTER, UNIVERSITY OF THE WESTERN CAPE: 56ol, 56–57m, 58mlu; MEERENDAL WINE ESTATE: 128um; MICHAELIS COLLECTION (OLD TOWN HOUSE): 70u; MILITARY MUSEUM, JOHANNESBURG: 259om; MONEX CONSTRUCTION (PTY) LIMITED: 103m;

DORLING KINDERSLEY VIS-À-VIS

DIE 100 BÄNDE DER VIS-À-VIS-REIHE

ÄGYPTEN • ALASKA • AMSTERDAM
APULIEN • AUSTRALIEN • BALI & LOMBOK
BARCELONA & KATALONIEN • BEIJING & SHANGHAI
BERLIN • BRASILIEN • BRETAGNE • BRÜSSEL
BUDAPEST • CHICAGO • CHINA • COSTA RICA
DÄNEMARK • DANZIG & OSTPOMMERN
DELHI, AGRA & JAIPUR • DEUTSCHLAND
DUBLIN • EMILIA-ROMAGNA • FLORENZ & TOSKANA
FLORIDA • FRANKREICH • GENUA & LIGURIEN
GRIECHENLAND • GRIECHISCHE INSELN
GROSSBRITANNIEN • HAMBURG • HAWAI'I
INDIEN • IRLAND • ISTANBUL • ITALIEN
JAPAN • JERUSALEM • KALIFORNIEN
KANADA • KANARISCHE INSELN • KORSIKA • KRAKAU • KROATIEN
KUBA • LAS VEGAS • LISSABON • LONDON • MADRID • MAILAND
MALAYSIA & SINGAPUR • MALLORCA, MENORCA & IBIZA
MAROKKO • MEXIKO • MOSKAU • MÜNCHEN & SÜDBAYERN
NEAPEL • NEUENGLAND • NEUSEELAND • NEW ORLEANS
NEW YORK • NIEDERLANDE • NORDSPANIEN • NORWEGEN
ÖSTERREICH • PARIS • POLEN • PORTUGAL • PRAG
PROVENCE & CÔTE D'AZUR • ROM • SAN FRANCISCO
ST. PETERSBURG • SARDINIEN • SCHOTTLAND • SCHWEDEN
SCHWEIZ • SEVILLA & ANDALUSIEN • SIZILIEN • SPANIEN
STOCKHOLM • SÜDAFRIKA • SÜDTIROL & TRENTINO • SÜDWESTFRANKREICH
THAILAND • TOKYO • TSCHECHIEN & SLOWAKEI • TUNESIEN
TURIN • TÜRKEI • UMBRIEN • UNGARN • USA
USA NORDWESTEN & VANCOUVER
USA SÜDWESTEN & LAS VEGAS
VENEDIG & VENETO • VIETNAM & ANGKOR
WARSCHAU • WASHINGTON, DC
WIEN • ZYPERN

**Erhältlich in
jeder Buchhandlung**

DORLING KINDERSLEY
www.dk.com

VIS⊙VIS

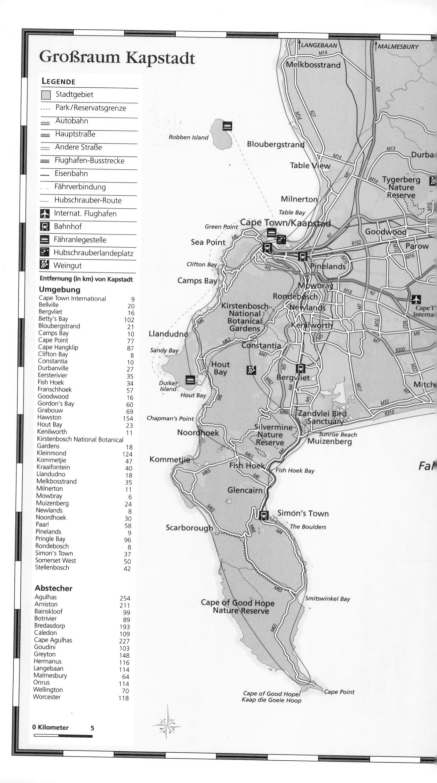